U0120915

人类世的林业可持续发展

杨成生　刘发民　杜培东　编著

中国林业出版社
China Forestry Publishing House

图书在版编目(CIP)数据

人类世的林业可持续发展／杨成生，刘发民，杜培
东编著．—北京：中国林业出版社，2023.9
ISBN 978-7-5219-2378-0

Ⅰ．①人…　Ⅱ．①杨…②刘…③杜…　Ⅲ．①林业经
济-经济可持续发展-研究-中国　Ⅳ．①F326.23

中国国家版本馆 CIP 数据核字(2023)第 190290 号

策划编辑：肖　静
责任编辑：肖　静
封面设计：时代澄宇
宣传营销：张　东

出版发行：中国林业出版社
　　　　　(100009，北京市西城区刘海胡同 7 号，电话 010-83223120)
电子邮箱：cfphzbs@163.com
网址：www.forestry.gov.cn/lycb.html
印刷：中林科印文化发展(北京)有限公司
版次：2023 年 9 月第 1 版
印次：2023 年 9 月第 1 次
开本：710mm×1000mm　1/16
印张：26
字数：715 千字
定价：188.00 元

前　言

　　"大爆炸"创造的地球有 45.6 亿年了，是浩瀚宇宙中人类已知的有生命存在的唯一星球。地球自形成以来经历了许多变化，包括海洋的形成、板块构造的启动、陨石的撞击、超级火山的喷发、气候变化、生命的出现和大灭绝等。

　　在 40 亿至 25 亿年前的太古宙，陆地占地球表面的比例不到 15%，生命存在于海洋中，光合作用的发展发生在 35 亿年前左右，最早的陆生生物在 32 亿年之前就已发育。

　　在 25 亿至 5.41 亿年前的元古宙，出现了超大陆分裂和改造的事件。20 亿年前左右，早期大陆之间全球规模碰撞事件导致造山运动的开始，在生命爆发中发挥了重要作用。在 24 亿至 22 亿年前蓝藻产生的大氧化事件(Great Oxidation Event)，导致了许多厌氧物种的灭绝，这与板块构造模式的变化一起引起了重要的气候变化。第一次冰川作用被认为发生在 23 亿年前，证据表明新元古代发生了 3 次主要冰川作用，其中 2 次可能导致地球进入雪球状态(Snowball State)。在 6.35 亿至 5.41 亿年前出现了复杂的生命形式，动物的出现影响着生态系统各个层次的多样性，开启了显生宙。

　　显生宙(5.41 亿年前至现在)是我们人类生活的时代，在现代板块构造作用的影响下，使复杂生命得以多样化和进化。

　　显生宙期间出现了一些显著的气候变化，包括几个温室和冰室时期。盘古大陆的气候比今天更热。一些事件造成了地球的重大变化，包括形成墨西哥湾流，澳大利亚与南极洲分离，形成南极绕极流，印度板块与欧亚板块碰撞形成喜马拉雅山，从而造成了印度季风。早始新世出现了一个非常温暖的时期，正好在古新世-始新世气候最暖期(Thermal Maximum)之后。从那时起，气候逐渐变冷，过去的 200 万年，以一系列冰川期和间冰期为特征。

　　显生宙的特点是生命发生了巨大变化。5.41 亿年前的寒武纪生命大爆发(Cambrian Explosion)，出现大量复杂多样的无脊椎动物和脊椎动物。大多数已知的动物门都出现在这一时期。大约 4.2 亿年前，植物在陆地上定居，最终形成了大片雨林。节肢动物也向陆地过渡，脊椎动物发育出了肺和腿。直到石炭纪中期(约 3.2 亿年前)，四足动物主要以两栖动物为主，之后几次气候和海洋事件导致其栖息地丧失，为爬行动物的发展提供了机会。中生代(2.51 亿至 6600 万年前)的陆地主要由恐龙统治，陆地植物群以针叶树为主。白垩纪出现了开花植物。到白垩纪末期，大多数非鸟类恐龙都灭绝了。第一批鸟类和哺乳动物也在中生代进化，但它们只是在随后的新生代才成功。盘古大陆的形成及其随后的解体可能促成了生命的大规模多样化，破坏了原有的生态位并创造了新的生态位。然而，生命的进化并不是简单的线性过程。显生宙还以 5 次大灭绝事件为标志，我们现在正在经历人类活动导致的第六次显生宙大灭绝。

　　生命在地球的演化，其中能量发挥着重要作用。能量创造了生命，生命一刻也离不开能量。所有生物都可以被视为将能量从一种形式转换为另一种形式的机器。生命地球系统的历史可以分为 5 个"能量"时代，每个时代都以能够开发新能源的生命形式的进化为特征。这些能量的来源是：地球化学能、阳光、氧气、动物和火。前两种能源在地球开始形成就存在，但氧气、动物和火都是进化事件的结果。充足的氧气是大型动物进化的先决条件。

动物的出现，成了一股强大的新的自然力量：通过猎食其他生命形式，尤其是其他动物，来获取能量。这产生了一场翻天覆地的变化，在动物出现后的短短 4000 万年内创造了地球的新生命系统。在此之前，生态系统是微生物的。食肉动物的出现开启了显生宙，引发了生物身体的巨大增加，宏观进化的新节奏，新的生态系统种类，以及生命对地球结构的更大影响。

在太阳系的所有行星和卫星中，地球是唯一有火的。4.2 亿年前陆地上维管植物的进化，为陆地火的燃烧提供了燃料。火的燃烧推动了植物的进化，尤其催生草本植物的进化和草原的形成，影响土壤和空气质量。在用火做饭的过程中，人属中的物种开发了从饮食中提取更多能量的方法，开始食用更多种类的食物。

地球上的生命诞生以来，物种的进化和灭绝过程一刻也没有停止，与人的生命岁月流逝类似，进化和灭绝是不可逆转的，"万物流动，万物不存"。人类从几百万年前的古猿进化而来，历经第四纪自然环境的冰期和间冰期旋回，通过漫长而艰难的进化选择，从非洲扩散到了全世界。智人（*Homo sapiens*）是地球上相对较新的物种。根据最古老的考古发现（在非洲）来判断，智人最早出现在化石记录中的时期是在大约 20 万年前。人类的进化之所以成为可能，是因为地球本身已经演化到其温度、大气成分、地表水化学和食物来源与人类生存需求相适应的程度。地球上的生命及其非生命环境形成了一个自我调节系统，将地球的气候和大气组成维持在生命可居住状态。现在的人类活动正在以更短的时间尺度改变目前的地球系统。

过去的 258 万年是第四纪地质时期，地球系统（Earth System）的岩石圈、水圈（包括冰冻圈）、大气圈和生物圈（包括人类圈）等组成部分的能量转换和相互作用，塑造了我们现今的世界，第四纪全球的冰期-间冰期的周期性旋回和人属的演化，对生物圈的影响是决定性的，并导致出现了目前的结构和功能特征。从地质学角度来看，第四纪分为两个世：更新世（卓越的冰川时代）和全新世（始于 11700 年前，冰川融化后的间冰期）。全新世的间冰期与第四纪的其他间冰期不同，因为它受人类影响越来越大，这就是为什么它被定义为更新世之后的不同地质时代。本书重点论述了地质、气候与人类、生态系统和进化方面，特别是气候变化和人类活动如何塑造了生物圈，并改变地球系统各组成部分之间的物理和功能关系，从而导致目前的状况。

大约 10 万年前，地球上的人口可能只有几十万，并且仅限于非洲。大约 12000 年前，地球人口已经增加到约 240 万。1804 年，人类达到了第一个人口高峰 10 亿人，123 年后（1927 年）达到了 20 亿人，仅用 33 年的时间，达到了 30 亿人（1960 年）。此后，用更少的时间达到了 40 亿（1974 年）、50 亿（1987 年）、60 亿（1999 年）和 70 亿（2011 年）人，到 2022 年地球人口已达到 80 亿。

人类人口增加和幸福生活的巨大推动力是科学技术的创新进步。进入全新世以来，人类持续不断的 3 种驯化过程：植物驯化、动物驯化和景观驯化（Landscape Domestication），是人类统治地球的最重要特征。《科学》2022 年 9 月 8 日报道，在公元前 5000 年左右在东非对驴的驯化，帮助人类以后在世界各地建立起了帝国。现在看，马与驴相比，马更受欢迎和有威望，但矮小的驴在人类历史上发挥了巨大的作用。

在 18 世纪末，工业革命开始于英国，并在 19 世纪迅速蔓延到世界各地，标志着人类历史上一个最具决定性的转变，从根本上改变了地球系统的人类能量供给和流动。人类仅仅用了几个世纪就改变了地球系统的所有元素(岩石圈、水圈、大气圈、生物圈和冰冻圈)及其相互作用。化石燃料能源的开发引发了人口、粮食生产、材料消耗和相关废物(包括使用后遗弃的塑料)的大规模扩张。自第二次世界大战结束以来,人类对地球系统的影响不断升级,这一转变被称为"大加速"。与马尔萨斯的《人口原理》预测相反,全球粮食产量的增长一直紧跟甚至超过人口的增长,全球存在大量饥饿人口的原因,不是全球短缺粮食,而是粮食在世界不同区域供给和需求的不平衡引起的。固氮过程的研究发现,在 1908 年至 2008 年间,工业生产的氮肥使地球土地更多地支持了 40 亿人的生活,到 2008 年,氮肥的贡献负责养活了世界 48% 的人口。现在,人类成了地球上占主导地位的自然力量。

50 年前,联合国在斯德哥尔摩举行了人类环境会议。这一里程碑式的事件首次在国际上承认了可持续发展的概念。1973 年 1 月,作为联合国统筹全世界环保工作的组织,联合国环境规划署正式成立。认识到潜在的全球气候变化问题,世界气象组织和联合国环境规划署于 1988 年建立了政府间气候变化专门委员会。联合国千年发展目标是 2000 年 9 月联合国首脑会议上由 189 个国家签署《联合国千年宣言》一致通过的一项行动计划。2015 年 9 月 25 日,联合国可持续发展峰会在纽约总部召开,联合国 193 个成员国在峰会上正式通过了 17 项联合国可持续发展目标,指导 2015—2030 年的全球可持续发展。

森林支持着巨大的陆地生物多样性,提供了一系列有助于社会福祉的生态系统服务。全球森林覆盖面积约 4100 万平方千米,约占陆地面积的 30%。森林在全球碳循环中发挥着重要作用,吸收了约 33% 的人为碳排放。1998 年中国发生特大洪灾后,开始实施了退耕还林工程。退耕还林是历史上我国造林投资最多、参与者最多、公众参与程度最广的造林、生态恢复和农村发展项目。该计划改善了我国大部分地区的生态环境,改善了亿万人民的社会经济状况。然而,由于全球土地使用决策的不确定和气候变化,尤其是热带雨林的破坏,全球森林的未来并不确定。森林面临着巨大的气候风险,可能引发不正常的碳循环反馈,从而加速气候变化,从根本上破坏森林在减缓气候变化中的作用。

25 年前,科研人员对全球生态系统服务的经济价值(即人们从生态系统中获得的利益)进行了估算。随后,全球相关科研人员开展了大量的研究,期望为有无限价值的大自然贴上"价格标签"。现在看,生态系统服务方面的研究,更重要的是需要采用多种方法,对国家和区域生态系统进行健康评估并提出保护和治理对策,例如在人工造林方面,需要利用现代科学技术,加强对造林面积和质量的监测评估。

出身卑微但雄心勃勃的人类,在取得辉煌成就的同时,也对地球系统带来了很大的压力。全球环境问题成为最大的挑战,可能会破坏整个地球系统的稳定,给世界各地的人类社会带来严重后果。全球对日益严重的环境退化,特别是森林砍伐和栖息地破碎化、生物多样性下降和气候变化所产生的各种威胁,表现出前所未有的集体关注。现在需要思考的是,为什么全球治理在很大程度上未能有效应对当今最紧迫的全球环境挑战?有效解决全球环境问题的障碍是什么?全球治理行动者提出的应对这些挑战的解决方案和对策是什么?最终的目标必须是在"地球边界"内为人类创造一个安全的活动空间。

近年来,一系列极端天气条件在全球范围内造成了严重破坏,持续的热浪、森林火灾和危及生命的洪水在全球频发。

2022 年 6 月和 7 月,热浪袭击了欧洲、北非、中东和亚洲,一些地方的温度攀升到 40 摄氏度以上，打破了许多长期记录。史无前例的温度比研究人员预期的来得更快、更猛烈。随着世界变暖，预期未来热浪袭击的频率将更高，温度也会更高。《自然》2022 年 9 月 2 日报道，巴基斯坦正在经历 21 世纪最严重的洪水。该国至少 1/3 的地区被淹，约 3300 万人流离失所，超过 1200 人死亡。研究人员说，这场灾难可能是由惊人的热浪开始的。2022 年 4 月和 5 月，巴基斯坦许多地方的温度长时间达到 40 摄氏度以上。在 5 月的一个闷热的日子，雅各巴德市的气温达到了 51 摄氏度。高温还融化了巴基斯坦北部山区的冰川，增加了流入河流的水量。

《自然》2022 年 9 月 1 日报道，2019—2020 年在澳大利亚东南部肆虐的强烈野火产生的烟雾导致大气温度飙升，可能使臭氧层空洞变大。2019 年的极端干旱引发了前所未有的森林大火，烧毁了 580 多万公顷的森林土地。除了造成灾难性的破坏外，大火产生的烟雾上升到大气中，使澳大利亚上空平流层下部的温度升高 3 摄氏度。在全球范围内，平流层下部的温度上升了 0.7 摄氏度，气温升高持续了 4 个月左右。

随着气候变化使我们居住的地球变暖，全球的冰川正以前所未有的速度融化。大多数山区的冰川正在消退。覆盖格陵兰岛和南极洲的冰盖正在变薄。陆地冰层的急剧减少已经使海平面上升，对生活在沿海地区的数十亿人构成了日益严重的威胁。《美国国家科学院院刊》（Proceedings of the National Academy of Sciences, PNAS）2022 年 9 月 13 日报道，2002 年至 2020 年，南极洲每年减少约 1500 亿吨冰，格陵兰岛每年减少约 2800 亿吨冰。

全球的环境灾难呼唤人类尽快对能源的利用转型。能源是现代社会的生命线。21 世纪，全球能源利用正在经历前所未有的转型过程，以应对面临的能源和环境挑战。这一转型的主要目的是使全球能源系统离开对化石燃料的依赖。可再生能源和低碳技术是这一能源转型的核心。国际能源署预测，要使世界走上与《巴黎协定》目标相一致的道路，需要在 2020 年至 2040 年间将与能源相关的材料产量扩大 6 倍，达到每年 4300 万吨。鉴于缓解气候变化的迫切需要，以及开发矿山和建立供应链的漫长准备期，现在是考虑清洁能源转型的物质需求的时候了。

中国在全球应对气候变化所必需的低碳技术的研究、开发、示范（Research, Development, and Demonstration, RD&D）和制造方面发挥着重要的作用，例如，中国在制造工艺改进、供应链优化和政府深度支持的基础上，有助于大幅降低太阳能光伏发电等技术的成本。五大低碳技术：太阳能、风能、电池、"绿色"钢铁以及碳捕获和封存（Carbon Capture and Sequestration, CCS）方面的创新，正在期待相关科研人员的贡献。目前，中国约占全球锂离子电池产能的 3/4，太阳能光伏产能的 2/3，风力涡轮机及其组件的制造能力占相当大的份额。"使命创新"（Mission Innovation, MI）是 2015 年与《巴黎协定》一起形成的一项国际倡议，期望将各国政府、公共及私营部门和学术界团结起来，以加速在全球部署负担得起和可获得的清洁能源技术。低碳技术的持续创新和发展，必将为社会的进步作出巨大的贡献。

本书以人类世、人类与气候、退耕还林、生态系统服务和可持续发展为主题，系统论述了人类世概念的起源，大加速和地球边界，人类对地球的占领，气候系统与人类文明兴衰，生物多样性与物种大灭绝，气候变化及其对人类的影响，负排放技术，气候行动简史，生态学及相关学科简史，土地退化中性和评估，人类世的塑料和污染物，生态健康指标，退耕还林与生态系统服务，生态系统与人类福祉，景观退化与恢复，开启数字森林的新时代，人类世生物圈管理，基于自然的解决方案，可持续发展和资源管理的未来，21 世纪能源安全与可持续发展等。

地球生物圈是陆地和海洋上非凡而复杂的物种和生态系统网络，它驱动着水和其他物质的生命维持循环，使地球上的所有生命得以繁衍和茁壮成长。人类已经是地球上变化的主导力量，由此产生了被称为人类世的新纪元。人类是否拥有驾驭人类世的集体智慧，为人类和文明以及与我们共享地球的其他生命维持一个宜居的生物圈，是人类面临的最艰巨的挑战。本书对人类可持续发展与自然环境之间的关系进行的综合和跨学科分析，为解决当代的全球环境与可持续发展问题提供了思想，对实现碳中和、保护生物多样性和可持续发展的目标有参考价值，适合相关专业的研究生、有关科研和自然资源管理人员阅读参考。

本书是集体合作撰写的成果，杨成生提出倡议撰写有关退耕还林与可持续发展方面的图书，刘发民负责撰写全书章节的工作，构建了全书章节框架，完成统稿。全书撰写人员是：第一章，刘发民，刘兴驰，王丹，张正卓；第二章，刘发民，王丹，刘兴驰，张正卓；第三章，杨成生，刘发民，王芳，张正卓；第四章，刘发民，杨成生，王芳，张正卓；第五章，杜培东，刘发民，张正卓，杨成生，王芳。马燕玲参加了部分章节的撰写修改工作，审阅了全部书稿，提出了许多有用的修改建议。人类的智慧和思想源远流长，文字知识的传承具有强大的生命力。在编写本书时，主要编著者在多次要放弃的时候，心中总有难舍的情结，就是要在传播科学知识方面作出点贡献，时时激励自己要努力。在本书印刷之际，要感谢编著者克服了许多困难，将几乎不可能的事完成了。当然，也要感谢本书的编辑人员的辛勤努力。

最后，本书在传播人类世的思想方面是独特的，期望读者在阅读完本书后，能够站在新的高度看世界。在浩瀚的文献资料世界里凝练出感兴趣的科学思想和主题是个艰难的过程，尤其是讨论人类世、人类与气候、生态系统服务、退耕还林和可持续发展这些相互关联又跨学科的前沿科学主题，是对编著者知识范围和寻求证据能力的很大考验。因此，书中难免存在缺点和错误，敬请读者批评指正。

刘发民 2023 年 7 月于兰州

目 录

第一章

人类世

人类世是一个拟议的加入地质年代表中的新时代，描述了由于人类活动的影响而引起的整个地球系统功能的断裂。这种破坏地球系统的人类活动必须与那些仅仅改变景观或干扰生态系统的活动分开。这一概念在 20 世纪 80 年代和 90 年代出现在地球系统科学中。它涉及复杂系统的独特特征，并因气候科学而丰富。人类世的思想带来了地层学与地球系统科学的融合研究。

第一节　人类世概述

一、人类世概念的起源

2000 年在墨西哥的一个研讨会上，诺贝尔奖获得者、大气化学家保罗·克鲁岑（Paul Crutzen）不满意一再提到的全新世："别用全新世这个词了！"他打断了别人的发言，"我们现在不再处于全新世了。我们处于人类世。"与会者立即一致认为，地球已经进入了继全新世之后的新的地质时代。由于化石碳的燃烧及其在整个地球系统中的级联效应，大气中二氧化碳浓度迅速增加，这是认为地球已脱离前一个时代的主要原因。

这一新想法很快流行开来，最初是通过克鲁岑发表的两篇短文。世界各地的地球系统科学家的工作很快就围绕这一强大的新概念展开。

在某种程度上，人类世的定义很简单。它指的是最近由于人类活动的影响而导致的整个地球系统功能的断裂。这个定义概念丰富，需要解释。特别是，"地球系统"的概念非常新，经常被误解。能够破坏地球系统的人类活动必须与那些仅仅改变景观或干扰生态系统的活动分开。而且断裂是"最近"的说法，一直是一个激烈的科学争论。

在开始探索这些想法之前，重要的是提醒我们自己，人类世是作为一个新纪元被提出的，将被添加到地质年代表中。地质年代表将地球 45 亿年的历史按重要性的升序分为期、世、纪、代和宙。地球大约在 11700 年前进入全新世，当时地球从冰河时期的冰冻环境开始迅速变暖，是大约 258 万年前开始的第四纪（新生代）的一个世。大约 10000 年前，地球的平均温度稳定在接近 2 个世纪前工业革命开始前的水平。

国际地层学委员会（International Commission on Stratigraphy，ICS）是正式负责决定地质年代表（Geological Time Scale，GTS）划分的机构。地层学是地质学的一个分支，专门研究岩石分层及其特性的科学。2009 年，成立了由地质学家简·扎拉斯维奇（Jan Zalasiewicz）担任主席的人类世工作组（Anthropocene Working Group，AWG），以编写一份关于将人类世作为新纪元添加到地质年代表中以取代全新世的案例报告。人类世工作组现在面临着一个智力上的挑战，因为划分新的世不是由挖掘岩层的地质学家提出的，而是由观察"地面上"地球系统变化的地球系统科学家提出的。地层学和地球系统科学的结合激发了创造性，出现了新的科学见解。现在，关于人类世的正式决定尚未做出，但毫无疑问，关于这一丰富而有力的想法的研究工作将持续增长。

二、地球系统科学

在地球系统科学出现的背景下，才能够正确理解人类世的概念。托马斯·库恩（Thomas Kuhn）的"范式转变"和"科学革命"的语言适用于这种情况。毫无疑问，地球系统科学代表了一种将地球视为一个物体的全新思维方式。

地球系统科学的出现可以用以下术语追溯。这些基础是在 20 世纪 50 年代冷战期间奠定的，当时随着早期计算机的出现，海洋学和大气科学发生了变革和全球化。大区域的数值天气预报直到 20 世纪 60 年代才成为常态，但值得注意的是，全球气候（地球系统的组成部分之一）的概念直到第二次世界大战后才被科学家广泛接受。除了一些推测性的论述外，"气候"以前被认为是一种局部或区域现象。1961 年出版的一本手册认为，"全球气候的概念没有什么意义"，因为两极和热带之间的天气变化太大。

系统生态学是在 20 世纪 60 年代发展起来的，特别是在橡树岭实验室的辐射生态学中心，它本身就是开发原子弹的曼哈顿计划的产物。该实验室成为认识二氧化碳、能源和气候问题的重要中心，导致 1982 年成立了二氧化碳信息分析中心。生物圈的生物物理模型是在 20 世纪 80 年代由俄罗斯科学家与国际应用系统分析研究所和后来在波茨坦气候研究所的西方同事合作开发的。

在这些日益全球化的思维方式中，科学家们开始将地球理解为一个由许多相互作用的"圈层"（大气圈、水圈、冰冻圈、生物圈和岩石圈）组成的整体功能实体。特别是，气候学家建立了一个更深刻的气候概念，认为气候是一种全球现象，而不仅仅局限于大气，因为他们扩大了对海洋-大气环流的理解。

地球作为一个整体功能实体的这一新兴概念将与称为系统动力学的新概念相结合。基于计算机的系统动力学方法是由麻省理工学院的福瑞特斯（Forrester）在 20 世纪 50 年代开发的。最初，它适用于社会制度。罗马俱乐部将其应用于地球作为一个复杂的"世界生态系统"的功能，这导致 1972 年出版了一本颇具影响力和争议的书《增长的极限》。系统动力学为地球科学带来了一些基本概念，将地球视为一个复杂系统而不是一系列因果过程的实体。

复杂系统的复杂性超出了变量之间的关系。这意味着系统不仅仅是其各部分的总和，因为它具有某些本质上难以在数学模型中表示的特性。它们包括：非线性，因此某个地方的微小变化可以带来其他地方的巨大变化；反馈回路，抑制或放大导致系统稳定或失控的变化；自组织，使系统自发地从混沌中创造秩序；属于系统但无法在系统的任何单独元素中找到的属性，因此新事物可以在没有明显原因的情况下出现。

1974 年，詹姆斯·洛夫洛克（James Lovelock）和林恩·马古利斯（Lynn Margulis）引入了盖亚假说，认为生命和地球的非生命环境形成了"一个自我调节系统，维持地球气候和大气成分处于宜居状态"。盖亚概念是地球系统的先驱。自那时以来，这一假说经历了实质性的修改，但其关于地球是一个系统，其组成部分共同演化的基本思想与地球系统科学正在发展的地球概念相近。

与此同时，科学家们一直在开发测量全球过程变化的仪器。有时在科学领域，新的工具会产生新的思维，偶尔也会带来重大的概念突破。应当指出 3 个测量项目：查理斯·大卫·基林（Charles David Keeling）于 20 世纪 50 年代末在夏威夷莫纳罗亚天文台记录大气二氧化碳的变化；从 20 世纪 70 年代开始发射人造卫星监测全球空气污染、土地覆盖和太阳辐射通量的变化；此外，20 世纪 80 年代初开始的南极钻探冰芯的分析。从这些测量项目中获得的见解推动科学家对地球的全球性、复杂性和系统性有了更坚定的理解。

此外，20 世纪 70 年代开始了监测生物地球化学循环的全球计划。关于全球碳（以及其他生物地球化学）循环、温室效应和气候变化的第一份报告，在 1990 年政府间气候变化专门委员会（Intergovernmental Panel on Climate Change，IPCC）的第一份报告中发挥了重要作用。随着气候科学家对全球气候系统的探索越来越深入，他们逐渐认识到气候变化不仅是（甚至主要是）一种大气现象，而且与水圈、冰冻圈、生物圈、甚至岩石圈的变化密切相关，岩石圈表现为地震、火山作用和新的沉积类型。

20 世纪 80 年代，科学家们越来越关注人类活动对整个地球的影响，而不仅仅是对当地或区域环境的破坏。同温层臭氧层空洞扩大和化石燃料燃烧导致全球变暖对生命造成威胁的证据，促使建立了全球监测网络，并通过精心制作的模型探索地球过程各个组成部分之间的相互作用，试图捕捉控制地球的主要过程之间的联系。长期以来，大多数地质界认为人类对地球地质的影响与数百万年来的大规模地质作用相比微不足道，且转瞬即逝。这种普遍看法在 20 世纪下半叶开始改变了。1986 年，地球系统科学的新兴范式导致了国际地圈-生物圈计划（International Geosphere-Biosphere Program，IGBP）的启动。

三、地球系统与人类世

地球系统的各个部分，包括岩石、水、大气都参与到相互关联的循环中，在这些循环中，物质不断运动，并在各种地球过程中被使用和再利用。如果没有环环相扣的循环和再循环，地球就无法作为一个系统运行。在过去 50 年左右的时间里，我们已经认识到地球所有层面的运动，包括地表板块、地幔和地核以及大气和海洋。

20 世纪 90 年代全面出现的地球系统思维是一门综合科学，它将整个地球视为一个统一的、复杂的、不断演化的系统，超越了其各个部分的总和。它是一种跨学科的整体方法，将地球科学和生命科学以及人类的"工业代谢"结合在一起，所有这些都在一种系统思维方式中，特别关注系统的非线性动力学。相比之下，在 20 世纪 60 年代和 70 年代全面兴起的生态思维，是研究生物群落与其所在地环境之间关系的生物科学，虽然生态思维可能会也可能不会借鉴系统概念（许多实用的生态学采用因果思维），但要是没有系统思维，地球系统科学就不可能存在。地球是一个单一的、动态的、综合的系统。

现在我们已经清楚地球系统是什么（以及这个想法何时出现），我们可以对人类世有一个正确的理解。在可能被视为人类世的经典声明中，新纪元的定义是"全球环境中的人类印记现在已经变得如此巨大和活跃，在对地球系统功能的影响方面，它可以与自然的一些强大力量相抗衡"。

克鲁岑构思出人类世概念后不久，就反复提醒我们，只有当能够证明人类对地球系统的功能产生了可检测的影响时，这个概念才成立。值得一提的是：人类世的基本测试是人类活动是否干扰了地球系统作为一个整体的功能，是否超出了自然可变性的范围。争论的焦点大多集中在人类世何时开始的问题上。最初，克鲁岑等人认为它始于 18 世纪末，当时英国开始大规模燃烧煤炭，为工业革命提供动力。最近，人类世工作组认为，新纪元最好从第二次世界大战后的几年开始，那时人类对整个地球系统的影响是明确的。战争结束后的几十年被称为"大加速"，在这几十年中，人类对地球系统的压力的性质、大小和速率发生了急剧的变化。二十世纪中叶是人类与其生命支持系统之间关系发生变化的关键点。自 1950 年以来的人类世时期是人类活动迅速变化的时期。

第二节　地球系统的大加速和人类世

地球系统是一个自我调节的系统，由相互作用的物理、化学、生物和人类组成。在过去的 11700 年中，该系统一直处于相对稳定的状态，被称为全新世。然而，大约在 20 世纪中叶，人类活动包括人口、经济、资源利用、技术的急剧增加，推动了地球系统结构和功能的相应快速变化，在许多方面，这是前所未有的。这种"大加速"成为地球历史上一个新的地质时代人类世的基础。在第二次世界大战后的 60 年中，地球人口增长了 3 倍，全球国内生产总值增长了 9 倍。这些数字反映了地球自然资源消耗的不可持续增长，这一增长被称为大加速。人类使用可再生资源的速度快于可再生资源的更新速度，使用不可再生资源的速度快于找到替代品的速度，遗弃废物的速度快于自然环境吸收废物的速度。地球资源开发的直接或间接结果是人类持续不断地移动地球的物质，人类已经成为目前塑造地球表面的主要地貌因素。使用可再生能源、大力植树造林、恢复受干扰景观中的生态系统以及废物回收利用等缓解措施是建设性的，但还不够。实现完全循环经济可能就足够了，但除非我们容忍生活水平的大幅下降，否则随着人口的增长，这是不可能的。也许人类世最著名的特征是气候变化，在最坏的情况下，气候变化有可能使地球进入温室地球状态。地球系统中的临界点，如格陵兰冰盖的融化和大面积的森林转变为碳含量较低的生态系统，提供的反馈机制使系统的轨迹脱离了人类控制，不可逆转地进入温室地球。地球边界框架基于限制人类对 9 个关键过程的扰动，共同定义了地球系统的稳定状态，为避免温室地球和将地球恢复到全新世状态提供了地球的"安全运行空间"。

一、什么是地球系统

我们都熟悉我们的家园地球，但地球系统的概念常常让人们感到惊讶。世界各地的土著文化通常将我们的家园视为一个单一的系统，而生命本身就是这个系统的一个组成部分，在整个系统的功能中扮演着积极的角色，而不仅仅是地球上一个碰巧拥有适当生命条件的乘客。

人类已经成为分解地球系统并更详细地研究其组件的专家，通常使用因果逻辑来理解系统的一部分是如何工作的。这是帮助当代社会变得更富裕、更健康和更强大的一个重要工具，因为我们有能力为人类的利益操纵、控制和改变我们周围的环境，但往往以牺牲地球上其他生命为代价。

认识到地球是一个单一的系统，是我们当代社会的一个最新发展。生命帮助形成了气候，驱动了地球上巨大的元素循环，并在不同的时代引导着地球的轨迹。地球系统是一个由所有生物及其相互作用的环境组成的实体。20世纪80年代，美国国家航空航天局（National Aeronautics and Space Administration，NASA）全球变化研究计划进一步发展了地球系统的概念。这项研究工作最具影响力的成果之一，是以系统图的形式对地球系统进行了可视化（图1-1）。这个图在当时是革命性的，因为它表明生物圈对地球系统和自然气候系统同样重要。特别是，它强调了生物地球化学循环在整个地球运行中所起的重要作用。

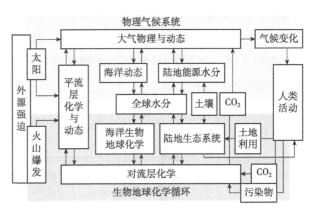

图1-1 美国宇航局的"布雷瑟顿"地球系统图

在过去20年中，地球系统科学蓬勃发展，利用各种研究工具迅速建立了广泛的知识库。观测和实验研究了该系统快速变化的动态，而对古时候状况的研究提供了一个长时间序列的基线，可以对比当前的变化。各种类型的模型既能解释观测到的变化，又能预测未来地球系统的潜在轨迹。通过综合评估和汇集大量信息，可以为决策者和公众提供报告和建议。人类是地球系统中一个突出的、完整的领域。人类圈的核心是生产或消费要素，我们庞大的全球化经济，受日益同质化的文化、价值观和信仰的影响。知识、科学和技术是生产和消费的机器的直接驱动力，而制度和政治经济则是保障其顺利前进的车轮。人类圈在许多方面与岩石圈和生物圈相互作用，现在已经成为整个地球系统变化的主要驱动力。

我们面临着一个令人生畏的问题。我们的生命支持系统由我们呼吸的空气、我们喝的水、提供我们食物的土壤以及碰巧既不太热也不太冷的气候组成，这个系统现在受到了威胁。我们正在破坏土壤及其不可或缺的微型动物群，向大气中排放温室气体，使气候变暖，遗弃能重复使用的废物，并以其他方式污染空气、土壤和水。由于气候变暖，海平面正在上升；飓风、洪水、热浪和野火正在夺去人类和野生动物的生命，破坏基础设施；恶劣天气变得越来越普遍，改变了地貌过程，对基础设施造成了广泛的破坏。尤其令人担忧的是物种灭绝的惊人速度，这是不可逆转的。

二、人类能力的演化

智人生来就是在移动地球的物质，并以其他方式改变环境，使生活更轻松，提高生存机会。近50万年前，我们的直系祖先直立人建造了季节性住宅，墙壁由小石块支撑，地基和地板由碎石建造。毫无疑问，他们也会捡起石头扔，挖掘土地获取块茎和其他营养食物。在旧石器时代中期，大约10万年前，地球上的人口可能只有几十万，并且仅限于非洲。然而，到大约12000年前，地球人口已经增加到约240万，人们已经到达西欧。那时，他们已经学会了用特定的岩石类型制作工具。他们在我们现在称为英格兰的土地上寻找燧石，用骨头和鹿角制成的挖掘工具挖出了10多米深的矿井，通往10米长的坑道。此时，中石器时代智人的狩猎-采集生活方式正逐渐过渡到新石器时代的农业生活方式。

与向农业生活方式过渡相关的森林砍伐和土壤耕作产生了3个重要的意想不到的有害影响：①土壤侵蚀增加；②森林封存的二氧化碳减少；③通过燃烧释放二氧化碳。在约7000年前时，大气中的二氧化碳水平开始上升，这可能是后两种情况的结果。相比之下，在早期间冰期，在冰期-间冰期周期的这一点上，二氧化碳仍在下降（图1-2）。支持这一假设的观察结果是，在疾病或冲突导致的人口下降期间，当农场被放弃并开始恢复森林时，二氧化碳水平实际上下降了(图1-3)。在约5000年前时，大气甲烷也开始上升，而在早期间冰期，它在间冰期的这一阶段继续下降(图1-2B)。这一上升归因于原始水稻种植的出现。大气二氧化碳和甲烷的增加可能足以阻止新一轮大陆冰川作用的开始。

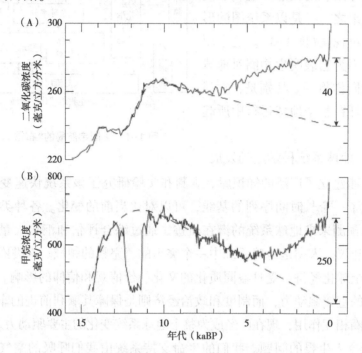

图1-2 全新世记录的(A)二氧化碳和(B)甲烷的大气浓度

注：虚线显示了前几次间冰期的典型趋势。

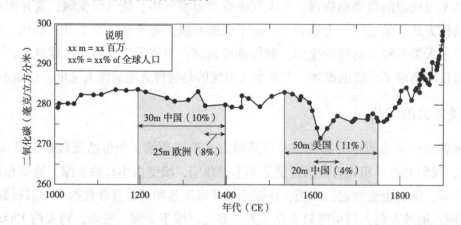

图1-3 由于疾病或冲突，大气中二氧化碳的减少与世界人口的减少是一致的

注：双头箭头显示人口下降的持续时间；箭头框显示了数百万人口下降的幅度、涉及的地区和世界人口损失的百分比。

同样在5000年前左右，当时全球人口约为4500万，人类发现铜可以熔化，当向熔化的铜中加入少量的锡时，就会形成一种称之为青铜的合金，这开启了青铜时代。青铜的硬度足以用于军事武器，但价格昂贵。在3000年前左右，当世界人口增加到1.15亿时，有了可以熔炼铁的更高炉温的熔炉，就此开启了铁器时代。铁在地球上更丰富，因此价格更低，所以它被用来制造农具和其他普通人能购买得起的运土工具。这些金属的开采导致能够在采矿作业中大量移动土方的工具——车轮的出现，促进了矿石和其他货物的运输。使用车轮的手推车需要道路，修建道路需要移动大量的土方。

　　农业使人们得以在村庄更为永久的定居。随着一些村庄转变成城市，大部分建筑都是用石头建造的，这就需要采石。随着时间的推移，新的基础设施在旧的基础上建立起来，大量的泥土材料带进城市，它们堆成了小山，其中一些超过40米高，直径1千米。城市也需要生活用水和交通用水。因此，开凿了运河，修建了渡槽（图1-4）。后来，工程师们利用了蒸汽，然后是内燃机。这提高了采挖和运输土方的工程效率。工业革命的这些引擎需要能源，首先导致进一步的森林砍伐以获取木材作为燃料，然后是增加煤炭开采量，最后是石油的开采。能源消耗与人口数量同步显著增长。因此，二氧化碳和甲烷以及有毒微量金属（如镉、铬、钼、镍、锑和锌）的排放量也有所增加，至公元1780年，这些有毒金属沉积到了遥远的喜马拉雅山脉的达索普冰川。人类对地球物质的移动量急剧增加。

图1-4　罗马东南部5条罗马渡槽的交汇处

注：右侧结构中有3个单独的渡槽（管道）（见横截面），左侧结构中有2个。罗马渡槽的总长度为350千米，其中47千米位于地面之上。该地区现在是托尔·菲斯卡尔公园，以交叉口上方的塔楼命名，部分塔楼仍然矗立。

　　人类的生物地貌工作在概念上与许多其他生物的工作没有什么不同，它们通过挖洞、堆各种各样的土堆、筑坝和改变水道来改变地球表面，以满足自己的方便和舒适。然而，人类活动的累积地貌效应产生了独特的地貌和景观组合。因此，在许多地方，我们今天看到的许多小规模地形是人类活动的直接或间接结果。一个例子是由土地清理和植被破坏导致的沟壑纵横和土壤侵蚀，这一问题自约2400年前柏拉图时代就已被认识。美国大西洋中部溪流沿岸数千个细粒度的漫滩和阶地，并非如先前所认为的是欧洲移民前的自然地貌，而是17至19世纪水闸坝的填充物。

三、大加速

　　大约20万年前，智人从非洲进化以来，现代人类一直是地球系统的一部分，在超过90%的时间里，智人的数量很少，只是狩猎采集者。生活是充满挑战的，因为大部分时间都是在寒冷干燥的冰河时代度过的。但到了最后一个冰河时代，20000-25000年前，人类已经扩散到地球上除了南极洲以外的每一个大陆。幸运的是，地球系统为人类提供了良好的生存环境，进入了一个异常漫长的间冰期，地层学家称之为全新世。

　　全新世相对稳定、温暖、湿润的环境让一些人类在10000年到12000年前发展农业，生产过剩的食物，在一些地方定居，发展村庄，然后发展城市，构建更复杂的技术和经济。在全新世早期，人们发展了书面语言文字，使大量知识能够传播并流传给后代。动物和植物的驯化增加了，同时利用火将森林转化为农田。然后，在 18 世纪末，工业革命开始于英国，并在 19 世纪迅速蔓延到世界各地，标志着人类历史上一个最具决定性的转变。然而，工业革命很快就被 20 世纪和 21 世纪的大加速所超越。

图 1-5 是从 1750 年工业革命开始前到 2010 年人类事业的发展，用 12 个指标(社会经济趋势)描述了人类活动，包括人口、经济、资源使用、运输和通信。所有这些指标(人口、GDP、外国直接投资、城镇人口、初级能源使用、肥料的消费、大坝、水的利用、纸的生产、交通、通信、国际旅游)在工业革命时期中的增长是显而易见的，但 1950 年后大加速的崛起是引人注目的。尽管人口急剧增长，但它被全球经济的增长(与资源使用密切相关)以及通信、运输和金融技术的增长所赶超。这可以很好地描述为人类活动的爆发，这是地球以前从未经历过的。

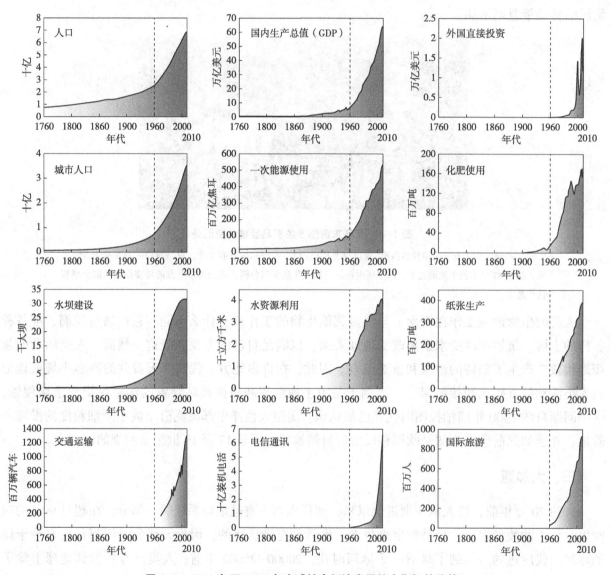

图 1-5 1750 年至 2010 年全球社会经济发展综合指标的趋势

大加速的结构、人工制品、网络和机构让许多人享受到了过去只能是梦想的生活。但大加速的成果所付出的代价越来越明显，也越来越具有威胁性。图 1-6 是 1750 年至 2010 年的一组相应的 12 张图，描述了地球系统的结构和功能。前 6 幅图描述了岩石圈的重要组成部分，即系统的非生命部分，其中包括大气的气体成分、海洋的化学成分、平流层臭氧和物理气候系统。后面 6 幅图描述了生物圈的重要特征，地球的生命部分，这些包括陆地和海洋生态系统以及连接它们的海岸带。它们一起描述了我们的地球家园。

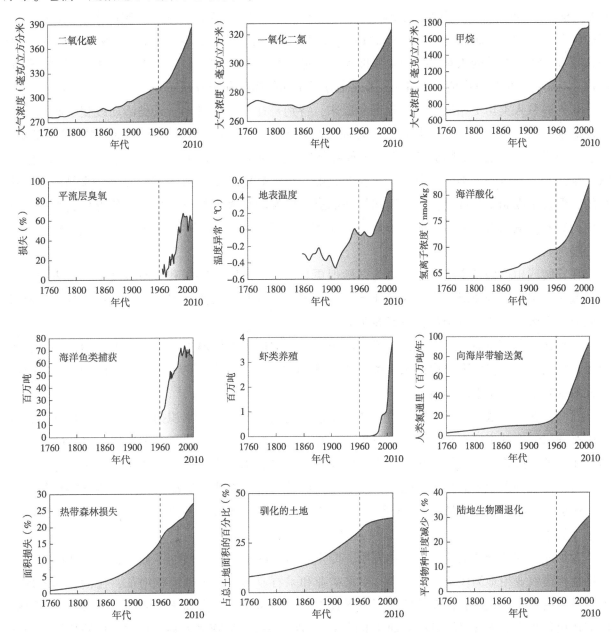

图 1-6　1750 年至 2010 年地球系统结构和功能指标的趋势

虽然所有这些数字并不是都显示了 1950 年前后的急剧不连续性，但它们仍然具有惊人的意义，原因有二。首先，地球系统所有 12 个生物地球物理特征的指标，已经超出了全新世的正常变化范围。其次，所有这些轨迹的主要驱动因素是各种类型的人类压力，而不是地球系统的自然变化。

然而，这些图掩盖了一个事实，即大加速并非由所有人类共同推动，而是由生活在经济与合作发展组织（简称经合组织）国家 [成立于 1961 年，现有成员国 38 个，总部设在巴黎。20 个为 1961 年的创始成员国，它们是：美国、英国、法国、德国、意大利、加拿大、爱尔兰、荷兰、比利时、卢森堡、奥地利、瑞士、挪威、冰岛、丹麦、瑞典、西班牙、葡萄牙、希腊、土耳其。18个后来加入的成员，它们是（括号内为入会年份）：日本（1964年）、芬兰（1969年）、澳大利亚（1971年）、新西兰（1973年）、墨西哥（1994年）、捷克（1995年）、匈牙利（1996年）、波兰（1996年）、韩国（1996年）、斯洛伐克（2000年）、智利（2010年）、斯洛文尼亚（2010年）、爱沙尼亚（2010年）、以色列（2010年）、拉脱维亚（2016年）、立陶宛（2018年）、哥伦比亚（2020年）、哥斯达黎加（2020年）]的相对较少的人数推动的。尽管只有19%的人口生活在经合组织国家，但他们占全球GDP（世界总产值）的74%，因此主导了全球的商品和服务消费。

与大多数人类历史相比，自工业革命以来，特别是在大加速时期，人类活动改变了相当一部分地球地表的地形和功能，产生了易于识别的地貌和景观。人类是侵蚀、搬运和沉积的主要媒介。目前，激光雷达、航空摄影测量、卫星图像和其他形式的高分辨率地形数据正用于记录这些地貌。露天采矿是二战以来人类活动引起的地貌变化的一个很好的例子。虽然露天开采一直是由人类进行的，但技术限制了其规模。二战期间炸药的进步以及随后大型机械的发展，使得矿石采挖和运输更为容易，从而形成了今天的大型矿山和采石场。地下采矿（或地下水开采）也可能导致沉降，并伴随地貌效应。

在丘陵或山区修建道路的影响更为微妙但更为广泛。道路的路堤和路堑改变了径流方向，扰乱了数千年来形成的地形平衡。这可能导致沟壑发育，甚至导致浅层滑坡。在某些情况下，滑坡发展成泥石流，影响下游相当长距离的河道。

大加速对我们生命支持系统也有显著的影响，人类通过稍微增加用于农业的土地面积，就养活了几乎增加了3倍的人口中的大多数。大加速期间，GDP增长了9倍，而人口仅增长了3倍，这大概反映了生活水平的提高。

然而，在大多数情况下，我们的生命支持系统受到越来越多的累积损害。在大加速期间，几乎所有衡量影响的指标都有所增加，一些指标的增长率达到了2位数甚至3位数。与人口和GDP增长相关的是废物生产、能源和化肥使用以及甲烷和二氧化碳排放量的成倍增长，所有这些都导致了污染和物种灭绝率的激增。此外，太多的人口增长集中在缺乏资源支持这一增长的较贫穷国家。这迫使远距离移民增加了近70倍，导致种族冲突加剧。即使在富裕国家，国内生产总值的增长也不是平均分配的，富人和穷人之间的差距正在扩大。

大加速期间的全球土地利用变化表明，专用于道路的土地面积增加了数倍；城市地区，往往以牺牲优质农业用地为代价；在美国，受采矿业和采石业影响的土地面积增长，在世界其他地区也有类似的增长。在所有这3种情况下，增长率在大加速期间大大高于前60年。此外，在美国，住宅建设过程中的土方采挖量在大加速的前30年翻了一番，尽管最近趋于稳定。堤防建设、非住宅建设和海岸线硬化在地貌上也是重要的，但都会对生态系统造成严重后果。

人类活动促成了气候变化。森林砍伐减少了森林对二氧化碳的吸收。人口增长增加了对化石燃料燃烧产生的能源的需求，从而增加了二氧化碳和甲烷的排放。水库表面积的增加减少了陆地植物（现在淹没在水中）的二氧化碳吸收，细菌分解这些水下陆生植物和下层土壤中储存的有机碳，从而增加甲烷的排放量。人类甲烷排放中约20%可能来自水库。由于这些不同的影响，大气中的甲烷含量以指数速度增加，大气中的二氧化碳含量以超指数速度增加。地球的平均温度现在比工业化前的水平高出1±0.2摄氏度，到2052年有望超过1.5摄氏度。至2020年，有记录以来最温暖的19年发生在过去20年。作为全球变暖的结果，猛烈的风暴变得越来越普遍；干旱区域变得越来越干燥，导致火灾增加；潮湿地区变得越来越潮湿，造成广泛的洪水破坏；由于大气中二氧化碳的增加，树木减少了蒸腾需求，地面水分也在增加，因此气候相对稳定的地区正在经历更多的洪水。

这些气候变化将对景观产生重大影响。更潮湿的气候将导致河流流量增加，尤其是在冬季和春季，猛烈的风暴将增加河流高流量的频率。同时，在更干旱的气候条件下，低流量河流通常会降低流量，一些常年性河流会变得断断续续。河流断流将对供水、航运、水力发电和淡水生态系统产生重大影响。随着时间的推移，在越来越潮湿的气候中，预计较高的流量会增加河流的宽度、深度和流速，以及河岸侵蚀和河曲迁移的速率。在这些调整发生的时间内，洪水将更加频繁。

人类改造土地（和破碎化）对生物多样性有害，因为地表地质、地形和生物群发生了不可逆转的变化。由于人类活动，100 多万物种濒临灭绝。大型恒温动物、食肉动物、食真菌动物和昆虫都受到不成比例的影响；与自然栖息地相比，它们的数量减少了 25% 到 50%。小型变温动物遭受着人类改造的土地表面温度大幅升高的痛苦。一些捕食者的消失增加了啮齿动物传播人类疾病的风险。栖息地的丧失导致形成土壤、为植物授粉和清除水中有毒物质的微生物和昆虫数量不成比例的减少。传粉者的损失影响了我们的粮食安全。这些不同的功能群中的每一个都对生态过程做出了独特的贡献，因此对生态系统功能以及我们所依赖的许多生态系统商品和服务的影响是显著的，并且是复杂的。因此，人类的福祉甚至生存都受到了威胁。

这些变化导致了我们这个时代一个巨大的悖论。我们采用科学技术战胜了许多疾病，从而提高了我们的预期寿命，这是人类的一项伟大成就。然而，到目前为止，人们很少关注这样一个事实，即由此产生的人口激增、对土地和资源的消耗和产生的大量废物，正在严重恶化我们的环境。越来越多的健康人生活在不断恶化的生态系统中，这是不可持续的。

四、人类世

我们人种已经在地球上生活了大约 400 万年，早期生存条件远不如今天的好，我们人类经历了这么长的时期，都是在螺旋式进步的。

我们人类的第一个已知的早期亲属是"Ardi 阿迪"（*Ardipithecus ramidus* 地猿始祖种）和"Lucy 露西"（南方古猿阿法种 *afarensis*）的出现开始。直到最近，被认为拥有 300 万年历史的露西化石是第一个人类祖先，但她被 400 万年的阿迪所取代，他们都是在非洲的埃塞俄比亚发现的，非洲是人类的发源地。大约 200 万年后，Ardi 和 Lucy 的后代在开始使用工具时变得更聪明。他们使用石头，然后是原始的斧头和砍刀，操纵着他们的世界。大约 5 万到 11000 年前，我们的祖先成了这个星球上第五次大灭绝事件背后的推动力。几乎以"巨型"名字命名的动物都被铲除了，例如在南美洲、北美洲、澳大利亚和亚洲部分地区发生的巨型树懒、巨型袋鼠和巨型犰狳等巨型动物灭绝，但奇怪的是，不是在非洲。

当我们在大约 11000 年前进入"新石器时代"时，随着中东农业的出现，工具开发取得了进步。大片的森林被皆伐，田地被耕种，河流水被引到水渠，以支持驯化生产大量作物和动物，现在这些都是我们餐桌上的食物。

随着工具的进步，"工业革命（1750—1900 年）"进一步推动其发展，因为由燃烧化石燃料（煤和石油）提供动力的机械以加速度方式提高了加工物品和服务的能力。

这些进步带给了人类许多舒适的生活：管道设施、温馨家园和更有效的药物。人类的人口数量开始大量增长，人类自己驱动达到第一次人口"金钉子"高峰——10亿人（1804年）；又花了123年（1927年）达到了20亿人的高峰；然后仅用33年的时间，达到了30亿人（1960年）的高峰；甚至用更少的时间达到了40亿（1974年）、50亿（1987年）、60亿（1999年）和70亿（2011年）；到2023年已达到80亿的峰值。人类导致的另外峰值是爆炸了第一颗原子弹（1945年），塑料的引入，以及发展中国家（20世纪50年代）广泛的农业机械化。

为了给人类提供食物和水，人类开始越来越多地占用自然生态系统土地，将其转变为农田和工业生产用地。道路建造便利使人们到达除世界上最偏远角落以外的所有区域。农业化学品（化肥和农药）促进了"绿色革命"，这有助于养活全世界的人口，但却以污染土地和海洋为可怕的代价。直到20世纪70年代，人们很少或根本没有关注过污染问题。在不到一个世纪的时间里，塑料和其他废物的积累现在成为推动生态系统极限消耗的人类世的确定标志。

目前，地球人口的数量现在已超过80亿，而且数量仍在增加。可以说，我们过着比100年前我们的曾祖父母更健康的生活（至少更长寿），而且我们有比我们想象的更多的小玩意儿可以玩。但这些获得是以不可挽回的地球退化为代价的，其后果通常是不可逆转的。

20年前，大气化学家保罗·克鲁岑因其在揭示臭氧空洞的化学性质方面的工作而获得诺贝尔奖，他对过去几个世纪人类对地球造成的巨大变化感到震惊。在2000年初的国际地图生物圈计划（International Geosphere Biosphere Program，IGBP）会议上，他认为使用"全新世"一词作为地球系统当前状态的描述不妥，强烈建议地球系统已经离开了全新世，进入了一个他称之为"人类世"的新纪元。这是一种改变科学研究进程、挑战人类对自身及其在地球上作用的认识的深刻见解。

IGBP已经宣传了"全球变化"一词，并认为它的使用与气候变化截然不同。尽管气候变化在公众中吸引了更多的关注，但人类驱动的地球系统变化远远超越了气候变化。尤其重要的是人类驱动的生物圈变化：迅速增加的物种灭绝率，改变了地球大面积的陆地表面，使海洋充满了污染物。这些变化如此之大，以至于有科学家认为我们现在正处于地球生命进化的第三阶段。"技术圈"的迅速崛起及其在推动整个地球系统变化中的加速作用，强调了地球已离开了全新世，现在处于人类世的论点。

随着2009年人类世工作组的成立，地层研究界接受了这一挑战。由Jan Zalasiewicz和科林·沃特斯（Colin Waters）领导的人类世工作组花了十年时间，系统地研究了证据，证明地球事实上已经离开了全新世，现在进入了一个新纪元，即人类世。但工作组对人类世研究采取了更为广泛和包容的方法，其成员除了地层学专家外，还包括广泛的学者，有地球系统科学家、治理专家、人文学者、法律专家、社会科学家和历史学家。该小组在其十年的工作中发表了大量的论文，并于2019年就其成立所围绕的最终问题进行了正式的、有约束力的投票：人类世是否应该在地质时间尺度上正式确定？人类世的起始日期应该在20世纪中期左右吗？

特设工作组对这些问题进行了长达10年的激烈辩论，在这期间表达和辩论了许多强烈的感受。投票结果出人意料地具有决定性，对每个问题的回答都是29票赞成，4票反对。这项具有约束力的投票使得特设工作组向其上级机构提出了建议，等待上级机构批准投票结论，正式确定人类世，将其纳入地质时间尺度，也就是在1950年左右结束全新世。

不管正规化过程的最终结果如何，人类世已经在自然科学界之外引起了巨大的兴趣和讨论。这促使人们更深入研究人类在全新世对地球的影响，例如，有人提出，大约7000年前的早期农业可能已经排放了足够的二氧化碳，从而推迟了下一个冰河期的到来。尽管如此，人类世在20世纪中期开始日期的证据是压倒性的。人类世开始的潜在标志物比比皆是，包括原子弹试验产生的放射性核素；冰芯中的氢和氧同位素；沿海海洋沉积物中的硝酸盐；塑料；合成纤维；技术化石；物种灭绝率；还包括地铁系统的城市地层；西班牙海岸线的混凝土墙；甚至从 1950 年到现在鸡骨头大小的变化。"人类世"也在艺术界引发了巨大而富有创造性的反响，成为几部电影、卡通和歌曲的主题，并将其名称用于命名世界各地的咖啡馆和酒吧及其产品。

五、气候变化

与人类世相关的最著名的现象是气候变化，它最终是由地球表面能量平衡受到破坏引起的。气候变化的主要驱动力是大气中吸热气体浓度的增加，这提高了地球表面的温度，并通过复杂的影响和反馈网络，导致地球系统的结构和功能发生一系列其他变化。

最重要的吸热气体或"温室气体"是二氧化碳，主要通过燃烧化石燃料(煤、石油和天然气)排放。其他人为引起的二氧化碳排放源于土地清理和土地退化。自工业革命开始以来，人为二氧化碳排放量一直在上升，2019 年达到创纪录的 117 亿吨碳，即 429 亿吨二氧化碳。其中约 87% 来自化石燃料燃烧，其余来自土地利用变化。

虽然二氧化碳是最重要的温室气体，但甲烷和一氧化二氮(N_2O)以及其他一些气体也很重要。由于这两种气体吸收不同数量和波长的红外辐射(从地球表面释放的热量)，并且在大气中的寿命不同，因此，在估计它们对气候的影响时，需要将它们的全球变暖潜能转换为基于二氧化碳在 100 年期间升温的标准潜能。由此产生的人类对地球温室效应的总体影响被标准化为"二氧化碳当量"浓度。2020 年 11 月大气的二氧化碳浓度值为 413 毫克/立方分米，而更完整地捕捉人类对气候系统的影响的二氧化碳当量浓度，在 2017 年达到了 491 毫克/立方分米。如果将人类排放的气溶胶(能够散射入射阳光的大气中的细颗粒)的冷却效应计算在内，2017 年的二氧化碳当量浓度将变为 454 毫克/立方分米。

人类排放的温室气体和大气中这些气体浓度的变化之间的联系，以及由此引起的气候系统变化是气候政策的核心。特别是，排放量与由此导致的全球平均气温上升之间的联系至关重要。"碳预算"方法是一种科学稳健的方法，用于估算达到预期温度目标所需的温室气体减排水平，例如，《巴黎协定》1.5 摄氏度或"远低于"2 摄氏度的目标。该方法基于自工业化开始以来(通常为 1870年)所有人类来源排放的二氧化碳累积量与全球平均地表温度升高之间的近似线性关系。一旦消耗完了碳预算，排放量就必须达到净零，才能达到低于预期升高的温度目标。

有几个关键的不确定性领域会影响达到温度目标所需的碳预算：

一是达到目标的可能性。达到给定温度目标(如 1.5 摄氏度)的概率越高，就意味着越小的碳预算。通常采用 66% 或更高的概率。

二是核算其他温室气体。假设产生二氧化碳当量的其他气体(例如甲烷和一氧化二氮)以与二氧化碳相同的速率减少。如果这些气体没有减少，或者减少速度比二氧化碳慢，那么二氧化碳预算必须相应减少。也就是说，需要进一步减少二氧化碳排放，以补偿持续排放的非二氧化碳气体。

三是考虑气候系统中的反馈。碳循环的反馈，如永久冻土融化或亚马孙雨林向稀树草原的转换，都有可能向大气排放碳，这在碳预算方法中没有考虑。包括这些项目的估算，将进一步减少碳预算。

在此，根据 2020 年初的剩余碳预算，将其应用于《巴黎协定》1.5 摄氏度的较低目标。采用

66%的概率满足温度目标，并使用 IPCC SR1.5 碳预算分析作为框架。IPCC SR1.5 预算是从 2018 年 1 月 1 日开始的，而不是像 IPCC AR5 预算那样从工业革命开始的。

2018 年 1 月 1 日起的基本预算 1550 亿吨碳，减去非二氧化碳温室气体核算 250 亿吨碳，2018 年和 2019 年的历史排放量 230 亿吨碳，碳循环反馈 700 亿吨碳，净零排放的剩余预算就是 370 亿吨碳。从这一分析中得出的结论是，目前《巴黎协定》1.5 摄氏度的目标已经无法实现。

是否仍有可能达到高于 1.5 摄氏度但低于 2.0 摄氏度的巴黎目标？假设温度目标为 1.8 摄氏度，基本预算现在约为 2800 亿吨碳，估计的碳循环反馈约为 980 亿吨碳。留下了 1340 亿吨碳的剩余预算，按目前的排放率计算，约为 11.5 年。

这些碳预算分析虽然存在很大的不确定性，但表明一些国家通过的到 2050 年实现净零排放的绿色新政目标为时已晚，除非在下一个 10 年实现非常高的减排率，并在 2050 年之前实现非常低的排放量。在任何情况下，累积排放总量必须保持在约 1300 亿吨碳以下。此外，如上所述，《巴黎协定》1.5 摄氏度的目标现在无法实现，这意味着现在没有"安全"的气候未来。现在能达到的最佳结果是保持在略低于 2 摄氏度的温度，这一结果将给人类社会带来重大挑战，并对自然世界造成严重影响。

六、地球边界

随着人口和经济的增长，全球社会变化的速度不断加快。这些变化日益改变着环境。地球边界是地球系统功能中人为变化的可容许上限。它们是"增长的极限"，但更确切地说是从功能角度而不是从资源充足性角度而言的，即使它们的违规行为通常是由过度使用资源造成的。地球边界概念的功能性方法增值的一个常见例子是，化石能源使用的临界阈值是由其对气候的影响而不是化石能源资源的充足性决定的。地球边界内的食物供应也受到限制，更多的是因为减少了过量使用磷，而不是因为储量或人口增长。地球边界概念为可持续性提供了基于科学的量化方法。它们量化了人类的安全生态空间，但不考虑社会可持续性。平等是社会可持续性的核心。离地球边界的距离在空间生态上有所不同，但也有财富的历史差异。因此，资源以及粮食、能源和水的重新分配有助于返回并保持在地球边界之内。如果在不改变现有粮食体系的情况下，立即减少用于填补全球粮食缺口的资源，将会使粮食安全崩溃。然而，为了在人类安全和公正的空间内确保粮食安全，粮食系统存在着许多潜在的变化。例如，减少饮食中以动物为基础的食物，或通过食用昆虫、藻类和微生物食物，使食物与土地利用脱钩，避免浪费，回收残留物，并在农业中封存碳。

自 20 世纪 50 年代以来，地球边界的概念以许多早期概念为基础逐步演变，这些概念意味着人类突破了系统完整性的临界水平。临界阈值或"临界点"表示地球系统调控能力设定的限值。在主要地球系统过程中，是由人类引起的变化水平，超过这一限值，在地球尺度上，就会发生难以逆转的不可预测的突然的环境变化，并且人类已经突破或正在威胁这些变化，当前，导致的变化跨越了其中几个临界上限，中断了人类文明发展的全新世 10000 年相对稳定的时期。地球进入了人类世的新时代，意味着人类共存和进一步发展的可能性具有极大的不确定性。

"全球思考，本地行动"的口号是环保主义者的最爱。它被用来以简单简洁的方式表达这样一个事实，即气候变化的全球环境问题是由我们每个人在本地的行动造成的。虽然这一口号在气候变化方面得到应用，但它也适用于地球面临的整个危机。然而，更广泛的全球问题的广度和关联性并不容易把握。

地球各系统之间的相互联系，以及它们如何相互影响，目前还没有得到普遍的理解。就拿水这个地球的系统为例，从本地和全球层面来看，我们都处于危机时代。在本地一级，城市棚户区存在一些问题，居民没有自来水或卫生设施。有些人面临干旱和洪水的威胁，迫使他们离开他们居住的地方，最终导致沦为水难民。在全球范围内，人口的增加需要增加农业生产，从而使用更多的淡水资源。这又导致地下含水层枯竭和地下水位下降。工业产量的增加也造成了自然水源的污染。湿地的减少、大坝建设和城市化对环境退化和生物多样性产生了影响。其他全球因素包括冰川融化、海平面上升和荒漠化。可以看到，为了充分了解当地与水有关的问题，现在已经超越了水资源的讨论话题，进入了其他领域，如人口水平、粮食生产方法、野生动物减少和对自然的干扰、海平面上升、土地使用等。

科学家已经作出了许多努力，来提出一个包括地球面临的所有环境威胁的概念或框架。这些努力包括联合国千年发展目标（Millennium Development Goals，MDG）和联合国可持续发展目标（Sustainable Development Goals，SDG）。然而，斯德哥尔摩大学斯德哥尔摩恢复力中心（www. stockholmfresilience. org）提出并开发的框架可能是最有用、易于使用和最不烦琐的框架。这就是所谓的"地球边界"系统。

该报告首次发表于 2009 年，是对人类和地球生态系统可持续性面临的所有主要环境威胁进行的综合评估。它以科学为基础，确定了控制地球系统稳定性和恢复力的 9 个过程和系统，陆地、海洋、大气和生命的相互作用，共同提供了我们社会赖以生存的条件。地球边界框架源自科学证据，即地球是一个单一、复杂、完整的系统，也就是说，边界作为一个相互依存的集合运行。地球的运行方式是，这些过程及其相互作用可以产生稳定或不稳定的反馈。这对全球可持续性具有深远影响，因为它强调需要同时处理多种相互作用的环境过程（例如，稳定的气候系统需要可持续的森林管理和稳定的海洋生态系统）。在这样做的过程中，它提出了一个框架，使地球的复杂性和地球系统的相互联系能够以一种有用、可理解和全面的方式得到处理。这些系统和过程都应保持在固定的可测量边界内，以降低地球系统发生不可逆转和潜在灾难性变化的风险。这些边界定义了全球范围内环境影响的上限。该框架与全球尺度的地球系统过程有关。这是一种考虑多种人为、全球和环境压力的实用方法。越界增加了人类活动将地球系统推入不稳定状态的风险，破坏了减贫努力，并导致世界许多地区，包括富裕国家的人类福祉恶化。迄今为止，9 个地球边界中有 8 个已经量化了边界。人类活动已经跨越了 4 个地球边界，其中 2 个，即气候变化以及生物多样性丧失和物种灭绝，被视为"核心边界"。地球核心边界是指当它被突破时，产生的结果是将地球系统推向一个新的状态。随着地球系统超越地球边界，进入风险不断增加的区域，生态系统可能会发生迅速而剧烈的变化，影响海洋酸化、富营养化和环境温度。随之而来的变化将对农业生产、基础设施和人类健康构成威胁。

9 个地球边界是：气候变化，生物多样性丧失和物种灭绝，平流层臭氧消耗，海洋酸化，磷和氮循环（生物地球化学流），土地系统变化（如森林砍伐），淡水资源利用，大气气溶胶负荷，化学污染（如有机污染物、放射性物质和塑料）。

9 个地球边界或"安全界限"被确定为人类活动变化的最关键边界（图 1-7）。两个地球边界已经被超越或处于高风险之中，即生物圈完整性（生物多样性丧失和物种灭绝）和生物地球化学（营养）流。其中 3 个处于不确定区域或风险增加，即土地系统变化、淡水资源利用（可能已经越界）和气候变化。

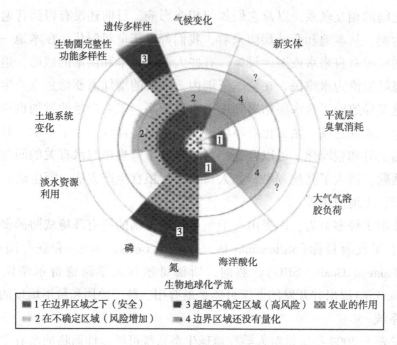

图1-7 9个行星边界和农业在其地位中的作用

图例：
- 1 在边界区域之下（安全）
- 2 在不确定区域（风险增加）
- 3 超越不确定区域（高风险）
- 4 边界区域还没有量化
- 农业的作用

(一)气候变化

《联合国气候变化框架公约》(United Nations Framework Convention on Climate Change, UNFCCC)将气候变化定义为：人类活动直接或间接改变全球大气组成的气候变化，以及在可比时期内观察到的自然气候变化。气候系统的变暖是显而易见的，正如现在对全球平均气温和海洋温度升高、冰雪广泛融化和全球平均海平面上升的观察所表明的那样。气候变化的地球边界设定为大气中的二氧化碳浓度限制在350毫克/立方分米和/或辐射强迫最大变化+1瓦特/平方米。这一界限是在数年前超过的，现在二氧化碳水平的值接近407毫克/立方分米。当大气中的二氧化碳浓度达到350至550毫克/立方分米时，人类就进入了危险区，而工业化前的水平为280毫克/立方分米。安全升温应限制在2摄氏度以内。

将全球气温上升限制在2摄氏度以内的可能性现在被认为是不现实的。冰川融化将导致更多的热量被地球吸收，这主要是由于反照率的变化(地球表面光线的反射)。随着全球许多地区降水变得更加多变和增加，天气模式将发生变化，而干旱地区可能变得更加干燥。由于极端天气，将出现更多的风暴和热浪，这将影响粮食生产，同时许多地区的水供应将减少。海平面上升将对沿海地区产生重大影响。

(二)生物多样性丧失和物种灭绝

生物多样性是指地球上生命的多样性。生物多样性主要有3种类型。遗传多样性是个体之间的DNA差异性；物种多样性是特定区域的物种数量有关；生态系统多样性是栖息地、群落和生态系统的多样性。物种的多样性越大，生物圈就越健康(生物意义上的生活)。正是生物多样性维护着地球、人民和动植物群的健康。它通过促进各种基因、物种和生态系统来实现这一目标，以提高抵御威胁的能力和恢复力。生物多样性对我们的食物、药品以及最终的经济负有责任。然而，生物多样性在全球的分布并不均匀。所有生物(生物群)的多样性取决于一系列参数，包括温度、降水、海拔、土壤、地理和不同物种的存在。人类在历史上和现在都是生物多样性丧失的原因。

生物多样性丧失往往是在人类定居之后发生的。生物多样性是另一个已被超越的主要关注的地球边界。作为衡量生物多样性的标准，选择的特定边界是物种灭绝率。在工业化之前，每年的灭绝率不到物种的百万分之一。目前，每年每百万物种中有100多个物种灭绝。建议的边界设定为每年每百万物种中灭绝10种。一个物种一旦灭绝，就再也不会回来了。当灭绝率超过正常背景速率时，被称为大灭绝。这在地球历史上至少发生过5次，损失了25%～50%的物种。目前的物种灭绝率是通常背景速率的100～1000倍。与40年前相比，目前世界上剩余有2/3的动物种群。同时，野生动物的物种丰富度（每个物种的个体数量）也下降了40%。这导致目前的情况被称为第六次大灭绝。这是在过去30年中发生的。生物多样性被称为生活在地球上的生命的控制面板。生物多样性的变化将对地球系统产生重大影响。生物多样性不仅与物种数量有关，还与栖息地、生态系统和生物群落的变化有关。

（三）平流层臭氧消耗

大气中的平流层臭氧层过滤掉了来自太阳的紫外线辐射。如果这一层减少，增加的紫外线辐射量将到达地面，这会导致人类皮肤癌的发病率升高，并对陆地和海洋生物系统造成损害。南极臭氧空洞的出现证明，与极地平流层云层相互作用的消耗臭氧层的化学物质浓度的增加已经超过了一个阈值，并将南极平流层带入了一个新的状态。幸运的是，由于《蒙特利尔议定书》所采取的行动，现在似乎走上了允许我们留在这一边界内的道路。平流层的冷却是由于人为温室气体排放使大气变暖。在地球表面我们称之为全球变暖的现象，在高空被视为冷却，因为通常从地球排出的热量被保留在较低的水平，而不是使平流层变暖。这种被捕获的热量会导致冷却，也会增加臭氧消耗物质的形成。对流层温室气体（Green House Gas，GHG）的减少与平流层臭氧恢复之间有相当长的滞后时间。尽管情况正在改善，北极和南极的臭氧空洞可能会持续10年或20年。然而，这是一个人类采取积极行动的结果，它使平流层臭氧消耗水平目前处于地球边界内的这个位置。

（四）海洋酸化

大气中二氧化碳浓度的增加，从而增加了世界海洋的表面酸性。这是因为二氧化碳溶解在海水中，与水反应生成碳酸。

$$二氧化碳 + 水 \longrightarrow 碳酸$$

海洋酸化有可能将海洋生物推向灾难性的临界点。大气中二氧化碳增加的原因，除了人类燃烧化石燃料的排放和生态系统退化以外，没有其他原因。人类排放到大气中的二氧化碳大约有1/4最终溶解在海洋中。在这里，它形成碳酸，改变海洋化学，降低地表水的pH值。这种酸度的增加减少了可用碳酸盐离子的数量，而碳酸盐离子是许多海洋物种用于贝壳和骨骼形成的一种基本"构造块"。超过临界浓度后，这种不断上升的酸度使珊瑚、某些贝类和浮游生物等生物难以生长。这些物种的丧失将改变海洋生态系统的结构和动态，并可能导致鱼类种群的急剧减少。与工业化前相比，海洋表面的酸度已经增加了30%。

与大多数其他人类对海洋环境的影响（通常是局部影响）不同，海洋酸化边界具有全球影响。这也是边界相互紧密联系的一个例子，因为大气二氧化碳浓度是气候和海洋酸化边界的基本控制变量，尽管它们是根据不同的地球系统阈值定义的。建议的监测点或地球边界是，海洋文石饱和状态至少保持在3.44毫克/立方分米的80%，这是全球工业化前的平均海水饱和状态。文石是一种对酸化最敏感的碳酸钙，因此建议使用文石。这也是造礁珊瑚在形成骨骼时产生的沉淀物。文石饱和状态低于1毫克/立方分米时，文石开始溶解。因此，海洋酸化边界离文石溶蚀饱和状态有较远的距离。

(五) 磷和氮循环(生物地球化学流)

地下水、湖泊、河流和河口中氮(N)和磷(P)的营养超载被视为局部问题。然而,当这些局部问题结合在一起时,它们就成为全球关注的问题。人类活动现在将更多的氮气(N_2)从大气中转化为活性形式(铵、硝酸盐),比地球所有陆地过程的总和还要多。目前流入海洋的磷大约是工业化前的 3 倍,这是由磷的开采和转化产生的主要用于农业的活性形式所驱动的。因此,现在全球磷和氮循环在全球水平上是由人类活动驱动的。氮和磷是支持我们养活世界人口的两种主要营养素。然而,营养负荷正在引起水生生态系统的突然变化,导致它们超过阈值。这些水生生态系统的韧性正在受到侵蚀。由于瑞典、芬兰、丹麦、俄罗斯、德国、波兰和其他波罗的海国家数十年来的径流贡献,波罗的海 17% 的海域已成为死区。结果,波罗的海加速了浮游藻类的生长,它们在死亡和腐烂时消耗氧气。墨西哥湾、新西兰等国家的海域也存在类似的死区。富营养化的定义是水生系统中营养物质过剩。在各大洲中,亚洲富营养化淡水湖和水库占其湖泊和水库的 54%,欧洲和北美分别占 53% 和 48%,拉丁美洲占 41%,非洲 28%。

大多数活性氮的主要目的是通过施肥提高粮食产量。氮(N)的转化主要通过以下过程进行:将大气氮气(N_2)工业固定为氨(每年约 8000 万吨氮气);通过种植豆科作物固氮(每年约 4000 万吨氮);农业固定大气中的氮气(N_2);化石燃料燃烧(每年约 2000 万吨);生物质燃烧(每年约 1000 万吨氮)。

一氧化二氮是最重要的温室气体之一,因此被列入气候变化边界。尽管它们是独立的过程,但与氮和磷循环包含在一个边界中,因为它们是关键的生物营养素,驱动着地球各子系统的突变。它们都会影响人类的生命支持系统,并且都会在全球范围内产生重大影响。每年从陆地流出并通过淡水系统输送到海洋的磷总量约为 2200 万吨。目前的科学评估是,全球氮的安全边界是全球从大气中提取的氮气,相当于目前每年提取氮气量的 25%。

与氮不同,磷是一种有限的化石燃料,既供人类开采使用,又通过风化作用添加到地球系统中。一些专家警告说,我们可能缺乏足够的磷来满足未来的作物保护需求,而且可能确实处于磷的峰值。磷的地球边界需要考虑两个因素:海洋中磷诱导的缺氧事件,可能触发海洋中的全球机制变化,以及淡水生态系统中磷超载导致的水生生态系统崩溃。建议设定安全的地球边界,使流入海洋的磷量低于现代农业出现之前磷量的 10 倍。然而,这意味着淡水系统的地球边界已经被突破,而缺氧事件在未来隐约可见。因此,随着 2050 年世界人口预计将达到 90 亿,养活世界人口将变得至关重要,磷的使用也将变得至关重要。磷面临的挑战是:避免出现磷驱动的生态临界点;满足世界各地粮食生产对磷的需求;在对磷的需求随着对粮食需求增长的时候,解决"磷达峰"的风险。磷的关键似乎是保护农业生态系统中的磷,并通过将城市磷返回农田来封闭循环现代社会中的磷。人类活动对磷循环的影响有三方面:大量的磷(一种有限元素)被开采来生产化肥和洗涤剂,导致土壤资源的磷枯竭;热带土壤中的磷是通过清除森林去除的,这些森林中的磷在大雨中被冲走;化肥和动物排泄物的径流以及城市污水的排放,导致水中的溶解氧缺乏和富营养化。

在过去 100 年中,人类对氮循环的影响包括向大气中添加一氧化氮(NO)和氧化亚氮、去除表层土壤中的氮、向河道中添加氮化合物,导致水质恶化。磷的使用仍然在边界之内。然而,从大气中提取的氮量超出了可持续水平。目前的大气氮去除量为每年 1.21 亿吨;建议的边界值是每年

3500 万吨。因此，这是一个被大大超越的边界。

(六)土地系统变化

阈值设定为原始面积的 75%，作为热带、温带和北方森林边界的加权平均值，不确定区域为 54%～75%。目前估计为 62%。农田和牧场是地球上最大的土地使用者之一，占据着大约 40% 的地表面积，全世界大部分森林砍伐都是由农业造成的。

土地利用变化主要由农业集约化驱动的，是生物多样性严重减少的一个驱动力，它对水流以及碳、氮、磷和其他重要元素的生物地球化学循环产生影响。虽然土地覆盖变化事件都发生在本地范围内，但可能对全球范围内的地球系统过程产生总体影响。设定土地利用边界的一个主要挑战是，它不仅需要反映未转换和转换土地的绝对数量，还需要反映其功能、质量和空间分布。农业扩张速度约为每年 0.5%～1%，或每年 2500 万～5000 万公顷。为了维护稳定的气候，避免失去重要物种和确保淡水流动，必须为土地划定一个安全的地球边界。这将包括结束全球农业土地的扩张。所有国家都必须承担保护剩余雨林的责任，因为它们是全球最重要的汇合陆地生物多样性的场所。当前的土地利用类型必须保持其多样性，即草地、湿地、稀树草原、草原地区、灌木地。农业必须通过提高土壤生产力来变革，即保持和释放营养物质的能力。农业也必须通过将农田从碳源转变为碳汇来实现转型。全球约 25% 的二氧化碳排放是在陆地上封存的。因此，土地是二氧化碳的汇。然而，土地利用目前释放了全球约 17% 的二氧化碳排放量，这是由于耕作土壤时燃烧化石燃料，以及不可持续的农业做法造成的碳流失。森林砍伐将林地改变成农田，释放了大约 18% 的碳。地球是潜在的碳汇，尽管农业用地流失大量二氧化碳。为土地利用设定的地球边界是，全球无冰覆盖的陆地地表不超过 15% 被转换为农田。目前，全球 12% 的地表正在种植农作物。剩下的 3% 将在未来几十年内达到，可能包括欧洲、北美、俄罗斯、拉丁美洲和非洲大草原的废弃农田。应将生产力最高的土地用作农田，并应控制导致生产性土地损失的过程，即土地退化、灌溉水损失、城市发展和生物燃料生产。也需要管理对粮食产品的需求过程。这里包括饮食、人均食物消费、食物分配链中的浪费。土地使用边界需要通过全球土地结构在不同层面实施。

(七)淡水资源利用

绿水是指被植被截留或进入土壤并被植物吸收并蒸发到大气的降雨量。蓝水是淡水：包括地表水和地下水，是存储在湖泊、河流、冰川和雪中的水。土地退化和毁林造成的绿水流失威胁到陆地生物量生产和碳封存。蓝水流失量和模式的变化威胁着可持续水生生态系统的蓝水供应。水分反馈的蒸汽流(绿水流)的减少影响当地和区域降雨模式。水、土地、生物多样性和气候的地球边界之间的关键联系，是绿水流或水分反馈。森林砍伐就使每年的绿水流量减少了约 3000 立方千米，这等于全球的灌溉用水总量。这一点非常重要，因为在世界许多地区，80% 以上的降雨量来自本地或区域的水分反馈回流。刚果盆地是非洲最富水的地区，其降雨量来自东非的蒸发。刚果盆地反过来为萨赫勒地区提供降雨。要为淡水资源设定一个安全的地球边界，必须解决 3 个问题：一是边界的设置必须允许足够的绿水流动以转换为降水；二是必须考虑到陆地生态系统的功能，如固碳、生物量增长、粮食生产和生物多样性；三是必须确保为水生生态系统提供蓝水资源。

很难定义一个单一的淡水边界，来说明水循环的复杂性。消耗水是蓝水的使用量，是河流用水量的综合指标。如果每年消耗蓝水超过 4000 立方千米的边界，那么在区域和大陆尺度上，可能会接近绿水和蓝水的使用阈值。这将导致水分反馈和淡水或海洋混合水的重大变化。目前，估计每年的耗水量为 2600 立方千米。

全球淡水问题包括水资源分配不均。因此，尽管地球上淡水的资源数量能够满足人类的需求，但世界上的一些地区却面临缺水的状况。其他问题包括气候变化、对饮用水的需求，因为许多发展中国家没有提供足够的饮用水和家庭供水，世界人口的增长以及国家之间跨界水资源的争端，使得水资源的所有权（和共享）成了有争议的问题。全球人口的增加意味着对淡水需求的增加，从而限制了可用的饮用水数量。这反过来又限制了农业用于粮食生产所需的水量，而农业的粮食生产是养活增加的人口所需的。河流、溪流和湖泊的水位降低，导致水流缓慢，地下含水层枯竭。灌溉不善导致大量水在植物使用前就蒸发掉了。

（八）大气气溶胶负荷（大气中影响气候和生物的微小颗粒）

大气气溶胶的地球边界的提出，主要是因为气溶胶对地球气候系统的影响。气溶胶通过与水蒸气的相互作用，在影响云层形成以及全球和区域大气环流模式（如热带地区的季风系统）的水文循环中发挥着至关重要的作用。它们还通过改变大气中反射或吸收的太阳辐射量对气候产生直接影响。人类通过排放大气污染（许多污染物气体凝结成液滴和颗粒），以及通过土地利用的改变增加释放到空气中的灰尘和烟雾，来改变气溶胶的含量。在高度污染的环境中，已经导致了气候状况和季风系统的变化。气溶胶边界的另一个原因是气溶胶对许多生物有不利影响。由于吸入高度污染的空气，每年导致大约 80 万人过早死亡。因此，气溶胶的毒理学和生态效应可能与其他地球系统阈值有关。然而，气溶胶在大气中的行为极其复杂，取决于其化学成分、地理位置和在大气中的高度。虽然气溶胶、气候和生态系统之间的许多关系已经建立，但许多因果关系尚未确定。这意味着还不可能设置全球范围气溶胶效应的一个特定的阈值。

（九）化学污染

化学污染物破坏动物、人类和生态系统的完整性和健康。不同的化学物质以不同的方式损害人体的不同系统，可能会损害免疫系统或导致性激素失衡。由于人类、动物和植物的基因构成以及对化学剂量的反应不同，某些群体（动植物和人类）比其他群体更容易受到有毒化学品的影响。通常，与单一有毒化学品相比，暴露于多种组合的化学品会导致更多的问题。

有毒化合物的排放，如重金属、合成有机污染物和放射性物质，代表了人类对地球环境造成的一些关键变化。这些化合物可以在环境中持续存在很长时间，其影响可能是不可逆的。即使当对化学污染的吸收和生物积累对生物体达到亚致死水平时，生育力下降和永久遗传损害的影响可能会对生态系统产生严重的影响。例如，持久性有机化合物导致鸟类数量急剧减少，海洋哺乳动物的繁殖和发育受到损害。有许多例子说明了这些化合物的协同效应，但科学上对这些还知之甚少。目前，我们无法量化化学污染边界，尽管跨越地球系统阈值的风险被认为是足够明确的，可以将其作为进一步研究的优先事项。

地球边界缺乏社会维度，应该考虑生物物理、社会经济和道德层面的重要性。社会经济层面涉及生产和消费模式以及国际贸易，伦理层面涉及分配问题。公平是为"人类安全和公正的空间"而努力的伦理方面，但公平和平等也是社会可持续性的核心。公平方面认识到，考虑到历史差异造成的责任和权利时，需要弥合的差距存在空间差异。例如，对于营养液流，这是最重要的地球边界之一，也是粮食生产的主要资源。那些排放和消费最多的国家，即富裕社会，可能需要做出最大的努力来维持地球边界内的人类。同时，由于跨越关键边界而造成的系统中断的后果相对而言对能力和资源最少的贫穷社会打击最大。关于粮食，如果平均分配，目前的供应将足以满足全世界人口的需要。然而，大约 1/7 的人口长期营养不良。

七、地球系统的未来轨道

地球系统是一个具有 45 亿年历史、显示各种状态和轨迹的单一系统，鉴于人类对该系统的压力迅速增加，它的未来轨迹是什么？我们到底要去哪里？

这个问题的答案是复杂的，充满了相当多的不确定性。我们现在非常肯定地知道，地球系统正处于远离全新世 11700 年稳定区域的快速轨道上，并且已经进入人类世轨道。我们不会回到全新世，即使我们尽最大努力稳定气候，也就是说，实现 IPCC 的最低排放情景，并尽最大努力减缓然后停止生物圈的退化。那么，就我们作为一个物种在我们的地球上生存和繁衍的能力而言，我们面临着怎样的未来呢？

对此问题可能有多种答案。温室气体排放和生物圈退化等人类制造的压力，已经将地球系统从全新世推到了人类世，进入了更热的环境。我们假设前方有一个"岔路口"。当前的轨道正在加速系统朝着分岔的方向发展，我们的压力将系统推向"温室地球"轨道的风险越来越大。这里的关键点是，有一个点超过了阈值，我们就失去了对系统的控制，而它自身的内部反馈会使它超过一个全球阈值，不可逆地进入一个更热的状态。试想你乘坐的一艘皮艇稍微倾斜一点，皮艇就稳定了，但是倾斜太多，你很快就会发现自己掉水里了。地球系统的一个例子是格陵兰冰盖，该冰盖主要从其表面开始融化，而格陵兰中心位于海平面数千米以上的地方。当冰面融化时，它会下降到一个更温暖的气候区，这会进一步增加融化速率，从而使冰面进一步降低，以此类推。在某个时刻，这一过程变得不可逆转，系统已经"倾斜"，冰盖最终消失，即使气候变化造成的最初变暖条件不再存在。

十多年前，科学家首次系统地确定和研究了地球系统的临界点。它们以 3 种主要形式存在：①大型冰体，如南极冰盖和北冰洋上的浮冰；②主要的生物群落，如亚马孙雨林和横跨北部高纬度的广大北方森林；③海洋和大气环流系统，如北大西洋温盐环流和厄尔尼诺-南方涛动。但这些临界点并不是孤立地起作用的，它们可以通过温度变化或通过大气和海洋环流的耦合来连接。例如，融化的北极海冰会暴露出更黑暗的海水，从而吸收更多的阳光，导致该地区的气候变暖。这提高了格陵兰岛的温度，增加了冰融化的速度。另一个例子是北大西洋环流的减缓，减少了亚马孙河流域的降雨量，使雨林更接近临界点。这些和其他这样的联系可以产生广泛的转变级联，这是地球系统从一个状态过渡到另一个状态的关键现象。

最近的一项观察评估表明，许多这些临界点元素已经被激活，并正朝着它们的临界点移动：格陵兰岛和南极洲西部的冰融化正在加速；亚马孙雨林的干旱正在加剧；大西洋环流自 20 世纪 50 年代以来一直在放缓；永久冻土开始融化；北方森林正在经历越来越多的火灾和虫害袭击；洪涝灾害和飓风正在威胁着人类的生存。我们不知道什么时候会触发全球引爆级联。这取决于我们是否响应遏制气候变暖的呼吁，采取迅速果断的行动应对气候紧急情况，我们是坚定地走上了通往转型、可持续世界的道路，还是走向温室地球的混乱。选择权在我们人类的手里，但是剩余的时间不多了。

第三节　碳循环与全球变化

　　碳是地球上生命的基本组成部分，在生物体、生态系统和大气中循环。大气中二氧化碳的积聚，主要是由于化石燃料的燃烧、森林的损失和其他人为影响气候的作用力，这种积聚正在改变地球的气候。如果不采取进一步的行动减少温室气体污染物和在生态系统中的固碳作用，这种气候变化可能会变得严重。

　　碳存在于生物的细胞、海洋、雨林、大气，甚至一些岩石中。碳是蛋白质分子结构的一部分，帮助进行光合作用，并与氢、氧、氮等其他元素结合，形成参与许多维持生命过程的复杂分子。它是如此的重要，在生物地球化学途径中被循环利用，并在生物圈、水圈、土壤圈（有机体、土壤、水和空气的结合体）和大气之间交换（图1-8）。碳循环、氮循环和水文循环，孕育了地球上的生命，是全球变化的主题。

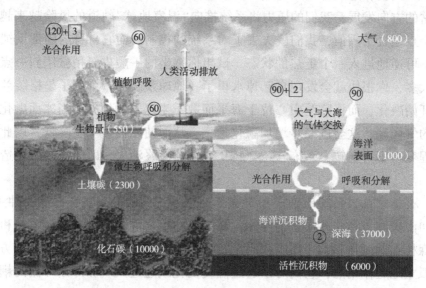

图1-8　陆地、大气和海洋之间碳交换的地球碳循环（每年数十亿吨碳）

注：圈起来的数字代表自然碳通量，框起来的数字代表每年数十亿吨二氧化碳的排放量。其他数字表示储存的碳。注意图表中与化石燃料相关的碳储量。

　　碳在生物组织中各层次的循环：从生物到生态系统再到全球碳预算。在全球碳预算中，碳汇是指那些储存或吸收大气中的碳，而碳源则是二氧化碳的排放者。植物、土壤和海洋扮演着自然碳汇的角色，从大气中吸收碳，而生态系统则通过扰动事件成为二氧化碳的排放者。当受到干扰时，碳汇可以成为碳源，当碳源从干扰中恢复时，可能成为碳汇，因此碳循环起着重要作用。大部分碳储存在陆地植被中，其中大部分又储存在森林中。

一、森林绿色碳

　　说到碳储存，并不是所有的生态系统都是平等的。热带雨林是无限期吸收碳的冠军，因为像森林火灾这样的大干扰间隔的时期很长。温带雨林虽然只占地球森林总覆盖率的2%，但却是地球上最富有生产力的生态系统之一，其储存的二氧化碳量相当于二氧化碳污染物总量的约6倍。热带雨林中的碳储存在长寿树中，有些树的寿命超过 3000 年，也储存在枯树、茂密的树叶和土壤中。一部分碳通过植物呼吸(快速)和分解(缓慢)返回大气，但大部分被储存起来了。

当森林被砍伐时，大部分的碳在大气中形成温室气体污染物。原始森林的生物量越大，在采伐时碳的损失就越大，被人工林取代后，碳回收的时间间隔就越长(如在温带地区)。碳通过土壤氧化和伐木迹地的快速分解释放出来。因此，采伐原始森林所产生的碳债务将需要几个世纪才能使未砍伐森林中的碳累积起来。这种债务不能通过在木材产品中储存碳或种植农作物来补偿，就像在热带地区(所谓的刀耕火种农业)所做的那样。值得注意的是，森林砍伐和森林退化造成了全球温室气体污染的 17%，超过了整个交通运输网络，仅次于能源和工业排放。

如果没有森林，大气中的二氧化碳会增加得更快。因此，长期在森林和其他生态系统中储存碳，不仅大大降低全球碳预算，而且对一个安全的大气至关重要。虽然我们可以改进森林的管理方式，以优化固碳和长期储存，但生态系统利用碳的能力有限(二氧化碳富集对植物的影响)。例如，生态系统储存的碳量预计将在 21 世纪中叶达到峰值，因为森林受到越来越严重的气候压力，并从汇向源转变。例如，由于雨林中树木死亡率的增加，一些热带雨林在某些年份因气候变化导致的干旱已导致热带雨林转变为二氧化碳排放者(众所周知，由于蒸散量减少，热带地区的森林砍伐也会导致区域干旱)。值得注意的是，同样储存着大量碳的海洋，也接收到了过量的溶解二氧化碳，导致海洋酸化，改变了海洋碳收支。

二、生态系统中的碳储存：绿色和蓝色碳

在 20 世纪，大气中二氧化碳浓度迅速增加。因此，转向使用低碳能源(如太阳能、风能、地热能、潮汐能等)和优化生态系统中的碳储存(绿色和蓝色碳)对于避免气候混乱至关重要。在林业方面，高生物量森林可用于长期碳储存和碳补偿新兴市场(即碳买家公开购买森林中储存的碳以抵消其他地方的污染)，全球森林协定(例如，联合国减少毁林和森林退化所致排放的方案)可以为土地所有者提供一种激励，使其能够为森林保护提供公平的经济竞争环境。必须迅速扭转目前土地管理做法的若干趋势，包括在全世界砍伐森林，将热带雨林转变为生物量作物(例如，棕榈油种植园)。温带森林退化也必须停止，以减缓森林集中管理方式产生的碳排放。在城市环境中，森林可以起到双重作用：首先是减少以混凝土为主的环境热岛效应，其次是提供碳储存。

在农业上，免耕耕作和种植土壤建设作物可以在固碳方面发挥作用。通过回收堆肥、使用生物炭、生物动力和有机农业以及多年生作物轮作来建造土壤，所有这些都能吸收大量的碳。在城市地区，用社区花园取代草坪也将提供景观价值和碳储存，甚至花园可以建在屋顶上。

沿海红树林和海带床上的"蓝色碳"也可以用来捕获大量的碳。沿海湿地应得到保护，以保护这一生态系统和其他许多生态系统的好处，包括为风暴潮和海平面上升提供一个天然屏障，并为许多种类的幼鱼提供重要的托儿所。

总而言之，绿色和蓝色生物碳项目有无数的共同利益，包括清洁水、空气净化、碳储存、生物多样性、授粉、优美风景、健康食品、风暴潮保护，以及社区参与提供基层(自下而上)解决方案以降低我们快速累积的碳债务。优化自然和农业生态系统中的碳排放正在成为当地解决气候变化问题的一个组成部分，应进一步探索其生态、社会和经济效益三重底线。

第四节　第六次大灭绝

在地球历史上，过去曾发生过 5 次大规模物种灭绝。所有这 5 次物种灭绝的特点都是在相对较短的时间内，生物多样性严重丧失。气候变化与所有的大灭绝事件都有牵连，无论是直接原因还是促成原因。在气候变化成为直接原因的地方，快速的温度变化和海平面上升或下降常常被认为是导致物种灭绝的原因。在气候变化作为促成原因的地方，气候系统之外的力量引起了物种灭绝，如小行星撞击或火山爆发。恐龙灭绝事件是由一颗小行星撞击现在的墨西哥南部造成的。那里巨大的陨石坑表明，在物种灭绝开始时，一颗小行星撞上了地球。撞击产生的碎片射入太空，其中一些碎片在重返大气层时产生强烈的燃烧辐射。许多残骸在大气中保留了几十年或几个世纪，阻挡了阳光，使地球冷却，并极大地改变了生活条件，以至于恐龙在气候变化中没有幸存下来。

一、五次大灭绝

第一次大灭绝发生在奥陶纪-志留纪，大约发生在 4.39 亿年前，当时，生命集中在海洋中，以海洋底栖生物为主。灭绝事件使 100 多个科的海洋生物灭绝，包括大约所有属的一半。这次物种大灭绝后，幸存的谱系多样化，整体海洋物种多样性缓慢恢复。这一已知的最古老的灭绝事件被称为奥陶纪-志留纪灭绝事件。

大约在 3.65 亿年前，第二次大灭绝事件发生了。这一事件比奥陶纪-志留纪小，但仍然是灾难性的。陆地植物在这个时候开始进化，鲨鱼和骨鱼出现在海洋中。灭绝的重点是海洋生物，特别是造礁珊瑚和其他海洋无脊椎动物。该事件可能发生在一系列事件中，其发生时机仍在确定之中。它的地质名称是泥盆纪末期事件。

最严重的物种灭绝事件发生在 2.5 亿年前，灭绝了 90% 的物种。这是第三次大灭绝，但它是第一次对陆地物种造成重大损失的灭绝事件，超过一半的陆地物种，主要是植物，都损失了。这一事件标志着从二叠纪到三叠纪地质时期的过渡，被称为二叠纪-三叠纪或二叠纪末灭绝。

大约在 2 亿年前，第四次大灭绝爆发，这一次影响到大型陆生动物以及植物和海洋物种。三叠纪末期的事件为恐龙的进化铺平了道路，消灭了许多大型动物，主要是两栖动物。

第五次灭绝发生在白垩纪-第三纪，大约是 6500 万年前。它的突然性和彻底性使地球上所有的恐龙灭绝。只有进化成现代鸟类的分支才能生存。自从 1.35 亿年前大型两栖动物灭绝以来，恐龙已经成为大型动物中的主要生命形式。

二、智人的影响

我们已经进入了第六次大灭绝，第六次大灭绝（也称为人类世灭绝）是当前正在发生的一次事件，因为人类的环境破坏活动，大量物种面临灭绝的威胁或即将灭绝。一些著名的进化论者和生物多样性专家在 20 年前撰写道：考虑到近几个世纪以来人类活动引起的物种灭绝的惊人速度，生物圈正在经历着"大灭绝"，即在全球范围内生物多样性正在迅速丧失。确切地说，他们添加了第六次大灭绝，就像过去的遥远地质时代一样，古生物学家记录了由火山爆发、海洋酸化、气候波动、大气成分变化、小行星对地球的影响或这些因素混合造成的至少 5 次灾难。最近的大灭绝事件，是 6600 万年~6500 万年期间消灭了大部分恐龙(除了一小部分支进化成了鸟类)和几乎 2/3 的其他生物。至于影响的速度和死亡率，当今由智人产生的地球物种持续灭绝不亚于前 5 次大灭绝。

古人类学家理查德·利基(Richard Leakey)和科学作家罗杰·勒温(Roger Lewin)在 1992 年正式将其称为"第六次大灭绝"，即人类导致的前 5 次大灭绝的续集，谴责对非洲生物多样性(主要是大型哺乳动物)的毁灭。如果将记录的物种大灭绝期间的灭绝速率和灭绝量与过去几个世纪的物种损失范围进行比较，我们会看到一个非常相似的趋势。

根据斯坦福大学生物系生态学家鲁道大·德佐(Rodolfo Dirzo)团队所做的精确计算，人类对动物多样性的影响正在带来全球环境变化，这些变化将对生态系统功能和人类的健康产生越来越大的影响。我们居住的地球不再相同。目前的分析不仅基于间接外推和计算整个物种的消失，而且还基于近几十年来当地种群的数量和生物地理趋势。种群水平至关重要：出于遗传原因，生物种群的规模与灭绝的脆弱性成反比。

从十六世纪到现在，已有 322 种陆地脊椎动物种灭绝，数百种濒临灭绝(约占总数的 1/3)，种群规模总体平均下降了 28%。几乎所有大型哺乳动物都失去了至少它们占据的一半自然地理范围。无脊椎动物的情况甚至更糟，在过去 40 年中，其中 2/3 的物种的丰度下降了 45%。昆虫是生物多样性和恢复力的象征，令人惊讶地容易灭绝：1/3 正在减少；蝴蝶和飞蛾下降了 35%；对于蜜蜂和甲虫来说，情况更糟。

每年，我们总计共损失了 11000~58000 种物种，主要集中在热带地区。每 20 分钟就有一个物种消失。我们正在消灭我们还没有时间来描述的物种。保罗·克鲁岑于 2002 年在《自然》杂志上提出的迄今为止非正式术语"人类世"，正在非正式地进入科学术语(尽管在全新世内部对它的实际用途和起始时期点还没有达成共识)。目前，人类的影响大到足以在地质记录中加以记录。这代表了一种独特的进化过渡，因为这是地球历史上的第一次，单一物种智人已成为主要的地质力量。在几个世纪之内，我们人类这个物种已经成功地改变了大气的构成成分的比例，并在地层记录可见的水平上改变了地球的表面，因此，在这个新的地质时代，"人类世"这个名称就有了合理性。

从最具魅力的物种，如狮子、犀牛、猿和大象(正在以惊人的速度崩溃)，到小型青蛙(两栖动物仍然是最易受影响的，41% 是濒危物种)，动物的整体丧失改变了我们人类的福祉所依赖的生态系统的结构和功能。由于我们不为生态系统服务付费，我们通常没有意识到维护它们的真实成本。但随着每年数千种物种的消失，生态系统在确保其服务方面的效率逐渐降低，例如，水净化、养分循环和土壤维持。

种群和物种的遗传变异是进化的动力，是对抗逆境和病原体攻击的免费保险。在人类世，我们正在失去重要的遗传多样性，而后期干预将更加昂贵。例如，世界上 75% 的粮食作物依赖传粉者授粉。当地蝙蝠种群的灭绝可能造成巨大的经济损失，因为蝙蝠是害虫的天然捕食者。我们被老虎、犀牛和大熊猫等大型双足哺乳动物的灭绝所震撼，但是无脊椎动物和隐形微型动物的无声危机应该让我们更加担心。前面提到的所有问题都涉及灭绝的影响，但原因是什么？

只有当不寻常事件之间产生协同作用时，大灭绝才会发生，这主要有 3 个参数：加速的气候变化；大气成分比例的改变；强度异常的生态胁迫。并且，三者之间要有正反馈。

现在人类创造的 3 个协同条件都存在。我们甚至不需要小行星或火山喷发来发动"致命一击"。如果不采取强有力和协调一致的减轻损害的行动，21 世纪全球生物多样性崩溃的情景已经显现。

从古生物学的角度来看，上面提到的 3 个参数是物种大灭绝的相近的地球物理原因。但是，让智人能够引发如此全球性的地质和环境变化的远古原因是什么呢？这确实是一个古老的故事。人类的最后一个分支的开始，是采取行动通过与至少3个其他人类物种竞争的。当旧石器时代的猎人进入美洲、澳大利亚和太平洋群岛时，即使对伴随的气候振荡的可能作用仍然存有疑问，公认的仍是这些第一批人类定居者消灭了几十种几千年来生活在那里的大型哺乳动物和不会飞的鸟类。考古记录显示，由于这些地区的动物不习惯人类这一捕食者，繁殖率较低，使它们特别容易受到伤害，因此出现了一系列区域性的大型动物灭绝。因此，人类对环境的破坏性影响真正始于更新世末期。

正如在气候和大气成分长期变化的地质记录中看到的那样，在上一个冰河期结束时，农业和畜牧业的引入是一个重大的进化事件，加速了灭绝过程，以及永久定居在村庄、城镇和城市人口的不断增长。我们人类是一个连续的入侵物种：一开始，自然探索是由小群狩猎采集者进行的；随后是农牧民的扩张，导致了历史时期人类迁徙的浪潮。

今天，在工业革命之后，这个过程正以前所未有的速度前行，创造了一种全球"驯化的自然"。导致第六次大灭绝的主要人类活动是：①入侵物种和基因的传播；②物种的过度开发；③栖息地的改变、破碎化和破坏；④污染；⑤气候变化。

三、HIPPOC 模型

当今导致生物多样性厄运的单一人类活动，深深植根于人类的历史。通过混合各种影响的不同行为，我们为全球和快速物种灭绝危机创造了条件。换句话说，"人类世"标志着智人已经成为进化主导力量。根据 Wilson 提出的"HIPPOC"因果模型，人类对生物多样性的影响是由不同因素和相互作用的因素集合而成：H(Habitat)栖息地破碎化和改变物种-区域的关系(即森林清除，转变为牧场和集约化耕种农田，以及采矿和采石活动场地)；I(Invasive)入侵物种和新病原体的扩散(由于旅行和商业活动，外来物种在洲际间的侵入已经导致了从局部到整个区域以及岛屿和群岛的物种大灭绝)；P(Population)人口增长和城市大规模集聚(对动植物扩散产生障碍和限制)；P(Pollution)污染(农业、工业和化学品对空气、水和土壤的污染)；O(Overfishing)过度捕捞和捕猎生物资源造成对生物资源的过度开发；C(Climate change)气候变化：最初仅以粗略估计为特征，但目前的模型的证据日益增多，包括气候变暖和物种(主要是长途候鸟)的季节性循环中生态不匹配，极地物种濒临灭绝，热带森林生态群落的重建，以及海洋酸化引发的令人震惊的全球影响(主要分布于珊瑚礁)。

此外，我们应该考虑上述6种力量之间的非线性相互作用(例如，热带森林的土地碎片化和全球变暖，以及污染、过度开发和气候变化对珊瑚礁的毁灭性协同效应)。全球入侵物种与生物圈之间这种前所未有的关系产生了"进化差距"：生物进化速率(即生物地理位移和对不同温度的适应)比人为引起的变化速率平均慢10倍，因此干扰后的生态恢复的一般过程被推翻。下面让我们从进化深度的角度考虑人类引起的大灭绝，评估比较它与5次史前物种大灭绝的不同。

四、背景灭绝和大灭绝

由于各种生物和非生物原因破坏了物种的生存和繁殖能力，物种的背景灭绝是自然经济中的正常(和必要的)过程。通常，遗传多样性的丧失使物种易于灭绝。与此相反，进化的主要更替脉冲有更为显著的速率和后果。这些物种大灭绝是全球性的灾难，在这种灾难之下，陆地和海洋的生物多样性都崩溃了。作为一个非常长期的趋势，显生宙期间的生物多样性保持了全球平均属数量，但有 5 次物种大灭绝和许多其他区域灭绝事件，由大规模的生态驱动力触发。5 次大灭绝中的 3 次大灭绝是在奥陶纪末期(4.45 亿年，与冰川事件有关)、泥盆纪末期(3.6 亿年)和三叠纪末期(2 亿年，那次大灭绝为恐龙的灭绝铺平了道路)。一次大灭绝的受害者可能是前一次灭绝的幸存者。

生命之树这种不正常的周期性修剪的模式与背景灭绝截然不同(每百万年平均有 2~4 个分类学家族消失)，仿佛进化的"一如往常"不仅仅是加速而是暂时不堪重负。物种大灭绝在地质尺度的相对较短的时间内释放破坏力(在某些情况下为几千年)，并且它们以低选择性攻击所有类别和序列。

为了有全球事件的理论，我们需要涉及古生物学、地质学、生物学、遗传学、生态学和天体物理学的知识。古生物学家们知道过去存在着巨大的生物更替。事实上，它们被用作划分主要地质时代的标志。

自 20 世纪 80 年代以来，在新发现的打击下，专家不得不承认，物种大灭绝实际上是进化中不可逆转的裂缝，而不是早期发展的趋势高峰。人们承认，这些偏离了正常的进化实际上比预期的更频繁、更快、更深(被移除的个体数量)。据了解，它们是特殊事件，需要作为大规模演化的模式独立解释。

五、恐龙的教训

关于第五次大灭绝的争论对这种范式转变至关重要。自 20 世纪 70 年代后期以来，研究人员开始认识到白垩纪末期的灭绝并不仅仅影响恐龙。这一证据驳斥了关于恐龙所谓不充分的许多生物学假说。很快，注意力集中在全球危机上。当时，大型海洋爬行动物(蛇颈龙和沧龙)、飞翼龙、大群软体动物类、菊石类、许多有孔虫类、许多蜥蜴和蛇(4/5)、许多鸟类(3/4)和哺乳动物(2/3)也消失了。

生物圈在物种濒临灭绝前的状态可能是许多种群表现出适应脆弱性的关键阶段。尽管如此，一些更具戏剧性的事情必定会给这些在危机中的种群带来"致命一击"。然后，科学家们需要一种在全球范围内快速有效的触发器。换句话说，他们需要一个"特殊"的原因。1980 年，路易斯和沃尔特·阿尔瓦雷斯(Luis Alvarez)及其研究小组得出结论认为，在世界各地 66—65 百万年的铱层中检测到的高浓度铱(被认为大量存在于小行星、彗星和其他地外物体中；但在大气中二氧化碳浓度很高、海水中氧气极低时，少量的铱也可能会在海洋缓慢的沉积中形成)已被大型小行星的灾难性影响所分散。

白垩纪末期相应时期的地质调查证实了撞击理论：稀有同位素和玻璃球，是仅在高压下突然熔化产生的二氧化硅(SiO_2)碎片。最能证明这一论点的发现是"确凿证据"：小行星的撞击坑，由艾伦·希尔德布兰德(Alan Hildebrand)于 1991 年发现，位于尤卡坦半岛及邻近希克苏鲁伯(Chicxulub)附近的海底。

阿尔瓦雷斯及其同事的理论现在被科学界普遍接受，尽管关于生存动态仍然存在不明确的观点。小行星的撞击仍然是主要的嫌疑者，尽管可能不是引发灾难的唯一因素，导致一半的海洋生物灭绝，并消灭了许多其他物种的整个家族，包括几乎所有的恐龙(现代鸟类的祖先除外)。第五次大灭绝是由于各种因素的汇集，包括火山活动、多重撞击、气候变化和以前的生物胁迫。

从这些现象中得到的一个教训是，幸存者似乎不一定是那些最适合以前环境条件的。目前还没有明显的迹象表明，物种对大灭绝的抵抗能力与体型、特定的生态适应性或生物生活的纬度有关。虽然饮食多样化，但对食物和氧气的需求较低，栖息地要求一般，一定的适应灵活性，肯定有助于在这些突发性的生态规则变化中生存，在大灭绝中被证明对生存最有帮助的适应性特征并没有被大灭绝本身选择。

六、新灾变论者的复兴

恐龙不是物种灭绝的最严重受害者。根据古生物学家迈克尔·本顿（Michael J. Benton）的说法，在 251 百万年，二叠纪结束时的物种灭绝，生命几乎走到了尽头。根据最新的证据，这里最受怀疑的似乎是火山爆发时玄武岩流的溢出，大量的低黏度岩浆覆盖了整个地区。二叠纪的大灭绝几乎是不可想象的：是所有物种大灭绝之母。生存下来的物种不到 10%。整个生物多样性从这一较小比例的创始者中重建，根据本顿的观点，在一个缓慢的恢复过程中，可能完成大约用了 100 百万年。生命之树经过彻底修剪：在所有区域、所有生态位以及生物的所有领域，90% 的树枝被切断。

对物种大灭绝的承认打破了长期的哲学传统。根据英国地质之父查尔斯莱尔的说法，只有当今可观察到的过程才可以被用来解释过去。尽管法国解剖学家和地质学家乔治·居维叶（George Cuvier）对塞纳河水文流域中不同化石动物群的根本变化观察的很准确，但查尔斯·莱尔（Sir Charles Lyell）的方法论占了上风。自 1832 年以来，地质学家和古生物学家的主导趋势是将重点放在进程可预见的渐进机制上，而不是讨论那些根据当今的知识被认为是不必要的过程，例如，居维叶对灾难性洪水产生的"革命"的诋毁。因此，内在原因（地球内部）在很大程度上优于"均匀论者"的外因。这种方法需要对变革的力量进行相当大的简化。查尔斯·达尔文（Charles Darwin）是一个狂热的反灾变论者，他将地质均变论应用于生活世界，尽管一开始有些怀疑。即使是像罗德里克·默奇森（Roderick Murchison）这样察觉到过去灾难存在的著名地质学家，也不得不接受均变原理。2 个世纪之后，大灭绝被认为是进化中的一种主要模式：它们在地质年代期间多次塑造了整个生物多样性。作为微进化新达尔文过程的综合因素，物种大灭绝可能是由一系列不同的宏观进化原因造成的。

与达尔文学说的变化因素相比，这些大规模现象必须被视为一种综合力量，表明宏观进化模式不能通过微观进化模式完全推断出来。此外，灾难性的破坏能量最终变成了重生。这些启示所腾出的生态位的重新定居，产生了来自少数幸存者的新形式的适应性辐射事件。常见的情况似乎是，大量灭绝后，幸存者有了前所未有的自由适应探索。自然历史上的巨大变迁释放了生态空间，放松了自然选择，为适应辐射打开了生态位。在世界似乎到了末日之后，它们代表了一个新的开端。

灭绝并没有什么不寻常之处，它们是自然历史的一部分。世界绝大多数物种的历史已经灭绝。今天前所未有的是一个物种在引起第六次大灭绝中的作用，这是有史以来最快的。一个哲学悖论出现了：智人是其他大灭绝物种的后代（主要是大型爬行动物，其在 66—65 百万年期间消失，为哺乳动物的适应辐射铺平了道路），现在是大灭绝这一特殊情况的代理者。我们是其他物种世界末日的产物。地球物理因素的作用（即使是像 73000 年前多巴火山的超级喷发那样具有戏剧性的全球后果）也是近期人类进化的关键。现在，由于我们人类的活动，正在发生一种特殊的物种大灭绝，甚至在地球物理参数上改变了人类的生态位。

《联合国生物多样性公约》的成果之一是，地方保护措施正在成倍增加并取得了成功。然而，这还不足以扭转栖息地破坏的总体趋势。这种比较是令人宽慰的：有关世界环境保护行动的一般指标是比较积极的；相反，那些衡量生态系统健康状况的指标都是负面的。我们还没有看到我们的良好做法的效果。

对第六次大灭绝的科学认识，突出表明我们正在使生态系统急剧恶化，它教给我们几件事：①它提供的证据表明我们是不稳定的生态系统的一部分；②它提供了一种进化的洞察力，如果没有这种不稳定，如果没有物种在很长一段时间内的根本更替，我们就不会在这里；③它为未来提供了一个警告，证实了生物圈对于智人的生存是必要的。

科学家们一致认为，在过去的 6 亿年中已有 5 次大规模灭绝。虽然科学家们也同意地球正在遭受第六次大灭绝，但他们对其后果持不同意见。大规模物种灭绝被定义为在灾难性的自然事件造成的相对较短的地质时期内大多数物种的丧失。首先，物种灭绝的速度现在是地质时间内"正常速率"的 100 倍。其次，与过去的大规模物种灭绝一样，目前的情节也不是进化过程的必然结果。相反，它是一种罕见事件的结果，这种事件如此迅速地改变了环境，以至于许多生物体无法随之响应而进化。

理论上，只要条件允许，没有大规模灭绝事件，地球上的进化就可以进行。在偶然遇到不寻常的环境条件之间的大量地质时间就是这种情况。灭绝确实发生了，但不是突然而且几乎普遍，正如现在所发生的那样。目前灭绝的速度和程度类似于过去的大规模灭绝，而不是它们之间的间隔。如果过去的大规模物种灭绝可以指导通常的进化多样化进程能够恢复合理水平的生物多样性和生态系统服务的速度，那么等待可能是数百万甚至数千万年。

在过去的大规模物种灭绝时，没有近 80 亿人口的工业化人口完全依赖生物多样性提供的生态系统服务，例如授粉、害虫控制和气候改善。地球上的生命未来和人类福祉取决于我们在未来 20 年中为减少种群和物种灭绝所采取的行动。科学证据表明，当前大规模灭绝事件具有严重性，不采取行动是不负责任和不道德的。显然，人类面临的最大挑战是阻止对维持我们生存的生物圈的破坏。在过去的 200—300 年中，人类加速了全球物种灭绝率，达到了地球历史地质背景率的 100~1000 倍，模拟的未来灭绝率预计为地球历史地质背景率的 10000 倍。人类已经成为破坏地球的主要力量，如果我们继续走今天的破坏性道路，地球上的物种将因人类的集体行动而大大减少，这确实可能标志着我们自己物种的终结。

第五节 地质时代的建立基础

地质学家目前正在进行大量辩论，是关于人类世作为地质时代的合法性。可以公平地说，直到大约 400 年前，没有人关注这个问题。在此之前，宗教信仰而非科学支配着欧洲人对地质历史的思考方式。18 世纪末和 19 世纪科学学科的发展使人们开始了尝试通过对自然进行分级分类来了解周围世界的时代。如果人类能把地球上的岩石、土壤、水体、植物和动物进行归类，那么人类的大脑就能更好地理解这个世界。在生物科学领域，分类突破来自瑞典植物学家卡尔·冯·林奈（Carl von Linné），他开发了双名法命名系统。在该分类系统中，名称的第一部分标识物种所属的属，第二部分标识该属内的物种。林奈在 1758 年出版了他的著作《自然分类》，他将生物分为两个界：动物界和植物界。他的分类方案基于 5 个层次：界、类、目、属和种。他为大约 10000 种植物和动物提供了科学名称，包括当时欧洲已知的大多数常见物种。生物科学中的另一个重要概念是在博物馆中使用模式标本。模式标本通常由命名该物种的人（作者）确定。这些标本是物种的典型代表，并在博物馆藏品中得到精心保存，以便未来的研究人员能够接触到已建立的真实的代表。有趣的是，地质学家在开始为地质时期和时代的开始或结束指定类型地点时采用了这一概念。

在某种意义上，人类设计用于描述自然世界的所有分类方案都是人工构造的。它们是自然的模型，而不是自然本身。模型没有完美的。换句话说，我们不会也不可能知道关于自然的一切；我们只能尽力描述它，然后准备好在新数据曝光时修改我们的分类方案。例如，最近几十年在研究出物种的基因组后，就必须根据物理特性对生物分类方案作出一些修正。在大多数情况下，对先前分类的这些更正相对较小。因此，即使我们的分类模型不完美，它们仍然具有指导意义，它们帮助我们理解自然世界。因此，18 世纪和 19 世纪科学家的分类方案是所有自然科学向前迈出的重要一步。下面论述地质学家如何为地球岩层开发分类方案。

一、建立地质代、纪和世的历史

在 19 世纪初，科学本身在迅速发展。那时之前，进行科学研究的学者大多是涉及许多不同领域的通才。他们把自己视为自然历史学家，研究自然世界的运转，引导着他们的是奇思妙想。19 世纪初期，科学开始了专业化。随着科学知识的快速增加，单个学者不再能够及时了解所有新发现。人们开始将时间和精力投入到一个或不多的几个研究领域。这种新的、专注的科学研究风格为整个科学带来了巨大的飞跃。

在文艺复兴时期之前，欧洲人坚持圣经《创世纪》的文字信仰，并认为地球是在 6 天内被完整创造的，只有由诺亚从洪水中幸存下来所带来的后续变化。正如我们将要看到的，地球是在改变的，当今观察到的已经塑造了世界各地暴露岩层的地质过程的概念是缓慢形成的。

研究不同岩石单元之间地质关系的第一批人是矿工，因为他们的成功是基于他们从原本毫无价值的基岩地层中提取有价值矿物的能力。在 16 世纪和 17 世纪，无经验的欧洲人对自然历史的兴趣包括第一次系统研究了岩石类型之间的关系。采矿工程师的观察是建立系统的地质学的关键。这项努力的先驱之一是丹麦自然历史学家尼古拉斯·斯丹诺（Nicolas Steno）。在 1669 年，他描述了两个基本的地质原理。第一种原理是沉积岩以水平方式铺设，第二种原理是较年轻的岩石单元沉积在较老的岩石单元之上。半个世纪之后，一位意大利采矿工程师乔瓦尼·阿尔杜伊诺（Giovanni Arduino，1714—1795）将地球历史上的地层构成分为四级：第一纪、第二纪、第三纪和第四纪。阿尔杜伊诺区分了 4 个独立的阶段或"级"，他认识到一个非常大的地层在另一个之上排列。这 4 个"级"在意大利区域有表达，分别是阿特辛阿尔卑斯山脉、阿尔卑斯山麓丘陵、亚高山丘陵和波河平原。这种分类方案没有经得起时间的考验，但它建立了一个重要的原则。

接近 18 世纪末，英国自然历史学家詹姆斯·赫顿（James Hutton）出版了一本名为《关于地球系统、其持续时间和稳定性》的著作。这本著作包含了一套更明确的地质学原理，基于以下观察："现在陆地的固体部分，一般看来是海洋的产物和其他类似于现在在海岸上发现的物质构成的。"

基于此，他得出以下结论：①我们居住的土地不是简单而原始的，而是一种复合构成，且是由第二种原因形成的；②在现在的陆地形成之前，有一个由海洋和陆地组成的世界，其中有潮汐和洋流，这样的活动现在正在海底进行；③当现在的陆地正在海底形成的时候，以前的陆地生存着植物和动物，至少那时大海居住着动物，就像现在一样。

　　赫顿因此得出结论：地球上大部分的陆地，如果不是全部的话，都是地球自然运行的产物；但是，为了使陆地能永久性的存在，能够抵抗水的侵蚀，需要做两件事：第一，由松散或不连贯物质的集合形成坚固体；第二，这些坚固体从它们集合的地方也就是海底，上升到它们现在高于海平面的位置。

　　这一概念现在被称为"均变论"（Uniformitarianism），是19世纪早期英国地质学家查尔斯·莱尔（Charles Lyell）对其进行扩展来的。这个想法就是自然地质过程在整个时间内在频率和幅度上是均匀的。

　　这个原则在19世纪一经建立起来，自然历史学家和崭露头角的地质学家就开始对岩石类型进行分类并试图将它们置于一个秩序中。这种分类方案的指导原则是，最古老的岩石既没有化石生命的迹象，也没有最原始的生命形式（即单细胞植物或动物的证据）。这个概念的创始人是英国地质学家威廉·史密斯（William Smith），他是一名从事道路和运河项目以及矿山工作的测量师和工程师。他的工作为他提供了充分机会来观察岩层和收集化石，他开始根据我们现在称为地层层位的方式整理他收藏的化石。在1799年，他设计了一张表格，列出了英格兰南部不同类型的岩层及其特有的化石。然后，他开始了一个巨大的项目，试图识别并在彩色地图上绘出整个英国南部的地层。这张独自手绘地图于1815年出版发行。但地质学会（1807年成立）的知识分子精英几乎不信任他的工作，尽管后来精英们的地图利用了他的一些成果。

　　约翰·菲利普斯（John Phillips）于1840年提出地层柱（古生代、中生代和新生代）的主要细分类（代）。古生代或"古生命时期"被定义为第一个地质时代，其特征是化石记录中可见的最早发育的生命形式，包括第一批鱼类、两栖动物、爬行动物和陆地植物。中生代或"中间地质时代"的特点是恐龙的发展和灭绝以及第一批鸟类、哺乳动物和开花植物的发育。新生代或"最近的地质时代"的特征是鸟类、哺乳动物和开花植物充分发育的时期。

　　古生代又分为6个纪：寒武纪、奥陶纪、志留纪、泥盆纪、石炭纪和二叠纪。整个代跨越了大约3亿年，从最早的海洋无脊椎动物（寒武纪）到硬骨鱼、两栖动物和陆地上第一批大型爬行动物（二叠纪），可看到生命的发育。中生代分为3个纪，所有的特征都是恐龙在陆地上的崛起和逐渐占据统治地位，但第一批开花植物和哺乳动物也出现在这个代的末期。新生代分为第三纪和第四纪，是阿尔杜伊诺分类方案的唯一残余。新生代的特点是哺乳动物和陆地上的被子植物占主导地位。

　　人们可能会认为，地质时代的指定会导致在时代内产生细分（纪），但实际上却是反过来的。大多数地质纪都是在19世纪20年代和19世纪30年代命名的，比菲利普斯提出地质代要早10年或更长时间。值得注意的是，提出地质代和纪的科学家们并不知道他们所描述的矿床的年龄，只有它们之间相对的地层位置（即寒武纪在奥陶纪之前，三叠纪在侏罗纪之前，等等）。直到20世纪初才开始各个代和纪可以归为绝对的时期。这是通过发现放射性元素及其衰变速度，包括亚瑟·霍姆斯（Arthur Holmes）的工作而实现的。在19世纪，地质学家普遍拒绝教会的观点，正如詹姆斯·乌雪（James Ussher）大主教（1650年）阐述的那样，地球大约有6000年的历史，并且大多数人认为地球是在数百万年前形成的，但直到可用放射性测年前，地球的实际年龄是人们争论不休的话题。值得注意的另一点是查尔斯·达尔文（1859年）提出的进化论，是在基于化石记录确定了大多数地质纪后得出的。地质学家们知道，在过去不同的时间间隔里，整个生物群都被其他生物群所取代，但他们很少或根本不知道发生这些变化的生物学机制。

　　在地质纪内，有更精细的细分称为世。建立这些更精细的划分是必要的，因为许多重要的地质、环境和生物变化发生在与地质纪相关的数千万年之内。纪越年轻，科学家就越能够重建他们的环境和生物历史。例如，第三纪跨越了大约 6200 万年的地球历史，在此期间，这个星球上发生了许多戏剧性的变化。古新世跨越大约 6500 万年至 5500 万年前的间隔。在白垩纪末期，小行星碰撞地球造成大规模灭绝，毁灭了地球上的生命，并且新形式的进化和多样化用了数百万年的时间。在古新世中期，新的有袋动物和胎盘类哺乳动物繁盛，但在这个世结束时还有另一次灭绝事件。始新世是第三纪最长的时期，有一些非常温暖的气候条件，热带森林向中纬度地区的扩张与其有关联。相反，渐新世包括大规模降温，伴随着海洋无脊椎动物和陆地哺乳动物群体的灭绝。其次是中新世，其特点是初期全球在变暖，在中期和末期，在地质历史上伴随着第一次草原的扩张。草原的存在促进了食草动物的进化，包括有蹄哺乳动物或有蹄类动物。有两种主要的有蹄类动物：奇蹄类有蹄动物如马和犀牛，以及偶蹄类有蹄动物，如牛、猪、长颈鹿、骆驼、鹿和河马。第三纪最后一个是上新世，其间隔时间从大约 500 万年到大约 260 万年前。上新世全球气温逐渐下降，导致随后发生冰川作用，这是第四纪更新世的特征。更新世的冰川和间冰期振荡序列在大约 11700 年前结束。目前的间冰期温暖区间被称为全新世。

二、有关大灭绝

许多地质纪和世的划分都是基于大灭绝事件。在地球历史上，已经有 5 个主要的大灭绝事件，包括那些奥陶纪和志留纪之间划分界限期的灭绝，泥盆纪末期的灭绝（3/4 已知物种灭绝），二叠纪末期物种大灭绝事件，标志着三叠纪-侏罗纪边界的物种灭绝（消灭了许多原始恐龙群），白垩纪末期灭绝（恐龙以及许多海洋无脊椎动物群体的末期）。人们认为这些巨大的物种灭绝是由多种原因造成的，包括大规模的环境变化（全球变暖或降温），极端火山活动时期和小行星撞击。无论它们灭绝的原因是什么，这些灭绝事件在地质记录中都有明显的标记，因为代表每个地质纪的化石组合特征消失了，并且保存在几百万年后沉积岩石的化石组合被全套新物种所取代。现代人类历史中发生的唯一的史前大灭绝，是最后一次冰期结束时的巨型哺乳动物的灭绝。巨型动物被定义为成年时体重至少有 44 千克的动物。

许多科学家相信人类世的有效性的一个方面，是我们现在正在经历所谓的第六次大灭绝。现代物种灭绝率极高，大大超过了灭绝率的背景值。

三、地质边界建立

在过去的 150 年里，关于地质代、纪和世边界的确切时间存在相当大的争议。更精确的同位素年龄测定技术有助于解决其中一些棘手的问题，但哪个地质站点最能体现这些边界的问题仍然存在争议。近几十年来，地质界已经确定了一个程序，旨在一劳永逸地解决这些争论。这就是全球界线层型剖面和层型点（Global Boundary Stratigraphic Section and Point，GSSP）的命名，俗称"金钉子"。对于不是地层地质学家的人来说，地球历史分类单位的两个系统对这些单位使用不同的名称导致了一些混淆。地质年代的单位本质上是时间单位，包括宙（eon）、代（era）、纪（period）、世（epoch）和期（age）。年代地层单位本质上是时间-岩石单位，包括宇（eonothem）、界（erathem）、系（system）、统（series）和阶（stage）。地质年代学表述的是地球历史上事件的时间或年龄（沉积、成岩、生物、气候、构造和岩浆）。地质年代学还可以对在关于岩体形成的时间间隔期进行岩体鉴定，确认分层或不分层。

　　年代地层学是地层学的一个重要分支，因为年龄派生的相关性对于绘制岩石空间组织的准确横截面和准备准确的古地理重建至关重要。年代地层学包括确定区域和世界范围内地层演替的相对时间关系的所有方法（例如，生物地层学、磁性地层学、化学地层学、循环地层学和层序地层学）。它也用于正式命名机构。

　　根据国际地层学委员会2010年的正式投票建议，继续使用这两个分类方法。地质背景有助于确定构成单位的适当用法。需要进一步澄清的是年代地层单元是地质材料。在年代地层背景下，在上白垩统（即上白垩统的基岩单元）中发现了霸王龙的化石。相反，地质年代学单位是一段时间。在地质年代学背景下，霸王龙生活在白垩纪晚期。下面关于地层细分的讨论使用了年代地层学术语。

四、全球界线层型剖面和层型点

　　近几十年来，利用全球界线层型剖面和层型点的定义正在取得良好进展，使用了与岩石记录很好相关的离散化石和物理事件建立了所有地质阶段的下界。每组界线全球层型剖面和层型点都定义了地质时间的划分。25年前，泥盆纪和志留纪之间的边界建立了第一个"金钉子"。类型地点是捷克共和国的一个站点。与所有"金钉子"的位置一样（图1-9）用青铜铭牌标志着西卢里–泥盆纪边界在该地点的确切位置。全球界线层型剖面和层型点的概念在地质学家中得到了广泛的认可，因为现在可以使用在全世界同步的多个标准来定义一个阶段的边界。这些标准包括地磁极性倒转、稳定同位素值的全球变化，以及一个或多个突出和广泛的化石分类群的首次出现。

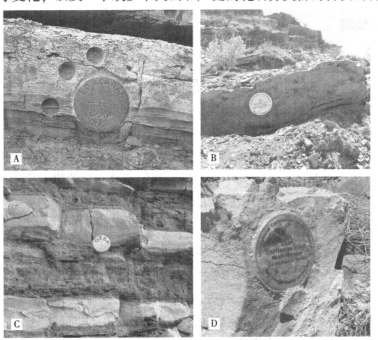

图1-9　全球界线层型剖面和层型点的"金钉子"位置，每个站点用青铜牌匾显示

注：（A）位于南澳大利亚弗林德斯山脉的埃迪卡拉（Ediacara）山的全球界线层型剖面和层型点位置。青铜牌匾标志着前寒武纪结束的"金钉子"；（B）得克萨斯州瓜达卢佩山国家公园的全球界线层型剖面和层型点位置，标志着沃德阶时代的开始，这是二叠纪的瓜达卢普统的一个细分区，跨越2.688亿至2.651亿年前的间隔期；（C）科罗拉多州普韦布洛附近的全球界线层型剖面和层型点位置，标志着土仑阶的开始，是白垩纪晚期的第二个纪元，或上白垩纪统的一个阶段。它的时间跨度为93.9±0.8百万和89.8±1百万年前；（D）位于得克萨斯州瓜达卢佩山国家公园的全球界线层型剖面和层型点位置，标志着卡匹敦阶的开始，紧接在沃德阶之上。

目前，已经确定了 69 个全球界线层型剖面和层型点位置。一些例子用于证明设定这些边界的各种标准。全新世的"金钉子"是根据 NGRIP2 井中 1492.45 米深处获得的冰样建立的，位于格陵兰岛的 75.1000°N 42.3200°W，标志着 11700 年前新仙女木期冷期让位于全新世变暖的点。该全球界线层型剖面和层型点位置于 2008 年获得国际地层学委员会的批准。在 288 万年前，第三纪和第四纪之间边界的"金钉子"位于西西里岛上。它是基于两个标准设定的：磁场倒转边界[松山倒转(Matuyama)极性的基础]和两种海洋藻类物种的灭绝。在突尼斯的一个名为卡夫(El Kef)的地方，标出了将白垩纪与古新世分开的"金钉子"(因此，将中生代与新生代分开)。在这个地方，有富含主要的外星元素铱的层。当一颗小行星在墨西哥尤卡坦半岛与地球相撞时，这种铱几乎肯定会沉积下来。尽管正在进行辩论 3 个候选地点，但目前还没有全球界线层型剖面和层型点位置来划定白垩纪-侏罗纪边界。标志着三叠纪-侏罗纪边界的"金钉子"位于奥地利阿尔卑斯山的一个地方，在那里，一群菊石(原始头足类动物)首次出现在最古老的侏罗纪地层的基部，在地质时间向更深处移动。几乎所有的全球界线层型剖面和层型点位置都是基于各种类型的海洋化石的首次或最后出现来定义的，例如菊石、腕足动物、三叶虫、牙形石和石榴石。

这个原则的例外是前寒武纪代。尽管前寒武纪占地球历史的 85% 以上，但其化石记录却很差。大多数前寒武纪化石是叠层石。由于它们的年龄很大，这些化石经常被大量改变(变质)或深埋，以至于极难找到它们。在一些地方发现了原始海洋化石细胞，例如，加拿大 20 亿年前的冈弗林特组(Gunflint)。最早的生命形式是早在 38 亿年前在海洋中进化的原核生物(真细菌或古细菌)。因此，前寒武纪的细分都是通过同位素测定年龄来定义的，而不是用化石类型。

五、人类世不同吗

人类世是否作为全新世之后的正式地质世，仍然在科学家中存在争议。人类世不符合经典模型，经典模型一直适用于过去的事件，从来不适用于当前事件。每个人都接受全新世是一个真正与更新世分开的时代，基于大规模的气候变化，意味着更新世的结束。目前的全球变暖的轨迹可能会成为比更新世末期更剧烈的气候变化，但尚未达到那种变化水平，因此许多地质学家不愿意将人类世放置在与前一时期相同的分类方案中。同样，由于人为导致的地球变化，不仅包括气候变化，还包括大规模减少自然栖息地的大小和质量，我们正处于导致第六次大灭绝事件的轨道上。如前所述，许多地质纪和世都是在大灭绝的基础上确定的，但由于目前的灭绝事件尚未达到顶峰，许多地质学家并不认为它是新世的合适证据。

如前所述，所有分类方案都是人为的：它们是由人类构造，旨在帮助我们理解周围的世界。从这个意义上讲，我们怎么称谓当前时期几乎不重要。我们决定将我们的时代命名为不同的名字，但是大气二氧化碳排放量是不会改变的，物种灭绝率也不会有任何不同，只是时代的名称变了。通过给当前时间段清楚地表明人类导致的地球困境的一个名称，可能会发现更容易让人们相信需要采取行动来减少人类对地球的影响程度。在这里，为了理解自然世界的意义，就需要对自然界进行分类。如果我们习惯于思考我们所处的时代与人类历史上的任何一个时代都不同，因为人类对现代世界的影响水平非常高，那么也许每个人，从普通的国家公民到他们的国家领导人和国际组织，将确信需要改变我们正在做的事情。林奈将人类物种命名为智人(*Homo sapiens*)，它是拉丁语的"智人种"。我们是要足够明智地采取必要的立即行动来限制人类这个物种对地球自然系统的破坏，还是要继续开发地球的资源和污染环境到不归路？

第六节　20 世纪 50 年代是人类世的开端

保罗·克鲁岑于 2000 年首次提出了"人类世"这一概念，尽管自 19 世纪以来该术语的前身就已存在。从那时起，该术语就被用于不同的社会、科学和政治环境，并具有不同的含义。将这一术语正式化将极大地增强我们对今天目睹的地球系统中人为驱动的明显变化的传播，这些变化表明我们已经离开全新世，并进入了一个新的时代。无论基于地层论据还是地球系统视角的证据，或社会历史发展的特征，20 世纪 50 年代可以作为人类世的开始日期，是人类世的开端。

一、20 世纪 50 年代作为人类世开端的地层论据

形成新的地质时间单元的过程是基于对不同特征和标记的地层记录的评估，这些特征和标记表示从一个时间间隔到下一个时间间隔的转型。尽管人类世的地层记录在厚度上与早期时代或其他时间间隔不具有可比性，但它仍然是横向广泛和详细的，同时在很大程度上反映了地球系统的重大且不可逆转的变化。

第四纪时期开始于大约 260 万年前，随着北半球冰川作用的开始，第四纪时期被划分为最新形成全新世的地质年代时间单元。全新世的起点位于大约 11700 年前的最后一次冰期之后，使其成为迄今为止最短暂的时代。

地质年代时间单元是从它们的等效年代地层单元推断出来的，这些单元是物理实体，通常由在所讨论的地质时间间隔内形成的分层岩石组成。

一个时代的正式定义通常需要一个全球界线层型剖面和层型点，由国际地层学委员会定义，并在一个地方标记该时代的下边界。在全新世的情况下，全球界线层型剖面和层型点被放置在格陵兰冰芯中，并从氧同位素和粉尘含量的减少以及过量氘的减少推断出来。

另外，可以使用全球标准地层年龄，它是时间参考点(不是地层中的物理记录)，标志着从一个地质时间单元到下一个地质时间单元的转型，来代替全球界线层型剖面和层型点。然而，后者是更近期和首选的基准，因为它提供更高的分辨率，并且基于地层中的物理标记。层型点的建立要求存在具有(理想情况下)全球范围的主要标记，并进一步由辅助标记支持，以加强地球系统内全球长期转型的情况。通常，从一个地质时间间隔到另一个地质时间间隔的转型标志着一个事件，该事件导致地球系统发生实质性变化，并以化石和/或其他沉积物的形式留下实质性痕迹。这方面的例子是奥陶纪和志留纪之间的边界，其中，冰川期引发了迄今为止地球经历的 5 次大灭绝事件之一。同样，寒武纪时期的下界也出现了丰富的痕迹化石，反映了当时生命形态的快速多样化，并表明了更复杂的穴居动物的出现。

已经提出了人类世的许多潜在起点。开始日期的候选者包括从 11000 年开始的农业发展(亚洲西南部、南美洲和中国北部)和 4000~5000 年前(非洲、印度、东南亚和北美洲的热带稀树草原地区)，通常用作物替代天然植被对地球的景观进行重大而持久的改造。这些改造留下了考古记录，但土壤层变化等标记更具区域性而非全球性，并且通常是跨区域的年序堆积层。人类尚未开始成为整个地球系统变化的主要推动力，并且对地质过程没有全球性的重大影响。

为了符合全球界线层型剖面和层型点定义，需要有明确的日期标记，由相关的辅助标记支持，

这些标记共同表明地球系统的全球和其他广泛和长期变化。

作为新时代起点的另一个建议是工业革命的开始和燃烧化石燃料带来的大气中二氧化碳浓度的增加。然而，工业革命本身并不是全球同步事件，因为它始于北欧，后来传播到欧洲其他地区，再传播到北美洲，最终传播到世界其他地区。这个过程大约用了 1 个世纪的时间，在某些方面，金砖国家(巴西、俄罗斯、印度、中国、南非)的工业增长可以看作是从十八世纪末工业革命开始的延续。随着农业实践的发展和扩大以及人类对土地或地表面的改变，工业革命构成了一个跨时代的事件，无法形成合适的人类世开始的正式定义的边界标记。

20 世纪 50 年代左右开始的"大加速"，伴随的是人类活动的爆发及其对地球系统结构和功能的明显影响，是作为人类世最合适的开始日期。"大加速"一词最初于 2005 年由柏林达勒姆会议的一个工作组使用，并于 2007 年由威尔·史蒂芬(Will Steffen)等人首次发表在同行评审的文献中。

在比较人类事业和地球系统的指标时，有两个突出特征。首先，人类事业指标的急剧上升与大多数地球系统指标的增加之间存在惊人的对应关系，并且有大量证据支持这样的假设，人类活动确实推动着地球系统结构和功能变化。其次，20 世纪中期，几乎所有指标的变化率都急剧增加，这就出现了"大加速"的名称。

如上所述，将人类世正式承认为地质年代时间单元需要为潜在的全球界线层型剖面和层型点放置一个全球可检测的主要标记，该标记要进一步得到辅助标记的支持。全球界线层型剖面和层型点应该反映地球系统变化的前所未有的速度、规模和重要性，这些变化是由人类引起的并且可能在未来几千年持续存在，并不是地球上人类活动的最早证据。因此，"大加速"是最符合人类世开始日期的最好标准。

人类世开端的一个建议日期是 1945 年 7 月 16 日(非常精确)，当时第一颗原子弹在美国新墨西哥州引爆，放射性物质被释放到大气中，并迅速在全球蔓延。因此，它提供了一种独特的、全球同步的、明确的来自人类的信号，当它沉积在地球的地层中时，满足了全球界线层型剖面和层型点定义新时代下边界的要求。自 1945 年以来，地球上已经进行了 500 多次核武器试验，在 1964 年试验数量达到高峰。这与 1963 年放射性同位素铯-137 和钚-239+240 的原子尘峰值大致相符。但是，铯-137 是一种短寿命的同位素，虽然它适合于测定更近期的沉积物，但人类世开始的最佳时间标记物将是钚-239，其半衰期为 24000 年。预计地层中的钚-239 信号至少可以在 100000 年里探测到，如果不是更长的话。

还有一些辅助标记可以用来支持 20 世纪中期作为新时代的起点。虽然人类已经沉积了技术化石，化石作为工具并且是在地层中长期存在的更先进人类技术的证据，但从 20 世纪 50 年代开始技术进化的速度和规模再次令人瞩目。现在可以在沉积物中找到各种新的人造物质，这些沉积物层测年能够达到至少 10 年的精度，在某些情况下甚至能够达到年的精度。

铝的基本形式在自然界中很少见，尽管它在 19 世纪首次由铝土矿生产，但全球 98% 的元素铝产量发生在 1950 年以后，在人类世地层形成了明显的信号。第一种塑料是在 20 世纪初制造的，但产量从 20 世纪 50 年代开始迅速增长，这种物质最终以微小颗粒的形式存在于垃圾填埋场、水系统以及海洋沉积物中。全球扩散和稳定特征表明，塑料很可能在地层记录中持续一段时间。混凝土的使用，虽然最初是罗马发明的，但在第二次世界大战结束后产量急剧上升，并且仍在加速，为 20 世纪中叶地层中人类活动的空前增长留下了进一步的稳定标记。

燃烧化石燃料，也许是人类世最重要的根本性驱动因素，产生了大量碳产品，包括无机灰球

(Inorganic Ash Sphere,IAS)和球形碳质颗粒(Spherical Carbonaceous Particles,SCP)。虽然无机灰球开始出现在 16 世纪的地层记录中,但从 19 世纪中叶到 20 世纪中叶,它们在北欧和北美洲变得更加普遍。相比之下,球形碳质颗粒在 19 世纪中叶首次在英国被发现,但从 20 世纪 50 年代开始,在全球范围内几乎同步增长。这些颗粒很可能在沉积物和冰芯中留下永久的特征,类似于大约 6600 万年前源自希克苏鲁伯(Chicxulub)小行星撞击地球的地层记录,并且至今仍存在。

20 世纪越来越多的活性氮被释放到了地球系统。这一趋势也提供了人类世的一个可能的地层标记,如格陵兰冰芯的分析显示的一样。与 20 世纪中期开始的全新世基线相比,NO_3^- 显著增加,$\delta^{15}NO_3^-$ 减少。NO_3^- 的增加很大一部分是由于 20 世纪化肥使用量的增加,另一个重要贡献是通过燃烧化石燃料产生的氮氧化物。

地层中另一个可能成为人类世标记的候选物是持久性有机污染物,例如,多氯联苯和农药残留物,它们与 20 世纪中期以来工业活动的增加有关。这些化合物在全球范围内散布,自二战结束以来在沉积物中的浓度急剧上升。

20 世纪开始修建大坝,20 世纪中期以来建设数量显著增加,人类通过阻碍泥沙和其他物质向海洋的运输而改变了沉积模式。这导致了大型三角洲的后退,并导致了海岸的后退,这些变化将在未来很长一段时间内仍然是人类空前活动的地质证据的一部分。

随着时间的推移,煤炭开采已经在景观上留下了明显的疤痕,石油钻探往往需要到达相当深的地层深度。从 20 世纪 50 年代中期开始,石油成了主要燃料来源,并且现在石油钻井场已经遍布世界各地。从 1968 年开始,钻井技术甚至能够从深海地区开采石油,这在未来数千万年将在所有主要海洋中的沉积物和岩石中留下痕迹。

总之,虽然在 20 世纪中期之前,已经在地层中看到了这些标记的一些证据,但人类世的开始是基于人类在地层中作为产生清晰的全球同步信号的力量的速度、速率和规模,这将在地质时间尺度存在很长的时期。

二、从地球系统视角看 20 世纪中叶是人类世开端的证据

地球系统是一个单一的复杂系统,由许多相互作用的物理、化学和生物过程组成,如碳、水和氮循环,它们连通了陆地、海洋和大气。地球系统的两个高级组成部分是气候和生物圈,它们自地球开始以来已经协同进化了近 40 亿年。在过去的 260 万年(第四纪),地球系统在两个相对明确的状态之间(冰期和间冰期)交替,时间跨度大约 40000 年,在大约 120 万年前,时间跨度大约 10 万年。最新的间冰期状态全新世提供了一个参考点,人类驱动的地球系统变化可以用来比较,人类世的情况可以从地球系统的视角来看。

(一)气候系统

对气候系统的观测清楚地显示出主要来自 20 世纪中期与全新世规范不同的急剧变化。气候系统状态最常见的指标是全球平均地表温度,1880—2012 年地表温度增加了 0.85 摄氏度,其中,1880 年的温度通常被视为工业化前的温度。自 1850 年以来,过去 30 年的每个十年都要比其前面任何的十年更加温暖。过去几年,地表温度上升得更加强烈,2016 年的地表温度是之前有记录以来的最高温度,已比工业化前温度高出 1 摄氏度。在更长的时间范围内,全新世的温度是变化的,但变化仅在 ±0.5 摄氏度的范围内。自全新世中期以来,气候系统已经略微降温,直到二十世纪左右人类活动驱动温度上升。与全新世的记录相比,当前的温度升高是惊人的。自 1970 年以来,变

暖速度大约是过去 7000 年全新世基准速率的 170 倍。

(二)水循环

总体来说，自 1950 年以来，北半球的中纬度陆地区域的降水量增加。地球其他地区的趋势尚不清楚。萨赫勒、地中海、中国东北和澳大利亚东南部等几个地区在 1951—2010 年经历了变干的趋势。

(三)海平面上升

从 1901 年到 2010 年，海平面上升的速度很可能是每年 1.7 毫米，但从 1993 年到 2010 年，海平面每年上升达到 3.2 毫米。自 19 世纪中期以来，海平面上升的速度大于前 2000 年的平均速率；1901—2010 年，全球平均海平面上升了 0.19 米。海洋水的变暖膨胀、陆地冰川和极地冰盖的冰消融正在驱动海平面上升。在过去的 20 年中，格陵兰岛和南极洲的冰盖一直在减少，全球范围内冰川几乎都在逐渐萎缩。

(四)极端气候事件

气候变化正在对几个极端气候事件产生影响。在大多数陆地区域，温暖期和热浪的频率和持续时间正在增加。就强降水事件的频率和强度而言，可能更多的陆地区域显示增加而不是减少。一些区域的干旱强度和/或持续时间可能会增加，包括地中海地区、撒哈拉以南非洲部分地区和澳大利亚南部部分地区。在有可靠的长期数据的地方，例如在北大西洋，几乎可以肯定的是，自 1970 年以来，热带气旋的活动有所增加。自二十世纪七十年代以来，极端高海平面导致极端事件发生率和强度增加了。

(五)生物地球化学循环：碳、氮和磷

气候变化的主要驱动因素是燃烧化石燃料，即人类改变了碳循环，主要是增加了大气中的二氧化碳。自工业革命以来，特别是自 20 世纪中期以来，上述气候系统的变化与大气温室气体浓度（主要是二氧化碳）的增加相吻合。大约在 1750 年，人类向大气中释放的碳估计每年约为 300 万吨。到 1850 年，这个数字已增加到 5000 万吨，1945 年后增加到 12 亿吨，1960 年约 25 亿吨，1970 年超过了 40 亿吨，现在人类每年向大气中排放约 100 亿吨碳。

除燃烧化石燃料外，还通过砍伐森林和陆地生态系统的相关过程释放出更多的碳。虽然人类采伐木材有很长的历史，但自 1945 年以来，通过新技术和廉价燃料促进的森林砍伐在全球范围内显著加速，它促进了大气中二氧化碳的增加。

工业革命前的大气二氧化碳浓度为 280 毫克/立方分米，并在整个全新世间在 260 毫克/立方分米和 280 毫克/立方分米之间变化。然而，在工业革命开始后大气二氧化碳浓度开始上升，到 1950 年增长到 315 毫克/立方分米左右，并且从那时起急剧上升，到 2016 年大约为 400 毫克/立方分米，至少是在过去几十万年中的最高值。然而，大气二氧化碳变化的重要性在于增速的增加比总量的增加更重要。在过去 20 年中，二氧化碳的增加的速度大约是从更新世向全新世过渡期间最快增速的 100 倍。此外，目前的二氧化碳增加速度大约是 5600 万年前古新世-始新世最高温度期间的最大增速的 10 倍，这期间也是一个非常迅速的温度上升期。

大气二氧化碳浓度增加会产生明显的副作用。并非所有人为释放的碳都留在大气中，大约 25% 的二氧化碳排放量被海洋碳汇吸收。大气二氧化碳浓度升高的趋势是，海水溶解了过多的二氧化碳导致海水酸性增加。海洋酸化将改变海水化学的平衡，对于在海洋中形成碳酸钙外壳、骨

架的海洋生物生存带来极大挑战，这些海洋生物例如珊瑚，通过海洋食物链具有流动效应。目前，海洋酸化的增加速度比已知的历史增速快约 50 倍。

在氮循环方面，氮肥的生产和使用具有重要影响。通过哈伯－博世法（Haber–Bosch）生产氮肥的过程成为"绿色革命"的重要组成部分，氮肥的生产使得数量迅速增加的人类拥有足够的食物。在相对意义上，人类对氮循环的扰动大于对碳循环的扰动。现在，人类通过工业固定和种植携带固氮细菌的豆类，每年直接从惰性大气氮生产超过 1 亿吨活性氮，超过所有陆地自然固氮过程的总和。

然而，活性氮的生产和使用，主要是作为肥料在农业区的应用，它对地球系统的功能有几个重要的影响，其中包括①淡水生态系统的富营养化，伴随的是生物多样性和功能的改变；②海洋生态系统的富营养化，伴随的是沿海海域无氧环境的发展和随之而来的鱼类死亡；③淡水生态系统酸化和土壤酸化；④排放强温室气体一氧化二氮；⑤由氮化合物诱导形成的臭氧造成的局部空气污染，对人类健康造成了严重后果；⑥硝酸盐对地下水的污染；⑦由于一氧化二氮的形成导致的平流层臭氧消耗。

人类活动在很大程度上改变了磷循环，也生产肥料以支持数量不断增加的人口，20 世纪中叶之后磷的开采和施用量不断增加。工业化前的风化过程每年生产 15~20 百万吨的磷，估计人类现在磷的开采量为每年 23.5 百万吨，与全新世的基准量相比，流过环境的磷量增加了 1 倍以上。这种额外的磷对地球系统的功能产生了重大影响，主要是淡水湖的富营养化，但也可能导致海洋中形成缺氧区。

（六）生物圈

生物圈是第二个高层组成部分，与岩石圈一起构成地球系统。人类活动可能使生物圈的变化甚至超过岩石圈，因此在定义人类世时起着关键作用。

生物多样性是生物圈的一个关键特征，生物多样性的变化，特别是物种灭绝，往往被用作整个生物多样性的指标。目前，生物多样性丧失估计至少比背景水平高几十倍，甚至几百倍。虽然目前的灭绝速度尚未达到全球大灭绝的程度，但它正在遵循过去大规模灭绝的模式，如果在接下来的几个世纪中持续下去，地球将经历其第六次大规模灭绝事件。

还有下面其他 3 种重要方式，使人类活动对生物圈有很大影响，在微生物和多细胞动物的阶段之后，甚至可能代表生物圈演化的第三个基本阶段。

首先，生物圈受到旅游和商业运输日益全球化所带来的生态系统之间前所未有的物种交换的影响。入侵物种在全球范围内改变并破坏了生态系统动态。对于河口和河流等已经受到筑坝及相关影响的水生生态系统也是如此。因此，人类活动极大地改变了许多物种的范围，并且由于人类的干预使它们进入了新的区域，导致出现了有时被称为"新生物群"的物种。大量物种的快速混合已经发生，特别是自二十世纪中期，与过去典型的生物地理上不同的物种缓慢进化形成鲜明对比。新生物群的例子包括栽培种，例如马铃薯、玉米和小麦，以及家养动物，例如马、牛和绵羊。许多其他物种是沿着贸易路线偶然运输的。人类本身就是新生物群的一个很好例子，已经蔓延到每个可居住陆地的遥远角落。

其次，人类现在占据了生物圈净初级生产力的很大一部分，估计范围在 25% 到 40%。我们通过从根本上改变地球大部分地表来实现这一目标，主要用于农业（50%）以及城市和其他人类用途。人类还从海洋生物圈中占用了很大一部分净初级生产力，例如，拖网捕鱼约占大陆架海底面积的 75%。

第三，越来越服务于人类需求的物种的定向进化是人类世对生物圈的另一个重要影响。这可以采取将动物生物量集中到少数人类直接利用的驯养物种的形式，例如牛、羊、狗等，以及海洋工业化捕捞仅重点关注的少数物种。在少数几个物种控制生物圈的同时，伴随着更加集中的努力，通过植物和动物育种来引导进化，例如，产生新的作物品种和园艺品种以及动物杂交种。最近，遗传技术被用于加速引导进化。一项估计表明，世界各地现在收集有 700 多万种人为的基因型。

总之，岩石圈（气候）和生物圈中地球系统过程的结构和功能变化的幅度和速度清楚地表明，地球状态已经离开了相对稳定的全新世。人类力量现在压倒了使地球系统保持在全新世状态的负反馈机制。

三、社会历史发展支持 20 世纪中期为人类世的开端

人类长期影响着环境。例如，人类与更新世大型哺乳动物的灭绝有关。现在的问题是人类如何发展成长为一个全球力量，自 20 世纪中期以来，它影响了地球系统，以至于可以严肃提出新的地质时代。

这里我们关注 4 个参数：经济增长、能源使用、人口增长和城市化移民。

（一）经济增长

1945 年以后，全球经济飞速增长，以全球实际 GDP 的增长为例，推动了一系列新的过程和创新。这种经济增长并非对环境没有影响，事实上，第二次世界大战后经济的爆炸式增长，需要消耗大量能源和资源来为其提供动力，这是复杂人类社会以及随之而来的地球系统结构和功能的变化中大加速的主要推动力。

如前所述，地球系统最重要的变化之一是 20 世纪下半叶大气温室气体浓度的上升，与全球经济的快速增长相吻合。这反映了全球经济的高碳强度，经济增长与化石燃料的使用密切相关。尽管技术进步提高了许多工艺和设备的能源利用效率，但不断增长的富裕消费，社会中物品数量的不断增加仍然导致总能耗和相关温室气体排放的急剧上升。虽然这种趋势在 20 世纪主要局限于最富裕的西方国家，但新兴经济体如中国和其他亚洲国家在过去 10 年左右开始发挥更大的作用。尽管如此，到 2010 年，生活在经合组织（富裕）国家 18% 的世界人口占有全球 GDP 的 74%，因此占有世界消费的大部分商品和服务。

20 世纪下半叶，经济快速发展的另一个突出特点是生产新的化合物，直到 20 世纪 60 年代和 70 年代之后，随着大众环保运动的兴起，人们的环保意识有所提高，其中许多化学合成物才开始进行严格的测试或立法使用。这反映在今天可以在地层中发现大量的新化合物。随着 20 世纪初第一批合成聚合物的诞生，全球塑料生产从 20 世纪中期开始爆发式增长，当时许多公司生产了有助于快速生产的改进型聚合物。1930 年生产了 5 万吨塑料，1950 年增加到 200 万吨，1960 年增加到 600 万吨，20 世纪后期每年产量在 1.5 亿到 2.5 亿吨。

到 20 世纪 70 年代早期，塑料废弃物开始出现在海洋中，引发了先前对塑料的积极看法的改变。然而，在随后的几十年里，塑料产量进一步增加。虽然当今塑料废弃物是一种全球现象，并且已经是人类世地层的一部分，但它作为新地质时期开端的标志，可能会因其相对"短暂"的生命周期而受到一定程度的影响。

（二）能源使用

能源在人类能够成为影响地球系统功能的全球性力量方面发挥着核心作用。虽然理论上太阳提供的能量是无限的，但最初人类只能以热和光的形式直接使用太阳能，并且可以存储在植被中。然而，对火的使用开辟了新的选择，这是改变人类获取能源途径的第一步。

种植充满能源的农作物、饲养牲畜将低能量牧草转化为高能量的食物以及为运输提供动力的农业实践的发展是向前迈出的又一步。直到 18 世纪，能源体制仍然是有机天然的，人类活动主要由肌肉力量来驱动，无论是人类还是动物。

虽然几个世纪以前人类零星地使用化石燃料煤炭，但直到 18 世纪，能量丰富的煤炭才成为主要燃料，随着蒸汽机的发明，煤炭的使用又发生了变化。虽然起初能源使用效率低下，但机器在人类活动中逐渐发挥着越来越大的作用。

化石燃料提供的廉价和充足的能源为环境和健康的发展铺平了道路。它能够创造在经济上不可行，甚至在物理上不可行的活动。在机器的帮助下，原本需要大量昂贵的手工劳动的耗时过程变得更加高效。在经过长期缓慢的积累之后，人类活动的规模和强度在 20 世纪中叶之后发展到了前所未有的程度。

廉价能源还通过提供大量来自能源密集型哈伯博施法（Haber-Bosch）工艺的氮肥、生产石油基农药以及灌溉用能源，为农业带来了革命性的改变，所有这些都促进了农业部门的集约化。

虽然上述这些活动的能源已经并且仍然在很大程度上由化石燃料提供，但是无论能源的性质如何，只要它充足且便宜，过去 60 年的机械化和集约化就会发生。在所有社会发展阶段中，向依赖化石燃料的能源转变形成了人类迄今为止对环境产生的最大影响。因此，无限制地提供廉价燃料、人口增长、经济和政治愿景以及技术创新，导致了许多在"大加速"中看到的趋势，如在前面所述的，这些趋势已经在生物圈和地层中留下了一个标志，并且已经强力推动地球的气候离开了全新世时期的稳定状态。

虽然煤炭和石油的开采具有众所周知的当地和区域环境影响（例如，山顶被移平、露天采矿、陆地和海洋石油泄漏破坏了整个景观），但化石燃料的全球尺度影响最为深远，通过燃烧煤炭和石油，导致二氧化碳释放到大气中。这大规模开始于工业革命时期，但从 20 世纪中期开始加速，从而改变了岩石圈、土壤圈、生物圈、大气和海洋之间的碳循环。

二氧化碳和其他温室气体如氧化亚氮和甲烷的大气浓度在过去 250 年中呈上升趋势，但自 20 世纪 50 年代以来更加急剧，与一次性能源使用的显著增加相吻合。起初，煤炭是主要使用的化石燃料；然而，它在 1965 年被石油取代，而天然气甚至更晚才出现。虽然全球能源使用量在 1900 年至 1950 年间仅增加了 1 倍，但到 20 世纪末它增长了 5 倍。这种获取和使用能源的迅速增长对人类来说是前所未有的。重要的是，直到 20 世纪中期，93% 的商业生产能源被富裕的经合组织国家使用，这些国家也拥有最大的经济和政治权力，因此也为大气层贡献了大部分二氧化碳。

其他类型的能源也陆续得到开发，成为化石燃料的替代品。例如，随着 1954 年第一座核电站的启用，核电的利用使人类获得了大量能源。在 20 世纪 50 年代中期，人们希望这种新型能源可以为所有人提供非常便宜的电力，随后对核技术进行了投资。然而，由于 20 世纪 70 年代和 80 年代广为人知的核事故，美国减少了核电的普及程度，特别是在 1986 年切尔诺贝利事故之后，世界其他地区也进行了更严格的安全控制，预想中的核能繁荣从未实现。几个世纪以来，小规模使用的水力发电是另一种非化石能源。与人类企业的其他指标一样，大型水坝建设的速度在 20 世纪中叶左右急剧上升，在 20 世纪 60 年代至 70 年代达到顶峰。到 2010 年，全世界已建造了 30000 多座大型水坝，其中许多用于水力发电。尽管越来越多地使用水力发电，并且伴随着核电的利用，但直到 21 世纪并一直持续到现在，世界绝大多数的能源生产依然来自化石燃料。

(三)人口增长

在研究人类如何以及何时成为全球力量时，重要的是要研究 20 世纪爆炸性人口增长在人类世初期所起的作用。虽然有时人们认为全球人口的增加是我们今天面临的环境问题的唯一原因，但事实并非如此。实际上，通过对大加速的分析可以清楚地看出，消耗是驱动人类世的最重要因素。到 2010 年，生活在经合组织国家的人口只占世界人口的 18%，但占有全球 GDP 的 74%，因此是主要的消费者。然而，人口仍然是导致人类世的人类发展复杂系统的主要因素。

第二次世界大战的结束引发了许多国家的婴儿潮。人口增长的一个重要因素是战后存活率的急剧上升，在此期间许多医疗手段得到改进或发展。在多年资金和资源稀缺的困难条件下，许多国家制定了卫生干预措施。战后复兴使得疫苗和抗生素很便宜地就能够运送给许多人，同时改善了卫生条件并提供了清洁饮用水。粮食安全、营养改善提高了人的存活率并延长了人的寿命，这与经济财富的关联度降低了。由于这些原因，1950 年至 1990 年期间全球人口年增长率超过了1.75%，导致人类历史上从未有过的人口爆炸。

人口大幅增加对环境影响最重要的方式，是除使用能源外的与粮食生产相关的过程。随着人口的增加，淡水的使用量增加，其中大部分用于灌溉。当世界人口在 1945 年至 2010 年间增加 2 倍时，用水量和灌溉面积总量也增加了 2 倍。几乎完全用于农业肥料的氮和磷的使用也随着人口的增加而增加。农业在砍伐热带森林方面也发挥了重要作用，尽管其驱动因素并非总是在当地，而是与经合组织国家经常推动的日益全球化有关。

(四)城市化与移民

随着工业革命的发展，食品和燃料供应的障碍逐渐得到解决，城市变得越来越普遍并且规模越来越大。此外，随着农业现代化发展，农村劳动力的需求减少，更多的人搬到了城市。然而，直到第二次世界大战之后，城市化的速度才开始起飞。虽然 1950 年世界人口的 29% 生活在城市，但到 2015 年，这一数字已攀升至 50% 以上。换句话说，今天大多数人生活在一个人造和人主导的环境中。

1945 年以后，城市人口的急剧增长也与二战后经济前所未有的增长密切相关，并在 1950 年至1973 年达到顶峰，这一时期也被称为"黄金时代"。重要的是，这种经济增长的绝大部分发生在富裕的经合组织国家，只有在过去 10 年或 20 年中，一些大型发展中国家的经济才开始建立他们自己的大加速。尽管如此，城市化的趋势在较不发达的国家也很明显，其中生活在城市地区的人口比例从 1950 年的 18% 上升到 2003 年的 42%。这些国家的农业集约化发生的时间远远晚于富裕国家，而且较贫穷国家的农村劳动力也迁移到了城市。

与其他人类活动一样，城市化的规模和速度以及这一趋势的影响尤为突出；虽然城市化是一个文化过程，但它也具有巨大的环境影响，这种影响往往远离城市中心。为了支持城市居民的生活，资源和废物的收集处理在城市地区内无法提供，需要与远离城市边界的资源和生态系统服务相联系。1945 年之后，日益繁荣推动了向以城市为基础的消费社会的转型，随之而来的是对水、能源和其他资源的需求增加，以支持日益增长的商品消费需求。消费量的增加，反过来导致城市产生的垃圾和碳排放量增加，这是因为需要从世界各地获得资源。因此，新兴国家和欠发达国家不断增长的城市人口继续通过追随富裕国家的消费模式来传播全球经济增长的趋势，而西方世界继续关注增加财富。

然而，并非所有20世纪的移民都是到了城市。例如，在巴西和印度尼西亚，由于不断增长的人口需要生存空间和谋生方式，因此在20世纪50年代至80年代期间，通过国家政策鼓励，大量人口迁移到了热带雨林地区，政府认为这比土地改革更容易解决问题。这种结果往往是加速了这些地区的森林砍伐，影响森林作为碳汇和物种栖息地的功能。虽然移民引起的许多变化在当地范围内更为明显，但砍伐森林对大气和气候以及生物多样性产生了全球性影响。

四、结论

几千年前人类，开始在地球系统上留下痕迹，但直到20世纪中叶，人类才成为一股地球的力量，将地球系统推出稳定的全新世状态，进入了人类世。这种转型的证据非常强大且不断增长。例如，涵盖较长地质时间间隔的地层学数据的许多参数，如大气甲烷和二氧化碳浓度，或冰芯中冻结的硝酸盐浓度，现在明显超出了全新世的自然变化范围。此外，来自人造物质如塑料、铝和混凝土的全新信号现在正在地层中累积。一种特别好的地层标记是全球同步出现的人造放射性核素。地层学家定义人类世开端的新颖之处在于，人类已经目睹并衡量了已经发生的新时代转型。此外，以前从未有可能以如此高的分辨率确定两个地质时间间隔之间的边界。

直接观察地球系统的变化支持了人类世开始于20世纪中叶的地层论证。观测包括大气温室气体浓度显著上升以及全球地面温度的随之增加。其他重要的地球物理变化包括南部高纬度地区臭氧洞的形成和海洋酸度的增加。生物圈的变化也很重要，正如生物多样性丧失速率的增加所表明的。

我们也非常了解人类社会和文化的发展，这些发展产生了人类世。利用化石燃料提供的丰富能源在20世纪中叶以来为爆炸性发展提供动力方面发挥了重要作用，经济活动开始起飞，资源利用和消费也随之起飞。有证据表明，人类活动驱动了已经观测到的大部分地球系统的变化。

总之，地层学、地球系统科学和人类历史的所有论据共同指出20世纪中期是人类世最合乎逻辑的开始日期，标志着人类成为全球尺度的地质力量的时代。

第七节　人类世的地貌

几千年来，自然过程诸如构造隆升、火山喷发、气候变化、侵蚀作用、沉积物运移和沉积等塑造了地球表面。然而，在最近的历史中，一种不同的全球地貌变化力量已经崛起：这就是人类的力量。人类活动从农业生产到矿产开采、道路网络建设和城市化将他们的指纹作为明显的地貌特征留在了景观上。

人类活动改造的景观与许多其他全球重要的生态系统一样，现在覆盖了地球陆地表面的一些范围。在这些景观中，人类活动产生了特有的地貌特征(例如，灌溉渠道、山坡上的梯田系统和露天采矿场)。这些特征可以显著影响地球表面过程(例如，侵蚀、径流、沉积物运移和沉积)。识别和分析这些特征及其相关过程，对于理解地球景观的演变提出了挑战。科学界现在正在讨论这样一个事实，即我们生活在一个与全新世地层不同的新地质时代：人类世。

我们能把人类定义为地质作用力吗？人类有可能增强地貌过程吗？人类的生物扰动作用是地球历史上没有先例的现象。人类已成为不同尺度的许多地球表面过程中的主导元素，在这一点上，人类活动可以被认为与气候或构造变化的影响不同，但可以相提并论。人类在各种建筑活动中移动了越来越多的岩石和沉积物，因此是一种地质因素。

不同地区的采矿活动和耕地的侵蚀与典型的山地地形侵蚀速度一样。采矿和农业的侵蚀率一般是最高的，可以超过大多数自然侵蚀过程的速度。这也许可以部分地回答人类是否可以被看作是一种不同的地质作用力的问题。下面我们通过收集到的世界不同地区有关农业实践、采矿和运输（道路）网络的例子，总结了典型地形特征和相关过程。

一、农业

（一）农业梯田

农业梯田是在世界不同景观中人类改造的最明显和最广泛的标志之一。建造梯田是为了保持更多的土壤和水分，减少水文连通性和土壤侵蚀，并支持灌溉。梯田减少了坡度和长度，便于在陡坡上种植，增加了土壤渗透率，控制了陆面的水流量和速度，对农业活动产生了积极影响。自古以来，在不同的地形条件下（例如，沿海地区、丘陵和陡坡山地景观），人们都可以找到用于种植各种作物（如葡萄、果园、水稻、玉米、小麦）的农业梯田。

在少数地区，过去使用的梯田建设和灌溉技术今天仍在继续得到有效利用。在某些地区，梯田景观可被视为历史遗产和文化生态系统服务。在所有地中海盆地中，梯田景观被认为是地球上最重要和最具特色的人类浮雕印记，它们象征着重要的欧洲文化遗产。然而，人们也可以在美洲、中东和东亚找到古老的梯田。在南美洲的干旱地区，印加人建设的梯田和使用的灌溉技术至今仍在利用。哥伦布发现美洲大陆以前和现在的土著居民开发了梯田和灌溉系统，以便更好地管理不利的环境。在中东的古代社会，在干旱河谷中用数千块石头砌成梯田墙，以截获当地降雨带来的地表径流和洪水，使沙漠中从事农业成为可能。在亚洲，梯田是一种广泛的农业实践。自古以来，可以在不同的地形条件下（例如，丘陵、陡坡山地景观）找到梯田，它们用于种植各种作物（例如，水稻、玉米、小米、小麦）。从这些景观来看，很明显农业梯田是一个地区地貌的组成部分，地貌特征不仅反映了构造隆升或气候变化，而且也反映了人类的力量。然而，农业梯田引入了几个关键问题：增加边坡破坏，以及水力侵蚀过程，其对营养物质的损失和化学物质的重新分配产生影响。古代的梯田通常是用石墙修成的台地，需要维护。梯田设计和维护不良，梯田坍塌就成为重要的沉积物来源。农业道路也为梯田提供服务，建设这些人为的特征可能对水流和地表侵蚀产生深远影响。在过去的半个世纪中，土地弃置影响了世界上许多的地区，导致土地退化逐渐增加，特别是在农业梯田景观中。结果是土壤侵蚀和滑坡风险逐渐增加，当这些过程发生在人口密集的地区时，会直接影响当地的人们。

（二）农业侵蚀

由于地形、土壤和气候条件的原因，耕地的土壤水蚀对世界土壤资源构成严重威胁，特别是在地中海地区。根据蒙哥马利的研究，不同地区的耕地大多以阿尔卑斯山地区的典型侵蚀速度侵蚀。他的研究结果证实，传统农业土地的侵蚀率比土壤生产的累积量大一到两个数量级。根据这项研究，传统农业增加侵蚀率足以视为是一种不可持续的做法。事实上，农业侵蚀率是土地使用中侵蚀率最高的。在耕地中，葡萄园值得特别关注，因为它是收入和就业最重要的，葡萄园生产也被证明是农业中造成土壤流失最严重的形式。

农业侵蚀也对河流干涸、地下水枯竭、水污染、沉积、盐碱化和盐水入侵产生间接影响。农业景观中侵蚀的土壤也可以输送到排水网络，直接影响洪泛区沉积的速率和规模。

(三) 农业灌溉

人类对洪泛区的影响改变了水力和地貌过程的空间分布以及变化速率，这可能导致土地退化和地貌变化。农业部门最迅速的地貌改变活动是采用灌溉和渠道网络。

一方面，灌溉为减轻贫困、粮食安全和改善农村人口的生活质量作出了重大贡献。另一方面，排水系统的建设也对径流的形成和开发有重大影响。几个世纪以来，洪泛区见证了水资源管理和农业发展的巨大变化。渠道工程和洪泛区农业改良决定了天然河流系统的彻底蜕变，彻底重塑了渠道和洪泛平原的连通性，以至于洪泛平原水系统如今没有"完全自然"的了，而可以认为是人类建造的水系。农业建立的最典型的景观是通过耕作和灌溉渠道形成的地埂和沟渠，这些模式对地表径流的影响具有重要意义。事实上，农业管理的空间组织深刻地影响着水文学，特别是在洪水事件期间。在地块尺度上，耕作降低了水流的径流系数并增加了入渗量。另一方面，在流域尺度，沟渠网络延伸到了径流产区，因为田地之间的沟渠，以及沟渠网络的形状控制了洪水滞后时间。如果不存在这样的人造渠道网络，峰值流量将会降低，几乎所有径流都将是地表径流。沉积速率和沉积物来源的变化也与实施土地排水和建造堤防系统有关。经济驱动因素明显控制了排水网络的发展，从而影响水文响应。

二、采矿业

地貌的变化通常是由复杂的和相互依赖的因素引起的。矿山、采石场、城市地区和所有类型的基础设施约占地貌变化的 13%。然而，矿山比铺设道路、城市建设以及农业产生的沉积物更多。与其他人类活动改变的地形相比，采矿在全球范围内占据的土地面积相对较少，但在地球表面上留下了明显的特征，其主要特点是它在时间上的持久性。这种现象的严重程度是非常强烈的，以至于世界上几个世纪前的采矿遗迹仍然可见，它们对环境的影响也是如此。在采矿技术中，露天采矿是开采矿产资源的一种高效且经济的方法。然而，这种现代采矿技术对周围景观有很大影响。最明显的影响是由于植被的清除以及永久性改变地形、土壤和地质结构，导致径流和土壤侵蚀加速。

开采或恢复后的地表采矿场与未受干扰的区域相比，有更快的径流，即使是景观恢复到与城市地区更相似的状态，仍不是自然景观。这导致洪峰较大、基流减少、降雨和洪峰之间的滞后时间缩短、地下水补给减少、受影响的集水区沉积物负荷增加。同样，采矿活动深刻地改变了地下水自然流量，增加了流速并缩短了流动路径。以一次事件为基础，如果与自然区域相比，采矿或恢复的流域有更高的暴雨径流系数，更大的总径流量和更高的小时径流率峰值。

采矿首先要清除地表土壤以获得矿床。因此，在采矿开始后侵蚀立即发生，而且随后可以持续许多年。局部尺度的侵蚀也以细沟系统形成或加速表面侵蚀的形式出现，这主要受土壤紧实状况、地表结硬皮、土壤质地和化学成分控制。区域地形的改造和侵蚀造成的沉积物的运移可能比其相应的自然速率高许多个数量级。

采矿导致土地退化的另一个例子与滑坡、坡面不稳定和地面塌陷有关。如果采矿活动集中在具有特殊特征的区域，它们可能会导致快速的地质不稳定性，落石和斜坡塌方是最关键的。采矿活动中的坡面不稳定对采矿业来说是一个重要问题，因为它是工人和设备的潜在危险源。而且，随着矿产需求的扩大，采矿规模扩大，地球表面与采矿有关的灾害将变得越来越严重，也引发了矿山周围景观的风险。

在露天采矿区，由于地下水的排干和地下水位的降低，可能会引起地面塌陷。地面塌陷区域的范围几乎与矿区面积相等，弃土区域经过重新压实处理，其面积有时是采矿区的许多倍。

三、道路

在过去十年中，人们越来越关注工程地貌的土壤侵蚀预测，特别是山区环境中的道路，以及农业环境和洪泛平原。在过去的几十年里，世界范围的道路建设在显著增加，以满足不断增长的人口对道路的需求。道路网络的增加导致道路和过程相互作用的增加，引起了严重的土壤侵蚀问题。

道路的线性形状会影响景观。因此，它们在多个时间和空间尺度上影响各种水文和地貌过程。运输网络导致自然坡面的剖面改变，道路和填土路堤的建设以及不透水的路基以多种方式影响水流和泥沙流动的路径。

道路结构具有裸露和陡峭的梯度，增加了径流量和沉积物产量。道路也可以通过排水结构引发土壤侵蚀，以从路面漫射的径流变为集中流，从不透水的路面以及路堤上排出水。因此，地表径流的集中可以形成小河道和沟壑的发育，增加流域的排水密度和河流的流动性。同样，在排放点集中流量向下倾泻排放的情况下，可能发生大范围的地面侵蚀。

道路网络和路径可以改变泥石流起点和终点的景观分布，它们可以改变洪峰强度和河流网络变化阻力之间的平衡。道路路径可以作为物质运动和河床演变产生沉积的地点，从而增加流域范围内的沉积物产量。这种沉积物的产生通过地面侵蚀或以大规模的物质运动的形式表现，为沉积物的慢性或偶发性来源。通过改变侵蚀和沉积的速度和位置，路面可以限制渗透并影响水文和地貌，并对水质和水生栖息地产生负面影响，提高流域细粒沉积物的产生率。此外，道路可能会通过河床演变影响沉积物的产生和运输。

此外，道路可以直接改变工程道路交叉口的河道几何形状，并影响水质和水生生态。到目前为止，道路网络在景观尺度上与河流网络相互作用，它们可能会影响溪流和河岸系统中的生物和生态过程。同样，运输系统对景观以及陆地和水生生态系统的非生物和生物组成具有广泛的首要或直接生态影响，以及次要的或间接的生态影响。

道路加速土壤侵蚀造成的环境挑战对土壤恢复和水处理具有经济影响。因此，重要的是要更好地理解这种过程的原因，以指导未来的发展，并开展有效的监测方法和治理措施研究，为侵蚀防治提供必要的指导和明智的建议，这在资源匮乏的环境中尤其重要。

人类活动通过改变地球表面的形态、过程和生态系统，在地球上留下了重要的标志。人类可以作为一种地质力量移动大量的物质，因此，即使在不同的规模和时间尺度上也可以扮演类似的角色。在21世纪末，由于人口增长和人类需求的增加，人类活动改变的地貌将覆盖地球的很大一部分，这对地球表面过程的影响(道路拦截地表水流引起土壤侵蚀和滑坡；采矿活动造成土壤侵蚀和物质运动；土地利用变化导致径流和土壤侵蚀，以及农业景观中的人为排水系统有关的问题)将是重要的。从地貌学的角度来看，社会应该找到解决办法，把这种危害性降到最低。利用新型遥感技术(例如，机载激光扫描仪)提供的高分辨率地形，评估人类全球地形指纹的潜力，将是一项挑战性工作。人类地貌的广泛清单调查能够评估人类社会在多大程度上重塑了全球地貌过程，这将有利于前所未有的理解全球范围内的景观敏感性及其对人类力量的响应，也有利于制定和实施减少或减轻人为地貌改变对社会和环境影响的战略和对策。

第八节　人类世的沉积物

人类对环境的影响改变了元素的自然生物地球化学循环，其中，沉积物被认为是污染物的重要汇集，人类活动的作用产生了人类生物地球化学循环。沉积物中人类活动带来的变化对于将人类世定义为地球历史的正式单位至关重要。这些变化的规模及其特征使人类对环境的影响记录将在陆地和海洋环境中的未来沉积物中得到很好的保护。

人类活动大幅改变的沉积物形成了特殊的地层类别。新地层中的物理、生物和化学记录将指示伴随其形成的因素。由采矿、钻井、水力压裂等引起的沉积层物理扰动的表现形式被称为"人类扰动"。人类活动对生态系统结构的影响最为明显，有些区域的动物灭绝和侵入物种占据优势是最好的证据，这在年轻的化石中留下了记录。自20世纪后期以来，已经记录到了引入物种的新型化石组合。另一组人类世指标是沉积物地球化学变化。在过去几十年中观察到沉积物富集的营养元素、几种微量元素和许多有机化合物，代表了人类影响的化学地层标记。

地球是否已经进入其历史的新时代，依据其地层记录明显是不同于全新世的时代，在陆地和海洋环境中形成的最近沉积物中有明显的人类活动对环境影响的一些指标。

一、人类世的概念

"Anthropocene"这个词来自希腊语 *anthrōpos*（一个人）和 *kainos*（新）。在2000年，保罗·克鲁岑和尤金·斯托默（Eugene Stoermer）引入了这一术语，它被理解为地球历史的一个时期，人类对地质过程产生了深远的影响。至今已有关于该主题的大量论文发表，对人类世兴趣日益增长的趋势也反映在科学文献中，最近就有3个刊名中带有"Anthropocene"一词的新期刊推出，即《Anthropocene》（出版商：Elsevier）、《The Anthropocene Reviews》（出版商：SAGE）和《Elementa：Science of the Anthropocene》（出版商：BioOne）。

人类世目前是各个学科许多科学家们讨论的主题。该术语已经在国际公共媒体中传播，远远超出其正式意义。批准人类世作为国际年代地层图表单位的证据收集，现在是由英国莱斯特大学简·扎拉塞维奇（Jan Zalasiewicz）教授主持的人类世工作组负责的。人类世工作组是一个国际科学家小组，成立于2009年，旨在收集人类世作为地质时间单位的证据，并向国际地层学委员会提出建议。在将人类世正规化为地质时期的一个单元之前，需要解决几个问题。其中最重要的是：①确定人类世的范围；②确定其状态；③找到该单位的地层标记（"金钉子"）。

关于人类世的下边界没有一致意见，至少已经提出了有3个不同的年代。然而，它的地位较少受到争议，它通常被认为既是全新世传承的新时代，也可能被认为是全新世时代的统。人类世最早发生的日期早于工业革命，接近更新世和全新世之间的过渡。有学者提出引入地球历史上的另一个单元，即古人类新世纪，它可以追溯到人类对环境的第一次影响，直到人类世。许多作者，包括人类世的发明者保罗·克鲁岑，把这个时代的开端放在1750—1800年的工业革命时期。关于人类世开始日期的另一个提议是 20 世纪中叶，也被称为"大加速"的开始。这意味着，人类世时代开始的日期越早，全球范围内沉积记录中的同步地层标记就越多。

全球界线层型剖面和层型点，被称为"金钉子"或全球标准地层时代（Global Standard Stratigraphic Age，GSSA），对于人类世作为一个时代的正规化将是重要的。"金钉子"是指规定记录地层物质的事件的全球标记的单个位置。时代的生物地层记录如化石巨型动物、化石作物花粉和化石驯养动物。人类世的化学地层学信号包括沉积物和冰芯中人类活动造成的污染物的积累、几种元素的稳定同位素比值的变化以及放射性同位素的富集。其他重要标志物是源自燃烧化石燃料的球状碳质飞灰颗粒和微塑料。2015 年，人类世工作组建议将 20 世纪中期作为这一时代的开端，并提出将 Pu^{239} 作为信号。

二、土壤环境

土壤代表典型的陆地沉积相，直接受到人类活动的影响，包括农业、建筑工程和采矿。土壤学家引入了与人类对土壤影响有关的新术语，例如，"人类化""人类土壤""人类土壤圈"和"技术土"。有科学家认为土壤可能是人类世的"金钉子"，主要关注人类活动对土壤的物理影响，并指出与农业有关的土壤成分的变化，例如，肥料中的磷和有机物质的富集。

土壤与其他环境要素相似，也受人类活动污染的影响。其化学成分不仅通过直接过程例如在农业中施用肥料和农药发生变化，而且还通过大气污染物的沉积而变化。在欧洲自然生态系统土壤中，长期排放的活性氮（氮氧化物和大气氨的总和）已经改变了碳氮比。为了记录土壤中源自人类活动来源的某些元素的积累，已经进行了大量研究，其中铅是最常报道的元素之一。在 1940 年至 1980 年期间，汽油中使用烷基铅添加剂导致该金属大量富集土壤，并在其稳定的同位素组成中留下可识别的信号。其他微量元素，主要是人类活动来源，表明在土壤中含量升高，包括砷、镉、铬、铜、汞、镍、锑和锌。

有机污染物对土壤的污染也表明了人类活动的影响。在环境中具有最高持久性的有机化合物已经以农药（例如，有机氯农药，如二氯-二苯基-三氯乙烷）以及废物和大气沉降成分（例如，多溴二苯醚和多氯联苯）的形式直接引入土壤。微塑料在土壤中很常见。许多合成聚合物的降解非常缓慢，并且它们将在很长一段时间内持续存在于土壤中。

三、河流沉积物

人类对河流系统的影响是通过其长期管理实现的。由于土地集约化使用而沉积的沉积物是人类活动造成陆地沉积物沉积的一个很好例子，也被称为"遗产沉积物"。在这些沉积物形成期间，沉积物负荷超过了沉积物运输能力。侵蚀率增加的主要原因是人类活动，如农业、采矿、矿物加工和砍伐森林。

城市河流的特点是沉积物中痕量金属含量增加。研究发现，流经马德里市（西班牙）的曼萨纳雷斯河在进入城市之后，其沉积物显示银、铬、铜、铅和锌的富集因子值在 200% 和 450% 之间。由于排放处理过的和未经处理的城市废水和生活污水，城市地区的河流含有更多的有机化合物。塞纳河（法国）的沉积物显示出几种微量元素的富集，称为"嗜人的"元素：银、铋、镉、钴、铬、铜、铁、钆、镁、锰、钼、镍、磷、铅、锑、钪、锡、铊和锌。经处理的废水通常排放到河水中，废水处理厂中未被除去的一些污染物沉积在沉积物中。这种污染物的一个很好的例子是微塑料。

河流沉积物中存在大量持久性有机化合物。它们包括残留污染物如杀虫剂、多环芳烃（Polycyclic Aromatic Hydrocarbons，PAH）和多氯联苯，以及新兴污染物，如阻燃剂多溴联苯醚（Poly Brominated Diphenyl Ethers，PBDE）和多环麝香。

四、湖泊沉积物

湖泊沉积物通常在相对平静的沉积环境中形成，并且它们作为有序地层形式出现，这对于指示人类对其地球化学的影响很重要。自20世纪后期以来，湖泊沉积物的氮富集及其同时消耗δ^{15}N值被认为是一种人类世可能的地层信号。在年代久远的沉积物岩芯中，铅和锌等污染物的时间序列记录了过去人类的影响。湖泊沉积物中来自工业排放的微量元素的累积是众所周知的。这种现象通常使用地球化学参数进行研究和记录，包括富集因子、污染因子、污染负荷指数和地质累积指数。

湖泊沉积物被认为是有机污染物的敏感档案。它们的浓度趋势与其生产和使用的变化一致。许多持久性有机化合物如有机氯农药、多环芳烃和多氯联苯的峰值浓度的记录是在1950年至1970年间。据报道，欧洲不同地区10个偏远高海拔湖泊沉积物中PAH的浓度比工业化前时期高3~20倍。合成聚合物（微塑料）对淡水沉积物的污染，正成为人类对地表环境影响研究中的一个重要问题。最近，在蒙古国偏远山区库苏古尔湖（Lake Khovsgol）的远海沉积物中发现了高含量的微塑料。

五、沿海环境

人类对沉积在沿海环境（包括河口、海滩和潮滩）的沉积物化学成分的影响已得到深入研究，主要集中在河流对其污染的贡献方面。然而，由于自然力（风暴和侵蚀）和人为活动（拖网和侵蚀的稳定）导致沿海环境中沉积物的强烈物理干扰，对结果的解释有时是有问题的。然而，使用沿海沉积物岩心重建了污染历史，并且它们表明无机（微量元素）和有机污染物在1950—1970年间都有其峰值浓度。

最近有研究者提出了用西班牙北部沿海盐沼沉积物中PAH和Pb水平的历史作为鉴定全新世-人类世过渡的工具。塑料碎片沿海岸线分布的研究结果也表明，这些合成聚合物颗粒可能是人类世的信号。

六、海洋环境

科学家已经广泛研究了浅海沉积物中污染物的累积。关于深水区的报道较为稀少。大多数报告都涉及潜在的有毒化学品以及对海洋生物群造成的风险。海洋沉积物被视为放射性污染储存库。它们能够积累大量持久性有机化合物和微塑料也是一个问题。海洋沉积物中微量元素的来源既是天然的，也可以是人为的，但在目前的沉积物中，从元素浓度和同位素比的结果可以看出人类的影响。

众所周知，沉积物是污染物的汇，并且由于它们的高吸附能力而倾向于积聚无机和有机化合物。无论沉积环境如何，目前的沉积物随着时间的推移都显示出其化学成分的一些共同趋势。甚至在最偏远和最原始的地点，都有报道从工业来源和许多合成有机化合物中释放的几种微量元素在土壤和沉积物中的富集现象。研究人类对沉积物的影响的一个新兴问题是塑料碎片在陆地和海洋沉积物中的积累增加。在现代沉积物中记录的地球化学和地层化学信号可能是正规化人类世时代的重要证据。

第九节　人类世的水文学

水文循环是一个自然过程，日益受到直接和间接驱动因素的影响。这些驱动因素都源于人类活动，这种活动在人类世中增强，反过来通过正反馈改变水文过程。这里的水文学包含通过河流、湖泊和湿地的水流的科学，包括地下水的重要作用。水从云层到地球表面和再次形成云的水循环可以很短暂，或者也可能需要数百万年。

人类世的水文将通过与其他环境过程的联系受到控制，并受到这些过程的反馈影响。水循环是生态系统生产力、生态系统产品和服务以及生物多样性其他方面的主要调节者。了解水和养分循环之间的联系对于了解淡水生物多样性的影响至关重要，对于确保为人们提供淡水供应生态系统服务也至关重要。

众所周知，全球淡水资源是有限的，往往是脆弱的，这些资源的管理方式为人们（以及越来越多的生物多样性）提供服务和利益，反馈到人类世快速变化的水文情况。世界上近80%的人口面临着水安全的高度威胁。富裕国家对水资源技术的大规模投资使其水安全水平高，而较不富裕的国家仍然处于弱势。《2015年联合国世界水资源发展报告》强调，水资源及其提供人类与生态系统的大量服务，有减少贫困、刺激经济增长和促进环境可持续性的重要功能。

从人的角度来看，安全的供水对于粮食、能源和健康至关重要，同时也是可持续增长所必需的。《2015年联合国世界水资源发展报告》指出，全球水需求受到人口增长、城市化、粮食和能源安全政策以及贸易全球化、饮食变化和消费增加等宏观经济过程的影响。到2050年，全球水需求预计将增加55%，主要是由于制造业、热电发电和家用需求的增长。但这种全球需求面临现实检验，水资源确实是有限的。

一、人类世水文变化的驱动因素

水文变化是由一系列驱动因素引起的，这些驱动因素通常会对水文系统和水循环造成压力和变化。水文系统的直接压力因素包括广泛的土地覆盖变化、城市化、工业化和重要的工程干预。水文系统的工程变化包括修建水库、水力发电、灌溉和跨流域调水，它们最大限度地提高了人类获取水的能力。供水对经济生产力的益处往往导致生态系统服务受损和生物多样性变化。这些直接压力因素与一系列间接压力因素协同作用，包括人口增长，伴随着对饮用水、食物和能源的需求也在增加。

全球变暖和气候变化的其他影响，作为人类世的具体方面，在20世纪导致了全球水文循环的重大变化，表现为以蒸发为主的地区的海面盐度增加，以降水为主地区的海面盐度降低。在世界许多地区，气候变化已导致并继续导致降水频率、强度和时间的变化。降水量的变化与大气二氧化碳浓度增加的"施肥效应"相结合，可能会极大地改变集水区的地表产水量。在城市建设中，必须加强预测和预警系统建设和公民保护能力建设，提高城市的保水蓄水能力，加强对关键基础设施应对气候危机能力的评估，基础设施（如供水、供电）是现代社会的支柱，其设计必须确保其在极端天气条件下也能发挥作用。在危机期间，必要的通信网络、医疗服务和设施要为应对极端事件做好充分准备。在建造新建筑物或翻新现有建筑物时，重要的是从一开始就考虑建筑物的气候安全性，并提高保护的标准，特别是容纳特别脆弱的群体如儿童、老年人，或者残疾人的设施。2021 年在中国河南和山西、比利时和德国发生的暴雨和持续降雨导致城市基础设施和建筑遭到前所未有的破坏，同时伴有人员受伤、失踪和死亡。尤其河南暴雨致地铁站积水倒灌，水漫车厢淹没座椅，造成人员伤亡的事故，从技术层面完全可以避免。2021 年，澳大利亚和美国的森林火灾也造成了很大的损失。2018 年和 2019 年，世界有些区域的农业和森林、地表水和地下水以及居民和生态系统遭受了长期干旱和高温的影响。最近的气候研究表明，这两个极端的可能性都会增加。气候变化对城市建设提出了巨大的挑战，凸显了建设气候适应性城市的重要性。

河流在流量和形态方面日益受到修改，这些修改不仅是人类世的证据，也是水安全的全球威胁。人工蓄水是世界上大多数大河流的特征，对流量的大小和时间、地下水补给率、当地水平衡和微气候都有影响。人工蓄水对下游泥沙输送和水供应的重大影响往往跨越国界，并可能成为地区紧张局势的一个重要因素。能够导致人类世变化的更广泛的环境参数有生物多样性丧失和全球淡水资源利用。"地球边界"中的淡水资源利用可能很快就会接近全球的边界，超出这个范围我们将进入未知领域。除气候变化外，生物多样性丧失的速度以及对氮循环的干扰，可能已经超越了它们的边界。但是，生物多样性的丧失应被视为整个全球生物多样性变化的一部分，并与气候变化、硝化作用和可用淡水的减少密切相关。当考虑社会文化因素时，地球边界概念更加复杂，水文学也受到社会文化因素的严重影响。

自然灾害作为人类世变化的一部分，在受到水文系统有关的压力影响下也在增加，包括极端的洪水和干旱。《国际重要湿地特别是水禽栖息地公约》（简称《拉姆萨尔公约》）缔约国于 2005 年提出建议，"强调自然灾害对生态系统效益或服务的提供，以及对维持具有国际重要性的湿地和受影响的国家其他湿地的生态特性的破坏性影响。"该决议指出，温带和热带地区的泥炭地特别容易受到干旱时火灾的威胁。这种火灾可能影响向城市和农村人口供水，并破坏相邻生态系统的一系列功能。关于这项决议的辩论是在 2004 年印度洋海啸发生一年后进行的，海啸沿海系统和栖息地受到了前所未有的破坏。通过拆除或改变水文系统，特别是红树林生态系统和潟湖等自然沿海特征，加速了这种破坏的危害。

二、人类世的生态水文学

水文学起源于物理科学，是一门应用科学，最终发展为水利工程。在 20 世纪 90 年代，联合国教科文组织通过其国际水文学和人与生物圈计划，制定并颁布了生态水文学的概念，以帮助在社会生态学背景下建立物理科学。生态水文学有助于确定淡水生态系统的结构、功能和演变。我们所说的淡水生态系统包括河流、湖泊、水库、稻田、沼泽、泥炭地和地下水流驱动的地下生态系统。恢复生态水文关系需要通过提高生态系统的功能和服务、增加生态系统的承载能力来实现。生态水文学的目标不是"保护"生态系统，而是保护、恢复、识别和管理历史的和新的生态系统，以增加水资源和适应全球变化的服务能力。

生态水文学可以被定义为试图理解、解释和使用生态学和水文学之间的联系。它将景观水文学与淡水生物学相结合。生态水文学作为水文学和生态学的融合，将有助于管理和处理人类世可持续发展中与水有关的许多关键问题。有 4 个关键点强调了生态水文学的本质：①在管理相关的规模上整合水和生物多样性科学；②懂得生态变化以及人们管理变化中的作用；③懂得生态服务的作用；④使用生态系统属性作为变化的指标。

生态水文学概念的关键要素是水、生物多样性、生态系统服务和恢复力。有3个关键原理，即水文学原理、生态学原理和生态工程原理。水文学原理意味着对流域尺度的水文过程进行量化，并与生态系统功能的量化相关联。生态学原理意味着需要懂得水—生物多样性的相互作用，这与营养和能量的循环和流动密不可分。懂得生态系统的结构和修改状态也很重要，包括新生态系统在人类世中日益重要的作用。生态工程原理是指有意识地改变或建设生态系统，以帮助管理受干扰的水状况。

2000年世界水理事会编写的《世界水展望声明》更多地侧重于生态水文学的生态系统服务方法，并确定了两种水——蓝水和绿水。绿水是指雨养农业、牧区或未清除的土地生态系统。它指的是植物蒸腾水和植物及其他生物可利用的土壤水。绿水不仅支持地球的植被，还影响地下水补给和溪流基流。植物原位使用的绿水和蓝水（直接进入溪流并为地下水补给的降雨部分）之间存在着重要的区别。在人类世的背景下，懂得灰水和黑水的概念也很有用。灰水是来自没有粪便污染的人类居住区废水或轻工业废水。黑水是可能具有潜在病原体污染的厕所废水或其他来源的废水，灰水含有较少的潜在病原体。黑水在被释放回环境之前需要以某种形式进行处理。然而，灰水可以在没有进一步处理的情况下用于冲洗马桶或灌溉景观或农作物，这反过来有助于处理和降解水中的潜在污染物。

水和可利用水对文化和社会稳定有着深远的影响。在世界范围内，现代社会持续围绕水作为一种必需品或娱乐资源来塑造他们的文化。

很明显，在人类世中水和环境管理不能仅通过水利工程方法来实现。水文学家和水利工程师在确保水资源充足的同时，还要让社会充分利用以确保经济发展。与此同时，生态学家重点关注水利工程干预后的生物多样性和生态系统的保护和恢复，与此同时，关注景观改造导致的水文循环变化、水资源短缺、洪水和盐碱化的可能性。

三、水文和淡水生物多样性

与陆地河流相关的65%的栖息地已经受到中度到高度威胁。从源头限制对水流的威胁非常必要，以确保人类和淡水生物多样性的全球水安全。目前，淡水生物多样性面临着越来越多的挑战，尤其是高度动态的淡水生态系统受到更大波动的威胁，特别是在全球变化和人类对水的需求增加的情况下。淡水生态系统具有高水平的连通性，这意味着碎片化和污染可以产生深远的影响，而入侵物种和野生动物疾病很容易通过流域传播。除了这些直接威胁之外，气候变化对淡水系统的完整性和功能提出了越来越大的挑战。所有这些都为研究物种丰富度和群落格局提供了紧迫性，证明了淡水生态系统物种丧失或灭绝的相对风险以及这些物种灭绝对生态系统功能的影响。

在全球范围内，淡水物种丰富的重要区域包括亚马孙河流域、美国东南部、跨裂谷湖泊的西非、恒河和湄公河流域以及东南亚大部分地区。物种丰富度最高的国家包括巴西、美国、哥伦比亚和中国。在南亚和东南亚、中美洲、澳大利亚东部的部分地区和非洲大裂谷，受威胁的物种数量最多。这在一定程度上反映了这些地区人口密集和水资源的高度利用。

物种丰富度高的淡水生态系统会受到多种相互作用的压力影响，这些压力主要集中在集约化的农业、工业或家庭活动领域。通过水资源开采、外来物种的引入以及建设渠道和水坝水库使流量改变，对淡水生态系统产生了进一步的压力。除此之外，还有水资源的过度开发和有机、无机污染物含量的增加。一系列脊椎动物和无脊椎动物群体的淡水物种的威胁程度高于陆地生态系统中的物种。这些威胁模式因栖息地大量丧失和退化、高速率污染和过度开发而变得更加复杂，并且对生活在流动水域的物种尤其成问题。

一个"潜在问题"是真菌病原体的出现和迅速传播，其通过植物根系攻击植物。最初被确定为苏门答腊阴香树（*Cinnamomum burmannii*）条纹溃疡的致病因子，已发现一系列疫霉菌，特别是阴香疫霉，除了南极洲外，在所有大陆都会引起植物病害。疫霉病对当地植被的影响是严重的，可能包括植物物种丰富度的显著降低、生态系统初级生产力和生物量的减少、植物群落结构的严重破坏以及动植物生境的退化。水文学对这一问题的重要性在于，肉桂的游动孢子可以在通过水携带流动，导致疾病在下游快速传播。感染过程取决于高的土壤湿度和温暖的土壤温度。因此，气候是控制阴香（*P. cinnamomi*）生命周期的关键因素。这种致命的疫霉病"枯萎病"（一个地区被 *P. cinnamomi* 侵染的过程）已被认定为澳大利亚环境中的"关键威胁过程"。尽管肉桂毒尤其有害，但还有其他几种疫霉菌利用地下水作为诱因并迅速传播感染。

四、人类世的水文管理方案

人类需要以更全面的方式处理淡水生态系统促进可持续发展，保持人类和生态基础设施的融合，确保最大限度地提供生态系统服务。生态基础设施可分为绿色基础设施和蓝色基础设施，绿色为植被、土地，蓝色为流动的或持久的地表水，它们是基础设施的一部分。蓝色基础设施与水文学，特别是生态水文学有明显的联系。这种对基础设施的整体关注最好通过《生物多样性公约》（Convention on Biological Diversity，CBD）或生态系统方法、基于生态系统的管理（Ecosystem-Based Management，EBM）的概念来实现。

被广泛接受的基于生态系统的管理的《生物多样性公约》定义是以人类为中心的：考虑当地社区的多种社会、经济和文化共同利益，利用生物多样性和生态系统服务来帮助人们适应气候变化的不利影响，包括可持续管理、保护和恢复生态系统。

保护生态系统结构和功能以维持生态系统服务，应成为生态系统方法的优先目标。这种方法有 5 条特别适用于人类世的水文学：①生态系统必须在其功能范围内加以管理；②采用生态系统方法应考虑适当的空间和时间尺度；③认识到生态系统管理中生态系统过程和目标所具有的不同的时间尺度和滞后效应，应当制定长期目标；④管理层必须认识到变革是不可避免的；⑤认识到管理具有潜在收益，通常需要在经济背景下来理解和管理生态系统。

《拉姆萨尔公约》关于自然灾害对湿地提供的生态系统效益或服务的影响的决议指出，湿地（包括河流、水库和湖泊）易受自然灾害的影响，例如，影响其自然水文状况的灾害。该公约认为恢复受影响的湿地是重要的，以确保它们能够持续为人类和其他生物多样性提供全方位的生态系统服务。公约缔约方需要提供援助以确保在整个区域实施生态可持续管理和再开发方法，加强沿海地区综合管理，以协助减轻未来海啸和风暴破坏的影响，包括建立或维护红树林和其他适当物种的沿海绿地。在所有这些讨论中，灾害监测对湿地的长期生态影响的作用被认为是至关重要的。

生态工程指的是有意识地改变或建设生态系统，以帮助管理受干扰的水系。生态工程强烈植根于生态系统恢复原理。生态系统工程有一系列工具和选项，用于管理生态系统、恢复生态系统以及创建新的综合（新颖）的生态系统。这些工具是对已经使用的水利技术解决方法的补充。生态系统属性的使用必须考虑以下3个方面：①生物群受水文调节，反之亦然；②应在流域范围内将各种类型的生物和水文相互作用与其他保护和恢复措施结合起来，以实现它们之间的协同作用；③将生态水文措施与必要的水利技术基础设施(水坝、灌溉系统、污水处理厂等)协调起来，为流域提供基于系统的解决方案。

生态工程的实践已经开发了一系列人工湿地系统(主要使用芦苇和香蒲作为水性植物)来处理灰水，但在控制条件下，这样的湿地也可以处理淡黑水，即仍然含氧的黑水。这种具有合适植物种的湿地能够去除重金属、有机污染物和隔离致病菌和病毒。《拉姆萨尔公约》列出的湿地系统中具有国际重要性的东加尔各答湿地，是大量加尔各答黑水的接收地。湿地通过自然过程处理黑水与污水处理厂一样有效。离开湿地流入大海的水是清洁无病原体的。这种解决方案(称为基于自然的解决方案)很可能在人类世中得到更广泛的使用和更广为人知。

在欧盟(European Union，EU)，淡水资源管理依据由《水框架指令(Water Framework Directive，WFD)》管理，该指令以综合水资源管理(Integrated Water Resources Management，IWRM)为核心。根据对水和养分循环的理解，使用综合水资源管理对现有资源进行管理在人类世中至关重要。综合水资源管理被全球水伙伴关系定义为"是促进水、土地和相关资源协调发展和管理的一种过程，以便在不损害重要生态系统可持续性的情况下以公平的方式最大化获得经济利益和社会福利。"生态水文学也反映了综合水资源管理概念。生态水文学的第一原则即水文原理，意味着在流域尺度量化水文过程，并使用整个水文循环作为生态过程量化的模板。

减少流域养分负荷(水库、湖泊和沿海地区的富营养化和有毒藻类大量繁殖)是实施欧盟水框架指令的关键挑战之一。在波兰，波罗的海超过60%的磷和几乎70%的氮负荷源于弥散(非点源)源污染。同样在欧洲，农业用地占景观地面积的70%。事实证明，建立陆地-水生态带是一种有效的工具，可以减少来自景观的营养物质对淡水生态系统的影响。然而，通常的海岸线区域太窄而不能使这些生态交错带有效地工作。

五、疾病与水污染

疾病滋生、传播以及化学污染对人类生活具有直接和重要的影响。根据联合国环境规划署2015年的一份报告，由于河流、湖泊甚至地下水的日益严重水污染，亚洲、非洲和拉丁美洲有超过3亿人面临威胁生命的疾病，如霍乱和伤寒。该报告指出，在1990年至2010年间，三大洲一半以上的河流中，病毒、细菌和其他微生物、肥料中的氮和磷、持久性有机污染物如燃料油等造成的污染增加。除污染物外，近1/3的河流淡水的盐度水平也有所增加。

药品和化妆品的污染是全球淡水的另一个新问题。这些产品已在我们社会中有必不可少的广泛用途，主要是出于医学原因。具体而言，存在一系列混合物和化合物(例如，化妆品中的微珠和破坏内分泌的化学物质)，这些化合物和物质对地球的水文系统和相关的生态系统构成重大威胁。活性药物成分能够影响人体的各种过程。为了到达人体内的目标器官，并与之相互作用，它们的成分是稳定的，这也意味着它们可以在环境中长时间保留并具有潜在的活性。由于人口的增长和老龄化，这些物质的使用可能会增加。

这些药物与生物过程相互作用的能力也意味着会影响其他物种。抗生素污染特别受到全球关注，被称为内分泌干扰物的激素模拟化合物也是如此。在足够的浓度下，这一系列的化合物将影响水体，尽管已有许多减少其环境影响的工具可以使用，但使用的范围没有所希望的广泛。至关重要的是结合制药的生产、采购、消费和废水处理的生命周期，避免对水文过程产生严重影响。

六、人类世的水景

人类世为水文学，尤其是水道学描绘了一幅富有挑战性的图景。不断增长的全球人口将对淡水产生越来越大的需求，淡水占据了粮食生产(灌溉)、饮用水和能源生产(水力发电)之间关键的"食物-水-能源"关系。点源和非点源污染的影响，以及地下水资源污染和淡水咸化等新出现的问题将加剧这些压力。降雨格局变化将重新激起对蓄水和洪水控制的需求。在全球范围内，随着对农业用地需求的增加和占用率的增加导致防洪工程的发展，洪泛区系统将越来越多地与河流系统脱节。

人类世的一个新兴特征是在世界上大的河流进行筑坝和管理。虽然在发达国家，水坝对河流的影响有所改善，包括完全拆除了河流水坝，但在全球范围内，大型水坝的建设远远超过了这些修复工作。由于缺乏明确的能源生产替代方案，以及社会对核电的持续担忧，水电开发似乎将继续扩大，特别是在发展中国家。这些发展的影响随着人类世的进展将变得更加深刻。特别是，河流下游大型鱼类的消失和河流支持的沿海海洋渔业的广泛破坏，这些问题将继续加剧。

尽管已经认识到河流和洪泛平原之间连通性的重要性，但随着人类世的进展，我们将越来越多地看到"洪泛区的死亡"以及他们以前支持的社会、生物多样性和农业生产力的下降。上游水需求的增加，蓄水造成的季节性流量减少，以及人类居住区域范围的扩大，将大大减少洪泛平原生态系统被淹没的频率，导致这些标志性系统的退化和损失。

城市系统有潜力在水资源利用方面更加高效，其中一个重要的驱动因素可能是降雨的变异性增大，从而引发人们对水的可饮用性的担忧。全球已经转向使用水循环和海水淡化技术，但目前这些技术能源成本还很高。由于极端降雨事件发生的频率增加，对防洪的需求可能增加。在发展中国家，直接关注的问题可能依次是提供饮用水、废水处理和防洪。确保快速过渡到更有效的城市水文循环管理需要技术转让和治理变革，这将具有非常大的挑战性。必须进一步加强气候适应、极端天气风险管理、公民保护和规划领域的研究。

在人类世，大河流将成为高度管理的生态系统，从而大大减少流量的变化格局，也对下游水质构成重大挑战。在这种情况下，最好的管理目标可能是维持一条"健康的工作河流"，即一个经过高度修改和管理但能够支持社会愿意投资保护的生物多样性和生态系统服务的系统，关键在于能够更有效地利用水来生产食物，并将节约的水分配给环境流量。能源技术的发展方式似乎不太可能成为人类世水文管理挑战的关键，但如果水电开发的现有模式继续存在，能源技术仍然至关重要。最后，清洁和廉价的能源是促进技术解决日益短缺的全球饮用水的关键因素。

第十节 人类世的二氧化碳

二氧化碳在大气中的比例大约是 0.04%。氮气、氧气和氩气几乎构成了整个大气的成分，但它们都不是温室气体。这 3 种气体都不会被来自太阳的"短波"辐射和来自地球表面的"长波"辐射所察觉。因此，氮气、氧气和氩气对调节地球的大气温度没有任何作用。

一、二氧化碳作为温室气体的重要性

地球上约94%的二氧化碳是被保存在海洋中的，剩下的主要贮存在陆地植被中。碳循环是二氧化碳在大气、海洋和生物圈之间的运动。在工业革命之前，碳循环在过去的1万年中一直保持相对稳定。但人类社会已将大气中的二氧化碳水平从工业革命开始时的278毫克/立方分米推高到今天的400毫克/立方分米以上，增加了40%。海洋正在吸收大部分人类燃烧化石燃料而增加的泵入大气的二氧化碳。事实上，燃烧化石燃料排放的碳有57%甚至不在大气中，它已被海洋吸收，最终会停留在海洋最深处，但这需要数百年的时间才能完成。与此同时，大气中二氧化碳的大气浓度现在处于我们人类未曾见过的水平。

影响全球气候变化的不只是二氧化碳浓度变化的强度，而且还有变化的速度。在史前时期，温度和二氧化碳水平的变化发生了数千年。例如，在当前间冰期温暖期开始时，大气中二氧化碳浓度经历了5000年才比最后一次冰期的水平增加了80毫克/立方分米。而自第二次世界大战后，大规模工业化开始以来，化石燃料的燃烧在短短的60年内将大气中的二氧化碳浓度增加了近80毫克/立方分米。人类世的一个主要特征是，人类现在是二氧化碳水平的驱动因素，而不是温度。

二、温室星球上的生命

地球大气中的主要温室气体是水蒸气、二氧化碳、甲烷、一氧化二氮和臭氧。当地球的地面在夜间冷却时，它会发射长波辐射回太空。要是没有这种每天的热能循环，地球表面将会变得越来越热。温室效应就像人工建造温室中的玻璃板一样，阻止了一些向外发射的长波辐射，使其不再返回外层空间。因此，二氧化碳和其他温室气体会吸收向外空发射的长波辐射。要是没有温室气体，地球表面的平均温度约为-18摄氏度，而不是目前的平均温度15摄氏度。我们最近的邻居，远离太阳的火星有很少的大气，几乎没有温室气体。火星的平均气温为-55摄氏度。我们最远的邻居，离太阳较近的金星平均气温为462摄氏度。几乎所有的金星大气都是由二氧化碳组成的，所以它是一个超级温室星球。

三、史前的二氧化碳浓度

整个地质时期，大气中的二氧化碳水平大幅波动。由于火山爆发将数十亿吨的二氧化碳排放到大气中，因此，从前寒武纪晚期到泥盆纪（即大约6亿至3亿年前），大气中高浓度的二氧化碳使陆地和海洋温度上升到热带水平。在石炭纪晚期和二叠纪的大部分时间里，大气中二氧化碳含量急剧下降，全球温度也随之下降。随后，二叠纪-三叠纪边界时期的二氧化碳浓度迅速增加，这是由西伯利亚大规模火山喷发释放的气体造成的。随之而来的全球变暖无疑导致了二叠纪末期（大约2.5亿年前）的物种大灭绝。研究表明，大气中的二氧化碳浓度从三叠纪时期（约2亿年前）的约420毫克/立方分米上升到白垩纪中期（约1亿年前）的约1100毫克/立方分米的峰值。到6千万年前，大气中的二氧化碳浓度下降到约680毫克/立方分米。这些二氧化碳变化与中生代的气候巨大变化相吻合，与之前提出的在这段间隔期内气候-二氧化碳解耦的观点相反。大约1.2亿年前的二氧化碳浓度峰值与强烈的火山喷发释放气体和海洋沉积物中甲烷水合物的极快释放有关。后者在海洋和大气中添加了大量的碳。在接近白垩纪初期的这一峰值之后，二氧化碳含量缓慢而稳定地下降。

由二氧化碳引起的全球变暖引发的海底甲烷释放是陆地—大气—海—冰相互作用、相互关联的极好例子。最初的变暖导致大气二氧化碳浓度增加，激发了海洋沉积物中的甲烷释放到大气中。甲烷是一种非常有效的温室气体。

四、新生代的二氧化碳趋势

虽然在过去的 6500 万年中大气中的二氧化碳含量普遍下降，但也有明显的例外。其中第一个是大约 5600 万年前从古新世到始新世的过渡期。在古新世 – 始新世气候最暖（Paleocene – Eocene thermal maximum，PETM）期间，热带地区的海面温度（Sea Surface Temperatures，SST）上升了 5 摄氏度，高纬度地区的海水温度上升了 9 摄氏度，海底水温上升了 4~5 摄氏度。最初的海面温度上升很快，大约是在 1000 年的时间里，尽管直到大约 3 万年后才达到完全变暖的程度。造成这种剧烈变暖的最可能原因是向大气中添加了 2 万亿吨的碳，是从深海沉积物中融化的甲烷水合物中释放出来的。

另一次气候逆转发生在 1600 万~1100 万年前的中新世中期。在此间隔期间，全球气温急剧下降，称为中新世中期气候转型（Middle Miocene Climate Transition，MMCT）。这就是发生在 1600 万年前的所谓的中新世气候最适宜期。那时，大气二氧化碳含量约为 300 毫克/立方分米，但在 MMCT 期间，这些含量降至约 140 毫克/立方分米。研究人员将这种冷却间隔期归因于轨道驱动。重建中新世中期地球绕太阳旋转的轨道（轨道强迫）变化的历史表明，100–千年偏心周期和 172–千年周期对倾斜幅度的综合影响会降低全球温度。当这种情况发生并且海面温度下降时，海水具有更大的吸收和保持二氧化碳的能力。这改变了大气和海洋二氧化碳之间的平衡，降低了大气二氧化碳浓度。因此，由外部因素驱动的气候降温改变了大气中的二氧化碳，而不是相反。也有研究者将中生代早中期的高浓度二氧化碳归因于美国西北部（哥伦比亚河泛滥玄武岩火山活动）和中欧的广泛火山活动。中新世中晚期大气二氧化碳含量下降，可能是由于喜马拉雅隆起和/或太平洋海洋生产力提高，以及全球形成广泛分布的褐煤盆地，导致的海洋沉积物中碳酸盐富集的二氧化碳含量增加所致。

不管驱动机制是什么，延长温暖的气候间隔时间，则温暖的海水在一定程度会向大气中释放二氧化碳（温水比冷水含有更少的溶解气体）。这会产生一个正的反馈循环，因为大气二氧化碳浓度的上升会产生更大程度的全球变暖。同样，无论驱动因子是什么，全球大气降温都会降低大气二氧化碳含量，因为降温的海水能够吸收并保持气体。这就建立了负反馈回路，因为大气温室气体含量下降，甚至进一步冷却海水，并允许海洋持有越来越多的溶解二氧化碳。

大气二氧化碳浓度在晚中新世和上新世有波动，在约 250 万年前上新世 – 更新世边界急剧下降。在中、晚期更新世，大气二氧化碳浓度与轨道力同步振荡，冰期持续约为 10 万年，大部分间冰期持续为 1 万~1.5 万年。例外的是间冰期，称为海洋同位素 11 期，大约在 43 万年前开始，持续到大约 38 万年前。

五、最近的二氧化碳浓度

大约公元 1800 年，在工业革命开始时，基于极地冰中捕获的气泡中的二氧化碳浓度测定，那时大气二氧化碳浓度为 278 毫克/立方分米。在过去的 100 万年间，地球大气中二氧化碳浓度大约是间冰期的平均值。然而，如上所述，自 19 世纪初以来，化石燃料的广泛燃烧使大气中的二氧化碳浓度增加到了 2400 万年前中新世早期的水平。

第二次世界大战后，大气中二氧化碳浓度上升的速度大大增加。此时，人口开始大幅增长，在 20 世纪下半叶达到指数增长水平。工业化从欧洲和北美洲蔓延到世界上许多其他地区。在燃烧化石燃料的推动下，人口指数增长与工业和机械化农业的大规模扩张相结合，促进了二氧化碳向大气排放量快速增长。

由于大气的混合作用，大气二氧化碳含量在世界不同地区变化不大。尽管夏威夷莫纳罗亚山顶上的天文台位于太平洋中部，但它所记录的大气气体组成比例与世界其他地方没有不同。2015 年 3 月，Mauna Loa 站收集到的大气样品二氧化碳浓度为 400 毫克/立方分米。实际上，当时全球 40 个站点记录到了大气二氧化碳浓度突破了 400 毫克/立方分米的限值。上次地球经历这种大气二氧化碳浓度的时候，人类还不存在。大气二氧化碳浓度的这一水平比 19 世纪早期的工业化前水平高 120 毫克/立方分米，其中一半的增长发生在 1980 年以来。

直到大约 1910 年，林业和其他土地利用是二氧化碳排放的主要来源，此后，燃烧化石燃料、生产水泥、石油和天然气井燃气燃烧产生的排放成为主导因素。农业和城市发展的土地清理在 20 世纪 50 年代飙升，并且仅在过去 10 年中有所下降。截至 2010 年，燃烧化石燃料的二氧化碳排放量是林业和其他土地利用的排放量的 12 倍。

六、海洋对二氧化碳增加的影响

大气二氧化碳的高浓度不能代表燃烧化石燃料产生的二氧化碳总排放量，因为绝大部分二氧化碳已被世界海洋吸收。这种现象具有直接和长期后果。海洋中过量的二氧化碳使海水变得更酸。导致酸度增加的化学反应式如下：

$$CO_2 + H_2O + CO_3^{2-} \rightarrow 2HCO_3^-$$

在该反应中，二氧化碳与水和碳酸根离子结合形成 2 个碳酸氢根分子。该过程从海水中提取碳酸根离子。海水中碳酸根离子浓度的降低使海水酸化，并且还降低了碳酸钙矿物的饱和状态。这些矿物质对许多海洋生物至关重要，因为它们是海洋生物构建骨骼和外壳的材料。在海洋生物丰富的地区，海水的碳酸钙矿物质过度饱和。但目前海洋酸化的趋势正在导致许多海洋区域的这些矿物质变得不饱和，这会影响大量海洋生物生产和维持外壳的能力，或者就珊瑚而言，影响的是它们生产和维持碳酸钙骨骼的能力。

自 19 世纪初以来，海水表层的 pH 下降了 0.1 个 pH 单位。这可能听起来微不足道，但由于 pH 是对数的，这表示酸度增加约 30%。如果人类继续以当前的速度向大气排放二氧化碳，到 21 世纪末，海洋表层水的酸度可能比工业化前水平高近 150%，这个海洋酸度水平自中新世早期以来在超过 2000 万年前是不曾有过的。

随着海水酸化，地球因大气二氧化碳的高浓度和其他温室气体而变暖，已经导致了海洋温度升高，升高的海面温度然后在水柱中向海洋深处延伸。除北大西洋北部以外的所有海洋区域在整个 20 世纪都显示出海面温度(SST)的稳定上升。最大的变暖区域是在印度洋西北部、太平洋赤道周围地带，以及北大西洋的近极地水域。但是，这种海水温度的升高不仅仅在表层。全球海洋表层附近(100 米深度)和深层(700 米深度)的温度比较表明，热量从表层向深层传递，特别是从 1980 年左右开始。实际上，自 1950 年以来，世界海洋吸收了温室气体变暖导致增加的地球能量约 90%。因此，即使我们将大气浓度保持在当前水平，全球地表变暖也会持续几个世纪。

七、二氧化碳浓度增加的大气影响

世界海洋中二氧化碳含量增加的长期影响意味着，即使人类今天停止燃烧化石燃料，大气中二氧化碳的消耗可能会延迟数十年或数百年，因为海洋要释放二氧化碳到大气中，以保持海洋和大气二氧化碳浓度之间的平衡。

温室气体特别是大气中的二氧化碳和甲烷的增加，已经引起大气显著升温。截至 2016 年，全球平均变暖比 19 世纪的长期平均值高出 1.4 摄氏度。大多数这种变暖发生在 20 世纪 70 年代以来，自 1981 年以来，已经出现了 20 年最温暖的年份，并且在过去的 12 年中出现了 10 个最温暖的年份。

地球温度升高的热量最初来自太阳，但太阳辐射不是恒定的。太阳辐射的增加会导致地球大气层的温度升高。例如，在中世纪暖期（1100~1200 年），北半球的温度升高与太阳辐射水平的增加有关，大约升温为 0.6 摄氏度。相反，从 17 世纪中期到 18 世纪初发生的低于平均水平的太阳辐射（所谓的太阳活动极小期）与北半球的温度降低相关，大约比长期平均值低 0.6 摄氏度。目前，这个千年的第一个十年见证了太阳辐射输出的下降，导致 2007—2009 年异常深太阳极小期。根据以前的太阳辐射最小值，气候模型可以预测地球表面温度要下降，但事实上全球气温在这十年中持续增加。这正是另一个迹象，表明现代大气中的高浓度温室气体是地球上全球气候变化最重要的驱动因素。

另一个有力的证据支持气候科学家关于温室气体浓度驱动全球变暖的论点，涉及气候变化的轨道驱动。根据米兰科维奇（Milutin Milankovitch）首先提出的计算结果，大约开始于 12500 年前的当前间冰期温暖期应该即将结束。围绕太阳旋转的地球轨道的长期变化在大约 1 万年前的间冰期早期给地球带来了最大的太阳入射辐射。在所有以前的更新世间冰期，随着日射量的下降，在冰期后期，大气二氧化碳含量下降。这使得目前的间冰期（全新世）是独一无二的，除了家畜分解稻田植被产生的甲烷、北极融化沉积物释放的甲烷之外，差别在于人类通过燃烧化石燃料将大量二氧化碳泵入了大气层。

八、冰冻圈对全球变暖的响应

格陵兰和南极冰盖的质量自 1992 年以来一直在减少，自 2002 年以来更加迅速融化。大部分地区的山地冰川一直在萎缩，北半球的春季积雪范围仍在继续减少。自 20 世纪 80 年代初以来，由于地表温度升高和积雪覆盖变化，大多数地区的多年冻土温度都有所增加。

极地冰盖质量的减少正在将淡水带入世界海洋。1993 年至 2011 年期间格陵兰岛冰盖加速融化，每年约 220 亿吨。总体来说，每年总共减少约 360 亿吨的冰量。如果这种融化速度持续发生，那么极地冰盖将成为 21 世纪海平面上升的主要贡献者。

山地冰川的丧失严重影响了山区的淡水供应。安第斯冰川以惊人的速度变薄和退缩，安第斯山脉的许多高海拔城市如基多和拉巴斯，位于海拔 2500 米以上，几乎完全依赖冰川融水以补充旱季的降雨。

北极和亚北极地区永久冻土的融化是另一个冰冻圈对全球变暖的响应，但除了向大气释放碳之外，这还有可能对北部社区造成严重破坏，特别是自第二次世界大战结束以来，建在永久冻土上的北部城镇、道路和管道。工程师们从痛苦的经历中学到，所有这些人造建筑都需要与其下方的冰冻地面隔离，或永久冻土层融化从而在建筑坍塌的地面留下深深的凹陷。如果当前永久冻土区域的温度继续上升，那么现在冻结地面上的大多数人造建筑物将会坍塌。现在北方约有1050万平方千米的永久冻土。2016年全球平均变暖达到了1.4摄氏度，非常接近于2015年参加《巴黎协议》的国家商定的1.5摄氏度变暖阈值。全球变暖在持续，预测到2100年，只有100万平方千米的近地表永久冻土层将保留下来，永久冻土层面积将减少90%以上。

第十一节　人类世的土地退化

土地退化通常被理解为土地的生物生产力或经济生产力的降低或丧失，导致产量和收入减少，缺少粮食安全，丧失重要生态系统服务功能。这些影响反过来破坏了依赖土地的社区的和平与稳定。因此，土地退化与人类安全之间存在明显的联系，特别是当我们考虑贫困和饥饿如何导致移民和冲突时。

土地资源（例如，土壤、水和生物多样性）的健康和恢复力在很大程度上取决于管理实践、治理系统和环境变化。自然生态系统的转变或不可持续地使用化肥、杀虫剂和灌溉用于粮食生产，不仅导致了地方一级的土地退化，而且还造成了在区域和全球尺度增加碳排放，减少生物多样性，减少降水量。实际上，土地退化、生物多样性丧失和气候变化被认为是对人类安全的交织威胁，导致土地资源的生产力和可用性下降的恶性循环。

土地退化、气候变化和人类安全之间存在足够的因果关系或反馈循环，而且许多其他因素例如政治和经济不稳定以及社会分裂都是人类安全的决定因素。虽然政治和经济对人类安全的影响往往更为明显，并且往往被视为原因，但最近在世界上多个地方的实证研究中更加明确了土地退化和气候变化影响人类安全，最突出的是在非洲和亚洲。

在这些情况下，当人们探寻导致贫困、饥饿、移民和冲突的潜在驱动因素时，就发现土地退化、气候变化和人类安全之间存在密切联系。如果没有适应的战略和能力建设致力于负责任地管理和恢复自然资本，土地退化特别是在发展中国家，将会继续成为威胁农村生计、引发强迫迁移以及在有限的自然资源上引发冲突的重要因素。在土地退化、荒漠化和干旱的极端情况下，人们将被迫从他们祖先的土地迁移到已经存在竞争、稀缺资源的地区，从而导致更高的冲突风险。

就全球范围土地退化而言，考虑到其原因和影响，从地方社区的规模到全球规模，必须从环境和社会经济两方面来处理这一对和平与安全的潜在威胁。探讨这些联系和潜在的反应，目的是使决策者相信迫切需要制止和扭转土地退化趋势，同时实施实用和经济有效的解决方案，包括采用和扩大可持续土地管理（SLM）做法和生态系统恢复活动。

一、人类安全

在过去的几十年中，世界许多地区人类的不安全原因已经大幅增加并且多样化。虽然政治和军事问题仍然是关键，但对冲突和安全的看法已广泛包括经济和社会威胁，如贫困、传染病和环境退化等成为重要的影响因素。这种对人类安全的各种挑战的新理解现已反映在国家和国际政策辩论中。

　　长期以来，国家安全被视为一个国家在军事上抵御外国侵略和国内威胁的能力。在 20 世纪 70 年代，人类通过关注气候系统的长期可持续性、自然资源基础以及为后代提供使用的能力，引入了"环境安全"概念，以拓宽国家安全的视野。1994 年《联合国人类发展报告》明确指出，不能再孤立地考虑国家和环境安全问题，这个报告创造了"人类安全"一词，包括较少考虑的对人类福祉的威胁，即与粮食、经济、健康和环境安全有关的威胁。实质上，人类安全被视为个人和社区在追求可持续发展中享有和平与稳定的普遍权利。从广义上讲，它体现了摆脱冲突、获取资源和改善人类状况的机会。在社会不断发展的同时，人类安全也包含了复杂性，即组成要素之间的相互依赖关系，在一个动态的安全环境中，传统的军事解决方案可能不是一个关键组成部分。

　　在土地资源方面，人类安全提供了一个多方面的观点，有助于观察将土地退化、生物多样性丧失和气候变化这 3 个因素与增加的人类不安全感联系起来的因果因素。

二、土地退化

　　人口增长（即对陆地资源的需求增加）和气候变化（特别是干旱和洪灾）对粮食和水安全的影响的综合挑战无疑将继续危及人类安全。土地退化，即使不是直接原因，也是一个重要的贡献因素或"威胁放大器"，它与高度特定的地理位置和社会经济背景下的其他因素相结合。一些定性研究案例表明，在特定情况下，环境压力可能会增加或加剧暴力冲突的风险，但不一定是系统性的或无条件的。

　　如前所述，土地退化一词是指土地、水和生物多样性等土地资源的生产力和可用性的损失。在全球范围内，大约 25% 的土地高度退化，而 45% 被认为是稳定的或轻度或中度退化的，值得注意的是，只有 10% 的土地被认为是在改善。全世界有 20 多亿人依靠 5 亿小农来维持粮食安全，这占亚洲和撒哈拉以南非洲消费食品的 80%。在印度，据估计，4.17 亿英亩①耕地面积中有 2.96 亿英亩（约 70%）退化，超过 2 亿人依赖这片退化土地维持生计。

　　土地退化除了使土地有较低的产量和收入外，还会降低水的生产力并影响其可用性、质量和储存。这通常会导致减少其他重要的调节服务，例如土壤稳定性和肥力、气候控制和碳固存。大约 12 亿人生活在水资源短缺的地区，另有 5 亿人正在快速接近水资源短缺。随着地下水位下降，河流和湖泊干涸，降雨减少并变得更加不稳定，世界大部分地区水资源短缺明显增加。在非洲和亚洲的大部分地区，这意味着农民的耕地减少，牧民失去牧场和淡水资源。在尼日利亚北部，淡水稀缺与农民和牧民之间的冲突存在显著的关系：水源的可用性和管理被认为是定居农民和游牧民之间冲突的最有效预测因素。

　　与气候变化一样，生物多样性丧失既是土地退化的原因，也是土地退化的后果，其影响着人类安全的许多关键要素。在过去的一百年里，海地的森林覆盖率从 60% 降至 2%，显著增加了该国对诸如山体滑坡和洪水等快速发生的灾害以及缓慢发生的环境退化如干旱、土壤侵蚀和生产性土地流失的脆弱性。如果没有经济支持和有效的治理机制来实现土地资源的可持续管理，海地农村经济将继续受到影响，而作为适应战略的移民激励措施则会增加。

　　土地退化直接影响世界约 15 亿人的健康、稳定和生计。在世界干旱地区尤为严重，这些地区的土地生存着全球 1/3 的人口，占全世界耕地面积的 44%，以及世界上约 50% 的牲畜饲养。气候

---

① 1 英亩≈4046.86 平方米。以下同。

变化和干旱、植被组成的变化、加速的土壤侵蚀以及人类活动造成的其他功能紊乱，使得这些景观易受土地迅速退化的影响，并观察到对区域气候模式和荒漠化的反馈。旱地生态系统的压力增加，加上经济不景气和治理体系薄弱，往往使它们无法承受人口增长的压力。

三、人类安全的全球威胁

自然资源的稀缺和不均衡的分配，使受影响社区人口的健康和福祉处于危险之中，往往对区域和全球安全产生更广泛的影响。越来越多的脆弱国家无法应对环境退化的后果，或无法为土地资源稀缺的社区提供急需的援助。虽然达尔富尔地区冲突的原因很多而且复杂，但区域气候变化、水资源短缺和肥沃土地的稳定丧失被认为是重要的潜在因素。这可以用经济援助来衡量，这场为期 10 年的冲突使联合国和人道主义援助组织损失超过 105 亿美元。

虽然冲突很少被描述为纯粹由资源驱动的，但对自然资源的竞争可能加剧和恶化现有的紧张局势，增加内部和洲际冲突、农村到城市和国际移民的风险，并可能导致犯罪或极端主义。土地退化往往是非洲、中东和亚洲许多地区特别容易复发的冲突的结果，部分原因是治理持续不善以及未能解决冲突后期的土地和水资源管理问题。

近几十年来，国际移民流动的特点是人们从亚洲和非洲迁移到北美洲和欧洲，预计这种情况将继续下去，到 2010 年至 2050 年期间，前往发达国家的移民人数可能达到 9600 万。干旱地区是一个特别的焦点，它们占地球总土地面积的 40% 左右，是超过 20 亿人的家园。一项研究表明，由于水资源短缺和农业产量减少，未来几十年估计有 1.35 亿人将面临因荒漠化而流离失所的风险。

如上所述，土地退化是造成国内流离失所、农村人口向城市迁移和国外迁移的众多因素之一。例如，法律上的不确定性，尤其是土地使用权的不确定性，可能是多次迁移的重要社会驱动因素。农村缺乏就业机会是造成这些移徙趋势的另一个主要因素。年轻人口较多、就业机会不足和治理不善的农村地区可能会受到不稳定的影响，这可能导致动乱或冲突；与此同时，不断增长的城市动荡可能会带来重大的安全挑战，并可能引发全国范围的反响。

土地退化的影响不仅对可持续发展构成严重挑战，而且还扩大了地方和国家层面存在的潜在社会、经济和政治弱点。粮食短缺可导致价格大幅上涨，并导致无法应对粮食短缺的地区出现不稳定因素。据世界银行研究，自 2007 年以来，食品价格上涨已在 37 个国家引发了 51 次食品骚乱。对于缺乏社会安全网或其他收入来源的国家，受害者就成为难民。在某些情况下，国内流离失所者和被迫移民的人，就会为了生存和某种目的而转向犯罪和极端主义。

四、可持续土地管理和恢复

最近的研究表明，世界许多地方有大规模恢复和开发土地资源的巨大潜力。例如，据估计，全球有超过 20 亿公顷土地适合并可用于森林景观修复，有多达 5 亿公顷的废弃土地(农作物和牧场)有可能通过适当的土地管理和恢复来恢复农业生产力和其他服务。这代表了一个重要但被忽视了的机会，因为有许多经过验证且经济有效的保护和恢复措施，可以使人们和生态系统功能受益。显然需要采取协调一致的全球努力来制止和扭转土地退化，恢复退化的生态系统以及可持续地管理土地资源。现在的首要任务是如何可持续地加强食品、燃料和纤维生产，以应对未来需求的直接挑战，而不会减少有限的土地资源。

农林业和保护性农业等可持续土地管理做法可以提高产量，改善粮食安全，防止未来土地退化。可持续的土地管理实践包括对作物（树木）、牲畜、土壤、水、养分、生物多样性、疾病和害虫的综合管理，以优化一系列生态系统服务。由于水是大多数雨养农业地区的限制因素，可持续的土地管理实践可以改善水管理和可用性，特别是对小农户来说，同时也改善自然功能和农村贫困人口的生计。在人类安全方面，可持续土地管理的总体目标是最大限度地提供配置服务（例如，食物、水和能源），同时提高土地资源和依赖土地资源的社区的恢复力。

恢复的科学和实践在过去的 20 年中取得了重大进展，增加了我们对更好地管理生态系统及其在更广泛地区的连通性的理解和能力。许多恢复工作的目标是改善高价值的生态系统服务，以支持人类的生计，包括碳储存，气候和水的调节，提供清洁水和维持土壤肥力。

在 1992 年里约热内卢联合国环境与发展会议上，全球社区认识到健康和富有成效的生态系统对于可持续和公平的发展是必要的。这次会议产生了《21 世纪议程》和里约三公约（里约三公约即《生物多样性公约》《联合国气候变化框架公约》和《联合国防治荒漠化公约》）。由此产生的国际治理形式旨在通过解决土地退化、生物多样性丧失和气候变化的原因和影响，解决这些全球环境挑战和关注作为关键的安全问题。

五、土地退化中性

在"里约+20"会议上，世界各国领导人一致同意迫切需要扭转土地退化，认识到良好的土地管理可带来重大的社会和经济效益。"里约+ 20"成果文件《我们希望的未来》提出了一个新的雄心："努力实现土地退化中性世界。"这预示着对一个世界的新承诺，即所有国家都通过以下方式努力实现土地退化中性：①更可持续地管理土地，降低土地退化速率；②提高退化土地的恢复率，使两个趋势趋同，使土地退化率净值为零。

土地退化中性是一种混合的非科学概念。在许多国家，实现土地退化中性将需要转变土地管理的范式：从"退化—放弃—迁移"到"保护—维持—恢复"。这意味着各部门之间的合作，包括那些与人类安全有关的部门，以及采用补充性土地管理方案的国家可持续发展计划：①采用和扩大可持续土地管理政策和做法，以尽量减少现有的土地退化，并避免未来的土地退化；②恢复退化和弃耕的生产性土地，以及恢复退化的自然和半自然生态系统，为人们和工作景观提供至关重要的利益。

土地退化是一场全球普遍的危机，在全球范围内破坏国家和社区的稳定。需要明确的是，除非在国际政治议程中优先考虑负责任的土地管理和恢复，否则粮食将不那么丰富（因此也会更加昂贵）。遏制和扭转土地退化的承诺无疑将占据突出地位，努力实现土地管理政策和做法的转变，通过消除贫困和饥饿以及减少迁徙和冲突的办法来确保人类安全。虽然保护人类安全带来了许多挑战，我们需要对此作出反应，但仍有许多积极主动的解决方案，采取早期干预措施，在各种尺度减少土地退化的风险和脆弱性。

人类安全观点使我们能够专注于应对多种挑战的共同解决方案，并更好地评估可持续发展的社会、经济和环境，保护和恢复土地资源以造福当代和后代，以减少人类不安全的一些潜在驱动因素。投资于这些改变生活和减少脆弱性的基于实际的自然解决方案，在许多情况下比投资建设边界墙、发动战争和人道救济更便宜、更有效。

第十二节 人类世的污染物

人类世是一个以人类化学物质的大量扩散为特征的时期，这对地球物种和生物圈造成了独特威胁。人类世已经成为化学世界的代名词。当今世界，人造化学制品在人类活动的各个领域的制造和商业应用，实际上出现了爆炸式的增长。石油是大量生产大多数合成化学品所必需的原料，这些合成化学品包括对人类事业有深远影响的聚合物，如塑料。2015年6月，美国化学学会(American Chemical Society，ACS)宣布，它刚刚发布了第1亿个化学文摘服务(Chemical Abstract Service，CAS)注册。这是对全世界已鉴定化学物质数量的最佳估计。值得注意的是，在过去50年中，美国化学学会平均每2.5分钟就注册一种新的化学物质。新化学物质的发现正以指数速度增长，在注册的这1亿种化学物质中，有3/4是在过去10年中完成的。

人类世时期，许多大量人工合成的化学物质被认为是环境污染物。由于许多合成化学物质要具有理想的特性，例如多氯联苯分子、氟氯化碳或塑料聚合物具有化学稳定性，农药或合成药物具有针对性的生物活性，因此，这些特性也使得许多合成物质对环境有害。许多化学品(如药品和个人护理产品)即使在环境中存在的时间很短，但是它们也超越了对预期消费用途的影响，对环境的影响有的是可预测的，有的则是不可预测的，如对新兴污染物的研究更多还处于科学家的认知阶段。然而，至少从全球污染和威胁的角度来看，长寿命的稳定化学品可能是问题最大的。我们是否应该预见到，似乎很方便地使我们的变压器绝缘、运行我们的制冷设备、制造防水风衣或防止食物粘在锅碗瓢盆上的卤代有机分子，会污染我们居住的星球，而且一直到达了极地地区，在某些情况下，还危害到了我们所知道的地球上的生命。谁会料到这一切？谁有权阻止它发生？

一、人类面对着一大批污染物

二氧化碳已被列为人为排放的最有问题的污染物，通过快速的气候变化威胁着地球当前的大部分生态系统。此外，通过其对海洋酸化的影响，二氧化碳水平不断上升可能会不可逆转地改变我们的海洋，但不是变得更好。直到最近，二氧化碳才被描述为一种污染物。毕竟，正如我们现在所知道的，它是自然发生的，对地球上的生命是必不可少的。然而，只有当人类活动使其浓度超出正常范围时，才适合给其贴上"污染物"的标签。

二氧化碳并不是唯一的完全"自然"的且无处不在的污染物。铅、汞和砷等也是地壳的主要成分。关于它们的毒性的知识可以追溯到古代。然而，令人惊讶的是，在21世纪，人类还在与这些有毒的污染物作斗争。硫和氮是同样无处不在的元素，也是植物生长所必需的，但人为大量释放这些元素到空气和水中，成了我们今天面临的挑战人类健康的一些最紧迫的问题。尤其是氮气，是我们呼出的主要气体；然而，我们现在了解到，作为光化学反应的结果，它有助于酸性沉积和微粒的形成，从而导致广泛的肺部疾病。我们经常受到来自天然同位素和宇宙源的辐射，然而，在拥有核武器的人类世，我们还需要应对核武器试验和意外或故意释放的放射性同位素的危害。不良的农业生产方式产生的过量的营养物流失，会导致富营养化，并破坏淡水生态系统和近海岸水域。然而，尽管有这样的认识，关于新的、反复出现的和更持久的湖泊水域"死亡区"的报道，仍不断成为头条新闻。我们不断地面对各种环境问题，是因为人类这个物种，凭借其庞大的数量，以及人类的聪明才智和鲁莽行为，可以对我们居住的地球产生非常深远的影响。

哪一种新型合成污染物最能体现人类世的特征还有待商榷。一些人将现代环境运动的起源追溯到蕾切尔·卡森（Rachel Carson）和她的开创性专著《寂静的春天》，认为防治害虫的化学品的扩散是化学人类世的最佳定义。也有人认为，正是塑料和聚合物的出现极大地改变了我们的生活，并使人类繁荣向前发展。然而，由于使用不慎和处理不当，塑料已成为全球最严重的污染物之一。海洋盆地中漂浮的塑料碎片形成了许多大的漩涡。早在 2001 年，在北太平洋环流的浮游生物拖网中就发现，塑料颗粒的含量是浮游生物量的 20%，是其总质量的 6 倍。这些塑料还可以进一步分解成更多的微米级和纳米级的塑料微粒，能够具有我们无法想象的生物活性。在不久的将来，海洋中塑料颗粒的数量可能会超过浮游生物的数量，这让人感到十分恐惧。

无论是海洋沉积物中的塑料或大气中能够测定到的放射性核素层，还是在鲸鱼的鲸脂或其他海洋物种中积累的多氯联苯，都可以认为，合成材料最明显的是将人类世的景观与一个世纪前的景观区分了开来。因此，迫切要求妥善管理化学品，使其不成为污染物，这并不像业界所描述的那样是反化学或反技术。并非所有的化学品，即使是那些被广泛遭到谴责的化学品，都是有害的。抗生素和抗菌剂使人们得以在迄今为止发现的致命的感染性疾病中存活，尽管它们的滥用和不明智的使用（如在牲畜上的预防性使用），导致了广泛的污染和抗药性。二氯二苯三氯乙烷（$C_{14}HgCl_5$，即 DDT）使数百万人免于染上斑疹伤寒和疟疾，但由于滥用而成为全球污染物。在大多数情况下，任何一种化学品对人类是有利还是有害的区别，都与它的使用方式和规模有关，也与是否建立了适当的监管框架来指导其使用有关。不幸的是，这些监管框架一直被认为是不足的。对发明者和制造商来说，在"成功"地发现新的化学品之后，他们就表现出无限的热情，因为有可能获得巨额利润。鉴于跨国公司通常支持这些新产品，就可能会非常迅速地发展成为世界性的问题。在 20 世纪 30 年代发明了氟氯化碳时，它们很快就成为制造发达国家每家每户使用的冰箱的首选产品。最终，这些易挥发的、高度稳定的、看似无毒的化学物质，被大量用于消费产品中，例如气雾罐。大约 40 年后，科学家们发出警报，高层大气中复杂的化学反应意味着氟氯化碳正在破坏地球周围的保护性臭氧层。警报发出大约 10 年后，南极臭氧空洞已经被大众知晓。我们能不能更好地预见到向大气中释放百万吨半衰期长达几十年的挥发性化学物质所带来的意想不到的影响？我们起初就需要气雾罐吗？所有这些新型化学品对人类福祉都至关重要吗？我们是否充分平衡了新化学品对社会带来的代价与收益，而不是接受其制造商定义的狭义收益？我们是否需要用塑料制品包围生活，是否需要用石油聚合物制造衣服？这些是很少有人花时间去思考的问题。然而，我们在这方面的全球集体决定，对地球以及更直接地对我们的健康和福祉，实际已产生了深远的影响。

二、污染物的毒理学

在过去几十年中发生的变化是，我们越来越认识到，人为化学品的毒理学是一个不断扩大的领域。为了确定杀虫剂或化学物质是否可以安全地用于人类或更广泛的环境中，采用喂食老鼠和一些鸟类来寻找明显的缺陷已经不够了。有机磷（Organophosphorous, OP）农药及其对儿童神经认知和智商的潜在延迟影响，导致人们越来越认识到，对化学品的神经毒性的筛查是完全缺失的，对其进行全面的安全评估是非常必要的。科学家西奥·科尔伯恩及其同事在其著作《我们偷走的未来》中警告说，越来越多的化学品通过内分泌干扰机制威胁着动物包括人类的生育和生殖。专著发

表 20 年后，监管机构仍在努力实施内分泌干扰领域的连贯政策。现在，有越来越多的报道称，我们的免疫系统正受到外源性物质的影响和调节。谁能想到，一种简单的抗炎药物（双氯芬酸）能将地球上数量丰富的秃鹫物种推向了灭绝的边缘？尽管在不断投资和建立实验室，但是我们还不能够全面评估正在使用的新化学品。科学研究驱动着监管，不幸的是，监管通常需要相关科学几十年的研究为基础。

同样令人担忧的是，当污染物相互作用，以及与其他因素相互作用产生了增强的或不可预见的影响时，就很难懂得其全部的影响。燃煤电厂等的烟囱排放出了大量的汞和硫氧化物，通过环境酸化，汞就快速转化为了有毒的甲基汞。新烟碱类杀虫剂威胁着野生和家养的蜜蜂物种，越来越多的证据表明，这可能是通过与蜜蜂染有疾病的协同效应来影响蜜蜂的。我们正通过开采、运输和提炼石油等产生的碳氢化合物日益威胁沿海湿地，与此同时，我们更依赖于这些湿地来封存碳，以保护我们免受风暴潮的侵袭。

三、污染物的监管

非常可怕的是，人类一直在玩一个追赶的游戏，以理解定义人类世使用的无数化学品的后果。不幸的是，新的人为污染物以惊人的速度诞生，而旧的污染物却很难被淘汰。如前所述，由于全球的监管机构和有些国家的政府的行动缓慢和不充分的控制、漠不关心和无所作为，在人类文明之初就认识到的污染物，如铅、砷或汞，继续在全球许多地区造成严重破坏。很明显，大多数环境污染的恐怖故事背后都是企业的商业和金融利益，它们对人类和野生动物种群的影响负有责任。

当新的化学物质以如此惊人的速度出现时，以为我们能够在造成任何损害之前对它们进行评估，这现实吗？发人深省的是，需要多少科学研究才能确定当时最受欢迎的杀虫剂 DDT 和环二烯杀虫剂对以鱼为食的鸟类和猛禽在世界范围的数量减少有影响。关于这些有机氯农药对猛禽的广泛影响的知识最初来自相关分析。由于相关性不能证明因果关系，这些结果遭到农药企业及其拥护者的嘲笑和攻击，就像长期以来反对烟草与心脏病和肺病之间的联系一样（现在已被接受）。时至今日，仍然有人想对科学在这两个问题上的压倒性力量产生怀疑。我们今天看到了与新烟碱类杀虫剂非常相似的情况，强有力的相关证据表明它们导致了传粉者、蝴蝶和鸟类的数量减少。同样，尽管有机磷杀虫剂对鸟类的致命影响已被证实，但业界对其产品的全面影响的否认，与蕾切尔·卡森时代一样强烈。

要了解污染物的兴衰，就必须关注金钱。在 1940 年到 1977 年间，电器制造商向哈得孙河流排放了数十万千克的多氯联苯，从而造就了一个超过 300 千米长的超级污染区域，他们除了关心金钱外，还会关心其他事情吗？含铅汽油是如何产生的故事，是另一个令人不安的例子。四乙基铅是一种已知的急性有毒物质，已经导致了制造厂工人的死亡，但是，在北美洲，在对其潜在的有害性质发出严厉警告后，四乙基铅被允许从北美洲的每一个汽车尾气管中排放出来。现在的问题在于，有关污染物的问题是否应该咨询科学家，并根据他们的意见指导政府的行动，或者相反，是否应该允许将商业利益凌驾于其他所有考虑之上。有毒物质的管理仍然是一个复杂的问题，与1992 年《里约热内卢宣言》中阐述的"预防原则"完全相反。无论不同的作者如何准确地解释"预防原则"，很明显，在预防原则颁布后接下来的几十年中，许多国家的政府在工业利益的压力下出现了重大倒退。值得注意的是，在分析政府对早期风险预测的反应时，欧洲环境署记录了许多案例，证明监管或立法的延迟的代价或破坏性极高，包括石棉、多氯联苯、卤代烃、二乙基硅烯雌酚

（Diethyl Silbestrol，DES），等等。

禁止给汽油中添加四乙基铅的决定也带来了一种观点，即工业界可以并且将自愿进行自我监管。尽管政府机构和流程最终得以建立，以促进政府对污染问题的监管。政府不作为，对令人不安的潜在新污染物群体漠不关心的一个很好的例子，是几乎完全缺乏对纳米技术产品的安全评估或监管，已经完全让工业来保护自己。考虑到纳米材料的潜在健康和环境影响，他们在各种各样的消费产品中持续生产和使用，意味着我们目前是一个非常大的安全试验的实验对象。

显然，发展中国家面临着严峻的挑战，需要制定适当的法规来保护其公民免受化学品的影响。自相矛盾的是，在最"发达"的国家，是最严厉抵制实施适当保护措施的。突尼斯和希腊在 1922 年禁止含铅涂料，古巴在 1934 年禁止含铅涂料，美国直到 1978 年才禁止的。我们现在面临着一个具有讽刺意味的情况，即尽管已经做出了重大努力来减少汽油、油漆或管道系统中的环境铅含量，但是如今在发达国家，娱乐性狩猎和垂钓仍然广泛使用铅，无论替代品有多丰富，对环境有多么明确的影响，也不管狩猎公众及其家庭是否继续接触铅。

全球防止污染行动尽管取得了一些显著的成功，如减少越境酸沉降、高海拔臭氧保护的《蒙特利尔破坏臭氧层物质管制议定书》、全球禁止在防污系统中使用有机锡化合物，但可以说，监管系统在防止对环境和人类的影响方面仍然是低效率的。即使是上述"成功"，也是在对人类和更广泛的环境产生了重大影响和破坏之后才实现的。虽然保护我们的臭氧层的不被破坏现在已经获得了成功，但它很可能需要几十年才能恢复到氟氯化碳影响前的状态。

然而，用于防污涂料的多氯联苯和有机锡最终被禁止；国际社会确实对南极臭氧空洞的威胁做出了反应。最后一个例子应作为一种模式，特别是通过当时谈判达成的《蒙特利尔破坏臭氧层物质管制议定书》提供的文书所产生的力量和权力。北美洲和欧洲通过谈判减少酸性降水的好处是显而易见的。尽管污染部门最初提出反对意见，但立法能够大大改善环境和人类健康。在我们面临许多其他化学威胁的情况下，需要重复这些行动，加快监管行动。

第十三节　人类世的塑料

塑料是高分子量有机聚合物，聚合物是可以加工成型的重复分子链，主要从各种碳氢化合物和石油副产品中获得。塑料是人类世最重要的产品之一。塑料价格便宜、重量轻、耐用，用于无数目的，例如医药、工业和家庭。在全球范围内，由于塑料在家庭和工业中的大量应用，塑料的生产和消费在持续增加。然而，塑料中有大量是不可生物降解的，只有少数是可生物降解的，但降解速度非常慢。由于其大量使用、废物管理不善、回收利用不足和处置不当，塑料对环境和人类健康造成了严重威胁。

传统塑料是由有机物质（如原油和天然气）经蒸馏、聚合和加工而成。塑料可以被描述为热塑性塑料，它可以被反复熔化、模塑和再乳化，热固性塑料在形成时，在聚合物之间形成不可逆的化学键。消费品中使用的大多数塑料是热塑性塑料，因此可以回收利用，尽管它们也是环境中塑料污染的最大来源。石油基塑料制品作为金属、玻璃、纸张、陶瓷和天然纤维等材料的廉价替代品，在现代城市生活方式中已经无处不在。自 20 世纪 60 年代以来，商用塑料的工业生产呈指数增长，2014 年全球生产水平达到每年 3.11 亿吨。如果目前的消费率没有变化，预计到 2050 年，地球将增加330亿吨塑料。塑料产量增加的结果是对环境的投入增加。估计2010年有480万至1270万吨管理不当的塑料废物进入了海洋。全球塑料对地球生态系统的污染是由塑料工业的巨大规模、不考虑消费后阶段的糟糕产品设计、低回收率以及缺乏支持循环塑料经济的政策造成的。

自然环境中的塑料制品会经历光降解、热氧化降解和水解降解，再加上机械风化作用，通过降低聚合物的分子量来促进脆化。脆化的结果是产生微小塑料，即尺寸小于5毫米的塑料颗粒。毫米级的碎片容易被风和水分散，使微型塑料很容易被小型生物利用。微型塑料特别容易吸附污染物，而这些污染物可能对摄入颗粒塑料的生物体有害。微型塑料和更大的塑料碎片都广泛分布在地球表面，或者通过雨水道和支流被运送到湖泊和海洋。水生生态系统中的漂浮塑料将在集中旋转流区域(例如漩涡)中积聚在水面或水面以下。相比之下，密度大于水的非漂浮塑料将下沉并与底部沉积物混合。塑料的密度也可以通过下列2种途径增加：①在制造过程中通过人为改变材料原始形状；②通过矿物吸附或在环境中增加材料重量。塑料一旦与沉积物混合，无论是在水体中还是在陆地上，作为全球人为标志层，都具有成为地层记录的一部分的巨大潜力。

一、塑料是现代材料

塑料由硅、碳、氧、氮和氢等有机和无机原材料组成，这些原材料主要从天然气、石油和煤中提取。19世纪早期至中期，天然塑料，如虫胶和乳胶，首次被用于制造覆盖物和绝缘体。赛璐珞是最早的塑料原型之一，在19世纪末被开发出来，并被用于许多产品，包括台球和假牙，它导致了硝酸纤维素在摄影胶片中的应用。1909年，利奥·贝克兰向世界介绍了第一种合成塑料，即酚醛塑料，它代表了第一种能够抵抗化学反应的塑料，这种塑料可以很容易地塑造成不同的尺寸和形状。继胶木之后，20世纪30年代又出现了聚乙烯(Polyethylene，PE)、聚丙烯(Polypropylene，PP)、聚氯乙烯(Polyvinyl Chloride，PVC)、聚苯乙烯(Polystyrene，PS)和聚甲基丙烯酸甲酯(Poly Methyl Methacrylate，PMMA)。这些材料促进了塑料生产的增长，并巩固了塑料和化石燃料工业之间的联系。传统塑料是由有机物质，如原油和天然气，通过最初的蒸馏过程生产出来的。加热后，有机物根据其汽化温度释放出不同的烃链。在称为"裂解"的过程中，大的碳氢化合物分子(如乙烷、丙烷)被分解成更小的分子。生成的单体(如乙烯、丙烯)被聚合，在这个过程中，分子通过催化剂连接在一起，形成长链的重复单元(如聚乙烯、聚丙烯)。

原塑料通常以毫米级颗粒的形式生产，因为它们比大型或形状奇怪的材料更容易运输，而且它们还确保能够在挤出和注塑过程中的均匀加热和流动。将原塑料与有机和无机添加剂结合，可以改变塑料的物理性能，从而延长塑料的使用寿命。增塑剂、颜料、稳定剂和润滑剂等添加剂提高了塑料的结构和冲击强度，提高塑料的耐刮擦性，提供了亮度和颜色。今天生产了数千种塑料，其中一些主要类型和用途包括：聚丙烯(包装、纺织品)，聚乙烯(包装、塑料袋)，聚苯乙烯(一次性餐具)，聚氯乙烯(包装、建筑)，聚甲基丙烯酸甲酯(镜片、外壳)，尼龙(服装、电子产品)，聚乙酸乙烯酯(胶水)，聚氨酯(泡沫、密封剂、轮子)，丙烯腈-丁二烯-苯乙烯和聚对苯二甲酸乙二醇酯(水瓶、衣物)。目前，全球生产了大量合成塑料或聚合物，其中约1.4亿吨作为废物从各个行业排放到附近的水体中。大多数塑料都是不可生物降解的，因此由于废物管理不当和无限制的乱扔垃圾，在环境中积累了大量塑料，对我们的地球构成了重大威胁。

二、塑料的污染

开发塑料是为了提供一种轻量化、耐用、相对耐腐蚀的材料，这种材料可以以低成本生产和运输。然而，塑料的物理特性决定了它们在环境中的持久性，特别是在回收和回收系统还很简陋或完全缺乏的地方。塑料制品进入水环境的途径主要有故意倾倒，不小心乱扔垃圾，运输过程中和工厂内的工业泄漏，排水口、污水管道和污水处理设施的排放。纺织品洗涤中释放的微合成纤维在废水处理过程中不能完全去除。全球范围内采样的污水处理厂的污水中含有由84%的纤维组成的微塑料。

低密度塑料会无限期地留在水柱中，或者沿着海岸线被冲走，只会在风暴发生时被运回湖泊和海洋。在某些条件下，低密度塑料将通过水柱下沉或被困在陆地上。塑料在全球范围内的扩散给许多物种带来了严重的生理后果，包括吞食和勒死。最近确定有693种物种遇到过海洋废弃物，其中92%是由塑料构成的。从非洲、南极洲、北极、北美洲和欧洲等地区记录到了不同物种与塑料之间的相互作用，从而突出了塑料废物的全球分布。

水中的塑料碎屑有利于塑料颗粒堆积为沉积带。这些区域包括湍流相对较低的区域，塑料和其他有机碎屑可以在这些区域沉降，例如在港口、海湾和深水盆地。在海滩环境中，塑料颗粒被困在密度相近的木本植物残骸中。在海滩后滨地带，人为或自然障碍物（如挡土墙、植被）也有助于收集漂浮的塑料碎片。尽管低密度塑料在全球范围内分布，但塑料碎片在底栖域的分布主要受邻近城市、地貌和水文条件的控制。

在陆地上，不可回收的塑料垃圾存放在有管理的或未经管理的垃圾填埋场。现代管理的垃圾填埋场的固体废物下面是一层塑料衬垫，用来防止溶剂（渗滤液）渗入下层土壤。管道将渗滤液排干，然后将其输送至废水处理设施，尽管其中一部分不可避免地会渗入周围环境。在无人管理的垃圾填埋场，渗滤液可以自由流动，从而将潜在的有害化学物质输送到邻近的生态系统。根据溶剂的pH、聚合物的疏水性和塑料材料中存在的添加剂，投放到垃圾填埋场的塑料会产生渗滤液。已知从垃圾填埋场塑料中渗出的化学物质包括双酚A和壬基酚，它们都是内分泌干扰物。然而，塑料本身不会在垃圾填埋场中轻易降解，尤其是在那些被衬垫覆盖的地方。

野生动物物种正受到合成塑料的负面影响，因为幼小动物有时会被塑料缠住，造成严重伤害。此外，鸟类和动物摄入残留在其消化系统中的塑料碎屑，导致进食刺激减少、类固醇激素水平降低、胃酶分泌和胃肠道阻塞。合成塑料在土壤中的不可生物降解性质和长期积累会导致土壤肥力降低、植物生长和发育减少，被水生动物摄入后还会发生生物放大作用，随后对人类健康造成重大损害。

塑料聚合物被认为是无毒的，特别是由于其惰性和大尺寸限制了其通过生物膜的转移。然而，当加工成最终塑料产品时，塑料聚合物与各种添加剂混合以改善其性能，如热稳定剂、阻燃剂、光稳定剂、增塑剂、抗氧化剂、润滑剂、抗菌剂、颜料、抗静电剂和填料。这些附着在塑料聚合物上的低分子量非聚合物添加剂，或根本不与塑料大分子结合或松散结合，因此它们从塑料化合物释放到周围环境，包括空气、水或食品中，并可通过生物放大作用积累。因此，受影响的环境因其降解速度较慢而面临长期有害影响，居民有可能暴露于有毒、致突变和致癌的产品环境。

塑料在环境中具有顽固性，使其能够抵抗生物降解。一些可生物降解塑料的降解和环境污染取决于聚合物的类型、降解机理和协助降解过程的环境因素。含氯塑料（如Polyvinyl Chloride，PVC）通过热降解释放氯化氢，含氟塑料（如聚偏二乙烯）通过脱链机制释放氟化氢，含氮塑料（如聚丙烯腈、尼龙、聚氨酯）会导致氰化氢的释放。一些塑料聚合物也会经历完全解聚，如聚甲醛和聚四氟乙烯，以及部分解聚，如聚酯、PS和聚氨酯。据研究，塑料产品向环境可排放各种有害物质，包括溴化阻燃剂、邻苯二甲酸盐、双酚A、双酚A二甲基丙烯酸酯、镉、锡、铅、乙醛和甲醛、苯和许多其他挥发性有机化合物。在海滩的塑料颗粒中也检测到了多氯联苯、持久性有机污染物、有机卤化农药、壬基酚和金属。

所有塑料聚合物在燃烧或在垃圾填埋场分解时，总释放出大量呋喃、二氧化碳和一氧化碳（温室气体），通过消耗臭氧层对环境以及人类和动物的健康造成严重威胁。除消耗臭氧层外，二噁英还污染土壤，并通过妨碍内分泌系统的功能对人类健康造成严重威胁。长时间持续受到微型塑料污染影响，可能最终会导致人类染色体发生变化，从而造成遗传异常、不孕、肥胖和癌症。

存在于水生生态系统中的微米级塑料碎片很轻，通常被各种海洋生物（包括浮游动物、浮游植物、珊瑚、龙虾、海胆和鱼类）误认为是食物颗粒，最终进入食物链，导致所有营养级的相继致死。它们的摄食机制包括摄入、在肠系膜组织中保留微型塑料碎片以及消化。然而，塑料的有害影响导致它们的摄食能力降低，从而造成能量储备减少。据报道，居住在澳大利亚大堡礁的巩膜珊瑚的肠系膜组织中含有微型塑料，这对它们的健康有负面影响。

微型塑料通过穿透浮游植物的细胞壁的方式导致叶绿素吸收降低，从而对海洋生态系统中的主要组成部分——浮游植物产生有害影响。此外，异养浮游生物通过吞噬作用受到塑料的影响，导致这些微小的塑料碎片滞留在其组织中。

海洋生态系统最后也是最重要的营养层是鱼类。它们摄入来自浮游生物或其他自然猎物中的微型塑料，就会对其健康造成有害影响。鱼类摄入微型塑料会导致代谢变化，包括脂肪酸和氨基酸的上调和下调。此外，纳米和微型塑料的摄入会导致鱼类血清中甘油三酯和胆固醇比例的变化，甚至会导致鱼类肌肉和肝脏之间胆固醇输送的改变。

越来越多的科学证据证实了微型塑料在环境中的生态毒理学威胁，不仅对环境造成物理或机械破坏，而且还导致人类和其他生物的细胞、分子和生化途径中断。因此，在这方面，通过补救措施在全球范围内解决这一问题至关重要，以控制塑料产生的废物和污染。强化监测、增强公众意识以及制定有效和强有力的政策和法律，可以遏制塑料和微型塑料对环境的影响。

三、塑料降解

聚合物降解被定义为通过物理、化学或生物反应，导致键断裂，出现化学转化和聚合物性能变化。塑料的降解导致其电气、光学和机械性能的改变。导致塑料碎片持续存在的主要问题之一是其抗降解性。在自然环境中，当聚合物的性能因化学、机械或生物过程而受损时，塑料就会发生降解。

在自然环境中，影响塑料的主要化学过程是光降解，它发生在紫外线与塑料或其添加化合物的分子结构中的基团发生反应时。由此产生的聚合物链断裂使生成的自由基在一种称为光氧化的过程中与氧结合。光氧化降低了聚合物的分子量，导致材料脆化和变色。脆化塑料容易产生机械应力，因为这种材料的强度和柔韧性降低。脆性和断裂对塑料的扩散有重要影响，因为更小的颗粒更容易被水和空气输送。

影响塑料完整性的另一个重要化学过程是热降解，在这种过程中，分子在过热时通过分子断裂而变质。与光降解过程相反，热降解过程中发生的反应发生在整个粒子中，而不是仅发生在表面。热降解过程中发生的反应取决于各种因素，包括压力、反应介质、反应器几何形状和加热速率。在自然环境中，过热主要是由于塑料材料暴露在紫外线辐射下。热降解会导致颜色变化、银纹、延展性降低，最终导致脆化。影响聚合物稳定性的其他化学过程包括臭氧诱导降解和机械化学降解。

废聚合物可催化降解为具有高商业价值的碳氢化合物。聚丙烯、聚乙烯、聚苯乙烯等聚烯烃（一种巨大的工业和生活垃圾）可以通过催化剂有效地降解成油和气体。添加催化剂具有其他优点，例如，提高了塑料废物热解后获得的产品质量。

塑料的机械降解通常是指在实验室、工厂和建筑环境中的高压塑性变形。然而，机械风化发生在自然环境中，塑料颗粒受到沙粒、岩石碎片、贝壳、刚性有机碎屑或其他塑料碎片的影响。机械风化发生过程的理想位置是海岸沿线。具有沟槽和贝壳状断口的亚圆形颗粒表明，磨损和颗粒撞击在塑料的机械风化过程中起着重要作用。

塑料的生物降解是指微生物对化合物的生化矿化作用。生物降解是能够将材料分解为二氧化碳、甲烷、水、无机化合物或生物量的过程，其中主要机制是微生物的酶促作用，可通过标准试验在规定时间内测量，反映可用的处置条件。在有氧条件下，有机化合物的矿化导致二氧化碳和水的形成，而在厌氧条件下，则形成甲烷和二氧化碳。物理崩解、光氧化和非生物水解增加了聚合物的表面积，降低了聚合物的分子量，从而有助于它们被微生物定殖，增强了生物降解。生物降解是由机械或化学过程引起的，生物降解涉及塑料内部和表面上的微生物定殖。这些生物体的生长和活动取决于环境条件，以及聚合物的性质，包括结晶度、分子量、官能团和添加剂等。微生物可以通过释放活性化学物质或有机酸穿透塑料表面，从而导致化学生物退化。这使得水侵入聚合物结构，导致水解和解聚。一旦发生解聚，来自塑料材料中的原子被吸收到微生物的细胞中，从而提供生长和繁殖所需的能量。

有许多天然可生物降解的聚合物，如纤维素和甲壳素。然而，合成塑料，包括那些最常见的产品如聚乙烯、聚丙烯、聚苯乙烯、聚甲基丙烯酸甲酯，被认为是不可生物降解的。近年来，非天然生物可降解塑料的产量有所增加，尽管这些产品已在医疗行业中使用了相当长的时间（如缝合线、药物输送）。不幸的是，可生物降解塑料往往只有在特定的环境条件下才会分解（例如，温度、光照、微生物种类、堆肥规模），如果不满足这些条件，就会导致掩埋和保存。

四、塑料埋藏与沉积

有关环境中塑料的大多数研究集中在湖泊、海洋和河流。然而，在海洋、河口、湖泊和河流的底栖沉积物中发现了密度大于水的塑料。塑料的密度取决于分子中原子的质量和分子在空间中的排列方式。例如，聚乙烯的密度在 0.92 到 0.97 之间；低密度聚乙烯含有线性和反复分支的聚合物，而高密度聚乙烯则是由不分支且包装更紧密的聚合物组成。尽管密度大于水的塑料预计会通过水柱下沉，但在湖底沉积物中也发现了低密度塑料。允许聚乙烯和聚丙烯等塑料沉降的要素是：①矿物填料的存在；②黏土矿物在塑料颗粒表面的吸附；③生物体摄入后通过粪便排出；④生物污染。

在生产阶段添加到塑料中的常见矿物包括碳酸钙（$CaCO_3$）、高岭石 [$Al_2Si_2O_5(OH)_4$] 和滑石 [$Mg_3Si_4O_{10}(OH)_2$]。碳酸钙是一种常见的造岩矿物，用于增加抗冲击性和刚度。高岭石是一种易得的黏土矿物，用于生产光滑的表面，并为塑料产品提供强度和耐候性。滑石粉是一种重要的填料，因为它为塑料提供了高强度和更高的抗划伤性，同时对产品的重量贡献很小。但是，这些矿物填料可显著增加塑料的净颗粒密度，这取决于其在材料中的丰度。如果塑料带正电荷或带负电的塑料和黏土与多价阳离子有关，黏土矿物也可能吸附到塑料颗粒的表面。实验室实验表明，微塑料与粪便物质的同化作用可以增加塑料的密度，并将其从地表水输送到海底。有机体，如多毛类蠕虫、桡足类和糠虾，会消耗微型塑料，会排出含有微型塑料的粪便颗粒。

不同沉积带的水流紊流也控制着塑料在水环境中的下沉和最终埋藏。在低能量环境中，如果密度允许，塑料可能会聚集，包括潟湖、防护性港湾、河口、受保护的入口、深水区和湖泊中心。高密度塑料将优先聚集在离海岸较近的地方，而低密度塑料将通过风、海浪和洋流运输到近海。塑料一旦沉积，就可能被上覆的沉积物掩埋，或者被生物扰动并与旧沉积物混合。塑料在陆地环境中的积累是广泛的。然而，在易受自然沉积或人为物质持续沉积影响的地点，塑料碎片的掩埋尤其影响严重。

漂浮在水中的塑料优先与低密度有机物交织在一起，这导致它们沿海岸线沉积。暴露在海洋涌浪中的海岸，如考艾岛北部海岸的怀尼哈海滩，沿着海岸线到处都是大型塑料制品。塑料颗粒可能在沉积物深度2米以下的地方被发现。具有大量塑料碎片的海岸线是典型的人为燃烧地点，也是塑料的潜在下沉点。从海岸线到内陆地区，在没有回收设施的地区，塑料垃圾随处可见。一些塑料是专门为进入自然环境而生产的，如农作物覆盖物（薄膜）、覆盖颗粒物和农业用水软管。一些用于输水的地下管道是由聚氯乙烯制成的。这些产品在全球范围内使用，有些地方将被无限期地埋在地下。

五、微塑料无处不在，但它们有害吗

有许多人可能用微波炉加热塑料容器里食品。环境工程师已经发现，加热的塑料食品容器会将大量微小的塑料颗粒掉落到食品中。塑料水壶和婴儿塑料奶瓶也会脱落微型塑料。研究者计算，如果父母摇晃有热水和配方奶粉的塑料瓶，来给婴儿喂奶，他们的婴儿可能会每天吞下超过100万个塑料微粒。

近20年来，研究人员一直担心微型塑料的潜在危害，尽管大多数研究都集中在对海洋生物的危害上。在2004年，英国一位海洋生态学家在英国海滩上发现了直径小于5毫米的塑料颗粒，他创造了微型塑料这个术语。此后，科学家们在他们所观察的每个地方都见到了微型塑料：在深海；在北极的雪和南极的冰；在贝类，食盐，饮用水和啤酒；飘荡在空中或随雨飘落在山上和城市。这些微小的碎片可能需要几十年甚至更长时间才能完全降解。可以肯定的是，几乎所有物种一定程度上都受到微型塑料的影响。

最早对微型塑料的调查集中在个人护理产品中的微珠，在原始塑料成型前可能脱落的颗粒，以及从废弃的瓶子和其他大碎片中慢慢侵蚀脱落的碎片，所有这些都会冲进河流和海洋。2015年，海洋学家估计，全球地表水中漂浮着15万亿到51万亿个微型塑料颗粒。微型塑料的其他来源已经被确认：例如，道路上汽车轮胎脱落的塑料微粒和衣服上脱落的合成微纤维。这些微粒在海洋和陆地之间四处传播，因此人们可能吸入或食用到各种来源的微型塑料。根据对空气、水、盐和海鲜中微型塑料的有限调查，儿童和成人每天可能摄入几十到十万个塑料微粒。在最坏的情况下，人们一年可能会摄入相当于一张信用卡大小的塑料微粒。

评估塑料微粒对人或动物的影响是一个难题。说起来容易做起来难，已经有超过100项实验将动物主要是水生生物暴露于微型塑料环境中进行研究。但是发现这种暴露可能导致某些有机体繁殖效率降低或遭受物理损伤，是很难解释的，因为微型塑料有各种形状、大小和化学成分，而

且许多研究使用的材料与在环境中发现的材料大不相同。最小的微粒，称为纳米塑料，小于 1 微米，是最让研究人员担心的。有些可能进入细胞，可能破坏细胞活动。但这些粒子大多数太小，科学家甚至看不见。

很清楚，塑料微粒的污染问题会越来越严重。当今社会每年生产近 4 亿吨塑料，预计到 2050 年，塑料产量将翻一番以上。即使现在奇迹般地停止所有的塑料生产，但是垃圾填埋场和环境中现存的塑料估计约有 50 亿吨，将继续降解为无法收集或清理的微小碎片，从而不断增加环境中的微型塑料含量，成为"塑料定时炸弹"。

研究人员提出了几种关于塑料碎片如何有害的理论。如果它们足够小，足以进入细胞或组织，它们可能仅仅是一个外来的存在引起不愉快，就像可以引起肺组织发炎，并导致癌症的石棉的细长纤维一样。微型塑料还可导致类似于空气污染的现象：来自发电厂、汽车尾气和森林火灾的煤烟微粒称为 PM_{10} 和 $PM_{2.5}$，是粒径为 10 微米和 2.5 微米的颗粒物，会沉积在呼吸道和肺部，高浓度会损害呼吸系统。不过，PM_{10} 的浓度比空气中发现的微塑料粒径高出数千倍。较大的微塑料更有可能通过化学毒性产生负面影响。制造商在塑料中添加增塑剂、稳定剂和颜料等化合物，其中许多物质是有害的。例如，可能干扰内分泌（荷尔蒙）系统。但摄入微塑料是否会显著增加我们与这些化学物质的接触，取决于它们从塑料微粒中排出的速度，以及这些微粒通过我们身体的速度，研究人员才刚刚开始研究这些因素。

环境中的微型塑料可能会吸引化学污染物，然后将它们输送到食用受污染斑点的动物体内。对海洋生物来说，也许最简单的伤害方式，可能是生物吞下了没有营养价值的塑料微粒，并且没有吃足够的用来生存的食物。研究人员通过对海滩上死亡的海龟进行尸检，观察到了海龟内脏中的塑料和组织中的化学物质，发现只有 9 厘米长的玳瑁海龟幼仔，胃肠道里有 42 块塑料，大多数是微型塑料。浮游动物是最小的海洋生物之一，在存在微型塑料的情况下，它们的生长速度较慢，繁殖也不太成功，这些动物的卵更小，孵化的可能性较小，繁殖困难的问题源于浮游动物没有摄入足够的食物。

塑料纤维似乎是一个特别的问题。与球体颗粒相比，浮游动物通过塑料纤维需要更长的时间。暴露在微塑料纤维下的浮游动物生产的幼体数量是平时的一半，由此产生的成虫更小。这些纤维没有被摄入，但它们干扰了浮游动物的行动，并使生物体出现变形。

一些研究人员已经开始探索在人体组织中是否有微塑料存在。研究人员在 4 个人体胎盘中发现了 12 个塑料微粒。目前，环境中的微型塑料和纳米塑料含量低，不会影响人类健康，但它们的数量在增加。研究人员预测每年添加到现有垃圾中的塑料量，无论是在密封的垃圾填埋场中谨慎处理的，还是散落在陆地和海洋中的，可能会翻一番以上，从 2016 年的 1.88 亿吨增加到 2040 年的 3.8 亿吨。科学家们估计，到那时，其中大约 1000 万吨可能是以微型塑料的形式存在的，这一计算不包括从现有废物中不断被侵蚀出的塑料微颗粒。

六、塑料作为人类世的符号

2016 年，人类世工作组在第 35 届国际地质大会上提出临时建议，宣布人类世纪元的起始日期为 1950 年。这一新时代的标志性标志包括来自核武器沉降物的放射性同位素；化学物质，如肥料；以及沉积物中发现的人为物质的急剧增加。这些综合指标能够证明人类世在地层上与全新世不同。

自 20 世纪中叶以来，新的人为材料的涌入直接源于资源消耗的增加、技术的发展、城市化、采矿和人口增长。尤其是塑料、混凝土和元素铝，自 20 世纪 50 年代以来，全球产量大幅增长。除了每年生产数亿吨塑料外，铝和混凝土生产也显著加快，自 1950 年以来，累计生产速度超过 5 亿吨。更重要的是混凝土、铝和塑料之间的巨大重量差异。例如，与同等重量的混凝土相比，3.11 亿吨的塑料在环境中有着巨大的物理存在。考虑到塑料的巨大生产量，它作为一个地层学指标的潜在作用是不可否认的，即人类对地球地层记录的不可逆转的影响。全球塑料的积累大大超过了地球上目前人口的重量。

人类塑料足迹在陆地和几乎所有海洋栖息地都很明显，包括最偏远和最奇异的地区和栖息地，如极地水域和深海。塑料在环境中的迅速积累以及人们对其生态、社会和经济影响的日益认识，需要采取果断行动来解决这一日益严重的环境问题。在世界范围内，人们越来越认识到自己的责任。然而，现代人类生活的许多应用中缺乏替代品，目前阻碍了对全球塑料流的适当管理。清除陆地和海洋中的塑料碎片对我们来说是一项艰巨的任务。这些碎片分布太广，数量太多。塑料的摄入和缠绕每年导致数百万海洋生物死亡，从宏观鸟类、海龟和海洋哺乳动物到微观浮游动物，这些动物将微型塑料珠混淆成食物。人类的身体健康也受到了塑料污染的巨大威胁，迫切需要管理塑料的污染危害了。

七、全球解决塑料污染问题

2022 年 3 月在肯尼亚内罗毕举行的联合国环境大会上，175 个国家已经同意签署一项具有法律约束力的全球条约，涵盖塑料生命周期的所有阶段，从生产到消费和处置。通过解决塑料的整个供应链问题来结束塑料污染危机。这是自 2015 年《巴黎协定》以来"最大的多边环境协议"。至关重要的是，未来的该条约的内容具有法律约束力。未来的协议承认，与高收入国家相比，低收入国家将更难解决塑料和污染问题，因此需要某种融资模式来帮助遏制塑料的使用和浪费。协议现在有了一个文本。2015 年，全世界生产了 3.81 亿吨塑料，估计每年有数十万吨塑料流入海洋，其中大部分来自燃烧或回收能力较低的中低收入国家。无处不在的塑料污染与对海洋生物的负面影响有关，人们担心它也可能影响人类的健康，尽管需要更多的工作来证实这一点。

第二章

人类与气候

与人类几千年的文明史相比，人类祖先物种进化的几百万年和智人出现的几十万年是比较长的一段时间。从这个漫长的时代获得的信息显示，人类祖先物种和早期人类都高度依赖气候，并有能力承受气候的变化。气候变化影响并在几个时期帮助产生了自然选择的压力，从而导致了人类的出现。气候变冷和干燥，使非洲的热带雨林缩小，这为那些可以在更多的破碎森林里吃更多食物的人创造了优势。反过来，生活在大草原及其附近为个体创造了优势，使它们能够更好地远距离活动以寻找猎物，也使它们能够更好地交流和合作。非洲栖息地的变冷是导致南猿出现和直立人出现的主要原因。冰期和间冰期的振荡模式影响了直立人，以及从直立人进化而来的物种，包括智人和我们人类的近亲。冰川作用锁住了水，形成了陆桥，帮助人们离开非洲，但最大冰河期也减少了人类可以繁衍生息的土地面积。

人类依赖于气候生存，但也表现出相当强的适应能力，甚至对气候突变的适应。间冰期和最大冰河期之间的波动造成的温度和海平面的变化，要比人类文明在更短的时间跨度内的变化大得多。人类也经历了几个时期的气候突变，可能是在大型超级火山爆发之后，也可能是在海因里希事件期间。即使在末期冰盛期，一些人类也设法在离冰原不远的北部地区开发资源。智人是进化的产物，至少在很大程度上是由气候变化驱动的，但我们的祖先生活在比人类最近经历的更广泛的气候变化时期。

从一万年前开始，在气候变暖、水源充足的情况下，农民开始种植谷物并扩大土地。不断增长的粮食过剩维持了人口的增长。社会变得更加复杂：新的城镇和城市促进了对各种工匠和专门人才的需求。经济的繁荣使政治和宗教领袖能够建造精美的宫殿和纪念碑：金字塔、金字神塔，甚至狮身人面像。世界上其他地区的复杂社会和文明，在经历了最后一次冰河时期（通常被称为"冰河时代"）后的漫长暖期，也遵循大致相同的模式。良好的农业气候促成了一个繁荣的文明的兴起，这个文明依赖于从农业中获取大量的过剩粮食。但是气候变化导致的降水的急剧变化，致使人们不得不背井离乡，气候变化与复杂社会或文明之间存在相互作用。社会的繁荣和崩溃过程中，气候变化发挥了重要的作用。

从人类文明开始到现在，气候对人类历史的影响是多方面的。化石燃料的大量使用为资源开发和发电提供了前所未有的能力，创造了惊人的变化速度和向城市生活的转变。工业化通过全球化的几个阶段的进一步传播，在 19 世纪和 20 世纪把工业模式移植到越来越广泛的全球区域。以化石燃料为动力的工业的发展，反过来又显著地改变了地球大气的构成。气候变化的现代记录，如全球和区域温度趋势、降水变化、海平面上升和冰川消退，突显了已经观察到的广泛的气候变化。气候变化对人类社会具有显著的影响，包括沿海地区海平面上升的最直接威胁，以及降水变化影响农业和供水。

第一节　持续变化的气候及其对地球系统的影响

地球的历史上，两极覆盖着冰和没有覆盖冰交替存在。气候变暖的阶段，当地球像一个温室，没有极地冰盖时，是与普遍较低温度的阶段交替出现的。在这一较低温度的阶段中，与今天相似的地球看起来就像一个很久没有解冻的旧冰箱：两极被巨大的冰层和厚厚的冰块压得喘不过气来。新生代，即我们目前生活的时代，大约始于恐龙灭绝的6600万年前，开始于温室阶段，从其开始一直持续到始新世末期，大约3400万年前。温室阶段之后是冰室阶段，一直持续到今天(图2-1)。最后一个阶段的开始标志着大约3400万年前南极洲(南极)的积冰。冰室阶段在中新世-上新世过渡期(大约500万年前)逐渐变得更加强烈，此时北极也开始了冰的堆积。这最终导致了目前的情况，这是新生代最冷的阶段，也是地球历史上最冷的阶段之一。一个有趣的细节是，最暖的阶段发生在始新世(大约5000万年前)，当时全球温度比今天高出约12摄氏度，这使得20世纪略高于半度的温度升高显得相当温和。区分冰室期和冰川期，以及温室期和间冰期是很重要的。冰室阶段可能持续数千万年，其标志是极地冰盖的持续存在。然而，冰川作用只发生在几万年的时间里，其定义是低纬度地区极地冰团的扩张。温室期和间冰期在时间尺度上存在相同的差异，但还有一个特殊性：两极在温室期没有冻结，而在间冰期冻结(正如我们生活的全新世所见的间冰期)。第四纪是冰室阶段的一部分，即两极被永久冰盖覆盖的阶段，但这些冰盖在冰期期间反复扩张，在间冰期退缩。

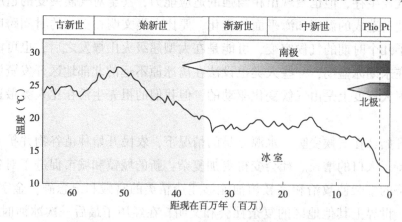

图2-1　新生代地球表面平均温度的变化

注：灰色条表示极地积冰的阶段。Plio为上新世；Pt为更新世

气候变化的性质是在不同的分辨率尺度下进行的。气候随时间的变化相当大，特别是在我们生活的时期。这里不同的分辨率，我们指的是气候变化发生的不同时间间隔。例如，我们都知道日温度振荡的存在，而且我们也知道，离赤道越远，日温度振荡就越强烈。我们还能够感知，甚至测量全年的季节性气象变化，或给定参数(如降水量)从一年到另一年的变化(即年际变化)，就可以发现不同年代的湿润年和干燥年。老一辈人甚至可以注意到一生中发生的气候变化趋势，就

像我们记得小时候冬天是多么的寒冷一样。由于观察这些趋势需要几十年的时间，我们称之为年代际变化。因此，有4种类型的气候变化（每日、每年、年际和十年际），我们可以在一个人的一生的范围内加以区分，或者换句话说，我们可以仅凭自己的经验来观察。其他频率较低的变化需要人的一生以上的生命周期才能发生，因此我们需要历史测量和文献记录来发现它们，这被称为百年变化。随着气候变化频率的降低，我们需要追溯到更远的时间去认识它们，直到我们达到缺乏历史气象观测所设定的限度。在这一点上，古气候学开始发挥作用。

一、古气候学的一些概念

历史的开端传统上是由书面资料的出现来决定的。在此之前发生的任何事情都被认为是史前的，理解它需要不同类型的证据，比如考古发现（例如，骨头、石头或金属工具、洞穴壁画）。气候变化也是如此。历史气象测量也被称为仪器测量，因为它们是使用专门为此目的而建造的仪器测量的，我们最多只能观察百年变化，而千年发生的变化超出了它们的能力范围。研究仪器测量时代之前发生的气候变化的科学学科被称为古气候学，并使用被称为代理的间接指标。这些替代物可以在所谓的古气候档案中发现，特别是随着时间的推移有序堆积的沉积物，使得重建某一特定地方的气候历史成为可能。通过在适当的地理背景下比较这些档案，我们可以确定气候变化或趋势是局部规模的（意味着它只发生在研究地点）还是区域性、大陆性或全球规模的。最常用的（尽管不是唯一的）古气候档案是湖泊和海洋沉积物、极地冰和树木年轮。通过^{14}C或放射性碳法等测年方法确定这些沉积物的年龄，我们可以确定每个档案所涵盖的时间间隔，以及它们不同地层单位和古气候事件的年龄。

二、古气候代理指标

代理指标是物理化学或生物实体或参数，其存在或不存在和/或丰度与特定气候环境或变量直接相关。这里，我们提供一些有助于全面了解古气候重建工作的例子。物理化学指标的一个例子是海洋沉积物中的钛含量，它是降水量的函数。钛存在于大陆岩石中，其矿物被这些岩石的风化所活化。海洋沉积物中钛的存在是次级的，是陆源物质通过河流系统从大陆输送到海洋的一个指标。钛含量随着大陆侵蚀强度的增加而增加，这是河流流速的函数，而河流流速又取决于所述流域接受的总降水量。例如，如果6000年前的钛供应量高于3000年前的钛供应量，我们就可以推断，6000年前源于大陆的降水量高于3000年前。我们称这种方法为定性或相对估计，因为它是基于比较得到的。然而，通过校准代理指标，也可以获得定量估计。最常用的校准方法涉及现代类比，在这种情况下，意味着要有当代沉积物中的钛测量以及相应沉积盆地的降水数据。通过这种方法，可以得到所谓的传递函数，通常是线性回归，使我们能够将钛值转换为降水量值。在前面的例子中，这种校准可以推断6000年前的降水量为1200毫米/年，而3000年前的降水量仅为500毫米/年。

一个典型的生物替代指标是对气候条件特别敏感的生物微体化石的存在和/或丰富性。例如，在湖泊中经历幼虫发育的几种所谓的不叮咬苍蝇或摇蚊是狭温生物，这意味着它们只能耐受非常窄的环境温度范围。与之相反的是广温生物，它们可以在更宽的温度范围内生存和发育。第一组代表了一个很好的古气候指标，而第二组则恰恰相反。当它们死后，这些昆虫最终进入沉积物中，它们的一些部分特别是头囊和下颚被保存了数千年。基于这些特征，我们可以在物种水平上对这些生物进行鉴定，使我们能够确定它们是否是狭温种，如果是，它们更喜欢哪个温度范围。温暖和凉爽气候物种的比例，如果通过现代的类似物进行适当的校准，将为我们提供定量的古温度重建。这些类型的替代指标也被称为古温度计。另一类生物替代物是生物标志物，由于分子分析技术的发展，生物标志物在古气候中的应用迅速增长。常见的古气候生物标志物是由特定细菌和浮游植物类群产生的烷酮或甘油二烷基甘油四醚，可以用作古温度计。植物叶蜡的氢同位素组成也常用于推断古降水量。

三、氧同位素比值

选定元素（通常为碳、氮和氧）的稳定同位素组成广泛用于古环境重建。在这里，我们将更深入地讨论氧同位素组成的情况，这是最典型的古气候指标之一，以帮助我们理解通常在文献中看到的许多图表以及它们所要传达的古气候趋势。氧的稳定同位素通常在档案物中测量，如极地冰或海洋沉积物，但也可以在珊瑚生长环或石灰岩洞穴钟乳石中记录。众所周知，水分子由两个氢原子和一个氧原子组成。然而，这些元素和其他许多元素一样，有不止一种类型的原子，被称为同位素。同位素之间的区别是基于它们在原子核中所含中子的数量以及它们原子量的不同。有些同位素具有放射性，几秒钟内就会分解，而另一些则是稳定的，保持不变。在氧的情况下，稳定同位素是 ^{16}O（8个质子和8个中子）、^{17}O（8个质子和9个中子）和 ^{18}O（8个质子和10个中子）。第一种是主要的，因为它含有99.76%的水分子。其次是 ^{18}O（0.20%），最后是 ^{17}O（0.04%）。我们最感兴趣的氧同位素是最轻和最重的氧同位素（分别为 ^{16}O 和 ^{18}O），更准确地说，是 $^{18}O : ^{16}O$ 同位素比值，它定义了称为 $\delta^{18}O$ 的参数：

$$\delta^{18}O = \left[\frac{^{18}O : {}^{16}O_{sample}}{^{18}O : {}^{16}O_{reference}} - 1\right] \times 1000‰$$

参考同位素比率是标准平均海水的同位素比率（SMOW），SMOW 是在 200~500 米深处发现的混合良好的海水。海洋沉积物和极地冰盖中 $\delta^{18}O$ 的变化使我们能够重建过去的气候。但这一切背后的机制是什么？

对于 SMOW，$\delta^{18}O = 0‰$。这个变量的正值表示水中 ^{18}O 的富集，负值表示水中 ^{16}O 的富集。理解水中氧同位素动力学的关键过程，即同位素分馏过程是蒸发和冷凝。当海水蒸发时，含有较轻氧同位素（^{16}O）的分子更容易蒸发，因此大气水的 $\delta^{18}O$ 值为负值。当水向两极流动时，它冷却并凝结形成降水。当最重的同位素（^{18}O）在其他同位素之前凝结时，大气中的水变得越来越缺乏这种同位素。这意味着大气水的 $\delta^{18}O$ 值在到达两极的过程中其负值的绝对值在变大（图2-2）。因此，落在两极的降水高度富集 ^{16}O，因此极地冰可以被视为富含该同位素的水的储集层，而海洋水则富集 ^{18}O。因此，基于氧同位素分馏的古气候估算，依赖于我们正在处理的古气候档案、极地冰或海洋沉积物。

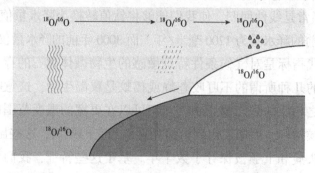

图2-2 水循环中水中氧同位素分馏的示意图

　　在极地冰中，$\delta^{18}O$ 值随极地积冰量的增加而减小，也就是说，^{16}O 的数量在不断增加而 $\delta^{18}O$ 减小。因此，在冰期，当极地冰盖向赤道扩张时，记录的负值最大。相比之下，在间冰期，当气候变暖，两极冰层减少时，这个值会更高，尽管仍然是负值，因为冰冻的极地水在继续富集 ^{16}O。在这些极地档案中，氧同位素的组成是直接在冰中的气泡中测得的。不过，如果将海洋沉积物用作古气候档案，情况就不同了。在这种情况下，在冰川作用期间，由于极地冰的 ^{16}O 比例增加，海水富含 ^{18}O 同位素。这也意味着海水的 $\delta^{18}O$ 值是正的，并且随着极地冰盖的增加而变得越来越大。在间冰期，海水的 $\delta^{18}O$ 值下降，但由于海水仍富含 ^{18}O，因此继续为正值。在海洋沉积物中，测量了海洋生物（典型有孔虫）化石壳的碳酸钙中的氧同位素。这些贝壳的同位素组成与同时代海水的同位素组成相同，因为这些生物利用它们生活的水的氧来建造外骨骼。总之，$\delta^{18}O$ 是用来确定历史上任何给定时间地球表面积冰量的代用指标。

　　校准，即将 $\delta^{18}O$ 值转换为古温度，通常使用现代类比训练集进行。然而，只有在一定条件下，这两个参数之间才存在明确而直接的关系。在年平均温度低于 15 摄氏度的地区，可以使用简单的传递函数估计古温度（图 2-3）。因此 $\delta^{18}O$ 可直接作为古温度计。在其他地区，特别是热带地区，$\delta^{18}O$ 不仅是温度的函数，而且是降水量的函数。因此，可能需要进行局地或区域校准，以揭示温度或降水对 $\delta^{18}O$ 值的影响。

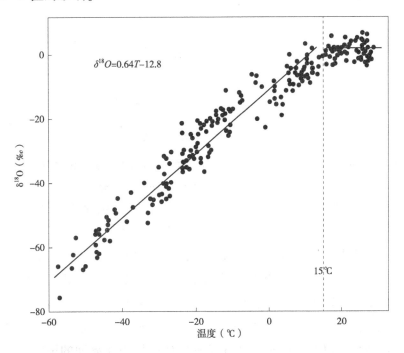

图 2-3　地球不同地点雨水 $\delta^{18}O$ 与年平均气温的现代关系

注：当温度低于 15 摄氏度时，这种关系是线性的，借助左上角所示的传递函数（T 为温度），可以从 $\delta^{18}O$ 计算温度。在 15 摄氏度以上，由于同位素组成也受到其他因素（例如降水）的影响，这种关系变得非线性。

四、冰期-间冰期旋回

　　前面描述的古气候方法使得以不同分辨率重建历史期间盛行的气候变化成为可能：从一般的冰川周期到上千年的气候变化。下面，我们将从各个层面简要总结现有的资料：①完整的第四纪时期，分辨率为数百万年；②最后 4 次冰期，分辨率为几十万年；③最后一次冰期，分辨率为几万年；④随后的冰川的消失，分辨率为几千年；⑤过去的 2000 年，分辨率为世纪。这将使我们了解地球系统在过去 260 万年中所经历的气候变化的连续性和复杂性。它也将作为一个导言，用于后续分析这种气候变化对生物圈的总体影响，特别是对不同的有机体和生态系统的影响。

不到半个世纪前，冰川学家确信在第四纪有 4 次冰期，在欧洲，更确切地说是在阿尔卑斯山，它们被称为（按时间顺序）根茨、明德尔、里斯和维尔姆。在北美洲，它们的等价物分别是内布拉斯加州、堪萨斯州、伊利诺伊州和威斯康星州。这一观点是基于冰川侵蚀和沉积引起的地貌变化的地貌研究。然而，20 世纪 60 年代以后，随着对深海海底钻探获得的海洋沉积物的研究，这种情况发生了根本性的变化，深海钻探使用的技术与油气勘探中使用的技术类似。利用有孔虫壳中的氧同位素和世界各地古气候事件的年代学关联等指标，有可能建立第四纪开始以来发生的全球冰川-间冰期旋回序列。100 多个被称为海洋同位素阶段（MISs）的气候振荡被相关地确定。每个阶段都有一个识别号，用偶数表示冷间隔，用奇数表示热间隔（图 2-4）。超过 40 次的冰期被认为是真正的冰期，这意味着更新世期间至少发生了 40 次冰期-间冰期循环。这些旋回的明显周期为 41000 年，直到距现在的 80 万年前，然后变为 10 万年前的周期。这种相对稳定的周期性是由于天文原因造成的。

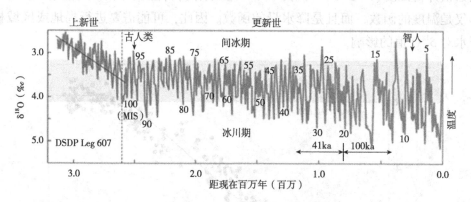

图 2-4　根据从亚速尔群岛附近大西洋海底采集的岩芯氧同位素组成（δ¹⁸O）的变化，估计的过去 300 万年来大陆冰体积的变化

注：从 1 到 100 的数字表示海洋同位素阶段。超过灰色带的海洋同位素阶段的数值被认为是真正的冰期或间冰期。气候周期从 41000 年到 100000 年的过渡时刻，以及人类属和智人种出现的大致日期。

在一个小的观测尺度上，地球自转和绕太阳公转的周期相对恒定，但如果我们把观测尺度增加到数百万年，就会发现这些运动有变化，而且通常具有周期性。这被称为轨道周期，也被称为米兰科维奇周期，以纪念塞尔维亚天文学家米卢廷·米兰科维奇（Milutin Milankovitè），他在 20 世纪 20 年代对这些周期进行了描述。米兰科维奇开发了数学模型，以根据旋转和轨道参数估计到达地球的太阳能的长期变化，以及它们对全球气候事件如冰川和间冰期的影响。起初，这一理论缺乏实证支持，受到批评，但进一步的深海钻探提供了所需的古气候证据，证实了其有效性。偏心周期最长，周期为 10 万年。这意味着地球绕太阳运行的椭圆，每 10 万年从一个更细长的圈变为一个更圆的圈（图 2-5）。如果我们考虑到这种变化对地-日距离有影响，而地-日距离又直接影响到达地球表面的太阳能强度，从而控制每 10 万年太阳能的最大值和最小值，那么很容易理解这与我们的气候有关系。其余的周期与地球自转有关。最长的周期为 41000 年，属于地球自转轴的轴向倾斜（也称为倾角）。地球的倾角目前为 23.5 度，但这个值每 41000 年在 22.2 度到 24.5 度之间振荡。这种振荡影响入射太阳能的数量和分布，从而影响气候。最后，地球的运动类似于旋转的陀螺，但速度要慢得多，因为它需要 23000 年才能完成一次旋转。这种现象被称为岁差，它也会周期性地影响地球接收到的太阳能。如果将这些时期与冰期-间冰期周期的节奏联系起来，我们会发现，从更新世冰期开始到 80 万年前，地球的倾角周期是气候周期(旋回、循环)的主要原因。然而，从那时起，在过去的八次冰期中，偏心率周期(10 万年)一直处于控制之中。

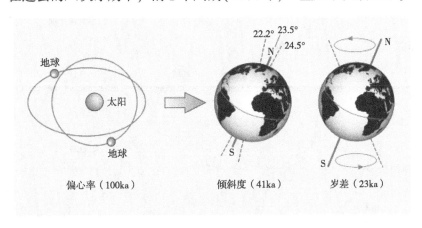

图 2-5　米兰科维奇循环的主要组成部分及其各自的千年周期

注：箭头显示了不同倾角和岁差值时太阳能的入射角。

五、最后四次冰期

在百万年分辨率下，冰期和间冰期之间的交替似乎是均匀和对称的，但这根本不是事实，正如我们在提高分辨率时发现的那样(图 2-6)。首先，冰期比间冰期要长得多。最后 80 万年的冰川周期每 10 万年发生一次，我们发现，在这 10 万年中，大约 8 万年对应于冰期，平均只有 2 万年对应于间冰期(图 2-6)。换句话说，冰期代表了更为常见的状态，而间冰期则是温暖气候的短暂阶段，中断了冰期这种常见的状态。此外，如果分析气候变暖和变冷的趋势，会发现它们显然是不对称的。事实上，冰川冷却阶段有一个漫长而渐进的趋势，被轻微的变暖事件打断。相比之下，间冰期的温度上升，也被称为冰期终止(T)，是突然的，只有一个峰值，之后温度又迅速开始下降。间冰期似乎是一种异常情况，需要快速恢复，以继续更"自然"的冰川环境。这个观点导致了关于我们人类物种的两个非常有趣的结果。第一，考虑到智人的进化起源可追溯到大约 20 万年前，我们人类基本上是一个冰川物种。因此，似乎在我们的天性中，冬季的寒冷比夏季的炎热更适合我们，这在某些地理区域可能不是一个受欢迎的想法。第二，目前的间冰期气候可能被视为一种异常，应该很快就会结束，这样我们就可以回到冰期正常状态。根据米兰科维奇的计算，下一次冰期应该在一千到几千年后开始。然而，一些学者认为，人类对气候的影响如此重大，由于全球持续变暖，目前的间冰期可能会无限期地持续下去。

引发冰川循环的全球变化影响了整个地球系统，而不仅仅是气候。例如，在间冰期，海平面在类似于今天的数值之间波动，而在冰期，海平面至少比现在低 100 米(图 2-7)。我们再次认识到，冰期环境，也就是说较低的海平面与较高海平面峰值的短间冰期事件相比，一直占着主导地位。冰期海平面下降的主要原因是由于大陆冰川的不断增长，导致全球水循环中的水分亏缺，进一步导致海水体积减少。冰期海平面下降不仅对海洋动力学产生了深远的影响，而且对大陆也产生了深远的影响，因为大陆架完全暴露了。与我们所说的温度相似，在更新世变化范围内，目前的海平面相对较高，大陆架完全被水淹没(图 2-7)。在过去的冰期中，这些大陆架是暴露出来的，这大大改变了大陆的结构和大陆相互连接以及与周围岛屿连接的方式。这一现象在生物地理、生态、进化关系和人类迁徙中都是基本的要素。

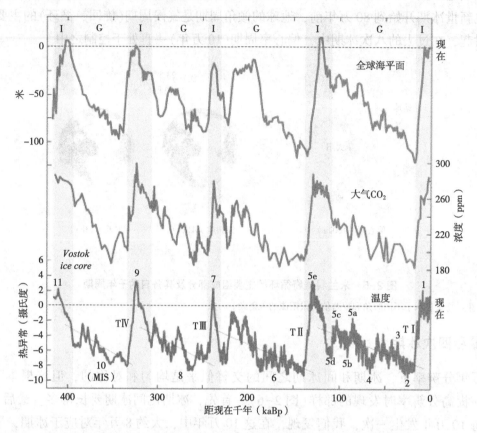

图 2-6 过去 4 次冰期中温度、大气二氧化碳和全球海平面的变化

注：温度和全球海平面值以与当前值（异常）的差值绘制，而二氧化碳浓度以百万分之几（毫克/分米）表示。温度和二氧化碳浓度值是从南极沃斯托克（Vostok）研究站钻取的冰芯获得的。全球海平面值是从世界不同地区的海底岩芯中获得的。温度曲线上的数字表示海洋同位素阶段，首字母缩写 TIV 到 TI 是结束（T），标志着每一次冰期的结束和每一次间冰期的开始。G 为冰期（白色），I 为间冰期（灰色）

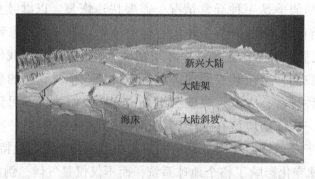

图 2-7 洛杉矶（加利福尼亚州，美国）海岸外大陆边缘的地形和水深测量，作为大陆架（绿色）的一个例子

　　生物地球化学循环作为全球功能单元的生物圈的基础，也受到了影响。大气成分是一个很好的指标，我们甚至可以说是生物圈新陈代谢的诊断指标，就像我们的血液成分是我们新陈代谢的诊断指标一样。由于血液循环通过我们所有的器官和组织，是它们之间化学交换的主要媒介，它包含了一系列描述我们总体健康状况的成分和代谢物。它类似于化学概要。这就是为什么当医生遇到新病人时，验血几乎总是第一件事。如果胆固醇值高，主要关注的是心脏；高尿酸指向肾脏；转氨酶水平说明肝脏。大气中也有类似的现象。地球系统的不同组分中主要的气源和汇的重组，以及气体的排放或捕获过程都发生了成分变化。参与调节大气气体成分的过程的一些例子包括植被和水生生物群的初级生产（作为生物圈的一部分）、岩石风化和火山活动（作为岩石圈的一部分）、沼泽和海洋中的气体排放和吸收（作为水圈的一部分），以及大气本身的氧化能力。

与氧同位素类似，过去的大气成分也可以通过在特定时间形成的极地冰中的空气微泡来测量。这类重建最常见的指标是二氧化碳和甲烷，两者都是温室气体。图 2-6 显示了二氧化碳如何经历几乎与同一时间的温度变化平行的变化；甲烷的情况类似。这表明这些气体的数量不仅与轨道周期有关，而且与温度振荡有关。今天被最广泛接受的理论是，天文（米兰科维奇）旋回设定了更新世气候旋回的节奏，但不能单独激发足够的太阳能量变化来触发冰期。它们需要信号放大机制，例如温室气体数量的变化，或大气和洋流的变化，这些机制负责地球接收到的太阳能的分布。这种放大效应被称为一种非线性响应，由此产生的气候变化（即冰期-间冰期循环）与调节机制（即天文周期）的强度不像线性响应一样，是不成比例的，而是被其他过程的作用强化了（即大气和海洋变化）。产生非线性响应的另一个非常重要的因素是反照率，即地球反射的太阳能。当冰川生长时，反照率增加，减少了可用于加热地球的能量。这增强了冰的积累量，并产生了一种正反馈，从而放大了仅由于天文原因导致的日照减少所预期的冰川扩张。

六、末次冰期

进一步检查图 2-6，我们注意到，虽然间冰期是独特的、明确的事件，但冰川作用不是均匀的，而且受到波动的影响。让我们以最后一次冰期事件为例，更详细地分析冰期事件的特征。除了海洋同位素阶段之外，每隔几千年也会有一些小的振荡，这些振荡也被列举出来（图 2-8）。这些微小的振荡要么是较冷的气候事件（stadials 亚冰阶段），要么是较暖的气候事件（interadiols 间冰期）。我们区分了第一组中所谓的海因里希事件，这是为了纪念发现它们的德国地质学家啥特穆特·海因里希（Hartmut Heinrich）而命名的。在海因里希事件期间，大量冰山从覆盖北美大部分地区的冰块上脱落，并穿越大西洋。间冰阶段也被称为丹斯加德-奥施格（Dansgaard-Oeschger，D-O）事件，以表彰两位古气候学家，来自丹麦的 Willi Dansgaard 和来自瑞士的 Hans Oeschger，他们是研究极地冰作为古气候档案的先驱。根据一些作者的说法，D-O 事件发生的周期约为 1500 年或该数量的倍数，但有人不同意，并认为这些周期的再发生是随机的。在古气候学中，与主要气候变化的持续时间和量级（如冰川作用）相比，这类事件被认为是突发事件。

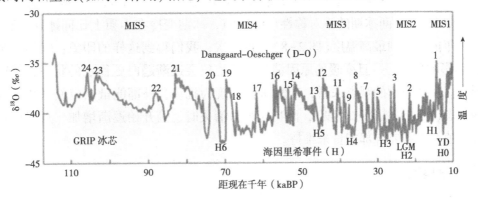

图 2-8　格陵兰（GRIP）冰芯中记录的 11 万年至 2 万年前最后一次冰期期间大陆冰体积的变化

注：从 1 到 24 的数字表示 D-O 事件。从 H0 到 H6 的首字母缩略词表示海因里希（H）事件。D-O 为 Dansgaard-Oeschger；LGM 为末次冰盛期；YD 为新仙女木事件

这些突发事件背后最普遍接受的原因，是与所谓的热盐环流或海洋输送带的变化有关，它将热能从热带地区输送并重新分配到两极。这个循环大约需要1000年才能完成一个循环（图2-9）。顾名思义，热盐环流影响海水密度是由温度差异和盐度差异共同驱动的，其影响方式是：密度随温度的升高而减小，随盐度的升高而增大。从本质上说，风产生了一股暖洋流，即众所周知的墨西哥湾流，它在从热带大西洋到北极的过程中逐渐冷却。由于蒸发导致的温度降低和盐度升高，增加了水团的密度，当它到达北欧时，水团最终向下下沉。这样就形成了一股冷流，它在各种海洋盆地的底部循环，并由于密度下降而再次在印度洋和太平洋表面循环。在那里，它再次成为一股温暖的表层洋流，并返回大西洋。热盐环流表层流的热损失对大陆的气候有决定性的影响。例如，如果没有墨西哥湾流和其提供的热量，欧洲的北部和东北部地区几乎将无法居住，例如，许多与北欧同纬度的北美地区，由于没有受益于墨西哥湾流的加热效应而极端寒冷（甚至无人居住），就表明了这一点。

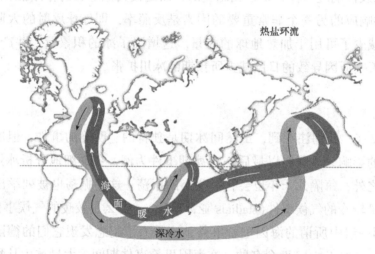

图2-9　热盐环流的一般模式

注：黑色箭头显示了最后一次冰期期间，从北美冰原（劳伦蒂德冰原）到大西洋的冰山运输路径。

尽管在这个问题上存在一定的争议，但人们普遍认为，海因里希事件是极端例子，和寒冷事件或冰期的大量冰山从北美冰川逃逸到大西洋有关（原因尚不清楚）（图2-9）。这些冰山的融化提供了大量的淡水：足以降低水的密度。这阻碍了表面洋流的下沉，减缓热盐环流，并因此阻碍赤道热量向两极的分布。一旦冰川运输结束，热盐环流就会恢复到正常状态，从而导致D-O事件的气候变暖。类似于冰期-间冰期的不对称性（图2-6），冰期变冷在本质上比间冰期变暖更为缓慢，后者仅在几十年内就达到最高温度（图2-8）。再一次，我们得到这样的印象：气候系统在变暖事件中"遭受"的影响更大，一旦变暖的原因消失，系统就会逐渐趋向更稳定的状态，等待下一个变暖事件的到来。从热力学的观点来看，变暖事件表现为扰动，外部能量供应使系统进入更有序但是更紧张的状态（间冰期或间冰时段），而当这种力消失时，熵开始逐渐增加，直到达到热力学上更稳定的最大值，不需要外部能量来维持。

七、末次冰盛期

我们将以末次冰期为例，更好地了解地球在冰期时的环境。我们将选择一个最冷和最著名的亚冰期阶段，称为（末次冰期）LGM。LGM对应于海洋同位素阶段中的海因里希事件（H2）（图2-8）。这一阶段发生在26000至21000年前，具体取决于所考虑的地区。它的特点是极地冰盖有最大的延伸和全球海平面下降约 120 米。在北半球，冰川覆盖了欧洲和北美洲的大部分地区。在欧洲，厚达几千米的巨大冰盖，被称为欧亚冰盖，覆盖了斯堪的纳维亚半岛和大部分不列颠群岛，到达今天的德国和波兰。在北美洲，被称为劳伦蒂德冰原的冰盖完全覆盖了加拿大直到与美国的边界地区，并与覆盖格陵兰岛的冰盖相连。在全世界最重要的山脉中，高山冰川覆盖了最高的区域，并比现在的位置低 1000 米或更多。在南半球，由于南极附近没有明显的大陆块，冰川仅限于南极洲，但比今天的冰川厚得多。山区的情况与北半球相似。

如前所述，海平面下降导致大陆架裸露，造成了重要的古地理变化。例如，几个离大陆足够近的岛屿与大陆相连了。印度尼西亚就是这样的情况：印度尼西亚群岛彼此相连，并与亚洲相连，形成了一个新的陆地，称为巽他古陆（Sundaland），它为生物交流提供了新的途径，并影响了几个谱系的地理分布和进化。在其他情况下，海平面的下降建立了欧亚大陆和美洲等大型大陆块的结合。这两个大陆通过白令海峡连接起来，形成了一块被称为白令海峡的陆地，这是一条基本的人类迁徙路线，使美洲的人类定居成为可能。类似的事情也发生在北欧，那里有一块新的土地多格兰德，连接着不列颠群岛和斯堪的纳维亚半岛，在人类进化中起着决定性的作用。

即使是在末次盛冰期（LGM）期间没有被冰覆盖的地区，也无法逃脱气候变化的影响。一般来说，地球的气候带和大型生物群落向赤道移动，气温普遍下降之后，降水量普遍减少，导致水文循环缺水，降水格局重新分布，最终导致沙漠普遍扩大。在热带地区，山脉遭受了与较高纬度地区相同的命运：冰川扩张和下降。在热带低地，气温下降，尽管没有达到允许积冰的程度。另一方面，干旱强度大到足以引起低纬度地区生物群落分布的显著变化。冰川环境对地球每个角落的生活条件都有着深远的影响，而不仅仅是在冰川及其周围地区。

八、晚冰期和全新世

LGM 之后是导致目前状态的融化阶段，如前所述，这是一个间冰期阶段。然而，这个融化过程并不是单调或连续的，它也表现出变化。首先，全球各地的融化不是同时开始的。例如，在北半球，冰消作用（终止 I）大约开始于 20000 至 19000 年前，而在南极洲，开始于 15000 至 14000 年前。在地球上的不同地点，冰川的退缩开始于不同的时期，但几乎总是在同一范围内（即 20000 至 19000 年前和 15000 至 14000 年前）。无论如何，晚冰期的第一个重要暖化脉冲（间冰期）发生在 14 000 年前。然而，这并不是决定性的间冰期，因为在一些波动之后，一个非常冷的气候又回来了（尽管没有 LGM气候那么冷）。这一冷事件被称为新仙女木（YD）间冰期，发生在大约 13000 至 11700 年前（图 2-10）。在新仙女木事件之后，最终的融化开始宣布更新世的结束，全新世开始于 11700 年前。最高温度是在所谓的全新世最高温度（Holocene Thermal Maximum，HTM）期间达到的，在 9000 至 6000 年前之间，之后温度略有下降，我们就看到了目前的情况。HTM 也不是均匀的，因为大约 8200 年前有一个短暂冷却事件。与温度相比，海平面值更为均匀，在 HTM 最终稳定在当前水平之前，海平面值一直呈上升趋势（图 2-10）。一些作者提出了与全新世 D-O 冰川旋回发生时间相似但强度较低的事件，这些事件被称为邦德（Bond）旋回，以美国古气候学家杰拉德·邦德（Gerard Bond）的名字命名。这些周期可能是由太阳周期或海洋环流变化的影响引起的。然而，无论是全新世 Bond 旋回的发生还是假定的周期性，都受到了质疑。

从 LGM 到 HTM 发生的冰川的消失过程对地球上的生命分布和人类文化的地理表达都具有根本的重要性。这一点在完全被冰川覆盖的地区非常明显，那里的冰川侵蚀到达了基岩，消除了所

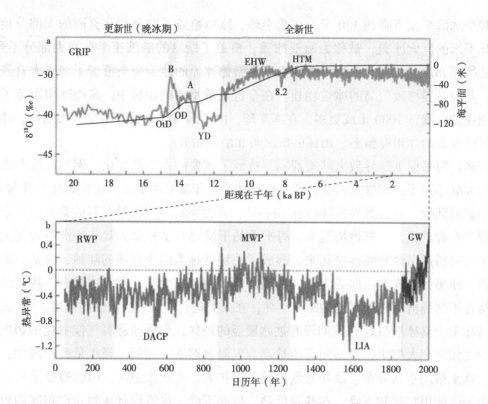

图 2-10　a. 从 LGM 到现在，大陆冰量(浅灰，左标度)和海平面(深灰，右标度)的变化；
b. 根据树木年轮数据，过去 2000 年的温度波动

注：a 图中，氧同位素曲线(δ^{18}O)基于图 2-8 所示的相同冰芯，但分辨率较高。间冰阶段和其他变暖阶段用灰色带突出显示。
b 图中曲线的黑色部分覆盖了 20 世纪，是基于仪器测量的温度。灰色区域是更暖阶段。DACP 为寒冷期；EHW 为全新世早期变暖；GW 为全球变暖；HTM 为全新世热最大值；LGM 为末次冰期最大值；LIA 为小冰期；MWP 为中世纪暖期；OD 为老仙女木事件；OtD 为最老仙女木事件；RWP 为罗马暖期；YD 为新仙女木事件

有的生命痕迹，除了所谓的冰原岛峰，是一些山脉的最高部分，没有冰雪覆盖。由于冰盖的消退，冰川影响的地区必须重新被占领；我们可以说，生命必须在这些区域从头开始。然而，周围地区的情况也没有太大的不同，那里虽然没有被冰川覆盖，但土壤和上部沉积物要么永久冻结，要么经历强烈的季节性冻融循环。这种土壤和上部沉积物被称为永久冻土。这些情况是中欧和美国大部分地区的特点。因此，在这些地区，现今的流域、土壤、生态系统和人类社会(包括城市、通信网络和管理的土地)，全都是新的，随着冰川的消退而形成。因此，可以肯定地说，从生物学和文化的角度来看，我们的现代世界和我们的文明都是真正新形成的冰期后特征。

九、最近的几千年

在历史时代到来时，我们可以利用书面文件来追踪重要事件，但至少在两个世纪前，我们还必须依靠古气候替代物来重建气候。对于最近的古气候重建，树木年轮提供了最合适的替代物，因为它们的厚度和其他物理化学性质，能够用现代类似物校准，因此是极好的温度和降水替代物。这种方法使我们能够确定过去两千年的不同气候阶段，其中必须提到中世纪暖期(MWP)，也称为中世纪气候异常期(Medieval Climate Anomaly，MCA)和小冰期(Little Ice Age，LIA)。这两个事件都对人类社会产生了深远的影响。另一个显著特征是过去几个世纪的全球变暖，可以通过用仪器方法来记录和研究。在考察了地球历史上的气候变化之后，例如我们在本节中论述的，现在可以

从持续时间和幅度两方面来正确地看待全球变暖。

引发 MWP 和 LIA 的原因仍在研究中，但似乎有两个过程对其负有主要责任：太阳活动和火山活动。除了早期讨论的轨道变化是造成冰川作用的主要原因外，还有其他与太阳有关并影响气候的机制。其中一个是太阳磁活动周期，或者简称太阳周期，周期为 11 年。这个周期最明显的证据就是所谓的太阳黑子，它们是被明亮边缘包围的黑暗区域。太阳黑子的数量因太阳活动的不同而不同：在活动更强烈的阶段观察到更多的黑子。太阳黑子的观测和记录已有一千多年的历史，由于伽利略和他那个时代的科学家们的工作，自 17 世纪初以来，就编撰出来了太阳黑了的系统记录。蒙德最小值就是这样被发现的，蒙德最小值是太阳黑子数量中的最小值，以英国天文学家安妮和爱德华·蒙德命名。这个太阳黑子最小值也表明了 1645 年到 1715 年之间太阳活动的最小值，这与 LIA 的冷期吻合。另一方面，大气 ^{14}C 浓度的变化（用作太阳活动的代用指标）揭示了该参数的最大值，即所谓的中世纪太阳最大值，它与 MWP 同时出现。

火山喷发向大气中释放大量的火山灰和硫酸，这些火山灰和硫酸迅速散开，并减弱入射的太阳能，从而导致受影响地区的温度下降。一次火山喷发可能会在短时间内（通常是几年）对区域气候造成不同程度的影响，但持续的密集火山活动可能会影响全球气候，导致数十年或数百年的低温。13 世纪至 19 世纪初，普遍火山活动加剧，这可能与 LIA 有关。相比之下，MWP 与火山活动显著降低的时间间隔一致。与其他气候事件和趋势一样，在过去几千年的气候变化中，可能有不止一个因素起了作用，太阳周期和火山活动的变化都可能是原因。另一个促成因素，即热盐环流的暂时变化，也被一些人认为放大了太阳和火山的影响。

十、年际湿度变化

此前，温度一直是我们讨论的重点，因为它是一个气候参数，其变化是全球性的。几乎所有我们讨论过的变化，除了少数例外，都发生在整个地球上，虽然强度不同。另一个表现出强烈变化的气候参数是水平衡（也称为水文平衡或水分平衡）或降水-蒸发（P/E）比。这一参数使我们能够将气候分为各种类型，从 P/E 比最大的超湿润气候到降水量最小、潜在蒸发量最大的超干旱气候（蒸发只有在有足够的水可用时才可能发生）。极端气候可以在喜马拉雅山的一些地区发现，平均每年降水量为12000 毫米；智利的阿塔卡马沙漠，平均每年降水量为 10～40 毫米，但在那里，几十年甚至几百年没有一滴雨水是完全可能的。因此，水平衡是一种区域性现象，取决于研究地区的特定气候机制。如前所述，水循环中的总水量在冰川期比间冰期要低，这与水在地球上的分布是完全不同的问题。后者取决于大气和海洋环流模式，这些模式在区域上可能非常不均匀。然而，这并没有降低这种参数对地球上生命的基础重要性。

古气候档案提供的证据表明，过去许多区域气候系统影响了全球气候。其中，最普遍接受的是所谓的厄尔尼诺-南方涛动（El Niño-Southern Oscillation，ENSO），它控制着赤道太平洋的降雨状况。这是一种年际周期性现象，在"厄尔尼诺"和"拉尼娜"两个极端之间振荡，频率为 2 至 7 年（平均 4 年）。在正常情况下，赤道地区的信风从东向西吹来，形成一股表面海流，提供足够的湿度，以维持印度尼西亚以及邻近地区（澳大利亚、新几内亚和东南亚）上空对流区（以低压和形成饱和水汽的积云为特征）的高降水量。与此同时，南美洲向东的沿海地区气候干燥得多。当海面温度（SST）上升和信风减速使赤道洋流的方向反转时，厄尔尼诺状态就会演变，这样对流区域（降水量最大的区域）就会转移到中太平洋-东太平洋，而西区则会变得更加干燥。

在这种情况下，南美洲太平洋沿岸的气候更加温暖潮湿，暴雨频繁。在拉尼娜状态下，信风增强，海面温度低于平均值。这使得东西部的降水梯度高于平均水平以上，导致西部地区出现暴雨，南美洲地区出现严重干旱和气候变冷。尽管 ENSO 是一种区域现象，但它对包括非洲和北美洲在内的全球其他地区的气候有间接影响，它对欧洲西伯利亚地区的影响并不明显。因此，它的影响被认为是准全球的。ENSO 循环可以通过计算指数来表示。例如，海洋尼诺指数（Oceanic Niño Index，ONI）是以赤道太平洋中部地区的海水温度变化为基础的。高于平均值表示厄尔尼诺现象，负值表示拉尼娜现象。

ENSO 循环在整个第四纪一直在运行，尽管一些人认为前更新世温暖的气候确保了永久性的厄尔尼诺现象，但证据表明，与 ENSO 循环性相适应的气候变异性在始新世就已经存在。ENSO 循环可以在古气候档案中以间接的方式发现，其依据是温度和降水或 ONI 等指标存在 2~7 年的周期性。检测这些极短周期需要非常高分辨率的研究，在最佳情况下，要有每年或季节分辨率。这样的研究可以用古气候档案来进行，比如树木或珊瑚的年轮，或者一个非常特殊的档案，叫做纹泥（varves），是湖泊沉积物中的年积层。还有其他年际气候循环，如在冰岛和亚速尔群岛之间振荡的北大西洋涛动（North Atlantic Oscillation，NAO），控制着北大西洋从北美东海岸到欧洲（包括地中海）的降水分布。与结合了大气和洋流的 ENSO 不同，NAO 是一种纯大气现象，具有变化的、长达数年的周期性。类似的气候系统包括北极涛动、南极涛动和太平洋年代际涛动，所有这些都有特征周期，这使得在古气候记录中发现它们成为可能。

十一、不可预测的复杂性

本节论述了地球历史期间发生的大量和多样的气候变化，包括其空间和时间维度及其起源和控制机制，有助于我们把生命的历史放在适当的环境背景下，进而让我们更好地理解人类社会的生态、进化和文化剧变。然而，有一件事值得注意：上述气候变化都不是以孤立的方式发生的，它们的周期在时间上是重叠的。例如，冰期和间冰期振荡不仅发生在末次冰期，而且在所有冰期都出现。冰期的终止总是以波动为特征，即使不和晚冰期的趋势总是相同。近期几千年来的气候变化不是全新世独有的现象，而是发生在所有间冰期，尽管有不同的时空格局。甚至年际振荡在整个第四纪也发挥了它们的作用。换言之，我们需要考虑一个复杂的变化网络，其变化幅度和周期各不相同，有时相互耦合，有时相互独立，以便全面了解地球历史时期的气候变化。这些变化共同形成了一个不断调整和高度随机的环境情景，即几乎不可预测的环境情景。

从生命的角度来看，这种环境的复杂性似乎提供了一种持久的压力来源，需要适应环境，使生存成为一种真正的考验。事实上，第四纪通常被认为是灭绝阶段，而不是多样化阶段，特别是因为据称冰川作用的灾难性后果，有时被视为气候异常。这一观点在流行文化中早已确立，很可能是因为我们生活在一个被视为正常情况的间冰期。但是，我们可以采取不同的观点。首先，我们已经看到，冰川期约占第四纪持续时间的 80%，而我们生活的间冰期（如全新世）则表现为持续时间较短的温暖期，在这个几乎永久冰封的世界里，这可以被视为真正的反常现象。此外，我们生活的世界，从最简单的有机体到最复杂的生态系统，都是一系列生态和进化过程的结果，这些过程过去和现在都受到不断变化的环境的制约。其他类型的变异会产生不同类型的生物圈。如果我们能回到过去，在不同的条件下重演地球的演化，结果会完全不同，我们人类这个物种可能永远不会存在。因此，地球上生命的目前状况可以被视为在特定情况下最符合逻辑的结果，而不是同短暂的气候条件进行持续斗争的结果。总之，我们现在所生活的生物圈是地球历史上比较有利于生命生存的时期。

第二节　人类对地球的占领

　　气候变化是地球上生物地理、生态和进化的决定性驱动力，但人类的影响也发挥了关键作用，特别是在全新世。在许多情况下，人类对地球系统的影响对于生物圈的动态来说，已经变得与气候或其他环境因素同等重要或更为重要。例如，在过去几个世纪里，我们人类物种甚至能够显著改变气候趋势和全球生物地球化学循环。因此，人类已经成为一种新的大地力量，可能对生物圈的未来进化起决定性作用。在这里，我们用"人类活动"一词专门指由人类产生的一切影响及其后果。在这种情况下，"自然"和"人类活动之前"这两个词在处理生态系统、景观和生物群落时可被视为同义词。这些生物实体的人类修改版本也被称为"文化"（例如，文化景观）。不管哲学上的争论如何，这两个概念（即自然的和人为的）之间都有着明显的区别，然而，在自然世界和人类活动的世界之间划出一个按时间顺序划分的界限并不是那么容易。这个问题是当今的热门话题之一，它是许多人认为的地球地质历史新纪元"人类世"定义的基础。

　　人类除了作为一个重要的生态因素，还对其他生物产生了重大的进化和生物地理影响。这方面的一些关键过程是：①植物和动物的驯化，通过驯化修改了许多物种的基因库，创造了许多新品种；②在世界各地主动或被动地扩散动植物，很大程度上使生物群同质化，消除了生殖障碍；③导致物种灭绝，减少了生物多样性。此外，基因工程的最新进展将以目前难以想象的方式对其他物种以及我们人类自己产生更强大的影响。根据目前的趋势，似乎很明显，人类将继续消灭物种，这是人类活动的直接或间接结果，许多人认为这是第六次大灭绝。与此同时，环境变化也影响到人类进化、时间和空间迁移模式，从而影响到整个地球的人类定居，以及从事（或不从事）某些活动的可能性。这些影响决定了自然和人为因素之间的协同作用，并产生了重要的生态、生物地理和进化后果。

　　人类在历史长河中与生物圈的关系及其相互影响是个复杂问题。为了把分析放在一个恰当的背景下，这里的人类包括了在智人之前存在的人属物种，但是重点关注智人，因为智人是负责地球人类化的主要力量。我们首先简要介绍人类进化，之后，我们对智人给予了充分的关注，从对地球的全面殖民开始，研究这个物种在各个层面（本地、区域和全球）和所有时间尺度上的生态关系，但特别强调了全新世，在这个时代，人类的影响改变了地球。在这方面，最重要的过程是所谓的新石器时代革命，从游牧社会向定居社会的转变以及农业的发展。最后，我们讨论了工业革命及其对生物圈和地球系统的影响。

一、人类进化

（一）原始人

　　"原始人类"这个词经常用来指我们人类物种（智人）和我们所有灭绝的祖先。原因是我们都属于称为人科（Hominidae）的同一个动物科。但是分子系统学的发展改变了人科动物的定义。虽然人类物种的分类仅仅是基于形态特征，但人科动物完全是由人类自己的谱系组成的，现代的人类是其中唯一活着的代表。然而，基因组研究改变了这一分类，现在人科也包括其他灵长类动物，如猩猩(Pongo)、大猩猩(gorilla)和黑猩猩(Pan)。这意味着人科动物比我们过去想象的更广泛。新的分类也产生了一个新的术语古人类(Hominini)，这与一些研究人员以前使用的人科动物相吻合。有些人认为人类和黑猩猩之间的基因差异很大，足以形成两个族(即人族和黑猩猩族)，而另外有些人认为我们没有那么大的不同，并将人类和黑猩猩都加入了人族。有两个版本的人族概念：严格的版本，相当于以前的人科，扩展版本，包括黑猩猩。无论是哪种情况，分子钟方法揭示出，人类的血统和黑猩猩之间的分歧发生在第四纪之前，700万至500万年前。因此，本书将重点放在第四纪的人类谱系上，重点是人属。

(二)人属

下面简要总结人属(Homo)的进化。有两种标准用于区分人属与其祖先和同时代的非人类：形态学和行为学标准。一方面，古生物学家在化石中寻找物理和遗传特征，在此基础上，考虑到传统的分类学标准，可以将人属与早期类人猿区分开来。此外，在有人类化石的遗址，考古学家寻找证据，指出行为和文化特征不同于以前的属和种，可以证明人类的状况。达尔文(1871)认为，相对于其他灵长类动物而言，人类的一个决定性的进化发展是抛弃了栖息在树上的天性(著名的从树上爬下来的行为)，发展两足行走，这带来了一个与其他灵长类动物的根本区别，改变了运动方式，腾出双手来使用工具。这也影响了智力的进化，导致了更大更发达的大脑，以及更好的沟通能力，进而导致清晰的语言的发展，这是人类进化进程的主要工具之一。从动物行为学的观点来看，达尔文认为人类进化早期最重要的行为特征，是以狩猎为主要生存手段。他还认为，这对分工有很大影响，是性别专业化的主要原因。制造专门的狩猎工具也是人类的一个显著特点，伴随着犬齿缩小，犬齿不再需要直接攻击猎物。

这些特征(两足动物，使用手，增加大脑体积，减少犬齿，清晰的交流，制造武器和工具)，加上对火的利用，组成了"独特的进化包"，使灵长类动物出现了一个新的、独特的血统。人类的形态学和行为学上的改变似乎是如此紧密地联系在一起，看起来像是一种因果关系，以至于它们似乎是同时出现的。然而，化石记录揭示，这一批进化优势在第四纪的大部分时间里，是以渐进的方式出现的。从生物学的角度来看，我们不应该认为人类进化是一个线性的过程，在这个过程中，一个物种接着一个物种的再生，也就是递进的进化转化，在任何给定的时间里，只有一个人类物种存在。这是一种被称为"单一物种假说"的古老观点，根据该观点，3个人属物种(能人、直立人和智人 Homo habilis，H. erectus 和 H. sapiens)生活在第四纪，它们在同一时期相继出现，并没有同时出现。但古生物学证据表明，人属有3个以上的物种，其中有几个人属物种在进化史上的特定时期共存过。

综上所述，人属的出现也有争议。一些人认为它发生在上新世-更新世界线附近，而另一些人认为该属在200万年前的早更新世才出现。在这两种理论之间，分类学上有一个区别，确切地说，就是最古老的物种——鲁道夫人(H. rudolfensis)和能人(它们已经能够制造和使用工具)是属于人属，还是属于古人类进化树中人类的前身南方古猿属。根据第二种观点，我们应该讨论能人和鲁道夫人。这些物种起源于240万年至210万年前的非洲裂谷区域，我们已经知道该区域是最壮观的第四纪物种形成事件之一的发源地。如果能人和鲁道夫人属于人属，就像他们化石的形态特征所揭示的那样，这是人属出现的时间。相反，如果它们属于南方古猿属，根据分子系统发育标准，人类属的起源时间与匠人(H. ergaster)和直立人的出现时间一致，大约是200万年前，同样出现在东非。

支持后一种理论的论点是，匠人和直立人是首个真正生活在地面上直立行走的物种，而较老的物种仍然生活在树上。这种对地面生活的适应可能与东非大草原的扩张有关，由于气候干燥，大草原开始于上新世-更新世边界（300万-250万年前）期间，这有利于建植草本植被，而不是赤道的典型雨林。在这种开阔的植被类型中，直立姿势是最合适的选择，具有远距离快速发现猎物和敌人的优势。就这样，曾经"决定"从树上下来的原始人开始在稀树草原生态系统中定居。这个生态系统是相对较新形成的，原始人类必须进化以适应新的环境。根据这个假说（被称为稀树大草原假说），人类的起源是气候变化及其生态后果的结果，也就是说，是一个不可预测的偶然事件。此外，匠人是第一个跨过脑容量800立方厘米极限的人，有学者认为这是将人类与南方古猿分开的一个临界脑容量。

匠人（字面意思是"有技能的人"）是第一个明显地生活在地面上的人，与早期物种有着相同的地理起源，但它也是第一个离开非洲去寻找新世界的人。根据化石证据，人类的第一次扩张相对较快。根据目前的观点，匠人从190万年前开始扩张，仅用了1万至2万年就到达了北非、中东、中国和印度尼西亚。然而，最近在北非、中国和中东发现的年龄在250万至210万年前的古人类化石，似乎要求重新考虑这一假设。起初，在亚洲发现的人类化石被认为是一个新直立人物种。现在，直立人和匠人这两个物种是相同的，还是直立人是匠人的后裔，还没有定论。事实是，在形态上它们非常相似。非洲血统的匠人在出现大约50万年后灭绝，而亚洲血统的直立人存在了150多万年，这意味着它经历了许多冰川-间冰期循环。离开东非意味着离开热带气候和生态系统，因此这些旅行者必须适应新的环境条件和使用新的、不同的资源。如此长时间的存在（智人物种的生存时间几乎是直立人的1/10）而没有显著的形态变化，是进化停滞的一个很好的例子，正如间断平衡假说所定义的。这也是高表型适应性（无疑是智力增强了）和进化成功的证据。有证据表明，大约80万年前，直立人就已经能够控制用火了，比尼安德特人早得多，尼安德特人在古人类中，通常被认为是真正控制用火的大师。匠人和直立人也在130万年前到达了欧洲（即伊比利亚半岛），可能起源于北非种群，这标志着古人类首次占领该大陆。

根据迄今已知的化石，匠人向现代人类的进化似乎是通过分支发育和非发育过程的结合而发生的。第一步是匠人进化为先驱人（*H. antecessor*），最终发展成两个物种：海德堡人（*H. heidelbergensis*）[是尼安德特人（*H. neanderthalensis*）的祖先]和罗德西亚人（*H. rhodesiensis*）（是我们智人的祖先）。因此，先驱人可能是智人和尼安德特人的共同祖先。然而，这些进化步骤的地理背景仍未研究清楚，因为尼安德特人起源于欧洲，而我们智人是非洲物种。目前最广为接受的假说认为，先驱人出现在非洲，但它的一些人口迁移到了欧洲。这就产生了两个世系：非洲血统在智人时达到顶峰，欧洲血统在尼安德特人时期结束。这一假设意味着，在匠人之后，由先驱人完成了第二次非洲-欧洲的跨越。一些古人类学家认为，没有足够的证据证明先驱人和海德堡人是两个独立的物种。在他们看来，正是海德堡人分为两个世系，第二次到达欧洲，在那里它直接进化成尼安德特人。非洲人口因此产生了罗德西亚人，后来又产生了智人。在这种观点下，不是先驱人，而是海德堡人可能是智人和尼安德特人最后的共同祖先。

总之，人类从匠人的进化似乎是长距离（几乎全世界范围）适应性辐射的典型例子，而且考虑到极高的进化率，这是一个非常壮观的例子。我们还可以在这里找到前面提到的3种灭绝类型的例子：尼安德特人的物种灭绝，没有留下后代；先驱人（或海德堡人，根据替代理论）的分支遗传灭绝，被智人和尼安德特人的世系所取代；罗德西亚人的再生灭绝，转化为智人。气候变化，特别是极端湿润和干旱的交替阶段，可能通过物种渐进性和间断平衡等机制，推动了人类物种形成和扩散出非洲（脉冲气候变率假说）。在气候稳定的阶段，红皇后假说可能是主导的进化过程。

我们必须提到这个传说中的另一个相当奇特的物种弗洛瑞斯人（*H. floresiensis*），它的遗迹只在印度尼西亚的弗洛勒斯（Flores）岛上发现过。它是一种小型个体，身高略高于1米，体重20~30千克，大脑相当小（不到半升）的物种。该物种最古老的化石可追溯到10万年前，物种灭绝的日期约为1.2万年前。弗洛瑞斯人是一个独特的物种，或是直立人的一个变种，在第一次人类扩张期间在印度尼西亚定居，并适应了岛屿条件，这往往导致其他动物物种的矮小。最近还描述了其他人类物种或亚种，如纳勒迪人（*H. naledi*）或丹尼索瓦人，它们或多或少与智人和尼安德特人同时代，因此，它们之间可能存在基因交换。然而，这些新发现物种的研究仍在进行中，丹尼索瓦人至今没有发现确定其为人种的化石材料。

（三）尼安德特人

尼安德特人是典型的欧亚物种，其形态与智人相似。可能的最大的差异是脑容量，尼安德特人的脑容量（平均1500立方厘米，但最高值达1700立方厘米）大于智人的脑容量（平均1350立方厘米）。然而，这种差异似乎是由于尼安德特人的视觉系统更大，而不是他们大脑容量大。最早的尼安德特人出现在30万年至40万年前。因此，该物种至少经历了3次冰期（MIS 8、MIS 6和MIS 3-4）和两次间冰期（MIS 7和MIS 5），但大约从MIS 5b（8万年前）到MIS 3中期（4万年前）是其最繁荣期，然后走向灭绝。尼安德特人的原型对应于冰川后期（8万年至4万年前），这是一个典型的冰川期，在此期间冰盖到达了不列颠群岛南部。一些研究人员认为，寒冷的气候有利于尼安德特人的某些适应性特征，如强健的体格和拉长的脸庞，而另一些研究人员则认为，恶劣的环境条件造成了种群的孤立和分裂，促进了遗传漂变，从而导致非适应性进化。考虑到尼安德特人所经历的各种冰川-间冰期气候，我们不能不说尼安德特人是完全适应寒冷气候的典型冰川物种。尼安德特人解剖学进化至今仍有争议。从文化的角度来看，尼安德特人与同一时期的智人相当相似。甚至有人推测他们能够进行口头交流，因为他们拥有智人基因*FOXP*2的相同变体，这是人类语言正常发育所必需的。

尼安德特人用颜料、珠宝和羽毛等埋葬死者并装饰自己。尼安德特人的社会是由10~20人有着密切血缘关系的人组成的小群体。这些群体在许多方面高度合作，包括狩猎、食物分享、养育和医疗保健，这表明了相对高度的社会组织性，并与以前关于文化自卑的推测相矛盾。然而，这些群体的小规模导致了高度的近亲繁殖，这有利于有害基因组合的积累，对生命和繁殖产生负面影响。这些群体在地理上相互孤立，尽管它们广泛分布在南欧和近东，但人口密度低，遗传多样性低。早期人类物种的进化模式是根据其化石的形态和解剖特征推断出来的，但现在已经有了尼安德特人的遗传物质（也从化石中提取），在此基础上，发现未知的智人和尼安德特人的共同祖先生活在55万至70万年前。尼安德特人的基因组是众所周知的，与智人杂交已经得到证实。现在我们知道，至少约2%的非非洲人口基因组是尼安德特人的，现代东亚人比现代欧洲人少12%~20%的尼安德特人血统。智人和尼安德特人之间的基因流动至少发生了2次，是在10万至6万年前，但尚不清楚这种杂交是否更频繁。

如前所述，尼安德特人被认为是第一个真正用火的大师。欧洲广泛、普遍用火的证据可追溯到30万年至40万年前，这与尼安德特人的原始生存记录相吻合。火的控制使用，被称为烟火技术，具有深远的生物学、文化和社会意义。尼安德特人是这一领域真正的专家，他们对火有精确而精密的控制。尽管我们不清楚他们是如何点火的，但我们揣测他们可能使用燧石和黄铁矿产生火花点燃易燃的植物火种。在烟火技术的几个益处中，突出的用处是能够产生光和热（这使得更容易生活在洞穴中），同时还有食物保存（烟熏食品）和烹饪，防御危险的动物（包括昆虫），以及石头或木头加工。除了这些实际用途之外，火也是社会化的一个基本要素，它促进了交流，增强了团队精神。最早的传统和文化特征很可能是围绕火而演变的。然而，就生态学而言，火仍然不是一个重要因素。在智人发展农业之前，灰烬和煤的大部分沉积记录表明，自然野火发生在干燥的气候中，而人为火灾只对局部地区产生影响。

灭绝一直是研究尼安德特人的焦点。辩论集中在两个主要假设上，涉及与智人竞争或气候变化。最普遍接受的假设是，尼安德特人的灭绝是由于他们相对于智人的竞争劣势，特别是在技术技能、认知能力、饮食多样性和社会能力方面。尼安德特人的灭绝发生在大约 4 万年前第一批智人到达欧洲后不久，这一事实支持了竞争劣势这一假说。尼安德特人的灭绝不仅与拥有领土和自然资源的能力有关，还与暴力冲突和新疾病的传入有关，而这些疾病出现时，尼安德特人的免疫系统不能抵抗。第二个假设结合了气候变化和生态学。根据这一假设，最后一次冰期最冷的时期之一发生在 4 万年前，有利于以牺牲森林为代价来扩张冷大草原。尼安德特人对森林生境的适应能力较强，在新的环境条件下对资源的利用效率较低，而智人在开阔的植被中效率较高，赢得了生态战役的胜利。此外，前面论述的集合种群碎片化、低种群密度、低遗传多样性和高度的近亲繁殖，是在极端和不利环境条件下使尼安德特人生存面临严重风险的因素。从人口结构学的角度来看，尼安德特人生活在边缘地带。

（四）智人全面占领地球

当今人类最典型的特征之一是形态和遗传多样性，尽管它们都属于同一物种。这种多样性是适应地球上几乎所有类型环境的结果。目前还不清楚，这种多样性是在人类进化过程中逐渐发展起来的（因为我们智人物种逐渐定居在不同的大陆和不同的生物群落中），还是起源更为近代。在东非发现了第一个清晰的智人化石证据，也就是解剖学上的现代人，可追溯至 20 万年前。最近的发现似乎是智人出现的更早（大约 30 万年前）和泛非洲起源，因此需要重新考虑智人的进化。如前所述，这类证据不仅基于对人体遗骸的古生物学发现，而且还包括对某些工具的考古观察，这些工具揭示了先进的技术，在早期古人类的案例中已经缺失。这些进步包括专门的石头加工、骨工具、洞穴绘画、人体装饰、仪式和交流网络的发展。这些活动中的一些已经以最初的形式出现在尼安德特人群体中，但所有这些活动加在一起只是我们智人物种的特征。

前面讨论了早期智人和尼安德特人之间基因流动（杂交）的两个阶段：一个是大约 10 万年前，另一个是约 6 万年前。在这两种情况下，都是智人离开非洲的，因为尼安德特人从未踏上过非洲大陆。第一次，智人离开非洲到达近东，所有证据表明他们没有走得更远；因此，这可以被认为是一次失败的移民。另一方面，第二次移民在很大程度上取得了成功，该物种在整个欧洲传播，最终遍布全球。他们又一次通过近东进入欧洲，这似乎是一个显而易见的选择，因为这是离物种地理起源最近的出口路线。在欧洲记录的第一个智人化石可追溯到约 4 万年前，但有证据表明，与智人存在兼容性的文化复合体（石器组合、骨器具和装饰品）可追溯到几万年前。我们人类物种从东向西扩展到整个欧洲，从以色列到伊比利亚半岛。在亚洲，最古老的智人遗骸发现于老挝（46000 年前），这意味着他们与第一批现代西欧人生活在几乎相同的时期。澳大利亚及其周边地区最早发现古人类可能是在距今 4 万年前的智人时代。大约是在 3 千年前到上千年前，太平洋上的岛屿和群岛(美拉尼西亚、密克罗尼西亚和波利尼西亚)是最后被智人占领的。美洲的定居也很晚，虽然没有太平洋那么晚。最后一次冰期期间，美洲人利用今天白令海峡的大陆架提供的路线定居，白令陆桥在当时由于海平面低而暴露出来。移民者是一群西伯利亚智人，大约 3 万年到 1.5 万年前生活在白令陆桥，大约 17000 年前开始向南迁移。自从在南美洲南部(现在的智利)发现智人遗址以来，认为智人在美洲的扩张速度相对较快，可以追溯到 15000 年前。全新世是人类活动成为生物圈新陈代谢基本组成部分的地质时代。全新世是另一个间冰期，也是迄今为止最后一个间冰期。与其他间冰期不同的是人类的存在及其生态后果，尤其是这种存在的地质足迹。

二、全新世和新石器时代革命

根据英国地理学家尼尔·罗伯茨(Neil Roberts)的说法，我们过去称之为原始的自然状态应该在全新世早期找到。在此之前，由于冰川气候和大量冰层的存在，生物群落和生态系统与今天的生物群落和生态系统有很大的不同，而从全新世中期开始，人类活动对地球的生命活动产生了深远的影响。全新世的初期冰原覆盖下的大陆开始重新有了森林。在这一阶段，人类的影响并不像从全新世中期开始的那样大，我们可以想象出大片原始森林和其他未受影响的自然群落所覆盖的土地。然而，全新世早期大型大陆块的冰后再殖民在生态上远不是和平与平静的。相反，这是一个极其动态的随机过程，当生物体和群落不断地试图跟上迅速变化的环境条件时，却没有成功。因此，从生态学角度来说，全新世早期似乎是一个高压力的阶段，而不是一个田园生活时期。正是在这种情况下，人类开始显著影响生态系统，从而通过改变或中断(视情况而定)自然适应环境变化的过程，增加了更多的压力。人类活动引入了一种新的元素，将生态动力转变为一种新的、不那么随机的、更具方向性的情景，而且，这些转变只有利于智人这个物种。

生物圈从自然力量向人为力量的转变不是突然的，而是在更新世-全新世早期的过渡时期(称为中石器时代过渡时期)和引人注目的全新世中期的变革(称为新石器时代革命)之间以或多或少的渐进方式发生的。

(一)中石器时代的过渡

更新世-全新世过渡期，包括晚冰期和全新世早期，在任何意义上都是过渡期。关于气候，它的特点是变暖趋势(尽管被一些寒冷的间冰段打断)触发了大陆冰原向两极的快速退缩，直到它们到达当今的位置。海平面上升，海洋开始覆盖冰川作用暴露的大陆架，这逐渐减少了陆地生物(包括人类)的生存面积，扩大了海洋生物的生存面积。在生态学方面，遭受冰川减少和/或其分布区域碎片化的陆生物种，逐渐在冰层覆盖退缩的区域定居，这最终导致了现在看到的群落组织。在欧亚大陆和北美洲，这一阶段见证了森林的巨大扩张，取代了末次冰期特有的冷草甸和草原。就文化而言，人类的饮食习惯发生了重大变化，这也制约了人类生活的其他方面。在更新世时期，集体狩猎大型动物(如水牛、熊、猛犸象和犀牛)是人类生存的主要手段，但在全新世初期，引入了一种新的环境开发模式，这种模式是建立在捕猎较小动物(如鹿、野猪、猞猁、狐狸和兔子等)、钓鱼和果实采集为基础上的。这种从大型猎物捕食者到狩猎采集者的文化转变，带来了更加多样化的饮食，以及技术和狩猎设备的发展，这些设备变得更小、更复杂。大型动物群的大灭绝发生在更新世-全新世过渡时期；因此，可以预期，无论大型哺乳动物的灭绝原因如何，大型哺乳动物的狩猎重要性都要下降，被更有效的活动所补充，并最终被取代。狩猎采集者已经有了一定的能力来改变环境获得利益，并加工他们的食物。他们甚至开发了管理一些自然资源和粮食生产的方法，但他们没有驯化动植物，也不依赖它们来维持生计。

在文化方面，这一过渡阶段被称为中石器时代，因为它代表了从以打制石器为特征的旧石器时代，到以磨光石器和发展农业的新石器时代的逐渐变化。"中石器时代"一词的使用并不普遍。作为一个过渡阶段，一些命名系统避免使用它，并倾向于称这一文化阶段为旧石器时代末期或新石器时代早期。从年代学的角度来看，中石器时代的边界因所研究地区的不同而不同，因为这一阶段的文化现象并不是在同一时间随处可见。中石器时代的开始通常发生在冰川晚期或全新世早期，这还因地区不同而变化，而结束的时期则更为多变，因为发生在地球不同角落的从狩猎–采集社会向农业社会的转变，是在非常不同的时期，在近东约为12000年前，而在北欧约为5000年前。

（二）新石器时代革命

从概念上讲，从旧石器时代到新石器时代的过渡被称为新石器时代化，它不仅是指石制品风格的变化（从简单的凿制到打磨抛光），而且是指人类生活及其对生物圈影响的一系列根本性变化，这导致了一场真正的文化和生态革命，即所谓的新石器时代革命。这些变化中最具决定性的一个是动植物的驯化，因为这意味着智人从以小型狩猎–采集群体为基础的游牧生活方式转变为以致力于农业和畜牧业的较大社区为基础的定居社会。最古老的农业实践是所谓的刀耕火种农业，它代表了游牧社会和定居社会之间的中间阶段。这种类型的开发包括部分砍伐森林，通常借助火来创建农田，利用土壤的湿度和养分种植作物，直到耗尽土壤养分和水分，这种田地就被废弃，然后在另一个地区重复这一过程。刀耕火种是一种自给自足的农业形式，为一个群体的暂时生存提供充足的资源，但是没有任何剩余产品的积累。这种方法至今仍被一些土著群体所采用，特别是在茂密的热带雨林地区。农业实践的发展导致了有了更广泛和更持久种植的作物，以及使用灌溉技术和家畜肥料来提高土壤肥力。这使得形成了更稳定的人类居住区域。

近东再次发挥了关键作用；它是驯化物种的第一个中心，这些物种在我们人类现在的生活中仍然很重要，如小麦（*Triticum* spp.）、大麦（*Hordeum vulgare*）、黑麦（*Secale cereale*）、豌豆（*Pisum sativum*）、兵豆（*Lens culinaris*）、野山羊（*Capra aegagrus*）、山羊（*Capra aegagrus*）、维氏绵羊（*Ovis orientalis*）和欧亚野猪（*Sus scrofa*）。这发生在11500到10000年前，在更新世–全新世边界之后不久，在美索不达米亚和安纳托利亚南部，现在的这个地区包括伊拉克、叙利亚和土耳其的一些地区。这个地区被称为肥沃月湾。从这个摇篮开始，农业扩展到了整个欧洲，并在7000到5000年前达到了最大的发展。肥沃月湾是否是全球农业扩散的中心，仍然是一个悬而未决的问题。显然，我们指的是农业发明的扩散，而不是近东产品的出口。实际上，每一个大陆，甚至每一个生物群落，都有自己的本土驯化动植物扩散中心。

中美洲是另一个重要的农业中心，大约在8000年至7500年前玉米（*Zea mays*）在这里驯化。同样在美洲现在的墨西哥，约9000年前，在这里驯化了辣椒（*Capsicum* spp.）、鳄梨（*Persea americana*）和菜豆（*Phaseolus vulgaris*）。其他驯化中心年代更近一些，例如，大约5700年前，在撒哈拉以南非洲的一个未知地点驯化了高粱（*Sorghum bicolor*），而大约在3000年前，木薯（*Manihot esculenta*）和马铃薯（*Solanum tuberosum*）起源于南美洲。新驯化的物种从这些中心扩散开来，把农业和耕作方法传播到了全世界。新几内亚是一个例外，因为新石器时代革命在这里很早就开始了（约7000年前），他们种植甘蔗（*Saccharum officinarum*）和芭蕉（*Musa* spp.），但在欧洲人到来之前，这些产品没有扩散，甚至没有扩散到如澳大利亚等附近地区。全球约有10个独立的动植物驯化中心。这些驯化中心的地理和生物多样性是为农业实践的多起源理论辩护的主要论点之一。在所有这些中心，都选择了当地物种进行驯化，如果所有物种都有相同的起源，这就不符合逻辑。

气候方面，新石器时代的革命始于全新世早期变暖的初期（EHW；11700至9000年前），并以全新世大暖期（HTM；9000至5000年前）结束，这个时代有创纪录的最高温度。需要强调的一点是，在全新世早期变暖的初期和全新世大暖期之间，现在的撒哈拉沙漠完全被植被和大量湖泊覆盖，这就是所谓的非洲湿润期（African Humid Period，AHP），持续时间约为11000至5000年前。在8000至6000年前，地球上的大多数文明是从事农业，这是全新世大暖期的顶峰时期。因此，除了内在的文化发展外，气候条件也有利于农业在世界范围内的出现和发展。这也导致了人类社会的日益集中，形成了第一批城市中心，并最终形成了第一批城市（当然也在近东）。农产品的保存和加工，促进了劳动专业化和产业化。剩余产品的积累需要管理和分配，由此产生了新的社会政治角色。不同地区之间的货物交换和贸易，促进了通信网络的发展，导致了文明的同质化。所有这些都促进了社会的逐步发展，并最终促进了人口的增长。毫无疑问，这场真正的社会革命对生物圈产生了影响。

（三）新石器时代革命的生态后果

新石器时代革命对生物圈的影响主要有两个方面：直接影响是生物和生态系统的显著改变，而间接影响是对大气成分的影响，从而影响全球生物地球化学循环甚至气候。最先受到这些影响的物种是驯化的物种。人类选择它们（我们可以认为这是基因工程的第一步）来获得更多的高产品种，这些品种逐渐从原始物种中分化出来。为了促使人类食用价值更高的部分，许多物种除了形态上的改变之外，还失去了繁殖和扩散的自主权，这使得它们完全依赖农业实践来保持它们的延续性。但野生物种也经历了不同的负面影响。例如，需要保护家庭饲养的绵羊免受天敌的侵害，这导致了欧洲大部分地区狼的灭绝。另一方面，成功的农业需要耕地，而耕地是通过减少或消除自然群落而获得的，取而代之的是作物和牧场。最明显的例子是森林的减少，自新石器时代革命以来，火灾起到了至关重要的作用。例如，在欧洲，农业的扩张始于大约8000年前，约5000年前结束。从那时起，森林砍伐以高速发展，森林覆盖率每世纪减少约1%。农作物和牧场取代了自然群落，再加上为获取燃料和建筑材料而进行的森林采伐，集合群落和集合种群之间由于栖息地的丧失以及迁徙和扩散路径消失，加剧了本地物种的灭绝。

几年前，北美古气候学家威廉·鲁迪曼（William Ruddiman）发现，全新世的大气二氧化碳和甲烷的趋势与极地冰芯早期间冰期的记录不同。鉴于全新世和早期间冰期的主要区别是人类文化的发展，Ruddiman推断这些大气异常可能与人类活动有关。此外，这种差异在全新世中期开始变得明显，与新石器时代革命同时发生，这进一步强化了可能的人类活动影响的观点。Ruddiman解释了7000至6000年前之后的二氧化碳增加，是由于火灾导致的大规模毁林引起的，因为在这个过程中，大量的二氧化碳被排放到大气中。在5000至4000年前，他将甲烷的增加归因于亚洲的水稻种植面积不断扩大；水稻需要长期土壤积水，这就创造了一个缺氧的环境，将大量的甲烷排放到大气中。由于二氧化碳和甲烷都是温室气体，它们的增加可能已经引起了全球变暖，这与全新世大暖期的发生时期是一致的。后面在谈到"人类世"时，我们将重新审视Ruddiman的观点。这一节重点基于上述大气变化与新石器时代革命在时间上的一致性，发现它们之间存在着潜在的联系；然而，可能的因果关系的机制仍有待讨论。

三、过去的 5000 年，从一次革命到另一次革命

新石器时代革命和始于 18 世纪中叶的工业革命之间存在一个中间阶段。在新石器时代革命之前，气候是第四纪生态和演化转变的主要因素。随后，人类变得更具主人公角色，人类活动以及这些活动与气候变化之间的协同作用，开始影响生物地理格局，以及生态和进化过程。因此，从全新世中期新石器时代革命到两个世纪前开始的工业革命之间的时期，是人类、气候和生态系统在不同时空尺度上持续相互作用的阶段。在这一阶段，人类成为全球变化的因素，其程度与某些自然因素相似，甚至影响全球气候趋势。可以从不同的角度来考虑自然因素和人为因素共同参与的生物圈结构和功能过程，并且可能有研究者的科学背景的主观成分。例如，一些气候学家和古气候学家理所当然地认为，气候是系统中最强大的组成部分，它不仅决定了自然群落的生态变化，而且对人类社会的文化变迁具有决定性的影响，严重影响着人类社会的兴衰。这种被称为环境决定论的观点，并没有被许多考古学家和人类学家赞同，他们坚信社会文化关系的主导作用，并认为环境变化只是调节了固有的文化过程。这一思路被称为人类决定论(不可与社会科学的文化决定论相混淆)。最后，一些(新)生态学家和地理学家采取了一种更具描述性的方法，他们采用景观作为基本单元的概念，区分自然景观和人文景观(也就是文化景观)，人文景观具有不同的人性化等级。

在前面的论述中，我们采用了生物学的观点，研究的主题从物种和种群转变为群落和生态系统，目标是生物地理学、生态学或进化论。现在，当我们也考虑到人类时，将使用一种新的、整体的方法。我们不把景观称为一个描述单元，而是把它称为一个由次要功能单元、生态系统组合而成的功能复合体，在这个复合体中，人类同时是变化的行动者和推动者。在新石器时代革命之前，我们研究的生态系统是由两个主要元素组成的，即气候和景观，以及它们之间的相互作用或反馈。这个相对简单的系统被称为气候景观或反馈(Climatic-Landscape/Feedback，CLF)系统。一旦人类作为一个重要的变革因素进入，就会引入系统一个新的组成部分(即人类)和一种新的互动类型(即协同效应)。新系统是一个气候-景观-人类或反馈协同作用(Climatic-Landscape-Anthropogenic/Feedback-Synergy，CLAFS)系统。在环境决定论、人类决定论、描述性方法中，气候-景观-人类或反馈协同作用框架将用于讨论环境和人类决定论，以及讨论描述性景观方法。

从气候的角度来看，新石器时代革命和工业革命之间发生的环境-景观-人类相互作用的强化阶段，开始于全新世大暖期(9000 至 5000 年前)末期，当时全球气温略有下降，直到达到今天的平均值。这期间海平面上升开始稳定，意味着大陆架已经被淹没，现在的海岸线已经固定了。在区域范围内，发生了重要的气候变化，例如，在非洲湿润期之后人约是 6500 至 4500 年前，干旱的环境条件导致了撒哈拉沙漠化。从本质上讲，地球的气候和物理条件越来越与现今的相似，除了一些尚未到来的变化，如中世纪气候异常期和小冰河期。历史上对农业社会发展影响最大的气候事件是长期干旱，通常是局部或区域范围的干旱，尽管其中一些具有类似的全球效应。从干旱的角度考虑，近东地区是农业的发源地似乎令人惊讶，因为这一地区的特点是降雨少且不规律，干旱频繁。答案可能与底格里斯河和幼发拉底河这两条大河的存在有关，可以为农业提供足够的水源。这就是灌溉和渠道化技术诞生的地方，将河水供给农业和城市人类使用。然而，在这样一片干旱的土地上，即使是大型河流也会发生显著的流量变化，进而影响人类活动。事实上，历史上已知的最早的以灌溉为基础的气候对农业社会的影响案例之一，也就是所称的水利文明，是位

于底格里斯河和幼发拉底河之间的美索不达米亚地区。

（一）环境决定论

阿卡德帝国是美索不达米亚的第一个大帝国，在距今约4300年前，从北到南统治着底格里斯河谷和幼发拉底河流域。在大约一个世纪的繁荣之后，帝国突然垮台，整个人口迁移到南方，使肥沃的美索不达米亚荒芜。大约帝国垮台400年后（约3900年前），该地区才重新建立起永久定居点，没有达到昔日的辉煌。多年来，人们一直在讨论帝国突然崩溃的可能原因，主要是由于强烈的蒸发引起土壤和水的逐渐盐渍化。但是，通过对阿曼海湾的海洋沉积物进行的钻芯研究发现，记录了一个特别干燥的气候事件，该事件与阿卡德帝国的衰落灭亡同时发生。阿曼海湾的沉积物含有从美索不达米亚运输来的白云石和碳酸钙的风成颗粒。美索不达米亚的气候越干燥，那里的沙漠面积就越大，因此，这些颗粒在阿曼海湾沉积的比例就越高。因此，沉积在海湾沉积物中的这些颗粒物的数量，是美索不达米亚干旱环境条件的指标。在大约4000年前，阿卡德帝国的衰落灭亡与沉积物中白云石和碳酸钙颗粒含量的最高值同时出现，阿卡德帝国的灭亡与长期干旱有关。

历史上许多类似情况中的另一个著名的例子，是大约1200年前，玛雅文明在中美洲的崩溃。这里人口过剩、森林砍伐、土壤侵蚀、战争和流行病一直被认为是文明崩溃的潜在原因，但是，基于湖泊沉积物的物理化学和生物替代物的古生态学研究表明，在1300至1100年前，出现了一个非常干旱的时期。这些和其他类似的例子证明了有关气候变化可能对人类文明产生影响，是环境决定论最极端的一面。在这些情况下，尽管我们不能排除可能存在的内部文化机制，例如干旱期间水资源管理不善，但似乎很清楚，气候是决定性因素。另一个例子是南欧地中海生物群落的起源。典型的地中海常绿硬叶林的形成，是归因于逐渐适应了全新世中期开始逐渐变干旱的气候。由于显而易见的原因，古气候学家是环境决定论假说最热心的支持者，这些假说通常是基于时间上的巧合，因此不能保证影响之间存在因果关系。如果进行包含文化因素的更全面的分析，仍然得出气候是导致阿卡德人、玛雅人或其他类似文明的文化危机的主要因素的结论，那将是很有趣的。

（二）人类决定论

人类活动对景观的绝对控制，导致各种环境的和文化的后果，也有许多例子。这些例子大多来自过去的千年。例如，海洋岛屿对人类活动特别敏感。一个相当极端但并非独一无二的例子，是大西洋中部亚速尔群岛的一些岛屿，那里的自然生态系统完全被各种各样地理起源的农作物和外来树种的种植园所取代。这些物种中有许多已经适应了当地自然环境，并形成了完全人为的但不是有意为之的功能性生态系统，要是没有人类的干预，就不可能出现这种生态系统。这就像一个巨大的生态实验，对克莱门茨生态群落形成的观点提出了质疑，并证明了物种尽管属于完全不同的生物群落，但是仍然能够自发地构建功能生态系统。

例如，圣米格尔岛上的自然（人类活动干扰前的）植被遭受了人类最大限度的改变，其特点是密集繁茂的阔叶常绿乔木群落（暖温带和湿润温带地区的常绿森林），主要是亚速尔月桂（*Laurus azorica*）、短叶刺松（*Juniperus brevifolia*），亚速尔李（*Prunus azorica*）和羊肚菌（*Morella esculenta*）等。如今，在外来植物群落中，这些物种仅存小块或零星的残余。当欧洲人在15世纪到达这些岛屿时（没有土著人的踪迹，因此欧洲人可能是最早在岛上定居的人类），这些月桂林逐渐被取代，首先是面积不断扩大的谷物作物，后来是各种森林和观赏物种。如今，圣米格尔的森林主要是来自澳大利亚的岛海桐（*Pittosporum undulatum*）、黑木相思（*Acacia melanoxylon*）和蓝桉（*Eucalyptus* globulus）；来自日本的日本柳杉（*Cryptomeria japonica*）；以及来自地中海的海岸松（*Pinus pinaster*）。日本的绣球（*Hydrangea macrophylla*）、喜马拉雅山的红丝姜花（*Hedychium gardnerianum*）和其他适应了岛上环境的观赏植物在岛上随处可见。对圣米格尔岛和其他亚速尔群岛湖泊沉积物的孢粉学证明，人类活动前的景观逐渐被现代景观所取代。

在这种情况下，毫无疑问的决定性因素是人为活动干预。古气候记录表明，亚速尔群岛的气候在整个全新世没有保持稳定，特别是在湿度方面，表现出百年到千年尺度的振荡。然而，这些长期的环境变化并没有导致以前的阔叶常绿乔木群落的显著变化，在全新世期间，这些森林群落基本保持不变。导致如今景观和植被结构的强烈和广泛的干扰完全是来自人类活动。当然，文化趋势也遵循同样的规律，主要取决于政治和经济标准，因此自该岛定居人类以来，气候变化似乎对人类生活起到了次要作用。然而，目前仍缺乏高分辨率的古气候和古植被联合记录，不能排除十年间的和年际尺度上潜在的气候和生态变化。亚速尔群岛的情况类似于许多海洋岛屿，那里的植被和景观在几千年来或多或少保持不变，只是在人类定居之后，导致如今的情况经历了深刻的变化。

（三）描述性方法

圭亚那的新热带地区含有原始的和完全是人类活动的（或文化）景观。特普伊斯山顶区域没有遭受第四纪气候变化的影响，从未有人类定居，甚至从未被人类暂时占据过，至少在最后一次冰期期间是这样，这在现今是相当罕见的情况。在这些总面积约 6000 平方千米、植被茂密的平坦山顶上，似乎没有什么值得人类感兴趣的地方。首先，它们位于一个特别偏远的地方；其中，许多区域只能通过空运到达，因此建设任何种类的基础设施都极为困难，而且几乎无利可图。特普伊斯山顶区也不能提供任何经济资源，至少不是大规模的。土壤是有机的，主要由泥炭土组成；它们是酸性的，养分已经被耗尽，这使得农业不可行。气候非常多雨，没有明显的季节性；总是下雨，而且总是下很多雨（降水量可达 4000 毫米/年）。没有适合放牧的植被，也不能在这种土壤类型发展牧场。现有的森林不适合大范围开发，而且都是生长缓慢的树木，不会产生多少利润。这里没有石油、煤炭或其他矿产资源，比如黄金和钻石，就像环绕周围的格兰萨巴纳高地一样。尽管特普伊斯山对那些喜欢探险、极限运动或独特景观的人有很大的旅游兴趣，但由于严格的参观限制，缺乏开展这类活动的基础设施。当然也有例外，例如为高级游客组织的非法旅游，但迄今为止还不是很严重。也有科学考察或伪科学考察（合法的和非法的），但由于越来越难以获得采集样本、标本或仅仅进入特普伊斯山顶的许可证，这种考察越来越少。最后，该地区的土著人认为这些山是神圣的，是他们的神的家园，因此他们甚至不游览这些山，更不用说在那里定居。总之，特普伊斯山尽管有短暂的、零星的人类入侵，但还是可以被认为是地球上仅存的少数原始环境之一。

然而，如果从特普伊斯下山到周围的格兰萨巴纳高地，会发现完全相反的情况。格兰萨巴纳地区的景观几乎完全是人为活动影响的，很大程度上是当地的佩蒙土著人群使用。目前，热带稀树大草原正在扩张，损害了山地和走廊森林。这引发了一场争论，争论的一方是那些为火灾行为辩护的人，另一方是那些认为应该立即停止燃烧的人。根据后者的说法，格兰萨巴纳以前被大片森林覆盖，人为火灾导致了如今的大草原化。这种以景观描述标准为基础，关注人类活动的可能危害程度的争论，是一条死胡同，只有研究该地区的生态历史才能走出这条死胡同。

孢粉学研究表明，格兰萨巴纳稀树草原化始于新仙女木时期。在新仙女木时期之前，格兰萨巴纳被森林、灌木丛和稀树草原的斑块景观所覆盖，稀树草原不大重要。13000 年至 12000 年前，开始出现了火灾，热带稀树草原很快扩大。有人认为，这些最初的火灾可能是南美洲的第一批定居者在从中美洲赶来的途中点燃的，因为在附近地区的遗址发现了用于捕杀大型哺乳动物的武器遗存。这些考古发现的年代与火灾的年代大致相同，这可能支持这一观点。不管怎样，在整个全新世期间，尽管火灾的频率和强度显著下降，但是森林再也没有恢复，热带稀树大草原占据了整个景观。下一次变化发生在大约 2000 年前，火灾事件再次变得更加频繁，随后出现了一种以前不存在的新类型植被，开始形成景观的一部分。火灾的增加和莫里奇棕榈树（被佩蒙和其他亚马孙文化广泛使用）的到来表明，佩蒙人文化是那时在格兰萨巴纳建立的。可以从这些例子中得出的结论是，基于对景观的叙述性描述和假定的人类化程度的推测，并不能为观察到的现象提供现实的解释，应该辅以所涉及的历史和社会生态过程的经验证据。

（四）整体分析

现在用太平洋岛屿的例子，来说明整体分析。这个岛的案例非常有趣，因为它的研究历史上已经从人类决定论转向环境决定论，最终以一种整体的方法达到顶峰。与阿卡德文明和玛雅文明一样，复活节岛也见证了一场文化崩溃，终结了古老的拉帕努伊文化，这一文化因被称为摩艾（位于智利复活节岛的巨型石像）的巨石崇拜雕像而闻名，这些雕像构成了该岛的文化象征。第一个假设设想了一种被称为"生态灭绝"的东西。花粉分析显示，该岛最初被本地特有的棕榈树森林覆盖，这些森林突然消失，取而代之的是广阔的草地。这可能发生在公元 1400 至 1600 年。现在不知道这种棕榈树属于哪一种，它已经灭绝了。突然的生态变化似乎与拉帕努伊文化崩溃同时发生，这导致得出了是拉帕努伊人砍伐了整个岛屿森林，并耗尽其所有资源的结论，进而导致他们自己的灭绝。这是人类决定论的一个经典例子，以至于复活节岛被用来说明，如果人类继续以今天的方式开发地球，在全球范围内可能会发生的是自我灭绝。拉帕努伊崩溃的另一种解释也是人类决定论，是种族灭绝假说，根据这一假说，文化消亡发生在欧洲接触之后（公元 1722 年），是由奴隶制度和传染病的传入造成的。然而，一些研究人员指出，社会文化灾难发生在小冰河期间，当时除了气温下降外，还经常发生长期干旱。这意味着森林砍伐和随后的文化崩溃，可能是干旱气候阶段（环境决定论）的后果。但是缺少岛上气候变化的直接证据一直是这个假说的弱点，直到最近一直认为是生态毁灭占据优势。

在过去的 10 年里，新的古生态学证据被发现，迫使科学界重新考虑环境和人类活动影响的问题，同时采用一种不那么教条和排他性（环境或人类确定性）的观点。一方面，在过去的几千年里，极端干燥的气候时期的出现，导致一些湖泊完全干涸。最后一次发生在小冰期期间，大约在 1570 年至 1720 年间。另一方面，人们认识到森林砍伐不是一个瞬间的过程，也不是在岛上任何地方同时发生的。通过全面分析这些发现，环境和人类活动影响包括气候和文化因素及其相应的协同作用和反馈，这就出现了另一种解释。简言之，雕刻摩艾石像的火山凝灰岩采石场是古代拉帕努伊文明的文化中心，位于拉拉库火山口，其中包含拉拉库湖。这个湖的盆地一直在耕种，直到大约 1400 年，大约 50 年后，这里的森林完全遭受毁坏。大约从 1570 年开始，持续了大约一个半世纪的干旱导致了湖水的完全干涸。由于人类毁林和干旱之间协同作用的正反馈效应，不可能恢复棕榈树森林，从而将拉拉库火山口变成了一个不适合人类生活的贫瘠的、有敌意的地区。在这些条件下，拉帕努伊人被迫继续寻找淡水和森林，他们最终在卡奥湖流域发现了淡水和森林（卡奥湖在小冰期的干旱期间没有干涸）。但是，卡奥火山口是由坚硬的玄武岩组成的，因此，用于在松软的拉拉库凝灰岩上雕刻摩艾的工具，对卡奥湖区的玄武岩(古代的拉帕努伊人还不知道使用金属工具)没有用处，摩艾行业停止了。摩艾崇拜被捕鸟者崇拜取代，这标志着一个激进的文化、政治和宗教转型。到公元 1600 年，这个岛的森林已经完全被砍伐，大约比欧洲人到来早了一个世纪。然而，摩艾崇拜的结束和该岛的完全毁林并不代表古老的拉帕努伊文明的终结，由于潮湿气候的回归和非常专业和有效的耕作方法的发展，拉帕努伊文明在欧洲人到来之前一直在健康发展。毫无疑问的是，正如历史记载的那样，拉帕努伊人在欧洲人到来不久，几乎被奴隶制和流行病所消灭。事实上，这个故事更长更复杂，但这足以说明社会-生态变化的整体性质，这是环境和人类过程及其相互协同作用和反馈的结果。这种现象太复杂了，不能根据几个因素的因果关系来简单解释。

在论述生态系统和景观中自然和人为因素的相互作用时，不能忽视地中海生物群落。在整个全新世，地中海地区是西方文明的文化发展摇篮和舞台，尤其是在过去 5000 年中，新石器时代革命甚至到达了欧洲大陆最偏远的角落。南欧地中海生物群落的建立和发展仍然是一个有争议的问题。根据古生态学、考古学和历史证据，我们知道地中海植被遭受了持续人为活动的干扰，如毁林、频繁火灾、过度放牧和土壤侵蚀，特别是在全新世的后半期。这表明地中海的植被遭到了极大的滥用，地中海的景观高度退化。然而，与其他大陆同纬度的生物群落相比，地中海地区的植被具有显著的多样性；在某些地方，甚至可以与热带生物群落相媲美。因此，也可以认为，人类活动已经成为多样化和稳定化的一个因素。人类决定论者会停在这里，只满足于这个答案。然而，还有另一种假说认为，地中海生物群落并非南欧的逐步殖民后人类活动的结果，而是大约在 5500 年前全新世中期开始的区域逐渐干旱化的结果。这种干燥的气候特点是夏季非常干燥和温暖，为地中海植被的发展提供了理想的条件。这一论点显然符合环境决定论，并推动了侧重于哪个因素(即气候或人类活动)在地中海生物群落结构中更重要的描述性方法的应用。当我们考虑火灾时，出现了一个更全面的分析方法，火灾可以是自然的，也可以是人为的。自然火灾将被视为气候之外的环境因素，而人为火灾是人类活动的一部分。无论哪种火灾，都要和气候相互反馈，从而相互增强，这可能导致非线性响应。最近的研究表明，在区域范围内，4000 至 3000 年前，人类活动引起的地中海火灾开始显著增加，而在此之前，火灾状况受地球轨道变化和北大西洋涛动等的控制，这分别影响了夏季日照和雨季。这个问题比简单辩论气候与人类影响的重要性更复杂，因此应该用最适合的工具来分析，以反映这种复杂性。

四、工业革命与大加速

如果说新石器时代的革命，人类花了几千年的时间来改造生态系统、景观和生物群落，但是在工业革命时期，人类仅仅用了几个世纪就改变了地球系统的所有元素(岩石圈、水圈、大气圈、生物圈和冰冻圈)及其相互作用。工业革命是 1760 年左右始于英国，并蔓延到所有大陆，尽管地球上仍有几个非工业化地区，但工业革命的影响是全球性的。工业化结束了农业作为人类活动的主导地位，深刻改变了人类的生活方式。在这一变化之前，空气和水的运动以及生物的新陈代谢是主要的能量来源。所有这些能量类型都来自太阳能，它控制着大气循环和水循环，为光合作用提供基础能量，而光合作用又是各种生物新陈代谢的起源。这种能源使用的低效率(即植物仅使用 1% 的太阳能，动物仅使用它们所消耗的植物提供的 10% 的能量)限制了人类种群的增长。但是化石燃料(特别是煤和石油)的发现引发了一场根本性的变化。由于化石燃料的开发，全球人口在 1800 年至 2000 年间从 10 亿增长到 60 亿，而能源增加了 40 倍，经济生产增加了 50 倍。二氧化碳是化石燃料燃烧的主要产物之一；燃烧这些燃料会释放二氧化碳，并在大气中产生越来越高的这种气体浓度。

在工业时代，最剧烈的变化发生在第二次世界大战（Second World War，WWII）之后，也就是20世纪50年代后，被称为"大加速"。从那时起，人类活动的各项指标都在加速发展，出现了许多新的活动。全球人口仅用50年时间就从30亿增长到60亿，同期的经济生产增长了15倍。人口分布也发生了重大变化，"大加速"导致了农村人口的减少和农业活动的大量减少，因为人们迁往城市，发展工业和相关服务。如今，世界上几乎一半的人口生活在城市，这意味着消费急剧增加，这是"大加速"的另一个重要指标。机动车数量从二战结束时的4000辆增加到1996年的7亿辆。自1960年以来，燃料消耗量增长了3.5倍，导致大气中二氧化碳的浓度急剧增加，引发了温室效应，全球温度上升，称为全球变暖。其他温室气体（甲烷、氟碳化合物等）的浓度也以类似的方式增加，导致了气候变暖。但气候并不是唯一被改变的。地球系统的所有子系统及其一般功能都发生了变化，这就是为什么我们谈论全球变化，包括气候、极地冰盖的范围、海平面、人口、经济、能源消耗、运输、通讯、土地利用、自然资源开发、城市化、大气循环、水循环和其他生物地球化学循环（特别是碳和氮的循环）、生物多样性、污染、废物积累和人类健康的变化。换句话说，人类已经能够改变地球的全球动态。

工业革命和"大加速"的证据不仅开始在古生态记录中积累，而且也开始在人类尺度的历史进程中积累。研究发现，有物种向两极或高山地区迁徙以响应全球变暖。这是整个地球都可以观察到的一个普遍现象。与过去一样，这些变化是以一种特殊的方式发生的，这导致了群落组成和生物多样性结构的变化。例如，对300多座欧洲山脉的研究表明，在过去145年中，根据在同一地区观察到的温度升高，山顶上的植物物种丰富度显著增加。通过比较过去和现在的植物区系目录，这种情况变得明显，是由于全球变暖引起植物向高处迁徙。此外，这种生物多样性的增加在1957年至1966年间显著加速，与"大加速"的开始时期相吻合。综合评估全球变化对陆地、海洋和淡水生态系统的94个生态过程的影响发现，其中77个过程（84%）在生物体、物种、种群和群落水平上发生了重大变化。关于生物体，最重要的变化发生在遗传多样性、形态（即身体大小和形状）和生理学（即活动）上。对物种而言，生物地理方面发生了重大变化，特别是其分布区域的位置和范围以及栖息地质量。关于种群，在物候学（例如，发芽、开花和产卵的时间）和种群动态（丰度、年龄分布和季节迁徙）中记录到了显著的变化。群落水平上最显著的变化是生产力（生物量和初级生产力）、物种组成和种间关系。所有这些生态变化已经并正在对人类的自然资源可用性（例如，捕鱼减少、传粉者减少、入侵物种和害虫增多）和健康（新的病媒、更多的社会冲突等）产生严重影响。

许多人认为，这种转变是全球范围内的一种状态或结构转换，因为它已经到了一个不可逆转的地步。这种明显的不可逆转性表明，全新世已经结束，一个新的地质时代"人类世"已经开始，其特点是人类完全"控制"了地球。

五、出身卑微但野心无限

在地球系统中，对局部、区域和全球生态影响最大的因素之一——人属，特别是智人，其影响自全新世起就具有决定性，并在过去几个世纪中发生了高度变化。在考虑人类活动及其后果时，已经存在于气候变化中并被生态和进化响应放大的复杂性达到最大。有了人类这个新的元素，复杂性已经超越了没有人类存在的地质时代的水平。自从人类诞生以来，人类对地球的影响就一直在加剧。最早的原始人太少，他们的技术也太原始，无法对他们生活地区的生物群落产生重大影响。很显然，正是一个生态事件（即非洲稀树大草原的出现）引发了人类祖先物种进化方向的变化。人类起源于非洲之后，开始了 2 次大的扩张：第一次是由匠人或直立人领导的，仅限于欧亚大陆，而第二次扩张的主角是智人，到达了地球的每一个角落。

直立人已经在日常生活中使用的火，可能是第一个干扰环境的因素，但没有证据表明有可以归因于火的重大变化，甚至在尼安德特人时代也没有，他们当时已经掌握了用火的技能。人类可能参与的第一次全球生态变化，是末次冰期结束时的大型动物的灭绝。但是，人类在这些物种灭绝中所扮演的角色，以及与其他可能的原因，特别是气候的关系，仍然不清楚。然而，毫无疑问，智人在新石器时代革命（全新世早期至中期）中的全部责任，标志着每个大陆农业耕作的开始和扩张，以及随之而来的社区、景观甚至生物群落的转变。新石器时代革命以来，世界已经不一样了，生态和生物地理的变化不仅取决于气候，还取决于气候与人类活动的相互作用。随着时间的推移，人类的影响显著增加，并在工业革命后达到最大值，这意味着从农业向工业转变，成了主要的人类经济活动方式。正是在第二次世界大战之后，工业化经历了惊人的加速，使人类在全球生态改变能力方面处于最高等级，类似于其他地球力量。结果就是全球变暖只是我们今天所知道的全球变化中的一个组成部分。它还导致了一个新的地质时代，即全新世之后的"人类世"。

第三节　农业的兴起

大约 400 万年前，早期人类通过在环境中寻找食物并迁徙到食物来源充足的地方而生存下来。当食物充足时，生活是美好的，但当食物匮乏时，生存受到威胁。人类最终学会了为了自身利益管理和使用动植物。这种植物和动物的驯化使食物供应更加稳定可靠，减少了迁徙的需要。它还减少了收集食物所需的时间和注意力，使其他技能得以发展。一些历史学家认为农业驯化始于大约 12000 年前。

一、末期冰盛期之后

末期冰盛期之后，人类生活在一个变暖的世界，气候变暖给人类带来了许多变化。他们经历了植被和许多动物的变化。气候变暖融化了冰川，解冻了水。海岸线移动，陆桥变窄，海平面上升，一些地区，以前的营地和旅行路线淹没了，熟悉的风景消失了，新的风景出现了。人类定居的格局发生了迅速的变化。人类有的重新定居在了他们在冰期高峰时放弃的地区，有的分散到新的地区。他们回到了以前被冰覆盖的北欧地区，并迁移到欧洲和亚洲的高海拔地区。在美洲，人类旅行到了冰原边缘的地区。

在更新世晚期，人们开发了大量的资源和食物。在北美洲，克洛维斯文化（Clovis culture）以新墨西哥州克洛维斯人（Clovis）首次发现的带凹槽的抛射点命名，克洛维斯人生活在美国大陆和墨西哥的大部分地区。克洛维斯人从事大型狩猎活动，包括狩猎猛犸象和野牛，而克洛维斯人作为猛犸象猎手的生动形象，忽视了他们对植物的猎取以及对小动物和鱼类的食用。

进入南美洲的人类适应各种不同的环境条件。他们沿着海岸散布，在秘鲁北部的瓦卡普列塔等沿海地区建立了遗址，这可以追溯到距今 14200 年到 13300 年前。人类也向内陆进发。在安第斯山脉的高处 4500 米，一个可以追溯到 12400 年前的营地遗址表明，早期在南美高地狩猎采集者在一个高山环境中开发资源。

狩猎采集者进入了亚马孙盆地。在巴西国家公园以及最初的沉积物的裸露岩石的碳日期测年导致了长期的争论，但在临近巴西北部蒙特阿莱格雷（Monte Alegre）镇的 Caverna da Pedra Pintada（彩绘岩洞）的遗址表明，人类在晚更新世时期在这里居住。分散在巴西的遗址可以追溯到 15500 至 12800 年，表明早期的定居是沿着河谷定居。在巴西多个地区，包括亚马孙雨林、热带稀树大草原和南部的潘帕斯草原，发现了从 12800 至 11400 年期间更多的人类居住痕迹。

人类进入南美洲最南端的巴塔哥尼亚，为解释巨型动物的灭绝提供了一个重要的原因。对巨型动物线粒体脱氧核糖核酸（DNA）的一项研究，为猛犸象和巨型树懒等动物灭绝的时间测定了精确的年代。现代的树懒是一种生活在中美洲和南美洲的哺乳动物，大概有 8~9 千克重，这与人类进入美洲遇到的巨大的树懒相差很远。这些巨大的树懒，重达约 182 千克，从鼻子到尾巴大约有 304.8 厘米。人类大约在 1.5 万至 1.46 万年前到达巴塔哥尼亚，在 1.44 万至 1.27 万年前，巨型动物和人类在南半球气候变冷的过程中共存，这被称为南极变冷。南极变冷与北半球的新仙女木变冷同时发生。灭绝发生在 12280 年左右，仅在 3 个世纪内，巴塔哥尼亚 83% 的大型哺乳动物物种灭绝。在这一时期，来自人类竞争的压力放大了气候压力带来的冲击，导致了与之前巨型动物生存的间冰期截然不同的结果。

在欧洲，大量的文物和考古遗址表明，末期冰盛期之后繁荣的人类社会变得越来越复杂。人类为狩猎等活动创造了越来越专业化的工具。狩猎采集者在有利于获取食物的地点建立季节性营地。现在比利时的一个浅湖的湖岸只是众多例子中的一个。在这里，人们收集植物和被吸引到水里的猎物。在莱茵兰等地区，人们越来越多地使用弓箭作为狩猎武器，这对在冰川以南的北方森林猎鹿是有用的。在晚更新世，在格鲁吉亚高加索西部边缘地区，狩猎采集者的季节性活动是收集植物材料。

在从西班牙北部穿过法国进入中欧的欧洲大片地区，以法国西南部的多尔多涅河谷地区的一个遗址命名的莫德林人（Magdalenian），猎杀了许多种动物。在比现在冷得多的气候条件下，相比于其他物种，他们更频繁地猎杀驯鹿。莫德林猎人使用新的工具在西欧和中欧的大草原上捕猎。投掷用的长矛通常是用驯鹿的骨头制成的，它能使猎人在很远的地方用很大的力量攻击猎物。莫德林人的后期阶段使用了鱼叉，这使得更密集的捕鱼成为可能。

投掷长矛的人也经常用雕刻的动物头装饰自己，这反映了一种更广泛的趋势，即装饰艺术，最著名的装饰保存在洞穴壁画中。法国和其他地方最古老的洞穴壁画比莫德林文化还要早，后者的历史从 17000 至 12000 年，但莫德林人创作了一些最令人吃惊和非凡的洞穴壁画，在许多地方都能找到，包括法国的拉斯科洞穴。拉斯科的这些画是 1940 年发现的，描绘的是动物，包括鹿和野牛。莫德林文化的其他洞穴也展示了类似的主题。莫德林文化也创造了便携物品。驯鹿的雕刻常常在洞穴壁画中是缺失的，但在骨头块上却发现了。

在狩猎的过程中，莫德林人采集植物食物，莫德林人的遗址中有来自水果的坚果和果核。一些遗址里有可能用来研磨野生谷物的石头。早在农业出现之前，这里和其他地方的人们就把谷物作为他们的食物。莫德林人可能季节性地迁移，建立营地，在他们居住区域的不同地方开发资源。

在欧亚大陆，就像在美洲一样，气候变化、人口增长和人类狩猎技术的进步，使许多大型动物处于越来越危险的境地。气候变暖本身不太可能导致这么多大型动物的大规模灭绝。巨型动物群在之前的间冰期存活了下来，但在全球变暖的情况下，巨型动物群先前撤退的地区可能对人类的保护作用更小。莫德林人们享用的一些动物，比如驯鹿，幸存下来并在北方繁衍生息。然而，随着世界变暖和人类狩猎技术的进步，其他一些动物灭绝了。人类活动对巨型动物数量下降的影响程度因物种而异。例如，气候变化似乎是造成长毛犀牛灭绝的主要因素。

在全球变暖的情况下，狩猎采集者集中开发了大量的食物。他们不是农民；他们继续收集食物，但有强有力的证据表明他们收集谷物。在近东和其他地方一样，狩猎采集者在农耕开始之前，就已经把更多的谷物纳入了他们的饮食，特别是狩猎采集者采集豆类和野草。从以色列卡梅尔山的克巴拉人（Kebara）采集的烧焦的种子和水果，显示了甚至在末期冰盛期之前人类就开始采集豆类和水果。在加利利海的一处遗址发现的种子来自末期冰盛期时代，展示了野生大麦和野生小麦等牧草的收集。末期冰盛期之后的气候变暖似乎鼓励了狩猎采集者更多地采集谷物，而不是有小粒种子的草。

继末期冰盛期之后，纳图夫人在近东地区生活，证明了在全球变暖的情况下人类饮食的多样化。纳图夫人捕猎动物，包括瞪羚。他们还收集植物和谷物，并创造了工具，如镰刀和研钵，可以用来收集和加工食物。在纳图夫人出现之前，这个地区的狩猎采集者采用季节性策略，在一年中最适合采集食物的时间在特定地点设立营地，纳图夫人用石头地基建造了相当大的永久性村庄。他们的遗址在以色列、巴勒斯坦、约旦、黎巴嫩和叙利亚的黎凡特或地中海东部被发现。后来，纳图夫人遗址在土耳其的南北方都能找到。他们似乎更喜欢在林地里建立村庄。他们使用了各种各样的石头和骨头制成的工具，还制作了一些装饰品，如用贝壳等材料制成的首饰。

二、新仙女木期

在末期冰盛期之后的总体变暖趋势中，人类经历了气候的急剧变化，其规模无疑会令现代人震惊。新仙女木期，以生长在北极的一种植物仙女木（*Dryas octopetala*）的花命名，当时正值接近冰川期的气候变冷时期，它们出现在欧洲，中断了冰期整体变暖的趋势。在12900至11600年，北半球的气温突然下降，在几十年内骤降了10摄氏度。根据最广泛接受的假设，冰川变暖导致冰冷的淡水从融化的冰原流入北大西洋，减缓了大西洋经向翻转环流，开创了新仙女木事件。这些冰冷的融水沿着几条路线流向海洋，包括一开始向南流入墨西哥湾，然后向东通过圣劳伦斯河进入北大西洋，向北通过加拿大西北部穿过麦肯兹河进入北极。这些融水通过后几条途径流入北大西洋，降低了今天下沉形成北大西洋深水的地表水的盐度，从而降低了地表水的密度。由此导致的大西洋经向翻转环流的减速，减少了向北极地区的热量输送，并导致那里的温度骤降。关于新仙女木的另一种假说，虽然通常缺乏有力的证据，但它认为一个或多个外星物体在劳伦提德冰原上撞击或爆炸，触发了融水的流动。

全球都能感受到新仙女木事件的影响，在北半球高纬度地区温度大幅下降（高达10摄氏度），欧洲较温和地区变冷（3~4摄氏度），南半球较温和地区变暖（3~4摄氏度）。反过来，这种温度变化，移动了热带辐合带的位置，它标志着热带雨带。随着北半球的变冷，热带辐合带向南移动，导致夏季季风减弱，北半球相对干燥，尤其是非洲和亚洲。

因此，新仙女木迫使人类对更冷、更干燥的气候做出快速反应。把今天与过去做个简短的比较是有益的：如果气温下降3摄氏度，现代社会会作何反应？有大量证据表明，现代社会总体上对气候变化的适应能力随着时间的推移而增强，但它们并没有经历过与新仙女木期气候变化的严重程度相当的变化，至少在欧洲等受影响最严重的地区是如此。

由于与实际温度记录无关的两个原因，绘制出精确的人类反应仍然具有挑战性。首先，在许多地区，有关史前社会可追溯到新仙女木事件时期的考古证据是如此的残缺不全，以至于我们缺乏在新仙女木时期之前和期间的物质文化的详细记录。其次，新仙女木事件不是影响社会的唯一现象。

在北美洲，克洛维斯人的文化曾迅速传播到大陆的大部分地区，但在新仙女木事件期间结束了。克洛维斯文化人在北美洲的东部定居。大约在12900年，他们的辐射点显示出更大的多样性，这表明克洛维斯技术的统一性开始随着人们居住在特定地区而分裂。在新仙女木时期开始后，这种多样化成了规则。气候压力和巨型动物的灭绝促使人们更大程度地开发出日益多样化的食物供应，其中可能包括更大比例的植物。这种破坏可能已经严重到导致一些地方被废弃和人口下降。在现在的美国东南部，人口似乎在新仙女木事件出现之前就已经增加了。根据克洛维斯人的史前古器物，克洛维双脸抛射点的数据显示，在13200至12800年人口增长了，人口从12800至11900年前下降了，然后再次上升。在这种情况下，人口序列符合我们期望发现的模式，如果突然降温阻碍了克洛维斯人的文化，但其他因素可能有助于这些人口趋势。测定克洛维斯人工制品年代的微小变化，也会改变我们对克洛维斯文化和新仙女木事件之间关系的理解。在北美洲，新仙女木事件并没有结束人类的定居：小规模的、流动的狩猎采集者能够继续获得食物。

在欧洲，新仙女木对北部地区的影响最为显著。在英国，来自人类和与人类活动有关的动物的遗骸数量明显下降。事实上，在英国并没有发现可以追溯到更早的仙女木时期的人类遗骸，尽管已经发现了这个时期的其他人工制品。总体来说，在新仙女木期之前的变暖时期，欧洲大部分地区的人口都有所增加。

人类是如何应对新仙女木事件的气候变冷趋势的？气候变化创造了一种潜力，鼓励从两个方向收集资源。突然降温可能推动了经过时间考验的狩猎和采集策略，这是人类在末期冰盛期之前采用的方法。另外，经过一段时间的人口增长后，人类可能会采取不同的战略，加强对更广泛的食物（如植物）的开发。

对新仙女木的反应模式在中东和纳图夫人得到了最广泛的研究。对近东新仙女木的研究已经产生了至少两种应对危机的可能方案。经过一段时间的人口增长后，在寒冷的气候里，纳图夫人生活的地区有了更多人需要养活。一种假设是对新仙女木有不同的反应。一些部落为了应对更寒冷和更干燥的环境，加强了游牧狩猎和采集，导致考古遗迹的记录更差。也有可能加强狩猎和采集，并使粮食供应多样化。在社会快速发展的时期，气候的急剧变化也激励了狩猎采集者增加种植，以维持他们所创建的复杂社区。由于变冷和干燥减少了一些野生植物的供应，如野生扁豆，纳图夫人收集和种植粮食，以保持他们的定居点，保存他们的文化和社会。在叙利亚北部幼发拉底河流域，因为新仙女木事件导致了野生主食作物的减少，狩猎采集者开始种植农作物。黑麦可能早在13000年前就已经在那里种植了。

另一种情况是，人们对新仙女木事件的反应没有那么剧烈，并认为人类社会在近东和其他地方一样，继续以狩猎和采集为生。支持这一观点的研究认为，这些种子并不是纳图夫人早期种植的证据，而是用作燃料的动物粪便的残留物。按照这种解释，纳图夫人通过重新平衡食物供应来应对新仙女木事件的变冷。

三、农业耕作

在新仙女木期结束后，一旦深海环流恢复，温度迅速回升。热带辐合带和相关的降水再次向北迁移。随着气候变暖，黎凡特地区的农业得到了发展。这些遗址的年代正好在新仙女木时代之后，这个时代被称为"前陶器新石器时代"，为集约化种植提供了强有力的证据，包括丰富的种子和储存粮食的谷仓。那里有充足的野生黑麦，而且随着全新世气候的变暖，人们更多地使用大麦。

可能没有必要去确定是局部对新仙女木期的变冷反应还是对全新世气候变暖的适应，是农业的唯一途径，因为农业不止在一个地区出现，甚至在中东地区。如果说新仙女木事件帮助推动了最近经历了人口增长的狩猎采集者种植农作物，这也使得在内陆较冷、较高地区种植谷物变得困难。在这一地区发现了许多早期有耕作证据的遗址，尽管驯化的具体速度和时间仍然是个问题。在该地区发现了包括黑麦、大麦、角豆和豆类在内的谷物。随着时间的推移，每个地点的作物种植数量也增加了。

在最初的人类祖先和后来的人类作为狩猎采集者生存了几十万年之后，向农业的转变相对迅速。在全新世，一个又一个地区的人们开始种植驯化作物。数千年来，一些人类继续以狩猎采集者的身份生存下来，但他们在人类人口中的比例不断下降，最终在20世纪早期，只有极少数人仍然主要以狩猎采集者的身份生活。

如此大规模的变化，从狩猎和采集转向农业，不能归咎于一个单一的因素，而且研究已经为耕种植物和驯化动物不断增加提供了几种解释。气候变化影响了耕种作物的条件，人口增长导致了向农业的转变。有一种可能的关系是，气候变化使农业容易扩张，从而增加了人口。另外，全新世人口增长创造了获取更多食物的需求。事实上，在全新世开始之前，人口就已经开始增长了。例如，基因分析表明东亚的人口13000年前就开始增长。

对于加强耕作和农业兴起的其他解释，指向了文化和行为的变化。人类在广泛驯化动植物之前，就已经有了与野生植物和动物打交道的长期经验，肯定可以利用这些经验。此外，全新世的良好气候并没有使人们立即转向农业生产。可能需要一到两千年的时间，才能培育出不易碎裂的品种，这些品种的种子不会碎裂，也不会容易被风吹走。今天，我们简单地假设小麦等谷物在收获前基本保持完整，但对野生品种却不是这样：如果谷物随风飘散，农民肯定会遭殃。

这些解释并不互相排斥。在全新世气候变暖早期，人口持续增长。在全新世，气候向更温暖和更稳定的转变为新石器时代的大转变创造了有利条件。新石器时代开始于约12000年前的新月沃土，它并没有抹去觅食的习惯，也没有消灭狩猎采集者，但它引发了一个决定性的转变，即人类开始大量使用驯化的农作物和动物。然而，气候变化并没有造成某种突然使人们转向农业的转变。区域条件决定了农业在不同时期不同地点的出现。

在任何历史研究中，西南亚或近东是农业独立出现的关键地点。几千年来，农业遍及整个地区。早期的农民种植农作物，包括大麦、二粒小麦(法老小麦)、豆类(可食用的种子，如豌豆)和小麦。由于早期的农民选择种植一些作物，他们也可能已经放弃或至少减少了一些作物的种植，如黑麦。

全新世期间在美洲独立地发生了植物的驯化。最早栽培青瓜，其中包括今天的白胡桃等蔬菜，可能早在一万年前就在遥远的南美洲北部出现了。在大约9000年前，在墨西哥南部的巴尔萨斯河谷，南瓜是一种被驯化的农作物。玉米，在美国被称为"corn"，是在美国中部驯化的。科学家们很长一段时间都没能找到玉米的祖先，但现在有压倒性的证据表明，玉米起源于叫 Teosinte 的一种野生植物，发现于中美洲和墨西哥的部分地区。野外遗传分析表明，玉米最早出现在 9000 多年前的墨西哥南部的巴尔萨斯河山谷。当时，当地居民改变了景观地貌，砍伐和焚烧森林，取而代之的是农田。该地区用来研磨和碾磨玉米的石器可以追溯到大约 8700 年前。研磨工具仍然含有玉米的残渣。玉米种植面积扩大，早在 7000 年前，农民就在尤卡坦半岛种植玉米。

在美洲有多个驯化地点。在南美洲，在安第斯山脉进行马铃薯的驯化。值得注意的是，这些居住在陡峭高地的早期农民，找到了利用最初含有高水平毒素的一种作物的方法。驯化土豆的祖先很可能来自安第斯山脉中部，可能来自位于玻利维亚和秘鲁之间、海拔超过 3600 米的提提卡卡湖地区。驯化的日期从 10000 到 7000 年前不等，甚至更早。在前哥伦布时代，这种作物沿着安第斯山脉向南北蔓延。早在 8000 年前，秘鲁扎纳山谷的早期农业村庄就开始吃南瓜等食物。

沿着南美洲的西海岸，复杂的社会从 5000 年前开始在阿斯佩罗（Aspero）这样的地方发展起来，苏沛河（Supe River）就是从这里流入秘鲁北部的海洋。在阿斯波遗址发现的玉米仍然很少，但在内陆地区发现了大量的玉米，表明人们是有意种植一种驯化作物的。

在南美洲，沿安第斯山脉的农业人口种植梯田，利用灌溉系统收集和引导水。秘鲁和玻利维亚的居民开发了控制和储存水的策略。在秘鲁的安第斯山脉，运河系统为恰文·德·万塔尔的仪式中心提供排水系统（公元前 900 年—公元前 200 年）。

北美洲东部的人们也开始种植几种农作物。他们食用的许多主食与中美洲的相同。玉米和一些南瓜品种进入北美洲之前曾在美洲中部种植。其他农作物可能有独立的北美洲起源。有证据表明，在从美洲中部引进玉米和其他农作物之前，北美洲东部的人们就开始种植向日葵和某些种类的夏南瓜。在美洲中部食物到来之前，藜科植物是另一种种植在北美洲东部的植物，后来被遗弃了。

几个世纪后，欧洲定居者遇到了土著民族，他们既种植起源于北美洲东部的作物，也种植从美洲中部引进的作物。英国殖民者在詹姆斯敦遇到了种植南瓜、玉米、豆类和向日葵的波瓦坦印第安人。在马萨诸塞州，清教徒们发现他们的新邻居种植玉米，这对他们很有利。

在全新世期间，非洲也发生了游牧和耕作。早在 8000 年甚至 1 万年前，撒哈拉以南的草原、萨赫勒（Sahel）或热带稀树草原（savanna）的牧民就开始饲养牛，但基因分析表明，在非洲饲养的牛最初可能来自肥沃的土地新月地区。牧牛活动向西部和南部扩展。

非洲是另一个本土作物和从其他地区引进其他作物的复杂地区。和其他地区一样，狩猎采集者采集野草。非洲的庄稼人驯化了包括小米和高粱在内的农作物。这个过程出现在 4000 年前，而且可能开始更早。确切的日期很难找到，因为野生和驯化作物之间缺乏明确的早期界限。地下长有根或球茎的块茎作物，包括山药，证明是生活在热带稀树草原南部的人们重要的驯化作物。

新几内亚人也种植农作物。他们种植了芋头，一种含有淀粉的植物根，还有香蕉。考古证据表明，早在 7000 年前，新几内亚高地就有人种植芋头，而向这种农业的过渡可能早在 1 万年前就开始了。新几内亚人们是否最初种植芋头或驯化这种植物还不确定。

狩猎采集者和农民之间的简单划分，并没有完全囊括狩猎采集者用来改造和塑造地貌的全部方法。例如，在澳大利亚，人们不种地，但还是放火来管理放牧动物的使用和控制植物的供应。澳大利亚当地人也从事早期水产养殖：在澳大利亚位于南部的埃克尔斯山附近，人们在大约 6000 年前就设置了捕鳗鱼的陷阱。

农作物和动物驯养的分散时间表明了气候的重要性，以及人类适应不同地区的农业和畜牧业的能力。近东、美洲中部、安第斯山脉、新几内亚和其他地方的农业，都是在非常不同的条件下发生的：驯化不需要单一的环境，而且人类被证明善于利用和驯化各种各样的作物，例如，马铃薯也被驯化了。从更广泛的角度来看，全新世气候促进了广泛的栽培和驯化。

四、农业的扩张

农业和畜牧业在全新世时期从包括长江流域、黄河流域、黎凡特、墨西哥、西非和新几内亚在内的多个早期中心向外扩展。当农民建立新的定居点或邻近耕作的居民，他们自己也会迁移并带来农业。在第一个场景中，农民们以和平的方式或通过征服的方式迁移到以前狩猎采集者居住的地区。在第二阶段，农业技术和方法逐渐传播给了新的狩猎采集者。考古发现、对人类语言的研究以及最近的基因分析都揭示了这一过程。遗传数据指出了人口流动在通过移民和文化传播推广农业方面的作用。

以欧洲为例，研究已经确定了在全新世早期可能发生的几次人类迁徙。遗传分析表明，中欧和地中海的早期农民与亚洲西南部的人口之间存在联系。在欧洲的中北部，农耕和狩猎采集的人口显然在相当长的一段时间内相互影响。例如，来自瑞典的发现表明，早在 5000 年前就有一些来自南欧的移民。基因分析还表明，食用乳制品的人群从北部和西部向欧洲扩散。研究表明，人类演化过程中，在基因的突变允许成人消化牛奶之前，远古成人是不能食用牛奶的。始于大约 8000年前，这些乳业专家向北和向西迁移。

农业传播到美洲的各个地区。在南美洲亚马孙河流域的考古发现表明 10500 年前的定居点增加了。在这一时期，人工制品也显示出区域多样性的增长。到 4000 年前，人类在亚马孙河流域建立了村庄。农业也开始于同一时期，转向了更加深思熟虑和有目的的农业。

全新世农业的扩张也导致了人类人口的快速增长。人口增长在新石器时代开始之前就开始了，在全新世期间由于种种原因而加速。最明显的一个原因是粮食生产增加了。食物供应影响母亲怀孕和生孩子的频率。狩猎采集型的母亲通常会比农耕社会的母亲用母乳喂养孩子的时间长得多，而且狩猎采集型的母亲只会在孩子 3 岁时断奶。这产生了间隔生育的效果，从而减缓了人口增长率。相反，农业社会的母亲会在孩子更小的年龄断奶，这就增加了人口增长率。

在世界范围内，尽管出现了一些暂时的衰退，驯化还是增加了整体人口数量。在欧洲，人口在向农业转移的过程中迅速增长。在大约 4600 年之后，非洲人口迅速增长。在非洲，农业可能随着说班图语（Bantu）的人的迁徙而传播。类似的农业和人口增长模式也适用于东南亚地区。总体来说，从新石器时代开始到大约 5000 年前，世界人口从大约 400 万到 600 万增加到 1400 万，尽管估计数字各不相同。

一旦人口转向农业，就越来越难以回到狩猎采集的生活。农民重塑了自然景观，使得以狩猎采集为生变得更加困难。农民在资金、劳动力和时间上进行了大量投资，以清理土地、种植庄稼和饲养动物，而人口增长造成的人口数量太大，无法靠狩猎和采集为生。以狩猎采集为生的人口密度各不相同，但以农业为主要食物来源的社会的人口密度要比以狩猎采集为生的社会高得多。因此，农业创造了人类突破以往人口限制的可能性。与此同时，农民越来越依赖能维持他们生活方式的气候。原则上，只要人口密度保持在较低水平，采集狩猎者就可以分散到新的地区，但农业人口不可能在不遭受大规模破坏和危险的情况下集体离开。像新仙女木这样的事件会对大量依赖农业的人口造成更大的破坏，而不是对一个规模小得多、以狩猎采集为生的、有在各种生态位中获取食物经验的人口造成更大的破坏。

全新世期间的总体人口增长并不能保证所有农业区的持续增长。例如，这个时期的证据被称为前陶器前新石器时代，在黎凡特出现农业之后，人口出现波动。大约10500年前，在陶器前新石器时代的第一个时代，美索不达米亚和黎凡特地区的农业村庄的规模和数量都有所增加。这样的村庄也出现在比前一个纳图夫人时代更广阔的地区。然而，在8900至8600年前，人类的定居点缩小了。这是由多种原因造成的，可能包括向北部和西部的迁移、战争、在提供了更多宿主的较大社区中传播的疾病、变冷的趋势、更多的干旱条件以及这些因素的组合。这段时间气温骤降。这个变冷事件称为8.2kaBP气候突变事件，或者简单地说是8.2ka事件。

在某种程度上与新仙女木期相似，8.2ka的气候事件中断了向变暖和降水增加的转变。在这种情况下，气温下降的幅度低于新仙女木期的估计，格陵兰岛冰芯的温度下降了约6摄氏度，而整个欧洲的平均气温下降了约1摄氏度。冰芯表明，降温持续了大约150年，冰川在巴芬岛扩大。

在相对稳定的全新世，8.2ka事件是自新仙女木期以来最剧烈的气候波动之一。8.2ka事件的地理表现与新仙女木相似，最冷的温度影响了大西洋东北部地区，非洲和亚洲也在变干。然而，相对新仙女木事件，几乎没有证据表明南半球气候变暖。新仙女木事件，一个大的脉冲淡水进入北大西洋，减慢了深海环流。在8.2ka事件，阿加西湖是一个巨大的冰川湖，通过哈德逊湾流入大西洋。8.2ka事件发生在复杂文明兴起之前，所以我们找不到大城市崩溃的考古证据。再一个极端，8.2ka的事件可能导致了新石器时代社会的崩溃或移民，但一个相反的解释强调了新石器时代人民适应这种气候变化的能力。例如，在叙利亚北部的泰尔萨比阿亚德（Tell Sabi Ayad）遗址，考古记录显示，这一事件前后发生了许多变化，包括有证据表明，纺织品产量增加了，人们抛弃了猪，转而饲养牛。这种变冷现象可能会阻碍新石器时代到达欧洲。

然而，8.2ka的事件并没有导致人类社会的永久崩溃，在一个新的阶段，在近东和其他地方继续发展，称为陶器新石器时代。一种解释认为8.2ka事件导致了从西亚到巴尔干半岛的移民。然而，近东的农业村庄被证明是有弹性的。当然有可能找到被遗弃的地点，但它们并不位于可能受8.2ka事件影响最严重的地区。这些影响也可能因地区而异。因此，一项以人类活动为代表的苏格兰研究发现，人口数量正在锐减。

五、绿色撒哈拉的结束

在非洲构成今天撒哈拉沙漠和邻近南部地区的大部分土地上，在全新世时期，气候的波动在人类获取和生产食物的策略中扮演了重要的角色。在北非，从更新世后期开始至全新世早期，带来了后来被称为非洲湿润期的时期，是最近的绿色撒哈拉时期。这似乎很难让人相信，今天的撒哈拉沙漠是世界上最大的温暖沙漠，但从12000至5500年前，撒哈拉沙漠是一个被植被和湖泊覆盖的地区。古湖床沉积物显示出比现在高得多的湖泊水位。今天的乍得湖，由于人类活动导致的气候变化而不断缩小，其面积仅为曾经远远超出了现在的湖岸的古代古湖泊的一小部分。丰富的水供应养活了大量的人和动物，而这些人和动物今天要么是稀缺的，要么在撒哈拉的大部分地区已经完全消失了。在沙漠中露出地面的岩石上的雕刻让人回想起这个非常不同的过去。这些雕刻描绘了人们游泳、大型狩猎、成群的牲畜以及包括河马和鳄鱼在内的野生动物。绿色的撒哈拉里的鳄鱼生活在消失的沙漠湖泊里。如今，尽管在北非毛里塔尼亚的洞穴和季节性湿地附近发现了一小部分残存的种群，但它们大多已不复存在。

这种非洲湿润期是和地球轨道的变化使季风强度增加有关。根据旋进周期，北半球的夏季与大约11000年前的近日点重合。结果，夏季的太阳辐射增加了约8%，这对低纬度地区影响特别大，因为那里没有大的冰盖来缓和日晒增加的影响。更大的夏季日晒增加了大片陆地和周围海洋之间的温差，导致热带辐合带向北移动，夏季季风增强。在此期间，季风降水增加了50%。

撒哈拉的人口在非洲湿润期开始增长。人类在整个东撒哈拉定居下来。采集狩猎者和最终的牧民都在这个地区安家。撒哈拉所有地区的人口增长率都不一样，但总的人口迅速增加。人类群落在湖泊周围形成，例如，在尼日尔的戈贝罗古湖（已不复存在的古湖）。公元前7700至6200年，生活在戈贝洛的狩猎采集者在撒哈拉创造了第一个已知的墓地。在东部，非洲湿润期也改善了东非狩猎的条件。撒哈拉的人口有波动。例如，人们在6200至5200年前的大约1000年的时间里，放弃了戈贝罗古湖的遗址，但在5000年前，非洲湿润期结束时，人口才急剧下降了一些。例如，在戈贝罗湖，埋葬的记录出现在公元前2500年之前。

受与岁差相关的太阳辐射减少的驱动，非洲湿润期的结束给人类人口带来了重大挑战。随着古湖泊干涸，一些人群变得更加灵活迁徙。有些人离开撒哈拉，往南或往东进入尼罗河谷。人口集中在尼罗河沿岸，紧接着埃及就出现了法老制。

其他人则加强了对最有利生态位的利用。干旱的迅速增加使人类有理由更充分地利用新的获取食物的策略。干旱的加剧危及了快速干旱地区的驯化，但也可能促进了农业的发展。由于狩猎和采集的供应不足，越来越多地依靠驯养动物获得好处。来自岩石艺术的图像和陶器上残留的乳脂表明，在公元前5000年北非使用驯养的牛。尽管有乳糖不耐症，人们还是能够将牛奶加工成黄油、奶酪或酸奶，然后食用乳制品。在埃及西南部高原上的瓦迪巴克特（Wadi Bakht），人们在大约5500年前经历了一次剧烈的气候变化。他们变成了游牧民族，直到4500年前，最后一次干旱才结束，人类抛弃了这个地区。

干燥趋势似乎使人口种群既分散又集中。在西非，干旱状况的总体趋势可能使人口集中在尼日尔河沿岸，并助长了权力更加集中的城市地区的崛起。

气候的变化可能影响了大规模班图人迁徙的路线和时间，这些迁徙重塑了非洲大部分地区的人口地图。今天，说班图语的民族占中非和南部非洲人口的绝大多数。基因分析表明，大约5600至5000年前，班图人开始从西非和中非迁出。在3000至2000年前，一场干旱使非洲中部的森林缩小。由于森林变稀疏，班图农民可以更容易地向南迁徙。新移民很可能首先来到森林边缘，然后再深入森林地带。他们建造村庄，使用陶器，并且似乎发展简单的农业。在喀麦隆南部发现的驯化珍珠粟可追溯到公元前400年至公元前200年。根据对大量班图语言的分析建立的模型表明，班图人追随破坏了的雨林新出现的大草原地区，在距今约4000年前，沿着这些地区边缘地带居住。然后在2500年前，在一些中心地区居住，如桑加（Sangha）河。相比之下，雨林地区减缓了移民。

大约在2500年前，班图人就开始使用铁器了，而对木炭冶炼铁的追求以及气候对森林构成的影响，也可能产生了另一种影响。干燥的气候造就了一片穿越西非雨林的热带稀树草原。油棕树在草原带中蔓延扩散。在喀麦隆的奥萨湖，人类收集和使用木材冶炼铁，可能有助于减少森林的树冠。但是，2500年前全新世森林的全面消失，使得即使没有人类活动，油棕也得以在非洲中部蔓延开来。该地区的气候变化导致了非洲中部从常青树景观到稀树草原的转变，但这也是在班图人迁徙时期，而且风化作用的增加也源于人类活动。在东非，也不一定能确定降水和人类活动对植被的相对影响。

六、复杂的社会

全新世农业的扩张使文明的出现成为可能，尽管文明开始的时间因地区而异。通常被认为是文明的最早的社会，可以追溯到一个许多人仍然以狩猎采集为生的时代。在一个特定的时期，不是更温暖、更稳定的气候也不是农业使得文明出现了。然而，人类文明在全新世不断出现。这样的文明有许多共同的特点。他们拥有越来越复杂的社会和政治组织或政府。他们有更大的社区和城市，在某些情况下，还有精心设计的仪式场所。他们的统治精英和宗教领袖建造了宫殿、庙宇和纪念碑。他们拥有更密集的贸易和交流网络，在许多情况下，他们发展了写作。

人类文明最早出现在5000多年前的美索不达米亚，之后不久出现在埃及。这一时期被称为青铜器时代，人们用青铜制造工具和武器等物品。文明独立地出现在世界其他地区，出现在公元前2000年的中国，出现在公元前1000年的美洲中部和南美洲。在任何情况下，全新世稳定的温暖期都有助于生产驯化作物和增加人类人口，这是人类文明的重要基石，而人类文明则依赖于有了盈余。

以美索不达米亚人类文明的第一次出现为例，农业随着农耕村庄的扩散而扩张。农民普遍经历了良好的气候条件，虽然海平面上升淹没了波斯湾沿岸地区。更大的定居点，如公元前5800年左右，在美索不达米亚北部的泰尔哈苏纳遗址可以支持500人。专门用于宗教活动的建筑也可以追溯到这个时代。在扎伊丹(Tell Zaidan)，不断增加的社会和政治复杂性也是显而易见的，这是一个大约公元前4000年的幼发拉底河流域的社区，这里有一座寺庙，还有一些精英文化的标志，比如印章，或者用来标记财产的物品。

公元前4000年，在美索不达米亚，大型城市出现了。乌鲁克最初在公元前4200年左右有人类定居，后来在公元前3500年，成为苏美尔文化的中心。乌鲁克的人口从1万人增加到5万人。这座城市拥有一个大型的宗教寺庙群。公元前3100年，乌鲁克在其居住地网络崩溃之前建立了定居地。然而，尽管乌鲁克遭遇挫折，新的城市模式还是在美索不达米亚各地蔓延开来，建立了30多个城市中心。

埃及文明的出现经历了许多相同的一般阶段。在公元前5500至公元前5000年，尼罗河沿岸有村庄。城镇出现在第四个千年后期。埃及和美索不达米亚有大型的宗教仪式场所，尽管埃及的城市较少。相比美索不达米亚，在那里早期的城市作为独立的城邦，埃及公元前3100年在法老的管理下是统一的。

气候和文明之间的联系是复杂的。人类文明既高度依赖适宜农耕的气候，又对气候波动表现出越来越强的适应能力。埃及和美索不达米亚两国都在地中海东部普遍干旱的情况下繁荣昌盛。

文明也出现在南亚和东亚。在南亚，最早的文明发源地是印度河沿岸，现在的巴基斯坦境内。摩赞佐达罗和哈拉帕等大城市的遗迹可以追溯到公元前2500年。

全新世中期的温暖，有时也称为全新世气候的最佳时期，促进了新兴文明和没有复杂政府和社会组织的农业地区的发展。任何明显的气候变化趋势都可能有利于某种特定的生命形式，无论是恐龙、有袋类狮子还是猛犸象，但全新世的气候最适宜为以农业为基础的文明提供优势。农业的扩张使人口持续增长，并使精英们得以开采资源，为与文明相关的宗教和政治场所提供资金。

大规模收集和储存粮食的能力为文明社会应对歉收提供了韧性。

在公元前 2000 年左右，近东地区的人口与城市增长的分析情况表明，定居模式与气候脱钩。这一发现并不能证明人类文明已经不受任何气候冲击的影响，但它表明人类的恢复能力正在增强。有利的条件可以使农业受益，但人口可以在干旱时期增长。

随着科技、艺术和建筑的进步，以及大量令人印象深刻的建筑物和其他建筑工程，全新世农业社会产生的文明也产生了负面影响。农业生产了更多的食物，养活了更多的人口，但更多的食物并不一定意味着更好的健康。事实上，从许多方面来看，务农的农民比采集狩猎者健康状况更差。作为人口平均健康状况指标之一的平均身高，在农业被采用后直线下降。考古学的证据支持了这样一种观点，即狩猎采集者社会按照这个指标就有令人惊讶的健康。希腊和土耳其人在上一个冰河时代末期的平均身高约为 175.26 厘米，但随着农业的普及，这一数字大幅下降，到公元前 3000 年降至 160.02 厘米。

文明也孕育了新的疾病。更高、更密集的人口增加了疾病宿主的数量，而这些疾病原本是可以被消灭的。全新世农业社会为建造金字塔和金字形建筑提供了富余的食物，为创造文字提供了社会复杂性，同样也促进了流感、天花和麻疹等疾病的传播。例如，久坐的人口越多，就为结核病的传播提供了更好的条件。

全新世农业社会对资源的收集，极大地增加了建设高度不平等社会的机会。一个以狩猎采集为生的群体，其领导人的权力和特权当然比普通成员大，但生活在一个定期打点行装迁徙的小社区里，对聚敛财富的能力施加了极大的限制。相比之下，大多数从农业中获取盈余的文明都见证了强大的世袭精英的崛起。

全新世标志着气候和人类历史的决定性转变。在过去的数万年里，智人生活在一个气候波动更大的世界里。新仙女木事件之后的气候并不是静态的，但波动远没有那么明显。几千年过去了，我们仍然认为这是一种常态：气候相对稳定。对于人类社会来说，全新世也经历了前所未有的变化。曾经以狩猎采集为生的人类的后代越来越多地成为农民。狩猎采集者并没有立即消失，但是人类作为农民生活的比例，以及在许多情况下生活在复杂社会中的比例增加了。最近，随着农业效率和生产率的大幅提高，农业从业人员的比例已经下降，但我们仍然把驯化动植物养活一个庞大的人口作为一个基本准则，这个人口数量远远超过全新世之前的人口数量。

第四节　文明的兴衰

在几千年的时间尺度上，无数的文明和人类社会出现了、改变了、在全新世后期某些情况下衰落了。传统上，气候是这些社会历史中未经检验的背景的一部分。因此，在研究全新世社会的历史时，地区特定社会的气候类型具有很大的影响作用，即使在全新世晚期，社会也可能面临气候波动影响的重大动荡。

我们一旦不再把气候变化仅仅看作是人类活动的背景，将气候变化的历史与人类历史结合起来，就有了几种可能的方法。最谨慎的做法是，气候有助于农业的基本条件和日常生活，而不是政治或经济变化的主要原因。当然，在气候相对稳定时期，繁荣的社会可能永远不会面临气候方面的重大挑战，但另一种方法认为，气候可能是导致文明兴衰的一个因素。这是崩溃研究中最引人注目的形式。相反，另一种方法侧重于恢复力和社会如何应对和适应气候变化以及其他外部变化。

总体来说，全新世的文明和复杂社会既能适应气候变化，又容易受到气候变化的影响。如果文明在更早的时候出现，它们很可能在气候变化面前崩溃。例如，在道格兰或白令海峡，一个复杂的社会最终会被海水淹没。分散的狩猎采集者在海浪下留下的不会是亚特兰蒂斯。在受新仙女木事件影响最严重的地区之一，大规模的文明可能遭受了巨大的伤害。在全新世没有类似的气候变化，但主要文明仍然面临气候波动。控制环境和储存资源的能力使文明和复杂社会具有恢复力，但即使是更小的变化也可能对依赖稳定条件和稳定的水和降水供应的文明构成挑战。

一、4.2ka 干旱

对于气候科学家来说，文明的命运就在身边，印度河流域文明的衰落可能是气候变化对一个高度发达社会造成破坏的例证。通过许多措施，印度河文明遗址的恢复继续给我们留下深刻印象。两个最大的遗址，莫恩约达罗（Moenjodaro）和哈拉柏（Harappa）为我们提供了城市设计和规划的证据，包括几何结构的形成，大型雄伟建筑的地基。这些城市的人口估计在 35000 到 50000 人。Moenjodaro 以其具有井水系统、排水系统和一个大水池而著名。这个失落文明的其他遗址展示了对控制和储存排水、水井、渠道和水坝的重视。印度河文明的人们也发明了一种文字形式，尽管到目前为止，这些文字的碎片还没有被完全破译。

与美索不达米亚、埃及和中国形成对比的是，印度河流域的文明后来陷入了沉寂。大约公元前 2400 年，它出现在美索不达米亚和埃及之后。印度河文明在公元前 1800 年左右开始衰落，这个文明中最大的定居点在公元前 1600 年左右被遗弃，早在美索不达米亚和埃及的古代文明结束之前。

是什么导致了如此复杂的社会的终结，这个问题引发了争论。一位考古学家在遗址上进行了大规模的发掘工作，他声称散落的尸体是雅利安入侵者进行的大屠杀的受害者，雅利安人洗劫了城市，摧毁了文明。这种叙述很有戏剧性，但并不令人信服，因为各种各样的尸骨并不能证明任何特定组织进行了屠杀或使城市毁灭。许多骸骨也可能是被埋葬的，尽管是以一种原始的方式，而且几乎没有考古学证据表明这是一种城市大规模毁灭的行为。其他历史学家提出了印度河河道可能发生了变化，以取代入侵假说。这种波动肯定会导致一些印度河流域遗址的衰落，但不能解释为什么一个先进的社会就不沿着一条新的河流前进。最后，最新的考古学研究对突然崩溃的概念提出了异议，指出了定居点模式向东部较小社区的转变。在这种情况下，印度河流域的一些人幸存了下来，并适应了一种新的生活方式。农业可能就是以这样的方式随着移民而迁移的，但是印度河文明，连同它独特的人工制品和文字，已经灭绝了。

在所有可能的原因中，气候变化似乎是破坏印度河文明的最决定性因素。季风降雨提供了不可缺少的降水，当季风移动时，文明就消失了。大约 5000 年前（公元前 3050 年），在这个地区一个强烈的夏季季风助长了强烈的洪水。但由于地球的旋进周期导致夏季日晒减少，季风强度减弱。4500 年之后（公元前 2550 年），这种干燥的趋势有利于农业的兴起和该地区复杂社会的发展。河流变得更平静，洪水也不那么极端，沿河修建城镇成为可能。然而，与减弱的季风相关的降水持续减少威胁着农业。孟加拉湾沉积物的地球化学分析为干旱趋势提供了证据。沉积物中埋藏的植被生物标志表明，在 4000~1700 年期间（公元前 2050 年和公元 250 年），适应干旱条件的植物越来越丰富。1700 年以后，适应干旱条件的植物占优势。从这些沉积物中收集到的浮游生物壳记录了自 3000 年(公元前 1050 年)以来孟加拉湾整体盐度的增加，这表明该地区河流流量减少。人类可能通过过度放牧和滥伐森林造成这一问题，导致水资源供应进一步紧张。对人类遗骸的古病理学分析表明，疾病随着气候压力的增加而增加。从某种意义上说，如果一些人迁往东部，那里的人口是有韧性的，但是这些移民并没有保存他们自己的文明。

越来越多的证据支持气候变化是印度河文明终结的主要原因，这为我们提供了重要的历史教训。即使是一个能够控制水的先进社会也会因干旱而灭亡。即使印度河流沿岸居民增加了他们对降水量波动的独立性，他们仍然很容易受到剧烈的气候冲击。这个例子提出了重要的问题：人类社会能在什么程度上保持韧性，并适应气候变化？在什么情况下，它们的战略会失败？

古埃及王国在公元前 3000 年末期的衰落引发了这样的疑问：干旱趋势是否给埃及带来类似的压力。旧的王国见证了一个强大而富有的国家的崛起，拥有丰富的宗教文化。当我们想象古埃及的巨大建筑时，我们通常会想到古王国：这是大金字塔建造的时代。后来的埃及历史留下了纪念碑，但开罗西南吉萨的巨大金字塔和狮身人面像都可以追溯到古王国。所有这些都需要设计、规划和劳动力方面的技能，所有这些都依赖于农业剩余的开发。这种过剩需要稳定的农作物用水供应。在根本上，整个先进的埃及社会的大厦是建立在尼罗河流域农民的生产能力之上的，他们生产的粮食超过了他们的生活所需。

在古王国的末期，中央集权统治瓦解，从公元前 2160 年到公元前 2055 年，埃及进入了所谓的第一个中间时期。古老王国的巨大纪念碑的建造宣告结束。在这段时间内，古王国和中王国之间的内乱和混乱加剧了。

古王国最后法老佩皮二世的长期统治导致了权力斗争，但强有力的证据表明，洪水的减少削弱了埃及的国力。埃及中部法尤姆洼地的湖泊干涸了。大量研究表明，约 4200 年前，地中海东部和西亚地区出现了大范围干旱(公元前 2250 年)。尼罗河三角洲的地质记录的尼罗河流量的最小值，正好与古王国的崩溃相一致。在这种情况下，由干旱趋势引起的尼罗河洪水的减少助推了国家的崩溃。

在当今世界，气候变化最可怕的影响往往发生在那些没有财富或权力的人身上，因为精英阶层通常能更好地避开气候变化最严重的后果。然而，这并不总是正确的。在埃及，古王国的中心国家分裂了，但精英阶层奢侈品生产的下降并不等于更广泛的手工艺品生产的崩溃。特别是，等级较低的埃及人的坟墓里有更丰富的物品，包括护身符和珠子。按照这个标准，平民可能不会遭受与精英相同的损失，至少只要他们能在任何饥荒中幸存下来。

古埃及文明对大约公元前 2000 年的干旱事件也表现出了韧性，第一个中期并没有导致文明的崩溃。王权的模式在中期幸存了下来，埃及在中央王国期间恢复了实力。干旱可能削弱了古埃及文明，但并没有摧毁它。然而，出现在第一个中期的文化变化有持久的影响。中央王国的法老们，虽然非常强大，但获得了一个新的形象，不仅仅是一个统治者，而且是一个牧羊人。

在青铜时代的剩余时间里，人类社会和文明在各种不同的环境中繁荣昌盛。全新世农业继续维持人口增长，并帮助支撑了欧亚大陆不同地区的文明。文明在美索不达米亚和埃及以及美索不达米亚北部幸存下来。赫梯人帝国控制了叙利亚安纳托利亚的大部分地区，在公元前 13 世纪赫梯人与埃及新王国作战。青铜时代的文明也在爱琴海附近的克里特岛(克里特岛是米诺斯文明的发祥地)和希腊南部的迈锡尼大陆上繁荣昌盛。

二、早期人类对气候的影响

在一个比后期小得多的规模上，全新世的牧民和农民增加了温室气体的排放。畜牧业的扩张至少有可能产生更多的甲烷。新石器时代和青铜时代，以类似的方式清理土地和烧毁树木，导致了二氧化碳排放增加的可能性。早期的人类活动假说认为，由于农业和土地利用的发展，人类对气候的干扰早在工业革命之前就开始了。这种早期人类作用力的证据来自 7000 年前开始观测到的二氧化碳增加，在大约 5000 年前开始的甲烷增加，这种模式在以前的间冰期的对应点没有出现过。二氧化碳增加的时间与清理土地用于农业相一致，甲烷的增加与水稻种植用地的泛滥和牲畜的扩张相一致。早期文明对气候的影响仍然是一个值得讨论的问题。

三、青铜时代晚期危机

青铜时代的结束带来了混乱，在某些情况下，给复杂的社会带来了灾难。在埃及，在公元前 1070 年，国家的分裂导致了新王国的结束。在公元前 1000 年，埃及经历了分权、内战和外国入侵，最终落入了一系列外国帝国的手中。在安纳托利亚，在公元前 1160 年，赫梯帝国崩溃，尽管赫梯语在国家灭亡后幸存了下来。在公元前 12 世纪，在叙利亚沿海，尤加利国家崩溃了。希腊文明也彻底崩溃了。在青铜器时代晚期，克里特岛克诺索斯的米诺斯宫殿被废弃，尽管该遗址保留了一些人口。青铜器时代的文明并没有在希腊大陆赖以生存。迈锡尼文化的宫殿被摧毁，在公元前 1200 年至公元前 1100 年文化崩溃了。

这种变化是如此深刻，以至于最早时代的希腊文明消失在神话中。荷马的史诗，创作于铁器时代，回顾了更早的希腊文明，它是如此遥远，以至于后来的口头传统的读者想知道是否真的有一个特洛伊城，更不用说特洛伊战争。直到 19 世纪 70 年代，业余考古学家海因里希·施里曼（Heinrich Schliemann）与一位名叫弗兰克·卡尔弗特（Frank Calvert）的美国驻土耳其副领事合作，挖掘出了特洛伊城的废墟，特洛伊城的存在才得以确定。

随着希腊青铜时代的崩溃，文明遭受了重大的破坏。希腊青铜时代的文明终止之后，以雅典等城市而闻名的希腊文明，直到大约 300 年后才开始出现。

青铜时代末期，是什么原因使南欧和黎凡特的许多复杂社会遭受了这一系列的严重挫折的呢？入侵是一种可能性。当代的埃及文献提到了海人的袭击，但没有提供很多细节来确定这些海上袭击者。来自哈布城（Medinet Habu）的题词，是在法老拉美西斯三世的停尸房，它描述了埃及人战胜海洋民族的胜利："那些来自海中岛屿的国家的人，他们向埃及进军。这些网是为他们预备的，要把他们缠住。他们偷偷地进入港口区，就掉了进去。他们被当场抓获，然后被处决，尸体被剥皮。"这种描述传遍了埃及，但这一记录并没有强调胜利可能付出的代价。

自然灾害也可能动摇青铜时代晚期的社会。以米诺斯为例，考古学家研究了瑟拉（Thera）火山喷发大约在公元前 1600 年在一小群岛屿中的火山喷发造成的破坏，这是人类所见过的威力最大的火山爆发之一。它留下了高达 30 米厚的火山沉积物。调查这样一次毁灭性的喷发是否摧毁了文明是有意义的，可能是火山或海啸破坏了米诺斯，但它并没有立即摧毁希腊大陆的米诺斯文化的所有遗址或抹去青铜时代文化。

从青铜时代到铁器时代的过渡，是青铜时代晚期危机的另一个可能原因。由于铁取代了青铜，一个没有现成的铁供应的国家或文明，将面临军事上的劣势。无论是由于向铁器的转变、外部势力的强大、内部的分裂，还是由于所有这些因素和其他因素的综合作用，埃及在公元前 1000 年经历了多次入侵。在 8 世纪，位于努比亚南部的库什王国入侵并占领了埃及。亚述是一个崛起于美索不达米亚北部的强大的军事社会，在 7 世纪入侵。波斯在 6 世纪后期掌权。亚历山大大帝于公元前 331 年征服了埃及，结束了最后一个本土王朝的统治，罗马于公元前 30 年占领了埃及。这些外部势力对埃及行使直接权力的程度各不相同，但这个曾经高度独立、延续了 2000 多年的文明，却变成了一个帝国的省。

除了个别的自然灾害、内部问题和外部攻击外，气候变化可能是造成地中海和黎凡特青铜时代晚期社会压力的一个原因。北半球的一系列温度升高，随后在早期铁器时代温度下降和干旱加剧，导致了"水文异常"，即在公元前 1200 年至公元前 850 年可用水量减少。尼罗河三角洲的植被记录指向一系列的区域干旱，包括约 4200 年和 3000 年（公元前 2250 年至公元前 1050 年）的干旱，影响了这个地区的文明。

如果没有任何单一的灾难性事件，年复一年平均降水量的下降会减少食物的供应。这不是一个突然的气候冲击，而是一个不断增长的压力的原因，它与其他内部和外部问题相互作用，削弱了地中海和黎凡特的青铜时代晚期社会。在这种情况下，食物短缺也可能促使海洋民族的入侵，促使绝望的人们为了寻找新的生活方式而迁徙。根据这种解释，海洋民族不是掠夺成性的海盗，而是环境难民。

青铜时代晚期的气候波动并没有破坏所有的文明和人类社会。欧洲西北部人口下降，但在早期铁器时代的变冷是在人口下降之后出现的。然而，这种时间安排，如果站得住脚的话，并不能证明气候与爱尔兰等地区人类社会的命运无关。如果气候变化不能决定人口下降的速度，在从青铜时代到铁器时代转型时，那么更冷的时期仍然会使面临其他挑战的社会的农业更加困难。

在大约公元前 1000 年之后，北美洲的一些复杂遗址被废弃，这引发了一个问题，即在这一时期的气候波动是否给美洲带来了社会压力。特别值得一提的是，在现在的路易斯安那州的波弗蒂角，有一个大型的复杂土丘，包括一系列建于 3700 至 3100 年前的土丘和山脊。根据大多数的解释，这些遗址后来被遗弃了。2600 年前左右，出现的早期林地文化人，其人口密度较低，贸易范围较短。随着移民和技术变化，气候变化也是造成这种文化和社会转变的可能原因之一。特别是，气候变化可能增加了洪水的可能性，正如沉积物中记录的那样。该地区气候缺乏比较详细的代理指标，存在确定年代的问题，以及保护波弗蒂角高地上免受洪水危害，对这个气候变化假说构成挑战，但该地区的洪水可能扰乱食品供应和贸易路线。

铁器时代的社会同样也无法避免气候变化带来的影响，而气候变化也给青铜时代晚期的社会人类带来了挑战。亚述人的例子就是早期铁器时代帝国军事力量的最成功的一个，以及干旱条件可能造成的压力。依赖他们在美索不达米亚北方的权力基础，亚述人的国王每年都发动战争。他们拥有铁甲和武器、军事工程师，掌握围困的方法，取得了无数的胜利。亚述军队征服了叙利亚、腓尼基、以色列、巴比伦和埃及。（有时，他们使用恐怖手段。例如，有一篇题词说："我在他的城门上立了一根柱子，剥了所有反抗的首领的皮，把他们的皮盖在柱子上。"）亚述人大规模驱逐一些被征服的民族。气势恢宏的亚述石刻描绘了被驱逐民族的运动，以及战争和皇家狮子狩猎等其他主题。

几个世纪以来，亚述人一直坚持自己的军事力量，但不久就崩溃了。亚述帝国在公元前 7 世纪晚期遭受了内战和叛乱，并在公元前 612 年，首都尼尼微城被巴比伦和米底亚人的军队占领。

然而，一个长期以来在其邻国中引起如此之多恐惧的国家的垮台，似乎出人意料地突然。叛乱和内战导致了亚述帝国的灭亡，但是气候变化也可能给亚述带来了负担。近东在公元前7世纪经历了干旱，与此同时，亚述不得不供养更多的人口。

从青铜时代晚期到铁器时代早期，太阳能辐照的下降也可能影响了气候。欧洲泥炭沼泽地的测量结果表明，在这一时期的太阳辐照度下降。根据一些模型，太阳辐照度的下降导致了降水量的增加，从而减少了中亚和南西伯利亚的沙漠，扩大了草原面积。更多的草料反过来又会增加该地区的游牧人口，包括一个被称为斯基泰人的游牧民族。随着人口的增长，斯基泰人向西迁移到高加索、黑海，最终到达欧洲。在5世纪的时候，希腊历史学家希罗多德描述了斯基泰人。他记录说，斯基泰人自己说他们来自沙漠，但希罗多德认为他们来自亚洲。希罗多德在叙述邻国人民对斯基泰人发动的战争时，也提供了证据，可以用来解释斯基泰人作为对入侵的反应而迁徙的另一种解释，如果气候影响了斯基泰人的迁徙，干旱也可以解释他们向西迁移的原因。

四、气候最佳时期的罗马

在全新世时期，干旱趋势造成了区域压力。相反，更稳定的气候条件有利于文明的发展。例如，从公元前400年到公元前200年，是气候相对温暖和稳定的时期，被描述为罗马的气候或气候最适宜的时期。这些术语源于这样一种观点，即古典时代（公元前5世纪至公元前4世纪中叶）的复杂社会和强大帝国得益于其时代的气候。当然，这样的最佳条件并不是固定不变的：一个非常不同的气候，对这样的帝国来说非常不适宜，但对其他生命来说可能是最佳的。比如，冷得多的末次冰盛期气候对驯鹿来说是最理想的。因此，"最佳"一词本身就表明了气候变化与人类历史之间的密切关系。

罗马这个最强大的古代帝国，在气候最适宜的时期繁荣昌盛。它来自意大利中部台伯河畔的一个小城邦，后扩张到统治整个意大利和地中海盆地，并最终到欧洲广袤的西部和东南部的内陆地区。罗马的起源一直被传说和传说中的两兄弟罗穆卢斯和莱姆斯所笼罩，据说这两兄弟是由一只狼养大的。他们战斗并获得了胜利，罗穆卢斯以自己的名字命名了这座城市。另一个传奇故事是因罗马作家维吉尔的史诗《埃涅伊德》而出名的，它讲述了特洛伊难民建立罗马的故事。可以确定的是，公元前8世纪的罗马实际上是一个村庄或小镇。在早期，罗马有国王，但在公元前6世纪晚期，罗马放弃君主制，成为一个共和国，每年选举执政官和参议院。由于其强大的贵族统治，这个共和国并不是一个大众民主政体。

罗马扩张的一个标准的叙述是以战争、扩张的军队和公民为特征。从台伯河的起点开始，罗马稳步发展。这一过程早在罗马帝国统治之前就开始了。罗马与邻国拉丁人进行了一系列的战争。在公元前4世纪，罗马打败了拉丁美洲，并使被征服的拉丁美洲人成为罗马公民，从而加强了罗马的军事力量。这种扩大公民数量的选择，为罗马在几个世纪中反复采用的增长模式树立了榜样。在南方，罗马与希腊殖民地作战，同时吸收希腊文化的元素。公元前3世纪，罗马曾与皮拉斯国王进行斗争，但最终被击败。皮拉斯国王应意大利的希腊城邦之邀，协助他们对抗罗马。

罗马进行了一系列战争，反对迦太基的布匿战争，是罗马在地中海争夺霸权的最大对手。在第一次布匿战争中，从公元前264年至公元前241年，罗马占领了西西里岛。第二次战争，从公元前218年至公元前201年。在这场战争中，罗马打败了专横的迦太基将军汉尼拔，这是一场艰苦的战斗，罗马在最终获胜之前遭受了失败。第三次也是最后一次布匿战争，发生在公元前149

年至公元前 146 年，是一场复仇的战争。罗马通过摧毁迦太基、摧毁城市、进行屠杀和驱逐来报复叛乱，这预示着种族灭绝。罗马在对马其顿的一系列战役中完成了对地中海的征服，公元前 1 世纪，进入了地中海的叙利亚。他们也远离海岸：尤利乌斯·恺撒作为领导征服了高卢。

有了恺撒，罗马开始向帝国过渡。恺撒的遇刺引发了一场权力斗争，他的侄子和养子屋大维取得了胜利。屋大维作为元首或第一统治人，拥有统治权或更大的指挥权，实际上建立了罗马帝国。通过政府的转变，帝国继续扩张，进一步远离地中海，回到恺撒到达的不列颠、罗马尼亚，前往瑞士，后来德意志部落把罗马人赶回了莱茵河。

罗马的例子不仅揭示了气候作为人类历史主要因素的重要性，也揭示了气候一体化的局限性。在上述简短叙述的基础上，从罗马扩张的许多历史来看，传统上并不认为气候是罗马成功的主要原因。许多因素促成了罗马的胜利和帝国的发展。罗马人自己也宣称要战斗并赢得正义的战争。不管别人是否认为他们的战争是正义的，他们也受益于赢得胜利、获得奖赏的军事精英。许多罗马的将军们非常能干。像恺撒这样的指挥官来自贵族精英，当罗马帝国在公元 3 世纪遭受挫折时，职业军人取代了贵族中的指挥官。军团中长期服役的职业士兵提供了一支经验丰富的战斗部队。

罗马将邻国和被征服的民族纳入帝国，这种能力及其军事力量扩大了罗马的力量。这与希腊著名的城邦斯巴达形成了惊人而鲜明的对比。从公元前 6 世纪至公元前 5 世纪，如果不是更早，斯巴达是希腊所有城邦中最强大的军事力量。公元前 5 世纪，斯巴达人联合雅典人作战对抗波斯帝国，然后在公元前 431 年至公元前 404 年与雅典人进行了长达数十年的伯罗奔尼撒战争。斯巴达依赖于训练有素的士兵，这些士兵要经过多年的训练，但是斯巴达士兵的数量在公元前 4 世纪就减少了，斯巴达的军事力量也随之减少。相反，罗马建立了一种非常不同的军事模式，许多城市和地区的人都在罗马军队中服役。

有这么多胜利的关键因素，不可能把气候最适宜作为罗马扩张的单一或主要原因。其他被罗马击败的城市、州和部落联盟也经历了同样的气候。罗马并没有因为气候的变化而打败迦太基或征服高卢。与此同时，一个相对稳定的气候有助于维持几个世纪以来的罗马帝国。

罗马的人口和种植面积在气候最适宜的时期增长。罗马的人口规模很难估计，因为没有对所有居民进行单独统计。据估计，在公元 2 世纪期间，人口最多可达 5000 万至 7000 万人。

庞大而不断增长的人口需要稳定可靠的粮食供应。罗马人养活如此众多且分布广泛的人口的能力，既依赖于人类的适应能力，也依赖于良好的条件。罗马不仅种植，而且收集和分发食物。例如，罗马城本身就吸收了其他帝国地区生产的食品和谷物。耕地面积增加了，早在公元前 1 世纪时，罗马人致力于扩大开垦土地。罗马的粮食生产和分配制度得益于气候的适宜。例如，在埃及，尼罗河的洪水带来了较高的收成，提高了农业生产率。

罗马的鼎盛时期可以从树木、橄榄和葡萄开始，而不是从将军和皇帝的丰功伟绩开始。罗马的记载表明，在气候最适宜的时期，树木的范围发生了变化，包括山毛榉和栗树，以及橄榄和葡萄的种植。公元 1 世纪的作家科卢梅拉有这样一种信念："以前，由于冬季的持续严寒，那些无法保护葡萄或橄榄树嫩芽的地方，而现在，早期的寒冷已经消退，天气也变得适宜，生产了大量的橄榄和酒神巴克斯葡萄酒。"橄榄种植在新的地区。事实上，在高卢或法国，在罗马统治下橄榄的种植面积扩大了。罗马的农业也把种植葡萄的地区扩展到北方。罗马人在被征服省份的定居和殖民化创造了对这些产品的需求，适宜的气候有利于扩张耕种的范围。

气候代用指标显示了在共和时代后期的一个普遍的变暖趋势。这种气候变暖可能使地中海的气候向北转移。从波河三角洲、亚得里亚海和阿尔卑斯山收集的证据表明，意大利的气温正在上升。这些多重指标显示了一个可探测到的暖期，尽管没有 20 世纪和 21 世纪那么暖。这一温暖的时期为农民提供了良好的条件，强化了人口增长的其他原因。

社会和文化变迁与气候相互作用，加强了这些趋势。在气候最适宜的时候，罗马人的创新和适应在供应帝国人口方面取得了很大的成功。在帝国的偏远地区，罗马人管理并控制着水域。直到今天，罗马的引水渠在某些情况下已经存在了近 2000 年，证明了引水的巧妙和智慧之处。帝国干旱地区的人们发明了储水技术。帕尔米拉和叙利亚附近村庄的居民用蓄水池收集雨水，并将其用于农业，而如今这片地区已是一片沙漠。在利比亚，罗马人的农业遗迹，仍然矗立在今天雨水稀少的地区，那里居住着牧民，他们往往只在雨后的谷底种植谷物。湿润的气候可以解释为什么罗马农民能够在今天如此干燥的土地上种植作物，但是湿度的增加是有限的。看来，罗马、利比亚的农民之所以能在干旱的土地上耕作，是因为他们擅长管理水资源。农民使用蓄水池和地下渠道储存和引水。他们把季节性降雨的水引导到农田里，用来种植大麦、小麦、水果、香草、橄榄等需要更多降雨的作物。

气候影响了罗马的维度。罗马人的力量在地中海盆地和邻近的土地上蓬勃发展。在其鼎盛时期，罗马将疆界向北推进，占领了整个高卢、巴尔干半岛、英国大部分地区以及阿尔卑斯山脉。然而，随着罗马军队进一步深入中欧，罗马的力量开始动摇。在赢得了地中海、高卢和西班牙那么多胜利之后，在公元 9 年，罗马在图托堡森林遭受了灾难性的失败，德国部落在茂密的森林里伏击了罗马军团。

罗马人认为，在严酷且经常寒冷的气候中茁壮成长的能力是德国形象的一部分。罗马历史学家塔西佗强调了这些品质。他把德国的气候与意大利或其他地中海地区的气候区别开来。"谁会放弃亚洲，或者非洲，或意大利，去修复德国，在严峻的气候下，这是一个丑陋和粗鲁的地区，谁会凄凉地去拥有或去施肥？"塔西佗问道："除非他的祖国也是这样？"地貌和气候使德国人很顽强："为了忍受饥饿和寒冷，他们的气候和土壤使他们变得更坚强。"

在英国，气候也影响了罗马人对居民的看法和罗马边界的设置。罗马执政官兼历史学家卡修斯·迪奥强调了英国部落在北方顽强的耐寒能力："他们能忍受饥饿、寒冷和任何艰难困苦；因为他们一头扎进沼泽，在那里生活了许多天，只能将头露出水面，而在森林里，他们靠树皮和树根维生。"罗马军团有时会进入苏格兰，但罗马人在 120 至 130 年沿着哈德良长城靠近现在的苏格兰南部边界驻扎。哈德良的后继者试图把边界向北推进，然后退回到长城沿线。罗马（拜占庭）历史学家普罗科匹阿斯（Procopius）在 6 世纪写道，称这堵墙标志着气候的显著差异："现在，在不列颠岛上，古代人修建了一堵长长的墙，把它的大部分都切断了；墙两边的气候、土壤和其他一切都不一样。墙的东侧空气清新宜人，四季变换，夏暖冬凉。但是在西边，一切都与此相反，所以一个人在那里甚至连半小时都活不下去。"

几个世纪后，罗马帝国崩溃。这个词"崩溃"经常遭到历史学家的批评，他们认为政治崩溃的叙述忽略了连续性的要素。例如，罗马的崩溃并不意味着罗马帝国在所有地方都以同样的速度受到侵蚀。帝国对西罗马帝国的统治结束于公元 476 年，但东罗马帝国在这之后的许多世纪里仍然存在。东罗马帝国被称为拜占庭帝国，但在它的时代，它仍然被称为罗马帝国。在西罗马帝国灭亡后的几个世纪里，东罗马帝国的文化延续了下来，直到拜占庭帝国失去了大部分领土，并经历了文化、社会和宗教的变化，使它与古代社会相去甚远。拜占庭帝国的残余一直延续到奥斯曼土耳其人 1453 年占领了君士坦丁堡这座城市，最终结束罗马帝国。

尽管罗马在东方经久不衰，但只要我们理解它的含义，谈论罗马帝国的崩溃还是有用的。崩溃并没有立即在同一时间消灭所有地方的古代文化和社会，的确，生活在东方的人比在西方持续的时间更长，没有受到这样的干扰。然而，崩溃有许多实际的方面。在欧洲西部的城市生活几乎消失了，而在东部却在缩小。这种变化要慢得多，罗马帝国的东部地区也不太均匀，但即使是君士坦丁堡城市的大部分也年久失修，拜占庭时代后期人口下降到世纪早些时候的水平的一小部分。在前西罗马帝国，帝国大范围内复杂的国家和官僚机构被瓦解，权力高度分散，支离破碎，人口下降，耕地面积减少了，许多地方变成了荒地和森林。

如果稳定的气候促成了罗马帝国的成功和扩张，那么气候在崩溃和衰落中又扮演了什么角色呢？就罗马而言，历史学家一直对其崩溃的原因很感兴趣。几个世纪以前，历史学家指出，许多事件和现象可能是造成罗马下降的原因。他们强调了外部原因和内部原因。蛮族、日耳曼部落和其他部落从帝国的边境向罗马帝国发起进攻，直到他们占领罗马帝国。城市生活逐渐消失，从内部削弱了帝国。在帝国边界内，地方巨头和军事强人的崛起削弱了中央帝国政府的影响力。政府本身也变得更加腐败和低效。东罗马帝国和西罗马帝国之间的经济失衡加剧：在西罗马帝国开始衰落很久之后，东罗马帝国和君士坦丁堡相对富裕。罗马的防御也被削弱了：军队失去了优势，越来越多地依赖野蛮的新兵，削弱了朋友和敌人之间的区别。

有这么多可能导致衰落的原因，很难断定气候变化决定了罗马帝国的命运，但气候研究得出的证据表明，气候变化促成了这帝国的斗争。以罗马为例，管理水资源和分配食物的能力使罗马能够抵御天气波动，但是罗马人口的增长也使帝国更容易受到气候变化的影响。

罗马晚期的气候不稳定影响了农业生产。公元 3 世纪，罗马几乎崩溃的同时，出现了干旱。好收成越来越少了。古代晚期的气候波动在东罗马帝国呈现出不同的形式。较高的湿度和降水改善了东部地中海和安纳托利亚部分地区的农业条件。更为适宜的气候是使古典文明在罗马帝国东部地区比在前西部地区持续时间更长的几个因素之一。东罗马帝国的殖民地因种植谷物、橄榄、核桃和水果而繁荣，包括安纳托利亚西南部的内陆地区，在公元 6 世纪末的转变之前，农民放弃了田地和果园，游牧主义盛行。

由厄尔尼诺-南方涛动（ENSO）引起的气候波动导致了中亚的"巨大气候干旱"。ENSO 的情况在厄尔尼诺（暖）期和拉尼娜（冷）期之间波动，前者表现为赤道东太平洋的温暖海水，后者表现为较冷的海水。在厄尔尼诺（温暖）阶段，信风的减弱使得温暖的海水沿赤道太平洋向东迁移。温暖的海面温度在大气中促进了更强的对流环，并降低了中太平洋的大气压力。这改变了大气和海洋环流模式，从而产生了正反馈：更多的温暖的海水堆积在太平洋的东侧，沿着秘鲁海岸的冷水上涌削弱。相反的情况是，强劲的信风，增加了东太平洋上涌的较冷水，这就是典型的拉尼娜（寒冷）阶段。这两个阶段之间的转变目前每 2 至 7 年发生一次。

厄尔尼诺和拉尼娜现象影响全球的天气和气候。ENSO 循环改变了中纬度地区的急流，从而改变了风暴的轨迹。例如，在厄尔尼诺冬季，急流的移动增加了南加利福尼亚州的降水，而在拉尼娜年，急流更北的路径导致整个美国南部更干燥，太平洋西北部的冬天更加潮湿。在拉尼娜期间，印度尼西亚、澳大利亚北部、南非部分地区和巴西北部经历了更潮湿的天气，而赤道非洲和南美东南海岸区更干燥。中亚在拉尼娜期间经历了干旱，而在厄尔尼诺期间则经历了更潮湿的气候。独立的年轮记录还表明，在中亚大干旱期间，拉尼娜现象普遍存在。

匈奴和阿瓦人的西迁给罗马帝国带来了新的潜在威胁。罗马人很熟悉日耳曼部落，他们在奥古斯都·恺撒统治时期把罗马人赶出了德国大部分地区。在特托堡森林惨败之后，罗马沿莱茵河和多瑙河建立了稳定的边境线。在公元3世纪，帝国面临新一轮的野蛮人跨过莱茵河的攻击，如在波斯东部地区同样也遭受了的失败。但在3世纪和4世纪初有军事背景新皇帝的统治下，罗马权力再次复兴：戴克里先和君士坦丁堡回归。

西罗马帝国末期，中亚的干旱促进了"野蛮人"向西部的迁徙或入侵。当匈奴人和阿瓦人从中亚向西迁移时，他们又与日耳曼部落接触。中亚游牧民族和日耳曼人仅仅是接触，并不一定会导致战争或匈奴和阿瓦人的胜利，但来自东方的日益激烈的竞争，帮助更多的日耳曼人进入罗马帝国的边界疆域。罗马把许多这样的日耳曼人纳入了他们的军队，但他们的涌入也动摇了罗马帝国的根基。在376年，弗瑞提根是特维吉人或西哥特人的首领，他试图通过进入罗马帝国来逃避与匈奴人的竞争。瓦伦斯当时在波斯边境，他接受了哥特人，条件是哥特人必须服从罗马的统治，必须交税，必须向军队提供给养。成千上万的哥特人跨过多瑙河河流，数量远远超过了罗马人的预期，当地的秩序很快就在多瑙河的罗马一侧崩溃了。此后不久，更多的哥特人和格鲁顿吉人穿过多瑙河，逃离了匈奴人。

尽管瓦伦斯试图阻止，但他还是没能阻止哥特人的涌入。因为他允许哥特人越过多瑙河，并于378年8月9日在阿德里安堡城外将其军队歼灭。罗马士兵勇敢地战斗了几个小时，当天在场的一名士兵叙述说："当野蛮人成群结队涌入时，践踏马匹和人，队伍拥挤不堪，没有退路，也没有通道。"尽管哥特人没能继续占领主要城市或要塞，但是皇帝瓦伦斯本人也被杀。新皇帝狄奥多修斯与哥特人达成和解，哥特人仍然保留自己的自治权。阿德里安堡的战败并没有直接导致罗马的灭亡，但是罗马皇帝也无法控制帝国内部强大的哥特领袖。在410年，西哥特人的首领阿拉里克，在霍诺里乌斯皇帝拒绝接受阿拉里克的要求后，洗劫了罗马城。

匈奴人自己也很快跟随日耳曼部落进入了罗马的土地。5世纪早期，匈奴人建立了强大的联盟，他们不仅从事战争，还从事外交活动。要求释放人质是维持和平的一种方式。因此，5世纪的罗马指挥官弗拉维乌斯·埃提乌斯(Flavius Aetius)被历史学家普罗科匹阿斯(Procopius)称为最后的罗马人，他年轻时生活在匈奴人中间，后来曾多次指挥匈奴人。然而，在440年，阿提拉发动了入侵罗马的战争，给巴尔干半岛地区造成了巨大的破坏，在451年，他攻占了高卢。爱修和西哥特人在452年的夏龙之战中打败了阿提拉。匈奴人自己并没有终结西罗马帝国，而是匈奴人对罗马帝国的不断关注，使罗马帝国更难保持其四分五裂的疆土。尽管爱提乌斯他成功地占领了高卢，他却对在西班牙的失败无能为力。

西罗马帝国灭亡后，向西迁徙继续对幸存的东罗马帝国造成压力。就像匈奴人一样，大草原的干旱是阿瓦尔人向西迁移到东罗马或拜占庭帝国的一个主要原因。拜占庭统治者时而与阿瓦尔人作战，时而与阿瓦尔人结盟，时而向阿瓦尔人进贡。拜占庭帝国忙于与波斯的战争，无力转移主要资源来维持与阿瓦尔人的全面战争。公元601年，拜占庭军队打败了阿瓦尔斯，结束了皇帝莫里斯的统治。在佛卡斯叛乱之后，一名拜占庭军官在602年刺杀了莫里斯，结束了其统治，新萨珊波斯帝国对拜占庭帝国发动了新的战争。皇帝赫拉克利乌斯在610年推翻了福卡斯，但他勉强避免了彻底失败。随着波斯军队占领了拜占庭诸省、安纳托利亚和叙利亚，阿瓦尔斯在巴尔干半岛再次发动进攻，626年也到达了君士坦丁堡的城墙下，尽管他们从未占领这座城市。

虽然野蛮人的入侵从来没有导致罗马的崩溃或战败，但长期的掠夺、战争和难民的流动所累积的负担削弱了西罗马帝国，加重了东罗马帝国的负担。我们常常认为野蛮人是掠夺者，他们入侵富饶的土地，带走财富，或者换一种说法，他们是被文明的奇迹弄得眼花缭乱的乡下人，对模仿和接受他们所威胁的那些人的风俗和文化很感兴趣。气候变化为这一系列蛮族入侵提供了另一个起点。文明的吸引力仍然有助于解释人口迁移到古代帝国中心的原因，但严重的干旱也造成了人口的迁徙。随之而来的一系列迁徙和入侵破坏了一个已经面临着许多其他威胁的帝国的稳定。

拜占庭帝国和其他地区在 536 年可能的火山爆发后，可能也经历了一个突然降温的阶段。当时的作家描述为一层尘埃。树木年轮的记录证实了变冷，在 540 年和 547 年的火山爆发。根据对树木年轮的分析，这一序列产生了明显的降温趋势，"是一个晚到的古小冰河时期"，正是在拜占庭帝国开始向西扩张进入旧西部罗马帝国地区的时候。

罗马的历史表明，良好的气候有其普遍的好处。气候记录的复杂性和区域差异，使得很难将帝国历史上的任何单一事件归因于气候。

五、中世纪早期欧洲的气候和地貌

随着西罗马帝国的灭亡，欧洲大部分地区的古典人文景观也消失了。考古学家们发现，在意大利和法国，古代或古典时期占据的大量遗址在六世纪和七世纪被废弃。以法国为例，在南部的罗纳河谷，公元 5 世纪的遗址数量是公元 2 世纪的 1/3。在高卢东北部，有许多罗马别墅和农舍被遗弃。现在法国北部地区在人类居住的地方以外，耕地面积缩小，森林生长，家畜的体形也比罗马时代的小。

罗马帝国在欧洲西部的势力衰落之后的几个世纪里，稀疏的居民点和人口不断减少的趋势，最常被归咎于野蛮人的不断迁徙，这在一开始就削弱了帝国的力量，但几乎没有暴力破坏的迹象。一段气候更加极端的时期，伴随着更强烈的寒冷和更强的降水，可能导致了中世纪早期地貌的持续变化。特别是有证据表明，在 6 世纪和 7 世纪，罗纳河发生了更严重的洪水，高山冰川也在扩张。

从青铜时代到铁器时代，全新世气候继续为农业生产、复杂社会和文明的出现提供了普遍有利的条件。复杂社会的规模在几千年的时间里不断扩大，从农业村庄的出现一直到现代罗马帝国。政治和社会历史揭示了断裂和间断，但文明的基本模式通过许多政治过渡的持久性表明了社会的韧性。

在全新世气候波动中，向干旱的转变构成了重大挑战。在最极端的情况下，季风带的移动是破坏印度河城市社会的一个主要因素。在肥沃的新月形地区，城市文明的悠久历史表明，随着时间的推移，人们有能力适应气候的波动，但在青铜时代末期，气候变化似乎给社会造成了广泛的挫折。干燥，在一些地区天气更冷，这些条件也给了游牧民族或半游牧民族向西迁移到罗马帝国的动力。

气候变化和人类活动相互作用，形成了人类景观。因此，罗马帝国对农作物和农业的记录和记载为气候历史提供了可能的指针，但经济和文化偏好也推动了种植。随着人口的增长，人类在创造景观方面的作用越来越大。

第五节　中世纪的气候和文明

历史上，文化的发展和衰落经常与气候条件的变化密切相关。这一联系被当时农业生产的重要意义所证实，而且易受气候变化特别是水的可用性的影响。正如罗马的情况所表明的那样，区域气候趋势可能有利于文明和复杂社会，也可能给它们带来挑战。区域性气候波动并没有决定罗马的特殊命运。管理能力和多样化的经济使罗马恢复了活力，但气候的变化仍与其他因素相互作用，放大了罗马帝国后期面临的问题。在古代之后，同样的模式普遍适用于复杂的社会。气候条件有利的时期有利于农业和贸易的扩大，但气候波动在某些情况下也造成某些复杂社会的危机，特别是当区域气候变化导致长期严重干旱或降水发生重大变化时。

历史学家们经常把罗马帝国之后的时期称为中世纪。在欧洲的大部分地区，人们居住在那些他们没有建造过、也不知道如何建造的建筑物的废墟旁。事实上，罗马的石头为前帝国提供了良好的建筑材料来源。大型结构如渡槽的建筑材料来自采石场。在英国，建筑是在伦敦的前罗马建筑墙的内部和周围进行的。远在威尔士，中世纪的建筑者们都是在罗马城墙的遗迹上建造房屋，然后再加以改造罗马的材料。在东方，帝国幸存下来，直到 1453 年，奥斯曼土耳其人最终征服了君士坦丁堡这座城市，但到了 7—8 世纪，人们显然生活在一个完全不同的时代。圣索菲亚大教堂（Hagia Sophia）是一座巨大的教堂，主导着这座城市的天际线。

中世纪出现了远离中央集权的深刻政治转变。帝国本身崩溃了。它在东方生存的地方，缩成了一个小小的贝壳。罗马之后的蛮族王国通常都很短命。君权的观念依然存在，但大家都清楚，罗马已经没有皇帝了。在罗马帝国晚期开始的权力分散和碎片化，加速了欧洲进入一个封建主义的时期，有许多地方巨头和领主，他们不容易被任何声称自己是统治者的人管理或控制。在东方，长盛不衰的拜占庭帝国并没有阻止深刻的变化。在西罗马帝国灭亡后的早期，复兴的东罗马可能会向西扩张，但在 541 至 542 年爆发的瘟疫造成了大量人口的损失，削弱了罗马帝国。在 6 世纪晚期和 7 世纪早期，拜占庭人面对来自德国和高加索地区的阿瓦尔人的攻击，在与新萨珊波斯帝国的大规模战争中挣扎了几十年。皇帝赫拉克利乌斯成功地打败了波斯，但几乎就在那之后，拜占庭帝国面临着来自一个完全新的来源阿拉伯军队的入侵，伊斯兰教形成后，阿拉伯军队从阿拉伯半岛向外扩张。他们把拜占庭人赶出了埃及和叙利亚等地区。

中世纪是一个新的时期，尽管历史学家后来强调东地中海和黎凡特地区缓慢过渡到中世纪。研究和分析人类历史上的气候变化有时用术语"中世纪"，大体上的时代是 500 至 1300 年，以追踪气候和历史之间的关系。

一、中世纪的气候

中世纪的气候通常被称为"中世纪暖期"，这是休伯特在 1965 年首先提出的一个术语，用来描述在 1000—1200 年的持续了几个世纪的欧洲明显温暖期。尽管最初使用这一术语时承认，亚洲等地区在中世纪期间似乎并没有变暖，但在气候文献中采用这一术语已经导致了一种误导性的印象，即全球气温比现在更高。最近的气候研究显示，在这一时期，气候变暖的时间和空间范围都有很大的变化。例如，北美洲、欧洲和亚洲的更温暖的气温早于 1000 年，在 830 至 1100 年，而美国南方和澳大利亚(1160 至 1370 年)观测到后来有一个多世纪的温暖时期。也有证据表明,在一些地区,如热带太平洋地区,气温正在下降。相反,"中世纪气候异常"一词(MCA)传达了全球变暖既不同步也不一致的信息,并包括水文条件的变化,这可能对全新世的文明产生了更大的影响。在中世纪,全球几个地区经历了持续的干旱,特别是美国西部、墨西哥北部、欧洲南部、赤道非洲和中东。相比之下,在中世纪气候异常期间,北欧和南非东部等地区较为湿润。中世纪亚洲的水文气候表现出区域性的变化,一些地区较为干旱,而另一些地区则较为湿润。

在中世纪气候异常和随后的小冰川期(LIA)期间,驱动气候变化和变异的过程包括外部因素,如太阳辐射和火山活动以及气候反馈。宇宙成因同位素如铍 10 和碳 14 的地质记录,它起源于地球上层大气的太阳驱动反应,表明在中世纪气候异常期间太阳辐照度增加了。这也是火山活动相对平静的时期。因为火山爆发释放的气溶胶会反射阳光,所以它们通常会导致短暂的 (1~2 年)变冷。对于热带地区的火山爆炸性喷发来说尤其如此,因为气溶胶被注入大气中更高的地方,并被全球风吹到更远的地方。冰芯中保存的硫酸盐气溶胶沉积提供了过去火山活动的记录。中世纪气候异常时期,冰芯中硫酸盐气溶胶含量较低,这表明火山活动最少,这可能有助于解释这一时期相对温暖。

太阳辐射的增加可能触发了海洋和大气的相互作用,如 ENSO 和北大西洋涛动(NAO),它解释了中世纪气候异常的气候模式。在中世纪气候异常期间,全球多个地区经历了干旱,包括北美洲部分地区、东非和欧洲南部。东非降水较少,尼罗河的洪水也就减少了。与此同时,在萨赫勒和南非等地区普遍存在更潮湿的条件。我们在现代拉尼娜期间,发现了几乎相同的水文气候模式,这表明在中世纪气候异常期间,存在一个持续的拉尼娜状态。

与 ENSO 一样,第二种气候振荡即 NAO,可能在中世纪的气候变化中起了关键作用。在这一时期持续存在的区域气候模式,与今天在 NAO 正位相阶段形成的气候模式大体一致。与 ENSO 一样,大气压力的变化控制着 NAO。在 NAO 正位相模式下,在亚极和亚热带大西洋之间较大的气压差会产生较强的西风带。因此,北欧和美国大西洋海岸等地区的冬天会更暖和、更潮湿,而地中海地区、格陵兰岛和加拿大北部往往又冷又干。NAO 对尼罗河流域的影响更为复杂,但在中世纪气候异常期间,NAO 正位相可能有助于解释这段时间内洪水较低的原因。

二、北大西洋地区

在欧洲和北大西洋,中世纪气候异常的相对温暖影响了移民模式、政府或州的扩张以及农业。在一个政治、社会和文化混乱的时代,一些形成了罗马晚期历史的趋势延伸到了后罗马时代。移民浪潮重塑了罗马的人口,并最终导致了罗马政权的灭亡。日耳曼人、盎格鲁人、撒克逊人迁移到了英国。伦巴第人向西进入意大利北部。在 6 世纪和 7 世纪,移民不仅仅是日耳曼-斯拉夫部落迁移到东欧和中欧的大部分地区。移民时代的结束时间在公元 700 年左右,但是从 8 世纪后期开始,维京人开始远离斯堪的纳维亚半岛旅行。

斯堪的纳维亚的居民,或维京人(Vikings),比这个移民时代的任何其他民族迁徙得更远、更快。这些北欧人进行着广泛的袭击。很难确定维京海盗袭击的确切开始时间,但第一次引起广泛关注的是英国东北部诺森比亚海岸外的一个小岛——林迪斯法恩岛。林迪斯法恩是一个神圣的岛屿,凯尔特基督教的中心,那里有圣卡斯伯特的遗物,他是英格兰北部基督教化的主要参与者。在 793 年,维京人袭击了林迪斯法恩,杀死了僧侣,抢走了财宝。

林迪斯法恩不是一个孤立的事件，而是维京人袭击浪潮的先兆。在 795 年，北欧海盗袭击了爱奥纳岛，这是一个神圣的岛屿，是在苏格兰西海岸外的内赫布里底群岛的一座修道院。维京人在 802 年再次袭击了爱奥纳。维京人乘着他们的长船，在海上航行，在欧洲海岸登陆。船的吃水浅也使他们能够沿着河流航行。他们袭击了法国北部的诺曼底，并于 845 年沿着塞纳河逆流而上袭击巴黎。同年，北欧海盗（维京人）洗劫了德国北部的汉堡。

维京人扩展了他们侵占新土地的方式。9 世纪后期，北欧海盗控制了英格兰的大部分地区，使之成为丹麦法律的管辖地。他们在都柏林周围建立了一个王国爱尔兰，几个世纪以来，那里的挪威人或挪威盖尔人被称为奥斯特曼，或东方人。沿着北海岸，他们在苏格兰海岸外的岛屿上定居下来；在北部和西部，他们在法罗群岛定居下来。在不列颠群岛的南部，维京统治者在诺曼底建立了自己的殖民地，在那里他们成了基督徒。诺曼人进入地中海，一度占领了西西里岛。在 1066 年，诺曼底威廉公爵入侵英国诺曼，征服并在黑斯廷斯战役中击败了最后一位盎格鲁-撒克逊国王哈罗德。就在攻击几周前，一支挪威军队在斯坦福桥之战中已经耗尽了哈罗德军队的所有资源。

维京人的航程更远，他们穿越北大西洋的长水域向西航行。9 世纪，他们到达冰岛，大量移民的涌入迅速分裂了这个岛屿。如今，对冰岛现代人口的基因分析表明，维京男人带有凯尔特女人的基因。维京人从冰岛向西来到格陵兰岛，并在 10 世纪晚期建立了定居点。红色埃里克最常被认为是这个定居点的象征，尽管他很可能是几个促进定居点建设的人之一。他还被认为是格陵兰岛的名字，也许是被雇佣来说服未来的定居者长途跋涉到一个大部分被冰覆盖的地方。

居住在格陵兰岛的挪威人在西南海岸建立了一个定居点（西部定居点），在南端建立了另一个定居点（东部定居点）。约有 5000 人经营着牧羊场，并与挪威进行贸易往来。他们还建造了教堂和一个名为"加达"（Gardar）的大教堂，以及一座为主教建造的宫殿。主教是格陵兰岛最大的土地拥有者。

再往西，维京人的旅程一直延伸到北美洲。公元 1000 年左右，维京人到达了现在加拿大境内的纽芬兰。他们在纽芬兰最北端的兰塞奥兹牧草地（L'anse aux Meadows）建立了一个定居点，那里有几座木结构的草皮屋和车间，包括一家铁匠铺。已经提出其他维京人登陆和定居的地点在北美洲海岸，一些是基于不可靠的证据和推测，但很有可能维京人在加拿大海岸建立了其他短暂的营地。然而，维京人并没有在北美洲停留太久。

是什么让维京人从斯堪的纳维亚半岛这么远的地方分散到各个方向？他们对修道院和宝藏的掠夺令人震惊，这表明他们想要掠夺：在这种解释下，维京人很像海盗。这种观点与半游牧部落迁移的一种解释有相似之处，在这种解释中，即人们在草原上迁徙，寻找他们能从复杂社会中获得的东西。

低估维京人对贵重物品的兴趣是不合历史的，但他们旅行并不只是为了偷窃。维京人最广为流传的形象可能是船上或战争中的战士，但许多北欧人和妇女是耕种田地和饲养动物的农民。有些人耕种自己的土地，有些人在酋长的土地上劳作。他们也参与商业和贸易。以英国为例，维京人建立了一个叫作约克郡的定居地，在这里他们从事广泛的贸易。

另外，挪威人远行，因为他们有能力这样做，并希望寻找新的家园。维京人是长艇的主人，获得了远航的能力。与此同时，斯堪的纳维亚半岛的情况也可能促使他们离开。一种解释是，他们的居住地可耕地有限和生长季节短，人口增长可能推动了移民。然而，维京人继续在斯堪的纳维亚耕作。他们开发了斯堪的纳维亚半岛内外的新土地。事实上，在 14 世纪之前，维京人的居住地一直在扩张。

没有一个因素可以单独"决定"维京人的迁徙。事实上，复杂的趋势很少是由单一原因引起的。按照这个逻辑，维京人从斯堪的纳维亚出发，并不仅仅是因为气候的原因，但中世纪时期的地区气候变化，在几个方面有利并帮助了维京人的扩张。在此期间，北部高纬度地区的温暖持续维持了人口增长，有利于海洋旅行，改善了维京殖民者的生活条件。较长的生长季节和较短的冬季有助于斯堪的纳维亚的人口增长，鼓励维京人离开家园到新的地方。一旦他们离开斯堪的纳维亚半岛向西航行，海冰的减少使长距离的海洋旅行相对容易，尽管维京人的任何形式的海上航行对今天的水手来说都是高风险的。当他们穿越北大西洋时，一段温暖的时期会为殖民创造更好的条件。例如，冰岛是一个难以殖民的国家，生长季节短，冰川大，活火山多，但是挪威-冰岛设法增加人口到 80000 人。过度放牧、滥伐森林、土壤更新速度缓慢以及火山爆发使其难以维持这个人口数量。

格陵兰岛为分析中世纪气候异常对海盗扩张的可能影响提供了一个复杂的案例。穿越北大西洋的维京人将会受益于浮冰的相对缺乏。一旦他们在格陵兰岛定居下来，生活在欧洲贸易网络末端的与世隔绝的挪威人，就不得不依靠格陵兰岛的资源来养活自己。他们在中世纪的温暖时期做到了这一点，但在随后的寒冷时期面临着更大的挑战。西格陵兰湖的温度重建表明，在维京人迁徙期间，在 850—1100 年，气候普遍变暖，随后在 80 年内大约变冷了 4 摄氏度。

最近的研究对在中世纪气候异常期间温暖的格陵兰岛概念提出了挑战，并质疑气候变化在维京人定居和后来被遗弃过程中的作用。阿尔卑斯冰碛沉积（用来重建过去千年的冰川范围）表明，格陵兰西部的冰川在中世纪气候异常开始时处于 LIA 范围，是在挪威人定居后不久。这些冰川的证据表明，夏季总体上会更凉爽，但也不排除偶尔会暖和几年的可能。根据从格陵兰冰芯采集的空气样本进行的温度估计也表明，在中世纪气候异常期间，格陵兰岛更凉爽。然而，在大西洋另一边，在中世纪气候异常期间，格陵兰的温度较高。这种温度对比差异（温暖的北大西洋东部和寒冷的北大西洋西部）通常发生在 NAO 正位相阶段，因此与 NAO 驱动中世纪气候模式相一致。

根据早期传说写成的北欧海盗的传说，讲述了冒险前往遥远西部的北欧人如何遇到传说中被称为"幽灵"的人或野蛮人。他们是图勒人（Thule），今天因纽特人的祖先。图勒人并不是北美东北部的长期定居人口。他们大约在同一时间移居东部，维京人搬到西方。维京人从北方撤退并没有停止联系，因为图勒人搬到了格陵兰岛，定居在北部。因此，维京人比图勒人或因纽特人早到达格陵兰岛。

今天的因纽特人，或称北极人，取代了北美北极和亚北极的早期居民。这些早期的人，现在被称为古爱斯基摩人，在 4000 至 6000 年前进入北方，在早期跨过白令海峡的移民之后。他们采用来自欧亚大陆的先进弓箭和来自太平洋和白令海峡地区猎人的标枪，作为猎人穿越北方。他们生活在巴芬岛、哈德逊湾、拉布拉多、纽芬兰岛和格陵兰岛，但由于气候变化、林线的变化以及与南部印第安人的竞争，他们的定居范围有时会发生变化。然而，到了 1200 至 1300 年，古爱斯基摩文化消失了。直到最近，人们还认为一些北极居民是古爱斯基摩人的后代，但基因分析显示，所有现代因纽特人都是北极人的后裔。我们不可能确切地说出是什么导致了古爱斯基摩人的灭绝：疾病、与北极人的竞争、暴力，或这些因素和其他因素的某种组合。

大约 1000 年前，北极人（图勒人）开始向东迁移。图勒人和北欧海盗（维京人）一样，都是熟练的旅行者。他们用狗拉的雪橇快速穿过被雪封住的地方。在水里，他们乘着海象皮制造的船旅行。这是真的北欧海盗，多种因素促成了北极人的扩张。因此，图勒人捕鲸是为了获取鲸脂，他们可能是为了寻找原材料，比如他们之前通过与西伯利亚的贸易获得的铁。至于北欧海盗，有可能是相对温暖的气候便于北极人的移动，但也有证据表明，北极高海拔地区的区域变冷，显示北极人的弹性和他们对区域气候变化的反应能力。

三、温暖的欧洲

温暖的中世纪气候异常对欧洲来说是强有力的证据，同样的中世纪温暖可能有利于北大西洋东部的维京人，也盛行于缓慢但真正复兴时期的欧洲。中世纪开始于欧洲大部分地区，人口急剧下降，耕地被遗弃，政治权力分散。后罗马时代早期以后，国家权力开始慢慢恢复，尽管只恢复到非常温和的水平。例如，一个拼凑的王国，王国土地上零散分布着后罗马的英国人和日耳曼人，是由盎格鲁人、撒克逊人和黄麻人迁徙来的，增加了复杂的民族组合。君主统治的国家有麦西亚、诺森比亚、威塞克斯、苏塞克斯、肯特和其他人。有些人，比如阿尔弗雷德大帝威塞克斯积聚了大量的权力，他们称自己为盎格鲁–撒克逊人的国王。盎格鲁–撒克逊君主在维京人的入侵中遭受了损失，但在第一个千年结束时，英国国王的传统已经牢固地建立起来了。

在前罗马高卢，法兰克军阀在帝国统治结束后，确立了自己作为主要政治领袖的地位。公元5世纪，克洛维一世巩固了墨洛温王朝。几个世纪以来，墨洛温王朝的王权逐渐衰弱，直到卡洛林王朝的市长或主要仆人掌握了实权，并最终自立为王。查理大帝是所有加洛林王朝中最伟大的一位，他建立了一个帝国，其疆域延伸至意大利的前罗马土地，以及横跨莱茵河和伊尔贝河的独立于罗马的地区。800年，在罗马查理曼在圣诞节加冕为皇帝。有了这个头衔，他试图将自己的皇室与旧的帝国头衔联系起来，并宣称自己是拜占庭或君士坦丁堡东罗马帝国皇帝的贵族。

王权的重新出现是断断续续和部分的。查理曼大帝的帝国由他的继承人瓜分。几个世纪以来，英国、法国和其他地方的君主们都在试图驾驭一个封建社会，在这个社会里，他们最大的支持者也可能是他们最大的威胁。王室法律或司法形式的中央权威让位于多种多样的封建权威，许多城镇如在德国和波罗的海等地区拥有独立的权力。

正如加洛林王朝的例子所表明的那样，国家权力并不是在罗马帝国灭亡后以线性的方式出现的，而是在11、12、13世纪出现的，这个时期被称为在中世纪的鼎盛时期，欧洲国家的组织性大大增强。皇家王朝已经建立得更加稳固，而且在许多情况下，它们的持久力比罗马晚期和后罗马时代那些短命的蛮族王国更强。君主和封建领主仍然主要统治着农村地区，但城镇经历了显著的增长，特别是与中世纪早期相比。

北大西洋的中世纪气候异常可能为欧洲国家权力的增长和贸易及农业的扩张提供了有利的条件。有太多的因素影响着任何一个王朝的命运，以至于不能将王室的崛起归因于气候，但中世纪早期的气候变化使王室作为一个群体获得了更多的资源。温暖时期支持的农业扩张为各州提供了更大的盈余，并促进了贸易和城镇的增长。因此，王室可以利用更多的奢侈品和专家，以及更多的农业财富。

将气候纳入我们对这一时期的理解，并不会消除人类在形成结果方面的作用。农民的聪明才智和他们对新技术的采用提高了产量。欧洲农民广泛采用铧式犁，由牛拉着，非常适合于切割黏重土壤。他们还用各种各样的犁来耕种其他类型的土壤。这种新的耕作技术有助于在河床附近的肥沃土壤上进行耕犁和播种。马笼头的发明也使得没有牛的农民可以使用马来耕种土地。修改作物轮作制度，获得如何施用肥料的知识使产量进一步提高。

有利于农业的气候使这些变化的影响倍增。温暖的气候使农民能够在高海拔和高纬度地区种植农作物。葡萄有时被用作气候的指针，因为传统的酿酒葡萄在极低的温度下很难生长。因此，引人注目的是，英国的葡萄园在 1100 至 1300 年期间蓬勃发展。区域变暖可能有助于葡萄种植，尽管种植者的专业知识、口味和需求的变化也可以解释这种模式。农业延伸到高海拔地区，为种植条件的改善提供了更有力的证据。定居点也延伸到更北的寒冷地区，比如挪威海岸。在瑞典，定居地扩展到以前萨米人居住的地区，萨米人是斯堪的纳维亚北部半游牧的驯鹿牧人，在英语中经常被称为拉普人。

农业的扩展支持了欧洲人口的显著增长。增产并没有消除饥荒的威胁，但总体结果却令人震惊。在罗马晚期急剧衰落之后，欧洲人口从 1000 年的 3000 万增长到 1340 年的 7000 万～8000 万，增长了 1 倍多。这种增长并不仅仅来自气候变化，社会和文化趋势，包括平均结婚年龄的变化，也影响着人口的增减速度。在中世纪，这样的平均结婚年龄记录并不完整，也很少，但是平均结婚年龄可能已经改变了：如果是这样的话，文化因素和气候共同导致了人口增长。

欧洲人在中世纪气候异常期间扩大了耕种面积。早在欧洲人在全球建立殖民地之前，他们就在欧洲内部进行殖民。在英国，殖民扩张了地区的种植，包括沼泽，或东部的低洼地区，北部的约克郡和威尔士。威尔士的殖民可以追溯到盎格鲁-撒克逊时代，但是新的盎格鲁-诺曼精英进行了更广泛的殖民。有些殖民者实际上是佛兰德人，但大多数是英国人。在某些情况下，新来者会把本地人赶走，但殖民者并不仅仅是接管土地：他们还把农业推广到以前未开垦的地区。新英国化的地名和契约留下了这个过程的记录。

12 世纪，盎格鲁-诺曼人开始在爱尔兰殖民。1155 年，教皇阿德里安四世（Adrian IV）发布教皇宣言，支持国王接管爱尔兰英格兰的亨利二世。盎格鲁诺曼人的部队在 1169 年进入爱尔兰，支持内战中的一个对手，1171 年，亨利二世亲自到达爱尔兰。诺曼人入侵并在爱尔兰定居。1185 年，约翰王子在沃特福德登陆，盎格鲁-诺曼贵族在爱尔兰建立了自己的殖民地，但大部分人口仍然是盖尔人。12 世纪末和 13 世纪初，新的盎格鲁-诺曼人定居点吸引了英国殖民者。在近代早期英国人征服和殖民的新阶段到来之前，盖尔人的力量在中世纪后期得到了恢复。

中世纪时期，欧洲许多地区都进行了农业扩张。在低地国家，今天的荷兰和比利时的大部分地区，以及沿海地区和沼泽地区，包括英国、法国、德国和意大利，发生了一个排水和征用土地的时代。在荷兰，泥炭沼泽的开垦是从排干沼泽开始的，但是土地的减少使得开垦的土地易受洪水的影响，需要进一步修建运河和堤坝。近代早期的荷兰农民的后代面临着这样的选择，要么放弃泥炭地，要么从事更为复杂和雄心勃勃的项目。

欧洲东部发生了大规模的移民潮。在罗马帝国时期和西罗马帝国灭亡后，德国人通常向西迁移，但在中世纪的鼎盛时期，德国人向东迁移。《马格德堡宪章》（The Magdeburg Charter）是 1107 年或 1108 年向殖民者发出的呼吁，该宪章将这些"异教徒"（即东方的异教徒）描述为"非常糟糕"，但也强调了殖民者在"肉、蜜、粮、鸟都丰富"的土地上获得财富的承诺。殖民者会得到精神上和物质上的双重奖赏："你可以拯救你的灵魂，如果你愿意，你可以得到最好的土地来生活。"在军事宗教秩序的领导下，最著名的是条顿秩序，殖民运动一路推进到今天的波罗的海国家。在波罗的海沿岸和内陆的森林里，德国人与异教的当地人作战，并在包括今天的拉脱维亚首都里加在内的定居点定居下来。

德国人向东迁移，留下了许多德国人的土地。德国人在波兰、波西米亚和匈牙利建立殖民地。德国城镇的数量在 13 世纪增加了一个数量级，而移民的速度直到 14 世纪才开始放缓。荷兰和佛兰德斯的定居者也向东迁移。在某些情况下，当地的统治者和贵族邀请定居者来学习他们的专业技能。例如，德国人最初是应国王格二世的邀请在特兰西瓦尼亚定居的。在这些地区，包括现在是罗马尼亚的边界内的特兰西瓦尼亚在内的一些城镇，德国人仍然为数不多，但是，人们很容易忽视中世纪德国对东欧的大规模殖民统治，因为第二次世界大战结束时，在欧洲现代史上最大的一次强迫移民事件中，大多数德国人要么逃离，要么被驱逐出境。

欧洲移民一直延伸到近东。1095 年，教皇乌尔班二世为第一次十字军东征布道，以帮助拜占庭帝国占领耶路撒冷。骑士们拿起武器，作为军事朝圣者，向东前往叙利亚和巴勒斯坦。1099 年，在那里，拉丁基督教世界的分裂势力发动了对耶路撒冷的进攻。他们的第一次进攻被击退了，他们在忏悔中包围了这座城市，发动了新一轮的进攻，占领并洗劫了耶路撒冷。"十字军"建立了一系列的王国，1145 年，教皇宣布了第二次十字军东征，试图扭转 1144 年"十字军"埃得萨州沦陷后拉丁地位的下降。在 1187 年，萨拉丁占领了耶路撒冷之后，第三次十字军东征标志着没有能够成功重新夺回城市。

宗教动机在近东开启了"十字军"时代，但是气候也影响了十字军东征。中世纪气候异常期间，农业和人口的普遍扩张创造了西欧和中欧的拉丁基督徒人口更大的扩张潜力，尽管在第一次十字军东征之前的几年里，可能遭遇了恶劣天气。"十字军"到达近东后，也面临着装备不良不能够应对的气候。

四、亚洲水文气候

该时期的气候对应的中世纪盛期并不是所有地方都有利于扩大种植和建立国家。例如，就在第一次十字军东征之前，在 11 世纪晚期一个严寒的冬天，拜占庭皇帝阿列克谢俄斯一世遭遇了土耳其人的袭击。追溯到 10 世纪的记述和编年史，描述了地中海东部、埃及、安纳托利亚和伊朗的极端和恶劣条件。

例如，伊朗伊斯法罕市的一部编年史，描述了 942-943 年的大雪："人们不能四处走动。"正如今天仍然存在的情况一样，任何一份报告，甚至是一系列有关恶劣天气的报告，都可能并不意味着气候会发生任何变化。因此，从 2015 年 2 月开始，有一系列关于北美东部大雪的报道，并没有给出一个准确的整体气候趋势：冬季全球变暖。随着时间的推移，当代报道的优势可能会强化一种超越正常变化的论点，但气候代用指标提供了一幅更复杂的图景。来自尼罗河的记录显示洪水少了。包括树木年轮在内的气候指标显示，公元 11 世纪中亚大草原气候寒冷，此外还有伊朗和阿纳托利亚东部的干旱状况。安纳托利亚西部和巴尔干半岛南部的气候比较复杂，没有明显的降温和平均湿度，但是从 20 世纪后期开始东地中海地区变得更干旱了。

300 至 900 年间，干旱是罕见的，但到了 10 世纪中叶，尼罗河的洪水变得不那么可靠了。在 950 至 1072 年间，干旱的频率是前几个世纪的 10 倍，在 125 年的时间里，有 27 年发生了严重的干旱，尼罗河洪水流量低。当尼罗河水位较低时，水没有达到进入运河和灌溉田地所必需的高度。与中世纪一般的水文气候模式一样，ENSO 和 NAO 的变化影响了尼罗河流量的波动。尼罗河洪水主要是由埃塞俄比亚高原的季风性降水控制，是由热带辐合带的季节性迁移驱动的。持续的拉尼娜现象和正位相的 NAO 模式可能减少了尼罗河流域的降水量，造成了较低的洪水，导致了饥荒。

尼罗河洪水的失败不仅损害了埃及，也损害了附近依赖于埃及生产过剩粮食能力的社会。按照这种解释，饥荒导致了混乱、叛乱和政治崩溃。就埃及本身而言，阿巴斯统治的短暂复兴走到了尽头，新的统治者法蒂玛（Fatimids）取而代之。拜占庭帝国利用了埃及的危机，短暂地夺回了几个世纪以来不在拜占庭统治下的土地。在 1024 或 1025 年，法蒂玛的统治者为了应对新的干旱，夺取了谷物运输船，并开放粮仓。埃及从 1065 至 1072 年经历了长时间的饥荒。表面上法蒂玛的统治者同时也在努力控制他们的土耳其士兵军队。到了 11 世纪后期，拜占庭帝国面临多重威胁，它的粮食盈余减少了。与此同时，帝国遭受了包括佩切涅格（Pechenegs）在内的半游牧民族的攻击，拜占庭帝国在 1049—1050 年遭受了失败。货币贬值削弱了曾经力量强大的军队，1071 年，拜占庭帝国被塞尔柱人在曼兹克特之役中打败了。

中亚的寒潮给拜占庭帝国、波斯以及更远的东方地区带来了巨大的挑战。中亚的寒冷气候促使牧民移居他处。佩切涅格（Pechenegs）、乌古斯（Oghuz）和塞尔柱（Seljuk）土耳其人向西迁移。在伊朗，有一种解释指出，棉花种植已经创造了大量的繁荣，随着北部地区棉花产量的下降和半游牧民族进入伊朗，寒冷的转变发生了。一部编年史描述了 1040 年的动乱、饥荒和寒冷的影响："尼沙布尔不再是我过去熟悉的城市，它现在成了一片废墟，很多人死于饥饿，天气冷得刺骨，生活变得难以忍受。"伊朗的动乱引发了一场流散，增加了波斯文化在南亚的影响力。土耳其的力量在伊拉克和安纳托利亚也得到了增强。白益王朝（Buyid）在巴格达垮台了，经过一段时间的内战，塞尔柱土耳其人于 1060 年占领了巴格达。

这种气候变化的模式使游牧者流离失所，这与罗马帝国晚期的干旱和迁徙周期有着普遍的相似之处。在这两种情况下，可以找到许多因素造成了移民和城市地区的统治者和复杂的社会所遭受的失败，但在罗马时代和 11 世纪末，寒冷和干燥条件可能是游牧和半游牧人民首先向西方迁徙的原因。另一种解释指出，寒冷可能使得土耳其人将双峰公骆驼与单驼峰雌骆驼杂交，生产出了非常适合丝绸之路贸易的骆驼。单峰骆驼不能很好地忍受寒冷，因此寒冷迫使骆驼饲养者向南迁移。

五、蒙古人与气候

蒙古人的胜利源于他们的军事实力和有效的领导人，但也得益于蒙古人国家良好的气候条件。13 世纪，蒙古人从蒙古扩张出去，建立了一个广阔的王国。蒙古人具有高超的战争技能。从很小的时候，男孩们就开始练习骑马和突袭、打猎。事实上，他们几乎一学会走路就开始学习骑马和射箭。蒙古战士是专家级的射手，即使是骑在马上的弓箭手，也能射出致命的复合弓。他们骑着马长途跋涉，进行有组织的袭击。在 1206 年，当成吉思汗在他的指挥下统一了蒙古部落，这些来自大草原的令人生畏的战士变成了一支极其危险的军队。成吉思汗举行了一场名为"围猪"（Nerge）的大型狩猎活动，以进行大规模的军事演习。蒙古猎人包围他们的猎物，就像他们在战争中包围敌人一样。他们还演习假装撤退，引诱敌人出来，然后攻击敌人。

蒙古人也沿着丝绸之路向西推进，占领了撒马尔罕和布哈拉等贸易中心。成吉思汗的孙子巴图洗劫了基辅。蒙古人在俄罗斯建立了自己的黄金帝国部落，收集贡品直到 14 世纪晚期。再往西，蒙古军队于 1241 年到达匈牙利。在近东，旭烈兀，也是成吉思汗的孙子，于 1258 年洗劫了巴格达，结束了阿拔斯王朝。

　　蒙古人的胜利说明，气候并不是蒙古人成功的唯一原因，但气候的波动可能有助于蒙古人的成功扩张。如果干旱可以驱使游牧民族迁徙，那么有可靠降水的时期也可以。蒙古中部树木年轮数据分析指出，中世纪气候异常期间，发生了几次严重干旱，特别是 900—1064 年、1115—1139 年和 1180—1190 年。在成吉思汗的早期，这最后一段时期正好与蒙古政治领域的不稳定相吻合，这可能是他掌权的原因之一。随着气候变暖，在 13 世纪初达到顶峰，中亚的寒冷期结束了，1211 至 1225 年期间，降水量持续增加。这一记录表明，总体来说，1112 年与其他时期相比，更加湿润和温暖，这正是蒙古人扩张的时期。

　　在许多情况下，无论是罗马还是中世纪的欧洲，气候都对国家的扩张作出了贡献，因为气候对农业有利。对蒙古人来说，马才是真正重要的。蒙古马以其顽强著称，但要进行数千英里的军事行动，就需要大量的马匹，每个蒙古战士都有好几匹马。13 世纪早期的良好气候，提升了蒙古人的实力，因为温暖湿润的气候为饲养马匹提供了良好条件。

　　蒙古人在军队长途跋涉时，还必须为他们的马匹采购食物。事实上，蒙古人在那些不能轻易喂饱大量马匹的地区，就并不那么可怕了。当蒙古人和其他半游牧民族的战士向南推进到南亚和东南亚时，这种马匹食物供应的困难，削弱了他们的力量。因此，气候限制了蒙古王国的最终扩张。

六、美洲水旱灾害

　　在欧洲人进入北美洲前，在某些情况下，几次气候冲击已经改变了或甚至推翻了北美洲一些最复杂的社会。直到今天，查科峡谷新墨西哥的西北角仍有一处大型废弃定居点遗址，但整个遗址是在 12 世纪废弃的。在密西西比河、俄亥俄河以及美国东南部的许多地方，前哥伦布时代的人们建立了后来被称为土丘的遗址。卡霍基亚位于现代城市圣路易斯附近，有超过 100 个这样的土丘遗址。在 11 世纪和 12 世纪早期，集约化农业支持了大量的人口，达到了数千人，但是卡霍基亚在欧洲人到达这个地区之前就被抛弃了。在更远的南方，西班牙的冒险家和征服者遇到了玛雅人，但玛雅人的世界已经历了严重的破坏。废弃的大型宏伟建筑引人注目，这一事实本身就会歪曲我们对美国社会发展的理解。在一些情况下，干旱对某些区域产生了严重影响，但整个美洲的土著文化并没有普遍崩溃。

　　玛雅人在美洲中部创造了持续时间最长的社会和文化。最早出现在美洲中部和墨西哥南部的农业区，第一个玛雅人的定居点可以追溯到公元前 800 年左右。在大约 500 年的时间里，玛雅人开始为宗教目的建造更复杂的仪式中心。玛雅社会继续发展，在 200 至 900 年（我们现在称为古典时期）到达了其高度复杂的阶段。玛雅人在一条从危地马拉和伯利兹延伸到尤卡坦半岛，再向西延伸到现在的恰帕斯半岛的地带上建造了仪式场所，尤其是金字塔和城市。在古典时期，玛雅人使用多种耕作方式来养活相对庞大的人口。他们建造果园，建造梯田，开发湿地。为了丰富农田，他们进行了烧荒和引流洪水。他们还管理森林以获取燃料。

　　在古典时期，最大的城市的人口超过 5 万。提卡尔，卡拉克穆尔是这一时期最大的两个城邦。危地马拉北部的提卡尔遗址有 5 个大金字塔；最高的有 60 多米高。提卡尔的玛雅象形文字记录了这座城市与周边城邦的战争，也记录了战败和胜利，但那些年代久远的石碑或石刻板或石柱上的铭文是在公元 869 年结束的。

　　位于墨西哥坎佩切的卡拉克穆尔（Calakmul），在古典时期之前就已经发展成为美国最大的城市，拥有 6 万人口，金字塔高达 45.72 米。仍然矗立在卡拉克穆尔的石柱比玛雅遗址其他任何地方的石柱都要多。这些铭文显示了它与邻近的玛雅城邦之间的复杂关系，这些城邦既是卡拉克穆尔的附属国，有时也是对手，同时在卡拉克穆尔和提卡尔之间也有战争。7 世纪时，卡拉克穆尔战胜了提卡尔，但这座城市在 695 年却被提卡尔攻占了，胜利者把俘虏作为活人祭品杀了。铭文在 10 世纪早期就结束了，当西班牙人到达卡拉克穆尔时，人口只占古典时代人口总数的很小一部分。

当西班牙征服者来到美洲时，许多玛雅遗址已经成为废墟，几个世纪后，玛雅遗址仍可以被发现。例如，在 1570 年，迭戈·加西亚·德·帕拉西奥(Diego Garcia de Palacio)发现了如今洪都拉斯境内的科潘(Copan)遗址。科潘市的遗迹包括巨大的广场，10 米宽的楼梯，近 2000 个象形文字，人口达到了 25000 人，但是皇室王朝在 9 世纪结束了。

就像在罗马一样，经典的玛雅文明为什么会崩溃的问题引发了对一系列答案的搜寻，以及对崩溃意义的争论。当然，玛雅人熬过了古典时期的末期。西班牙人遇见了玛雅人，至今仍有玛雅人。与此同时，被遗弃的遗址数量之多表明，在古典时期结束时，玛雅社会发生了重大而真实的破坏。对这种分裂的解释已经产生了许多假设：地震、疾病、堕落、农民起义、侵略或侵略者强迫的迁移。对于这些解释，几乎没有支持的证据。玛雅城邦之间的战争提供了另一个可能的原因。玛雅铭文的破译推翻了玛雅精英们爱好和平的观念。例如，伟大的城邦——提卡尔和卡拉克穆尔与他们的盟友进行了长期的战争。然而，如果说战争导致了玛雅古典时期的结束，那也是非常缓慢的，因为玛雅的主要城邦之间的战争持续了好几代人。

玛雅时代较高人口与今天较低人口之间的差距表明，玛雅城邦国家给现有资源(食物、燃料和水)施加了巨大压力。在蒂卡尔(Tikal)和卡拉克穆尔，建筑工人们放弃了他们长期用来制造横梁的木材人心果 (Manilkara zapot)，转而使用替代品，表明它们正在耗尽木材供应。他们也停止使用石灰作为石膏的材料。玛雅人在许多世纪中证明了他们的恢复能力，但多年的城市化和人口增长导致了他们能够依赖的材料的短缺。

气候变化引起的干旱与其他几个因素相互作用，导致了古典时期玛雅人的结束。一段干旱时期加上几次严重的干旱削弱了一个已经突破环境极限的社会。几百年里，玛雅人适应了他们的地貌，但他们庞大的人口和滥伐森林使他们对干旱的适应能力下降。在干旱时期，资源的消耗反过来又增加了玛雅城邦之间发生战争的可能性，这些城邦之间本来就有互相打仗的悠久传统。崩溃的城市中心不断恶化的条件也促使玛雅人搬离。

玛雅人的历史证明了复杂社会对气候的适应能力和依赖性。玛雅人适应了他们的地貌和气候。他们通过改造水、土地和森林来生产足够的食物来养活密集的人口，而且他们这样做了很长一段时间。甚至他们的崩溃也不是完全的，玛雅文化和社会确实也没有达到终点。与此同时，适应和创新的能力也意味着玛雅人能够把更大的压力放在他们的景观和土壤、木材和水的供应上。因此，在古典时期晚期，他们变得更容易受到干旱和大干旱的袭击。

即使玛雅文化没有结束，它也改变了。在这种情况下，气候变化可能给精英阶层带来了最大的冲击。西班牙人第一次见到玛雅人时，并没有抛弃社会等级制度。当埃尔南·科尔特斯(Hernando Cortés)和他的同伴们第一次在尤卡坦海岸击败玛雅勇士时，要求组成一个首领代表团。他们收到了金饰和年轻女子作为礼物，包括多纳·玛丽娜(Dona Marina)。在墨西哥中部的远征中，玛丽娜成了科尔特斯的情妇和他不可多得的翻译家。然而，这些王朝似乎已经走到了尽头，它们之间的战争和争斗在古典时代的玛雅象形文字中占有重要地位。那些为王室服务或为他们提供奢侈品的人将无法继续他们以前的生活方式。等级制度不那么复杂的社会(如伊斯帕尼奥拉岛的社会)本可以更好地适应日益干涸的趋势，但由于缺乏集中大量盈余的能力，它们变得不那么适应了。热带辐合带的转变给美洲中部的南部地区也带来了类似的压力。

尽管玛雅人的崩溃可能是由几个因素引起的，但干旱的发作很可能是古典时代玛雅文明不稳定的因素。多项研究指出气候变化的巨大影响。全新世早期，尤卡坦半岛的湖泊被增加的季风性降水所填满。随着夏季日照的减少，该地区在大约 3000 年前开始变得更加干燥，在 800—1000 年干旱达到顶峰的同时，玛雅人也崩溃了。事实证明，降水量减少了大约 40%，尤卡坦半岛和美洲中部的玛雅城市对干旱非常敏感。干旱最严重的地区表现出最强烈的崩溃证据。玛雅社会以前曾表现出对干旱时期的适应能力，但更大的社会复杂性和更严重的干旱超出了它们的适应能力。

热带辐合带的移动可能导致了与玛雅崩溃有关的干旱。从卡里亚科(Cariaco)盆地到委内瑞拉北部的海洋沉积物揭示了现代热带辐合带的迁移模式，可以用来推断过去的气候变化。今天，热带辐合带的年际变化留下了清晰的明暗带，在整个全新世，盆地中的沉积物都保持着这种模式。在冬季和春季的旱季，热带辐合带的位置向南，导致强劲的信风，加强了上升气流。这进而引发了更大的藻类生长，然后作为浅色沉积物保存在盆地中。热带辐合带每年在北半球的北移标志着委内瑞拉的雨季，更多的深色沉积物从陆地被输送到卡里亚科盆地。陆源沉积物中钛的浓度记录了该地区热带辐合带的迁移。玛雅人生活在卡里亚科地区的北部和西部，但在卡里亚科沉积物中记录的同样的热带辐合带变化也影响了尤卡坦半岛的玛雅城市。750 至 900 年间，玛雅人的晚期崩溃与低水平的钛沉积一致。特别是，钛极小值对应于 760 年、810 年、860 年和 900 年左右的干旱事件，年代数据与玛雅人崩溃的 3 阶段模型一致。尤卡坦半岛石笋记录和附近奇卡纳卡布(Chichancanab)湖泊的沉积物为干旱对玛雅人的影响提供了额外的证据。尽管如此，关于干旱在多大程度上导致了中美洲文明的崩溃的争论仍在继续。

水文气候变化也影响了在玛雅中心地带之外的美洲中部人类社会。公元 700 年，墨西哥城东部的坎通纳市的人口达到 9 万左右，并向墨西哥湾沿岸地区供应黑曜石。在 500 至 1150 年的很长干燥时期，并没有立即破坏坎通纳：实际上，来自其他干旱地区的移民可能已经搬到坎通纳。然而，这座城市的人口在 900 至 1050 年下降到只有 5000 人，这是近 4000 年来最干旱的时期之一。

降水的主要变化对哥伦布发现美洲大陆之前的其他复杂社会构成了挑战，比如密西西比河和俄亥俄河谷的文化中有仪式用的土丘。西班牙的冒险家们偶然发现了这些土丘。在 1539 年，西班牙探险家埃尔南多·德·索托(Hernan do soto)从西班牙已经征服的领土也是现在的美国向北，开始了一场美洲远征。为了寻找土地和黄金，他在佛罗里达登陆，向北进入阿巴拉契亚山脉，然后向西，1541 年到达密西西比河。在今天的格鲁吉亚，德·索托和他的部下进入了一个村庄，他们在一个土丘上立了一个十字架。在一个叫塔里木科的地方，可能就在今天南卡罗来纳的卡姆登附近，西班牙人发现了一个"具有广泛影响力的村庄，这座教堂坐落在高高的土丘上，备受尊崇。"过了密西西比河之后，"基督徒把十字架放在一个土墩上。"

在他们沿途的冲突和战斗中，德·索托和他的人杀死了许多当地人，他们自己也遭受了许多损失。他们还发现，由于西班牙人传播到美洲的疾病，当地土著人口严重衰竭，身体虚弱，这显然已经比西班牙人自己传播得更远了。德·索托和他的地面部队携带了欧亚传染病，引发了新的传播途径。就像在墨西哥和其他地方一样，没有抵抗的土著居民死亡人数惊人。在这一时期的一个解释指出，许多死亡严重削弱了土著社会密西西比河的文化的后期阶段。隆起的寺庙土丘不再作为重要的政治和宗教场所。

哥伦布在新旧世界之间的交流所引发的流行病，给许多美洲原住民带来痛苦、疾病和死亡，但复杂社会的收缩不能仅仅归咎于征服者所携带的疾病。德·索托和他的西班牙冒险家队伍遇到的密西西比文化，在直接和间接接触欧洲人之前，就已经遭受了挫折。中世纪气候异常期间的温暖可能促进了密西西比文化的扩张和现在美国东南地区的遗址扩张。在12世纪早期，卡霍基亚和附近地区的人口达到顶峰后，人口密度下降了。到了14世纪，密西西比文化已经离开了卡霍基亚，以及俄亥俄和密西西比河谷的其他地方。在伊利诺伊州南部金凯附近的土丘上的定居点，在13世纪早期达到了顶峰，但是土丘的建造在1300年左右结束，定居点在1450年左右被废弃。在密西西比河和俄亥俄河谷的许多地点也存在同样的废弃模式。

资料的缺乏使得重建完整的密西西比河文化历史很难，但是对气候的研究表明，水文气候的变化可能通过更大的干旱或更大的洪水给土丘的建造者带来了压力。在一种解释中，12世纪中期至13世纪早期的长期干旱削弱了土丘建造者的社会。干旱的循环削弱了卡霍基亚地区的集约化农业。地下水位下降，降水量减少，维持相对稠密人口所必要的玉米的集约种植受到威胁，干燥也会降低鱼类的数量。这样的趋势并没有使所有的密西西比遗址都不可避免地崩溃，而是动摇了那些最依赖于农业条件的人口最多的最好的遗址。另一种解释则相反，认为在干旱期结束时，更大的洪水会造成损害。对沉积物岩心的研究表明，卡霍基亚在洪水较少的时期出现，但随着更严重洪水的回归而减少。

这种气候变化的影响因社会类型和地区而异。在宾夕法尼亚州的莫农加希拉河谷，定居的小村庄似乎已经形成和得到改造，独立于任何大规模的长期趋势。像卡霍基亚这样的大型遗址的废弃，是密西西比文化最集中的体现。受益于大规模盈余的宗教和政治精英，卡霍基亚可能发现自己的地位没那么高。然而，这样的结果本身并不等于文化的彻底崩溃或灭绝。

干旱和降水的变化对美国西南部等最脆弱的人类居住区影响最大。一个突出的例子来自一个复杂社会的历史，在与欧洲人接触之前，这个社会就已经在今天的新墨西哥州蓬勃发展。在800至1150年或1200年，在新墨西哥西北角的查科峡谷建造了一个大型的复杂的定居点文明。

查科峡谷的建筑者设计并建造了大型多层石屋。虽然人口估计仍不确定，但可能有几千人住在中心地带。这种文化的人们沿着公路建造了许多其他的大房子。这些道路的遗迹已不复存在，肉眼无法看到，但可以通过卫星图像追踪到。查科峡谷的物质文化充分利用了绿松石。发掘工作已经揭示了大约20万颗绿松石。一些绿松石来自当地，但查科峡谷也通过贸易网络交易绿松石，这些网络延伸到现在的科罗拉多州、加州和内华达州。

我们没有类似于玛雅文字的东西来告诉我们关于精英的事情，但是埋葬方式暗示了查科峡谷的一个强大的等级制度。与死者一起埋葬的物品或来自最大的坟墓的物品中名为普韦布洛·博尼托(Pueblo Bonito)的房子里有成千上万颗绿松石珠子。一个小房间里至少有25000件绿松石物品。还有一些装有可可豆的容器，只能通过长途贸易才能获得。

查科峡谷的人民为了支持他们复杂的社会，采用了几种方法来获取和储存水。峡谷的地理位置使农民更容易利用地下水。此外，查科峡谷和附近的社区利用这些水坝和运河输送和储存水。小型水坝拦截径流并将水引入运河。还有几座大型水坝，包括一座39米长的石坝。水资源支持了豆类、玉米和南瓜的种植。

在 12 世纪，查科峡谷作为主要人口中心的历史走到了尽头。所有幸存的人都离开了，那些伟大的建筑也被遗弃了。在这种情况下，就像在几乎所有其他情况下一样，选择"崩溃"一词引起了争议。按照正常的理解，查科峡谷倒塌。如果伦敦、纽约的人口抛弃了那些大得多的城市，留下的建筑物最终会倒塌，我们可能也会这么说。然而，查科峡谷的末日并不一定意味着所有可能迁移到西南社区的人的灭绝。到了 13 世纪晚期，阿纳萨奇也放弃了最近建造的悬崖民居，搬到了南部和东部。因此，科罗拉多南部梅萨维德的精美悬崖民居在 1300 年左右被遗弃。

为什么普韦布洛人的祖先在 12 世纪晚期抛弃了查科峡谷，在 1300 年左右抛弃了著名的悬崖民居？他们的离开被认为是战争造成的，但这种解释缺乏证据，尽管一些废弃的阿纳萨奇遗址中有尸体遗骸，表明他们死于暴力，甚至被同类嗜食。另外，由于绿松石贸易的转变，这种文化可能会遭受经济损失，尽管还不清楚为什么会导致完全放弃令人难忘的遗址。在缺乏任何记录的情况下，有关宗教仪式争议导致意识形态崩溃的假设几乎不可能得到验证。

作为干旱地区人口最密集的地区，查科峡谷的人们可能对包括木材和水资源在内的有限资源施加了太大的压力。因为查科峡谷的建造者们使用的是木梁，所以我们有理由怀疑他们是否会砍伐周围地区的森林并耗尽木材。在一种解释中，查科峡谷的人们使用了太多的木材，以至于他们砍伐了他们赖以生存的土地上的森林，但是木材的来源和森林砍伐的速度仍然存在争议。不管查科峡谷的人们是否砍伐了太多的树木，他们都面临着一系列严重而漫长的干旱。气候的这种波动危及本已干旱的地区的粮食供应。

不可能对查科峡谷的废弃进行测试，但气候变化是该中心消亡的一个重要原因。该地区的人民在几个世纪前就已经证明了他们对长期干旱的适应能力，但一系列严重的干旱将对一个人口众多的中心地区构成严重的挑战。

七、南美洲的水文气候

在整个前哥伦布时代，南美洲西海岸的社会建立在储存和控制水资源的悠久传统的基础上。提提卡卡湖位于安第斯山脉，是一个巨大的山地湖泊，提瓦纳库帝国从运河系统中幸存下来，在公元 500 到 900 年达到鼎盛。在秘鲁的北海岸，从 1100 年至 15 世纪晚期，这里一直是主要的文化遗址，适应了包括洪水和干旱在内的环境变化。溢流堰限制了来自高水位的危害。在奇木时代后期，人们在远离洪水的地方建造房屋。奇木时代的农民使用沟渠和其他灌溉网络。除了这些水利工程，智利北部等地区的社区还通过改变作物、移动田地和增加贸易来应对环境变化带来的风险。

南美洲西部人类居住区和活动的广泛持续表明，气候波动本身并没有导致毁灭，但复杂的社会在更干旱和更湿润时期之间面临着转变。例如，位于秘鲁南部海岸的纳斯卡人已经适应了干燥的环境，但他们仍然受益于更多的降水。该地区在约公元前 800 年至 650 年期间降水量增加。从 650 至 1150 年左右，在现在的玻利维亚和秘鲁边界的提提卡卡湖周围地区，东部地区有更多的水分。从 1150 至 1450 年，纳斯卡地区的降水量再次增加。

气候变化对南美洲西部复杂社会可能产生的影响引起了争论。在秘鲁北部，沙子覆盖了莫希的灌溉系统，这是秘鲁北部海岸的一个复杂社会。公元 6 世纪，首都被废弃，文化向东迁移到地势较高的地方，那里有更多的水资源。气候向干旱期的转变为这种迁移提供了一个可能的原因。但是一种相反的解释指出，社会变化是最有可能的关键因素。关于气候变化对南美洲的影响，另一个可能的例子是，在 11 世纪漫长的干旱期开始之前，提瓦纳库社会在提提卡卡湖岸边繁荣了几个世纪。作为一个帝国的首都，提瓦纳库有许多仪式场所，包括寺庙和金字塔。首都周围是梯田地。这个庞大而复杂的社会衰落了，在 11、12 世纪结束。在一种情况下，这个国家的权利受到侵蚀，最终因为降水量减少而衰落。另一种解释认为，农业的任何变化都与提瓦纳库国家的命运无关。

相关性并不能证明气候冲击直接导致了南美西部地区的政治和社会变化，但遗传证据表明，移民的时期与气候变化有关。来自秘鲁南部 DNA 样本表明，在公元前 840 年至公元 1450 年，出现了两个主要的移民阶段。在纳斯卡文化晚期，从沿海的山谷进入安第斯山脉中部的移民增加了。后来，1200 年左右的瓦里和提瓦纳库帝国的结束，似乎鼓励了人们向海岸迁移。以瓦里帝国为例，在秘鲁高地，900 至 1350 年的长期干旱与 1100 年左右的帝国灭亡相一致。内部冲突是导致危机的最直接原因，暴力伤害率上升，食物量减少，但干旱加剧了瓦里后期的挑战。

在很长一段时间里，南美洲西部出现了多个复杂的社会，就在西班牙征服美洲大部分地区之前不久，印加国家沿着安第斯山脉崛起。印加人征服邻国并将其并入一个绵延 3218 多千米的帝国的能力是多种因素共同作用的结果。印加人利用他们的军事能力和外交手段，在该地区气候变暖期间进行了扩张，这将使他们能够开发更多的高地地区。

八、小结

研究古典时代或轴心时代最强大的帝国灭亡后，可以发现区域气候变化的潜在影响。欧洲中世纪中期气候变暖的有力证据表明，有利的气候与欧洲内部和北大西洋的欧洲扩张之间存在相互作用。其他地区，包括中亚、美洲中部，以及现在美国的内陆和西南地区的区域变化，也显示了气候变化，特别是水文气候的变化对复杂的社会造成了限制。在全新世，人类社会发展出了对气候变化的显著适应能力，但复杂的国家达到了一个临界点，即它们储存资源的能力无法满足长期干旱带来的需求。

中世纪气候异常经常出现在最近关于气候变化的讨论中。特别是，对气候变化科学或人类活动已成为气候变化的主要推动因素这一发现的质疑，往往指向中世纪的温暖时期。那个时期是如此温暖，以至于目前的全球气温和气温趋势并不明显。这些主张大量地引用了印象最深刻的证据，特别是关于英格兰和北美洲文兰的葡萄藤。与许多其他作物一样，酿酒葡萄栽培可以作为气候变化的多种指标之一，但它们的种植也取决于其他因素。由于口味的变化或来自其他葡萄种植区的竞争，农民可能种植葡萄或用其他作物代替它们。类似地，维京人提到的文兰（甚至可能不是指葡萄藤）或格陵兰岛的命名为绿色，也没有提供过去温度的准确记录。

利用中世纪气候异常的另一个问题是，试图忽视自工业革命以来人类对气候的关键影响，气候变暖很可能是区域性的。一些地区可能和今天一样温暖，但总体来说，变暖是区域性和不同步的。

最后，中世纪温暖期不能作为反对人类驱动气候变化的逻辑证据，因为在中世纪期间发生的任何气候变化的原因都是与今天不同的。中世纪的人类从事农业和许多经济企业，其中一些涉及使用泥炭或煤炭作为燃料，但如果没有工业革命，没有内燃机，化石燃料的开采和燃烧就没有成指数速度增长。

第六节 小冰河时期

在中世纪气候异常期(MCA)之后的几个世纪里,气候史上有个"小冰河时期",当时多处地区的年平均气温都比现在要低,夏天大旱与大涝相继出现,冬天则奇寒无比。一个复杂的降温趋势在世界一些地区被明显的冷期打断,影响了人类历史。这一时期在历史和科学文献中被称为"小冰河时期"。虽然精确的降温时间和严重程度各不相同,但气候的波动影响了广泛地区的人类社会,特别是在欧洲和北大西洋周围地区,但也影响了亚洲和北美洲。

在最明显的降温期间,小冰河时期为世界许多地区的社会和国家带来了挑战。与此同时,各个社会对小冰河时期的反应也大不相同。到了近代早期,一些比较繁荣的社会表现出了很强的适应能力。另一些人经历了危机时期,但他们继续适应和发展,直到寒冷期成了遥远的记忆。还有一些地方,尤其是在那些本来就更容易受到寒冷影响的地方,面临着更严重的威胁。小冰河时期在北大西洋和欧洲有很强的影响。在北美洲,欧洲的殖民开始于小冰河时期。

一、小冰河时期的气候

关于欧洲冰川推进的史学文献,在 1600 年到 1700 年的后期特别广泛,提供了第一批证据,证明在第二个千禧年的后半段时间里存在一个更冷的时期。虽然在 1300 到 1850 年,北半球普遍存在寒冷的条件,但这个"小冰河时期"并不是全球同步的,也不是一个持续的寒冷时期。记录显示,欧洲最冷的时期是 17 世纪,但北美洲部分地区直到 19 世纪才迎来最冷的时期,而东亚在这个时期则经历了持续的更冷。然而,气温似乎比几个世纪前更低,当然也比今天更低。

为了确定小冰河时期的成因,气候科学家分析了包括太阳辐射和火山活动在内的外部因素。从几十年到几百年的时间尺度来看,太阳的变化主要来自太阳黑子,太阳表面的磁暴增加了太阳的能量输出。目前,太阳黑子数量的变化遵循 11 年周期,但是历史上始于 17 世纪早期的太阳黑子记录显示,在过去很长一段时间内太阳黑子很少。这些太阳黑子的极小期中有几个发生在小冰河时期,特别是从 1645 至 1715 年的蒙德极小期,还有斯波勒(Sporer)最小值(1460—1550 年)和道尔顿最小值(1790—1830 年)。这样的太阳黑子极小期通常与温度的极小期相一致,但是太阳黑子极小期是否或如何导致小冰河时期的温度下降仍然是一个争论和正在进行研究的话题。

13 世纪的活火山活动可能是造成小冰河时期冷却的原因。乍一看,这种联系似乎令人惊讶。火山爆发通常会导致短暂的降温,那么火山活动本身是如何导致几个世纪的小冰河时期降温的呢?一个可能的答案在于气候反馈:几次快速连续的大型火山喷发可能引发了足够的降温,从而触发了海冰的增长。冰和雪反射太阳光的增加,反过来又会产生额外的冷却作用。这就是所谓的冰反照率反馈,也是放大气候变化的几种反馈之一。火山活动增加的时间似乎与火山迫使小冰河时期的想法一致:冷却不得不在 1300 年开始,约 1600 年冰川已经到达最大限度。冷却与火山活动有关的程度很难重建,但 1200 年和 1450 年左右有许多火山喷发的证据表明喷发对小冰河时期起到了一定的冷却作用。

除了太阳的辐射变化和火山爆发,大气二氧化碳浓度的变化可能在小冰河时期的冷却过程中起了作用。二氧化碳浓度从公元 1200 年的 284 毫克/立方分米下降到 1610 年的 272 毫克/立方分米。北半球降温之后，二氧化碳浓度下降。当温度降低时，气体在海洋中更大的溶解度原则上可以减少大气中的二氧化碳浓度，但不足以解释在小冰河时期所观察到的二氧化碳下降。当流行疾病造成人口急剧下降时，也可能由于农田恢复为森林，二氧化碳浓度下降。1347 至 1352 年间的黑死病使欧洲人口减少了 2500 万。1492 至 1700 年，当欧洲人把新的疾病引入美洲原住民时，造成人口减少了 5000 万。人口的急剧下降导致废弃的农田重新成为林地，新形成林木的生长减少大气中二氧化碳，导致了变冷。

这些外力影响气候的年际尺度到百年尺度，都可能在一定程度上导致了小冰河时期的降温。在这个时间尺度上，内部气候动态也变得很重要。例如，深海环流的减缓将为小冰河时期的变冷提供另一种可能的解释。正如我们在新仙女木事件中所看到的，融水减缓了温盐环流，使北大西洋地区陷入了接近冰川的状态。在一个小得多的尺度上，中世纪气候异常期间的温暖可能会增加冰雪融化和海水循环减慢。这可以解释在这段时间内观察到的变冷模式。其他气候现象可能对小冰河时期的温度和降水异常的地理模式有贡献。在持续的拉尼娜和中世纪气候异常的正位相 NAO 条件的逆转中，相反的模式(厄尔尼诺和负位相的 NAO)在小冰河时期盛行。

二、北大西洋的小冰河时期

不管小冰河时期的根本原因是什么，北大西洋典型的变冷趋势对在农业和畜牧业边缘地区建立的人类定居点造成了严重后果。这些定居点地区包括北部地区和高海拔地区。关于小冰河时期在北大西洋的影响的主要争论之一，涉及北欧海盗在上一次中世纪气候异常期间，在北大西洋建立的遥远殖民地的命运。挪威移民在格陵兰岛构建了混合经济，主要有两个定居点，一个是在格陵兰岛最南部的东部定居点，另一个是沿西海岸的较大西部定居点。人口总数达到了 5000 人。他们的产品主要销往挪威。欧洲人可以从其他地方购买到格陵兰人出售的皮革和羊毛布料，但从格陵兰出口的海象象牙和北极熊在欧洲市场上作为独特的商品脱颖而出。

为了养活自己，在西部和东部的定居点，殖民者建立了农场，总共约有 250 个。起初，他们通过重复先前的畜牧业做法，饲养奶牛和猪，但很快就停止了养猪，可能是因为它们对格陵兰岛的土壤造成了巨大的破坏。在格陵兰岛，羊的情况要好于牛，因为它们在户外吃草的时间要比牛长得多，而每年大约要在室内养牛 9 个月的时间。山羊是很适合吃灌木丛的动物，数量也随着时间的推移而增加。这种饲养猪和牛的转变提供了强有力的证据，证明北欧人适应了在格陵兰岛生活。尽管他们之前有过这样的经历，但他们还是做出了必要的调整，转向饲养更适合在格陵兰生活的动物。仅仅搬到一个有着不同地貌、资源和气候的地区并不能决定他们的命运。

挪威人在猎物的选择上，也狩猎并适应格陵兰岛的生活。岛上的大群驯鹿是肉的主要来源，海豹也是。挪威人知道海豹是何时何地迁移到这个巨大的岛屿上的，挪威人设立营地来捕猎海豹。随着时间的推移，挪威人越来越依赖狩猎和海豹来获取食物。令人惊奇的是，鉴于有丰富的海水，挪威人似乎没有从事过捕鱼活动，这是通过在他们的遗址发现的非常少的鱼骨来衡量的。可能挪威人形成了某种不吃鱼的禁忌。

虽然挪威移民适应了在格陵兰岛的生活方式，他们的存在给格陵兰岛的资源带来了压力。他们很快就砍掉了本已稀少的树木，而土壤的恢复比较缓慢，尤其是放牧动物啃食的土地，意味着他们无法轻易获得新的木材来源。除了偶尔从挪威进口的木材外，他们还可以通过在拉布拉多海岸进行危险的伐木之旅，来获取新的木材。反过来，由于缺乏木炭，格陵兰人也就失去了熔炼沼泽铁所必需的燃料来源。

格陵兰人在面对小冰河时期的影响之前，已经在一个边缘地区生存了几个世纪。在14世纪的短短几十年里，格陵兰岛的温度急剧下降4摄氏度。来自迪斯科(Disko)湾的沉积物芯的微化石记录进一步显示了在1350年格陵兰岛西部的降温。显著降温为畜牧业创造了更困难的条件。一个较短的生长季节减少了干草的收获，使绵羊和山羊的饲养处于危险之中。严酷的冬天越长，寒冷的夏天越短，这就减少了获取和储存食物的差别。在这种情况下，格陵兰人从海豹身上获取越来越多的食物是合理的，但这一定是在巨大的压力下才做出的适应。由于资源有限，格陵兰的挪威人没有理由自愿减少消费任何来源的食物。

更冷的海水也使海洋旅行更加困难和危险。即使在最好的时期，格陵兰人乘坐小船去北方寻找海象或寻找木材也从来都不是一件容易的事，这样的旅行变得越来越危险，而严重的木材短缺意味着格陵兰人不容易造新船。长期的海冰也阻碍了格陵兰人和其他挪威以及欧洲人之间重要的资源交换，与挪威的联系受到了影响。在14世纪晚期，只有零星的船只来往于挪威和格陵兰岛之间，而在15世纪早期，两国之间的交流完全中断。1492年，在有记录的从挪威到格陵兰的最后一次航行后很久，教皇亚历山大六世写道，"由于海水大面积结冰，很少有船只开往那个国家——据说，已经有80年没有船只靠岸了。"教皇忽视了渔民的远航，但他的基本观点是正确的：格陵兰岛已经脱离了欧洲地图。

其他因素与小冰河时期气候变化结合威胁到格陵兰人的生存。即使北大西洋的寒冷和结冰给了水手们避免危险的长途航行的理由，其他的商业变化同时也切断了与格陵兰的贸易。随着汉萨城市的强大，欧洲的贸易模式发生了变化。这些北波罗的海和波罗的海的港口更青睐于不断增长的鱼类和鱼油等商品的贸易，而不是海象象牙等更为有限的奢侈品贸易。对于那些希望购买象牙的欧洲人来说，欧洲东部成了其他供应的来源。

在扩展的欧洲贸易网络中，格陵兰的挪威人也面临着来自其他格陵兰移民(如因纽特人或称图勒人)的潜在竞争，他们从北美洲的北方向东迁移取代了古爱斯基摩人。这两种人是分开居住的：没有遗传证据表明挪威人和因纽特人之间有任何混合。挪威人只零星提及他们与因纽特人的接触，但足以表明他们的关系主要是敌对的。14世纪的记载提到了被挪威人称为"斯克拉埃林人(Skrael-ings)"的袭击，包括1379年对18人的杀害和对两个男孩的奴役。这些死亡除了造成生命损失外，还可能对少数人口造成严重的经济和心理伤害。

在某些解释中，格陵兰人也没有向他们的因纽特竞争对手学习。关于格陵兰人在多大程度上用鱼来饲养海豹的问题存在争议，但他们似乎并没有像图勒人那样到遥远地区从事捕鱼活动。此外，图勒人比挪威人猎杀了更多种类的海豹，比如可以在冬天捕猎的环斑海豹。如果挪威人与图勒人合作，或甚至向图勒人学习，他们就能在冬天获得更多的食物。他们可能在每年春季海豹迁徙的时候猎捕海豹群，而在冬季则在喷水孔处捕食环斑海豹和髯海豹。采用因纽特人的狩猎技术和水上交通工具，对扩大格陵兰人有限的食物供应会起到不可估量的作用。

从这些多元的变量中，学者们对长期建设的格陵兰岛的挪威人定居点的终结产生了不同的解释。在一个灾难性的解释中，气候变化与日益增长的孤立和与因纽特人的恶劣关系消灭了挪威格陵兰人。相反，另一种解释认为挪威移民的终结是一种选择。到了14世纪，格陵兰人把他们的饮食习惯转向了捕猎海豹，这是更具灾难性解释的共识观点。在完全放弃养猪之前，他们甚至用海豹和鱼的残羹剩饭喂猪。不愉快的生活条件，有限的饮食，和格陵兰外界接触的机会很少，给了岛上最年轻的居民离开格陵兰前往冰岛和西部的理由。14世纪的瘟疫造成了冰岛和斯堪的纳维亚半岛人口的下降，也可以为决定移民的格陵兰人提供更便宜的土地。

另一种情况更强调人类的选择，而不是气候变化的影响，但在任何情况下，格陵兰人都做出了选择，并显示出重大的适应能力。他们显然选择了去格陵兰岛，一开始就待在那里，尽管中世纪的温暖使他们的旅行比以往更容易，但他们仍然选择留在一个几乎立即被证明与冰岛有很大不同的地区，更不用说与挪威的差别了。他们设法在格陵兰岛生存下来，他们首先在岛上采用游牧制度，其次增加他们对海豹的消费。换句话说，灾难性的情景并没有忽视人类选择的作用，也没有否认格陵兰人表现出了很强的适应能力。

这种替代解释强调人类的决策，但不排除气候的影响。在一种解释中，小冰河时期的气候变化使孤立和暴露的格陵兰岛人口数量锐减，以致灭绝。在第二种解释中，气候变化使他们放弃了许多他们曾经从事过的经济活动，这使得生活如此不令人满意，以至于不断减少的人口离开了。这种不那么戏剧化的场景是可能的，但只有很少的历史证据表明人们从格陵兰岛迁移出去。一项研究的作者引用了1424年一对夫妇写给冰岛主教的信，这对夫妇于1408年在格陵兰结婚，他们需要在搬迁后提供他们的婚姻证明。然而，我们缺乏其他与此类似的格陵兰岛向冰岛移民的书面证据，也没有任何文件能够解释此后仍在岛上的格陵兰人的命运。

在过去的几十年里，格陵兰人做出的选择与其说是简单的适应，不如说是绝望。转向几乎全密封的饮食真的是一种适应吗，还是一种绝望？很难想象为什么挪威人会在食物供应如此之少的情况下，抛弃绵羊和山羊，除非他们在这件事上别无选择。也许是大量格陵兰人通过搬回冰岛而幸存下来，但即使发生了这种情况，它不会否认气候恶化在造成这种移民方面所起的作用。格陵兰人不属于流动人口，也不相当于渔民或猎人，这些人建立季节性的营地、打猎或捕鱼，然后离开。相反，他们在北大西洋最西部生存了400多年，投入了巨大的努力和投资来建立他们的定居点。即使在最好的情况下，寒冷的气候也会导致挪威人在格陵兰的消失。

同样的降温趋势也给冰岛的大量定居者带来了挑战。与格陵兰岛一样，中世纪气候异常期间，大量涌入的挪威殖民者给冰岛环境带来了压力。定居者砍伐了岛上的大部分树木，放牧阻止了新树木的生长并破坏了土壤，由于植被的减少导致了水土流失。火山土很容易被吹走，岛上的大部分地区变成了沙漠。事实上，仍然有可能看到在这一时期形成的沙漠。

由于资源的耗竭，冰岛的定居者已经很脆弱，他们还要面临着来自小冰河时期的重大威胁。他们放弃了边际农场，减少了本已十分有限的农业。海面上的浮冰依然存在，阻碍了北部港口通往海洋的道路。随着资源的减少和瘟疫的到来，根据许多估计，人口下降了，尽管对确切数字没有共识。冰岛人也面临火山爆发。在1362年，厄赖法冰盖（Oraefajokull）火山喷发，迫使冰岛南部地区的农场被废弃。

尽管有这些挑战，冰岛社会不像格陵兰的定居点，在小冰河时期幸存了下来。冰岛人口众多，与欧洲的联系更加紧密，这使冰岛的定居点处于有利地位。冰岛人通过增加海产品的消费来适应其他食物资源的损失，他们通过出售干鱼来满足欧洲日益增长的需求，从而找到了收入来源。

三、欧洲的小冰河时期

在小冰河时期，几乎没有哪个社会面临着北大西洋群岛居民所面临的同样危险，但是小冰河时期的开始也给欧洲人带来了广泛的挑战。甚至在14世纪之前，一系列的火山爆发可能导致了气温的下降，造成了死亡率的急剧上升。例如，热带地区一座大型火山的爆发导致英格兰 1257—1258 年歉收。一位僧人描述了这种痛苦："北风盛行了好几个月，几乎没有一朵稀有的小花或胚芽出现，因此收获的希望渺茫，无数的穷人死了，他们的尸体到处都是，因缺乏食物而肿胀，那些有家的人也不敢收留病人和垂死的人，因为害怕感染疾病，瘟疫是难以忍受的，尤其对穷人。仅在伦敦就有 1.5 万穷人死去。"

14 世纪的气候变化给许多欧洲人带来了戏剧性的后果，1315 至 1322 年间发生了饥荒。大雨造成水土流失，妨碍了种植。许多同时代的观察家对 1315 年的特大暴雨和寒冷的夏秋进行了评论。连续 5 个月天天下雨，雨水和潮湿毁坏了庄稼，冲走了土壤，特别是在一些中世纪温暖时期因扩张而形成的新定居地区。涨水的小溪和河流冲走了磨坊、桥梁和整个村庄。1316 年，又一年的大雨和歉收。1317—1318 年的雨水、洪水和寒冷的冬天导致了农作物的歉收和农场动物的食物短缺。

以前的人口增长加剧了那些已经生活在温饱线附近的社区的饥荒。法国和佛兰德斯都出现了面包短缺。来自德国农村的人们前往波罗的海沿岸的城镇乞讨。随着居民离开，一些社区消失了。同时代的人抱怨混乱和无法无天。1317 年之后，作物种子的缺乏减缓了恢复的速度。农作物产量下降，虚弱人口的病死率上升。1320 年，持续的寒冷天气和寄生虫杀死了许多羊，破坏了英国重要的羊毛工业。

气候变冷的阶段给一些地区的社会造成了特别的困难，这些地区有一些共同的特征：要么是北部地区，要么是高海拔地区。在挪威，小冰河时期造成了许多农场的废弃。在小冰河时期开始后，大约 40% 的农场被遗弃。农民再也无法在海拔 304.8 米以上的地方可靠地种植谷物，这使得依赖粮食的社区变得尤其脆弱，以至于许多居民离开那里，到别处寻找机会。抛弃村庄的模式也扩展到其他地区，如英国和德国。英国成千上万的村庄被遗弃。今天，一些像北约克郡沃格拉姆·珀西废弃的村庄已经成为旅游景点。德国也有被遗弃的村庄，叫做武斯丁根。

然而，降温并不是导致村庄被遗弃的唯一因素：1347 至 1353 年间，欧洲人口数量因黑死病而急剧下降。瘟疫从亚洲向西传播，沿着贸易路线传播到西方。1347 年，它到达君士坦丁堡和亚历山大。在埃及的亚历山大，瘟疫每天杀死 1000 人。1347 年秋天，瘟疫来到了西西里，1348 年到达意大利北部，那里死亡率极高。一位西耶纳的居民写道，"我亲手埋葬了我的 5 个孩子，很多人死了，大家都认为这是世界末日。"在巴黎，1348 年后期，每天有 800 人死亡。至少有 1/3 的欧洲人死亡，尽管一些人估计死亡人数高达 60%。

在小冰河时期严重阻碍农业发展的地区之外，很难区分气候变冷和人口流失对废弃村庄的影响。抛弃村庄的模式可能开始于 14 世纪早期的一些地区，在黑死病到来之前，尽管关于抛弃的确切时间存在争议。在一些地区，例如丹麦，抛弃村庄也发生在瘟疫之后，在 15 世纪早期达到顶峰。即使小冰河时期并不总是导致村庄被遗弃，它也给了农村居民不返回到以前耕种过的土地的理由。在瘟疫肆虐的地区，寒冷的夏季阻碍或延缓了复苏。不搬回像沃格拉姆·珀西这样的村庄是有道理的，尤其是在有其他土地的情况下。

在山区附近，降温对附近的农场和村庄构成了更直接的威胁。不断扩大的冰川向高山村庄的斜坡下移动。早在旅游业和冬夏体育产业出现之前，高山地区的社区贫穷且与世隔绝。人们的身体缺碘导致了高致残率。在小冰河时期，冰川的前进在某些情况下阻塞了谷底，形成了冰坝，当冰坝破裂时，洪水随之而来。例如，在瑞士南部的瓦莱萨斯河谷，在 1589 年，阿莱奇冰川就形成了这样一个冰坝。1633 年，当湖水冲破堤坝时引发了一场洪水，给山谷里的居民带来了灾难："一半的田地被埋在废墟里，一半的居民被迫移民到其他地方，去寻找他们可怜的面包。"

四、热带的小冰河时期

降水的变化是小冰河时期的特征。在 17 世纪的大部分热带地区，普遍的降温是很明显的，但是降水模式却更加多变。来自东非湖泊岩芯的证据表明，其影响是复杂的。爱德华湖的沉积物显示了 1450 至 1750 年间的干旱模式，但奈瓦沙湖的记录表明了一个湿润的时期。来自乌干达北多湖和齐贝戈湖的沉积物表明，在 1100 年、1550 年和 1750 年持续了一个世纪的干旱。这种模式表明东非西部地区干旱，而东部地区则潮湿。在乞力马扎罗山上，小福特文格勒冰川可能是在小冰河时期形成的。

这些气候的波动可能影响了非洲的社会。例如，在乌干达西部，公元 1000 年后人口增加。在 15 世纪和 16 世纪，大型土方工程包围的定居点不断得到扩大。一段时间的强降雨有助于这种扩张。居民们似乎既从事农业，又从事一些畜牧业。随着土方工程的废弃，在 1700 年左右定居点变得更加分散。在小冰河时期的这个阶段，高海拔地区变得更干燥。气候的这种转变可能会增加游牧，并导致更大的社会差异。

气候波动有可能再次移动萨赫勒的边界。在比较湿润的时期，小米的种植区域向北移动，但在比较干燥的时期又转回南方。在 300 至 1000 年，这些区域向北移动，然后撤退。在西非的南部乍得湖盆地，干旱可能导致了 15 世纪卡奴里国家的政治中心向博尔诺转移。降水量的变化也可能会影响到大草原、萨赫勒地区和撒哈拉沙漠之间人们的关系。

在一种模式中，增加的降水量使农民向更北的地方迁移。这样的条件也会导致采采蝇有了更北的边界，从而限制了骑兵的活动。在比较干燥的时期则相反，像马里这样的萨赫勒地区本可以进一步向南推进。原则上，这个模型是合乎逻辑的，但它需要关于历史降水模式的可靠数据。另一种解释指出了一个普遍的干旱趋势，即热带稀树草原和热带草原之间的联系日益密切，便于大草原和撒哈拉沙漠之间包括奴隶贸易在内的交流和商业活动。

小冰河时期和中世纪气候异常期间的气候波动可能也对非洲南部各国有利，也可能对它们构成挑战。马蓬古布韦王国（1075—1220 年）提供了一个关键的例子。其位于沙市和林波波河交汇处附近，是现代国家南非、博茨瓦纳和津巴布韦相交汇的地方，马蓬古布韦王国出现于 10 世纪。对国家扩张的解释集中在经济因素、养牛和贸易，以及气候。中世纪气候异常期间降水量的普遍增加为马蓬古布韦王国的成长有贡献。马蓬古布韦王国首都的人口增加到大约 9000 人。

在公元 14 世纪早期，马普古布韦人放弃了他们的城市，但该地区复杂的社会随着北部大津巴布韦国的崛起而持续存在。与小冰河时期开始有关的严重干旱似乎促成了马蓬古布韦的灭亡。贸易和气候的变化可能削弱了马蓬古布韦王国的实力。小冰河时期在非洲南部的开始时期存在争议，但从猴面包树的树轮获得的气候替代数据显示，早在 14 世纪就出现了干旱。这样的干旱可能会破坏举行造雨仪式的统治者的合法性。

五、17 世纪的危机

在小冰河时期整体的变冷情况在 17 世纪最为明显。在 16 世纪晚期和 17 世纪，小冰河时期的降温和气候变化时期，在许多地区发生了广泛的动荡和危机。托马斯·霍布斯谴责了叛乱和权威的崩溃，他在 1651 年出版的《利维坦》一书中表达了悲观主义："没有勤奋的地方，因为它的果实是不确定的，因此没有土地的文化。禁止航行，禁止使用可能由海上进口的商品。没有宽敞的建筑。任何移动和移走这些东西的工具都不需要很大的力量。没有关于地球表面的知识。没有时间概念。没有艺术，没有信件，没有社会。最可怕的是，不断的恐惧和暴死的危险。人的一生孤独、贫穷、肮脏、粗野、短暂。"霍布斯最感兴趣的是维护一个强大的主权权威，但他的语言暗示了一个深远的广泛的危机，超越了政治。

后来，历史学家将 17 世纪危机的概念应用于欧洲历史。17 世纪发生了许多战争和叛乱。1618 年至 1648 年，30 年战争蹂躏了德国的土地和邻近地区。英格兰经历了国王和一些臣民之间的长期紧张局势，并在 1642 年升级为内战和革命，在 1649 年，议会处决了查理一世国王。在 1689 年，另一场辉煌的革命推翻了国王詹姆斯二世。在法国，1648 至 1653 年间，爆发了一场名为"弗朗德"的贵族叛乱，当时正是路易十四统治的初期。在低地国家，荷兰人反抗哈布斯堡王朝，而哈布斯堡王朝在伊比利亚和意大利的其他地方也遭到了反抗。

早在 17 世纪，中央集权的君主就开始试图削弱封建领主的权力。在欧洲，新教改革和随后的天主教或反改革带来了新的分裂原因。17 世纪，折磨欧洲的许多战争至少大部分是宗教战争，如30 年战争，在波希米亚的布拉格，新教徒将教皇的使者扔出窗外。布拉格抛窗是将人或物抛出窗外，尤指中古时代末期波希米亚民众表示愤恨的方法之一。神圣罗马帝国聚集天主教军队镇压新教起义，但 1625 年面对丹麦支持新教徒的干涉，更成功的是 1630 年面对瑞典的干涉。在长达 30 年战争的最后阶段，王朝间的对抗也促成了法国及其天主教君主的介入，反对天主教哈布斯堡家族。

与此同时，向寒冷天气的新转变使社会处于多种形式的压力之下。在小冰河时期的这个阶段，气候变化极大地增加了饥荒的风险。小冰河时期并不是一个温度均匀下降的时期，在 1500 至 1550 年，欧洲转向了一个相对温暖的时期，促进了人口增长。从 16 世纪晚期至 17 世纪，一个新的降温阶段增加了饥荒的风险。破坏农作物的不仅是气温下降，而且气候有更大的变异性。与小冰河时期相关的不太可靠的天气，在人口增长之后尤其危险。

在 1550 至 1700 年，欧洲的饥荒和传染病激增。在法国，从 1692 年夏天一直持续到 1694 年初的寒冷潮湿期，直接导致了饥荒。法国北部约 10% 的人口死于 1693 至 1694 年的饥荒，南部内陆的奥弗涅地区的死亡率甚至更高。1690 年，歉收导致了苏格兰的饥荒。由于死亡和移民，人口减少了 15%。税吏写道："许多穷人因贫困而死，许多地方的土地都施了肥料，而乡村里却没有播种的种子，这是饥荒的两个预兆。"1698 年，枢密院描述了当时可怕的情况："不仅是物资短缺，而且是百年不遇的饥荒，在这个国家是前所未有的。"

小冰河时期，频繁发生流行疾病。1629 至 1630 年，鼠疫在意大利和法国暴发，1656 至 1658 年在意大利南部的那不勒斯王国暴发，1665 年在英国暴发。塞缪尔·佩皮斯在日记中对伦敦瘟疫暴发的描述令人难忘。1665 年 8 月底，他写道："这个月就这样结束了，伴随着巨大的瘟疫，全国上下都沉浸在巨大的悲伤中。关于死亡人数增长的消息一天比一天悲惨。这个城市在本周死亡7496 人，其中，鼠疫死亡人数 6102 人。但令人畏惧的是，本周真正的死亡人数接近 1 万人。一部分是由于人数众多而无法被注意到的穷人，一部分是来自贵格会信徒，另一部分是来自那些不愿听到送丧钟声的人。"尽管直到 19 世纪早期鼠疫才完全消失，但在 18 世纪，欧洲大部分地区鼠疫暴发的频率降低了。

随着鼠疫越来越罕见，其他流行病引起了更大的恐慌，特别是天花。在 18 世纪，欧洲每年死于天花的人数达到数十万。在瑞典，十名儿童中有一人死亡，在俄罗斯，死亡人数更多。在美洲和欧亚大陆北部的偏远地区，天花的暴发使直接或间接接触欧洲人的当地人死亡率更高。因此，在 1775 年至 1782 年，天花在美洲流行开来，受影响者包括饱受折磨的定居者、独立战争中的军队和印第安人，其中一些人住在远离战区的地方。

包括鼠疫在内的流行病与小冰河时期之间的相互作用是间接的。总体上的降温，尤其是恶劣的天气并没有直接导致鼠疫的流行。一场寒潮可能会减少携带鼠疫的跳蚤的繁殖。然而，饥荒在其他方面助长了流行病。首先，营养不良的人通常更容易死于疾病。其次，歉收迫使农民离开土地到城镇寻找食物，人口拥挤导致了疾病的快速传播。例如，1597 年英格兰西北部的坎伯兰和威斯特摩兰发生饥荒，在 1598 年和 1599 年，紧接着鼠疫就来了。

健康状况不佳和营养不良的总体影响可以从平均身高的下降中看出。对北欧人骨骼的研究表明，在中世纪盛期至 1700 年，他们的平均身高大约减少了 6.35 厘米。每个人的身高取决于许多因素，包括基因和营养，但人口平均身高的变化可以作为总体健康状况的一个指标。除了疾病和气候变化，其他因素，如城镇的增长，也可能影响平均身高。

危机也是人口统计上的影响因素。歉收、疾病和战争加剧了不安全感，破坏了收成。在欧洲，除英国和荷兰共和国外，大多数地区的人口都在下降。西班牙的卡斯提尔的人口在 17 世纪中期急剧下降。

人类的反应与气候变化相互作用，从而影响饥荒发生的可能性。面对广泛的共同挑战，不同的结果在一定程度上取决于相对财富、行政效率和交通。例如，法国的情况比英国的更糟，虽然面临着类似的气候状况，部分原因是法国内陆物资运送有困难，部分原因是英国的贫困救济工作可能更有效地将食物送到了需要的人手中。战争也加剧了饥荒的影响。例如，在法国，1688—1697 年的 9 年战争期间，当时正值饥荒，军队需要征用粮食。军粮价格上涨加剧了粮食危机。政府的反应也影响了英国的灾难程度。在苏格兰，为国王出谋划策的枢密院很难提供足够的救济。

苏格兰的饥荒对爱尔兰未来的历史产生了重大影响，因为歉收和食物短缺促使苏格兰人向爱尔兰北部移民。多达 5 万人向西穿越爱尔兰海到阿尔斯特，1690 年代，人数达到顶峰：1697 年的一本小册子指出，自 1695 年以来，有 2 万人前往爱尔兰。在受灾特别严重的苏格兰地区，多达 15% 或更多的人口前往爱尔兰。有些人可能已经重新移民了，但移民的激增更坚定地锁定了苏格兰人，或者他们将被称为北爱尔兰的苏格兰爱尔兰人。因此，饥荒激发了此后几个世纪的主要移民潮之一，使以新教徒为主的北爱尔兰岛地区成了天主教占多数。

苏格兰饥荒造成的破坏和国家恢复的努力也影响了联合王国的建立。英格兰和苏格兰是两个享有共同君主的独立国家，在 1603 年女王伊丽莎白一世去世后，苏格兰国王詹姆斯六世成了英格兰国王詹姆斯一世。1707 年，两国统一。英格兰和苏格兰合并的原因有很多。英国人渴望对苏格兰有更大的控制权，在战争频繁的时期需要更多的人力，饥荒的后遗症也给了苏格兰人一个同意联合的额外理由。

在 17 世纪的危机中，一些地区和国家确实繁荣起来了。例如，荷兰可能在这一时期达到了权力和影响力的顶峰。16 世纪 60 年代，荷兰反抗西班牙势力的叛乱分子，得以利用更冷的天气来保卫他们新生的共和国。在 17 世纪，荷兰共和国表现出了对气候波动的弹性，而这种波动曾给许多其他国家造成了危害。

任何叛乱、内战、起义、饥荒或其他政治或社会动荡都是由许多原因引起的，但影响众多偏远地区的普遍危机的观点指向了一个更深层次的问题，气候变化有助于解释这种模式。17 世纪的气候波动和降温给许多社会带来了额外的负担，这些社会与其他社会冲突和紧张局势交织在一起。例如，在欧洲东南部和西亚，奥斯曼帝国在经历了长期的扩张后，面临着巨大的破坏。中世纪气候异常的结束本身并没有破坏奥斯曼帝国。总体来说，奥斯曼帝国在近代早期蓬勃发展。在 14 世纪，奥斯曼土耳其人在巴尔干半岛赢得了显著的胜利，占领了城市阿德里安堡（埃迪尔内）和保加利亚。1389 年，土耳其军队在科索沃战争中与塞尔维亚人作战。奥斯曼人控制的疆域远比拜占庭帝国残余的疆域广阔，在 1453 年，苏尔坦·梅赫迈德二世包围并占领了君士坦丁堡。在这场胜利之后，奥斯曼人继续建立他们的帝国，尽管他们从未设法占领维也纳，这里是奥地利哈布斯堡王朝的堡垒。不断扩张的帝国经历了人口的强劲增长。这不仅仅是征服的结果。15 世纪晚期至 16 世纪晚期，整个帝国的人口都在增长。奥斯曼帝国当局开发了一套有效的系统来供应所需的土地。

奥斯曼帝国被证明是有韧性的，但是 16 世纪晚期和 17 世纪的气候波动和寒冷期，给奥斯曼帝国带来了巨大的挑战。在经历了人口的强劲增长后，帝国遭受气候恶化之苦。地中海地区的小冰河时期导致了更频繁和更严重的干旱。从 16 世纪晚期至 17 世纪上半叶，是过去 500 年来最干旱的时期。干旱毁坏了庄稼，寒冷的冬天冻死了许多牲畜。就像在欧洲中部，16 世纪晚期奥斯曼波斯尼亚的葡萄酒产量下降，那里的农民转而种植李子来生产白兰地。

多种问题相互作用，包括干燥和寒冷的气候，造成了 16 世纪晚期奥斯曼帝国的危机。1590 年代的干旱和严冬导致了饥荒。与此同时，帝国为了与哈普斯堡家族作战而努力征收税款，这使得粮食和其他物资更加严重短缺。在欧洲的奥斯曼帝国军队的士兵忍受着苦难，在西亚的奥斯曼帝国情况也在恶化。韦尼耶大使描述了 1595 年 2 月君士坦丁堡的悲惨情况，"由于天气不好而造成的粮食短缺"。寒冷的天气使牲畜损失惨重，大量牲畜因患病而死。为了寻找食物，人们开始离开乡下，到安纳托利亚西部等地。反过来，城镇的拥挤也助长了传染病的传播。

这场危机助长了起义，包括塞拉利叛乱，它的名字来自 16 世纪由谢赫塞拉勒（Sheikh Celal）领导的小规模起义。在 1596 年，对羊的征用助长了叛乱。土匪增加了，至 1598 年，位于安纳托利亚中南部的拉伦德的整个地区落入了土匪或叛军之手，其中包括伊斯兰学校的学生。塞拉利叛军击败了奥斯曼帝国的军队，并掠夺了安纳托利亚的大部分地区，直至 1609 年最后失败。

帝国在遭受人口损失和起义之后才得以幸存。17 世纪 40 年代，安纳托利亚很多地区人口减少，17 世纪晚期和 18 世纪早期，以寒冷和干旱为标志的新时期减缓了人口反弹。直至 1850 年，奥斯曼帝国的人口才达到 1590 年左右的水平。

再一次，气候的破坏加剧了雄心勃勃的军事行动的困难。1683 年，奥斯曼军队向维也纳挺进，在遭受失败之前，他们经历了寒冷和多雨的环境。奔腾的溪流冲毁了桥梁，泥泞使道路几乎无法通行，奥斯曼军队的马车队的大车经常出故障。奥斯曼帝国的骑兵也不得不等到有草可供马匹觅食时才行动，因此整个战役的速度变慢了。奥斯曼帝国军队终于在 7 月份开始围攻维也纳，但是，一支救援部队在 9 月冲破了围困。这是奥斯曼帝国最后一次试图占领维也纳的战斗。

在印度，莫卧儿王朝在 16 世纪获得并巩固了权力，统治了一个很大的国家，直至 18 世纪初崩溃。在 17 世纪，印度莫卧儿王朝遭受了几次严重的干旱。1630 至 1632 年，莫卧儿苏丹沙阿·贾汉王朝对干旱的反应，是提供食物和金钱救济。沙阿·贾汗的继任者奥朗则布在印度南部进行了长期、耗力的活动，他于 1707 年去世后不久，莫卧儿邦就分裂了。事实上，寻求扩张的成本，以及维系一个极为多样化的帝国的难度，可能比气候对莫卧儿王朝权力的侵蚀更大。

六、小冰河时期的北美殖民

在北美洲，欧洲定居者面临着不习惯的严峻气候的挑战。在征服墨西哥之后，西班牙的冒险家和某些情况下的传教士冒险北上，但他们发现那里的条件非常恶劣，就像来自其他欧洲国家的竞争者一样。他们不仅抱怨寒冷和大雪，而且抱怨干旱。小冰河时期的寒冷也影响了当地社会。确实，易洛魁人向西迁移的一种解释表明，寒冷的天气促使易洛魁人向更南边的地方迁移，寻找新的家园。

在北美洲东部，英国殖民者经历了不寻常的极端气候。事实上，英国作家对陌生的气候可能对英国殖民者的身份和性格产生的负面影响表示担忧。他们很快就发现，即使是北美洲的南方也比他们想象的更冷。再往北，冬季寒冷的时间和严重程度令法国探险家萨米埃尔·德·尚普兰感到惊讶，英国殖民者在纽芬兰也有类似的经历。然而，殖民化仍在继续，欧洲殖民的鼓吹者和倡导者转而强调欧洲殖民者适应北美洲的能力。

在某些情况下，殖民完全失败了。普利茅斯和詹姆斯敦之前，1585 年，一支英国探险队在现在的北卡罗来纳州的罗阿诺克建立了殖民地，1587 年，一群新的移民来到了北卡罗来纳。战争阻止了殖民地的再补给，当一艘英国船在 1590 年最终返回时，所有的殖民地居民都消失了。罗阿诺克灭亡的确切原因从未确定：殖民者可能是生病了，或者是在与当地印第安人的战争中被打败，尽管没有直接的暴力迹象。在 1587—1588 年的严重干旱期间，最后一批殖民者抵达，这可能导致了殖民的失败。1607 年，在缅因州萨加达霍克建立波帕姆殖民地的尝试失败了。

在新英格兰，清教徒们遭遇了严寒，他们对第一个冬天毫无准备。根据 1620 年 12 月的种植园日记，"就我们人民的虚弱而言，他们中的许多人因感冒而生病，这是我们以前在霜冻和风暴中的发现，以及在科德角的涉水使我们更加虚弱，这种虚弱每天都在增加，后来是他们许多人死亡的原因。"严酷的冬天不是清教徒们唯一的痛苦来源：他们来得太晚，无法种植庄稼。在普罗文斯敦登陆的人中，只有大约一半人活过了第一个冬天。在任何情况下，清教徒们都会面临重大的挑战，但是小冰河时期的气候加剧了严酷而漫长的冬天。

当他们在新大陆站稳脚跟很久之后，小冰河时期的寒冷期给英国定居者带来了新的困难。经过在新英格兰几十年的生活，17 世纪晚期的定居者感觉到他们的气候变冷了。在 1699 年的年历中有这样一句话："四季已今非昔比。夏天变成了冬天。冬天是艰苦而难熬的，这在许多人的记忆中是不知道的。"

1675 年至 1676 年，在菲利普国王的战争期间，移民们已经获得了对新英格兰南部的牢固军事控制，但是大雪使更北地区的印第安的军事力量增加了。在 17 世纪 90 年代，阿布纳基人（Abenaki）利用大雪带来的优势袭击了英国殖民地。在冬季狩猎时，阿布纳基人通过雪地靴穿越了内陆深处的积雪。他们杀驼鹿，吃鹿肉，几乎吃掉了所有的动物。17 世纪 90 年代和 18 世纪早期异常寒冷的冬天，他们冬季狩猎的时间延长了。

长途劫掠引起了英国殖民者的恐慌和恐惧。例如，一群法国人和阿布纳基人跋涉了 482 多千米，沿着现在缅因州和新罕布什尔州之间的边界攻击鲑鱼瀑布（Salmon Falls）。由于无法在深雪中行进，英国人甚至无法进行追击。正如著名的清教徒牧师兼作家科顿·马瑟所述："由于他们的脚深陷雪中，他们的手不能发挥作用。"1692 年 1 月，阿布纳基袭击者袭击约克郡和缅因州，杀死了大约 50 名殖民者，俘虏了另外 100 人。他们继续向南，1697 年 3 月，哈弗希尔进攻马萨诸塞州梅里马克河畔，1698 年 3 月初，进攻安多弗(美国马萨诸塞州一地名)。

从英国人的角度来看，这是一场最具野心的、毁灭性的袭击，1704 年 2 月，法国人和印第安人袭击了马萨诸塞州北部康涅狄格河谷的迪尔菲尔德。大雪使袭击者能够爬过迪尔菲尔德的防御墙。在迪尔菲尔德，他们杀死了大约 50 名定居者，俘虏了大约 112 人，其中包括清教徒牧师约翰·威廉姆斯，他的妻子尤妮斯和他们的 5 个孩子。另外两名儿童在迪尔菲尔德的袭击中被杀，尤妮斯在前往加拿大的途中被杀。约翰·威廉姆斯在到达蒙特利尔后，和他的 4 个孩子最终都被赎回了，但他最小的女儿尤尼斯震惊了威廉姆斯一家，她和一个印第安人家庭住在一起，嫁给了一个印第安人。当约翰·威廉姆斯后来去看她时，她对回到她的家庭或回到英语移民社会不感兴趣。

在一年中最冷的时候，收成不好威胁到英国殖民者的食物供应，于是他们袭击了农场和谷仓。部落首领英克里斯·马瑟在书中描写了粮食短缺和对饥荒的恐惧："战争的灾难仍在继续。东北笼罩着巨大的恐惧，这是一个 50 年来从未有过的匮乏时期。"

由于被阿布纳基人突袭得狼狈不堪，英国殖民者通过采用雪鞋取得了军事上的进展。新法律要求士兵们保留雪鞋。英国士兵现在可以深入印第安人的狩猎场。阿布纳基人再也不能在靠近英国殖民地的地方过冬了。冬天不再给阿布纳基人带来与以前同样的优势。

七、文化及社会影响

在气候变化、气候变冷和饥荒时期的生活经历影响了文化和社会。文化和社会对小冰河时期的反应最好地记录了欧洲和欧洲移民社会的情况。如果我们回想一下，当欧洲人生活在更多冰雪覆盖的地区时小冰河时期导致的不同气候，就会发现强大的文化形象和偏好是有意义的。以速度滑冰为例，它是荷兰最好的全国性运动之一。在 2014 年索契冬季奥运会上，荷兰队在长道速滑项目上获得 23 枚奖牌。这个国家有许多专业的速度滑冰俱乐部和长道速度溜冰场。这种速度滑冰的高超技艺显然是现代的，但它借鉴了一种更古老的传统，一种可以追溯到小冰河时期对滑冰的迷恋。

为什么滑冰会在一个没有多少天然冰的国家扎根呢？荷兰大师和不太知名画家的作品数不胜数，这让我们可以窥见这个国家近代早期底层人的生活。题材是多种多样的：我们看到了质朴的风车和农民、自豪的市民(富裕的城市中产阶级的成员)、男人和女人的家庭生活场景，富足的恬静生活，圣经故事，以及许多其他主题。艺术作品还展示了冰上的场景，人们在冰上行走和滑冰。这些绘画本身并不能提供追踪早期现代欧洲小冰河时期的关键证据，因为艺术选择可以反映市场偏好，但它们仍然帮助我们想象在更冷的气候下的生活。我们也知道，这里冰天雪地已变得罕见。每年荷兰的滑冰爱好者们都希望能参加特登托赫特或十一站比赛，这是一场沿弗里斯兰省举行的长达 193 千米的速度滑冰比赛。这项比赛在 1909 年首次举行，但只有在冰层足够厚的情况下才会举行。总共举行了 15 次，1997 年进行了最后一次比赛，自 1963 年以来，这项赛事只举行过 3 次(另外两次是在 1985 年和 1986 年举行的)。2012 年的一个寒冷冬天让人们燃起了跑步的希望，但寒冷期并没有持续足够长的时间。

冰场也为城市集市提供了场地。伦敦有时在冰封的泰晤士河上举行冰冻博览会。在 1309 至 1814 年，泰晤士河在这期间至少冻结了 23 次，到 1814 年，至少举办了 5 次冰冻博览会。当河流结冰阻塞了航行时，冰冻集市为人们提供了进行贸易的机会。除了销售食品和饮料，冰冻集市还带来了一些特技表演，比如大象过河。泰晤士河结冰还有其他原因，包括老伦敦桥的结构减慢了河水的流动，但冰冻集市是小冰河时期更冷的气候引起的。

气候波动不仅创造了不同的生活条件，还产生了更复杂的文化影响。有些人认为歉收是对罪孽的惩罚。各种不同寻常的现象，北极光、大雪和自然灾害，都可以解释为这种惩罚的征兆。小冰河时期放大了其中一些现象的规模。如果混乱或灾难的事件可以归咎于罪孽，则寻找罪人是有意义的。罪孽可以是普遍的、广泛的，是对所有人进行严厉惩罚的原因，但它也可以分配给特定的群体，特别是那些已经被怀疑、蔑视或恐惧的人。

然而，很难找出气候冲击与寻找替罪羊之间的直接联系。在欧洲大部分地区，犹太人是主要的宗教局外人，但欧洲的反犹太主义或对犹太人的敌意早于小冰河时期。1096 年，对第一次十字军东征的热情，帮助激起了对莱茵河沿岸城镇的当地非基督徒犹太人的攻击。小冰河时期，伴随着反犹太政策和行为的激增，包括英国 1290 年驱逐犹太人，法国 1306 年驱逐犹太人。法国君主定期驱逐和召回犹太人，直到查理六世于 1394 年驱逐犹太人。

在近代早期，德国本土作家认为犹太人对各种疾病负有责任。因此，马丁·路德把犹太人描述为"在我们的土地上像鼠疫、瘟疫和纯粹不幸一样的沉重负担"。但那时通常不会谴责犹太人造成了恶劣天气。然而，对犹太人的仇恨表现为，认为犹太人是利用别人的困难获利的剥削者。例如，1629 年的一幅插图，题为《葡萄酒的犹太人》，描画了一个举着标有"垄断者"的旗子并骑在魔鬼身上的犹太人。这里有一种暗示，谴责犹太人造成了恶劣的气候。场景中的题字和图像指的是圣经中的坏天气，"我要命令云不要下雨"。

寻找恶劣天气的替罪羊，更直接地导致了不断增加的对巫术的指控。对许多欧洲人来说，恶劣的天气象征着巫术。约旦·德贝·加莫（Jordanes de Bergamo）是意大利的科尔托纳神学硕士，宣称："通过语言和符号的力量，这些女巫可以产生冰雹和雨以及类似的东西。"在小冰河时期，对巫术的指控和惩罚增加了，特别是在 16 世纪晚期和 17 世纪的寒冷时期，对女巫的追捕和审判大幅增加。统计数据显示，较低的温度与女巫受到的惩罚相符。16 世纪 60 年代，中欧对女巫的追捕逐步升级。在 1563 年，德国的巴登-符腾堡的维森施泰格，至少有 63 名妇女被当作女巫烧死。16 世纪 60 年代，女巫在苏格兰和英格兰也受到迫害。

在 1580 年至 1620 年，对女巫的攻击达到了一个新的高峰。寒冷的天气和歉收造成了饥荒。寒冷潮湿的春季和暴风雨天气，给高海拔地区或偏远地区带来了特别的困难。接着就发生了焚烧女巫的流行事件。绑在火刑柱上烧死的女巫数量惊人：在瑞士伯尔尼共和国的沃多瓦地区有 1000 多名女巫，在 1580 至 1595 年，洛林公国有 800 多名女巫，1620 年，处死的女巫有 2700 人。特里尔也烧死了女巫：1581 至 1595 年烧死了 350 多女巫。

1620 年代末，在德国小公国中，小冰河时期有关的恶劣天气与猎杀女巫之间的联系尤为紧密。1626 年 5 月，一场严重的晚霜袭来，当时的人们把责任归咎于女巫。法兰克尼亚的一份报告说："一切都冻结了，这是人们记事以来从未发生过的事情，导致物价大幅上涨。结果，乌合之众开始恳求和乞讨，他们质问当局为什么继续容忍女巫和巫师毁坏庄稼。因此，主教殿下就这样惩罚了这些罪行。"德国其他地方也有疯狂的杀戮：在大主教贝格班的领地，600 人被烧死。正如这些例子所表明的，杀害女巫的浪潮在小领土上最为强烈，而不是在大州或较大的城镇。

小冰河时期的恶劣天气也为马萨诸塞州塞勒姆（Salem）的新英格兰最著名的女巫审判提供了背

景。1692 年，14 名女性和 5 名男性被判有罪并处以绞刑。当时 71 岁的贾尔斯·科里被人用石头压住，试图迫使被告人认罪，结果伤重不治而死。其他人在拘留期间死亡。其他几个在 1693 年被审判。对这些审判的分析揭示了许多可能的经济、心理和其他原因。小冰河时期并没有突然之间让在塞勒姆猎杀女巫变得不可避免。然而，在迫害爆发的前夕，寒冷的气候加上战争的艰苦造成了苦难。

八、人类的适应

受小冰河时期影响的人类社会，面临着真正的挑战和困难。对一些处于贸易路线或种植边缘的国家来说，气候的波动可能会迫使它们撤退，或导致更严重的后果。这场危机严重到足以推翻一个朝代。气候变化和战争一起减少了人口，至少暂时如此，也影响了整体健康。在人口增长的地方，极端的气候和多变的气候把大量的人置于危险之中。与此同时，人类社会在这一时期也使用适应气候的住所、衣服和能源。从历史的角度看，小冰河时期既体现了人类对气候波动的脆弱性，也体现了人类的韧性和适应性。

随着气温下降，欧洲人至少在一些地区制造了更暖和的衣服。例如，在冰岛，妇女改变了她们生产羊毛布料的方式。冰岛妇女在整个中世纪都在织羊毛。纺织品不仅是冰岛出口欧洲的主要商品，也是国内的一种货币形式。在 16 世纪至 18 世纪，随着气温的下降，冰岛妇女开始更勤劳地纺线织布，这更好地适应了寒冷的气候，因为增加纱线会生产出密度更大、更暖和的织物。早在 14 世纪，格陵兰人就采用了类似的策略，尽管历史学家曾问，为什么他们不学因纽特人，改穿类似的毛皮衣服，因纽特人的格陵兰岛社区在小冰河时期幸存了下来。以冰岛为例，大量使用更厚的纱线表明了对气候波动的同样反应。

欧洲人也在建筑上做了许多改变，以创造更温暖的家园。玻璃窗户可以防寒流。在 16 世纪，像羽绒床垫这样的家居用品变得更加普遍。

寒冷的天气促使欧洲人穿得暖和些。总体来说，即使是在精英阶层中，时尚衣服也转向了更厚重面料的服装。他们寻找毛皮大衣和帽子。品位和时尚对服装的选择有明显的影响，但是，人们也在寻找御寒的衣服。历史学家沃尔夫冈·贝林格为德国科隆市的赫尔曼·温斯伯格（Hermann Weinsberg）讲述了保暖衣物的重要性。温斯伯格为自己做了一件特别的睡衣，里面填充了狐狸毛皮。

对毛皮的猎取，反过来又威胁到提供保暖毛皮的最具珍贵价值的物种。欧洲人有自己的毛皮供应，但却把它们灭绝了。他们在许多地区消灭了海狸，而其他毛皮来源，甚至兔子皮，变得稀有而昂贵。2009 至 2010 年，海狸只在苏格兰的一片森林中被重新引入。几个世纪以来，2014 年，人们首次在英格兰野外发现了海狸。在 16 世纪，它们在英格兰已经灭绝了。

欧洲对毛皮的需求，鼓励了帝国主义的扩张，及更遥远来源的毛皮贸易。俄国在 16 和 17 世纪东扩至西伯利亚，开启了巨大的黑貂贸易。西伯利亚还出产黄金和白银等其他资源，但皮草是最直接的收入来源。征服、殖民和毛皮贸易是齐头并进的。黑貂贸易发展迅速。到 1698 年，西部运往欧洲俄国的毛皮数量达到 256837 件，1699 年达到 489900 件。这种贸易持续了几代人，利润丰厚。博物学家彼得·西蒙·帕拉斯在 1779 年描述了"黑貂皮"如何"越往东越常见。与此同时，越往北部和东部，或他们繁殖的山脉最高，他们的毛皮更有价值。"小冰河时期强化了人们的时尚品位，推动了俄罗斯向东扩张的市场供应。

对时尚防护服的需求同样刺激了北美洲向西部的商业扩张。商人们寻找各种各样的毛皮：狐狸皮、貂皮、熊皮，甚至浣熊皮和麝鼠皮，但最重要的是海狸毛皮。时尚和温暖的结合创造了对海狸皮的需求。海狸帽随处可见，海狸皮衬里为欧洲的市民和精英们提供了一件暖和的外衣。

法国、荷兰和英国的商人不远万里来追求海狸贸易。英国商人沿着康涅狄格河和特拉华河旅行，但很快就开发了美国境内康涅狄格河谷所有的海狸。来自加拿大的英国商人最终也向北深入哈德逊河海湾，是英国和法国争夺权力的地方。17世纪初，法国人刚到魁北克不久，就开始从休伦湖购买毛皮和毛皮制品，很快，每年就有成千上万的毛皮从内陆运至法国的边远地区。法国毛皮贸易的中心从魁北克市向西转移到蒙特利尔。法国商人沿着圣劳伦斯河和大湖区旅行到北美洲中部。

对海狸的屠杀反过来又影响了环境。成千上万的海狸被杀死，导致许多潮湿的地区干涸。总共有5000万只动物被杀。从理论上讲，许多地区的海狸濒临灭绝，可能已经影响了池塘中甲烷和二氧化碳的流量，足以减少大气中二氧化碳的浓度。

毛皮贸易也重塑了印第安社会。对毛皮的竞争鼓励了冲突和战争。随着时间的推移，与欧洲人的接触越来越多，他们可以接触到各种各样的商品，包括武器和酒。这些接触也为疾病和灾难性流行病向北美洲内陆传播开辟了道路。

小冰河时期没有摧毁主要的文明中心，但是在小冰河时期，整个北半球的经济发展和文化变迁，加速了家庭供暖的改善。现代早期的欧洲人采用了建在侧墙壁的壁炉。这比中世纪时从屋顶上开个洞放烟的做法有很多好处。为了进一步提高供暖效率，欧洲人开始使用封闭式炉灶。拥有一个温暖而干净的房间也带来了社会和文化的变化，而不仅仅是精英们。在德国，这种新房间叫做斯图比，在一年中寒冷的季节，斯图比成为农民室内生活的中心。

16世纪欧洲的木柴价格上涨，盗伐木材的行为也增加了。18世纪欧洲，木材和煤炭的燃料价格持续上涨。木材短缺和寒冷的天气为继续改善供暖提供了动力。在北欧，16世纪和17世纪安装的瓷砖炉具比壁炉更有效地使用木材，保温时间更长。在富人的房子里，房间的两翼设计使得封闭建筑区域成为可能，以减少取暖成本和燃料消耗。

在英国，用于取暖、建筑和新兴工业的木材需求不断增加，导致木材供应枯竭。为了弥补木材短缺，英国从北美洲进口木材，但价格持续上涨。

在北美洲，殖民者大量砍伐树木来建造房屋、清理土地和取暖。为了保暖，殖民者砍伐了大量的木材。1686年的圣诞节，一位弗吉尼亚庄园的访客评论说："天气很冷，但是没有人想到要靠近火炉，因为他们从来没有在壁炉里放过少于一车的木头，而整个房子都是保持温暖的。"1770年，弗吉尼亚州北颈（North Neck）的一位名叫兰顿·卡特的农民，想知道未来木材将从何而来："我一定想知道未来几年的柴火将会从何而来。我们现在每年有3/4的时期需要持续保持燃火，我们必须用栅栏把地围起来，建造和修理我们的房子。全年每做一次饭都需要火。"

对木材的需求和不断上涨的木材价格，促使人们更多地开发其他燃料来源，主要是煤炭。在英国，煤长期以来一直是小规模开采使用。然而，当英国甚至在工业革命开始之前就开始将煤炭作为主要的燃料来源，煤炭开采的扩张速度是前所未有的。因此，英国的煤炭总产量从1550年的20万吨增加到1800年的900万吨。1550年，从纽卡斯尔运往伦敦的煤约有3.5万吨，但1700年，总量已增至56万吨。

九、小冰河时期气候突变

在小冰河时期的长时间跨度内，出现了多个气候突变时期。火山爆发导致气温急剧下降。这样的喷发并不具有与一系列火山喷发相同的结果，而后者可能在一开始就帮助启动了小冰河时期，但是个别的喷发或短期的火山活动也可能解释了小冰河时期内部的波动。

小冰河时期后期的个别火山喷发导致了不连续时期的显著变冷。冰岛的火山爆发就是这样一个气候突变的例子。1783 年 6 月，熔岩开始从冰岛南部的冰川瓦特纳约库尔西南的拉基裂缝喷发出来。火山喷发一直持续到 1784 年 2 月，释放大量二氧化硫到大气中。附近村庄的牧师琼·斯坦格里姆森（Jon Steingrimsson）生动地描述了拉基火山喷发。他写道："开始的时候，大地向上隆起，伴随着巨大的尖叫声和从深处吹来的风，然后地面分裂，不断撕裂，就像一个疯狂的动物撕裂什么东西。""空气中有一种难闻的气味，像海草一样苦，一连几天都散发着腐烂的气味，许多人，尤其是那些患有胸部疾病的人，最多只能吸进一半的空气，尤其是当太阳不在天空的时候。的确，最令人吃惊的是居然还有人能再活一个星期。"当熔岩接近村庄时，斯坦格里姆森坚定地留在他的教堂里：岩浆正好在到达教堂之前停止了流动。

在冰岛，拉基火山爆发夺去了 20% 的人口生命。许多人和动物死于氟中毒。岛上 3/4 的羊和一半的马都死了。这些损失是如此的具有毁灭性，以至于已经获得对冰岛的统治的丹麦王国，考虑重新安置岛上的所有人口。拉基火山的影响在几千英里①外都能看到。本杰明·富兰克林曾写道："整个欧洲和北美洲大部分地区持续笼罩在大雾之中。"随之而来的是一系列寒冷的冬天，影响远至巴西。

在 19 世纪早期，坦博拉火山爆发制造了另一段变冷期。坦博拉火山位于印度尼西亚的巴厘岛以东的松巴瓦岛。爆炸发生在 1815 年 4 月 10 日，火山喷发一直持续到山体崩塌，几千人立刻死亡了。那些在爆炸中幸存下来的人面临着海啸，由于火山喷发的震动，水墙有 3.6 米高。火山爆发和海啸毁坏了庄稼，成千上万的人死于饥荒。

坦博拉火山影响了远离喷发地点的气候。在南亚，硫酸盐气体减缓了季风的到来，造成了干旱和饥荒。在北美洲，坦博拉火山的余波导致了新英格兰的夏季霜冻，人们描述这年没有夏天。没有夏天的这一年因寒潮带来的低温而格外引人注目。5 月一场严寒过后，6 月又有霜冻，积雪足有 30 厘米厚。夏季也带来了干旱。7 月初有一次寒潮，8 月中旬有一次霜冻。这个悲惨的夏天在 9 月底又迎来了一场霜冻。佛蒙特州的农民开始吃荨麻。歉收加速了移民到中西部的进程。4 万多名定居者离开东部前往印第安纳州。

在欧洲，农作物也歉收。例如，1816 年夏天，暴风雨天气袭击了爱尔兰。连绵不断的雨水毁坏了涝渍的庄稼。著名的爱尔兰民族主义政治领袖丹尼尔·奥康奈尔写道："在以前的任何时候，人们都不知道会有这么大的困难和缺钱。"英国、法国和德国的土地上也降大雨。同时代的人注意到，捷克斯洛伐克也经常下雨，但影响可能没有欧洲其他地区那么严重。

粮食歉收、物价上涨和经济困难加剧了政治上的不满。英国刚刚战胜拿破仑。1815 年，英国及其盟国在滑铁卢打败了法国皇帝，但这一胜利的第二年却带来了政治动荡。原因不仅仅是气候冲击，还有坦博拉的影响与意识形态上的不满交织在一起。英国的激进分子要求改革议会。1819 年，英国骑兵向聚集的 6 万人发起冲锋，这些人在近曼彻斯特（英格兰西北部一个大城市）的圣彼

---

① 1 英里 ≈ 1609.344 米。以下同。

得广场听激进的演说家亨利·亨特的演讲。军队杀死了 11 人，伤及更多人，这很快被戏称为"彼铁卢"。

坦博拉火山喷发的气候变化造成的粮食歉收，增加了到美洲的移民人数。在爱尔兰，农作物歉收导致大量移民涌入美国，流离失所的农民乞求食物。1816 至 1817 年的冬季，天气十分恶劣，影响了从莱茵兰和瑞士等地区的粮食进口，这些地区已经遭受了去年夏季寒冷多雨的后遗症影响。人们寻求离开：到美洲去，甚至到俄罗斯去。

在非洲南部，坦博拉火山的大规模喷发加剧了一段时期的社会和政治不稳定。在这段时期里，四处迁移的人群使许多人流离失所。坦博拉火山的爆发加上之前火山爆发的影响，加剧了非洲南部的干旱。坦博拉飓风的影响模型显示，非洲南部明显变冷和干旱，破坏了玉米的种植和牲畜的饲养。对津巴布韦树木年轮记录的分析证实了 19 世纪早期的干旱期。

小冰河时期挑战了许多国家和文明，但最终显示出最先进的复杂社会日益增强的适应力。尽管对确切的降温时间存在争议，但有强有力的证据表明，在不同的地区，最明显的降温阶段的确切时间是不同的。在北大西洋和欧洲，对于那些生活在高纬度或高海拔地区的人来说，小冰河时期的最早期的降温是最严重的。在东亚和东南亚，与热带辐合带转移有关的水文气候变化导致了例如高棉帝国等地区的危机。

16 世纪晚期开始的强冷却阶段一直延续到 17 世纪，这是有最好的文献记载的小冰河时期。变冷导致了历史学家所说的 17 世纪的普遍危机。许多其他因素，包括朝代和宗教冲突，导致了这样的危机，但降温加剧了饥荒。与此同时，在小冰河时期的很长一段时间里，气候与一些最先进的社会之间的去耦合也在不断增加。例如，荷兰在 17 世纪的危机中繁荣昌盛，而早期的现代欧洲国家在应对饥荒威胁的能力上差异很大。

第七节　人类的崛起

工业革命重塑了人类社会，改变了人与地球气候之间的关系。以前的人类社会开采和开发能源，改造景观，改变当地环境。在某些情况下，人类社会可能充分改变了地球大气的组成，从而开始影响气候，尽管前工业化社会是否影响地球气候的问题是一个有争议的话题。工业革命建立在这些趋势的基础上，但却加剧了资源的开采，加速了景观和地方及区域环境的重塑，达到了前所未有的程度。工业化引发了一系列日益巨大的始于工业革命本身的经济变革浪潮，随着 20 世纪一种新的生产和消费方式的兴起，在 20 世纪晚期和 21 世纪早期，工业的全球化进一步传播。这些连续的经济增长浪潮，主要依靠化石燃料产生的能源，并导致了地球大气的显著变化。人类活动成为气候变化的主要动力。

工业化对人类社会与气候之间的关系产生了交互的影响。人类对气候变化的适应能力和独立性不断增强，工业化加强了这一长期趋势，但与此同时，工业革命、现代生产和消费的全球扩张，也使人类社会面临着越来越容易受到气候变化影响的危险。

几千年来，人类社会利用了全新世相对稳定和温暖的气候。人们越来越多地从事集约化农业，其规模之大是过去的狩猎采集者无法想象的。向农业的转变也具有成本，如人们健康状况普遍的下降和流行病的增加，但大规模的农业种植也维持了人口的急剧增长。精英阶层和国家从大规模农业生产中有能力获取盈余，以此创造了大量壮观的基础设施。罗马的高架渠、玛雅人的庙宇群、昂克的神殿，所有这些成就更多地依赖于不断地创造和集聚的经济盈余。全新世社会也发展了广泛的贸易网络，但大部分人口主要从事耕作农业。

在全新世气候总体稳定的情况下，人类社会仍然经历着气候波动。在罗马帝国和玛雅古典时期，人口的增长主要得益于农业和交通条件的改善。在欧洲，中世纪的气候异常导致了欧洲境内种植范围的扩大，使人们更容易在北大西洋开拓殖民地。良好的气候并不决定任何一种文明，无论是罗马还是玛雅城邦，或是许多其他复杂的社会，但相对温暖和可靠的降水创造了条件，有助于国家的增长和扩张。相比之下，气候变化带来的更冷或更干燥的环境，给全新世社会带来了挑战。这一时期所经历的变化并不是不可避免地导致衰退和崩溃，因此，许多社会适应了小冰河时期的气候波动。然而，这个级别的气候变化能够给特定社会施加足够的压力，导致完全或部分崩溃，例如，查科峡谷的例子，社区完全被当地居民抛弃，还有古典时期的玛雅人，为了度过气候变化的影响，不得不离开了一些大城市和大居民区。

在全新世，在面对普通气候波动时，复杂社会通常变得更有弹性。这种脱耦合的开端可以追溯到青铜器时代，而在铁器时代，交通网络、仓储设施，以及有能力监控和应对粮食短缺的国家的进一步发展，都具备了更大的韧性。气候波动给受影响地区造成了艰难困苦，特别是对那些已经生活在贫困边缘的人，但通常不会危及复杂的社会和文明。

在现代早期，随着农业的发展，农作物的产量得到提高，贸易的增长使商业中心的食物供应多样化，对全新世典型气候波动的适应能力继续增强。贸易网络将一年中不同时间和不同地区生产的粮食汇集到市场，从而提高了粮食安全。甚至在小冰河期结束之前，部分欧洲地区就摆脱了生存危机。例如，到 17 世纪中叶，英格兰大部分地区不再遭受大规模饥荒。在东南亚，复杂社会也在干旱面前获得了更大的韧性。

在全新世，尽管社会发展出了更强的适应和应对气候波动的能力，但人口增长也为灾难的发生提供了更大的可能性。在最坏的情况下，数百万人死亡，尤其是当人类的反应加剧了气候波动的影响时。

一、全球的能源革命

近代早期见证了能源革命的开始。全新世晚期社会通常需要更多的资源。它们提高了作物产量，扩大了贸易网络，并增加了对水资源和能源的需求。一些国家处于经济和技术发展的密集阶段，但没有走向全面工业化。

16 世纪晚期到 17 世纪的荷兰也经历了人口、经济和技术的增长。大部分人开始从事农业以外的工作。为了获取能源，人们越来越多地使用泥炭。各地区对泥炭的挖掘创造了新的湖泊，包括现在阿姆斯特丹的史基浦机场遗址。

英国是另一个转向新能源的国家，因为现有资源压力的增加。早在中世纪晚期，制造木炭的木材短缺，导致英格兰东南部钢铁和玻璃制造业的衰退。煤炭成为主要的燃料来源，在 17 世纪煤炭开采量增加。城市增长，特别是在伦敦，刺激了需求。伦敦的人口从 1600 年的 20 万左右，在一个世纪后，增加到 57.5 万~60 万人，越来越多的城市居民主要靠烧煤取暖。《鲁滨逊漂流记》的作者丹尼尔·笛福评论说："庞大的船队不断地向这个日益增长的城市运来煤炭。"

从 16 世纪到 17 世纪，从英格兰北部的纽卡斯尔运来的煤量急剧增加。早期的矿山通常是由农民经营的兼职企业，但在英格兰东北部的诺森伯兰郡和达勒姆以及中部的斯塔福德郡，采矿的规模扩大了。威尔士南部的采矿业也开始增加。

最初，矿工们从离地面很近的地方采煤。为了满足对煤炭日益增长的需求，矿工们很快挖尽了离地表最近的矿藏。他们不得不挖了 30 多米深，到了 18 世纪早期，要挖 90~120 米深。这使得采矿更加昂贵和危险。必须在隧道和矿井的顶部铺设一定长度的木材，以支撑矿顶，而较深的矿井还需要竖井进行通风。

开采越来越多的煤成了能源挑战，导致了能源生产的关键革命。在某种程度上，问题很简单：英格兰和威尔士的矿工，通过在地下挖更大更深的矿洞来生产更多的煤，但是水却向下涌流。即使矿工们能够呼吸，避免屋顶倒塌或爆炸，但涌水仍然是一个持续的问题。然而，解决这个基本问题的办法却一点也不简单。为了把水从矿井中抽出来，矿山雇用了马匹，但这是一种低效、缓慢和昂贵的方法，特别是当矿井下挖到更深的地方时。简而言之，如果没有更好的方法抽出更深矿井的水，以便满足消费者和新兴产业不断增长的需求，英国将面临煤炭短缺的风险。17 世纪，英国企图发明新机器来解决这个问题，但是失败了。在 1660 年代，伍斯特侯爵可能发明了某种机械装置，可能是早期的蒸汽机，用来抽水。

1712 年，来自康沃尔的托马斯·纽科门，是个铁器商人，他与一位名叫约翰·卡利的水管工合作，发明了一种蒸汽机，用于矿井的抽水。他们在英格兰西米德兰兹郡斯塔福德郡的一个煤矿里，展示了他们的设备。这种方法成本高、效率低，浪费了大部分作为热能的能源，但它在煤矿开采方面，仍然比以前的任何方法都要好得多。一台纽科门发动机可以代替 50 匹马驱动水泵。

纽科门发动机在两个方面对工业和气候的未来至关重要。一是促进了煤炭开采的持续发展。在接下来的 20 年里，100 多台纽科门发动机被安装使用，促进了 18 世纪采矿产量的持续增长。其次，发动机的动力来自把煤铲进一个给锅炉加热的燃烧室。这种发动机以煤为动力源，以帮助开采更多的煤，来生产更多的动力。这种机器对地球大气的影响很小，但依靠化石燃料驱动的机器，为未来开采更多的化石燃料开辟了道路。

18 世纪 60 年代，苏格兰发明家、工程师詹姆斯·瓦特（James Watt），被要求修理格拉斯哥大学的纽科门发动机之后，他着手改进蒸汽机的设计。1765 年，他在格拉斯哥的草地上散步的同时，思考着这个问题。突然，他找到了一个解决办法："我突然想到，由于蒸汽是一个有弹性的物体，它会冲进真空中，如果将汽缸和排气管联结，它会冲进里面，可能在那里冷凝而不冷却汽缸。"今天，瓦特的一座雕像矗立在格拉斯哥的绿地上，以纪念这一时刻。根据他的想法，瓦特创造了一个单独的蒸汽冷凝室。新蒸汽机比纽科门蒸汽机的效率高得多，瓦特的改进开创了一个进一步迅速创新的时代。

18 世纪 70 年代，伯明翰的制造商马修·博尔顿买下了瓦特破产的商业伙伴，瓦特和博尔顿开始制造和销售改进的蒸汽机。到 1800 年，他们已经生产了 450 台，博尔顿同时还鼓励在采矿之外使用蒸汽机。1785 年，理查德·阿克莱特在纺织工业中首次使用蒸汽机，最初是为了抽水。在接下来的 20 年里，一系列发明家开发并改进了动力织布机。博尔顿自己使用蒸汽动力制造工艺铸造硬币。

二、工业革命

从 18 世纪后期开始，英国将以煤为动力的蒸汽机与工业发展和农业改良相结合，突破了世界历史上以前所有的经济和人口发展模式。正如抗议者和改革家们很快注意到的那样，工业革命使一些工人流离失所，使许多人在悲惨的工作条件下工作，但它也使生产力提高到前所未有的水平。在其他技术先进的社会中，经济增长已经处于停滞状态，而英国在产出、生产力、人口以及最终的人均收入方面，经历了几十年的增长，开创了一种全新的社会形态，这在世界历史上是从未有过的。

一系列产业迅速发展。工业化的第一阶段可以追溯到 18 世纪 80 年代，纺织业以指数的速度扩张。这将为后来的工业化国家建立一种模式，这些国家通常在进入其他领域之前，先从事服装和纺织品的生产。例如，想想帽子、运动衫和针织衬衫等服装标签上的原产国，就有可能看出这种模式是如何延续至今的。

19 世纪早期的工业化也见证了铁产量的快速增长。19 世纪 20 年代，蒸汽动力在铁路机车上的应用，带来了进一步的创新和工业扩张。其他西方国家很快就效仿英国，建立了一个广泛的铁路网，这不仅极大地加快了交通和通信的速度，而且为增加铁产量提供了进一步的需求来源。在 1830 年和 1850 年，英国修建了 9600 多千米的铁路。

19 世纪的英国城市因其快速发展、充满活力的市场和文化生活而闻名，但也因污秽肮脏而臭名昭著。在英格兰中部和北部的城市，如伯明翰和曼彻斯特，在几十年内成为主要城市。伯明翰是现今英格兰的第二大城市，位于伦敦西北部约 200 千米的西米德兰兹郡。1800 年，伯明翰是一个繁华的大城市，人口超过 7.3 万。它继续发展成为金属加工和其他工业的中心，根据 1851 年人口普查，伯明翰成为一个有 23.3 万居民的城市。

曼彻斯特位于更靠北的地方，离伦敦大约 330 千米。曼彻斯特是一个集镇，也是现代早期的纺织中心，18 世纪晚期开始工业化。它靠近利物浦港，向西约 50 千米，使曼彻斯特很容易获得进口棉花。到 1821 年，已经有 66 家棉纺厂，在几十年内，数百家棉纺厂遍布全城。经济转型把曼彻斯特改造成了一座城市，人口从 1800 年的 7 万多，到 1851 年增长到超过 30 万人。

以生产而闻名的新兴工业城市，也因工业化的代价而闻名。从农村迁来的工人的住房标准很低。烧煤产生了恶臭和烟雾。1854 年，查尔斯·狄更斯在他的小说《艰难时世》中，描述了一个典型的英国北部城市的情况，他将其命名为"焦煤镇"，而没有用城市的真实名字。正如狄更斯所言，焦煤镇是一座红砖城，或者是一座砖城，它会是红色的；但就目前的情况来看，这是一个充满了不自然的红色和黑色的城镇，就像野蛮人画的脸。那是一个由机器和高大的烟囱组成的城镇，从烟囱里冒出无穷无尽的烟柱，没完没了地拖着尾巴，永远也不会散开。城里面有一条黑色的运河，一条染了难闻的染料的紫色河流，还有一大堆一大堆的房子，房子窗子整天都在格格地响，不停地颤抖。在那里，蒸汽机的活塞单调地上下转动着，就像一头处于忧郁疯狂状态的大象的头。红砖城可能代表了曼彻斯特，但它也可能代表了许多正在发展的城市。技术会改变，但是空气污染和水污染的基本模式，在 20 世纪和 21 世纪的许多工业化城市中重复出现。

伦敦是英国最大的城市，也成为世界上最大的城市。作为英国的首都和经济中心，它在 1801 年已经有大约 100 万人口，到 1901 年增长到超过 620 万。伦敦是一个主要的制造业中心，但它不是一个像曼彻斯特这样由工厂主导的工业城市。穷人挤满了贫民窟，但这里也是消费主义的中心。不断增长的人口和混合的经济活动都需要更多的能源。新兴的工业化社会促进了化石燃料的进一步开采。制造业、供热厂和运输业都依赖于大量的煤炭供应，尤其是随着铁路和伦敦地铁的修建。

尽管存在批评，但新工业社会获得了作为进步引擎的声誉。很清楚，19 世纪中期的英国人，他们已经生活在一个与过去截然不同的时代。1851 年举行的一次大型展览，突出了当时的进步。这次展览的正式名称为"万国博览会"，成为后来世界博览会的原型。主要的展览区是一座名为水晶宫的高耸的玻璃建筑，它让每一位游客和行人想起了工业文明的非凡成就。在大厅里，参观者可以看到大量的机器和商品。人们成群结队地去参观这个伟大的展览，以至于一个名叫托马斯·库克的旅行社开始安排专列，有 600 多万人参加了这个展览。

工业革命从英国传播到欧洲、北美洲和东亚的其他国家。19 世纪初，新英格兰的工业采用从英格兰引进的技术，如雨后春笋般出现。19 世纪中后期，像洛厄尔、马萨诸塞州等城镇的纺织产量大幅上升。在欧洲大陆，德国实现了工业化。德国西北部鲁尔地区的煤炭产量，从 1850 年的 170 万吨增加到 1870 年的 1160 万吨。在 19 世纪后期，新联合的德意志帝国，成为钢铁生产和新兴经济的领导者，如新兴的化学和电气工业。

在美国强迫日本开放贸易之后，工业化也开始在日本扎根。自 17 世纪以来，日本的幕府将军，或军事指挥官，已经关闭了本国与西方的几乎所有贸易，1853 年，为了炫耀武力，美国海军准将马修·佩里乘军舰抵达江户市，也就是今天的东京。这在日本引发了一个快速的变化和政治斗争的时期，导致了天皇统治的复兴，1868 年的明治维新。帝国复辟开启了一个快速现代化的时期，在此期间，日本寻求外国专家并开始工业化。1868 年 4 月的《皇家宪章誓言》说："应该在全世界寻求知识，以加强帝国统治的基础。"

工业化进一步加速了化石燃料的开采和燃烧。这并不是因为第一产业完全或主要依赖蒸汽动力。正如早期工业革命所创造的景观至今仍然揭示的那样，水磨坊发挥了突出的作用：在旧磨坊城镇中幸存的磨坊围绕着河流，但磨坊在 19 世纪开始越来越多地使用蒸汽动力。在英国，蒸汽动力的成本在 19 世纪 30 年代和 40 年代的大幅下降，提供了主要的电力来源。英国的纺织生产增加了使用煤作动力的蒸汽机。在美国，早期的磨坊一般使用水作为动力源，但在内战后，蒸汽机得到了越来越多的使用。

工业革命的诞生和发展，给未来的气候史带来了多重决定性的影响。工业化以指数速度扩大和加强了化石燃料的使用。到 1815 年，英国的人均煤炭消耗量是当时法国的 50 倍，是德国的 30 多倍。

在整个 19 世纪，煤炭仍然是占主导地位的化石燃料，但工业化也加速了石油和天然气的开采和使用。石油钻探始于 1859 年的宾夕法尼亚州，燃油内燃机的发展为石油创造了一个新的市场。1861 年，德国工程师尼古拉斯奥托制造了一台汽油发动机，并在 1876 年发明了四冲程内燃机。1885 年，戈特利布·戴姆勒发明了一种高速发动机，1913 年，亨利·福特开始批量生产 T 型车。这种新型发动机增加了对石油的需求，并为未来交通运输能源使用量的飙升开辟了道路。

电气化进一步提高了对化石燃料的需求。进入工业时代后，许多家庭仍然灯光昏暗。19 世纪，煤气灯照明迅速普及。19 世纪末 20 世纪初的一系列发明家，发现了如何发电以及如何用电来照明。例如，托马斯·爱迪生发明了第一个商业上可行的白炽灯泡。人工照明的普及改变了人们的生活和工作方式，并进一步创造了对化石燃料的需求，尤其是对煤炭的需求。在工业时代的大部分时间里，燃煤发电厂是生产电力的主要手段。

天然气和石油、煤炭一样，也是重要的化石燃料。天然气存在于沼泽和油田中。天然气经常被烧掉，但在第二次世界大战后，天然气的广泛使用开始兴起，并在 21 世纪继续增加，成为发电厂和家庭供暖的主要燃料。

化石燃料使用的指数式增长，使工业社会的人们能够获得的能源比世界历史上其他任何时期的人们所能想象到的都要多。化石燃料的开采和消费带来了前所未有的旅行速度。乘火车旅行的速度很快，早期的报告引起了人们对速度可能对健康产生不良影响的担忧。铁路旅行确实有压缩时间和空间的作用，轮船旅行也一样。工业社会的普通公民可以相对轻松地长途旅行。英国人、德国人、美国人，以及其他工业化国家的人，也开始享受梦想不到的热和光。19世纪晚期和20世纪的工业化支持了大规模生产，允许了大规模消费。

电力和速度也有致命的一面，不只是工伤或交通事故的受害者增加。战争的工业化，使战场对大量战斗人员和平民来说更加致命。比以往任何时候都多的人可以长途旅行，比以往任何时候都多的人可以购买衣服或家庭用品，比以往任何时候都多的人可以在第一次世界大战和第二次世界大战的战场上迅速连续死亡。

三、碳和气候

18世纪晚期和19世纪早期，英国的工业化塑造了气候力的未来，不是因为一个国家的早期工业化显著改变了大气的化学构成，而是因为英国创建一个路径，许多其他国家效仿，共同提高了二氧化碳在空气中的水平。我们对现在所谓的"温室效应"的理解是在这个时候出现的。1824年，法国数学家和物理学家约瑟夫·傅里叶首次描述了大气对地球升温的作用。他断定，如果没有大气层，地球的温度会低得多，并将其与此前的实验进行了类比。此前的实验已经证明，玻璃罩放在盒子上会产生升温效应。35年后，一位名叫约翰廷德尔的爱尔兰物理学家开始对各种气体的辐射特性进行实验，发现水蒸气和二氧化碳等气体吸热能力强。他提出，这些气体的变化可能与气候变化有关。气候能够变化的观点在当时没有被广泛接受，尽管它得到了像路易斯·阿加西（Louis Agassiz）这样的博物学家的推崇。阿加西以早期自然学家的工作和他自己在阿尔卑斯山的观察为基础，在1837年提出，地球经历了一个伟大的"冰河时代"。科学界最初拒绝了他的冰河时代理论，但到19世纪70年代，这个理论得到了广泛的接受。

关于温室气体对大气影响的关键研究，来自瑞典的诺贝尔奖获得者、化学家和物理学家阿伦尼乌斯，他在1895年发表了一篇关于二氧化碳和水蒸气对地球温度影响的论文。他后来帮助澄清了水蒸气的反馈作用。阿伦尼乌斯的计算表明，相比地球缺乏大气，二氧化碳使地球变暖了21摄氏度以上，发现由这种变暖所产生的水蒸气使地球另外变暖了10摄氏度。阿伦尼乌斯在1904年提出，工业活动增加的大气二氧化碳浓度会反过来使大气温度升高。当时的科学家基本上不接受他的观点：20世纪中叶之前流行的观点是，人类活动的影响要么太小，无法超越自然力量的影响，要么认为任何二氧化碳的增加和相关的变暖实际上是有益的。到了20世纪30年代，始于19世纪后期的美国各地的温度测量结果，都显示出整体变暖的趋势。1938年，一名蒸汽工程师盖伊·斯图尔特，将气候变暖归因于大气中二氧化碳含量的增加。他写道，几乎没有人"愿意承认人类活动会对如此大规模的现象产生任何影响"，但在他的研究中，他希望"表明这种影响不仅是可能的，而且实际上正在当代发生。"他的结论是，由于气候变暖，"致命冰川的回归应该无限期地推迟了。"

20世纪50年代，关于工业活动增加的二氧化碳产生的影响的观点开始转变。斯克利普斯海洋研究所（Scripps Institute of Oceanography，SIO）的科学家雷维尔和美国地质调查局（United States Geological Survey，USGS）的汉斯·休斯宣称："人类正在进行一项大规模的地球物理实验，这是过去不可能发生的，将来也不会发生。在几个世纪之内，我们将把几亿年以来沉积在沉积岩中的有机碳浓缩物带回大气和海洋。"他们注意到，当时缺乏可用于预测由于燃烧化石燃料造成的气候变化的信息，特别是如果这种增加继续以指数速度增长，他们呼吁地球科学家收集这些信息。

雷维尔与查理斯·基林合作，开始对大气中的二氧化碳进行直接测量。首次这样的测量始于1958 年夏威夷的莫纳罗亚，此后测量扩展到许多地方。1958 年以前，大气二氧化碳的浓度是根据冰芯内的气泡来确定的：1850 年的浓度为 285 毫克/立方分米，是冰期或间冰期波动期间观测到的自然范围的上限。第一次世界大战前夕，由于欧洲国家和北美洲的工业化的传播，二氧化碳浓度提高到了 300 毫克/立方分米以上。1958 年在莫纳罗亚山的第一次测量显示，二氧化碳浓度已经上升到 315 毫克/立方分米。

四、19 世纪的干旱

随着人类日益成为气候变化的代理人，气候的自然波动继续影响着不断增长的人口。尤其是干旱带来了巨大的挑战。例如，北美洲在 19 世纪晚期遭受了多次干旱。从 19 世纪 50 年代中期至19 世纪 60 年代中期，发生了一场严重的干旱，给野牛造成了严重的损失，野牛大量死亡。

19 世纪 70 年代后期的厄尔尼诺引发的干旱也影响了其他地区，包括中国、韩国、印度、巴西、埃及和非洲南部。在 1877 至 1879 年，巴西的大旱造成了经济灾难。这些干旱区的难民涌入沿海城市，面临更多的困难和危险。在印度，死亡人数达到了 600 万~1000 万。那些能够逃离饥荒地区的人则前往锡兰或斯里兰卡等地。

厄尔尼诺引发的饥荒造成的死亡人数既可怕又惊人，因为它似乎逆转了人类在面对气候波动时更具弹性的趋势。干旱和人类的反应都影响到饥荒地区人口的生存机会。例如在印度，英国官员为他们给印度人争取捐款的活动感到自豪，但其中一些官员认为英国的政策令人不安。一些印度人自己也质疑英国避免饥荒的承诺。一位早期的印度民族主义者苏任德拉斯·巴勒吉（Surendranath Banerjee）认为，干旱的结果显示了政府的缺点。"但我们被告知饥荒是由于干旱，是自然原因的作用，政府和人类机构都无力避免。我们的问题是：干旱是否仅限于印度？其他国家遭受旱灾，但他们没有遭受饥荒。"

厄尔尼诺现象在印度大部分地区造成了另一场严重干旱。在 1896 年春天，微弱的季风导致了干旱，粮食价格上涨，到了秋天，爆发了粮食暴动。休姆是一位美国传教士，他在给《纽约时报》的一封信中写道："粮食暴动已经很普遍了。"朱利安·霍桑是小说家纳撒尼尔·霍桑之子，描述了从火车窗口看到一家家尸体的情景："他们蹲在那里，现在全都死了，薄薄的衣服在周围飘动。"孟买有近 75 万人死了。总督埃尔金勋爵估计大约有 450 万人死亡，但在 1898 年雨季回归后，甚至死亡了更多的人。1899 年，再次爆发饥荒，印度全国数百万人死亡。

19 世纪 90 年代和 20 世纪初的饥荒，给印度、巴西东北部以及荷属东印度群岛和非洲带来了苦难，其根源在于气候变化和人类行动的相互作用。厄尔尼诺事件造成了大范围的干旱。缺雨是造成农作物歉收和粮食短缺的首要原因，但在西方国家已经具备了避免生存危机的能力之际，这些贫穷国家的死亡人数和苦难尤为突出。气候波动仍然影响着供水和农作物产量，但工业化国家已经获得了更大的能力来承受全新世典型的气候波动，而没有遭受巨大的死亡和痛苦。那么，为什么在印度、巴西东北部、荷属东印度群岛、东非和南非有那么多人死亡呢？

除了厄尔尼诺事件本身，地方政府的糜烂腐败和西方意识形态的力量也加剧了干旱的影响。

这些发生在帝国主义鼎盛时期的饥荒，其发生的时间和地点也引起了人们对西方世界作用的关注，尤其是英国。在印度，英国人并没有完全忽视救济，但坚持自由贸易，渴望降低行政成本，从而加剧了饥荒的影响。事实上，在1878年、1896年和1899—1990年的饥荒期间，印度继续出口粮食。

菲律宾也遭受着干旱威胁。在美国和西班牙的战争中，美国军队刚刚占领了以前西班牙占领的菲律宾的一些岛屿，为了镇压当地的叛乱，美国减少了粮食供应。在1900年，美军摧毁了米店，由此造成的死亡是显然的。迪克曼上校写道："许多人在6个月内就饿死了。"饥荒反过来又提高了流行病的死亡率。

政治上的反应也加剧了巴西的饥荒。巴西沿海的港口城市试图将流离失所的人隔离到内陆。许多流离失所者通过宗教运动寻求庇护，一位传教士科瑟尔赫诺（Conselheiro）领导了宗教运动，建造了一座被称为圣城的城市。由于担心该运动追求激进的目标，巴西政府派遣部队攻击了该运动的基地，即圣多明克巴伊亚州的克努多斯（Canudos）。几乎没有证据表明，克努多斯的人们有任何反抗巴西的意图，尽管来到城市的移民增加了劳动力供应。一个天主教守卫队保卫了克努多斯，不断击退联邦军队，直到联邦军队最终攻陷该镇。

在非洲南部和东部，帝国统治通过加速疾病的传播，放大了苦难。牛瘟，是一种对牛极其致命的病毒，大量杀死了牛群，破坏了当地经济。在19世纪末20世纪初，非洲叛乱反对新建立的欧洲帝国政权的同时，把导致非洲牲畜死亡的疾病和日益不可靠的气候归咎于新来的人。1896年，一位宗教领袖向反抗英国统治的勇士们通报情况时这样说："这些白人是敌人。他们杀了你们的祖先，带来了蝗虫，给牛群带来了疾病，还对云朵施了魔法，使我们没有雨。"干旱加剧了对殖民统治的怨恨，在莫桑比克和坦噶尼喀（现在坦桑尼亚）引发了暴动。在1905—1907年，东非的德国军队对马及马及起义采取了一场灭绝运动。

在纳米比亚，也就是当时的德国人居住的非洲西南部，牛瘟于1896年来到这里，并很快杀死了赫雷罗人的大部分牛。德国引入的接种疫苗的结果喜忧参半，最初杀死了许多接种疫苗的牛。这种流行病连同疟疾和斑疹伤寒，造成了大量生命损失，严重损害了赫雷罗族社会的利益，导致了1904年赫雷罗人的暴动。德国在纳米比亚的指挥官洛塔尔·冯·特罗塔将军，发起了一场毁灭性的运动，历史学家普遍认为这是20世纪早期的种族灭绝事件。

与厄尔尼诺现象有关的干旱一直持续到20世纪，例如，20世纪30年代和50年代在北美洲发生的干旱。在中世纪气候异常期间，就像拉尼娜现象导致了北美洲的干旱一样，寒冷的太平洋热带水域为20世纪的干旱创造了条件。在沙尘暴情况下，导致了美国的大平原巨大的农业损失，迫使数百万人迁移，糟糕的土地管理实践放大了拉尼娜干旱的影响。因此，耕地种植易受干旱影响的小麦作物，加上耕作方法不当，导致土壤退化。20世纪30年代初，干旱来袭，风蚀造成的土壤流失引发了大规模的沙尘暴。大气中的灰尘遮蔽了阳光，加剧了干旱的影响。

五、世界大战和福特主义

早在工业时代，厄尔尼诺事件造成的气候波动，比人类活动造成的气候作用力更剧烈，但工业化的规模在20世纪继续增加。能源消费和生产分阶段增长。经济增长不是线性的。第一次世界大战给世界经济造成了重大损失，20世纪20年代世界经济复苏不均衡。美国经济蓬勃发展，但欧洲国家的增长较为温和。1929年的股市崩盘和20世纪30年代的大萧条，给世界经济和资本主义制度带来了最大的现代危机。即使受此打击和急剧收缩的工业产出在各国（从美国到英国再到德国）都难以幸免，工业化的印记也足以证明这一点——大气中的二氧化碳浓度继续上升，尽管上升的速度比 20 世纪下半叶慢得多。

第二次世界大战带来了经济产出的增长和灾难。大萧条在美国彻底结束了。国内生产总值（GDP）在 1940 至 1945 年增长了大约 70%，美国从战争中崛起，逐渐成为全球超级大国。与此同时，战争地区的国家在基础设施和生产方面遭受了巨大的破坏。

在战争结束后的几年里，世界经济进入了一个快速增长的时期，在这个时期里，通过一种被称为福特主义的经济模式，耐用消费品的大规模生产和大规模消费以惊人的速度增长。在 20 世纪早期，亨利·福特首次引入了 T 型车的生产，其价格足够低，使得大量的人购买这种汽车成为可能。耐用消费品的大规模生产、设计用于维持较短时间的重大开支项目、此类耐用消费品的大规模消费或购买，以及足以使这些购买成为可能的工资收入，这些因素的组合更广泛地被称为福特主义，但福特主义在第二次世界大战前仍处于萌芽阶段。。

第二次世界大战后，福特主义作为一种经济模式，在整个工业世界更加牢固地建立起来。例如，在 20 世纪 40 年代末，家庭购买和拥有机动车辆在欧洲仍属罕见，但在 20 世纪 60 年代，这已成为司空见惯的事，然后持续上升。同样，洗衣机等其他耐用消费品的购买量和拥有量也呈指数增长。20 世纪 50 年代和 60 年代，经济增长率总体上是无与伦比的。在战后的西德，人们谈论"经济奇迹"。在 1957 年，英国首相哈罗德·麦克米伦宣称："的确，让我们坦率地说，我们的大多数人从来没有过这样好的生活。到全国各地去看看，到工业城镇去看看，到农场去看看，你会看到一种前所未有的繁荣，这种繁荣在我的一生中从未有过，在这个国家的历史上也从未有过。"英国经济的增长速度实际上比许多欧洲国家要慢，但更广泛的观点仍然正确。战后的福特主义提高了产量和生活水平，这种新的生活水平增加了对化石燃料的需求。尽管煤炭在不同国家和地区的具体贡献有所不同，但总体煤炭产量有所上升。在一些地区，煤炭产量实际上下降了，因为生产转向了新的竞争对手，石油和天然气取代了煤炭的许多用途，尤其是在运输方面。例如，在第一次世界大战之前，英国的煤炭产量就已经达到顶峰。在德意志联邦共和国，随着转向包括石油和天然气在内的其他能源，煤炭产量开始下降。在美国，煤炭生产在整个 20 世纪早期都在增长，在世界战争和萧条时期产量有波动，在 20 世纪下半叶又急剧上升。

在 20 世纪的大部分时间里，石油产量和消费量的增长速度都快于煤炭产量。在美国，对石油的需求促进了钻井和勘探，并使石油成为路易斯安那州和得克萨斯州等地区的主要采掘业。在第二次世界大战后，全球对石油的需求以特别快的速度增长，给主要产油国带来了财富，尤其是沙特阿拉伯，20 世纪 30 年代，沙特阿拉伯的石油勘探工作取得了重大发现。

工业革命、化石燃料的新规模开发，以化石燃料为基础的工业化的扩大，使大气中二氧化碳的含量显著增加。莫纳罗亚山的测量工作始于战后经济繁荣时期。第一次的年平均测量值是 315.98 毫克/立方分米，与由冰芯测定的工业革命初期的 285 毫克/立方分米相比，标志着一个显著的上升。

正如卡能达（Callendar）在 20 世纪 30 年代末指出的那样，气温一直在上升，但在 20 世纪 40 年代至 20 世纪 70 年代趋于平稳。对气候变暖暂停的解释包括太阳辐射产出减少、火山爆发和与轨道变化相关的全球变冷。当科学家们争论这个平台期的原因时，来自南半球的测量结果显示，这个阶段可能是一个北半球现象，而不是全球信号。这使得一些科学家提出，由于大部分工业活动都集中在北半球，工厂排放的微粒会有效地阻挡阳光，这是造成平台期的原因。这一假设在后来的几十年里得到了支持，但此时，二氧化碳在大气中的积累超过了污染的冷却作用。

六、全球化

20世纪后期，随着全球工业化进程的推进，工业化和化石燃料开采和使用出现了进一步的突破。这不是第一个全球化的时代，但却是首期见证了工业在世界大部分地区扎根的全球化时代。20世纪70年代，当战后快速而强劲的增长时代结束时，成熟的工业强国面临新的经济挑战，但在20世纪末到21世纪初，全球工业总产出达到了新的高度。工业的全球化改变了世界各地的经济。东亚大部分地区经历了非凡的工业化速度。日本作为亚洲第一个工业强国，从战后到20世纪90年代，进入了一个经济持续高速增长的时期。日本的公司如丰田、索尼和本田在全世界家喻户晓。在1990年，日本是世界第三大出口国。日本的经济实力如此强大，以至于该国的成功在某些方面引发了焦虑。另一些人则将日本视为学习的榜样，如1979年出版的一本图书名为《日本第一：对美国的启示》（《Japan as Number One：Lessons for America》）。

出口拉动型增长为东亚其他地区包括韩国和中国台湾的惊人经济扩张提供了类似的路径。在1953年朝鲜战争结束时，韩国是一个贫穷的国家。在20世纪50年代，韩国的人均GDP并不比朝鲜的高。战后多年来，韩国经济规模一直相对较小，但在20世纪70年代至20世纪90年代和21世纪初期间，出口导向型增长导致韩国GDP大幅增长。韩国制造企业有些成为全球主要的出口商。事实证明，这种经济模式对寻求在其他地方提高产出和增长的政治领导人和经济学家具有吸引力。仅以一些例子为例，包括马来西亚、印度尼西亚和越南在内的其他亚洲国家，也同样追求出口拉动型增长。

现今的城市已经与20世纪初的城市形成了鲜明对比。考虑到衡量一个城市或更大的都市地区人口的不同标准，很难对城市人口进行准确的比较，但总体趋势是明显的。在1900年，伦敦是世界上最大的城市，10个大城市的所有人口总数至少有141.8万，这是1999年费城的人口，当时是世界第十大城市。在21世纪初，世界上超过200个城市的人口超过140万。工业化和全球化在世界上产生了许多类似于伦敦的城市，不一定要用文化影响力或经济实力来衡量，而是用人口来衡量。伦敦较高的平均生活水平意味着，与西方世界其他地方一样，伦敦的人均能源足迹更高，但现在世界其他地方的许多城市正在迎头赶上。

原则上，在工业化社会中，城市生活可以通过增加公共交通工具的使用、减少人均居住面积，来减少人均碳足迹，但从农村到城市的人口转移导致了更大的电力消费。发展中国家城市的居民有能力购买与西方发达国家居民相同的家用电器。

在炎热的气候中，工业化和城市化社会的居民和公民也经常购买空调设备。在印度，空调的销售额在一段时期每年以20%的速度增长。在印度的城市地区，空调外机都安装在窗户边的外墙上。空调的发展不仅增加了能源消耗，而且还可能向大气中排放大量的温室气体。氯氟化碳（CFCs）的生产，通常被称为氟利昂，始于20世纪30年代，用于制冷、空调、气溶胶罐的推进剂。氯氟烃吸收热量的效率是二氧化碳的几千倍，但它们对环境的主要影响存在于大气的上层，在那里它们与保护我们的臭氧层发生反应。《蒙特利尔议定书》是一项逐步停止使用消耗臭氧层物质CFCs的国际协议，于1989年生效。氢氯氟碳化物（HCFCs）和氢氟碳化物（HFCs）取代了CFCs，有助于保护臭氧层，但它们的全球变暖潜力依然存在。虽然由于其含量低，目前它们对人类造成的气候变暖的贡献不到1%，但据估计，如果不进行逐步淘汰，到21世纪中叶，继续使用它们可能会导致近10%或更多的人为变暖。

七、打破约束

以化石燃料为动力的工业化、城市化和经济发展，既建立又重塑了人类与气候的关系。在面对气候变化时，现代早期和现代的复杂社会已经发展出了更强的适应能力。农业生产能力的提高，更大的行政能力，以及更好的交通运输，结束了一些社会的重大生存危机时代，比如鼎盛时期的英国。

全球工业化的新时代把这些趋势发挥到了极致。人口中心越来越远离气候适宜且提供充足食物的地区。像伦敦这样的前工业化城市的人口增长依赖于城市的供给。动物在大街上被赶往屠宰场。事实上，这种做法直到工业时代才结束。许多动物被带到该市的史密斯菲尔德市场。在查尔斯·狄更斯(Charles Dickens)的小说《雾都孤儿》(《Oliver Twist》)中，对市场的规模给出了一个概念："一大片区域的中心有许多围栏，以及空地上有许多临时围栏，都填满了羊。沟边的柱子上拴着几排牛和牲畜。乡下人、屠夫、赶牲口的人、小贩、孩子、小偷、游手好闲的人和各种下等的流浪汉，和这些声音混在了一起：赶牛人的口哨声、狗的狂吠声、牛的怒吼和扑跃声、羊的咩咩声、猪的咕噜声和吱叫声。"

虽然可以将动物步行驱赶到伦敦，但在20世纪和21世纪，大量的人口中心越来越多地出现在距离种植庄稼和饲养动物的适宜地区很远的地方。这一过程在美国开始得相对较早。在19世纪，随着农业中心向西部的转移，大西洋沿岸城市的不断发展依赖于一个庞大的食品配送网络。农作物可以在东部城市附近种植，尽管成本不像中西部的新农业区那么低。在20世纪，在那些气候完全不适合养活大量人口的地区，大量建设城市和郊区的建筑群。西部和西南部的"阳光地带"城市就是这种情况。

拉斯维加斯只是城市的发展如何与气候分离的一个例子。拉斯维加斯的年平均降水量只有101.6毫米多一点，远远低于被归类为沙漠的水平，而且在城市建设的最初年代，这个问题几乎没有得到解决：在1900年，这个城市的人口只有25人。到1960年，人口逾6.4万人，到2010年，拉斯维加斯的居民人口超过58.4万人。这座城市的大部分供水来自米德湖，在1936年，这是在胡佛大坝后面创建的巨大的人工湖。

拉斯维加斯并不是一个例外。我们现在生活在一个有许多人口中心的世界，这些人口中心把人类社区和水的存在联系在一起。化石燃料的密集开采和使用极大地提高了许多地区的承载能力，远远超过了工业化前的水平。工业革命促进了人口的大量增长。1801年，英国人口普查的数据显示，英格兰和威尔士的人口为890万，苏格兰的人口为160多万。到了1901年，英格兰和威尔士的人口为3200万，苏格兰人口为447万。的确，世界人口的组成部分主要是欧洲血统在这个时期达到顶峰。

20世纪，世界总人口从1900年的16亿增加到1950年的25.5亿。实际上，在20世纪下半叶，人口扩张的速度加快了，在2000年，世界人口达到了60多亿。这种人口增长之所以成为可能，是因为农业生产率和产量的激增，即所谓的"绿色革命"(Green Revolution)，大量使用了化石燃料。这个绿色革命带来了新种子、杀虫剂、化肥和机器的更多分配和使用。通过合成天然气中获得的氢和氮，来生产出关键的肥料，提灌工程通常需要化石燃料来为水泵提供动力。土地施用化肥导致排放一氧化二氮，这是一种强大的温室气体。总体来说，绿色革命向大气中排放了更多的温室气体，使农业的能源投入增加了 50~100 倍。

化石燃料的大量使用也支撑了服务业经济。在成熟经济体中，服务业通常是最大的经济部门。无论是在英国、美国、德国或任何早期的工业强国，现在更多的人从事服务业，在办公室、医院或学校工作的人比在工厂或矿山工作的人多得多，但这些服务部门的雇员，在很大程度上，仍然依赖化石燃料产生的电力。尽管如此，上班族的交通几乎完全依赖于化石燃料，办公楼里的供热和照明也是如此，尽管在德国等安装太阳能方面进展最快的国家，这种情况正在发生变化。随着世界服务经济的发展，空调也随之发展起来。例如，在新加坡，2011 年服务业对 GDP 的贡献约为73%。空调使新加坡成为一个主要的服务中心。当被问及 20 世纪最重要的发明是什么时，领导新加坡几十年的首任总理李光耀(Lee Kuan Yew)选择了空调。

八、走向相互依赖

以矿物燃料为基础的工业革命和全球经济发展，改变了人类社会，使人们能够在沙漠中建造巨大的城市。数量上亿的空调办公室工作人员，以及配备了化肥、杀虫剂、水泵和拖拉机的农场工人，种植的粮食足以养活数十亿人，但同样的趋势也逆转了几个世纪以来的历史趋势，这一趋势带来了对气候的更大的独立性。几千年来，人类社会从相对稳定的全新世气候中获益。但是，在几十年不断增加的碳排放之后，这些社会也面临着气候越来越不稳定的挑战。

碳排放水平急剧上升。英国是世界上第一个工业化国家，1850 年以 123 吨的碳排放量居世界首位。1900 年，美国已经是世界上最大的二氧化碳排放国，当时英国排放了 420 吨二氧化碳，而美国排放了 663 吨。世界大战后福特主义时期，美国的碳排放量大幅增长，达到 2858 吨，而西方等其他工业大国的碳排放量也大幅增加，例如德国是 814 吨。与此同时，东欧国家对重工业的重视导致苏联在 1960 年排放了 891 吨。出口带动的经济增长使日本的碳排放量在 1980 年达到了914 吨。

累积起来，工业化、全球化和人口增长的多重浪潮所产生的排放，使人类社会更容易受到气候冲击。数千年来，人类社会越来越设法将繁荣与最稳定的全新世气候变化水平脱钩。但是随着工业化的发展，人类已经创造了更高程度的气候不稳定性和更极端的气候。

第八节　气候系统和气候变化

世界正在进入一个前所未有的全球变暖时代，这影响着我们赖以生存的气候。全球变暖正在导致降雨降雪模式的变化；海平面上升、干旱、野火、风暴、龙卷风和飓风的严重性和频率增加；高温和热浪以及社会结构和政治结构的变化。全球变暖是人类文明所面临的最重要的灾难性变化。

导致地球变暖的根本机制是温室效应。这种最初的变暖效应之后是某些反馈机制(例如，海洋中的水蒸发，极地冰原上反照率效应的减少)。这些机制加剧了全球变暖的情况，也许在不久的将来，会导致一场无休止的全球变暖灾难。懂得全球变暖的原因和现状，可以了解气候变化对我们社会的不同影响。

一、气候系统

地球气候系统由大气、海洋和地球陆地表面组成。该系统的动力要素是水文学和包括水蒸气在内的气体运动。气候系统之外的但对决定其行为非常重要的因素，包括太阳、地球轨道相对于太阳的变化，以及大陆和海洋的形状和位置。

大气层通过捕获和再辐射原本会逃逸到太空中的辐射来捕获和再辐射能量。陆地表面和海洋发出的长波辐射（热）被大气中的温室气体吸收。然后，这种能量在各个方向上被重新辐射，净效应是在地表附近的地球大气层中捕获一部分能量。大气中的云可以反射入射的太阳光，冷却地球表面。白天，这种效应可能超过云中水汽的增温效应，而在夜间，云层的增温效应占主导地位。大气的主要成分是氮（78%）和氧（21%）。水蒸气和二氧化碳是大气中的次要成分，但却是强效的温室气体。

海洋是气候系统的第二个主要组成部分。从气候的角度来看，海洋的最大重要性在于它是水和溶解气体的巨大的储藏库。海洋贡献了大气中大部分的水蒸气。温暖的海洋释放出更多的水蒸气。它们还会产生更大、更严重的风暴，如飓风。海洋吸收二氧化碳，降低其在大气中的浓度。

陆面是由植被、裸露的土壤和岩石、人类建造物以及冰雪组成。这些陆面是如何用其反射特性使地球变暖的，其方式有很大的不同。黑暗的表面吸收太阳能并将其作为热量重新辐射，这些热量可能被大气中的温室气体所捕获。浅色的表面以不被温室气体捕获的波长将阳光反射回太空，因此它们具有冷却效应。

在气候系统中，雪和冰是地球表面特别重要的部分，因为它们能很好地反射太阳的光照。白色表面反射太阳能，冷却地球表面。冰川、积雪和海冰都可以通过反射阳光来冷却地球。全球平均温度的升高通过融化减少了冰雪的面积，从而降低了地球的反射率，并随着地球进一步变暖，在气候系统中就产生了一个正反馈循环。

专栏2-1

气候的正反馈

冰雪融化对气候变暖有正反馈的影响。冰雪反射阳光。它们的反射被测量为反照率。浅色材料的反照率较高，而深色材料的反照率较低。接近白色的冰雪使它们具有很高的反照率，而冰雪融化时露出的深色水域或冰雪融化时露出的黑色针叶林的反照率很低。这意味着水或森林比冰雪从阳光中吸收更多的能量，从而加速变暖。

水文是水在气候系统要素内部和要素之间的运动。由于水蒸气具有强大的加热（温室气体）和冷却（白天云层）效应，水的运动在气候系统中具有无与伦比的重要性。水在水文循环中流动，从海洋中蒸发，凝结成云，然后在陆地上降雨形成淡水流入大海。全球温度的升高可以加速海洋表面的蒸发，从而加速这种水文循环。

二、地球气候的演变

我们所知道的大气是由生命创造的。大气反过来使更高级的生命形式成为可能。地球是在45

亿年前形成的，在大约 10 亿年内出现了单细胞生命。几亿年来，微生物的光合作用产生了足够的氧气，使其成为大气的主要组成部分。这种光合作用的大部分发生在微生物席上，其中一些形成了被称为叠层石的结构，叠层石是数十亿年来化石记录中占主导地位的石质吸积物。大约 6 亿年前，氧气的积累足以支持高层大气臭氧层的形成。太阳光轰击高层大气，使氧原子分裂产生氧自由基，其中一些自由基与氧复合形成臭氧。在这一点上，尽管大气中的氧气水平仍然只是现代水平的小部分，但具有了现代大气的主要特征，存在氧气、氮气、水蒸气和臭氧层。

臭氧层使地球陆地生物得以出现。以前，生命只在海洋中存在，海洋水体保护生物体免受紫外线辐射的破坏。随着臭氧层的出现，紫外线辐射在高层大气中被屏蔽，使生命形式在陆地上出现。光合生物仍然占主导地位，使得大气中的氧气不断积累。

大气、水和大陆构造的相互作用开始控制气候。气候的重大变化与超级大陆的周期性形成、冰河时期和火山活动有关。在过去十亿年的地球历史中，至少有 3 个超级大陆存在。罗迪尼亚超级大陆存在于大约 10 至 7.5 亿年前。潘诺西亚大约形成于 6 亿年前，持续了 5000~6000 万年。最近的超级大陆盘古大陆形成于大约 2.5 亿年前，后来分解成了冈瓦纳大陆和劳亚古大陆。在几次火山活动中，最大的一次是 2.5 亿年前形成西伯利亚地盾的大规模喷发。

随着现代大气的演变，地球的气候就在"冰室"和"温室"状况之间交替变化。冰室的重大事件发生在 8 亿至 6 亿年前，再次发生在约 3 亿年前。自从大约 2.8 亿年前的冰室状况出现以来，地球总体上比现在更温暖，但在这段时期内，气温也有显著的上升和下降。

在过去 5 亿年中，有 4 个主要的暖期和 4 个主要的冷期（图 2-11）。在寒冷阶段，极地被冰雪覆盖，陆地上有大量的冰川，全球平均温度很低。在温暖的时期，极地或陆地上几乎很少有或没有冰。暖期通常与高大气二氧化碳水平相关，而冰室期与低大气二氧化碳水平相关。温暖的温室环境在大部分时间（1 亿到 10 亿年前）占据主导地位，但也不时出现几次冰室事件。最近，逐渐变冷占主导地位，导致了过去 200 万年的冰河时代。目前我们生活的 10000 年间冰期，是过去 200 万年来主要冰室条件下的几个短暂的温暖时期之一。

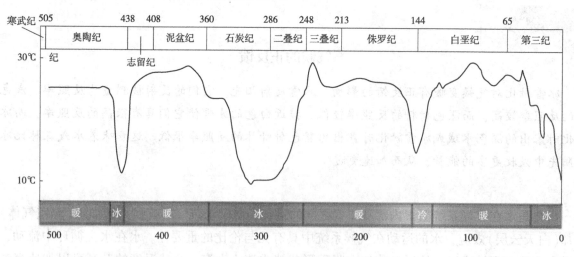

图 2-11　过去 5 亿年的全球气温

在过去的 10 亿年中，全球平均温度在冰室和温室条件之间波动。在 4 个主要的温室时期，地球基本上没有冰，而在 4 个主要的冰室时期，则极地或大陆都有主要的冰盖和冰川。目前的气候在冰室期内处于温暖阶段。

在过去 1 亿年中，大约 8000 万年前，有轻微的降温趋势逐渐逆转，然后在大约 5500 万年前，被一个剧烈而短暂的温暖期打断(图 2-12)。在这个温暖的高峰期间，全球平均温度迅速地上升了几度，然后在几百万年后又下降了。这一峰值被称为古新世-始新世热最大值(PETM)，随后逐渐变暖，导致更长的暖期，称为早始新世气候最佳期。

在过去的 7000 万年中，地球从 5400 万年前古新世-始新世边界的最高大气温度，冷却到目前的冰河期条件。大约 3500 万年前，南半球形成了极地冰，大约在 800 万年前，北半球形成了极地冰。大约 200 万年前，北半球的极地冰层成为永久性的，开启了冰河时代。

5000 万至 3000 万年前，冷却占据了主导地位，导致大约 4000 万年前南北两极地区都结冰。这种冰盖最初是零星的，然后在大约 3400 万年前的一次快速冷却事件中，在南极洲形成了连续的冰盖。轻微的变暖使北半球的冰盖一直处于零星状态，直到大约 200 万年前，开始了更新世冰期。

在过去的 200 万年里，随着地球进入或短暂地退出冰川期，气候变化尤为显著(图 2-12)。冰川条件主导了这一时期，温暖的温室间隔期约为 10 万年，每次的温暖期仅持续几千年。这一时期的特点是气候变化很大，包括非常迅速的气候"闪烁"，在不到 1000 年的时间里，气候突然变暖或变冷。

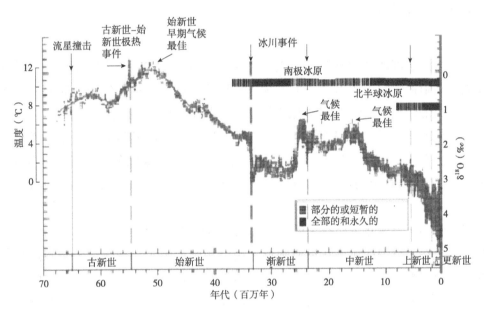

图 2-12　地球大气温度在过去 7000 万年中发生的变化

冰川期或间冰期转换是由气候的轨道强迫驱动的。当北半球陆地上的大片冰原能够在许多个夏天持续存在时，冰河时代就开始了。北方陆地的太阳输入随地球轨道的变化而变化，当北方陆地的冰融化时，就开始了一个温暖的温室间隔期。

最后一次冰河时期让位给大约 10000 年前(全新世)开始的当前暖期。在几次晚冰期的气候"闪烁"之后，特别是在新仙女木时期，正如格陵兰冰芯和南极冰芯记录的那样，气候变得更加稳定，尽管花粉记录表明，温带和热带地区的气候都有很大的变化。轨道作用力在这一时期是不寻常的，可能导致间冰期比过去 50 万年的典型周期长得多。正是由于这种异常温暖、稳定的气候，人类活动排放的温室气体正在推动气候进一步变暖。

三、自然力驱动的气候变化

来自太阳的能量驱动着气候系统。太阳的热量在地球上分布不均匀，这使得风和洋流运动将热量从赤道输送到相对较冷的两极。来自太阳的能量也驱动了水文循环，使海洋和淡水体中的水蒸发。火山爆发等自然作用力在较短的时间尺度上改变了夏季气候。

专栏2-2

研究焦点：强迫系统

气候系统是由自然和人类活动驱动的过程共同作用的。轨道强迫在驱动自然变化方面尤为重要。它包括地球轨道的变化，导致太阳辐射到达地球的相对多寡。地球的轨道不是完全圆的；地球在其轴线上的倾斜度在其朝向太阳的方向上发生变化，而倾斜度本身也随着时间的变化而摆动。所有这些因素都会导致输入地球的太阳能的变化，并推动气候系统的变化。火山活动将大量微粒喷射到大气中，导致冷却作用，是气候系统的另一个外部强迫因素。最后，最近也是最引人注目的是，人类用温室气体污染大气导致了气候系统的辐射强迫，从而影响了太阳能量的再辐射，使大气变暖，并导致了气候的意外变化。

到达地球大气层顶部的能量估计平均为每平方米342瓦。其中一部分能量被大气中的微粒、云层或地球表面反射回太空，留下约每平方米235瓦的热量来加热大气和地球表面。在整个地球上，这是一个巨大的能量，大约是世界上最大的发电站所产生能量的1.5亿倍。

然而，到达地球的能量的确切数量是不同的，就像能量在世界各地的分布一样。地球轨道的变化使它离太阳更近或更远，或使地球的一部分离太阳更近。太阳的能量输出也可能发生变化，高达1%的十分之几。轨道上的这些变化会影响到达地球的能量，改变太阳的升温效应，从而使气候发生变化。

影响地球气候的轨道变化主要有3种类型(图2-13)。第一种称为偏心率，与地球绕太阳轨道的形状有关。地球在太空中的轨迹从近似圆形到完全椭圆形不等。当轨道为椭圆形时，地球在其轨道的某些部分会离太阳更近，从而造成季节性的气候变化。地球在绕太阳公转的过程中，会在其轴线上摇摆，产生第二种和第三种轨道强迫。倾斜量会发生变化，被称为倾角(T；也被称为倾斜度)。倾斜的方向缓慢旋转，被称为岁差。

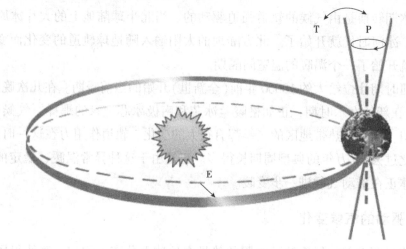

图 2-13 轨道强迫

3 种主要的轨道强迫影响入射到地球上的太阳辐射量。地球的轨道是椭圆形的，而不是圆形的，当地球靠近太阳时，会有更多的辐射到达地球。这种效应就是偏心率(E)。地球的倾斜度不同，会影响到达北半球的辐射量。还有，一年中北半球向太阳倾斜的时间是不同的，这被称为春秋分的岁差(P)。这些强迫通常被称为米兰科维奇强迫，因为这位塞尔维亚物理学家认识到北半球夏季接收到的太阳辐射量决定了冰河期的时期。

这 3 种轨道强迫对季节之间或半球之间热量分布的影响，都比它们对到达地球的太阳能总量的影响更大。因此，它们对气候的影响是由于放大效应和动态效应，而不是初始太阳能输入的变化。

其中，最显著的放大效应是冰河期，这是由南半球和北半球陆地面积不等所驱动的。北美洲和欧亚大陆在极地附近有巨大面积的陆地。当北半球接收到的热量较少时，特别是在夏季，这块陆地上可能会结冰。冰反射阳光，使整个地球变冷。当北半球接收到更多的热量时，冰融化，地球变暖。由于南半球在极地附近陆地面积较小，南半球的升温和降温没有这种效应。在南美洲和非洲，几乎没有邻近南极的陆地。

岁差决定了夏季地球的哪个半球向太阳倾斜。岁差以 23000 年为周期变化。当北半球在夏季向太阳倾斜时，夏季非常炎热，在北方大片陆地上不会形成冰。

倾角是地轴的倾斜度。地球像一个旋转的陀螺一样绕轴摆动。当倾斜强烈朝向北半球时，北半球的大陆很难有冰盖形成。倾角有 41000 年的周期性。

偏心率是地球绕太阳运行轨道的形状。这种形状从更接近圆形到更椭圆形，有 10 万年和 40万年两个周期。轨道越圆，地球接收到的太阳能分布越均匀。更椭圆形的轨道可能导致到达地球北半球的太阳能减少，有助于这里巨大的易结冰的陆地形成冰川，触发冰河时期。

冰河时期始于凉爽的夏季。轨道强迫的组合能够导致夏季凉爽，使冰在温暖的季节得以保留，并在北美洲和欧洲形成大陆冰原。北半球的陆地特别重要，因为它们为大陆冰盖的形成提供了足够的高纬度陆地。南半球不存在类似的动力，因为在南美洲或非洲的高纬度区域几乎没有形成冰原的陆地。在 19 世纪末，科学家们认为寒冷的冬天导致了冰河时代。塞尔维亚地球物理学家米卢廷·米兰科维奇(Milutin Milankovitch)认识到凉爽的夏天是形成冰原的关键。轨道强迫中的旋回以他的名字命名为米兰科维奇旋回，以表彰他对理解轨道强迫在冰河世纪中的作用所作出的贡献。

最近的研究指出，南半球在冰川期的形成和结束中也起着作用，这也是由米兰科维奇强迫所驱动的。低倾角给地球的两个半球带来了凉爽的夏季，这有利于北半球的冰川堆积和南半球的环极海流增强。环极海流的加强减少了富含二氧化碳的水的上升流。大气中二氧化碳的减少使地球变冷，促进了北半球大陆冰盖的形成。随着冰河时期的结束，南半球也可能对北半球有促进作用，高倾角导致两半球夏季变暖。这使得北半球的大陆冰盖开始融化，而在南半球，它增强了绕极海流和风，将富含二氧化碳的水抽到地表，使地球变暖。

四、当前气候的主要特征

来自太阳的能量驱动着海洋和大气的循环模式。大气环流是由热空气比冷空气密度小的原理驱动的，因此热空气上升。海洋环流是由温度和盐度共同驱动的。温水上升，冷水下沉，而盐水的密度比淡水的大，导致含盐量高的水下沉，而含盐量低的水上升。

地球在赤道接收到的太阳热量比在两极接收到的要多。在炉子上用锅烧水，当锅底中心部位接受的热量高于边缘部位的时候，锅中间部位的水首先沸腾，并向温度较低的锅边缘运动。地球赤道接收到的太阳热量也以同样的方式起作用，导致地球大气层翻滚，热空气在热带上升并积聚，向较冷的两极运动。当气团从热带向两极移动时，它们冷却下降，最终以一个巨大的循环圈返回到热带。这种称为热传输的热运动，在大气中创造了大型的、系统的循环模式。

这种热量不平衡建立了梯度，驱动热量从赤道到两极的传递；建立了以赤道附近上升的暖空气或水汽和两极附近下沉的冷空气或水为典型的环流模式。在大气中，这些环流模式被称为哈德里环流圈。赤道和两极之间有两个哈德里环流圈。哈德里环流圈既有垂直结构也有水平结构。从横截面上看，哈德里环流圈中的气团在赤道上升，向两极移动，然后下降。从上面看，环流是顺时针的，因为地球自转产生的科里奥利效应使流动的空气偏转。

与哈德里环流圈相反，在热带地区还有东西方向环流圈。当跨越海洋盆地的压力差驱动表面风向一个方向运动，高空的风则会向相反的方向运动来平衡，这些环流模式就会出现。在太平洋上空，这种环流被称为沃克环流或"南方涛动"，它驱动着太平洋上空的东风。热带太平洋区域的沃克环流的崩溃就会导致厄尔尼诺事件。

信风是由空气运动和科里奥利效应导致哈德里环流偏转引起的地面风。信风是偏东的，这意味着它们从东方吹来。它们在北半球和南半球沿赤道向西移动。在信风沿赤道辐合的地方，会形成一个抬升的云层地带，被称为热带辐合带（Intertropical Convergence Zone，ITCZ）。信风与中纬度地区由西向东吹的西风带的回流相平衡。

海洋主要的环流模式遵循风的模式，形成沿赤道从东向西流动和中纬度从西向东流动的大环流。然而，洋流方向随深度增加逐渐与风向形成15度~45度的角，这种效应被称为埃克曼螺旋。当表面洋流撞击大陆时，它们偏转并沿着海岸线运动形成边界洋流。

海岸风吹动海水时会产生上升流。由风驱动的海水表面运动被埃克曼螺旋偏转，导致海水通过海岸向外输送。这些流动的水必须被补充，所以深海处水被吸引到表面。这种寒冷而富含营养的水从深海到表层的运动被称为上升流。

在海洋中，赤道到两极的环流是温盐环流。它更为复杂，因为它必须绕过陆地，涉及海水的盐度和温度。赤道处的温水通过蒸发，留下的水既温暖又含盐量高，因此密度更高。这种含盐的温水流向两极，在那里冷却并下沉，重新开始了循环。

当海水在赤道变暖，蒸发并变得含盐量更高，然后海洋的表面水向两极流动，在那里冷却并下沉时，就建立了海洋的主要环流特征。然后海洋底部的水回流到赤道，上升并在数百年的时间尺度上重新开始这一过程。因为它涉及海水的温度和盐度，所以这一特征被称为温盐环流。

在北大西洋，温盐环流的影响尤其强烈，从赤道带来大量热量。这部分温盐环流称为墨西哥湾流。当墨西哥湾的海流停止流动时，它会从两极附近的两个主要大陆吸收热量，大大加速了冰的形成。当墨西哥湾暖流加强，向北输送能量融化冰盖时，冰河时代似乎结束了。冰河期的开始似乎更为缓慢，但冰河期的结束可能非常迅速。当温盐循环在冰川期或间冰期过渡期间停止时，像新仙女木的气候"闪烁"现象就可能开始。因此，温盐环流的变化是气候变化的重要触发因素。

五、气候系统的稳定状态

地球气候系统的环流模式随时间而变化。大气环流在不同的时间可能表现出显著不同的模式，经常在两种或两种以上相对稳定的状态之间来回切换。地球自转时，它的自转在大气环流中形成波浪，就像河流中的水形成驻波一样。在这种系统中，一个区域的波峰与相邻区域的波谷相连接是很自然的。

厄尔尼诺事件是这些多状态模式中最著名的事件之一。在厄尔尼诺事件期间，整个太平洋的海洋环流模式发生了变化。随着海水温度的变化，降雨模式发生变化，大气环流也发生变化。这些效应在太平洋地区可以感受到，但在地球其他遥远的地区也有响应。因此，厄尔尼诺年与太平洋深海上升流减少和降水量增加有关，但也与非洲降水量减少和干旱有关。这些远距离效应是全球环流模式相互靠近、相互驱动的结果，几乎就像齿轮相互驱动一样。在一个循环细胞中发生的事情会传递到下一个循环细胞，并可能在遥远的地方造成后果。这种远距离的、相互关联的影响被称为"遥相关"。遥相关不是随机的；它们往往与互补的"姐妹"状态相联系。它们通常涉及海洋和大气状态的耦合变化。例如，厄尔尼诺事件的互补事件是拉尼娜事件，在这个事件中，太平洋的上升流增强，降水量减少。这两种情况之间的振荡被称为厄尔尼诺-南方涛动或 ENSO。

大气变化的其他大尺度模式包括北大西洋涛动和太平洋十年期涛动。太平洋十年期涛动影响着北太平洋，正如它的名字所示，大约每 10 年改变一次状态。北大西洋涛动主要有两种模式，一种是北极空气冲击欧洲，另一种是欧洲气候更宜人。温盐环流是遥相关的一个很好的例子，因为北大西洋发生的事情可能会影响整个地球的气候。

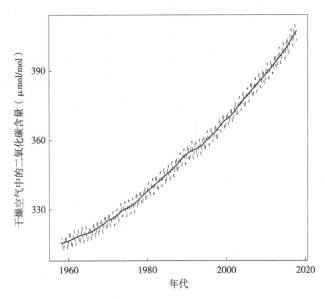

图 2-14　莫纳罗亚火山的二氧化碳记录

六、人类驱动的变化

在夏威夷莫纳罗亚火山进行的一项简单研究中，发现了化石燃料燃烧和森林砍伐导致的二氧化碳上升。山顶上采集样本，然后分析二氧化碳含量。选择莫纳罗亚是因为其岛屿位置和高海拔远离城市空气的短期污染。因此，莫纳罗亚火山的二氧化碳记录是纯的；它非常清楚地显示了大气中正在发生的事情，清楚地表明二氧化碳正在急剧上升（图 2-14）。

莫纳罗亚火山的记录非常清楚地显示了季节的二氧化碳浓度变化。每年春天，植物开始生长，从大气中吸收二氧化碳。然后，每年秋天，树叶都会掉落并分解，在腐烂时向大气释放二氧化碳。这个循环在赤道上是平衡的。当北半球的植物在秋天死亡并释放二氧化碳时，南半球的植物正在吸收二氧化碳，伴随着春天新的生长。然而，北半球的陆地面积远大于南半球的陆地面积，因此，南半球的植被吸收和释放二氧化碳的过程，只平衡了北半球季节周期的小部分。全球二氧化碳净吸收发生在北半球的春季，而二氧化碳净释放发生在北半球的秋季。这种季节性的跷跷板反映在莫纳罗亚的记录中，呈"锯齿"状的年周期。

专栏2-3

查理斯·大卫·基林

查理斯·大卫·基林(Charles David Keeling)在夏威夷岛的莫纳罗亚天文台首次测量到大气中二氧化碳的上升。基林在圣地亚哥斯克里普斯海洋学研究所工作,与该研究所所长罗杰·雷维尔(Roger Revelle)一起,认为需要直接测量二氧化碳的变化。20世纪50年代末,基林在莫纳罗亚的偏远山坡上建立了观测站,以避免城市排放或植被造成的二氧化碳局部变化的影响。这个由基林开拓的项目至今仍在继续,它提供了人类污染对大气影响的无可争议的证据。

地球大气中的二氧化碳浓度明显且稳定地上升。每年,莫纳罗亚的观察人员注意到,春季高点和秋季低点都略有上升,大气中二氧化碳的年度"跷跷板"曲线正在缓慢上升。自1940年以来,这一数字每年都在上升,这与每年燃烧大量石油、天然气和煤炭的预期完全一致。

在莫纳洛亚的观测记录时期,全世界化石燃料的使用量增加了4倍多,从1960年的略高于2Pg(碳含量)增加到今天的每年超过8Pg[1 petagram(Pg)为10亿吨]。森林砍伐和其他土地利用变化约占二氧化碳总排放量的1/4,全球每年排放总量超过8亿吨。

然而,二氧化碳并不是唯一的温室气体。甲烷、水蒸气和其他气体也具有增温效应,其中一些比二氧化碳增温更为显著(表2-1)。甲烷特别重要,因为尽管它是大气中的一种次要成分(其浓度是以十亿分之一来测量的),但它具有强烈的增温效应,是一种强效的温室气体。人类活动产生甲烷,尽管数量远小于二氧化碳。许多类型的农业导致甲烷的排放,其中稻田中腐烂的植被释放的甲烷是最大的来源。大气中的甲烷浓度已从工业化前的700毫克/立方米增加到今天的1700毫克/立方米以上。人类活动不会直接强烈影响大气中的水汽浓度,但温度会间接影响水汽浓度。总之,在大气和人类排放物中发现的少量气体是非常强效的温室气体,可能在影响全球气候方面发挥重要作用。

表2-1 温室气体、效力和浓度

大气中气体	全球变暖因子	大气浓度(毫克/立方米)
二氧化碳(CO_2)	1	379000
甲烷(CH_4)	21	1760
一氧化二氮(N_2O)	310	320
氟氯化碳(CFCs)	5000~14000	<1

由于大气中的二氧化碳正在增加,预计气候会变暖。这种影响已经被测量出来了,全球平均温度正在上升(图2-15)。在截至2005年的100年间,全球平均气温上升了近1摄氏度(0.74±0.18摄氏度(1.33±0.32华氏摄氏度))。海洋的变暖程度通常低于陆地,因此大多数陆地区域,特别是大陆内部,变暖程度超过了全球平均水平。一些地区已经变冷,而大多数地区已经变暖。变冷和变暖的趋势有时会在很近的地方发现。例如,南极洲地区变暖高达2.5摄氏度,而该大陆的其他地区则略有降温。

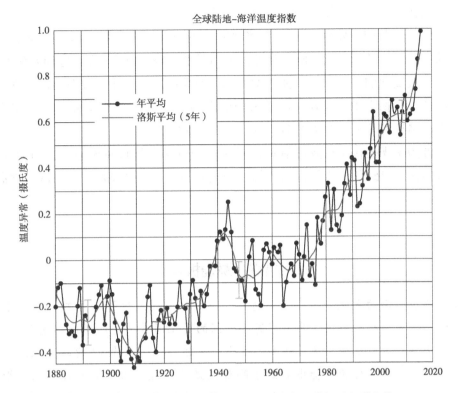

图 2-15　1880 年至 2009 年世界平均地表气温的相对上升曲线

专栏2-4

水是不是温室气体?

　　水是一种温室气体，吸收的光谱与二氧化碳的相同。由于大气中的水比二氧化碳丰富得多，这难道不意味着增加二氧化碳对变暖的影响很小吗? 早期的科学家了解这些气体的吸收特性，因此在近半个世纪的时间里低估了温室效应。

　　20 世纪初的科学家们没有意识到的是，地球失去的热量不是在水汽丰富的表面，而是在大气层顶部，那里基本上没有水汽。在大气层顶部，二氧化碳对热量的吸收占据了主导地位。

　　因此，水是一种温室气体，但在高层大气中并不重要。在地球向太空散失热量的高层大气中，二氧化碳的影响占主导地位。这就是地球因人类排放二氧化碳污染而变暖的原因。

七、气候快速变化

　　在过去的 200 万年里，在向现在温暖的环境转变的过程中，快速的气候变化是非常普遍的。事实上，气候的快速变化早在有好的检测方法的时候就出现了。气候快速变化的原因可能有多种，但有几种机制正在成为特别重要的因素。

　　温盐环流的停止是明显推动气候快速变化的一个因素。格陵兰岛和北美陆冰的融水在变暖期间进入北大西洋，导致墨西哥湾流的海水变得不那么咸。海水含盐量越少，密度越低，因此无法下沉并完成返回赤道的行程。温盐环流停止，也停止了输送来自赤道的热量。温盐环流停止的最终结果是整个北大西洋，尤其是欧洲的气候更加寒冷。

温盐环流关闭的一个例子发生在上一个冰河时代的过渡时期。随着气候变暖，大陆冰融化，融水进入北大西洋。温盐环流停止，欧洲突然陷入持续约1000年的寒流。这种寒流的存在首先在植物化石的残骸中被发现的。欧洲的一种典型的冰河时期的北极植物莱茵罗斯山，在距今约11000年前的一个狭窄的沉积物带中被发现。科学家们认识到，这表明欧洲出现了短暂的寒流。他们用这种植物的名字命名这种寒流，寒流的名字变成了"新仙女木"。

新仙女木事件为未来提供了重要的借鉴，因为它是由冰融化和温盐循环关闭导致的变暖引起的。关于温室气体排放导致的未来气候变化的一个重要问题是，变暖是否会再次关停温盐循环。

专栏2-5

研究焦点：跷跷板效应

气候变化在赤道两侧的发展并不均匀。通常，一个半球的效应伴随着另一个半球产生相反的变化，或者在另一个半球稍后出现。北半球海冰范围的变化通常是这些半球间遥相关的始发事件，因此影响可能首先在北半球出现，然后在南半球出现或逆转。这被称为"跷跷板"效应。

研究人员在冰芯温度变化的指标中看到了跷跷板效应。这些冰芯中的氧同位素指标，表明了温度变化的"摆动"。由于跷跷板效应，南极冰芯的温度变化摆动与格陵兰冰芯的摆动不一致。

在格陵兰冰芯记录中可以看到温度的急剧变化。这些变化是全球性的吗？答案似乎是否定的。沙克尔顿（2001）回顾了这一领域的研究，认为南半球的滞后变化是跷跷板效应，而不是全球同步响应。南极冰芯表明的温度快速变化，似乎与格陵兰冰芯的温度的快速变化偏离了数千年。大西洋的深水温度似乎遵循南极模式，而地表水温度遵循格陵兰模式。

造成这种跷跷板现象的原因很可能是整个赤道气候连通性的脱钩。环流特征如哈德里环流发端于赤道，因此在跨越这一边界时的传输大变化可能会有延迟。另一种可能是，南极的绕极洋流可能成为变化的障碍，南极的气候可能与地球上其他地方的气候不同步。甚至有人认为，大的突然的气候变化可能起源于热带地区。不管是什么原因，格陵兰岛和南极的冰芯记录清楚地表明了跷跷板现象。

导致气候快速变化的其他原因可能与二氧化碳或甲烷等温室气体的突然释放有关。在过去，这种释放可能是由海床上大量甲烷水合物的沉积、火山爆发的排放或与小行星撞击地球导致有关的植被腐烂产生的。在未来，人类大量排放的温室气体可能会产生类似的影响。

这些排放物对全球碳循环产生了巨大影响，并正在驱动气候发生重大变化。碳循环变化之所以重要，是因为它们影响了大气中二氧化碳浓度的平衡，从而影响了气候变化。

专栏2-6

研究焦点：温室还是冰河时代？

以前的间冰期通常持续约一万年。目前的温暖气候已经持续了一万多年：我们是否正在走向另一个冰河时代？

答案似乎是否定的。造成间冰期的轨道强迫是一种不寻常的结构，这种结构在大约40万年来从未出现过。上一次地球的轨道处于类似的结构时，有一个特别漫长的间冰期。这一间冰期被称为海洋同位素11期(MIS11)。

关于MIS11的一条线索来自南极冰芯。雷纳罗德(Raynaud)等人(2005年)解开了南极沃斯托克(Vostoc)冰芯中的褶皱，以便更仔细地检查MIS11。一旦他们修正了冰层中的褶皱，很明显MIS11异常长，温室气体浓度很高。另一个证据来自一个简单的冰河期三态模型。该模型表明，当前轨道倾斜和偏心率的组合可能导致20000~30000年的间冰期。

人类现在正向大气中排放温室气体，这将加剧本已温暖的气候。如果轨道条件是典型的，我们可能会认为变暖会推迟下一个冰河时代的到来。然而，随着下一个冰河时代的到来，人类导致的气候变暖，可能使气候达到数百万年来从未有过的温度。

八、温室效应

温室效应的概念可以追溯到19世纪20年代，当时约瑟夫·傅里叶(Joseph Fourier)提出，地球大气层的某些组成部分对地球表面的温度负有责任。他研究了古代冰川和曾经覆盖欧洲大部分地区的冰原的起源。几十年后，廷德尔采纳了傅里叶的建议，并使用了马其顿·梅隆尼设计的一台仪器，证明二氧化碳比其他气体能够吸收多得多的热量。这符合傅里叶的概念，并指出二氧化碳是傅里叶所寻找的大气成分。梅隆尼装置被称为热倍增器，是1831年报道的。廷德尔的研究结果使得他被称为二氧化碳温室气体效应的发现者。

将大气中的二氧化碳与化石燃料的燃烧联系起来，是理解冰河时代以及当今气候变化原因的最终环节。19世纪90年代，电化学学家斯万特·阿伦尼乌斯(Svante Arrhenius)计算出，如果将大气中的二氧化碳减少一半，欧洲的气温将降低大约4~5摄氏度。这将使它与冰河时期的温度保持一致。如果大气成分发生了巨大的变化，特别是二氧化碳浓度发生了巨大的变化，那么这个想法只能回答冰河时代为什么会形成然后又消失的问题。与此同时，瑞典的一位地质学家阿维德·荷伯恩(Arvid Högbom)曾估计，火山喷发产生的二氧化碳，加上海洋吸收的二氧化碳，可以解释大气中二氧化碳浓度如何变化，从而为冰河时期提供一些解释。按照这种思路，荷伯恩偶然有了一个奇怪的新想法，即工业燃煤工厂排放的二氧化碳可能会影响大气中的二氧化碳浓度。他确实发现，人类活动向大气中贡献二氧化碳的速率与自然地球化学过程的贡献相当。与大气中已经存在的碳含量相比，这些贡献的碳含量的增加幅度很小，但如果继续增加，就会影响气候。阿伦尼乌斯接受了这个概念，发表了他的计算结果，阿伦尼乌斯的结论是，人类工业活动的排放有朝一日可能会导致全球变暖。因此，阿伦尼乌斯的名字永远与全球变暖的温室理论联系在一起。然而，也要感谢那些为此结论铺平道路的人——傅里叶、梅洛尼、廷德尔、荷伯恩，也许还有其他许多人。

阿伦尼乌斯的计算起初被认为是不重要的，或者说是错误的。1938年，盖伊·卡伦达也遇到了类似的命运，他指出大气二氧化碳的含量确实在上升。直到20世纪60年代，在基林(Keeling)测量了大气中的二氧化碳浓度并表明其正在迅速上升之后，科学家们才意识到全球变暖是真实的，人类活动是罪魁祸首。

水蒸气是比二氧化碳更有效的温室气体。此外，它在大气中的浓度远远高于二氧化碳的浓度（高出一百倍），而 H_2O 在全球变暖效应中的贡献率超过 60%。大气中水汽的量是由温度控制的。大气中二氧化碳浓度的增加会导致全球气温相对较小的上升，但这种变化足以通过海洋的蒸发来增加空气中的水汽量。正是这种反馈机制对全球气温的影响最大。从某种意义上说，矛盾的是，二氧化碳的浓度起着调节大气中水汽含量的作用，因此是地球平衡温度的决定因素。如果大气中没有二氧化碳，地球的温度会比现在低得多，温度要低 33 摄氏度 。

照射在地球上的太阳能量(波长在 0.3 到 5 微米)是巨大的。它加热我们的大气层和地球上的一切，并为我们的气候和生态系统提供能源。在夜间，大部分热能以不同的波长辐射回太空，其红外波长在 4 至 50 微米。从一个物体发出的热辐射的频率取决于该物体的温度(普朗克黑体辐射定律)。这些能量离开地球后，会加热大气中的温室气体分子(如水、二氧化碳、甲烷等)。以二氧化碳和水为例，这种加热过程的发生是因为辐射的红外频率与二氧化碳的碳氧键和水的氧氢键的固有频率同步。增加化学键的振动有效地加热了二氧化碳和水分子。这些被加热的分子将热量传递给大气中的其他分子(氮气，氧气)，从而使地球保持一个平衡的温度。氧分子中 O–O 键和氮分子中 N–N 键的振动频率与辐射频率非常不同，因此不受夜间离开地球的辐射的影响。

九、需要采取紧急行动

由于目前气候的变化，未来环境崩溃的威胁越来越大。我们开始在极端天气事件中看到这一点，例如洪水、干旱和水危机、大风、失控的火灾、泥石流灾害以及海平面上升等。气候变化的一个后果是昆虫和动物向更适宜的气候迁移。更可怕的是已经开始大规模非自愿移民：来自无法支持农作物生长的土地和海平面上升开始威胁有些地区的人口。令人关切的不仅有自然灾害，而且有由全球变暖间接造成的人为灾害。其中包括：由于土地清理和城市发展导致洪水泛滥，土地吸收雨水的能力降低；农场为增加产量而使用的杀虫剂、内分泌干扰物和激素活性剂等形式的化学污染；极端天气造成的核灾难；农业用地决策；石油火灾，煤矿火灾，甚至是轮胎火灾，都会对不断上升的二氧化碳水平作出贡献。

世界上大多数国家的政府已经接受了联合国气候变化框架公约的评估，即全球平均气温比工业化前水平上升 2 摄氏度必须是最大限界。为了实现这一目标，研究普遍表明，全球温室气体排放量需要在 2020 年之前达到峰值，然后大幅减少排放量。

我们需要减少进入大气的二氧化碳的数量，如果可能的话，我们应该找到办法去除目前大气中的一些二氧化碳。当今大气中的二氧化碳含量超过了海洋中溶解二氧化碳和陆地生物吸收二氧化碳的自然平衡。不幸的是，这种不断上升的二氧化碳不平衡量在空气中会保留很长一段时间，原因是二氧化碳不像其他温室气体如甲烷，是非常不活泼的。它不会与大多数化学物质发生自然反应，而且在热力学方面，它有很高的标准吉布斯生成能。为了使二氧化碳与另一种化学物质发生反应，必须向该系统提供大量的能量(例如热能)。这也是为什么化学反应(例如水泥制造，甚至燃烧矿物燃料)产生的废二氧化碳很难去除的原因，也是在工业中很少将其用作化学原料的原因。

地球上仍有大量的煤、油、气储量。这些便利的能源不仅容易用于加热和生产能量，而且以储存的形式存在，使它们可以在将来的任何时候使用。据估计，在全球范围内，我们目前每年消耗的化石燃料相当于超过 110 亿吨石油。原油储备正在以每年 40 亿吨的速度消失，因此，如果继续这样下去，已知的石油储备可能在 53 年后耗尽。如果我们增加天然气产量来填补石油不足留下的能源缺口，已知的天然气储量只可以使用 52 年。尽管人们经常声称，我们有足够的煤炭可以维持数百年，但这并没有考虑到如果我们耗尽石油和天然气，对增加产量的需求。如果我们提高产量以弥补枯竭的石油和天然气储量，已知的煤炭储量可能在 150 年后就用完了。英国石油公司（British Petroleum，BP）在 2018 年给出了另一组估计数据，但这些数据不太乐观。他们对当今使用化石燃料所剩时间的估计是：石油将在 30 年后耗尽，天然气将在 40 年后耗尽，煤炭将在 70 年后耗尽。然而，我们对未来的思维方式决不能被化石燃料便利的特性所诱惑，而是为了地球的利益，这些化石燃料储量必须永远留在地下，应该使用非化石燃料能源。

总之，从增长后的角度来看，绿色新政必须追求 3 个截然不同但又相互关联的目标：减少能源和材料的使用，减少基本生活必需品的使用，实现经济生产的民主化。任何一个绿色新政提案，如果不能直面经济增长的驱动力，就注定无法应对摆脱生态崩溃最糟糕情景的挑战。《巴黎协定》签订以来，世界已经意识到了气候崩溃和生态崩溃的现实，现在我们必须正视其主要原因。

十、我们的现状

2021 年成为有记录以来第六个最热的年份。过去 7 年是过去 140 年中最温暖的。这表明我们在减少大气中的二氧化碳含量方面做得还不够。减少全球变暖的唯一方法是减少排放到空气中的二氧化碳量，如果可能的话，从大气中去除二氧化碳。

目前，不到 20% 的能源是可再生能源（风能、太阳能、水力发电、生物质能和地热）或核能。替代化石燃料以显著减少二氧化碳排放量将是一项艰巨的任务。

世界上用可再生能源替代化石燃料的速度还不够快。英国石油公司（BP）首席经济学家斯宾塞·戴尔（Spencer Dale）在 2019 年强调了这一点，他表示："随着能源的需求量和碳的排放量以多年来最快的速度增长，社会对气候变化采取行动的要求与实际进展步伐之间的差距越来越大。世界正走在一条不可持续的道路上。"

用太阳能为世界提供能源是可能的。到达地球的太阳能，在不到 80 分钟的时间里，其能量就相当于世界一年使用的能源总量。这意味着在理论上太阳可以为地球提供 7000 倍的能量。

据估计，2015 年，人类活动通过燃烧煤炭和其他化石燃料、生产水泥、砍伐森林和其他景观变化贡献了 368 亿吨二氧化碳。据估计，自工业革命以来，有超过 20000 亿吨的二氧化碳被排放到大气中。人类活动每年排放的二氧化碳是火山释放量的 60 倍或更多。

世界人口在增加，对能源的需求和电力的需求也在增加。世界人口（根据联合国 2018 年的最新估计是 76 亿人）预计将在 2050 年达到 90 亿。2018 年的人口增长率为 1.09%，低于 2016 年的 1.14%，也低于 1963 年的峰值 2.2%。未来十年能源需求的预期增长率大于人口增长率。这主要是因为发展中国家对电力的需求增加，预计发电量将从 2017 年的 25×10^{12} 千瓦时增加至 2030 年的 31.2×10^{12} 千瓦时，每年增长近 2%。

目前，煤炭仍是全球最大的电力来源，预计到 2040 年，可再生能源才会取代煤炭。表 2-2 给出了电力生产者的相对分类和未来预测。它说明了我们这个时代的能源困境，世界总体能源需求的增加掩盖了可再生能源的积极和令人鼓舞的增加，这一增长仍由化石燃料使用量的进一步增加来满足。目前和未来的世界发电主要是燃烧化石燃料（60% 以上），对 2040 年的预测也不是很好（核能和可更新能源只占 58%）。这无疑是由一系列因素推动的，包括：化石燃料比可再生能源的相对经济性；与现状相关的巨大惯性；以及对新事物因为不是久经考验的技术所造成的恐惧。

表 2-2　全球电力生产细分及未来 20 年预测　　　　　　　　单位：10^{12} 千瓦时

年份	2012	2020	2030	2040
石油	1.06	0.86	0.62	0.56
核能	2.34	3.05	3.95	4.50
可再生能源	4.73	6.87	8.68	10.63
天然气	4.83	5.20	7.47	10.10
煤炭	8.60	9.73	10.12	10.62

发电并不是大气中二氧化碳的唯一产生者。二氧化碳的贡献中，电力占 27%，运输占 28%，工业包括水泥生产占 22%，居民生活排放占 12%，农业生产占 11%。

人类可以用可再生能源、太阳能、风能、核能或水力发电取代化石燃料来发电。然而，在取代运输燃料方面确实存在问题。即使有一天，可以用电动汽车取代汽油车，甚至柴油车，但是，要取代航空和海上运输使用的化石燃料即便不是不可能的，也是很困难的。此外，一些工业过程例如水泥制造，涉及加热碳酸钙产生废物二氧化碳，要不排放碳也是不可能的。用从生物质能中提取的可再生燃料（如巴西用甘蔗代替汽油，美国用玉米代替汽油，马来西亚用棕榈油代替生物柴油）替代运输中的汽油的尝试取得了一些成功，但总体贡献相对较小。2016 年，生物燃料占世界运输燃料的 4%。美国、巴西和马来西亚是生物燃料的世界领导者。

所有这一切都表明，尽管可再生能源的使用在稳步增加，但全球变暖问题还没有得到解决。从化石燃料向可再生能源的转变实在太慢了。我们必须更加努力地工作，以取代作为推动能源工业发展的主要动力的化石燃料。

天然气、甲烷（包括页岩气）对地球的好处要比烧煤好，而在许多国家，煤炭正被天然气取代。天然气比煤炭更好的原因是，每单位能量燃烧甲烷产生的二氧化碳量小于煤炭，而且煤炭燃烧会产生颗粒物。当然，甲烷的燃烧仍然会产生二氧化碳。

十一、全球变暖如何影响社会

全球变暖在许多方面影响着社会。下面是几个例子。

由于干旱、洪水和气候变化减少了可供耕种和人类居住的土地面积，导致粮食短缺。

海平面上升导致住房和农田的损失，这反过来又涉及人口迁移和建设昂贵的新住房和其他建筑物。

人口寿命风险增加，保险费增加，所有保险公司都会蒙受损失。

需要快速发展可再生能源来替代化石燃料。

行业面临提高效率的压力，导致产品更加昂贵。

健康受到许多方面的影响。例如，随着温度的小幅上升导致蚊子的媒介容量增大，疟疾变得更为普遍（蚊子的发育时间缩短，随着促性腺周期的缩短，雌性蚊子叮咬的次数增多，疟原虫的潜伏期缩短）。

热浪会致命。据估计，2003 年欧洲的热浪，气温超过 45 摄氏度，造成了 7 万人死亡。在法国，热浪的数量在过去 40 年里翻了一番，预计到 2050 年还会翻一番。

经济方面，所有东西都变贵了，包括电动车、电力、进口食品、保险，需要更多的空调。

野火频发，导致人类失去家园、野生动物失去栖息地。

极端天气模式(洪水、大风、干旱、太热、太冷等等)的增加减少了工作时间。

世界低洼地区的洪水造成基础设施和住房的损失。

热带台风和飓风的增加导致生命、住房和职业的损失。

干旱导致饥饿、粮食短缺、失业、爆发战争，例如叙利亚动乱的催化剂。内战和人口迁移、难民、干旱气候被认为是与天气有关的最昂贵的灾害。

精神上的痛苦。

十二、小结

温室气体和二氧化碳的排放是全球变暖的根本原因。可再生能源和可能的核能必须取代化石燃料，而且必须尽快做到这一点。由于现在和可预见的未来都不幸地要依赖化石燃料进行运输，因此可以取代的燃料数量有限。其他领域，如使用化石燃料发电，可以而且应该逐步淘汰煤炭。这在很大程度上取决于世界各国政府是否有意愿和能力推动非化石燃料政策。为了子孙后代，这应该是一个基本的道德决定。政府不应该被少数人受益的短期决策所驱使。应该有足够的勇气和胆识，为子孙后代创造良好的遗产。

第九节 气候变化的现代影响

21 世纪初，大量的气候数据和日益复杂的气候模型显示，气候变化迅速，可预见的未来变化显著且加速。全球地表平均温度的变化趋势非常明显。2017 年是自 1985 年 2 月以来，没有一个月的全球地表平均温度低于 20 世纪的平均标准。换句话说，儿童、青少年或年轻人以前没有经历过有这样温度的一个月。

2015 年和 2016 年的强厄尔尼诺现象，导致了连续数月的全球地表平均温度创下历史新高。厄尔尼诺加剧了气候变暖，气温达到了前所未有的水平。2016 年 8 月，美国国家海洋大气管理局(National Oceanic and Atmospheric Administration，NOAA)报告称，在 137 年的数据集中，全球平均气温连续 16 个月创历史新高，这种趋势一直持续到 2016 年 9 月，这是第二次世界大战以来最高的。

2021 年是人类有气候记录以来第六个最热的年份，过去 7 年是有记录以来最温暖的 7 年，代表着持续的变暖趋势。一年的温度是否创纪录并不重要，重要的是长期趋势。随着这些趋势的出现，以及人类对气候影响的增加，纪录将继续被打破。2021 年，澳大利亚的丛林大火烧毁了 18.6 万平方千米的森林土地，在 28.97 千米高的大气中释放出烟雾和其他颗粒物。2021 年，在全球有些地方发生了创纪录的干旱、洪水和火灾，例如中国河南和山西以及德国等地的暴雨和洪水。下面简要论述气候变化对地球系统一些要素的影响。

一、北极的苔原和北方森林

迄今为止，气候变化的影响可能非常微妙，几乎难以察觉，但在一些地区，气候变化的影响已经如此巨大，任何人都很难忽视它。变暖趋势及其影响在高纬度地区和北极特别明显，这些地区的居民已经看到了显著而明显的影响。例如，在阿拉斯加，海岸侵蚀已使许多社区处于危险之中，到 21 世纪初，一些阿拉斯加的村庄实际上正设法提出搬迁计划。海冰的减少，增加了海浪和风暴的危害。阿拉斯加的大部分地区面临着海平面上升，风暴带来的危害增加，而这里的土地裸露面积实际上正在上升，因为附近的冰川正在消融。随着山区冰川的消退，冰川融化也为山体滑坡创造了条件。

在北极，气候变化正在改变苔原生物群落。这个气候区域的特点是温度非常低，生长季节短，植被由草和灌木组成。由于这里的低温，永久冻土非常广泛。由于气温上升，许多永久冻土正在融化。冻土带和其他寒冷气候地区的永久冻土层目前储存了大量的碳，几乎相当于目前大气中碳含量的 2 倍。因此，永久冻土层的融化将进一步加剧全球变暖：永冻层的融化释放出二氧化碳和甲烷，甲烷作为温室气体的效率大约是二氧化碳的 25 倍。在西伯利亚西北部的苔原上，永久冻土层的融化显然导致了一系列直径达 1 千米的神秘陨石坑的出现。造成这些环形坑的确切机制是一个有争议的问题。第一种解释是，变暖释放了甲烷，然后甲烷在压力下爆炸。第二种解释认为环形坑的形成部分是由于冰的迅速融化。在加拿大北部，冻土融化导致山体滑坡，将泥浆和淤泥推入水道。气候变化也导致冻土带更加干燥。温度升高会增加蒸发，低降雪量会减少水的供应。例如，北部阿拉斯加正变得越来越干燥。苔原上的许多湖泊正在消失。

在苔原以南广阔的北方森林地带，永久冻土层的融化使树木倾斜，产生了一种被称为"醉林"或"醉树"的现象。例如，在阿拉斯加的德纳里国家公园、加拿大和西伯利亚都能看到这样的"醉林"。永冻层的融化也创造了新的湿地。在一些地区，由于永冻层的融化，形成了池塘，在一些地区出现了一种被称为热融地貌的景观。在人类居住区，地面塌陷会破坏道路、电线和建筑物。当房屋下面的永久冻土融化时，房屋就会下沉或倾斜。

无论是苔原还是北方森林，气候变化都增加了火灾的风险。随着天气越来越热、越来越干燥，雷击更有可能使泥炭等有机物质着火。例如，2007 年的一次雷击引发了阿拉斯加阿纳克图瓦克河沿岸的一场大火，造成已知的最大的苔原火灾。生物群落中更高频率的火灾，会释放大量之前储存在土壤中的碳。更南部的北方森林火灾的后果也很严重。在这一地区，无论是由闪电还是人类引起的大规模火灾，气候变化都为巨大的火灾创造了更大的可能性。例如，在 2016 年，加拿大阿尔伯塔省的福特麦克默里的居民，因为一场大火不得不从他们的城市疏散。阿尔伯塔省的大火不能完全归咎于气候变化，但随着全球变暖的继续，帮助火势迅速蔓延的炎热干燥的条件将更频繁地发生。

二、高海拔和高山地区

除了高纬度地区，高海拔地区至今对气候变化的影响也特别敏感。高海拔山脉通常包含不同于附近低洼地区的生物群系。即使在低海拔地区，山脉也常常为某些物种提供栖息地，并对区域河流系统产生重大影响。

山区平均气温的上升，减少了降雪，缩小了冰川。温度和降水相互作用，影响冰川退缩或生长的速度。近几十年来，全球变暖已经成为影响冰川的主要因素，全球大部分冰川正在消融。世界上许多地区冰川的退缩只是气候变化的众多影响之一。冰川的缩小会立即成为当地景观的一个显著变化。例如，回访蒙大拿国家公园冰川的游客，可以亲眼看到冰川的退缩。同样的现象在阿尔卑斯山也很容易看到：眼前的冰川依然存在，但大多数已明显地迅速消退。

热带山区的冰川，从新几内亚到东非，再到安第斯山脉，也在退缩。就在 20 世纪 80 年代末，新几内亚的最高峰，它的高度为 4884 米，有 5 个冰原。然而，到 2009 年，其中 2 个消失了，剩下的 3 个急剧消退。在秘鲁安第斯山脉的奎尔卡亚（Quelccaya）冰原，用了 1600 年或更久形成的冰川，在短短 25 年内融化了。

在高海拔地区，冰川和永冻层的融化在许多方面影响着人们。20 世纪中叶，安第斯山脉的冰川退缩，导致了毁灭性的洪水。持续的融化使得湖泊被困在废墟后面，这使得像玻利维亚这样的国家的社区面临洪水的危险。永冻土变暖也带来了危险。地表下的冻土就像一种胶水，将陡度上升的斜坡粘合在一起。永冻层的融化会导致土壤的突然崩塌，而在山区则会造成更高的山体滑坡危险。例如，在 2006 年，瑞士格林德瓦尔德山城附近著名的阿尔卑斯山峰艾格峰（Eiger）东侧的一段就倒塌了。高山的岩崩显然不是什么新鲜事，但永久冻土融化带来的风险增加，给登山者带来了更大的危险。有些攀登路线变得太危险了，不能走。

山体滑坡坠入山区湖泊和水库是另一个风险。它们可能造成相当于小型海啸的后果，可能导致洪水、破坏水电设施，并威胁到附近狭窄山谷中的房屋和社区。山体滑坡阻塞了道路和铁路，即使道路或轨道在落石时没有车辆等通过，这些碎片也会暂时关闭道路和铁路。

冰川的融化和积雪的减少改变了山地景观，威胁着世界许多地区的水资源供应。例如，在热带安第斯山脉，冰川为供水和水力发电作出了贡献，但冰川正在迅速萎缩。秘鲁的一位农民描述了这个问题："雪离我们越来越远了，它在一点点上升。当雪消失的时候，就没有水了。"供水不会完全消失，但会下降。水供应的变化可能是突然的，在供水突然减少之前，因为冰川融化实际上会导致冰川下游水量的增加。

在喜马拉雅山脉的许多地区，冰川已经在收缩和变薄。在流入印度河的河流源头查谟-克什米尔，冰川正在减少，在恒河和布拉马普特拉河流的起点也出现了同样的趋势。和其他地方一样，冰雪融化可以暂时增加水供应，更有可能引发洪水。但从长远来看，总水量的减少将威胁到水力发电、人类以及需要水的动植物。

积雪的减少已经影响到世界主要农业区的农业。在美国，加利福尼亚州生产了占国家很大比例的粮食，也是农产品的主要出口者。它不仅领导着美国的农业总产出，而且还是许多农作物的主要生产者，包括杏仁、鳄梨、西兰花、葡萄、柠檬、生菜、桃子、李子、草莓、西红柿和开心果。它也主导着美国的乳制品生产。然而，值得注意的是，加利福尼亚州大部分地区并没有充足的降水。中部河谷的降水量，沿着加利福尼亚中心向下延伸，从北部每年 508 毫米的降水，到南部的沙漠环境，变化很大。加利福尼亚州的农业企业严重依赖于东部的塞拉山脉的积雪融水。2013—2014 年和 2014—2015 年的两个冬天，积雪量远低于之前的正常水平。2015 年春季的测量结果表明，积雪融水只占了平均水量的 5%，而树木年轮的重建表明，这可能是 500 年来的最低水平。2016—2017 年冬季，加利福尼亚州北部再次出现大雪，但近期的水资源短缺可能预示着，在未来，持续变暖将使塞拉山脉堆积成山的积雪不复存在。

三、温带生物群落

世界上大部分人口生活在温带生物群系或其附近。从湿润地区到干旱地区，这些生物群落所在地区的降水量差异很大。在某些方面，迄今为止，温带地区较富裕的居民能够更好地使自己免受气候变化的影响，但在全球范围内，人类活动驱动的气候变化强化了极端事件。气候变化增加了极端降水事件的频率。无论什么季节，更温暖的大气和更温暖的海水为风暴提供了更多的势能。

极端天气事件为温带地区的居民提供了气候变化的信号。没有单一的恶劣天气事件可以归因于气候变化，但气候科学已经在将恶劣天气归因于气候变化的能力方面取得了快速进展，通常是在概率方面。即使在分析没有将热量与气候变化联系起来的情况下，变暖的总趋势也会加剧温暖天气的影响，提高高温和增加蒸发速率。

近几十年来，百年一遇的天气事件发生的频率急剧上升，从统计数据上看，百年一遇的天气事件平均一个世纪只发生 1 次，或者某一年发生的概率只有 1%。例如，华盛顿州的居民在几年内经历了多次百年一遇的洪水。其他地方发生洪水的频率比预计的要高。英国 2007 年夏天的降水量比 1879 年以来的任何记录都要多 20%，英国在 2013—2014 年的冬天再次经历了严重的洪水，牛津的降水量是近 250 年来前所未有的。在这种情况下，气候变化似乎已经是强降水的一个原因。不可能证明一场洪水是全球变暖的结果，但事件发生频率的增加显示出风险增大的趋势。2007 年纽约的洪水发生在平均每 25 年发生一次的暴雨之后，但这距离 2012 年破坏力极强的飓风桑迪（Sandy）只有 5 年时间。纽约州州长安德鲁·科莫（Andrew Cuomo）在 2012 年曾打趣道："我们现在每两年就有一次百年一遇的洪水。"2021 年中国的河南和山西以及德国的暴雨和洪水都是极端事件。

即使整体气温变暖，大雪的频率也在增加。这乍一看似乎违反直觉，但更温暖的大气导致更多的蒸发，导致空气中有更多的水分。这反过来又会导致冬季气温下降时大量降雪。例如，自 1997 年以来，马萨诸塞州的波士顿创纪录的 10 次最大降雪中就有 5 次发生在此时期，自 1996 年以来，7 天时期的最大 5 次降雪量都出现在 1891 年以来的创纪录的同一时间段内。只要天气仍然冷到足以下雪，气候变暖就会导致更多的极端降雪，尽管持续的变暖最终会降低下雪的可能性。

气候变化增加了极端降水和极端干旱的可能性。因此，在已经容易发生旱灾的地区，发生严重和长期旱灾的危险已经增加。就像极端降水的情况一样，没有一段时期的干热天气可以归因于气候变化。在某种程度上这是正确的，但事实已经证明，将一些极端事件归咎于气候变化是可能的。因此，许多研究都将澳大利亚 2013 年的异常高温与人为造成的气候变化联系起来。对 2010 年俄罗斯大范围干旱的初步分析，并没有发现热浪和全球变暖之间的联系，但一项研究发现，在没有全球变暖的世界里，不会发生这一事件的可能性很高。此外，即使不能证明气候变暖趋势导致了个别干旱，气候变暖也会加速蒸发，加剧干旱。在加利福尼亚，2014 年和 2015 年，高温导致了干旱。降水不足导致干旱，但高温使干旱持续并扩大。

温度升高也会影响美国西部的森林。大多数公众对变暖的讨论都集中在高温上，但是变暖的趋势也导致了更高的每日低温。每天的低温会影响大型动物以及昆虫和壁虱的存活率。例如，在北美西部，低温升高的趋势增加了树皮甲虫的数量。甲虫现在以树木为食的时间要比过去长得多，而且在高海拔地区以及年轻和年老的树木上也是如此。树木的老龄化和过去阻止森林火灾的努力导致了大规模感染虫害，但是甲虫数量的增加也起到了一定的作用。甲虫杀死了阿拉斯加、不列颠哥伦比亚省、科罗拉多州、蒙大拿等地的大量树木。高温和干旱似乎也削弱了科罗拉多的颤杨树的生长，导致了突然的死亡。再往南，墨西哥的甲虫侵袭已经导致树木死亡。确定甲虫、气候和森林砍伐之间的确切相互作用，是一个复杂的科学问题，但在最好的情况下，持续的干旱会使西部森林承受越来越大的压力，并改善了甲虫繁荣兴旺的条件。

干旱正在世界多个地区对人类社会构成重大挑战。2013 年，巴西东北部遭遇大规模干旱，并持续到 2015 年。这次干旱并没有导致饥荒：在这方面，巴西被证明是有韧性的，但是该地区的农民失去了他们的庄稼和牲畜。有些人不得不磨碎仙人掌喂牛。干旱也在巴西东南部蔓延，减少了水力发电，并威胁到主要城市的供水。阿拉比卡咖啡豆产量下降导致全球价格上涨。水系统泄漏和盗窃造成的水损失导致了缺水，但高温和低降水量加剧了危机。绝望之下，圣保罗州政府转而使用管道，但 2015 年秋季，水库水位下降。2015—2016 年的厄尔尼诺现象导致水位上升，但长期挑战依然存在。

在温带生物群落中，极端气候对已经干旱的地区产生了特别显著的影响。例如，中亚国家的牧民们一直在努力为他们的牲畜寻找充足的水和食物。干旱也破坏了该地区的农业。

四、热带地区

气候变化对热带生物群落的影响尚不确定。找到最近极端降水的证据当然是可能的。例如，在 2013 年初，玻利维亚北部地区遭遇了 20 年来最严重的洪水，然后在 2014 年 2 月又遭遇了 60 年来最严重的洪水。"有些人说这是世界末日。"一位土著领袖说，"我们遭遇了前所未有的洪水，水位有一米半深。洪水杀死了我们的作物，香蕉、木薯、菠萝、鳄梨，等等，还有我们的猪、鸭和鸡。"2015 年 1 月，非洲南部马拉维遭遇严重洪灾，造成 176 人死亡，许多人受伤，毁坏了庄稼、动物和家园，并使 25 万人流离失所。洪水还引发了人们对水污染和传染病传播的担忧。这里和其他热带地区一样，森林砍伐和人口密度高加剧了暴雨造成的破坏。

热带地区也经历了严重的干旱。在巴西，2005 年、2007 年和 2010 年亚马孙河流域的干旱助长了野火的蔓延，2013 年和 2014 年，发生了更多的火灾。美国航空航天局进行的卫星数据分析发现，夜间较低的湿度使火灾发生的可能性更大。在 2015 年至 2016 年，厄尔尼诺引发的干旱期间，印度尼西亚的苏门答腊岛和加里曼丹等地区的大部分热带雨林都受到了火灾影响，包括为濒临灭绝的物种如猩猩提供栖息地的地区。

五、海平面和海岸线上升

热带、温带到北极，气候变化都在导致海平面上升。自 1880 年以来，海平面上升了 200 多毫米。近几十年来，海平面上升的速度一直在加快，从 20 世纪的平均每年 1.7 毫米，上升到 1993 年以来的近 2 倍，即每年 3.2 毫米。造成全球海平面上升的主要原因有两个，一个是冰盖和冰川的融化，目前约占观察到的海平面上升的 2/3。海水变暖时的膨胀，即热膨胀，导致了迄今为止海平面上升的其余部分。由于地面沉降或反弹以及引力的影响，这些速率可能会在局部发生变化。例如，在墨西哥湾沿岸，由于陆地下沉，海平面上升的速度比全球平均水平要快。

现今冰川的融化为区域海平面上升增加了一幅复杂的画面。在有大冰原的地区，如格陵兰岛和南极洲，海水和大冰原之间的万有引力导致局部海平面上升，来自冰原的引力基本上把海水拉向它。当这些冰融化时，它会给海洋增加水，因此全球海平面会升高，但是局部的质量损失会消除这种引力，局部海平面会相应下降。因此，靠近冰原的地方海平面上升的幅度会更小，甚至下降，而更远的地方海平面上升幅度会更大。受地球质量变化影响最严重的地区，将在很大程度上取决于哪个大冰原的质量损失最大，主要是格陵兰岛或南极洲。

迄今为止，海平面上升的影响，在包括小岛屿国家在内的低洼地区最为显著。在印度洋和太平洋，一些岛国的未来已经面临严重威胁。基里巴斯是这些受到威胁的国家之一，它由太平洋上的几个环礁和珊瑚礁组成，位于夏威夷以南约 1600 千米处。总人口约为 10.2 万，主要生活在吉尔伯特岛链岛屿，塔拉瓦岛是其中最大的岛屿。几乎整个地区都低于海平面 5 米，一些珊瑚礁和环礁几乎没有高出海面。在如此低洼的地区，不断上升的海平面已经破坏了供水系统。基里巴斯（位于西太平洋）的政府已经在斐济购买了土地，以便在海平面上升导致人口迁移时，提供可能的避难所。

图瓦卢是太平洋上的一系列珊瑚礁和环礁组成的国家，位于澳大利亚和夏威夷之间的海域，也面临着类似的威胁。2014 年，图瓦卢总理伊内莱（Enele）描述了他们国家的困境，他说："我们图瓦卢陷入了困境，我们非常非常担心，我们已经在受苦了。它已经像是一种大规模杀伤性武器，所有迹象都表明这一点。"

在印度洋，也有地势低洼的岛国，包括马尔代夫。马尔代夫的岛屿居住人口大约有 40 万。这些岛屿中海拔最高处不超过 2.4 米。水土侵蚀对供水的威胁只是马尔代夫面临的问题之一。

这些岛国统称为小岛屿发展中国家。它们在不久的将来不会完全消失，但是他们面临一个主要的共同挑战，由于他们的人口、农业用地和基础设施往往集中在沿海地区，海平面上升将对其经济和生活条件产生重大和深远的影响。

这些岛屿和其他地势低洼的岛屿的人口只占世界人口的很小部分。因此，它们对碳排放总量或人类驱动的气候变化贡献甚少。这表明了一个更大的问题，这个问题远远超出了相对较小的岛国的范围：受气候变化影响最严重的许多人口，现在和将来都将受到气候变化的影响，但他们在创造影响其未来的气候变化方面，几乎没有发挥作用。他们仅凭自己的力量，没有机会也不可能做出必要的减排，以遏制海平面上升的最坏情况。

这种威胁在地势低洼的岛国尤其严重，但海平面上升已经影响到世界其他地区的人口。事实上，海平面上升已经对人类产生了不同程度的影响，因为世界人口的很大一部分（40% ~ 44%）生活在沿海地区。在发达国家和发展中国家，大量人口居住在沿海地区。仅在美国，许多主要城市都集中在大西洋沿岸和太平洋沿岸。截至 2010 年，大约一半的美国人口居住在距海岸 80 千米以内的地区，近 40% 的人口居住在沿海岸线的县区。在中美洲、南美洲、非洲、亚洲和欧洲，也能发现类似的居住模式。一些不直接位于海岸的大型人口中心，但位于潮汐河流的盆地中（受河流洪水的威胁）。伦敦就是一个典型的例子。

在许多地区，最直接的影响被称为"讨厌的洪水"。这样的洪水可能会临时关闭道路，或迫使企业和房主购买水泵排除积水。这个听起来无伤大雅的说法是准确的，因为它描述了小洪水可能造成的麻烦，但没有表明现实中更大洪水带来的更大危害和风险。在过去飓风可能造成洪水的地方，较小的飓风事件可能会造成小的影响，而大飓风会造成比过去更大的洪水损失。

弗吉尼亚州的纽波特纽斯、诺福克及汉普顿路是海平面上升影响的一个显著例子。当地的房主、企业和非营利组织现在必须定期应对洪水。市政当局和房主已经开始升高建筑物。有些人有能力这样做，他们花钱把房子升高，浇筑新的更高的地基。当洪水封闭了道路的时候，当地居民不得不想出各种方法来出行。不断下沉的地面和不断上升的海平面，也给美国军方带来了问题，弗吉尼亚州的诺福克有世界上最大的美国海军基地。美国海军正在升高码头和加高防洪堤。承包商也不得不提高他们的电力供应线，使他们远离海水。

这样的洪水在北切萨皮克湾变得越来越常见。在马里兰州的安纳波利斯，20 世纪 50 年代一年发生 4 次的洪水，已经增加到 2014 年一年发生 40 次的程度。在华盛顿特区，讨厌的洪水更加频繁地袭击波托马克河沿岸，影响了乔治敦等社区。切萨皮克岛上的一个沿海社区已经面临着海平面上升的巨大威胁。美国陆军工程兵团 2015 年的一份报告发现，弗吉尼亚的切萨皮克湾地区丹吉尔岛只保留了 1850 年的 1/3 的陆地面积。

海平面上升影响到大西洋以南地区。墨西哥湾沿岸地区受到的打击尤为严重，表明美国的海平面上升速度最快。在路易斯安那州南部，当地的海平面每年上升 9 毫米，洪水经常切断查尔斯岛的小社区的道路。仅路易斯安那州就有超过 100 万人生活在低于涨潮线 1.82 米的地方。佛罗里达州的大部分地区海拔也很低，包括迈阿密市，海平面上升加剧了洪水泛滥。迈阿密尤其脆弱，因为它是建在石灰岩上的，水很容易从街道和地基下渗出，甚至在涨潮时，更高的海水更有可能导致洪水。建在屏障岛上的迈阿密海滩问题尤为严重。

对于南亚的大量人口来说，海平面上升带来的威胁远远不只是小麻烦。在孟加拉国，更高的海平面给农村和城市人口带来了损失。恒河三角洲地势低洼的村庄，地下水位上升破坏了淡水供应，增加了土壤的盐度。风暴造成了更大的破坏，许多村民被迫迁移。水域的不断侵蚀与其他因素结合在一起，比如经济刺激，增加了移民到孟加拉国首都达卡的人数。国际移民组织（International Organization for Migration）估计，前往达卡的移民中，大约 70% 的人是在经历了某种环境困难之后，才来到这里的。长期以来，孟加拉国农村和城市之间的季节性移民，为农村居民提供了收入和食物来源，但许多一次性季节性移民不再返回他们以前的家园。然而，如果海平面上升有增无减，这不会提供一个安全的长期避难所，因为达卡本身的海拔只有 15 米，大都市的部分区域包括贫民窟，充满了乡村移民，生活水平很低。达卡并不是唯一一面临洪水威胁的城市。亚洲许多其他主要城市，包括孟买、胡志明城市都是沿海岸而建设的。

非洲也有许多城市受到海平面上升的威胁。例如，西非的塞内加尔首都和最大的城市达喀尔，近年来遭受了多次洪灾。海平面上升加剧了降水造成的问题。塞内加尔其他沿海城镇的市长们报告说，洪水持续不断。拉各斯是尼日利亚最大的都市区，也位于海平面附近。市区的大部分地区海拔不到 2 米。东非沿海地区面临类似的风险。肯尼亚蒙巴萨港等地势低洼区域的城市，近年来经历了严重的洪灾。

六、对海洋的影响

海平面上升是全球变暖导致海洋气候变化的一个指标。大气中发生的大部分变暖被海洋吸收，增加了全球海洋温度和海洋含热量。自 20 世纪 70 年代以来，海洋表层水温度上升了约 0.5 摄氏度，平均每十年上升 0.11 摄氏度。

海洋温度的升高不仅对海平面上升有影响，而且对海洋生物也有影响。海洋变暖已经导致了鱼类资源的流动。例如，2014 年，北美西海岸的垂钓者注意到，他们发现了通常只有在南部才能找到的鱼种。阿拉斯加海岸的海水变得如此温暖，以至于出现了像鲣鱼这样的鱼，尽管自 20 世纪 80 年代以来，阿拉斯加海域还没有此类鱼类出现的记录。干旱和温暖一起威胁着一些鱼类。在加利福尼亚，低降水量和高温威胁着奇努克鲑鱼的生存。

海洋变暖加剧了过度捕捞的影响，进一步危及对水温变化敏感的已经枯竭的鱼类资源。新英格兰（包括缅因、新罕布什尔、佛蒙特、马萨诸塞、罗得岛、康涅狄格诸州的美国东北部地区）的水域就是这样一个海洋地区的例子。多年来，渔民和联邦监管机构一直在争论新英格兰缅因州海湾海岸鳕鱼渔业的状况。这种曾经无处不在的物种，也就是鳕鱼角这个名字的来源，现在已经越来越难找到了。为了恢复鳕鱼的种群数量，美国国家海洋和大气管理局对鳕鱼的捕捞设置了越来越严格的限制。这个计划解决了过度捕捞的影响，但是变暖的海水也可能导致鳕鱼的迁徙。缅因湾的变暖影响了海洋生物的平衡。除了鳕鱼，北方虾的数量也急剧下降，联邦监管机构在2014—2015年冬季关闭了整个北方虾的捕捞。随着海湾变暖，从欧洲引进的入侵物种青蟹的数量急剧增加，而青蟹反过来又减少了软壳蛤的数量。之前在南方发现的黑鲈也大量出现。一些渔民担心黑鲈会吃小龙虾，但缅因州的龙虾面临着另一个来自变暖水域的威胁。在长岛海峡，龙虾渔业已经崩溃。这是龙虾的最南端。污染可能是导致龙虾从这些水域消失的原因，但龙虾也适合在较冷的水域生存。如果缅因湾的海水继续变暖，龙虾可能会完全离开该地区。这肯定不会是人类驱动的气候变化带来的最严重的后果，但是它严重打击了标志性的动物及其企业。

在澳大利亚东海岸，大堡礁是全球变暖对珊瑚礁威胁的最显著例子之一。温暖的海水、人类活动和污染结合在一起，破坏了珊瑚礁本身和许多依赖它生活的生物。气候变化极大地增加了海洋变暖的可能性，海洋变暖会导致白化现象。白化现象是由于温度升高而导致在珊瑚礁结构中共生的藻类被逐出。2016—2017年的冬天，也就是南半球的夏天，给大堡礁带来了严重的白化现象。一些地区的珊瑚礁仍然保持着弹性，但白化现象表明，气候变化已经对这些非凡的珊瑚礁构成了威胁。

气候变暖、相关的白化事件以及污染，并不是珊瑚礁面临的唯一威胁。由于二氧化碳含量的增加，海水的酸性越来越强。随着大气中二氧化碳的增加，溶解在海水表层的二氧化碳也会增加，尽管随着海水持续变暖，这种吸收可能会减少。当二氧化碳溶于水时，它与水发生反应生成碳酸（H_2CO_3），然后分解成离子。总的结果是海水酸度增加，表明海水pH降低了。海洋吸收了由燃烧化石燃料释放的大约30%到50%的二氧化碳。自工业革命开始以来，酸度增加了约30%。

酸化对任何有碳酸钙外壳的生物都是一种威胁，因为增加的酸性会抑制碳酸钙外壳的形成。这种影响已经在普吉特湾等地区显现出来，由于富含二氧化碳的海水上涌，使海水腐蚀性更强。在太平洋西北部，酸性的海水已经开始溶解贝类。早在2005年，幼牡蛎就开始大量死亡。当地的贝类养殖者对此的反应是，调节孵化牡蛎的海水酸度。

七、人类的适应

到20世纪末和21世纪初，人类活动造成的全球变暖已经开始扭转一种趋势，越来越复杂的社会已经获得了更多的能力，来承受全新世的气候波动。经过多个世纪的发展，技术进步、科学进步、快速的交通和有效的管理，减少了干旱的危险，并提供了更大的能力，以最小的损失抵御其他波动。然而，极端气候开始变得更具破坏性，导致人们重新关注适应的概念。

干旱刺激并迫使世界各地的社区考虑节水措施，但其效果各不相同。在加利福尼亚，2011年开始的干旱变得如此严重，以至于一些加利福尼亚人看到雨滴时欢呼起来。2014年夏天，这个州出台了严格的节水措施，但几个月后仍难以达到节水目标。在巴西，政府当局对供应圣保罗等大城市的水库的水枯竭反应迟缓，但最终降低了水压以减少流量，并对那些节水的人给予了折扣水价。在澳大利亚，在干旱期间限制城市用水。

受旱灾影响的主要地区实行了一些用水限制措施，但在很大程度上，许多地区是希望降水恢复到足够的水平。从加利福尼亚到美国西南部，从巴西到澳大利亚，受干旱影响的地区面临着全面干旱和长期缺水的新常态。长期的适应措施包括，用系统的措施来鼓励使用灰水（可再利用废水），或将用于淋浴、洗澡或洗衣服的水再用于其他目的，如浇灌植物和树木。

适应海平面上升的选择措施从湿地恢复到升高建筑物，再到建造巨大的风暴屏障。荷兰有丰富的生活在海平面以下的经验，提供了大量的信息和数据。然而，耗资巨大的风暴潮屏障，并不能保护所有的沿海地区，即使是在富裕的社会里，而且在计划升高建筑物的同时也提出了一个问题，即随着海平面继续上升，未来该怎么办。在许多地区，公众表现出不愿接受海平面上升带来的挑战。

2012 年，美国国会授权联邦应急管理局（Federal Emergency Management Agency，FEMA）绘制新的洪水地图，因为美国国家洪水保险计划负债累累。联邦应急管理局随后发布了修改后的地图，将容易发生洪水的区域标记扩大了。结果，许多地区的房主面临着保险费用飞涨的局面，保险费用增加了数千美元。选民们联系了他们选出的代表，在 2014 年，国会撤销了洪水保险计划中的大部分变化。保险对房主的金融冲击是巨大的，但新的洪水风险地图甚至没有考虑到海平面上升的影响。整个事件表明，公众还没有准备好接受适应气候变化的实际成本。

在地方层面，许多社区已经开始努力适应海平面上升。例如，迈阿密海滩已经建造了新的水泵和下水道，但这是一种适应，没有为需要适应的变化设定一个终点。尽管如此，迈阿密海滩的市长还是表示希望为这座城市赢得 50 年的时间。

成本是适应的一个明显障碍。例如，在切萨皮克湾（Chesapeake Bay）丹吉尔岛建造防波堤的工程，将耗资数百万美元，而更雄心勃勃的项目将轻而易举地耗资数千万美元，当然，没有一个项目能真正遏制海平面上升。适应项目需要对未来海平面上升进行预测，但目前随着碳排放的持续增加，不可能为这一过程找到一个合理的终点。例如，那些可以防止海平面上升 0.3 米的昂贵项目，将不得不被更多的项目所取代。

地方领导人和活动人士发起了一场广泛的运动，让社区更能抵御气候变化的影响。由于国际社会遏制全球变暖的努力进展缓慢，世界各地的许多社区，都在探索应对和适应迅速变化的气候的措施。2011 年，来自世界各地的一个地方政府代表会议，在南非德班制定了宪章，呼吁"将主流适应作为所有地方政府发展规划的关键信息来源"，在国际层面，持续举行公民领袖之间的定期会议。许多城镇现在都将应对气候变化作为其规划过程的一部分，但所有这些规划，无论多么精心策划，都面临一个共同的问题，即规划者如何计算变化的终点？社区如何适应在任何特定时期超出预测的极端情况？地方和州的政治也对这一努力提出了挑战。例如，在北卡罗来纳州，2012 年通过一项法律，即在进行海岸规划时，禁止该州考虑海平面上升的科学预测。

总体来说，加速的气候变化将严重破坏人类社会，但随着许多城市面临海平面上升，关键的农业地区遭受极端干旱和洪水，一些地区可能变得更适合种植农作物。事实上，在公众对政策回应的讨论中，一些反对干预的声音，兜售着他们所声称的全球变暖将给世界带来的奇迹。在很小的范围内，农业的收益可以在格陵兰岛看到，那里的土豆和蔬菜产量增加了。在英国，葡萄种植者正在探索提高未来产量的可能性。在更大的范围内，像加拿大这样的国家的农民，正在更北的地方种植谷物，增加了玉米的产量。

气候变暖正在促使人们努力从航运、矿业和其他采掘业更加容易获得的地区开发资源。在遥远的北方海域，寻找贸易路线的做法由来已久。在欧洲人还没有完全确定北美洲北部的地理位置之前，他们就已经在寻找一条难以捉摸的西北通道，这条路线会把他们带到北美洲北部，然后带到亚洲。在 16 世纪 70 年代，英国探险家马丁·弗罗比舍带领探险队寻找这条通道。其他探险家也在继续。亨利·哈德逊驶进了哈德逊湾，他最后一次被看到是在他的船员叛变后，他们把他和他的儿子以及其他几个船员放到了一条小船上。还有其他各种寻找这条通道的尝试，但直到1906年，挪威探险家罗尔德·阿蒙森完成了为期3年的探险，才第一次成功穿越。

融化的北极引起了人们的新兴趣，未来西北航道可能通航是可行的。欧亚大陆的北部对俄罗斯北海航线的航运兴趣也在增加。俄罗斯已经在该地区进行了海军演习，一艘集装箱船走了这条路线。

能源和矿业公司也在北极寻找石油、天然气和矿藏。情况依然严峻，足以造成挫折：2012年12月31日，荷兰皇家壳牌公司巨大的库鲁克（Kulluk）钻井平台在阿拉斯加搁浅。2015年夏天，壳牌再次开始钻探，但高昂的成本和令人失望的发现，促使该公司停止了运营。2014年，挪威开放了南巴伦支海进行勘探。挪威作为石油和天然气生产国的未来，依赖于更多的发现："对挪威来说，继续成为一个长期可靠的石油和天然气供应国，勘探和开发是很重要的。"石油和能源部副部长解释说。在2015年早期，挪威在北极地区提供了新的石油租约。这样的钻探有可能放大高纬度地区快速变暖的反馈效应：更多的石油生产将产生更多的二氧化碳。

八、气候冲突

到21世纪初，气候变化已经加剧了竞争和冲突。这种竞争形式多种多样，包括对矿物和化石燃料储量的争夺，对水资源的争夺，甚至可能出现武装冲突。

在北极，利用气候变暖来开采自然资源的潜力，引发了新的竞争。加拿大和俄罗斯试图维护其北极主权。两国都进行了军事演习。主权要求激起了人们对确定大陆地壳边界的新一波兴趣，其中包括俄罗斯和格陵兰之间淹没的罗蒙诺索夫海岭（Lomonosov Ridge）的所有权。俄罗斯声称对罗蒙诺索夫海岭拥有主权，根据俄罗斯的说法，罗蒙诺索夫海岭是俄罗斯领土的延伸。加拿大对这条海岭也有类似的争论，因为它的西南边缘位于埃尔斯米尔岛，是加拿大北极的一个大岛。2007年，在北极海底深处，一艘俄罗斯潜艇插上了俄罗斯的国旗。2014年，丹麦反驳称，北极周围地区是与属于丹麦的格陵兰岛大陆架相连的区域。

气候变化加剧的干旱，也加剧了世界各地许多地区的紧张和不和谐。即使在某些特定的干旱不能归咎于气候变化的情况下，升高的温度也会增加蒸发。在发达国家，干旱引发了用水户之间的竞争。例如，在美国西部，水资源短缺使消费者（通常是城市和郊区居民）与农民和农业生产者产生了矛盾。在得克萨斯州，当州监管机构试图限制供水以保证居民和工业用水时，农民提起了诉讼。水权已被分割，往往优先给予最古老的要求，但人口增长和发展对水供应造成了更大的压力，干旱加剧了新出现的冲突。

冲突的界线往往很复杂。例如，加利福尼亚州不仅是美国杏仁的主要产地，也是全世界杏仁的主要产地。随着国内需求的增长和全球出口的增长，产量自20世纪90年代以来增长了2倍。种植杏树需要大量的水，但其他作物也需要大量的水，尤其是紫花苜蓿，而且在水供应短缺的情况下，很难确定哪些作物最需要水。

干旱加剧了在主要农业用水户和加利福尼亚人之间的用水竞争，加利福尼亚人想要保护该州的奇努克鲑鱼的种群数量。加利福尼亚北部克拉马斯河流的温暖浅水，使河流的奇努克鲑鱼正面临危险，尽管该地区的大部分水资源都用于种植南部圣华金河谷的杏树、其他坚果树和水果树。一个大雪纷飞的冬季可能会在短期内缓解竞争，但在全球变暖的情况下，干旱重复出现可能会导致水资源问题再度紧张。

美国各州也在争夺水资源。在美国西部，7个州共享科罗拉多河的水，但总需求超过了可供应的水量。特别是亚利桑那州和加利福尼亚州，对科罗拉多河的水资源控制权存在争议。在许多受干旱影响的区域和国家，包括巴西在内，类似的竞争已经加剧。从巴西东部的一条主要河流——圣弗朗西斯科河流向东北部引水的计划引起了争论。反对者指责该项目将使干旱的东北地区的居民获得更大的农业利益。巴西最大的城市也争夺对水资源的控制权。2014年，干旱和缺水使圣保罗和里约热内卢这两个城市之间发生了水资源冲突。里约热内卢反对圣保罗开发水库的计划。

水的竞争也使国家之间互相竞争。在非洲东北部，埃塞俄比亚和埃及都对尼罗河水的使用提出了争议。埃及最早出现的文明依赖于尼罗河，每年一度的洪水灌溉了大量的土地。现代的埃及，对尼罗河的依赖更大了，不仅用于灌溉和供水，还用于发电。尼罗河上巨大的阿斯旺大坝生产了埃及一半的电力。埃塞俄比亚在尼罗河的两条主要支流之一的青尼罗河的源头建造一个大坝，引起了埃及严重关切。

降水和社会冲突之间的确切联系仍然很复杂。近几十年来，牧民们可能更有可能在雨水充足的年份发生冲突，因为牲畜袭击事件增加了。然而，极端偏离常态的情况，无论是多年的极端干旱或大雨，都与社会冲突有关。

水资源短缺加剧了东非居民之间的紧张局势，甚至引发了暴力冲突。在埃塞俄比亚和肯尼亚，牧民扩大了他们的活动范围，为他们的动物寻找草料，但这种寻找食物的方式也增加了水的摩擦和冲突。肯尼亚北部图尔卡纳湖（Lake Turkana）水位下降，导致牧民为寻找水源而迁移到更远的地方，增加了发生冲突的可能性。

在西非，乍得湖的水利用引发了对宝贵的日益减少的资源的竞争。乍得湖曾经是撒哈拉以南的萨赫勒草原上的一个大而浅的湖泊，在最近几十年里，它失去了大部分的表面积，从20世纪60年代早期的大约25000平方千米到现今的不到1000平方千米。气候变化和人类用水一起导致了这一整体的减少。喀麦隆和尼日利亚之间有关该湖泊的冲突，在2002年国际法庭的判决中，以支持喀麦隆而结束，但牧民、农民和渔民仍在该地区争夺水源。干旱和沙漠的扩张导致牧民们向南部迁移，在非洲中部寻找牧场。乍得湖流域的水资源流失，甚至在激进的博科圣地运动兴起、2009年发动战争、试图建立一个伊斯兰国家之前，就使该地区变得脆弱。博科圣地对农民进行了有组织的袭击，造成了饥荒。饥荒和气候变化的结合推动了大量国内流离失所者和难民的流动。

由于气候变化加剧了极端事件，干旱不仅成为争夺水资源的原因，甚至成为地方团体之间武装暴力的原因，而且也成为战争的诱因。分析气候变化在战争与和平中的作用，与人类历史上更广泛的气候研究相类似。目前正在进行的对战争原因的研究，已不再仅仅把气候作为背景，而是把气候变化确定为一个重要的变量或可能的原因。但就一般的气候历史而言，安全研究中有一种相反的观点，对气候的特定变化必然导致或决定特定结果的观点提出了警告。干旱本身不会使战争不可避免，或决定任何特定战争的结果，但它增加了已经遭受其他冲突和面临其他形式不稳定的社会的战争压力。特别是厄尔尼诺年，增加了新冲突的可能性。

干旱与其他因素相互作用，促进了中东政治冲突和战争的兴起。在2010年12月，一名突尼斯水果商贩在抗议警察腐败的活动中自焚身亡，引发了阿拉伯世界大部分地区的抗议和起义浪潮。这一系列对政权的挑战被称为"阿拉伯之春"。一些政府进行了严厉的镇压，而在另一些国家，权力斗争导致多种力量之间复杂而持久的暴力斗争。

阿拉伯之春最直接的起因，是人们对独裁和腐败政权的不满，但日益增长的不满也源自对干旱影响的反应。一个研究这个问题的学者把气候描述为一个隐藏的压力源，或者"环境的突然变化与复杂的心理状况相互作用，导致先前沉默的人变得暴力"。在阿拉伯之春之前，包括叙利亚和利比亚在内的一些国家，已经遭受了几年的严重干旱。

因干旱引起的政治动荡有很多种。在叙利亚，干旱加上人口增长和缺乏有效的政府应对措施，刺激大量农民和牧民迁移到城市。与此同时，欧亚大陆其他地区的干旱，加剧了中东地区的不稳定。由于2010年俄罗斯夏季的干旱，粮食供应已经枯竭。粮食价格的上涨对中东和北非的打击非常沉重，因为该地区的国家已经是主要的小麦进口国。因此，埃及人发现他们要为小麦付出更高的收入比例时，埃及人的抗议就像"阿拉伯之春"一样愈演愈烈。干旱并没有引发"阿拉伯之春"，但它加剧了人们的不满和痛恨情绪。

在整个北非，21世纪初的气候变化与经济趋势和冲突相互作用，助推了移民的产生。最大数量的流离失所者在非洲境内迁移。因此，博圣地组织和尼日利亚政府的反攻，使200多万人流离失所（《国际法》将在本国境内迁移的人归为国内流离失所者）。少部分非洲人一路来到欧洲。由于许多原因，他们踏上了这段艰难而又常常危险的旅程，但不可靠的降水增加了他们北上到马里和尼日尔等其他国家冒险的理由。在非洲之角，严重的干旱也加剧了战争造成的不安定，从而增加了迁徙者和国内流离失所者的人数。

九、穷人和富人受影响的差异

几个世纪以来，复杂社会对气候波动建立了更强的韧性适应，如今，富裕社会的许多居民可能忽视了气候变化的一些明显迹象。多年栽培植物的园艺大师已经注意到生长季节的变化，户外运动爱好者发现了季节的变化，但一个西方社会富裕的公民，每天花几个小时在气候可控的房子里、汽车里或办公室里，很容易忽略这些变化。

长期以来，气候变化对不同人群产生了不同的影响。在早期人类史前史中，狩猎采集者被证明能够适应广泛的地方和区域环境。农业的兴起产生了多种影响。复杂的社会储存食物，原则上对气候波动的适应能力更强，但气候冲击对基础设施建设完善的社会的危害可能比对狩猎采集型社会的危害更大。在某些情况下，依赖于密集开采大量资源的统治精英们，甚至会发现自己最容易受到气候变化的影响。

先进社会的持续发展，气候变化暂时使较不富裕和较不强大的人处于最大的危险之中。最脆弱、资源有限、生活在低洼地区的人民最先受到影响，已经遭受其他重大问题的政权面临最大的冲击。再多的财富或再大的权力也不能使人完全免受洪水、风暴或干旱的影响，但富人可以更好地保护自己免受一些最严重的影响。例如，居住在森林被砍伐的山坡上的一小块土地上的居民，比居住在有防御墙的土地上的、维护良好的大房子的主人，更有可能遭受洪水的严重后果。类似地，在洪水过后，孟加拉国沿海岸地区的村民弥补损失的机会，可能比美国东海岸地区的房主要小得多。

第十节 负排放技术

自工业革命以来，由于人为活动（主要是燃烧化石燃料）的排放，二氧化碳在大气中的浓度一直在上升。持续的二氧化碳排放可能导致潜在的不可逆转的气候变化（全球变暖）和海洋酸化。即使今天二氧化碳排放量减少到零，但由于这种温室气体的长期驻留，其对环境的影响将在未来持续下去。因此，第21届联合国气候变化大会通过了巴黎气候国际协议——《巴黎协定》，175个国家参与签署协议，旨在将全球温度升高限制在2摄氏度以下。

二氧化碳是一种重要的温室气体，主要通过燃烧化石燃料等人类活动被添加到大气中。因此，世界气候正在发生严重变化，不同的生态系统正在受到威胁。自工业化前时代以来，人口和经济的增长，在很大程度上增加了全球平均大气二氧化碳浓度。1750年至2020年，二氧化碳水平从280毫克/立方分米上升至2020年的412毫克/立方分米。全球二氧化碳排放量每年约为360亿吨，其中91%来自化石燃料的燃烧。因此，自工业革命以来，海洋已经吸收了20%~40%排放到大气中的二氧化碳。这对海洋表面的化学性质有更大的影响，尤其是对氢离子浓度（H^+）水平的影响。大气中二氧化碳的持续上升增加了海洋中H^+的含量，从而导致海洋酸化。海洋表面的pH已经降低了0.1 U。按照这种速度，预计到21世纪末，海洋pH将下降0.4 U，到2300年将下降0.8 U。同时，碳酸盐平衡受到影响，对海洋生物造成巨大影响。海洋pH降低会减少可用的碳酸盐离子的数量，对于某些物种（如珊瑚礁和钙质浮游生物）形成生物成因碳酸钙，可能会变得更加困难。因此，这些物种更容易被溶解，它们的栖息地受到严重威胁。据估计，到2030年，30%会遭到破坏，大约60%可能会损失。此外，作为温室气体，二氧化碳可以吸收和发射红外辐射，从而影响全球温度。自1880年以来，地球的平均温度上升主要原因是二氧化碳排放量增加，导致冰川和其他冰融化，从而导致海平面上升。

为了降低大气中的二氧化碳浓度，一些国家认识到迫切需要致力于低碳经济。2015年，各国根据《联合国气候变化框架公约》（第21届缔约方会议）通过了一项应对气候变化的国际协定。《巴黎协定》旨在避免全球平均气温比工业化前上升2摄氏度，并努力将这一上升限制在工业前水平的1.5摄氏度以下。为了限制变暖，排放的二氧化碳总量必须是有限的，其中包括利用预防和补救策略。预防措施涉及①提高能源效率；②增加低碳燃料的使用；③促进可再生能源的使用；④使用地球工程方法，例如，种树造林，这会增加自然碳汇。

人为二氧化碳源可分为两类：大型固定源（如发电厂和工业活动）和分散源（主要来自运输）。虽然碳捕获和储存可以减少大型固定来源的二氧化碳排放（85%~90%），但将人为二氧化碳排放减少接近零的目标，也需要从扩散排放中捕获二氧化碳（例如汽车、卡车、飞机）。由于扩散源的捕获在技术上是不可能的，其数量巨大，可以使用负排放技术（NET）从大气中捕获二氧化碳，从而抵消这些排放。从大气中捕获二氧化碳可能比从固定点捕获成本更高，但这种补充方法具有一些优势：①二氧化碳捕获是独立于部门的，换句话说，它可以捕获扩散源和点源排放的二氧化碳；②由于二氧化碳捕集装置可放置在任何地方，因此可避免运输需要的基础设施；③分离过程受其他污染物（例如氮氧化物、硫氧化物）影响较小，因为与烟气相比，它们的大气浓度要低得多。尽管如此，负排放技术满足所需情景的可行性仍然受到质疑。技术和社会障碍，如缺乏政治行动、公众对这些技术的理解和接受程度，或负排放技术可能产生的副作用，制约着技术的推广。负排放技术包括多种技术，它可以分为两条路线：①通过物理化学过程［吸收、吸附、海洋碱度增强（OAE）和土壤矿化］直接捕获空气中的二氧化碳；②通过生物过程［造林、海洋施肥、藻类培养、CCS生物能（BECCS）和生物炭］间接捕获空气中的二氧化碳。下面概述主要的负排放技术，同时介绍每种技术的优缺点。

一、吸收

吸收是捕获的气体（环境空气）进入吸收柱与物理或化学溶剂接触的过程。这种溶剂具有只吸收二氧化碳而让其他气体通过的特性。富含二氧化碳的溶液通常被转移到再生柱中，在那里二氧化碳被去除，溶剂被循环再利用。物理吸收是基于亨利定律，二氧化碳在溶剂上的溶解归因于静电相互作用和范德华力。吸收过程发生在高压和低温下，反之则有利于解吸过程。典型的吸收剂是二甲醚或聚乙二醇和低温甲醇洗。一般来说，这些吸收剂在其他气体存在时腐蚀性较低，毒性较低，再生温度较低。然而，二氧化碳的再生也需要较高的分压，并且加压需要大量的能量。因此，物理吸收对于分压较低的气流是不经济的。化学吸收是目前用于从烟气中捕获二氧化碳的最成熟技术。化学溶剂基本上是胺，最广泛使用的是单乙醇胺（MEA）。捕获是在低二氧化碳分压和低温下进行，可捕获75%~90%的二氧化碳，产生纯二氧化碳流（99%）。然而，该技术在以下方面存在一些挑战：①高腐蚀速率；②再生的高能量和温度要求；③胺降解（导致吸附剂损失）；④低二氧化碳捕获能力。也可以使用湿式洗涤系统从环境空气中捕获二氧化碳。大气中的二氧化碳被氢氧化钠（NaOH）溶液吸收，形成碳酸钠（Na_2CO_3）溶液。然后，通过煅烧、加压和储存来回收二氧化碳。

离子液体（ILs）已成为化学和物理吸附剂的可能替代品。离子液体仅由离子组成，在室温下保持液态。离子液体的有利的溶剂性质（例如，高热稳定性、不显著的挥发性、可调节容量和高二氧化碳溶解度）使其成为吸收工艺的可行选择。由于离子液体的热稳定性，可以吸收再生能量要求较低的二氧化碳。离子液体的一个限制是随着二氧化碳的吸收而黏度增加，这可能会产生一些关于溶剂泵送和传质动力学的问题。离子液体的另一个限制是与有机溶剂相比成本高。因此，对于工业规模而言，有必要提高其回收、产品隔离和再利用效率，并评估环境影响。

二、吸附

在吸附过程中，空气被送入一个固体吸附剂床，该吸附剂选择性地固定二氧化碳，直到达到平衡。解吸或再生是吸附过程工业应用的一个重要特征。为了降低二氧化碳回收成本，吸附剂必须是可再生的，允许其在大量循环中重复使用。二氧化碳解吸通常通过改变压力或温度进行。在改变压力中，吸附过程在高压下进行，解吸过程在低压（通常为大气压）下进行。在改变温度中，通过使用热空气或蒸汽喷射提高系统温度，从固体吸收剂中解吸二氧化碳。改变压力操作简单，功耗低，再生快。然而，水的存在可能会降低二氧化碳的回收率。改变温度的再生时间比改变压力的长，但二氧化碳纯度和回收率更高，避免了二氧化碳加压所需的能量。

虽然吸附法二氧化碳捕集仅在高浓度二氧化碳下商业化，但对于大气二氧化碳捕集，该工艺比吸收法具有以下优点：①再生能量要求低；②与液体废物相比，固体废物对环境的影响更小；③耐腐蚀；④更宽的工作温度范围。吸附剂的选择应考虑表面积、选择性和再生能力。典型的吸附剂是沸石和活性炭。然而，大气压力和空气中的水含量会影响吸附能力，因此这些吸附剂不适合用于空气捕获。由于吸附剂–吸附质相互作用的化学特性，胺功能化固体在低浓度下具有较高的选择性、稳定性和耐水性。事实上，潮湿环境可以提高吸附效率。胺功能化吸附剂有一些缺点：①在高温下，胺类吸附剂会降解；②解吸需要改变温度，这会降低吸附容量。

三、海洋碱度增强

海洋约占地球表面的 70%，其碳含量是大气的 50 倍左右。然而，大气二氧化碳浓度的增加一直在升高海洋酸度。增强海洋碱度因其具有固碳潜力而备受关注，它可以同时抵消海洋酸化。其主要思想是通过应用矿物[例如 Mg_2SiO_4、$Ca(HCO_3)_2$、$Ca(OH)_2$]加速天然二氧化碳中和过程，这些矿物与二氧化碳结合并在水溶液中形成碳酸氢盐。该负排放技术的主要优点是二氧化碳被转化为无害、稳定、环保的碳酸盐矿物，从而永久固定二氧化碳。另一方面，反应缓慢、碳酸盐副产品的管理和工艺成本以及环境影响(矿物提取、加工和运输)，是实施该技术作为碳封存可行解决方案的一些障碍。此外，添加大量矿物颗粒对海洋生物的影响仍然未知，需要在实施之前进行详尽的研究。

四、土壤矿化

土壤中的碳库约为 25 000 亿吨碳，比大气中的碳库高 3.3 倍。大气中的二氧化碳可以通过 3 种方式被封存到土壤中：①有机碳的积累；②岩石风化(促进无机碳的溶解)；③碳酸盐物质的沉淀。硅酸盐岩石对河流和珊瑚礁的侵蚀可能会增加浊度和沉积，其对生物多样性的影响尚不清楚。此外，岩体数量巨大，会与采矿、粉碎、运输和应用相关的排放物一起影响增强风化的净二氧化碳封存效率。另一方面，土壤增强风化有可能降低土壤酸化和重金属毒性，提高营养贫瘠土壤的养分供应。增加土壤碳固存的农业实践也应作为一项缓解政策加以考虑和评估，同时可以增加作物产量。

五、植树造林

植树造林是将被遗弃和退化的农业用地转变为森林。这种做法都可能导致负排放，因为植物的生长会吸收大气中的二氧化碳，并自然将其吸收到生物量和土壤中。世界森林中平均每年可储存 20 亿至 25 亿吨碳，热带森林的贡献较大。世界上许多国家都在开展大型造林项目，2010 年，造林面积超过26400万公顷。在中国，现有的造林项目在 20 世纪 90 年代以每年 200 万公顷的速度增加了森林面积，自 2000 年以来增加到每年 300 万公顷。估算的总减排量为 440 万吨二氧化碳。然而，土壤有机碳储量受到森林砍伐和全球土地利用变化等多种做法的影响，据估计，这将导致 20%~50% 的土壤碳释放到大气中。

另一方面，由于森林和农业对土地的竞争加剧，大规模植树造林可能会提高粮食价格。此外，绿化区的位置对缓解措施的有效性起着重要作用。植树造林降低了地表反照率，增加了被吸收的辐射量，从而提高了地表和下边界层的温度。由于高反照率，北方森林具有冷却作用，其减少可能对气候变化产生负面影响。在北方地区，负面的生物物理效应超过了生物地球化学效应，这导致了全球变暖。然而，对于低纬度地区的气候变化，植树造林有益处。

六、具有碳捕获和储存功能的生物能源

生物质广泛用于发电和供热，并可转化为生物燃料用于其他用途（如运输）。原料可以从森林残留物到农业废物再到污水污泥。生物质发电已经被认为是一个中和碳过程，因为二氧化碳从大气中吸收并转化为生物质，在燃烧时再次释放。这些排放物的捕获有可能将该过程转化为负净排放能量生产。

生物能源由于和农田竞争土地使用，这给粮食价格带来了巨大压力。由于用于生物能源的原料轮换时间较短，因此与其他负排放技术相比，对水和营养的需求较高。当生物量被收获时，用于生物量生长的养分从田地中被耗尽，这增加了对肥料的需求。因此，这种养分消耗增加了温室气体排放和能源消耗。

七、海洋施肥

海洋浮游植物在全球碳循环中起着至关重要的作用。它们的光合作用不仅消耗二氧化碳，还消耗大量营养素（如氮和磷）和微量营养素（如铁）。海洋施肥建议向海洋表面添加营养物质，最终控制封存的碳量。由于氮和磷的水平通常高于铁的水平，因此向海洋中添加铁可以刺激光合作用并增强碳固存。在没有营养限制的情况下，光合生物会清除表层海洋中的大量二氧化碳，从而产生海气流量。虽然有部分被食物链中的其他生物所消耗，但其余部分则沉入深海，这带走了封存的碳。

然而，在海洋施肥方面存在一些不确定性。首先，营养过剩会导致富营养化，这会降低氧气水平（缺氧），改变浮游植物物种（发展不受欢迎的藻华），降低生物多样性。其次，施肥可能会使海洋较深区域的 pH 小范围降低。第三，海洋施肥会影响全球营养物分布（一些地区的营养物供应会减少），影响生物生产力，最终会影响经济活动（如渔业）。

八、藻类（海藻和微藻）培养

微藻是在海洋和淡水环境中发现的光合微生物。它的光合效率是陆地植物的 10 倍，实现了更高的生长速率和生物量生产率，一些物种的生物量在几小时内会翻一番。微藻可以吸收来自不同来源的二氧化碳：①来自大气；②来自烟气；③来自培养基中溶解的碳酸盐。然而，大气中的低浓度或烟气中可能存在的有毒化合物（如二氧化硫或氮氧化物）可能会限制微藻类的生长。

传统上，在开放的池塘（例如，沟道池塘）或封闭的光生物反应器中培养微藻。与封闭系统相比，开放系统具有经济优势，因为它们具有更简单的结构和操作；然而，它们对外部因素的依赖性更高，这会降低生物量生产率。微藻类有多种应用，包括废水处理、生物燃料、食品和饲料生产以及化妆品。尽管有许多应用，微藻类培养的经济可行性可以通过整合不同的过程（例如二氧化碳捕获、废水处理、能源生产、生物精炼方法）和提高光生物反应器的效率来实现。

海藻（或大型海藻）具有高光合效率、高二氧化碳捕获率，其生长速率远远超过陆地生物量。与陆地计划相比，公海海藻养殖具有环境和经济优势，即对土地利用、淡水和肥料的要求较低。除了二氧化碳封存潜力外，收获的海藻还可用于生产生物能源，同时产生高附加值的副产品。

九、生物炭

生物炭是一种富含碳的生物材料，通过称为热解的过程在生物质燃烧过程中生成。在热解过

程中，生物质(例如作物和林木残留物、粪便、城市和工业废物)在高于 400 摄氏度的温度下，在完全或接近缺氧的情况下分解，最终产生了合成气、生物油和生物炭。由于其碳含量较高(60%~90%)，将生物炭应用于土壤被认为是在陆地生态系统中吸收大气二氧化碳的一种重要的长期方法。除了减少温室气体排放和封存的好处外，生物炭还对土壤质量产生了一些积极影响。向土壤中添加生物炭可以提高作物产量，这是由于土壤的物理化学和生物特性得到了改善，例如增强了水分保持力、土壤 pH 和微生物活性。此外，由于较低的肥料需求，生物炭有助于减少化肥使用产生的农业排放。尽管生物炭具有减少温室气体排放和提高作物产量的综合潜力，但对土壤、动植物和生态风险的长期影响尚不清楚，未来还需要研究。

十、小结

无论大气二氧化碳的浓度如何低，从空气中捕获二氧化碳从技术方面可能是可行的，也是实现既定减排目标的关键。这里介绍了主要的负排放技术及其当前进展。然而，目前没有成熟的可用技术从大气中大量减少二氧化碳，负排放技术应被视为实现所需二氧化碳减排的补充行动。此外，应在不同的场景中测试负排放技术的建设规模，并在应用任何技术之前完全了解其潜在的环境影响。

第十一节　气候变化伦理

人类世是一个我们被迫去思考自然的时代，在这个时代，我们被迫把自然看作是人类目的的印记，以及表达人类目的的文化形式，这些文化形式受到地球系统过程和结构运作方式的限制。现在地球上几乎到处都是人类的指纹。这表现在大气的气体成分、塑料在海洋和陆地生态系统中的扩散、放射性沉积物的存在、物种的急剧灭绝等方面。但更重要的是，我们在沉积层中留下了人类活动的痕迹，以致未来地质学家可以在那里发现它们。正是我们在影响地球系统本身的宏观循环，这些人为改变的系统，会对人类系统产生深远的反作用影响。

人类活动导致的最显著的表现是气候变化。气候变化是 21 世纪出现的最大的社会正义挑战。根据政府间气候变化专门委员会(Intergovernmental Panel on Climate Change，IPCC)的最新报告，到 2100 年，全球平均气温与工业化前的基准值相比，将升高至 1.5 摄氏度(低排放情景)到 5 摄氏度(高排放情景)，最终的结果将取决于世界各个国家的政策选择，而且不可避免地面临着对人类和非人类生命和健康的巨大风险。但并非每个人都同样容易受到气候风险的影响。总体来说，全球北方人比全球南方人和未来的人，较不容易受到气候变化的影响。因此，在决定我们必须做些什么来避免气候变化最显著的负面影响时，必须考虑到我们的行动和不作为可能造成的危害，以及风险在全球和各代人之间的分布。

《联合国气候变化框架公约》的既定目标，是确保大气中的温室气体浓度稳定，从而避免气候系统中的"危险的人为干扰"。2015 年 12 月，负责起草实现这一目标的国际协议的机构，缔约方大会(26th Conference of the Parties，COP)在巴黎举行会议，会议一致认为防止此类干扰的唯一方法，是将全球平均温度保持在相对于工业化前基线——"远低于"2 摄氏度，大多数人认为这意味着我们应该朝着低于 1.5 摄氏度的值努力。因为世界已经变暖了约 1 摄氏度，很可能又在接近另外一个1摄氏度。这是一个雄心勃勃的目标。这不仅意味着全球经济迅速脱碳，而且还意味着找到一种方法来去除大气中已经存在的碳（例如通过大规模的植树造林项目）。要达到目标，甚至只是避免我们已经走上的将把我们带到5摄氏度灾难之路的世界，需要大胆的政策创新。但对我们的选择进行严格的伦理思考，必须先于并引导这种创新。这是气候伦理学的范畴。

一、否认主义和问题的本质

如果不考虑否认气候变化的问题，任何关于气候伦理的讨论都是不完整的，因为否认气候变化已经大大削弱了我们对气候变化的认识，压制了我们对气候变化的政策反应。广义上说，气候"怀疑论者"或否认者的观点主要有4种。首先，否认气候变化可能是"拖延"式的，那些人不一定否认气候变化是真实存在的，但他们认为我们现在不应该采取任何措施来应对气候变化。也就是说，不应该为减轻这种情况作出任何牺牲，而是采取观望的态度。第二种否认气候变化的形式是"难以置信的"，那些人认为气候变化是气候科学家或有人捏造的"骗局"。第三种是"扯淡"式否认气候变化，这是否认气候变化最有害和最容易辨认的形式。这些否认者的目标是传播关于气候变化的"人为的不确定性"或"人为的怀疑"，更好地在公众中引起对这个问题的广泛冷漠。最后，还有"自欺欺人"的否认形式，那些人认为尽管问题是真实存在的，他们本可以通过参与基本上没有成本的活动来尽到自己的责任。这4种形式之间有很多重叠。例如，说谎者和胡说者并不总是容易区分开来的，尽管后者不同于前者。此外，每一种否认都需要不同形式的哲学批判。然而，也有一些共同点。如果我们认为人为的气候变化是真实的，并且需要采取积极的政策应对措施，那么任何否认的其中一种或两种说法的企图都等于否认气候变化。现在，科学研究工作中的缺陷，特别是科学研究中确实存在大量虚假欺骗，这为否认者提供了借口。否认气候变化的最有影响力的国家领导人是2017年成为美国总统的特朗普，他使美国退出了《巴黎协定》，为了发展美国国内经济，他鼓励开发煤炭、石油和天然气，目标是"使美国再次强大"。

我们可以用普遍的方式来批评上面勾勒出来的每一种否认气候变化的形式。然而，我们可以添加两个更具体的理由来拒绝否认主义。首先，有资格的科学家对人为气候变化的现实的共识非常高，大约为97%。其次，IPCC的报告采用了可能是有史以来最严格的同行评议制度。

因此，如果否认气候变化不是一个合理的选择，我们如何描述气候变化所带来的伦理挑战的本质？气候变化观点代表着一场"完美的道德风暴"，由4个亚道德风暴组成。首先是"全球风暴"，它涉及集中在当前的空间和地缘政治方面的问题。其次是"代际风暴"，这与问题的时间方面有关。第三种是"生态风暴"，即生物圈中非人类部分的利益，在我们努力解决人类系统层面的问题时迷失了方向。最后，还有"理论风暴"，它描述了我们试图从系统理论的角度理解气候变化现象的不足。

"完美的道德风暴"的比喻，提出了一个极其复杂、令人信服的气候变化现象理论。有两点值得我们持续关注。首先，这个比喻清楚地表明，我们在这方面的政策是惯性的。其中一场风暴已经够糟糕的了，但这4场风暴的交汇使得全球几乎不可能以必要的严肃性或深度来应对。第二，正是由于气候变化的特点，在寻求解决办法的过程中容易表现出各种形式的"道德腐败"。

代际风暴（可以说是4个问题中最重要的一个）与全球风暴一样，它的特点是"因果分散、机构分散和机构不足"。这最好地表达为囚犯困境模型上的集体行动问题。可以把这里的"玩家"看作是世代繁衍的成员。首先，由于没有人想要一个严重污染的世界，在减少污染的任务中，"对大多数世代来说，合作是集体理性的"。但是，第二，"每一代人都有理由不合作"，因为每一代人都将通过这种方式获得污染带来的所有经济利益，而代价则分摊到几代人身上。

"纯粹的代际问题"比传统的囚徒困境"更糟糕"。这是因为①每一代人都喜欢减少污染，除了任何时间序列中的第一代；②考虑到一些参与者还不存在，因此没有权力控制现有的参与者，避免合作的动机更加强烈。第二个问题很重要，因为这种权力在所有参与者中大致对称，是建立激励机制的先决条件，以建立有助于确保合作向前发展的制度框架。这个问题的结果是"当代暴政"，它助长道德腐败，在应对气候变化问题时："分心、自满、无理怀疑、选择性注意、妄想、迎合、伪证和伪善"。

至关重要的是，由于对问题的诊断是伦理的核心，几乎所有气候伦理学家都认为我们没有恰当地评价那些将受到气候变化影响最大的人：全球穷人、非人类的自然、未来的人，因此，我们想出的任何解决办法也是如此。"解决方案"有三种形式：缓解（减少大气中温室气体的储存量）、减排（减少温室气体向大气的流动）和适应（包括"建设"我们的社会和基础设施，以应对气候变化的影响）。根据我们采取这些政策的程度，采取这些政策将给社会带来成本。但谁该付钱呢？到目前为止，解决这个问题最常见的方法是通过司法程序。但是，气候变化文献中对公正的分析千差万别，因此我们需要仔细研究这个概念。

二、公正的中心地位

公正是气候伦理的核心，因为它与我们造成的混乱的责任问题以及责任分配的公平性有关。例如，美国对气候恶化负有不成比例的责任。1850 年至 2002 年，美国产生了全球 29.3% 的温室气体（所有这些都可能仍在产生气候影响，并将持续一段时间）。这一数字远远高于其他任何一个国家在这一时期的贡献。根据污染者付费原则，那些对造成损害负有最大因果责任的人，应该尽最大努力减轻损害，或者，如果不可能减轻损害的话，应对受害者进行赔偿。污染者付费原则有很大的直观吸引力，"谁破坏，谁修复"适用于大气污染，但也受到了来自多个角度的讨论。让我们看看两种广泛的讨论。

首先，如果我们谈论的是排放责任，可以追溯到 1850 年，并要求当代公民支付，那么我们实际上已经放弃了污染者付费原则。这是因为现在的公民实际上并不是 1850 年造成污染的人。让现代人为这些排放买单，因此"违反了污染者付费原则"。对于这种担忧，我们可能会争辩说，现在这一代人从过去的排放中受益，因为排放和财富之间存在紧密的相关性，他们显然从中受益，应该为此付出代价。

如果我们把个人基本上看作是像国家这样跨代集体的成员，那么污染者和受益者之间的历史连续性问题就迎刃而解了，因为现代人是"持久经济结构的参与者"。有些人可能仍然会反对，认为他们继承祖先的负担是不公平的，因为祖先就明显决定命运的事，没有征求他们的意见。但是，假设由于祖先的决定，使当代人变得相对富裕，这种反对就失去了一些力量。

这就引出了对污染者付费原则的第二个广泛的讨论。有人可能认为，那些对气候变化问题负有最大责任的人，在通过化石燃料消费制造气候变化的同时，也理所当然地对其一无所知。因此，不应要求他们赔偿这种消费造成的损害。对这一挑战有两种回应。首先，可以原谅的无知不会无限期地延伸到过去。美国人早在 1965 年就知道气候变化可能带来的有害影响，当时约翰逊总统向国会发表了一份关于保护与恢复自然美丽的特别报告，并就此发出警告。但是，即使我们（慷慨地)忽略了 1965 年, 但是 1988 年至 1992 年的重要性仍然隐约可见, 那几年: ①詹姆斯·汉森在美国国会发表了引人注目的证词, 说应该停止对气候变化的现实"含糊其辞"; ②《联合国气候变化框架公约》呼吁防止"危险的人为干扰气候系统"(《联合国气候变化框架公约》于 1994 年生效)。1992 年以后, 就不能说人们对气候变化一无所知了, 而且自那以后温室气体的排放量也很大。

对可原谅的无知主张的第二个回应是, 它混淆了责任和惩罚。惩罚一个造成无法避免的影响的人是不公平的, 但追究人们对无法预见和不可避免的影响的责任是很常见的。也就是说, 我们可以要求对这种损害负有因果责任的人支付损害赔偿金。那些被迫支付赔偿金的人可能会理所当然地认为, 修复损失的"经济负担"是过多的惩罚。与污染者付费原则的问题一样, 我们可以通过补充污染者付费原则的责任支付能力标准来减轻惩罚。

所有这些问题的主要争论点, 是如何根据合理的公平或公正原则分配与气候变化有关的财政负担。在这方面, 气候变化问题已与发展问题密不可分。可以稍微夸张地说, 发达国家和发展中国家在这个问题上的僵局, 是在这些年来的缔约方会议上, 导致了大多数国家在应对气候变化这个问题上如此令人失望的结果。如果我们认为大气的吸收能力是一种有限的资源, 那么有些人超用了全球资源的一个人的公平份额, 而另一些人使用的则更少。由此可见, 这一资源的大部分剩余资源应该流向世界上尚未从燃烧化石燃料中受益的地区。穷人有发展权, 但这种权利目前无法得到保障, 除非通过化石燃料消费(例如, 印度的煤炭资源丰富)。相比之下, 要想避免气候灾难, 发达国家就需要从根本上减少排放。或者, 如果发展中国家要减少使用化石燃料, 发达国家就有责任帮助它们实现这一目标(例如通过技术转让)。

分歧的最强大的来源, 是发达国家和发展中国家都认为应对气候变化的负担不均等, 发达国家认为他们至少在短期内作出的牺牲远远大于发展中国家, 这是经济学家的说法。

三、经济学家的挑战

对气候变化问题感兴趣的经济学家, 受到两个广泛的理论的指导。首先是帕累特效率(是指资源分配的一种理想状态, 假定固有的一群人和可分配的资源, 从一种分配状态到另一种状态的变化中, 在没有使任何人境况变坏的前提下, 使得至少一个人变得更好)。对于负担不均的说法, 最具说服力的挑战并非来自那些否认我们应对气候变化采取任何行动的人, 而是来自那些主张我们的政策选择首先应受到效率考虑而非公正考虑的人。例如, 就有人认为, 气候变化政策在追求其值得称赞的全球分配目标方面是一个糟糕的工具。发达国家减排比穷国减排的成本更高。因此, 像《京都议定书》这样的气候条约让发达国家主动削减排放是不明智的。

有人认为, 如果我们"改变贸易政策, 取消对损害发展中国家竞争性产业的发达国家的国内产业的补贴, 改变知识产权的规则, 或提供各种免费技术", 世界其他地区的合法发展目标就能实现。这样似乎发展中国家得到了同情, 但是要求他们在气候谈判中放弃让发达国家进行重要的减排和补偿的谈判筹码。因此, 在这方面, 发达国家和发展中世界之间存在着一种大致对称的权力, 以换取一种可能是空洞的承诺, 即在似乎不现实的轨道上解决发展问题。

减排意味着就要牺牲效率, 从当代人与未来人之间的关系出发, 一种是当代最富有的人作出牺牲, 另一种是不涉及牺牲。如果富人目前没有表现出牺牲效率的意愿; 但是由于气候变化是一个真正的问题, 必须进行减排; 因此富人的减排(代价高昂)必须得到"补偿"。补偿必须来自未来的人们, 因为他们是当前减排的主要受益者。这意味着, 现在的成员国可能会在有利于子孙后代的事情上花更少的钱，例如，生物多样性保护或基础设施。这就是不牺牲效率。我们很难看到牺牲效率，因为那些只从自己的利益角度看待世界的人，是不会做出牺牲效率的。

　　这就引出了经济学家的第二个广泛的理论，即自利的激励力量。在几乎所有关于气候变化的合理假设下，现在就开始在全球范围内减少排放量，并在不远的将来将排放量减少到接近零，这符合我们的自身利益。这是一个大胆的声明，气候变化将影响我们、我们的子孙后代的生活。我们不需要为了暂时遥远的人或生物圈中非人类部分的利益而伸张正义。我们需要做的一切工作都是利己主义。从历史上看，发达国家都通过燃烧化石燃料获得了巨额财富，而且，即使2摄氏度的阈值被打破，在短期到中期内，似乎发达国家是世界上最不容易受到严重气候破坏影响的国家。事实上，发达国家在减排的同时，也非常注重适应，这可能会导致长期的气候灾难（因为排放继续快速增长）。

　　经济学家面临的最具争议的问题之一是如何评估未来商品的价值。如果我们要有力地应对气候变化，让未来的人们拥有一个没有退化的气候，我们现在就需要花钱。也就是说，因为未来气候变化会带来可预见的代价，所以现在拨出钱来应付这些代价是合理的。例如，这些钱将用于减少我们对化石能源的依赖。但是，我们应该花多少钱才能在未来（可能是遥远的）达到更好的状态呢？经济学家用价值贴现理论来应对这样的挑战，根据价值贴现理论，未来的商品在现在对我们的价值要小于现在同一种商品对我们的价值，因此在投资未来的商品时，我们用在它上面的花费应该比我们用在现在实际消费的商品上的要少。

　　然而，选择一个特定的贴现率是一个道德问题，而不是一个纯粹的经济问题。这就是为什么这一问题在环境问题上比简单的消费者购买问题更难解决。对于后者，我们只需使用已经存在的贴现率（例如，由银行设定）。但是对于环境商品，我们需要决定采用什么样的贴现率，而这个选择是基于我们应该对某些商品估价多少。例如，我们认为生命的价值可能是无限的，不是因为这是数学告诉我们的，而是因为我们认为作为道德问题，不应该为人的生命给出价值。这并不意味着我们应该拒绝留出钱来保护未来的生命。相反，在判断我们的政策选择关系到人的生命、生计或其他基本利益时，使用非常低的贴现率。一个非常低的贴现率意味着我们现在必须花大量的钱，来对付气候变化等对未来的极端威胁。

　　经济学能够进行有意义的经济效益分析，以指导我们当前进行理性选择。但是在应用于气候变化问题时，至少有两个理由值得怀疑其效果。首先，它低估了未来大范围灾难发生的可能性。第二个原因是，由于它的设计目的是指导政府的政策决策，它对试图在这场危机中寻求最佳道德行为方式的人，几乎没有什么指导。

四、个人和社会责任

　　气候伦理学家们普遍认为，无论气候变化是什么，主要是一个大规模的集体行动问题。这些问题的一个特点是，个人很容易相信，他所做的任何事都不能改变大气中温室气体的存量，从而对气候产生任何影响，个人的行动实际上可以忽略不计。如果有足够多的人从事错误的行为，就会产生不良影响，但很难知道相关的阈值在哪里，而且无论如何，个人认为自己对这一现象的单一贡献也不大可能起到作用。这可能导致冷漠或惰性。只有当个人相信有足够多的其他人也会这么做时，他们才有动力从事绿色行动，因为他们相信只有在这种情况下，才会取得有意义的成果。但是，由于假设群聚效应没有凝聚，个体就不会发展出必要的动机。如果我们假设动机问题的焦点，是我们想成为什么样的人(以及"造就"什么样的人：年轻一代的道德教育也很重要)，这就可以避免动机问题。

培养美德是一种使我们的行为或多或少地直接来自我们对自己最基本的概念，即对我们自己的实际身份的看法。正因为如此，有理由说，这些美德使我的性格具有一定程度的"僵化"，使我的选择具有"非偶然性"。例如，如果把自己定义为一个尊重自然的人，那么就不会倾向于从事那些无谓伤害自然的行为，不管集体中其他成员在做什么。一些气候伦理学家接受了这一挑战，对环境危机和气候危机进行了道德伦理分析，让我们简要地看一下气候伦理学家挑选出来进行分析的一些美德。

有人提出了6种美德，每一种美德都包含了一些具体的美德：土地美德(爱、体贴、协调、生态敏感和感恩)；可持续性美德(节制、节俭、远见卓识、协调和谦逊)；与自然交流的美德(奇妙、开放、审美敏感、关心和爱)；尊重自然的美德(关心、同情、公正原则、不伤害和生态敏感性)；环境行动主义的美德(合作、毅力、承诺、乐观和创造性)；以及环境管理的美德(仁爱、忠诚、公正、诚实和勤奋)。要解决气候变化问题，我们尤其需要公正、理性的希望和诚实(这是一种智力上的美德，在反对否认气候变化的斗争中至关重要。)。

燃烧化石燃料是大多数社会核心生产活动的核心，但它对世界各地和遥远未来的个人和人民造成危害。如果以化石燃料为基础的生产继续不受控制，将导致生态灾难，但温室气体排放必须控制在什么样的大气浓度，排放自由应该如何监管？如何组织向非化石燃料生产的过渡？社会应该如何适应气温升高、海平面上升、极端天气和气候变化的其他后果？那些因这些后果而遭受严重伤害的人应该如何得到支持？那些从温室气体排放中受益的人应该如何以及在多大程度上为适应和满足气候变化受害者的需要付出代价？从长远来看，各国的人均排放权应该是平等的。事实证明，在工业化过程中，英国、德国和美国等发达国家对地球大气中积累的温室气体作出了重大贡献。只要不知道碳污染的影响，他们就不应该受到指责，但现在其他国家不能像他们那样燃烧那么多化石燃料。贫穷国家需要发展经济，而在目前的技术状况下，限制化石燃料的燃烧是一个严重的经济制约因素。发展中国家花更多时间实现人均排放量相等是公平的。鉴于工业化国家财富增长的一个条件是它们在技术上也很先进，而发展中国家迫切需要有效地转向低碳技术，工业化国家就有义务帮助发展中国家采用这些技术。显然，气候变化对国家和国际机构提出了前所未有的要求。现有国际机构没有能力有效履行这些义务。国家的承诺不兑现，也没有机构能够强制执行。

实际上，国家政府在领导责任方面有重要的作用，在国家建设方面，要坚持人与自然和谐共生。气候变化是人类的共同关切，全球合力应对气候变化，关系到人类的未来。建设生态文明是国家永续发展的大计。坚持节约资源和保护环境的基本国策，统筹山水林田湖草系统治理，实行最严格的生态环境保护制度，形成绿色发展方式和生活方式，坚定走生产发展、生活富裕、生态良好的文明发展道路，建设美丽国家，助力可持续发展，共同构建人与自然生命共同体，为人民创造良好生产生活环境，为全球生态安全做出贡献。

第十二节　气候行动简史

2021年10月，来自196个国家的约20000人，包括有些国家的领导人、科学家和活动家，聚集在英国格拉斯哥，参加多年来最受期待的联合国气候峰会。这是全球应对气候变化危机的最新一次缔约方会议。30 多年来，气候研究人员一直在警告全球变暖的可怕和日益严重的影响，这次会议是世界各国政府制定集体计划，以实现其最雄心勃勃的遏制气候变化目标的机会。在为期 2 周的第 26 届联合国气候变化缔约方会议（COP26）期间，政府官员和商界领袖介绍了他们最新的减排承诺，同时科学家们讨论了跟踪排放、认识影响和推进潜在气候解决方案的努力。谈判者还讨论了对低收入国家的财政援助，这些低收入国家对气候危机的贡献最小，但现在必须为危机的后果做好准备，在不依赖化石燃料的情况下发展经济。关于如何定义和跟踪气候融资的争论仍然激烈，但即使是富裕国家也承认，它们尚未履行 12 年前作出的承诺，即到 2020 年每年向发展中国家提供 1000 亿美元应对气候变化的援助资金。科学评估还证实，许多国家政府在 2015 年巴黎缔约方大会上做出的承诺没有兑现，自那时以来做出的承诺，仍然没有达到将全球变暖限制在前工业化水平以上 1.5~2 摄氏度的目标。

在这次会议之前，已经有 25 次缔约方大会了。1992 年，100 多个国家签署了一项名为《联合国气候变化框架公约》的条约，以减少全球排放并保护地球气候。发达国家和发展中国家（正如条约所描述的）一致认为，它们在应对气候变化方面负有不同的责任，但所有国家都需要共同努力，并以协商一致的方式解决这一问题。然而，直到 2015 年巴黎会议，即条约缔约国第 21 次会议，所有国家才正式同意采取行动将变暖限制在 1.5~2 摄氏度。该协定承诺各国将全球变暖控制在低于工业化前水平 2 摄氏度的水平，在受到海平面上升和其他气候影响威胁的小岛屿国家和发展中国家的坚持下，条约添加了"继续努力"防止温度超过 1.5 摄氏度的目标。但科学评估从一开始就表明，各国遏制温室气体排放的承诺将达不到这一雄心勃勃的目标。

作为《巴黎协定》的一部分，196 个国家的政府同意定期在国家和全球两级评估其进展情况，并更新其承诺。26 届缔约方会议应该在 2020 年进行，但由于新冠病毒的大流行而被推迟，迄今已有 100 多个国家提交了新的气候承诺，全球目标是 2050 年实现碳中和，印度承诺在 2070 年实现碳中和。很明显，《巴黎协定》正在推动行动，但速度还不够快。大气中的二氧化碳浓度继续以科学家预测的速度上升，这将对地球产生危险的后果。

一、气候行动简史

尽管科学家 30 多年来一直在发出警告，全球也在努力减少排放，但全球碳排放量仍然在增加。

1958 年：查理斯·大卫·基林首次读取大气二氧化碳浓度，记录为 313 毫克/立方分米。

1988 年：美国宇航局气候科学家吉姆·汉森告诉美国国会："温室效应已经被发现，现在正在改变我们的气候。"

1990 年：联合国政府间气候变化专门委员会发布了其关于全球变暖的第一份报告，其前言称之为"可能是人类面临的最大的全球环境挑战"。

1992 年：在巴西里约热内卢举行的地球峰会上，154 个国家同意两年后生效的《联合国气候变化框架公约》。

1995 年：缔约方第一届会议在柏林举行。

1997 年，《联合国气候变化框架公约》缔约方通过了《京都议定书》，为富裕国家设定了第一个具有约束力的减排目标。

2009 年：在第 15 届缔约方会议上，全球领导人通过了《哥本哈根协议》，设定了将变暖限制在比工业化前的温度高 2 摄氏度的目标，并首次呼吁所有国家做出排放承诺。

2015 年：各国签署了《巴黎协定》，该协定为所有 196 个参与国政府制定了第一个具有法律约束力的要求，将变暖限制在 1.5~2 摄氏度。

2017 年：当时的美国总统唐纳德·特朗普表示，他将让美国退出《巴黎协定》，称该协定"不是关于气候，而是关于其他国家获得对美国的金融优势"。为了实现"让美国再次强大"的承诺，他鼓励开发利用煤炭、石油和天然气资源。

2021 年：在美国乔·拜登总统的领导下，各国准备在第 26 届联合国气候变化大会上首次更新他们的承诺，美国也加入了《巴黎协定》。联合国秘书长安东尼奥·古特雷斯呼吁世界各国领导人采取果断行动应对气候变化。各国政府制定一套明确的政策承诺，通过关闭使用煤炭（最脏的燃料）的发电厂、逐步淘汰使用碳排放内燃机的车辆，以及加大清洁能源技术的使用来遏制排放。大多数主要二氧化碳排放国家已经做出了在未来十年内减排的新承诺，一些国家甚至承诺到 21 世纪中叶左右实现净零排放。但承诺只是第一步：在格拉斯哥之后，领导人需要在国内实施这些政策，以扭转碳排放曲线。

二、落后者和领导者

气候行动跟踪者（CAT）是一个由科学家和政策专家组成的小组，评估各国气候承诺的潜在影响。他们的评估认为，大多数国家目前都没有达到《巴黎协定》的目标。

严重不足：在气候行动跟踪者所跟踪的近 40 个国家中，有 6 个国家的气候政策和承诺被评为严重不足，这表明这些政策和承诺反映了在气候问题上的"极少甚至没有行动"。这些国家包括俄罗斯和沙特阿拉伯，它们继续依赖并出口石油和天然气。

高度不足：气候行动跟踪者将包括加拿大、巴西和印度在内的 15 个国家列为气候政策高度不足的国家，这些国家的气候政策与巴黎 1.5 摄氏度的目标不一致，在许多情况下会导致排放量增加。例如，尽管印度为包括太阳能在内的可再生能源的开发设定了雄心勃勃的目标，但该国仍在继续投资并补贴燃煤发电。

不足：包括美国和日本在内的 8 个国家以及欧盟都被评为政策不足的国家，这表明要实现巴黎 1.5 摄氏度的目标，还需要"实质性的改善"。尽管美国在格拉斯哥承诺到 2030 年将温室气体排放量在 2005 年的基础上减少 50%，这标志着向前迈进了一步，但民主党总统乔·拜登面临着来自共和党和党内一些成员的反对，阻碍了他的气候政策实施。

几乎足够：7 个国家的政策被评为"几乎足够"，或符合《巴黎协定》的 2 摄氏度目标。其中包括肯尼亚、哥斯达黎加和英国，它们在所有富裕国家中获得了最高的评级。但英国尚未提供明确的路线图，以实现其到 2030 年将排放量与 1990 年水平相比减少 68% 的承诺。

与 1.5 摄氏度兼容：气候行动跟踪者仅将冈比亚列为与 1.5 摄氏度目标兼容的国家。尽管该国尚未制定实现承诺的政策，但该国正在加大可再生能源生产，并在国际支持下，预计到 2025 年，可以将排放量减少 55%。

科学家已经确定，气候变化正在导致世界某些地区野火、暴雨和洪水频发。即使经验丰富的环保活动人士和学者也质疑，《联合国气候公约》是否有能力应对挑战，该公约的传统是在国家之间达成共识，但是没有强制性约束力。尽管如此，过去十年来，从化石燃料向清洁能源技术的转变加快了。消除化石燃料代表着现代全球经济体系的全面转型。这不只是一个环境问题，而是一个巨大的社会挑战。据估计，自《巴黎协定》以来实施的政策，可能会使21世纪全球平均气温的预计上升幅度降低0.7摄氏度，从而导致到2100年，预计比前工业化水平高出2.9摄氏度。如果所有131个已经宣布或讨论过净零排放承诺的国家都能兑现承诺，那么预计的全球气温上升将限制在比工业化前的气温高2摄氏度左右。这仍然低于巴黎1.5摄氏度的目标，但与十年前科学家预测的未来相比有了显著的改善。

三、应对气候变化行动的多元化

格拉斯哥会议之后的核心挑战将是确保各国政府切实履行其在国内行动的承诺。对于一些国家含糊承诺到21世纪中叶实现碳中和来说，情况尤其如此。科学家们希望看到的是采取决定性明确行动摆脱对化石燃料的依赖。除非我们实施切实减少排放的政策，否则我们不会阻止气候危机。在许多方面，科学家们呼吁的经济转型已经开始。风能和太阳能等可再生能源的价格在过去10年中大幅下跌，在许多地方，这些能源现在比化石燃料更便宜。国际能源机构预测，在当前政策下，煤炭消费将在2025年达到峰值并开始下降，大约10年后，石油消费将达到峰值。但全球经济仍然依靠化石燃料，科学家们表示，前进的道路绝非易事。

得益于政府的激励措施和价格的下降，风能和太阳能等可再生能源正在迅速扩张。但退出现有的化石燃料将是困难的。在过去20年里，可再生能源的消费增长了10倍以上，新一代电动汽车的电池技术的价格持续下降。核能是最大的无碳能源来源之一，但老核电站的淘汰速度比新核电站的建造速度要快。核能在2006年达到顶峰，自那以后下降了超过11%。天然气是化石燃料中最清洁的，而丰富的供应有助于抑制对煤炭的需求，尤其是在美国。煤炭是化石燃料中最脏的，世界要实现碳中和，必须首先逐步淘汰煤炭。石油是交通运输业的核心，无论是在公路上、海上还是空中。向电动汽车的转变使许多能源专家预测，石油消费将在未来10年达到峰值，但如果不采取进一步行动，国际能源机构预计，到2050年石油消费仅会略有下降。煤炭为世界提供的能源是所有可再生能源总和的5倍多。然而，它在全球的受欢迎程度正在迅速下降，有些国家希望26届缔约方会议正式宣告它的终结，但在印度等发展中国家的坚持下，采用了"逐步减少"的措辞。

这场大规模的能源转型会是什么样子？科学家和学者们花了数年时间，研究从碳税到风能和太阳能对环境的影响，以及随着富国和穷国寻求放弃化石燃料，转而使用清洁能源，世界各地将面临的社会挑战。在美国和其他依赖化石燃料生产的国家，重点是能源转型对就业的影响。研究表明，向清洁能源的转变将创造更多的就业机会，而不是破坏就业机会。今年美国发表的一项研究发现，到2050年，将全球变暖限制在远低于2摄氏度，将为美国能源部门创造额外的500万个就业机会，与当前气候政策保持不变所带来的就业机会相比，增加约24%。然而，化石能源行业的工作岗位将会消失，许多地方的能源价格可能会上涨，因此，除非政府出台政策，对工人进行再培训，并保护穷人免受能源价格上涨的影响，否则将会有明显的输家。

四、气候融资

在格拉斯哥峰会上，各国都在争取有更多资金来缓解和适应气候变化的影响。12年前，在哥本哈根举行的联合国气候峰会上，富裕国家做出了重大承诺。他们承诺到2020年，每年向较不富裕的国家提供1000亿美元，帮助它们适应气候变化，减缓气温进一步升高。这个承诺没有兑现。

现实的情景表明 1000 亿美元的目标遥不可及。

与避免危险程度的气候变化所需的投资相比，1000 亿美元的承诺微不足道。为了实现 2015 年《巴黎协定》将全球变暖限制在"远低于"2 摄氏度的目标，每年需要数万亿美元。而发展中国家（正如哥本哈根承诺中所称）每年将需要数千亿美元来适应已经不可避免的变暖。

格拉斯哥会议前夕的一系列承诺给人们带来了希望，到 2022 年，富裕国家将设法每年向不富裕的国家转移 1000 亿美元。

各个国家的谈判者从未就如何准确衡量各国的承诺达成一致。经济合作与发展组织（Organisation for Economic Co-operation and Development，OECD）是一个主要由富裕国家组成的政府间机构，其基于富裕国家自己的报告进行评估。它宣称，2019 年，它们向发展中国家提供了 800 亿美元的气候融资，高于 2018 年的 780 亿美元。这些资金大部分来自公共赠款或贷款，要么直接从一个国家转移到另一个国家，要么通过多边开发银行（Multilateral Development Bank，MDB）的资金。较小的一部分是私人融资，据说是公共资金筹集的，例如贷款担保和与公共资金一起发放的贷款。

但一些分析师表示，经济合作与发展组织的数据被大大夸大了。在一份 2020 年报告中，国际援助慈善机构估计公共气候融资仅为 190 亿美元，2017—2018 年为 225 亿美元，约为经济合作与发展组织估计的 1/3。这在很大程度上是因为除了赠款之外，只有低于市场利率的贷款所产生的收益才应该计算在内，而不是贷款的全部价值。报告还说，一些国家错误地将发展援助视为气候项目。例如，日本将一些援助项目的全部价值视为"与气候相关"，即使这些项目并非专门针对气候行动。另一个例子是，一些道路建设项目被报告为气候援助，其大部分或全部成本都包含在经济合作与发展组织的估算中。

谁付的钱不够？尽管富裕国家集体同意 1000 亿美元的目标，但它们没有就各自应支付的金额达成正式协议。相反，各国宣布承诺，希望其他国家也能遵守。据估计，美国应该贡献 1000 亿美元中的 40%~47%，这取决于计算是否考虑了财富、过去的排放量或人口。但据世界资源研究所估计，从 2016 年到 2018 年，美国的平均贡献仅为 76 亿美元左右。澳大利亚、加拿大和希腊也远未达到它们本应作出的贡献。另一方面，日本和法国转移的资金超过了它们的公平份额，尽管它们几乎所有的资金都是以偿还贷款的形式提供的，而不是赠款。

钱到哪里去了？大部分气候融资都用于减少温室气体排放的项目了吗？《巴黎协定》旨在平衡这些"缓解"项目和帮助人们适应气候变化影响的项目。但经济合作与发展组织发现，2019 年只有 200 亿美元用于气候适应项目，不到项目资金的一半。联合国估计发展中国家每年已经需要 700 亿美元来支付适应成本，到 2030 年将需要 1400 亿至 3000 亿美元。

气候融资的资金越来越多地作为贷款而不是赠款提供。如果你给穷人钱来帮助他们应对气候变化的影响，那就不会产生钱。许多融资几乎总是流向可以产生投资回报的气候缓解项目，如太阳能农场和电动汽车。大部分气候融资也流向了中等收入国家，而不是最贫穷、最脆弱的国家。很多非洲国家都说他们无法跨越获取气候融资的障碍。

长期以来，1000 亿美元的承诺一直被视为最低限度，随着时间的推移会有所增加。新的承诺不断涌现：加拿大、日本和德国在 2021 年 6 月的 G7 富国集团会议上宣布了它们的承诺，在该会议上，各国还重申了到 2025 年每年捐款 1000 亿美元的承诺。2021 年 9 月，欧盟承诺到 2027 年额外提供 50 亿美元，美国总统拜登承诺到 2024 年美国将提供 114 亿美元的年度融资，这将使其成为最大的单一气候融资贡献国。但其中大部分资金需要美国国会批准。欧盟及其成员国即使经济总量只有美国的 3/4，但是已经提供了美国承诺的大约 2 倍的援助。

　　多少气候融资足够？联合国政府间气候变化专门委员会估计，每年需要 1.6 万亿至 3.8 万亿美元才能避免变暖超过 1.5 摄氏度。令人沮丧的是，化石燃料仍在接受补贴，据估计，2017 至 2019 年期间每年获得补贴约 5540 亿美元。2020 年，全球年度军费开支达到 2 万亿美元。

第三章

退耕还林

　　我国森林资源长期存在供给不足、质量不高、地理分布不均匀的问题。然而，20 世纪下半叶出现了历史上最严重的森林砍伐，因为人口的迅速增长，加上经济的快速发展，导致了对森林资源的巨大消耗。森林覆盖率从 1949 年的 30% ~ 40% 下降到 90 年代末的 10% 左右。到 20 世纪末，我国人口占世界人口的 22%，但森林面积只占世界陆地面积的 4.1%，蓄积量仅占世界总量的 2.9%。这显然不足以满足国家的生产和生活需要。然而，更紧迫的是几十年森林砍伐所造成的环境问题。

　　过度的森林采伐，以及对流域中上游山坡森林的砍伐，给下游地区造成了严重的后果。在世纪之交，全国 18.2% 的土地中大约有 1.7 亿公顷沙漠化，影响到 4 亿人。另一方面，全国土壤侵蚀土地有 3.6 亿公顷，占全国土地总面积的 38.2%，是世界平均水平的 3 倍多。土壤流失达到每年 50 亿吨。长江和黄河流域的情况尤其严重。长江主河道流经 11 个省级行政区，流域面积约 180 万平方千米，占国家陆地面积的 18.75%。黄河流域覆盖 75 万多平方千米，流经 9 个省，不仅在经济上很重要，在文化上也很重要，是中国古代文明的发源地。

　　据估计，在世纪之交，长江和黄河流域的土壤侵蚀面积达到 7500 万公顷，沉积物超过 20 亿吨。过度放牧，特别是坡地耕作，是造成水土流失和荒漠化的最重要原因。估计长江和黄河流域 3407 万公顷耕地中，坡度大于或等于 25 度的有 425 万公顷。在这样的山坡上耕作将使水土流失增加到每年每平方千米流失土壤 4000 吨。在黄土高原，不受控制的放牧和放牧地维护不善是造成大面积植被损失和土壤侵蚀的主要原因。

　　土壤侵蚀淤塞河流，降低了河流的水力能力，增加了洪水和干旱的频率。在历史上，黄河下游经常发生洪水灾害，但到了 20 世纪末，情况发生了逆转。在旱季，下游部分地区的水流有时会停止或干涸。1997 年，有 330 天没有水排入大海，河口上游 700 千米断流。1998 年 6 月至 9 月，长江中游发生了严重的洪水灾害。这场灾难影响了 1.8 亿人，造成经济损失 1000 多亿元。这些问题促使政府采取行动，在 20 世纪 90 年代末，国家推出了一系列植树造林和生态恢复计划，其中最重要的是退耕还林。

　　退耕还林的实施主要是为了将原本用于耕种的陡坡地改为造林地，从而减少土壤侵蚀和河流的淤积。农民是造林过程的主要管理者，因此，退耕还林不仅是一个造林和生态恢复计划，也是一个扶贫计划。退耕还林于 1999 年启动，并于 2000 年开始在全国范围内实施。

退耕还林是历史上我国造林投资最多、参与者最多、公众参与程度最广的造林、生态恢复和农村发展项目。该计划改善了我国大部分地区的生态环境，改善了亿万人民的社会经济状况。该计划原定于对退耕还林地补偿 8 年，但在 2007 年又延长补偿了 8 年。

第一节　新中国早期林业概述

我国是传统的农业大国，新中国成立以来，有两个紧迫的问题：首先，需要养活庞大而迅速增长的人口。1949 年，全国粮食总产量为 11.3 亿吨，即人均 209 千克，低于联合国粮食及农业组织建议的人均 220 千克谷物的健康饮食。长期以来，人口的快速增长，致使大量森林草原湿地被改变为农业用途。1949—1998 年的 50 年间，我国人口增长 7.1 亿人，耕地面积增加 4.7 亿亩[①]。据第一次全国土地资源调查，全国 19.5 亿亩耕地中，15 度~25 度坡耕地 1.87 亿亩，25 度以上坡耕地 9105 万亩，绝大部分分布在西部地区。第二，新中国成立后，我国是一个农村国家，国家需要尽快实现工业化，特别是发展制造业。历史上，为了解决粮食短缺问题，就将大片林地转变为农业用地，从而大规模砍伐森林。1949 年至 1979 年，3800 万公顷的林地、荒地和湿地被改造成了农田。

一、新中国的早期土地政策

为了充分认识到在实施退耕还林计划过程中所面临的挑战，必须了解在此之前的土地政策。新中国成立后最早的政策之一是 1950 年 6 月的《中华人民共和国土地改革法》。《中华人民共和国土地改革法》指出，要废除地主阶级封建剥削的土地所有制，实行农民的土地所有制，借以解放农村生产力，发展农业生产，为新中国的工业化开辟道路。该法是将封建半封建的土地所有制改变为农民的土地所有制的法律文件，1987 年年底失效。根据《中华人民共和国土地改革法》，有两类林地：国有和非国有。在土地改革法中，林地进一步被分为 3 大类。第一类是大片的天然林，主要分布在远离村庄的地方。这些森林由国家直接管理。第二类包括靠近村庄的小片森林，农民很难单独管理。它们可能在山顶或陡坡上。这些森林将实行公共管理。第三类包括可以由农民管理的小型森林。与第一类不同的是，这些"私有"森林位于村庄附近，农民有权在他们认为合适的时候使用它们，包括砍伐树木和变为耕地。

通过 1950 年的《中华人民共和国土地改革法》，许多靠近村庄的小块林地被分配给农民。这标志着农村土地改革的开始，包括土地再分配、实施更公平的税收制度、降低租金以帮助低收入农民。考虑到贫困农民的利益，土地改革政策是一个备受赞扬的举措。

二、人民公社的建立

从 1952 年开始，国家倡导成立合作社（1952 至 1955 年，称为"合作社"；1956 至 1958 年，称为"高级合作社"，1958 年年底开始称为"人民公社"）。人民公社的基本特点可以概括为规模大和生产资料公有化程度高。在人民公社建立之前，农民可以从他们种植的树木中获利。农民加入公社后，这些树木就成了集体资产的一部分。许多农民在加入公社之前砍伐了土地上的树木并出售

[①]　1 亩 = 1/15 公顷。以下同。

了木材。

三、"大跃进"

新中国成立后，为了尽可能快地使国家工业化，引进学习了许多当时苏联的经济战略。这些战略旨在提高再投资率，强调资本密集型高技术项目，并将农业作为工业增长和发展以钢铁业为代表的重工业部门的主要资金来源。整个国家的发展被认为最重要的是两个指标：钢铁，用于评估工业部门的发展；粮食，用于评估农业部门的发展。因此，国家发展计划强调了生产这两种产品。"大跃进"运动，在生产发展上追求高速度，以实现工农业生产高指标为目标。要求工农业主要产品的产量成倍、几倍，甚至几十倍地增长。当时的"大跃进"违背客观规律，严重破坏社会生产力，打乱正常生产秩序，造成国民经济各部门之间、积累和消费之间比例严重失调。经济工作中急躁冒进的"左"错误，使国民经济遭受严重挫折，人民生活受到很大的影响。

政府鼓励公社建立自己的小工厂，生产成为独立经济单位所需要的东西，从生铁到家具，从纸张到炊具。然而，公社小规模的制造业发展需要大量的木材来为低效的炉子提供燃料。另外，农业产量的预期增长是不现实的，不能在现有土地上实现高产量，虚假浮夸之风盛行。农民为了生存，只能扩大耕地数量。"大跃进"的结果是大规模砍伐森林。虽然，1958 年，政府颁布了一项政策，要求到 1970 年对所有荒山进行绿化，使森林覆盖率提高到 20% 以上。然而，植树造林被认为不如增加钢铁和粮食产量重要，因此这一目标没有实现。

1959 至 1961 年，国家经历了一场严重的饥荒，部分原因是"大跃进"，加上大面积的干旱。对此，1961 年终止了"大跃进"，实行了一系列改革。这些改革的中心原则是以农业为基础，以工业为主导，以调整、巩固、充实、提高为标准，取代以往更大、更快、更好、更经济的方针。

1961 年 6 月旱灾过去后，中央政府发表了《关于林业的十八条》，主要要求公社将房前屋后等区域的树木退给农民，特别规定在道路、河流、村庄和坟墓区域由社员种植的树木属于植树的人。然而，即使《林业十八条》和其他法律要求将树木归还给那些投资种苗和劳动的人，但是大多数社区成员仍然被要求把他们的财产交给集体所有。结果，在大多数地方，这些法律被忽视，或者由于"文化大革命"而在实施过程中被中断。

四、"文化大革命"

"大跃进"的灾难使中央出现了主张经济改革的声音。但是，在 1966 年发动了无产阶级"文化大革命"，政治清洗导致政府部门大幅度缩减，包括林业部门的各级人员普遍减少。人力资源的巨大损失，使"大跃进"造成的大规模毁林问题无法得到解决和纠正。没有一个有效的林业部，控制森林火灾也变得更加困难。"文化大革命"期间，木材生产放缓，但这并没有阻止对森林的破坏。新中国成立后，国家倡导"植树造林，绿化祖国"，无山不绿，有水皆清，四时花香，万壑鸟鸣，替河山装成锦绣，把国土绘成丹青。但是，在"文化大革命"期间，许多违背客观规律的做法使人民尤其是农民的生活很穷困。

五、1978 年后的林业改革

1978 年，中国是世界上最贫穷的国家之一。"大跃进""文化大革命"和人民公社制度使 2.5 亿人处于贫困线以下。对于那些居住在农村地区的人来说，生活条件尤其困难，这一分类当时可适用于 80% 的人口。1976 年，农村居民的生活水平被认为低于新中国成立初期的水平。

　　1977 年在农村地区开始了全面的政治和经济改革。面临的挑战是，改革不可能建立在一个经过考验的蓝图之上，首先是在一个特定的省份试验新的政策，如果成功的话，逐步在全国其他地方实施，这种做法叫做"摸着石头过河"。1980 年至 1984 年，公社体制改革为"三级行政单位"。从前的公社改名为"乡"，其生产大队改名为"行政村"，生产队改名为"社"。虽然这些政治和经济实体的边界或多或少保持不变，但随着名称的改变，这些组织机构也随之改变了经营管理理念，特别是与林业有关的理念。与此同时，政府开始改革法律制度，包括与林业有关的立法。直到 1978 年，还没有森林法，只有国家的决议或指示来解决诸如森林虫害预防、防火或植树造林等问题。如果没有统一的政策，地方政府会根据自己的要求调整国家指导方针。1978 年以后，政府颁布了几项全国性的法律，这些文件列出了允许和禁止的活动，其中还包括对违法者更严厉的惩罚。1979 年首次制定全国统一的森林法，开始试行的《中华人民共和国森林法》（以下简称《森林法》）于 1984 年正式颁布，1998 年第一次修订。

　　1978 年开始，全国开始了农村土地所有制度改革，这些土地管理政策的重大变化，导致了家庭承包责任制的出现。1978 年 12 月宣布，到 1983 年 12 月，家庭土地承包责任制达到全国农村家庭的 94.5%，标志着全国行政组织的重大转变。土地承包责任制的实施，同时对农村家庭的林地和森林的拥有和管理产生了重大影响。家庭承包责任制的结果令人印象深刻，1978 年至 1984 年间，中国农业部门的产出增长了 61%。

　　家庭土地承包责任制的成功，推动了《关于保护森林发展林业若干问题的决定》的颁布和实施。林业是国民经济的重要组成部分。发达的林业，是国家富足、民族繁荣、社会文明的标志之一。在相当长的历史上，我国林业基础极为薄弱，森林破坏却非常严重。因此，在社会主义现代化建设进程中，保护林木，发展林业，是一项十分紧迫的战略任务。当时突出的问题是，森林破坏严重，砍的多，造的少，消耗过多，培育太少。这就使全国木材和林产品的供需矛盾更加尖锐，自然生态环境进一步恶化，这种局面如果任其发展下去，必将给农牧业生产和人民生活带来极其不利的后果，贻患子孙后代。该决定也及时遏制了农村土地包产到户过程中大量砍伐原来集体土地上的树木进行分配的行为。

　　该决定在某些方面与家庭承包责任制类似，但侧重于林业，稳定山权林权，落实林业生产责任制。其目的是解决 3 个关键问题：①林地所有权：明确森林权，特别是山区森林。②山地使用权：根据群众需要，划给社员自留山（或荒沙荒滩）。③认真落实林业生产责任制：建立以旨在对属于农民的林地进行恢复造林，防止火灾的林业生产责任制。决定的目的是坚决制止乱砍滥伐，切实保护现有森林，严格控制采伐，降低资源消耗，进一步落实林业政策，充分调动各方面的积极性，大力开展造林育林，使林业建设逐步走上健康发展的轨道。

　　权利带来责任。土地所有权还要求农民履行某些义务，例如防止森林火灾。此外，业主不能"不合理地"将林地改造成农田或砍伐树木。改革后，公社在农村事务中的职能发生了很大变化，包括由农民直接承担的森林管理。虽然地方政府仍然负责一般行政管理，但他们不再控制具体行动，例如农民何时种植和收获作物或树木。因此，在这一时期，政府的作用从直接管理转变为通过监督、发布指导方针、分配配额和确定合同价格间接影响农民活动。

　　在实施农村土地承包责任制的早期阶段，农村的林业问题和矛盾比较突出。地方政府试图在村民中平均分配不同质量的林地，把林地分成了小块。因此，许多家庭拥有 2 个或 3 个小地块，由于小而破碎的林地很难管理，而且在经济上效率低下，很少有家庭愿意投资或照料他们的林地，这妨碍了林地的合并，有些农户就将林地变更为农地，导致了森林的乱砍滥伐。政策中的权利、义务和责任之间有时缺乏对称性或直接关系，农民家庭发现他们必须履行更多的义务，即使他们的权利和福利是有限的，从林业土地中获得的经济回报很低。此外，一些地方政府在未划定明确界限的情况下分配林地，导致林权纠纷。其结果是，乡村林业部门长期表现不佳，在一些地区，土地分配导致 20 世纪 80 年代中期广泛砍伐森林。许多家庭对国家保持林地私人所有权的长期承诺缺乏安全感，许多农民不愿投资于林地、森林种植园或尝试自然森林管理，来提高生产力。国家长期倡导的路旁、沟旁、渠旁和宅旁的四旁植树大多归集体所有，农村实行土地承包制的时候，使得四旁的树木所有权与土地所有权不一致，导致大量树木被砍伐。

面对大规模毁林，为了解决森林投资不足的问题，1984 年颁布了《森林法》，于 1985 年 1 月 1 日生效。这项新的《森林法》不仅正式规定了家庭对树木的所有权，还规定了家庭合作，允许家庭在他人拥有的林地上植树的条件（和权利）。此外，自 1949 年以来，该法律首次允许村民将他们个人的、没有经济效益的森林以及政府或其他人的土地集中在一起来投资。

1984 年的《森林法》还建立了一个由国家确定的木材采伐限额制度，以制止毁林。根据这一制度，一个家庭必须向当地政府申请一个允许在其土地上砍伐树木的配额，即年度允许林木采伐量。因此，《森林法》中引入的新法规限制了几年前给予家庭的使用权。农民采伐林木必须要有有关部门的许可，没有采伐配额，他们就不能砍伐和出售木材。因此，农民对林地使用权下放和森林产品贸易自由究竟能有效多长时间的怀疑，在 1984 年颁布《森林法》后得到了解释和保障。

1978 年以后，逐步对所有农产品实行市场经济原则，农民在种植作物方面获得了更多的自由。这促进了坚果、水果和许多其他经济树木的种植，特别是在山区，林业开始被视为经济发展的关键。此外，农民可以在市场上自由销售他们的产品。

农村土地承包责任制的实施，使得农村劳动力供给过剩和非农劳动力市场机会难以获得，是导致农村贫困和开垦贫瘠、低产、陡坡耕地的主要因素。贫困地区的农民利用他们更大的生产自由，积极寻找新的种植和放牧地，往往导致陡峭山坡上生态敏感性更高的斑块地被开垦放牧，造成严重土地退化。由于人口增加等因素的影响，陡坡上的农业变得普遍起来。这就是退耕还林要解决的问题，其重点是重新造林或恢复自然植被，主要是坡地。这些土地的农业产量普遍保持在较低水平，这意味着这些地区的贫困状况持续存在。退耕还林通过使劳动力从耕种生产力较低的土地中解放出来，补偿他们的损失，并鼓励选择另外渠道就业，也解决了贫困问题。1978 年以来进行的改革（例如允许林地、树木和树木产品的"所有权"和"出售"，以及集中造林投资和树木采伐的配额制度），奠定了实施和运作退耕还林的土地基础和法律框架。

第二节　我国的林业工程和世界林业倡议

我国森林资源的特点是供给不足，质量低下，地理分布不均。森林砍伐最严重的时期发生在 20 世纪下半叶，人口的迅速增长，加上经济的快速发展，导致了森林资源的巨大消耗。在世纪之交，我国的森林面积只占世界土地的 4.1%，而蓄积量仅占世界总量的 2.9%。这不足以满足占世界人口 22% 的国家的生产和生活需要。

大面积毁林开荒造成土壤侵蚀量增加，水土流失加剧，土地退化严重，旱涝灾害不断，生态环境急剧恶化。长江、黄河流域上中游山区人工林的砍伐造成了水土流失范围和强度的扩大，生态系统的调水保土能力下降。根据全国第二次水土流失遥感调查结果，我国水土流失面积达 356 万平方千米，占国土面积的 37.1%，每年流失土壤总量 50 亿吨左右。土壤侵蚀加剧，河流淤塞，河流水力容量降低，洪水频率增加。

依据我国第二次土壤普查的数据，约有 8% 的耕地受到"强烈"水土流失的影响，另有 26% 的耕地受到"轻度到中度"水土流失的影响。据估计，中国西南部（包括长江上游流域）有 25% 的侵蚀土地和 39% 的受"强烈"水侵蚀影响的耕地。长江和黄河流域的土壤侵蚀面积达 7500 万公顷，沉积物超过 20 亿吨。不加控制的放牧和对草地的不良维护，造成了黄土高原的水土流失问题。根据第二次全国荒漠化沙化土地监测结果，我国有荒漠化土地 267.4 万平方千米、沙化土地 174.3 万平方千米，分别占国土总面积的 27.9% 和 18.2%，并分别以年均 1.04 万平方千米和 3436 平方千米的速度扩展。

一、生态环境恶化与自然灾害

1992 年在里约热内卢举行的联合国环境与发展会议提出了"21 世纪议程"，这是一项范围广泛、不具约束力和自愿的倡议，倡导可持续资源管理的重要性。文件第二节特别着重于减少毁林程度和保护生物多样性。作为回应，中国政府在 1994 年发布了自己的"中国 21 世纪议程"，提出了人口、经济、社会、资源和环境相互协调、可持续发展的总体战略、对策和行动方案。认识到保护森林的重要性，同时也需要为国家经济发展提供木材，并认识到需要使用市场方法来解决环境问题。同样，在 1995 年 5 月，林业部发表了一份蓝皮书《中国 21 世纪议程林业执行计划》。还制定了"中国生态系统发展蓝图"，目标是到 2050 年将森林覆盖率提高到 26% 以上，这就要求森林面积净增 9066 万公顷。

尽管有这些宣言和计划，但在 1997 年黄河大旱和 1998 年夏季长江中游特大洪灾之前，实际的工作比较少。黄河自从 1972 年开始断流以来，陆续发生断流，1995 年断流 122 天，1996 年断流 136 天，1997 年旱灾期间，黄河连续 330 天无水入海，使北方平原的工业、农业和居民用水面临极大威胁。1998 年夏季，发生了长江全流域特大洪水，连续 50 多天居高不下的水位，一次又一次冲击大江堤坝的洪峰，给沿江各省份的工农业生产及人民群众生命、财产带来巨大威胁和损失。长江洪水泛滥是长江流域森林乱砍滥伐造成的水土流失，中下游围湖造田、乱占河道带来的直接后果。1998 年，长江、松花江、嫩江流域发生历史罕见的特大洪涝灾害，受灾面积 21.2 万平方千米，受灾人口 2.33 亿人，因灾死亡 3004 人，各地直接经济损失 2551 亿元，使当年国民经济增速降低 2%。黄河流经全国 9 个省，2000 年，约 1.1 亿人居住在黄河流域，另有 5500 万人居住在黄河流域外，但是农业依赖黄河灌溉。长江干流流经 11 个省级行政区，流域面积约占全国陆地面积的 18.75%，占全国生产总值的 42%。两河流域是我国经济、文化和社会发展极为重要的地区。

从世界范围来看，工业革命以来，全球性生态问题日趋严重，森林破坏、土地退化、环境污染、气候变暖、生物多样性减少等突出问题，直接影响到人类生存和经济社会发展。中国 1998 年发生大洪涝灾害的根源主要是上游的水土流失和森林砍伐。影响流域环境稳定的因素有两个：第一是植被覆盖。上游植被覆盖较好的森林密集区，减少了地表水流的直接侵蚀影响。经过几十年的森林砍伐，到 20 世纪 90 年代末，河流上游甚至无人居住的地区森林也遭到了采伐。中国西部的森林砍伐过程是造成长江、黄河等主要河流中下游大面积洪水的规模和频率不断增加的原因。第二是大湖区。有足够蓄水量的湖泊能够暂时储存流域的地面水流。然而，在最近几十年里，许多这些冲积平原和湖泊周围的堤防被修建、筑坝或用于农业，湖泊萎缩或逐渐消失了。

1998年特大洪灾后极大地增强了全社会的生态忧患意识。1998年10月，十五届三中全会通过的《中共中央关于农业和农村工作若干重大问题的决定》提出，对过度开垦、围垦的土地，要有计划有步骤地还林、还草、还湖。全国通过整合原有林业工程，开始实施林业六大重点工程：退耕还林工程、天然林资源保护工程、"三北"和长江中下游地区等重点防护林建设工程、京津风沙源治理工程、野生动植物保护及自然保护区建设工程、重点地区速生丰产林基地建设工程。退耕还林工程是这6个项目中的一个，但在造林面积、参与人数和支出方面却是最大的。

二、林业六大重点工程

林业六大重点工程覆盖了全国97%以上的县，规划造林任务超过11亿亩。六大工程给新世纪的中国林业带来了新的生机和活力。2002年，全国造林面积达到4666万公顷，占当年世界造林面积的26%，使中国成为世界当年新造林面积第一。总体来说，森林面积增加到1.59亿公顷，蓄积量增加到112.7亿立方米，森林覆盖率从20世纪50年代初的8.6%增加到2002年的16.55%。

（一）退耕还林工程

退耕还林工程是我国林业建设上涉及面最广、政策性最强、工序最复杂、群众参与度最高的生态建设工程，主要解决重点地区的水土流失问题，是调整国土利用结构、增加森林覆盖、治理泥沙危害的根本性举措。坡耕地和过度放牧是造成西部地区水土流失和荒漠化的重要原因。退耕还林的主要目的是将已用于耕作的陡坡地恢复为原来的森林或草地植被，从而减少河流的淤积，消除农民的贫困。退耕还林是调整我国农业产业结构，促进地方经济发展和群众脱贫致富的有效途径，是我国开拓农村市场，拉动内需，保持国民经济持续快速健康发展的重大举措。能够实施退耕还林的最重要的原因，是国家粮食和工业消费品供给充足，国家有了一定的经济基础，有能力集中一部分财力、物力加大对全国、特别是中西部地区生态建设的支持力度，为退耕还林提供了重要的物质条件和历史机遇。

退耕还林还草从1999年起实施前一轮退耕还林还草，2014年起实施的新一轮退耕还林还草。前一轮退耕还林还草始于1999年，历时15年，共实施退耕地还林还草1.39亿亩、宜林荒山荒地造林2.62亿亩、封山育林0.46亿亩，造林总面积4.47亿亩。截至2019年年底，中央财政投入补助资金4424.8亿元。工程涉及25个省（自治区、直辖市）和新疆生产建设兵团的287个地市（含地级单位）2422个县（含县级单位），3200万农户1.24亿农民直接受益。2014—2019年，22个工程省份和新疆生产建设兵团共实施新一轮退耕还林还草6783.8万亩（其中，还林6150.6万亩、还草533.2万亩、宜林荒山荒地造林100万亩），中央已投入749.2亿元。

退耕还林是历史上我国投入最大、公众参与最多、参与程度最广泛的植树造林和生态恢复项目。该项目改善了我国大部分地区的生态环境，改善了数亿人的社会经济环境，并通过增加正外部性（如生物多样性和经济多样化）和减少负外部性（如水土流失或劳动力短缺）提供了外部效益。

（二）天然林资源保护工程

全国天然林保护工程于1998年在12个省（自治区、直辖市）启动，目标是国有森林林场和国有森林企业经营的森林，而不是像退耕还林那样由农民控制的森林。这个工程的实施主要解决长江上游、黄河上中游地区，东北、内蒙古等重点国有林区和其他地区的天然林资源保护、休养生息和恢复发展问题。这是捍卫森林生态体系基础、强化生态保护、对林业实施战略性调整的历史性选择。

根据第五次全国森林资源清查（1994—1998），全国只保留了 1.12 亿公顷的天然林（约占全部林地的 70%），其中大部分森林由于各种人类活动而退化。天然林保护计划的目的是停止采伐天然林，保护和再生这些森林，并重新造林，以满足国内对木材的需求。为了实现保护和恢复天然林的总体目标，天然林保护计划制定了短期、中期和长期目标。

天然林保护工程共涉及 17 个省（自治区、直辖市），分为长江上游、黄河上中游和东北、内蒙古等重点国有林区。

保护现有森林资源。对工程区的天然林停止商品性采伐，并严加管护。有效管护灌木林地和未成林造林地。加快工程区内的益林荒山、荒地造林种草。大力建设生态公益林，分流和安置下岗人员。

2000 至 2010 年，天然林保护项目相关活动共安排资金 962 亿元。中央财政安排投资 784 亿元（占比 81.5%），其余 178 亿元（占比 22.7%）来自参与该项目的省份。这项投资主要用于弥补森林企业因从木材采伐向植树造林和森林管理转变而造成的经济损失，包括森林保护、更新、管理、森林工人搬迁和其他相关任务。2011 年实施了非天然林保护项目的第二阶段，增加了投资，更加重视林业管理，剩余非天然林保护项目工人的社会保障收入大幅增加（30.04%）。天然林保护项目是我国第二大再造林和生态恢复工程，其实施面积和资金投入均居全国第二位。

工程建设 20 年来，国家为天然林保护投入资金已达 3000 多亿元，取得了巨大的综合效益。森林资源持续增长，生物多样性得到有效保护，19.44 亿亩天然乔木林得以休养生息。林区民生工程显著改善，社会生态保护意识明显增强。全国天然林资源由破坏性利用向全面保护转变、森林资源由过度消耗向恢复性增长转变、生态状况由持续恶化向逐步改善转变、林区经济社会由举步维艰向全面发展转变。

（三）"三北"和长江中下游地区等重点防护林建设工程

"三北"和长江中下游地区等重点防护林建设工程，主要解决"三北"地区的防沙治沙问题和其他区域各不相同的生态问题。这是构筑覆盖全国的完整的森林生态体系、保护和扩大中华民族生存和发展空间的历史性任务。"三北"防护林建设是我国最大、最具特色的人工生态工程项目。"三北"防护林规划的目标是控制风沙侵蚀，治理水土流失，改善生态环境，生产多种林产品。"三北"这个名字来源于项目实施的地点。该地区包括中国东北部、北部和西北部的半干旱和干旱地区，那里的荒漠化和水土流失构成了严重的问题。按照国务院批准的"三北"防护林体系建设总体规划，工程建设范围东起黑龙江省的宾县，西至新疆的乌孜别里山口，东西长 4480 千米，南北宽 560~1440 千米，包括西北、华北、东北的 13 个省（自治区、直辖市）的 551 个县（旗、市、区），区域总面积 406.9 万平方千米，占国土面积的 42.4%。规划期限为 1978—2050 年。

我国对防护林体系建设一直非常重视。"三北"防护林工程始于 1978 年，旨在通过各种措施控制荒漠化。首先，阻止沙漠前进。因此，每年约有 1060 平方千米的沙漠从流动沙丘转变为半固定或固定沙丘。二是通过植树造林，控制沙化土地。到 2050 年，计划造林 305800 平方千米。三是通过保护耕地，增加农作物产量和牧场面积。

（四）京津风沙源治理工程

京津风沙源治理工程是首都乃至中国的"形象工程"，也是环京津生态圈建设的主体工程，主要解决首都周围地区的风沙危害问题。该项目覆盖北京、天津、河北、山西、内蒙古等5个省（自治区、直辖市）75个县（旗、市、区），总面积45.8万平方千米。通过封沙育林、飞播造林、人工造林、退耕还林、草地治理等生物措施和小流域综合治理等工程措施，治理沙化土地175.29万亩。

（五）野生动植物保护及自然保护区建设工程

野生动植物保护及自然保护区建设工程是一个面向未来、着眼长远、具有多项战略意义的生态保护工程。主要解决基因保存、生物多样性保护、自然保护、湿地保护等问题。森林是"地球之肺"，湿地是"地球之肾"，野生动植物是"人类之友"，共同构成了陆地生态系统的主体。1999年10月国家林业局组织有关部门和专家对今后50年的全国野生动植物及自然保护区建设进行了全面规划和工程建设安排。2001年6月由国家林业局组织编制的《全国野生动植物保护及自然保护区建设工程总体规划》得到国家计划委员会的正式批准，这标志着中国野生动植物保护和自然保护区建设新纪元的开始。

工程建设的目标是：通过实施全国野生动植物保护及自然保护区建设工程，拯救一批国家重点保护的野生动植物，扩大、完善和新建一批国家级自然保护区、禁猎区和种源基地及珍稀植物培育基地，恢复和发展珍稀物种资源。到2050年的建设期末，自然保护区数量达到2500个，总面积1.728亿公顷，占国土面积的18%。

（六）重点地区速生丰产林基地建设工程

重点地区速生丰产林基地建设工程旨在解决木材和林产品的供应问题，同时缓解木材需求对森林资源的压力。该项目覆盖全国18个省（自治区）114个林业局（场）和886个县，位于400毫米等雨量线以东，优先安排600毫米等雨量线以东范围内自然条件优越、立地条件好、地势较平缓、不易造成水土流失和对生态环境构成影响的地区。

三、地球是人类赖以生存的家园

中国必须承担大国在治理生态环境问题方面的责任。不仅在经济上，而且在社会和环境上，证明它是国际社会中一个负责任的成员。

我国经济在过去的几十年里取得了巨大的发展。20世纪90年代以前，政府从农村提取资金帮助工业部门发展，一是对农林产品征税，将资金转移到工业部门，二是降低农林产品价格，这使得工业工人能够靠较低的工资生活，并为工业提供廉价的投入。到20世纪90年代末，工业部门已经充分发展，不再需要从农业和林业部门提取资金。此外，在某些情况下，工业部门向高端市场转移，不再需要廉价的农产品和森林产品，而工人的工资却在增加，他们可以支付更多的粮食费用。在20世纪50年代，39%的政府收入来自农业税，而到2004年，只有1%来自农业税。政府有能力降低农民的税收水平，并为农业部门分配更多的资金。因此，在20世纪90年代之前，政府对农村地区征税，以帮助国家工业化，到了20世纪末，国家已经足够工业化，政府可以利用工业区征收的一些税收来发展农村地区。中国向可持续发展的重大转变是从从农业部门拿钱到给农业部门钱。1995年和1996年，粮食产量大幅度增加，从1996年秋季开始，市场粮食价格下跌。

1997 年和 1998 年继续丰收。农民因为粮食价格低而遭受损失,政府必须向农民提供价格补贴。通过退耕还林,低生产力和易受侵蚀的边缘农田被退出,从而减少了粮食生产的过剩。

1998 年 11 月 7 日国家制定了《全国生态环境建设规划》,提出用大约 50 年左右的时间,基本实现中华大地山川秀美,全国建立起基本适应可持续发展的生态系统。

当下,对自然的保护已然成为人们的一种共识。人类要谋得长久的发展,首先就要保护好我们所生存的环境。长期以来,沙漠退化的现象一直存在。例如河北塞罕坝 60 年前是一片荒漠,尽显萧条。但是随着人们不断地植树造林,这种现象已经大大改善了。如今的河北塞罕坝机械林场森林茂密,已然不是当初萧条的模样了。

2020 年年底,中国的森林覆盖率达到 23.04%,森林面积达到 2.2 亿公顷。由第九次全国森林资源清查数据可以得知,我国的天然林面积为 1.4 亿公顷,人工林面积为 0.8 亿公顷。在全球 2000 至 2017 年新增绿化面积中,我国的贡献比例居全球首位,有 1/4 的新增面积来自中国。植树造林,丛林保护,是一项长远而艰巨的任务,需要一代又一代的人为之付出不懈的努力。

建立国家公园体制是党的十八届三中全会提出的重点改革任务,是我国生态文明制度建设的重要内容,对于推进自然资源科学保护和合理利用,促进人与自然和谐共生,推进美丽中国建设,具有极其重要的意义。2021 年中国正式设立三江源、大熊猫、东北虎豹、海南热带雨林、武夷山等第一批国家公园,保护面积达 23 万平方千米,涵盖近 30% 的陆域国家重点保护野生动植物种类。

地球是全人类乃至所有地球生物物种的共同家园,是已知的唯一有生命存在的星球。地球生态环境是全体生命赖以生存的基础,保护生态环境就是保护生命。近年来,随着气候变化、生物多样性丧失、荒漠化加剧、极端气候事件频发,人类生存和发展面临着严峻挑战。积极应对生态环境变化带来的挑战,推动全球环境治理,探索人与自然和谐共生之路,需要全人类的共同努力。中国作出了二氧化碳排放力争于 2030 年前达到峰值、努力争取 2060 年前实现碳中和的承诺。

建设美丽地球家园,是全人类的共同梦想。面对生态环境的变化和挑战,没有一个国家可以独善其身,人类是一荣俱荣、一损俱损的命运共同体。只有各国人民共同行动,像爱护自己的眼睛一样关爱生态环境,将绿色发展理念落实到日常行动中,并肩同行,才能为自己、为社会、为国家、为世界创造更加美好的未来。

没有农村的贡献,国家或城市的可持续发展是不可能的。农村的景观是以土地为基础的活动构成的,其中以农业活动最为重要。几个世纪以来,一代一代的农民通过他们的生产活动,在获得所需的生活资料的同时,为后人们留下了持续生活的景观环境,包括保护下来的文化遗产、人工景观和生物多样性。当今,农民通过从事为社会谋福利的生产活动获得报酬,同时也承担着维护景观、保障水资源的安全、提高生物多样性、保护自然的责任。因此,在生态环境治理方面,要充分调动农民的积极性,必须持续支持农民进行流域治理,开展退耕还林、荒山造林和沙漠化土地治理等活动,防止水土流失、泥石流和洪水等自然灾害。

20 世纪 90 年代末相继发生的生态灾害表明,虽然各地在保护森林生态系统方面取得了零星的、地方性的成功,但总体形势的恶化使它们不堪重负。这意味着需要采取更果断和更有力的措施来制止环境问题。通过 1998 年的林业改革和 6 个林业重点工程项目的建设,提出了转变森林经营、开发和保护方式的框架。在很大程度上,这些项目成功地扭转了过去几十年来的森林砍伐、土壤侵蚀和荒漠化。特别是在农民中,退耕还林经常被认为是政府实施过的最好的再造林方案,这主要是因为它的目标不仅是重新造林和恢复地区的生态完整性，而且由于直接向退出农业土地的农民付款，减轻了农民的贫困状况。

四、全球生态恢复倡议

在过去30年内多年来，生态恢复已经从小范围的实施，发展成为在大景观保护生物多样性和改善人类福祉的主要战略。景观格局(生态系统类型的空间关系)和景观水平过程(例如水流、侵蚀、养分通量、土地利用变化)是要考虑的重要属性。在大尺度范围内，生态系统、利益相关者和土地使用的更大多样性创造了相互竞争的目标，但也可能催生共同的解决方案。因此，这种大规模的恢复必须侧重于为生态系统和利益相关者提供多重、互补和综合效益。

(一)全球生态恢复倡议

对环境和社会文化修复必要性的日益认识，导致了全球范围内生态恢复和相关恢复活动的增加。然而，土地退化基本上没有减弱，避免和应对这种退化影响的必要性越来越紧迫。为此，在全球范围内启动了几项大规模的恢复倡议和协议(专栏3-1)，以促进广泛的生态系统管理和基于自然的解决方案。在许多这些倡议和协议中，恢复的定义很宽泛(例如森林景观恢复)，包括恢复连续体的所有活动。这些倡议主要侧重于改善景观的生态健康和生产力，以支持人们当前和未来的福祉，保护生物多样性，减少灾害风险，缓解和适应气候变化。对于一些倡议来说，恢复被视为改善自然资源获取和可持续利用的一种方法。恢复有可能促进农村经济、提供就业和收入、改善粮食和水安全。这些结果并不一定是相互排斥的。事实上，当公平获取和可持续利用自然资源是大规模恢复计划的结果时，其他几个全球目标也实现了。

专栏3-1

- -

全球生态恢复倡议

联合国2030年可持续发展目标(SDG)要求恢复海洋和沿海生态系统(目标14)，以及已退化的森林和其他生态系统(目标15)。2019年3月1日，联合国大会宣布支持SDG和下面的许多倡议，宣布2021—2030年为生态系统恢复十年。联合国环境规划署(UNEP)、粮食及农业组织(FAO)、全球景观论坛(GLF)和国际自然保护联盟(IUCN)等机构将领导生态系统恢复十年的实施和知识交流项目。

生物多样性公约的目标是到2020年恢复15%的退化生态系统，以减轻气候变化的影响和防治荒漠化(爱知生物多样性目标15)，并将生态恢复视为提供基本生态系统服务的关键(爱知生物多样性目标14)。《生物多样性公约》通过了《生态系统恢复短期行动计划》(2016年《生物多样性公约》)，随着当前生物多样性目标的到期和2020年后生物多样性框架的修订，预期恢复将发挥更大的作用。《生物多样性公约》(2018年)还鼓励缔约方进一步加强努力"……确定易受气候变化影响的区域、生态系统和生物多样性组成部分……促进生态系统恢复和恢复后的可持续管理。"

《联合国防治荒漠化公约》(UNCCD)促进土地恢复和重建，将其作为2018—2030年《UNCCD战略框架》的一部分，特别是实现土地退化中性，其中，"支持生态系统功能和服务以及加强粮食安全所需的土地资源数量和质量，在特定的时空尺度和生态系统内保持稳定或增加"(2017年《荒漠化公约》)。目前的旱地和气候变化下的未来旱地将非常脆弱,需要在3个里约热内卢公约(生物多样性公约、荒漠化公约、联合国气候变化框架公约)之间进行更强有力的合作,在可持续土地管理实践的支持下,避免、减少和扭转土地退化,同时考虑每项公约的特殊任务。

生物多样性和生态系统服务政府间科学政策平台(IPBES)促进"土地恢复",包括恢复农业生产力、采用农业最佳做法和其他可持续利用活动。IPBES生物多样性和生态系统服务全球评估(ht-tps://www.ipbes.net/global-assessment-biodiversity-ecosystem-services)的报道称,目前约有100万动植物物种面临灭绝的威胁,其中许多物种在几十年内灭绝,比人类历史上任何时候都要多。生物多样性的丧失不仅是一个环境问题,也是一个发展、经济、安全、社会和道德问题。恢复和以陆地为基础的减缓气候变化行动,被视为避免大规模灭绝和随后失去生态系统服务所需的变革性变化的关键要素。

大规模恢复的最大和最多样化的倡议是《波恩挑战》,由德国政府和国际自然保护联盟(IUCN)发起,后来得到《纽约森林宣言》(目标5)的认可和扩展。这项全球努力旨在到2020年恢复1.5亿公顷被砍伐森林和退化的土地,到2030年恢复3.5亿公顷被砍伐森林和退化的土地。《波恩挑战》激发了58个国家政府和土地管理者(总计超过1.7亿公顷)的承诺,以评估利用森林景观恢复(forest landscape restoration, FLR)方法开展恢复活动的机会,并实施恢复。

为了支持《波恩挑战》,若干区域倡议有助于将各国聚集在一起,分享关于森林景观恢复的承诺、知识、工具和能力。在拉丁美洲,旨在到2020年恢复2000万公顷退化土地。同样,非洲森林景观恢复倡议(African Forest Landscape Restoration Initiative, AFR100)是一项由国家牵头的努力,旨在到2030年恢复1亿公顷退化土地。这些国家都已经超额实现了他们承诺的2020年的目标。除了这些倡议外,在高加索和中亚、欧洲和东南亚也出现了崭露头角的区域平台,以及世界其他地区在国家和地方层面对大规模森林景观恢复的承诺。

REDD+国家战略(减少砍伐森林和森林退化造成的排放,提高碳储量),REDD+自从2007年在巴厘岛的《气候公约》缔约方会议上推出以来,已经有了显著的发展。作为国家对《气候公约》的自主贡献(nationally determined contributions, NDC)的一部分,也是由全球景观论坛提出或推动的恢复性活动,在全世界各地的地方、区域和国家范围内开展了数千个项目。REDD+将在全球碳排放总量控制与交易市场中发挥不可或缺的作用,而这一市场尚未充分实现,造成了严重的资金约束。《巴黎协定》承认森林是解决气候变化挑战的关键部分。重新造林、避免砍伐森林和自然森林管理活动是经济高效的气候变化缓解措施。

(二)景观恢复途径

许多大规模的恢复计划包括采用景观恢复方法。景观恢复包括基于景观生态学和景观可持续性科学原则的实践,其中"景观"被视为社会生态系统。景观可持续性科学致力于在不断变化的社会、经济和环境条件下,改善生态系统服务与人类福祉之间的动态关系。景观恢复是一个有计划的过程,旨在恢复景观的生态完整性,以及景观提供对改善人类福祉至关重要的长期、特定于景观的生态系统服务的能力。因此,景观恢复涉及生态和社会目标。大规模恢复的其他方法包括可持续多功能景观的概念,即"创造和管理景观,将人类生产和景观使用纳入景观的生态结构,维持关键的生态系统功能、服务流和生物多样性"。

开展景观恢复活动需要深入了解景观组成、结构和功能,以及生态完整性与满足人类需求之间的联系。景观恢复涉及生态系统规模以上的生物层次的考虑，并明确考虑景观中生态系统的类型和比例、单元的空间组织以及景观组成、结构和功能之间的联系。在某些情况下，通过景观恢复功能、能量流和养分等，可能与恢复组成和结构同等重要，尤其是在提供特定生态系统服务方面。例如，恢复水文过程和生态系统之间的水流运动，对于河流流量调节至关重要，而河流流量调节是生态系统服务中很重要的事项。

规划和执行景观规模的恢复项目，需要对同一尺度的生态退化和恢复需求进行景观尺度评估，包括生物多样性和生态系统服务以及它们之间的权衡。景观恢复活动应集中在战略位置，平衡生态和社会效益。

政府经常与利益相关者团体联合参与景观恢复项目。建立利益相关者参与平台有几个重要原因，包括培养对景观的责任感，强调不同利益相关者如何看待修复的潜力及其成本和收益。然而，利益相关者驱动的景观过程与景观可持续性科学的概念不一致的时候，就会出现利益相关者期望的生态服务、生物多样性和生态完整性之间的关键权衡，景观可能会进一步退化。管理权衡以最大限度地提高景观可持续性至关重要，因为国家恢复计划的长期有效性需要考虑子孙后代的需求，要在气候变化条件下增强未来发展的可持续性。

决策支持工具可以帮助定义和绘图景观的退化情况，设定恢复目标，识别潜在恢复行动或方法之间的权衡和协同作用，并确定恢复机会。在景观尺度上综合生物多样性信息、物种分布建模和栖息地适宜性建模，可以确定生态恢复可能减少物种受到的威胁或积极恢复其种群或栖息地的区域。基于生态系统服务供应和生物多样性效益的经济分析和情景，有助于了解特定地区具体恢复行动的经济效果和总成本。然而，在评估生态系统服务的提供、生态和社会结果之间的权衡，以及生计和粮食安全等社会经济结果时，迫切需要另外的决策支持工具。

推进景观恢复的科学、实践和政策的一个重要途径，是发展和促进国家间和国家内部的双边和多边合作。应鼓励各地区分享经验和专业知识、共同融资和共同开发新知识，以实现更有效的政策和实践，南南合作对于发展中国家和新兴工业化国家的知识共享同样重要。

森林景观恢复（FLR）是《波恩挑战》和其他全球恢复倡议的主要方法，它提高了人们对在景观尺度上进行恢复的必要性的认识。实践者认识到，森林景观恢复主要用于经济生产的地区，尤其是退化的农业景观，有着巨大的社会、经济和生态干预需求。采用综合、整体的方法来保护和修复生态系统，最有可能有效、公平地直接改善人类福祉，这一方法类似于《联合国防治荒漠化公约》的景观退化中性计划。

全球森林和景观恢复伙伴关系的成员阐述并加强了一套简化的长期坚持的森林景观恢复原则。

（1）关注景观。森林景观恢复发生在整个景观内，而不是单个场地，代表了各种土地使用权和治理制度下，相互作用的土地使用和管理实践的镶嵌斑块。正是在这种规模下，生态、社会和经济的优先事项才能得到平衡。

（2）让利益相关者参与并支持参与式治理。森林景观恢复积极让包括弱势群体在内的不同规模的利益相关者参与土地利用、目标和战略恢复、方法实施、利益分享、监测和审查过程的规划和决策。

（3）恢复多种功能以获得多种利益。森林景观恢复干预旨在恢复景观中的多种生态、社会和经济功能，并产生一系列有利于多个利益相关者群体的生态系统物品和服务。

（4）维护和加强景观内的自然生态系统。森林景观恢复不会导致天然林或其他生态系统的转换或破坏。它加强了森林和其他生态系统的保护、恢复和可持续管理。

（5）根据当地情况使用各种方法。森林景观恢复使用各种方法，以适应当地的社会、文化、经济和生态价值观、需求和景观历史。它借鉴了最新的科学和最佳实践，以及传统和本地知识，并将这些信息应用于地方能力和现有或新的治理结构。

（6）为长期恢复进行适应性管理。森林景观恢复寻求在中长期增强景观及其利益相关者的韧性。恢复方法应增强物种和遗传多样性，并随着时间的推移进行调整，以反映气候和其他环境条件、知识、能力、利益相关者需求和社会价值观的变化。随着恢复的进展，来自监测活动、研究和利益相关者的信息应纳入管理计划。

世界正在进入一个生态恢复的时代，全球各国政府做出了令人印象深刻的承诺，通过广泛的恢复活动，包括生态系统和景观规模的生态恢复，以恢复退化的土地和景观。人们越来越认识到，生态恢复是减轻和适应环境灾害影响和气候变化影响的关键工具。它支持在个人、社区和国家层面改善人类福祉的进程。如果有效实施，生态恢复可以实现深远的生态系统服务效益，可以改善粮食和水安全等最基本的需求，减少疾病传播，改善个人身体、情绪和心理健康。生态恢复还必须与保护和可持续生产相结合。在全球范围内，恢复可以帮助从数百年累积的环境破坏走向土地退化中性，最终走向净生态改善。因此，生态恢复有望在本地生态系统的范围和功能方面获得净收益，并带来关键的人类福祉效益。要实现这一目标，需要各地利益相关者的支持，以及全球对各种恢复性活动的承诺和投资。这种投资必须建立在强有力的、可执行的、可理解的科学基础上。

第三节　我国退耕还林的时期和补偿

退耕还林的项目于 1999 年在四川、陕西和甘肃 3 个省进行试点后，2000 年在全国范围内推广。退耕还林还草的实践分为 1999 年起实施的前一轮退耕还林还草和 2014 年起实施的新一轮退耕还林还草。

一、退耕计划时期和补偿

（一）退耕计划时期

1999 年，四川、甘肃和陕西省首次进行退耕还林计划的试点。当年完成退耕地还林 572.2 万亩、宜林荒山荒地造林 99.7 万亩。

2000 年 3 月，经国务院批准，正式启动退耕还林项目。国家林业局、国家计划委员会、财政部联合下发《关于开展 2000 年长江上游、黄河上中游地区退耕还林（草）试点示范工作的通知》并确定试点示范实施方案，在长江上游的 5 个省（直辖市），即云南、四川、贵州、重庆、湖北，黄河上中游的陕西、甘肃、青海、宁夏、内蒙古、山西、河南、新疆等 13 个省（自治区、直辖市）和新疆生产建设兵团的 174 个县（团、场）开展退耕还林还草试点。2000 年 9 月，国务院下发《关于进一步做好退耕还林还草试点工作的若干意见》，明确了实行省级政府负总责、完善退耕还林还草政策、健全种苗生产供应机制、合理确定林草种机构和植被恢复方式、加强建设管理和严格检查监督等方面的规定。

2001 年《政府工作报告》强调，有步骤因地制宜推进天然林保护、退耕还林还草以及防沙治沙、草原保护等重点工程建设，并要求西部大开发"十五"期间要突出重点，搞好开局，着重加强基础设施和生态环境建设，力争五到十年内取得突破性进展。同年，退耕还林还草被列入《中华人民共和国国民经济和社会发展第十个五年计划纲要》。2001 年 8 月，经国务院同意，中央机构编制委员会办公室批准国家林业局成立退耕还林(草)工程管理中心。2001 年，退耕还林的项目实施的范围进一步扩大，包括 20 个省(自治区、直辖市)和新疆生产建设兵团参与退耕还林还草试点，涉及 400 个县和 27000 个村。在项目村，在 1999 至 2001 年的试点阶段，超过 1500 万农民退出他们的部分土地并获得了补偿款。试点期间，平均每年退耕地 40.8 万公顷，总面积 120 万公顷，总补助费用 36.5 亿元。

2002 年，试点阶段的成功推动了国务院在全国范围内正式启动退耕还林计划。2002 年 1 月，国务院西部开发办、国家林业局召开全国退耕还林电视电话会议，宣布全面启动退耕还林还草工程，当年分 2 批安排 25 个省(自治区、直辖市)和新疆生产建设兵团退耕地还林还草 3970 万亩、宜林荒山荒地造林 4623 万亩。从 2001 年底至 2002 年年底，参加该计划的县增加了 374%。截至2002 年年底，退耕还林计划已扩展至 1897 个县，到 2003 年年底，该计划已在 25 个省的 2000 多个县实施。2002 年 12 月，《退耕还林条例》经国务院第 66 次常务会议审议通过并颁布，于 2003 年1 月 20 日起施行。2003 年，全国共实施退耕地还林还草 5050 万亩、宜林荒山荒地造林 5650 万亩，总任务达 1.07 亿亩。

根据该计划，国家林业局计划到 2010 年将约 1467 万公顷的脆弱农田退耕转变为森林。然而，随着该计划在全国范围内全面实施，它的扩张非常迅速。在试验阶段(1999—2001)，平均每年40.8 万公顷的陡坡耕地被退耕还林，2002 年开始全面实施后，2002 年和 2003 年的退耕还林面积跃升至每年 290 万公顷，是试点阶段的 6 倍多。到 2003 年年底，退耕还林面积为 644 万公顷，荒地绿化面积为 689 万公顷。

退耕还林在全国范围内实施后，土地退耕的速度表明，该计划得到了当地政府和有关农民的积极采纳。特别是，地方政府渴望从中央政府获得资金，并增加扩大退耕还林拨款的面积，在许多情况下，退耕还林的土地比中央政府拨给该地区计划的土地多。因此，在实施后的 4 年内，12年目标中的一半已经实现。事实上，地方政府通过向上级政府申请增加土地退耕配额，或者通过先超出土地退耕还林配额，然后再获得更多补贴，从而增加当地退耕还林的面积。地方政府由于资金短缺，出现了拖欠向农民发放退耕还林补贴的情况。这种状况自从项目开始以来就存在，当时四川、陕西和甘肃 3 个试点省份在 3~4 个月内超额完成了退耕还林配额。尽管中央政府计划只在 174 个县实施试点，当时有 312 个县主动启动土地退耕还林。

(二)退耕还林补偿

国家无偿向退耕农户提供粮食、生活费补助。补助标准为：长江流域及南方地区退耕地每年补助粮 150 千克/亩；黄河流域及北方地区退耕地每年补助原粮 100 千克/亩。退耕地每年补助生活费 20 元/亩。2004 年起，原则上将补助粮食改为补助现金，中央按原粮 1.4 元/千克计算包干到省，具体补助标准和兑现办法由省级政府确定。补助年限：还草补助 2002 年以前补助 5 年，2002年起补助 2 年；还经济林补助 5 年；还生态林补助 8 年。国家向退耕农户提供种苗造林补助费。1999—2007 年退耕地和宜林荒山荒地种苗造林补助费标准按 50 元/亩计算。退耕还林必须坚持生态优先，以营造生态林为主，营造经济林的比例不得高于 20%。对超过规定比例多种的经济林，只提供种苗造林补助费，不补助粮食和现金。

粮食和生活费补助期满后继续对退耕农户直接补助。补助标准为退耕地长江流域及南方地区每年补助现金 105 元/亩，黄河流域及北方地区每年补助现金 70 元/亩。每年 20 元/亩生活补助费继续直接补助给退耕农户，并与管护任务挂钩。补助期为还生态林补助 8 年，还经济林补助 5 年，还草补助 2 年。中央财政安排巩固退耕还林成果专项资金，支持西部地区、京津风沙源治理区和享受西部地区政策的中部地区退耕农户的基本口粮田建设、农村能源建设、生态移民以及补植补造，并向特殊困难地区倾斜。

二、项目速度放缓

2004 年，根据宏观经济形势和全国粮食供求关系的变化，国家对退耕还林还草年度任务进行结构性、适应性调整。2004 年 4 月，国务院办公厅下发《关于完善退耕还林粮食补助办法的通知》，原则上将补助粮食实物改为补助现金。2005 年 4 月，国务院办公厅下发《关于切实搞好"五个结合"进一步巩固退耕还林成果的通知》，要求在继续推进重点区域退耕还林还草的同时，把工作重点转到解决好农民当前生计和长远发展问题上来。2005 年退耕还林还草计划任务重点解决2004 年超计划实施的遗留问题，2006 年进一步调减了退耕还林还草计划任务。

启动退耕还林计划的原因之一是，1995 至 1998 年，全国粮食产量大幅度增加，导致市场粮食价格下降，农民因为粮食价格低而遭受损失。退耕还林计划很受农民的欢迎，参与积极性高，超计划完成了退耕还林的面积任务。2004 年开始，依据退耕还林面积的快速增长情况，促使国务院对退耕还林进行了一次结构调整，将重点从扩大退耕还林面积转移到了维护改造退耕后的土地上。因此，2004 年及以后年份出现了较低的退耕还林面积目标。考虑到全国人民需要的粮食，国家决定全国保留 18 亿亩的耕地，这是国家划定的耕地红线。

2002—2006 年，25 个省（自治区、直辖市）和新疆生产建设兵团共实施退耕还林还草 3.3 亿亩，其中退耕地还林还草 1.21 亿亩、宜林荒山荒地造林 1.89 亿亩、封山育林 0.2 亿亩。

按照原定退耕还生态林补助 8 年、还经济林补助 5 年、还草补助 2 年的规定，直补农户的政策陆续到期，部分退耕农户生计出现困难。2007 年 6 月，国务院第 181 次常务会议研究决定现行退耕还林还草补助政策再延长一个周期，原定补助到期后继续对退耕农户给予适当补偿。

从 2007 年起，为确保"十一五"期间全国耕地不少于 18 亿亩，暂停安排退耕地还林还草，继续安排宜林荒山造林、封山育林。2007—2013 年，有关部门逐步将人工造林补助标准从每亩 50 元提高到 300 元，将封山育林补助标准从每亩 50 元提高到 70 元，全国共完成宜林荒山荒地造林5663.5 万亩、封山育林 2650 万亩，有力地推动了国土绿化进程。

三、新一轮退耕还林还草

退耕还林政策的延续，一方面有利于缓解大量陡坡耕地、严重沙化耕地存在的生态危机，另一方面可以延续保护退耕农民巩固退耕还林成果的积极性，尤其是在推进开发式扶贫、增强造血功能的过程中，退耕还林更有着不可替代的作用。启动新一轮退耕还林工作，是党中央、国务院从中华民族生存和发展的战略高度，着眼经济社会可持续发展全局作出的重大决策，是建设生态文明和美丽中国的战略举措，是解决我国水土流失和风沙危害问题的必然选择，是促进农民脱贫致富和全面建成小康社会的客观要求，对全面推动生态林业民生林业发展、增加我国森林资源、应对全球气候变化具有重大意义。

新一轮退耕还林还草不再限定退耕后还生态林的比例，退耕还林后营造的林木，符合规定的可分别纳入中央和地方财政森林生态效益补偿，未划入公益林的，经批准可依法采伐。

（一）退耕计划时期

2014 年 8 月，经国务院同意，国家发展改革委、财政部、国家林业局、农业部、国土资源部联合向各省级人民政府印发《关于印发新一轮退耕还林还草总体方案的通知》，提出到 2020 年将全国具备条件的坡耕地和严重沙化耕地约 4240 万亩退耕还林还草。《中华人民共和国国民经济和社会发展第十二个五年规划纲要》《国务院关于切实加强中小河流治理和山洪地质灾害防治的若干意见》等都提出，巩固和发展退耕还林成果，在重点生态脆弱区和重要生态区位，结合扶贫开发和库区移民，适当增加退耕还林任务，重点治理 25 度以上坡耕地。

2015 年中共中央、国务院印发的《生态文明体制改革总体方案》提出："编制耕地、草原、河湖休养生息规划，调整严重污染和地下水严重超采地区的耕地用途，逐步将 25 度以上不适宜耕种且有损生态的陡坡地退出基本农田，建立巩固退耕还林还草、退牧还草成果长效机制。"

2017 年国务院批准核减 17 个省（自治区、直辖市）3700 万亩陡坡基本农田用于扩大退耕还林还草规模。要扩大退耕还林、退牧还草，有序实现耕地、河湖休养生息，让河流恢复生命、流域重现生机。

2018 年印发的《中共中央 国务院关于打赢脱贫攻坚战三年行动的指导意见》要求："加大贫困地区新一轮退耕还林还草支持力度，将新增退耕还林还草任务向贫困地区倾斜，在确保省级耕地保有量和基本农田保护任务前提下，将 25 度以上坡耕地、重要水源地 15 度~25 度坡耕地、陡坡梯田、严重石漠化耕地、严重污染耕地、移民搬迁撂荒耕地纳入新一轮退耕还林还草工程范围，对符合退耕政策的贫困村、贫困户实现全覆盖。"要下决心实施退耕还林，使生态得到保护，农民得到实惠。

2019 年国务院又批准扩大山西等 11 个省 13 区（市）贫困地区陡坡耕地、陡坡梯田、重要水源地 15 度~25 度坡耕地、严重沙化耕地、严重污染耕地退耕还林还草规模 2070 万亩。新一轮退耕还林还草的总规模已超过 1 亿亩。

（二）退耕还林补偿

2014 年，国务院批准实施《新一轮退耕还林还草总体方案》（以下简称《方案》），明确还林还草补助标准，退耕还林每亩补助 1600 元（2014—2016 年为 1500 元/亩），退耕还草每亩补助 1000 元。根据《方案》要求，中央根据退耕还林还草面积将补助资金拨付给省级政府。退耕还林财政部通过专项资金安排现金补助 1200 元，国家发展改革委通过中央预算内投资安排种苗造林费 400 元（2014—2016 年为 300 元/亩）；退耕还草财政部通过专项资金安排现金补助 850 元、国家发展改革委通过中央预算内投资安排种苗种草费 150 元。同时，《方案》明确，中央安排的退耕还林补助资金分 3 次下达给省级政府，每亩第一年 900 元（其中，含种苗造林费，2014—2016 年为 800 元/亩），第三年 300 元，第五年 400 元；退耕还草补助资金分 2 次下达，每亩第一年 600 元（其中含种草费），第三年 400 元。此外，《方案》明确，各省（自治区、直辖市）政府在不低于中央补助标准的基础上，自主确定兑现给退耕农民具体补助标准和分次数额；地方提高标准超出中央补助规模部分，由地方财政自行负担，并要求，地方各级人民政府有关政策宣传、作业设计、技术指导、检查验收、政策兑现、确权发证、档案管理等工作所需经费，主要由省级财政承担，中央财政给予适当补助。

2014—2019 年，22 个工程省份和新疆生产建设兵团共实施新一轮退耕还林还草 6783.8 万亩（其中还林 6150.6 万亩、还草 533.2 万亩、宜林荒山荒地造林 100 万亩），中央已投入 749.2 亿元。

四、退耕还林补偿问题讨论

退耕还林补偿实际上是国家的一项生态系统服务补偿计划，农民退耕还林后获得政府补偿。

(一)农民获得补偿概述

退耕还林的财政补偿总预算非常庞大，大部分直接用于补偿农民。农民获得 3 种退耕还林的补贴：现金、粮食(后来转为现金补偿)和苗木。最初，长江上游退耕 1 亩，每年补贴农民 150 千克粮食，黄河中上游退耕 1 亩补贴粮食 100 千克。由于土壤肥力的不同，在这两个流域提供了两种粮食补偿，因为长江流域的单位面积粮食产量高于黄河流域的。2004 年，将粮食补偿改为现金补偿。现金补偿给实行退耕还林政策的省和自治区，然后支付给退耕还林的农民。2004 年，补偿的现金数额相当于原来补贴粮食的价格。然而，从补贴粮食到直接补贴现金成了一个问题，因为补贴的现金保持不变，而大米和面粉价格却上涨了。因此，按补贴粮食的实际价值计算，现金补贴一直在减少。

补偿的前提必须是确保种植的树木成活生长。主要是由当地林业局核实这些树木的成活率。为了确保农民种植树木和管护幼苗，退耕还林的农民当年只能够获得 50% 的粮食和现金补贴。退耕还林种植的树木必须达到 85% 的成活率，农民才能获得补偿。当地退耕还林办公室在第一年造林后检查合格时，再发放其余 50% 的粮食和现金补贴。造林成活率达不到 85% 的，要求农民补种，次年林业局检查验收造林合格时，则发放补贴。因为农民可以重新补种植树木，并获得补偿，造林成活率通常非常高，90% ~ 100%。

以造林苗木成活为条件进行补偿，是保证农民在种植苗木后加强管护的必要条件。然而，在某些情况下，农民种植的苗木密度高于最优密度，以确保足够的苗木存活率，以满足政府要求获得补贴所需的每亩幼苗数量标准。如果种植的苗木大部分存活下来，则树木密度过高，导致森林质量和生态系统功能不高。

(二)农民获得补偿情况

在试点阶段，由于地方政府和农民的退耕还林积极性高，许多地方的退耕面积超过了计划面积，参与退耕还林的农民有些没有得到全额补偿款。在某些情况下，多种原因导致补偿资金或粮食不能够足额支付，基层给出的理由多数是没有得到主管部门的验收确认造成的。然而，这些补偿不足似乎不是验收工作滞后的结果，补偿资金不足是由于各种原因造成的，并非都与项目预算编制不完善有关，有些与基层管理的腐败有关。在某些情况下，补偿不到位可能是由于乡镇政府扣除了向劳动力支付在农民退耕还林土地上种树的费用，支付其他行政费用或偿还农民的欠款。此外，退耕还林的地块属于农户家庭的碎片土地，地块的丈量和统计工作量很大，许多是由非专业人员完成的，数百万块退耕还林的土地的项目协调、检查和补偿金支付，对地方政府来说是沉重负担和高昂的费用，然而退耕还林计划要求地方政府自行承担实施成本。因此，延迟支付补助款是项目快速扩张的结果，这就产生了更大的管理需求，以及缺乏所需的管理资金。这些反过来又导致了实施和补贴发放方面的问题。

2004 年，依据该支付给农民的补偿被截留挪用或延迟发放补贴后，补偿方法发生了变化。从那时起，补偿款通过农村信用社支付，给农民的退耕还林土地通过建档立卡，农民就可以核实他们收到了多少钱。虽然这样做是为了解决腐败风险，但腐败问题似乎并没有完全消失。退耕还林项目的实施，导致林业官员滥用权力的情况增加了，尤其有些地方或村庄出现了虚假的建档立卡情况，持续套取国家的退耕还林经费。

通过农村信用合作社支付补助款增加了制度的透明度。另一个提高退耕还林透明度的因素是互联网的使用越来越多，以便随时向公众通报情况和公布政策。现在几乎所有的村庄都可以通过手机上网，直接从林业部门或其他政府网站了解政策，可以充分了解自己的权利和义务。拖欠农民退耕还林补偿款的情况越来越少了。

退耕还林使得多数参与退耕的农民家庭收入增加了，而且退耕还林补助款是退出耕种土地的补偿，在树木幼苗最初种植后，除草和管理工作相对比较少。因此，农民可以自由在农业或其他非农业方面从事其他创收工作，农民从土地退耕还林中直接受益。此外，许多规避风险的家庭可能更喜欢确定的补贴收入，减少了广种薄收靠天吃饭的高度不稳定的农业收入，退耕还林后参与家庭的人均年收入多数都增加了。

第四节　退耕还林的土地和树种及农户选择

退耕还林主要是为了减少陡坡耕地的数量。几十年来，农民耕种陡坡地是因为贫穷，因为贫穷而垦荒，因为垦荒而贫穷，垦荒成了贫穷"陷阱"。贫穷的农民需要通过耕种边际土地来补充收入，从环境角度来看，退耕还林解决的是土地退化导致的水土流失等问题，更有效地使用了财政激励和市场机制，鼓励农民从耕种靠天吃饭的土地中解放出来。

一、退耕还林的土地

退耕还林试图将不太适宜农业生产的土地转为林地。这主要限定为遭受过度土壤侵蚀的坡地，在退耕还林计划中，陡坡土地的定义是西北地区坡度大于15度、西南地区坡度大于25度的坡地。退耕还林的目标土地不仅是坡地，还包括其他四类土地：①水土流失严重的农田（主要是坡度大于25度的农田）；②荒漠化、盐碱化、石漠化严重的农田；③处于生态重要区的农田，生产能力低，产量不稳定；④水土流失严重的荒地。

《退耕还林条例》规定，如果农田的生产力足以生产出比退耕还林补贴价值更高的粮食，并且土地不会造成水土流失，则不应将其退耕还林。但是，如果出于生态方面的原因，有必要对这些土地进行退耕，则可以协商退耕还林。地方政府在为退耕还林项目划定区域时，通常考虑到生态保护、流域服务和适合当地条件的植被类型。他们倾向于将相邻的大片土地退耕还林，因为这样做更容易实施和监测管理。这可能包括一些肥沃的平地，而不完全是退耕还林要求的土地。

在退耕还林的试点阶段，很少有人自愿将自己的土地退耕还林，因为他们对退耕还林的补偿政策持怀疑态度。然而，由于粮食补偿和补贴资金支付相当及时，更多的家庭开始愿意参与退耕还林。因此，每年分配的退耕还林任务不能够满足所有想参与退耕还林的家庭的需求。

退耕还林计划的重点放在中国西部，因为该地区包含长江和黄河的源头，土壤侵蚀问题占全国总面积（大于3.6亿公顷）的80%左右。这一地区控制水土流失不仅对其自身（例如，在生物多样性和土地退化方面）至关重要，而且对两条河流的中下游也至关重要，这两条河流的流域几乎覆盖了中国一半的领土。根据1996年全国土地调查，中国西部共有3800万公顷耕地。占全国耕地面积的28%。然而，西部的耕种坡耕地比例高于全国其他地区。该地区约55%的土地坡度大于25度，且遭受严重的土壤侵蚀。导致每年都有大量泥沙流入两条河流：在21世纪初，长江和黄河每年流入泥沙200万至400万吨，估计其中65%来自坡耕地。退耕还林是提高水土保持能力的一项重要政策。其目的是，在完成退耕还林后，长江上游和黄河上游的75%的陡坡地农田，以及46%的荒漠化农田将转化为林地或草地。

家庭在自愿将土地退耕还林时，通常考虑的要素是：土地质量较低、离家较远、灌溉条件较差、土地权属不稳定。有些村庄在选择退耕还林地块时，除了地块坡度外，其他因素也很重要。有时地块虽然属于水土流失的陡坡耕地，但是地块不是项目要求的，可能是由于不同的原因造成的，就没有纳入退耕还林地。在某些情况下，靠近道路的地块被定为向上级部门"展示"项目实施的情况，就被确定为退耕还林地，以便于检查和监测。退耕还林的土地选择总体而言是合理的。

退耕还林的土地选择中最重要的考虑因素是坡度。然而，坡度并不是唯一的因素。土壤的肥力、土壤的侵蚀状态或侵蚀难易程度，以及土地能为农民带来的收入，也是项目规划人员应该考虑的重要因素。就选择退耕还林的土地而言，总体方案目标相当好。

二、退耕还林的植物种选择

退耕还林工程促进了种植经济林、生态林或草地。更多的农民更喜欢种植经济树，因为它们比生态林产生更高更稳定的收入。这3种造林在不同的时期获得不同程度的补贴，也为农民带来不同程度的收入。

(一)退耕还林的植物类型

退耕还林的项目支持恢复植被，恢复的植被可以是草地，也可以是树木。种植的树木可以是经济树，也可以是生态树。经济树是那些可以产生可持续收入的树木，例如，通过销售非木材产品，如茶树和果树等。生态树的目标是减少土壤侵蚀和沙尘暴，绿化祖国大地。

退耕还林的生态林和经济林必须符合规定的标准。特别是，当地林业局列出了退耕还林工程支持种植的树木清单。《生态树种名录》包括南方地区142种、北方地区103种，《经济树种名录》包括南方地区41种、北方地区28种。有些树种(如核桃树、栗子树和茶树)包括在这两类中。因此，有时无法从树种上判断该地区是否种植的是生态树或经济树。退耕还林地有严格的种植标准，包括种植树木的密度、避免水土流失的规则、覆盖物的使用、除草的频率以及可开垦种树的区域。当种植生态树和经济树木时，一些原有的树木可能会被砍伐，以提高新种植树木防止土壤侵蚀的能力。

在制定项目规划时，规定每个行政单位退耕还林的80%的林木为生态林，20%为经济林。农民更喜欢经济树木，因为他们可以从水果和其他非木材产品中赚取更高的收入，农民对特定树种有偏好。退耕还林项目的设计有时没有反映农民的需求和态度，农民种植经济树木，他们不仅会有更大的热情来更好地管理这些树木，而且还能创造更多的收入，在退耕还林补贴结束时，较少会发生将林地更改用途的倾向。

(二)退耕还林的树种多样性

退耕还林始终强调，要依据造林地立地条件，适地适树。由于退耕还林，植被覆盖和森林面积大大增加了，祖国大地更绿了。然而，退耕还林的生态效益经常受到两方面的影响：种植的树种通常是本地的植物种；树种的选择在很大程度上取决于气候和土壤条件，山区的气候和土壤条件差异很大。不同乡镇种植的树种确实不同，但每个乡镇种植的树种多样性很小，过分强调要种植少数几个树种，创造了大量纯林。

杨树是退耕还林常用的树种，特别是在干旱或半干旱地区。鉴于降水量有限，在干旱和半干旱地区种植杨树。杨树是一种生长快、水分利用效率低的树种。在缺水的许多地区很难生长成林，其深根系都会通过蒸腾作用利用深层水，降低地下水位，使草本植物和灌木很难生存。许多研究表明，当人工林对雨水的消耗量高于天然植被的消耗量时，森林覆盖率的增加会减少流域的净径流量。虽然减少的径流意味着增加了降水的截留量和减少了水土侵蚀，但截留水分的利用速度通常比雨季补充水分的速度更快。因此，树木实际上减少了地下水和河流的供水。

（三）植物成活率

农民种植的树木必须达到70%（干旱半干旱地区的生态林）至85%（其余地区）的成活率，才能获得补偿。农民种植的树木成活率达不到70%~85%的，允许补种，第二年林业局检查时，如果成活率达到规定标准，则可获得补助资金。

允许农民自己选择种植哪种树木，可以获得更高的成活率。较高的存活率不是因为农民选择了较易成活的树木。相反，这意味着，考虑到地块特征和家庭的限制，农民更有能力选择更可能存活的树种。此外，当农民有选择种植什么树种的自主权时，他们更有可能投入精力和资金来维护造林地。

有权选择种植树种的家庭通常会在退耕土地上投入更多的现金和劳动力。这些结果表明，能够选择种植什么树种的农民投资更多，以确保在退耕地成功造林。赋予农民选择造林树种的权利，可能会使他们的利益与该项目的环境目标更为紧密地结合起来，如果农户能够自由选择树种，多数农民会选择种植经济树，很可能是家庭更快地从经济林中获得经济利益的结果。首先，为生态和经济森林支付的补贴之间的差异小于每种森林所产生的外部效益之间的差异。

（四）干旱半干旱地区的造林

造林是制止生物多样性丧失和提高生态系统服务（如固碳、减少水土流失等）功能的有效手段。水分是干旱半干旱地区造林的关键限制因子，有学者提出了400毫米降水量以下区域限制造林，认为干旱区造林会加剧环境退化等观点。虽然有些地区，由于树种选择不当，一些造林实践取得了不理想的效果。但是，即使出现了所谓的"小老头"杨树林，这里的生态环境也得到了改善，而且为更替造林提供了良好的环境，与自然环境的无林地比较，提供了更大的生态系统服务功能。另外，郁郁葱葱的灌木林，在夏秋季为大地披上了绿装。20年的退耕还林实践使祖国大地更绿了，水土流失在减少。

三、退耕还林的农户

退耕还林工程直接补贴了实施项目的数百万农户，因为退耕还林本质上是一个环境服务的公共支付计划。退耕还林的项目在全国范围内实施，参与家庭的数量迅速增加，从2001年的350多万户增加到2005年的2500多万户。到20世纪20年代初，共有3000万家庭和1.2亿农民参与了退耕还林计划。20年来，共有4100万农户参与实施退耕还林还草，1.58亿农民直接受益，其经济收入明显增加。毫无疑问，退耕还林对农业社区产生了相当大的影响，它并不是唯一实施的有益于农民的项目，在许多情况下，它还与其他项目相互作用，在乡村振兴中发挥了重要作用。

(一)农户参与程度

林业部门规划的退耕还林土地,目的是将选择的土地的土壤侵蚀降至最低,而不是直接以贫困家庭为目标。尽管如此,在主要流域地区,贫困家庭是耕种陡坡贫瘠土地的家庭,因此该计划帮助了这些贫困家庭。无论是从劳动效率(因为需要更多的时间在去田里的路上)还是每公顷产量来看,需要退耕还林的土地生产率都较低。这些土地导致参与退耕还林的家庭的收入在退耕前低,住房简陋,拥有的耐用消费品价值低。因此,那些参加退耕还林的家庭的土地生产力较低,这导致他们更加贫穷。

在一个村庄,在所有其他因素不变的情况下,家庭的贫困状况并不是参与退耕还林的决定性因素。家庭收入水平也不影响退耕还林的面积。退耕还林工程并没有专门针对穷人,然而,穷人并没有被排斥在外。退耕还林的项目包括了大量相对贫穷的家庭。

对于在退耕还林计划实施前已经将家庭成员加入移民劳动力队伍中的家庭来说,退耕还林的计划已经成为一个机会,停止耕种一些农田,因为与耕种土地相比,许多林业活动可以节省劳动力。参与家庭和非参与家庭的收入比较,参与家庭在加入计划后的收入高于非参与家庭。

根据退耕还林的规定,家庭参与应该是自愿的。问题是谁决定应该退耕多少地。通常为了连片集中退耕还林,林业部门规划退耕还林地块时,是把一大片山坡地划为退耕还林地,这些土地是由不同家庭承包的小块地组成,这种规划对家庭和村来说,几乎没有自主权。但是家庭最终可以决定自己的地块是否愿意加入退耕还林。通常,大多数家庭都是愿意把自己耕种的陡坡地列入退耕还林规划。

在最初实施退耕还林的时候,大多数的农民是不了解情况的,退耕还林的项目实施前没有与他们协商,是在村和合作社领导的安排下实施的。同样,大多数农民无权选择要退耕的地块和耕地面积,也无权选择要种植的树木或草种。林业部门制定的规划决定了要种植的树种。

除了家庭选择是否参与退耕还林这个基本问题之外,退耕还林的规划由于通常不征求当地参与家庭的意见,决定退出哪些土地,种植哪些植物,他们往往不会正确地种植或维护树木和草地,尤其导致种苗的浪费和种植树木的成活率和生长量低。

农村有些非参与退耕还林的家庭虽然想将自己的坡耕地退耕还林,但由于各种原因,特别是他们的陡坡地块不包括在项目区内,他们不能参与退耕还林。另外,在退耕还林的初期,由于有些农户家庭不相信政府提供的补偿能够直接补贴给他们,从而错过了参与退耕还林的机会。总之,大多数最初未参加该计划的家庭,如果拥有符合退耕还林的陡坡耕地或者有退耕还林的机会,多数都愿意参加。

退耕还林是国家实施的改善生态环境的补贴计划。农民家庭的参与是自愿的,但是想要参与也受到农村政府结构的强烈影响,因为只有被列入退耕还林计划的乡镇和村社的家庭才能进入该计划。乡镇政府是中央政府和农村家庭之间的关键纽带,参与者的选择取决于土地是否在项目目标区域内。因此,退耕还林项目的实施,很大程度是由各级政府和有关部门决定的。

(二)参与退耕还林农户的态度

退耕还林工程实施几年后,农民对退耕还林及其相关政策有了总体了解,由于环境条件的改善和支付比较充足的补贴款项,大多数农民对退耕还林持积极的看法。在平坦地区拥有足够肥沃土地的农民更愿意参与该项目,并将其陡坡地退耕为林地,特别是当他们没有足够的劳动力来耕种所有土地时。在陡坡上耕种边缘土地的农民愿意参加这个项目,因为政府提供的粮食和现金补贴超过了这些土地的产量。农民看重的是家庭收入，水土流失和森林保护排在第二位。大多数家庭希望政府采取措施增加收入和减轻贫困。一旦减少了贫困，农民们就愿意更加关注环境问题。总体来说，全球气候变化被农民视为与他们生活中无关紧要的事情，在他们关心的问题中排名最后。

农户是否参与退耕还林，是基于家庭的自我选择和地方政府的最终选择相结合的。农户家庭希望根据他们的预期收益确定退耕还林的土地，政府部门优先选择退耕还林的土地，是使环境效益减去农业土地的机会成本最大化。参加退耕还林的项目的农户是自愿的，没有强迫农民参加。然而，农民往往无法选择要自愿参加退耕还林的项目。我国的干旱半干旱地区是生态环境最脆弱、水土流失最严重的地区，农民生活相对贫困，造林的难度很大，灌木林的收益较低。因此，应该持续补贴这些地区的农民，为改善生态环境作出贡献。

第五节　退耕还林的规划与实施

退耕还林的实施是复杂的系统工程，地方政府的投入较少，重要依赖于国家的投资。退耕还林是一个相对分散的项目，同时需要在基层做出重要决策。政府的作用对每一个具体的退耕还林项目都很重要，因为农民获得的补贴完全来自政府部门。

退耕还林可以说是一个革命性的计划，因为它涉及各级政府的规划和实施。政府有 3 个层级参与规划退耕还林的项目：中央政府、省级政府和县级政府。①在中央政府层面，该计划由林业部规划；②省、县两级林业部门提出意见和要求，根据当地情况调整方案；③县政府负责协调实施。通常，县林业部门会与乡镇政府合作，进行实地调查，并向上级汇报年度退耕还林计划，直至林业部。退耕还林的计划包括绿化面积、生态经济树种比例（县级生态树种不低于80%）、树种选择及分布、种植类型、苗木供应、种植管理信息等。经国务院审批（会同林业部、劳动和发展部），由县级政府实施。

一、退耕还林工程的组织和实施

退耕还林是中国林业发展历程中的一个独特的计划。省级和县级政府能够根据当地的需要和条件调整项目，而且农民的参与是自愿的，但是，这仍然可以说是一个自上而下的政府计划，因为国务院决定了每个省有多少土地被退耕还林，农民得到多少补偿，等等。

退耕还林因为它的目标是小农户，所以它的规划和实施过程很复杂，涉及一系列的政府机构和多种多样的土地利用类型和技术。退耕还林的实施过程经历了以下步骤。

第一步：中央政府确定规划的总体范围、面积和规模。比如，政府补贴退耕还林的总经费，哪些省份参加，什么样的土地可以退耕还林，给农民多少钱。

第二步：由有关省份制定省级土地退耕还林的总体规划（包括该省可退耕的土地面积、土地所在地、每年可退耕的土地面积等），报林业部等中央有关部门。

第三步：林业部对各省份的计划进行审核平衡，制定全国的退耕还林计划，报国务院批准。

第四步：国家计划一经国务院批准，林业部（会同财政部、国家发展改革委等中央机构）就向各省、自治区下达任务。各省、自治区制定实施各项任务的路线图。

第五步：各省把计划任务分配给下级政府单位。比如，省级部门让地市级部门知道每个地级市需要退耕还林多少土地。地级主管部门决定每个县需要多少退耕还林多少土地，并通知相应的县。

第六步：地方各级政府单位，通常是县林业部门与乡镇政府合作，进行实地调查，分配农户要完成的任务，如选择每户要重新造林绿化的土地。

第七步：地方一级的林业推广工作者每年都要编制一份报告，说明当年退耕还林了多少土地，下一年要退耕多少土地，发放多少补贴，种什么样的树等。上级主管部门收集这些信息，并将其纳入下一年度的实施计划。然后逐级向林业部报告。

第八步：由林业部审批，通过省、地、县、乡政府和林业厅(局)逐级通知实施。

第九步：实际执行主要在地方一级进行。县级政府派出技术队伍下乡；在林业推广人员的帮助下，乡镇政府组织农民在村里实施退耕还林作业。

第十步：与农户签订退耕还林合同，要求农户在退耕还林和相应的退化土地(或荒地)上植树造林。在退耕还林任务还没有全部完成的情况下，可以邀请更多的农户加入。

第十一步：由各级政府，包括村、乡、县和省政府进行退耕还林任务完成情况检查。林业部还组织抽查。

第十二步：退耕还林任务通过有关部门检查的农户，收到粮食和现金补偿。

第十三步：各级政府机构年底编制工作报告，同时编制下一年度工作计划。这个过程从第六步开始每年重复一次。

退耕还林的实施过程是一个造林推广项目，为目标农户提供必要的信息、联系方式和服务，以便了解和参与退耕还林的项目。推广工作有5个主要目标：①提高公众对退耕还林计划重要性的认识；②提高农民的认识和参与意愿；③在各级政府机构之间建立合作关系，以促进退耕还林计划的实施；④将农民纳入退耕还林计划的实施过程；⑤鼓励技术转让。

二、退耕还林的规划和计划

2002年12月，经国务院第66次常务会议审议通过，国务院颁布《退耕还林条例》，于2003年1月20日起施行。《退耕还林条例》规定，退耕还林应当统筹规划，退耕还林总体规划由国务院林业行政主管部门编制，经国务院西部开发工作机构协调、国务院发展计划部门审核后，报国务院批准实施。省、自治区、直辖市人民政府林业行政主管部门根据退耕还林总体规划会同有关部门编制本行政区域的退耕还林规划，经本级人民政府批准，报国务院有关部门备案。退耕还林规划应当包括下列主要内容：①范围、布局和重点；②年限、目标和任务；③投资测算和资金来源；④效益分析和评价；⑤保障措施。

地方政府决定实施退耕还林计划，以及在实施细节上缺乏透明度，因为地方管理者在项目开始时，没有认真向潜在退耕还林参与者宣传国家政策。在确定要退耕还林的区域、退耕地块、参与的农户方面，政府部门的行动速度之快令人质疑：政府是否仔细选择了最适宜的田地和适宜的农户，或者是否在地图上认真标出了选择的地块。

尽管家庭作为退耕还林项目实施的核心，为直接参与管理自然资源开辟了一个新的方向，但该项目自上而下，合同结构简单化，缺乏与当地社区和农村家庭充分协商以确定他们的需求和制约因素。建议积极征求受政策影响的当地人民的更多投入和反馈，并将其纳入决策过程。中央没有认识到激励机制的重要性，过于依赖行政管理，对合同、公开招标和其他市场化机制开展具体活动的依赖不够。

退耕还林的组织方式使其实施所需的费用，如推广工作和运送树苗费用，必须由地方政府支付。这些变化给有退耕还林任务的地方政府，特别是最贫困地区的地方政府带来了沉重的负担。

在许多地区，由于补助金的支付出现延误和短缺，没有全部或部分支付给其退耕还林的农户。数百万地块的土地的项目协调、检查和补贴交付是繁重和昂贵的，然而最初的计划要求地方政府承担这些费用，同时他们面临税收收入减少的问题。中国西部许多被指定为退耕还林重点地区的县，面临着严重的预算紧缩，这阻碍了它们给农民按时足额支付退耕还林的补助款。

退耕还林的项目也为国家各级有关政府部门造成了潜在的财政负担，因为它需要大量的资金。预算支出中最大一部分用于补偿农民退耕还林和在他们的土地上育苗。在一些地区，农民获得的补助款高于他们在退耕土地上能够生产的作物的价值。

通过向农民支付高于土地机会成本的资金，并直接从中央政府向农民支付补助资金，该项目在提高农民收入方面取得了非常成功的效果。由于扶贫是目标之一，因此在一些扶贫地区，退耕还林有助于减少地区间的收入不平等。

退耕还林的成功不仅取决于项目组织的好坏。在农业、土地权、基础设施投资和国家更广泛的经济发展等方面的其他相关政策，也对其成功至关重要。

农村经济改革从根本上改变了土地使用权。随着家庭承包责任制的推行和土地使用权向家庭、农业的延伸，集体经济转变为家庭经济。

由于退耕还林的项目的规模之大和受影响人数之多，组织起来非常困难，而且在不同层面上容易出现各种各样的问题。使政府资助计划执行复杂化的是，许多实施该计划的地区地方政府相对薄弱，基础设施相当简陋，财政收入很少，公路网非常差，一般来说，农民没有多少选择。考虑到这些制约因素，并考虑到农村存在的经济、社会、环境和政治制约因素，退耕还林可以说是一个成功的项目。在中国，退耕还林的项目也是一个相对分散的项目，因此具有一定的革命性。中央政府仍是项目计划的决策者，作出了广泛的决定，包括确定生态林与经济林的比例、哪些树木属于生态林与经济林、每个省要退耕还林的土地数量、要支付多少补助费用和需要多长时间等。

三、生态恢复项目的规划

生态修复项目的地块有各种形状和大小。从事生态恢复项目的人或团体对恢复项目的实施能够提出各种各样的理由，涵盖广泛的立法要求到对社会做出有益贡献的愿望。无论项目的规模、复杂性或动机如何，要想成功，都必须仔细地规划。下面论述生态修复项目规划中的主要考虑因素。

(一)利益相关者

利益相关者是指在修复活动中拥有既得利益的个人、团体或组织，通常是因为他们可以从中获得或失去某些东西。典型的利益相关者包括自然资源管理者、行业团体、邻近的土地所有者、农民、土著群体、对土地或水道拥有管辖权的政府机构、娱乐用户和科学家。大多数项目都有不同的利益相关者，较大的项目通常比较小的项目拥有更多的利益相关者。一些已授权的项目，如矿山复垦，可能只有少数利益相关者，如政府和从事清理工作的公司。

虽然很难满足所有利益相关者的愿望和关注，但建立一个开放、尊重和透明的利益相关者参与论坛,更有可能满足多种生态和社会需求,从而增加长期恢复成功的可能性。此外,让利益相关者参与修复工作对于获得公共资金的支持和合作学习非常重要。

利益相关者需要尽早参与进来,并且经常贯穿于整个规划过程。预先确定冲突并就目标达成一致,可以使项目计划人员避免那些可能困扰精心计划的项目的陷阱。项目领导应该利用利益相关者的知识、专业知识和经验,并且应该在潜在的误解出现时立即澄清。鼓励不同的利益相关者群体参与早期决策,会使生态恢复项目不仅运行得更顺利,而且结果也更成功。利益相关者公开讨论土地使用选择和优先恢复行动,最大化生态系统服务,然后参与规划项目的物流和种植。

利益相关者可以通过各种方式参与进来。它往往从公开会议或建立一个持续的论坛开始,以便交换信息,所有具体的利益有关团体都有明确的代表。在某些情况下,使用更正式、更结构化的决策方法,其中包括一系列分析工具,通过透明的规划过程来指导决策者。向尽可能多的利益相关者开放、解释规划的重要性,重视每个参与者的投入,并有意义地、透明地整合利益相关者的想法。鼓励具有不同兴趣的团体和个人面对面地讨论决策制定,是需要时间的,但它可以确保项目的成功。

(二)目标设定

在规划过程的早期,一个关键的步骤是尽可能具体地陈述恢复项目的目标。但是许多项目跳过了这个重要的步骤,带有不清楚或模糊的项目目标,这些目标给那些负责实施和项目后评估的人提供的指导很少。目标过于宽泛可能会导致利益相关者之间的期望冲突。恢复确定的栖息地类型的项目,可以有多个目标,但是几乎不可能同时最大化它们,因为它们经常冲突,这就需要权衡。例如,一个增加植物生长以最大限度地储存碳的草原项目,也可能增加火灾风险。同样,一个本地群体想要的植物物种,可能不是濒危昆虫想要的物种。因此,重要的是在规划过程的早期建立详细的目标,将冲突最小化,选择适当的恢复策略,并能够在后期评估成功。许多项目都有明确的社会目标,通常包括创造就业机会、环境教育、增加娱乐机会和社区参与。

(三)建立参考模型(生态恢复的目标生态系统)

参考模型代表了恢复的大致目标。生态恢复的实践包括消除或限制退化源,并尽可能协助生态系统恢复到未发生退化时的状态,同时考虑到预期的变化。这需要一个模型来预测这种情况,该模型被称为参考模型,是基于经验从多个参考点构建的,理论上基于最佳可用信息。该模型应考虑多个生态系统属性及其在目标生态系统内的变化,以及整体生态系统的复杂性和动态性(即随时间的变化)。这些考虑因素中的每一个对于建立准确反映生态系统的项目目标都很重要。在某些情况下,可能有必要确定多个参考模型,例如,对于具有非平衡动态的自然生态系统,或已发生或预期发生不可逆转变化的备选参考模型。在实践中,建立参考模型的过程和模型的可靠性将根据项目资源和相关生态信息的可用性而有所不同。一些自然生态系统的信息可能随时可用或可收集,而对于其他恢复区域,参考地点和数据可能很少。在大多数情况下,利益相关者和项目管理者必须利用专业判断来填补现有信息和资源中的空白。在所有情况下,最好的可用信息应与扎实的调查工作相结合,以开发最佳模型,预测未发生退化的系统状况。

参考模型的构建理想地结合了广泛的生态系统属性,包括没有威胁、物种组成、群落结构、物理条件、生态系统功能和外部交换。其中一些属性,如群落结构(即与植被层、营养水平和空间格局有关的结构)和物种组成(即存在的物种类型)相对容易评估,而其他属性,如生态系统功能,则更为复杂,但同样重要。生物体以复杂的方式与环境和其他生物体相互作用,产生能量、营养、水和其他物质的流动，被称为生态系统功能。除了支持生态完整性，生态系统功能还提供生命所需的服务(如食物、纤维、水、药物)，将其纳入参考模型至关重要。此外，在开发参考文献时，生态系统的物理属性和生态补贴(如种子繁殖体)也很重要，因为它们是物种相互作用发生的背景。

除了纳入单个生态系统组成部分外，参考模型还应反映生态系统的复杂性和生态系统组成部分之间的关系。生态系统由以复杂方式相互作用的生物和非生物组成。例如，植物和土壤通过生物调节系统紧密相连。植物直接影响土壤的化学、物理和生物特性。因此，生态系统中生长的植物类型会影响系统中土壤的各个方面。同样，土壤的化学、物理和生物特性也会影响一个地区生长的植物类型。这些关系和生物调节并不是陆地生态系统所独有的。在水生系统中，初级生产力(能量通过光合作用固定)与较高营养水平下的生产力密切相关，并驱动食物网的整体结构。虽然不可能明确考虑生态系统中的整套组件和相互作用，但开发参考模型时应考虑尽可能多的组件和相互作用，并且至少应包括关键生态系统属性的指标。将许多因素纳入参考模型和项目目标的项目，可能更有可能恢复生态系统，最终保护生物多样性，提供生态恢复力，并在长期内提供更高的生态系统服务。

生态系统对不断变化的环境条件做出响应，这增加了生态恢复和其他类型的生态系统管理的复杂性。为了考虑时间变化，参考模型被设想为目标生态系统在未发生退化的情况下所处的状态，同时预测未来的变化。这并不代表过去的情况。历史信息可能有助于参考模型的构建，尤其在没有可参考的现代场地的情况下。然而，在使用历史数据开发参考模型时，应始终考虑已经发生(如温度、降水和土壤变化)或预计将发生(如气候变化)的背景环境变化的程度，以及参考模型应在多大程度上调整以适应这些变化。考虑到全球气候变化和其他人为影响，在开发参考模型时考虑可能的未来条件变得越来越重要。未来的状态很难预测，因此，为了确保项目在未来的条件下取得成功，经常使用预测未来气候模式、水文流量和物种分布的模型，作为参考模型和项目设计计划的依据。

生态系统变化由气候等生态系统外部因素驱动，但也通过演替过程驱动，许多类型的生态系统表现出多个演替阶段。因此，在选择参考地点时，必须考虑恢复地点的演替阶段。例如，后期演替的生态系统(例如1000年树龄的森林)可能不适合作为早期演替林分恢复初期阶段的参考地点，尽管它们有助于提供多阶段、长期的参考模型和确定长期的项目目标。此外，根据自然干扰或物种到达顺序等偶然事件，某些地点可能存在多种潜在的演替结果。与其假设系统始终遵循单一的演替轨迹，还不如为多个潜在轨迹开发一组参考模型。将平衡动态纳入参考模型显然会使恢复计划更加复杂，但将有助于项目的成功，因为它可以让管理者对合适的项目结果有更全面的了解，或者当需要多个潜在稳定状态之一时，帮助管理者避免将系统推向非预期方向的反馈。

因为没有两个场地是相同的，所以最佳实践是使用多个参考场地和其他信息来开发参考模型。一个地点的清单将只捕获物种库的小部分，不太可能代表目标生态系统的平均状况。高度异质的生态系统将比更同质的生态系统需要更多的参考场地。然而，由于全球土地变化程度很高，许多生态系统可能没有足够数量的参考场地，从业人员可能需要依赖演替模型和下面详述的其他信息来源。

除了来自参考场地的信息，来自现场基线调查和间接、次要证据来源的信息，可能有助于确定参考状况。这些次要来源虽然不完善，但仍然可以有效地帮助指导修复规划。例如，从自然档案和文化记录中获得的历史信息，可以提供有价值的见解。例如，一个重要的自然档案是老树的年轮，它可以揭示过去发生的干旱和火灾。洞穴中啮齿类动物贮藏的古代种子和其他植物碎片，通常可以为确定物种提供依据。种子库以及土壤和沉积物中的花粉沉积物，可用于识别某个场地的植物物种。可以挖掘埋在潮湿土壤或沉积物中的原木、大型木屑和木炭，来确定物种，并揭示很久以前消失的古老生长条件。文化记录包括照片（包括航空摄影和同一场地的重复摄影）、景观照、地图、日记和书籍，以及土地调查，这些都是有关历史植被状况的信息来源。在本地植物区系中，较老的物种描述通常包括栖息地信息。标本馆和博物馆的标本标签可以识别多年前在特定地点收集的物种，有时还会列出与它们一起出现的其他物种。然而，在利用这些历史信息来源时必须谨慎，因为历史条件可能不足以预测现代信息。此外，自然档案和文化文献都有自己的偏见和局限性，影响推断。最后，历史条件完全已知的生态系统很少。即使对于数据可用的场地，信息也仅限于一个或几个生态系统组件和过程。

开发参考模型的其他关键信息源包括传统和当地生态知识，以及描述生态系统特性的数据库和工具（如土壤描述、稀有物种分布）。如果从这些间接证据来源只能识别出少数物种，熟悉该地区自然历史的生态学家通常可以确定生态系统的估计状况（如果没有发生退化），并推断物种组成。实施计划可以根据对这些生态系统的现有实例的描述来制订。

在项目规划和预算中，充分投资开发参考模型是一个重要的考虑因素。参考模型的质量因项目资源、可用场地和信息而异。利益相关者和项目管理者应该立志于在给定项目约束的情况下，创建尽可能好的模型。

（四）现状分析

项目规划的另一个重要的早期步骤是分析现有的条件，这些条件将影响和限制场地内外的修复工作，并尽可能地解决这些限制；这个过程应该与设定目标和定义参考模型同时进行。第一步是进行基线调查，以评估待修复场地目前的非生物和生物条件。这些信息可作为恢复计划的参考点，并可用于评估恢复项目的后续进展。通常评估的非生物条件包括土壤和水化学、水文流动、地形变化和微气候条件。生物条件通常包括当地原生和非原生物种的组成和丰富度，通常在恢复项目中重点关注重点物种。场地的详细地图将纳入非生物和生物条件的空间异质性（例如，土壤类型、地下水深度、物种分布），将有助于指导项目的设计。

场地内和周围条件的基准清单将有助于告知哪些目标和目的是可行的，以及实现这些目标所需的干预程度。例如，如果非生物条件只是受到适度的干扰，而期望的物种在现场或附近的生态系统中存在，那么使用自然再生方法来恢复系统可能是经济有效的。另一方面，如果入侵物种广泛分布，计划者将需要选择移除这些物种并重新引入本地物种的方法。

在一开始就评估正在进行的和潜在的未来限制可以指导关于如何处理、补偿或适应场地的特定限制的决策。至关重要的是，在进行恢复之前解决对生态系统的主要现有压力（例如，来自场地外部的营养输入增加、水文变化、附近入侵物种的来源），以增加恢复成功的可能性，并减少对持续的生态系统维护的需要。

（五）设计生态恢复方案

一旦建立了参考模型，并对现有条件进行了评估，就需要确定生态恢复的目标和目的，所有这些都将指导下一步：设计计划。项目设计计划要详细说明实施项目的指导方针、方法、技术图纸和时间表，以及谁负责采取计划中描述的各种行动。

(六)选择修复方法

许多修复技术可以在任何给定的项目中使用，因此评估各种方法在实现指定的项目目标和目的方面的潜在成功是很重要的。这样做意味着要阅读大量相关文献，与各个领域的专家交谈，并征求利益相关者的经验和反馈。在过去进行过大量修复的系统中，最好的管理实践（即最有效和可行的恢复措施）可能已经建立，但更多的情况下，需要评估和测试一系列的选择，以确定哪一个对项目的场地条件和目标是最有效的。

(七)应急计划、监测和维护

考虑到大多数预算限制，生态恢复项目的重点工作往往集中在恢复工作开始的 1 至 3 年。项目负责人通常不会考虑如果事情没有按照计划进行会发生什么，以及如何在较长时间内维护项目。但是，由于一系列的原因，例如自然灾害（如干旱或洪水）、资金支持或政治意愿的变化、不可预见的场地条件以及修复方法的失败，都可能导致修复项目没有完全按照计划进行。此外，生态系统的恢复需要几十年到几百年的时间，因此，如果不进行持续监测和维护，恢复项目很少能取得长期成功。

因此，恢复工作者应该采取适应性管理方法，即通过从实施项目中学习、评估其结果并采取纠正措施来改进生态系统管理。当事情不可避免地出错时，要做好应急计划。因此，设计计划应概述监测战略，并讨论如何使用监测数据来指导纠正措施。例如，如果在一定时间内没有达到某些恢复植被和多样性目标，则需要进行额外的种植或播种。当树木存活率高度依赖于降水的数量和时间时，为了增加成功建立植被的可能性，最好是连续多年种植树木。显然，考虑所有可能的结果是不可能的，但考虑最可能的风险以及如何解决这些风险是有帮助的。忽视生态恢复中的风险和补救措施，将导致许多恢复项目对生态系统恢复只有暂时的影响。通常，这样的项目的失败率很高，浪费了最初的投资。

(八)规划的批准

恢复规划过程的另一个关键部分是确定控制恢复地点的任何法律约束，并获得必要的许可。对于影响空气和水质、水流、敏感生境或受关注物种，扰乱交通，使用除草剂或除害剂，以及或要求从公共土地上收集种子的项目，可能需要地方机构的许可。因此，在规划阶段的早期就开始获得许可的过程是至关重要的。

(九)资源和预算

选择适合项目的方法不仅需要评估项目目标和约束，还需要评估可用的资源。许多修复项目的主要障碍是高成本，因此设计计划必须包括详细的预算。开始实施项目之前，要明确谁将为项目投资。除了财政资源之外，规划人员还必须考虑需要什么其他资源以及谁负责提供这些资源。植物和种子的供应将从哪里来？现场是否有灌溉用水？如果有志愿者参与，谁来招募和协调他们？现实恢复项目中意外费用是常有的情况，重要的是在计划中要纳入额外的应急资金，以提供一些灵活性，并确定如果费用超过预算谁将负责。

(十)时间线

设计计划必须仔细考虑项目实施、监测和维护的时间表。大多数修复项目都需要大量的前期准备工作，以确保在需要的时候可以得到资源。例如，涉及绿化的项目可能需要多年时间来收集足够的本地种子，在温室中种植种子，并在绿化开始之前准备好移栽。与利益相关者一起完成规划过程并获得许可和资金可能需要更长的时间。因此，有必要彻底检查每个步骤的顺序和时间安排，以便在需要实现项目时提供所有必要的权限和资源。不可避免地，由于意外情况会导致项目延迟，这就需要在计划中有一定的灵活性。

(十一)实施项目

设计方案完成后，下一阶段为实施阶段。在可能的情况下，最好使用"阶段修复"方法，首先在小范围内测试方法，尤其是那些新颖的方法，然后逐步扩大规模。对于植被恢复项目，试点工作通常包括多种植物的种植，以选择在当地立地条件下表现最好的植物。进行试点研究从长远来看会有好的回报，通过确定最具经济效益的方法，来提高长期生态恢复的成功率，从而提高生态恢复资金的使用效果。

项目实施需要仔细协调，以确保在工地上有适当的劳动力、设备和材料。在执行之前，应明确哪些工作人员负责哪些任务，所有工作人员和志愿人员应接受正确方法方面的良好训练。督导人员应经常到项目现场视察，以确保修复方法得到正确实施，并在项目计划需要调整时进行评估。通常情况下，对修复方法的一些修改是必要的，这些修改应该与项目设计者和任何受监管的团体进行协商。重要的是要详细记录所采取的行动及其相关的成本，特别是当设计计划发生更改时，并经常与利益相关者共享计划的进展和更改。这些信息，结合监测数据，可以帮助记录不同方法的成功程度，从而为未来的恢复工作提供信息。

第六节　土壤生态与恢复科学

土壤长期以来被认为是农业和林业系统的组成部分。土壤生态系统的复杂性以及土壤属性在促进植物和动物多样性、生态系统功能和提供生态系统服务方面，已经成为土壤研究的重点。土壤形成被视为气候、生物、地形、母质和时间之间相互作用的结果。气候变化对土壤有重大影响，包括重要的土壤-植被联系。

一、国际政策背景

对土壤恢复的兴趣植根于各种国际政策倡议中，虽然侧重点有所不同，但都与恢复有关。《联合国防治荒漠化公约》(UNCCD，以下简称《荒漠化公约》)的昌原倡议最直接的目标是土壤恢复。《荒漠化公约》制定的净土地退化中性(Land Degradation Neutrality，LDN)目标旨在维持或改善土地资源状况，包括恢复自然和半自然生态系统。同样，《生物多样性公约》2010年战略计划(2020年后的生物多样性目前正在修订)的一个目标是，生物多样性没有净损失和对生物多样性的净积极影响，包括土壤生物多样性。在气候领域，REDD+(减少采伐森林和土地退化造成的碳排放)试图鼓励通过固碳在森林生态系统中保留碳并避免毁林来缓解气候变化。

自2011年波恩挑战开始以来，森林恢复引起了特别关注，并得到了国际社会的大力支持。波恩挑战设定了一个目标，即到2020年恢复世界上1.5亿公顷的森林砍伐和退化土地，到2030年恢复3.5亿公顷。波恩挑战的基础是森林景观恢复(FLR)，旨在恢复生态完整性和提高森林砍伐或退化景观中的人类福祉的计划过程。

许多国家已将恢复和可持续土地利用纳入其根据《巴黎协定》作出的国家自主贡献。2019年，联合国把 2021 至 2030 年定为"生态系统恢复十年"。该十年的目的是加快实现现有全球恢复目标的进展，并在区域努力的基础上再接再厉。生态系统恢复是一个包容性的概念，旨在扭转退化，恢复各种陆地和海洋生态系统的生态功能。生态系统恢复涉及生物多样性、荒漠化和《联合国气候变化框架公约》的目标。

除了对气候变化的关注，扭转生物多样性的丧失，以及保护自然区域的必要性一直是国际关注的焦点。自 1987 年《布伦特兰报告》呼吁在保护区内拯救全球 10%~12% 的面积以来，提案已扩大到世界陆地和水上面积的一半。虽然这一目标令人钦佩，但现实是，许多已经受到保护的地区退化，需要恢复。

恢复生态学是一门相对年轻的学科，被认为是生态学这门更为广泛成熟的学科的必然产物和应用产物。从 30~40 年前开始(生态恢复学会成立于 1988 年)，人们就认识到土壤是重要的生态系统组成部分，在制定恢复计划时必须明确考虑土壤。

在自然条件下形成的土壤和植物群落之间的密切关系是生态系统(实际上是生物群落)的核心，并且具有相互作用和反馈，以至于很难在概念上把它们分开(也就是说，很难把一种特定的土壤与它的植被群落分开)。这方面的例子可以在北美洲大草原的软土与以草为主的植被的联系中找到，或者在全球的热带雨林植被与氧化土的联系中找到。在一定程度上，这些土壤与植被的联系被认为是理所当然的，只要在一个地域增加适当的植被，最终就会产生适当的土壤功能。

在全球范围内，生态系统退化的类型和程度各不相同，每一种退化都有其对土壤的干扰程度。这包括将土壤表层完全清除或破坏到数米深(例如，铲平山顶、露天采矿坑、垃圾填埋场和城市发展)，干扰范围更广或更难以检测的，如气候变化或大气中养分或有毒物的沉积，可能会明显影响土壤的生态过程。生态系统干扰也有时间成分，以及特定干扰的持续时间(例如，集约农业可能持续几十年或几个世纪)，这将为干扰造成的问题提供知识信息，并决定了实现恢复所需的努力和投资。最后，土壤的物理、化学和地貌组成会影响特定土地区域对干扰的响应，并且一些土壤比其他土壤更容易受到干扰，因此，必须仔细地辨识土壤所发生的扰动。

恢复生态学的术语一直是一个有争议的问题，并一直困扰着关于什么是生态系统恢复的适当目标的问题。事实上，生态恢复学会正在不断更新和修订其原则和标准，近年来取得了很大进展。恢复的"成功"对于问题不同的人有不同的标准。例如，在修复受酸性尾矿影响的区域时，一种土地管理者认为，成功可能只是在恢复场地建植单一的非原生草种(能减少侵蚀和固定重金属)，而另一种土地管理者则认为，只有将一种稀有野花的繁殖种群恢复为森林的林下植被时，才能宣告成功。对于矿山土地恢复从业者来说，土壤 pH 和金属毒性是核心问题，必须通过实际操作来缓解这些问题，例如添加石灰和仔细选择能够耐受现有土壤条件的植物种类。对于森林恢复者来说，这种情况可能需要更细致的方法，甚至可能需要实验，因为当地土壤中可能缺少一种特定的和关键的土壤真菌共生体，或者需要满足某些特定的营养或水文需求，才能使所需的植物茁壮成长。值得注意的是，上述两种情况都涉及增加一个物种的当地植物多样性，但各自生态系统的结果却截然不同。另外值得注意的是，尽管这两种恢复情景存在显著差异，但懂得土壤功能和土壤生态关系能提高成功的概率。

恢复是用于改善生态系统的状态或功能属性。这种方法完全包含了国际恢复生态学学会"恢复原则"的最后一条(第 8 条)，该条认为"生态恢复是恢复活动连续体的一部分"。重要的是，这一连续统一体允许将定义扩展到生态系统的"生物修复"和"可持续管理"，并明确包括通过工业活动和农业生态系统以及应用林业生态系统(生物量、纤维、木材)污染的场地。恢复成功的最佳衡量标准是目标的实现,这套目标最终将导致管理层促进更稳定、更多样化和更能抵御干扰的生态系统的发展。

二、土壤生态学

土壤生态学是一门独立的学科,与广义生态学具有相同的分支。换言之,可以从生物种群、群落和生态系统的角度来研究土壤;此外,还可以从能量流、养分循环和生物地球化学计量等生态过程来研究土壤。因此,土壤生态学的研究必然是对土壤功能的研究,土壤功能是整个生态系统生产力的基础。

广义定义的生态学是研究生物与其环境的相互作用,因此土壤生态学就是研究生活在土壤中的生物与其环境的相互作用。这种环境是由矿物、气体、水和生物体之间的物理和化学相互作用构成的。如前所述,土壤和植被之间的关系是密切的,土壤的基本特征包括质地、持水能力和内在肥力(由年龄、风化率、母质、粘土矿物学等决定),这些都与土壤所能支持的植物种类和数量有关。当然,植物对它们栖息的土壤产生了巨大的相互影响,季节、温度、降水等因素与人类活动对地球表面越来越大的影响结合,一起确定了土壤的某些属性。这些属性包括有机质的类型、质量和数量;非植物生物群的多样性和群落结构;甚至孔隙度、团聚体稳定性和容重等物理性质。

光合作用产生的有机质是所有土壤生态系统的能量来源,因此是驱动大多数土壤生态相互作用的引擎(少数例外是特定生境和条件下的化能自养微生物)。因此,有机质的产生,其随后通过食物网的循环,以及其生化转化为稳定的、长期的土壤有机质储存库,一直是从早期到现在的土壤生态学关注的焦点。土壤生态学研究的第二个焦点是描述土壤生态系统中微生物和动物的绝对丰度和多样性。土壤生态系统经常被称为生物多样性研究的终极前沿,尽管围绕实际数据存在争议,但是已经认识到,土壤中的生物占全球生物多样性总量的很大一部分,土壤的大部分生物多样性仍有待发现和记录,特别是土壤细菌、古菌和真菌,但这也适用于土壤动物,如线虫和微节肢动物,以及如蚯蚓等大型无脊椎动物。了解土壤中有机质、各种生物群和有机质稳定过程之间的相互作用,是将土壤生态学知识应用于恢复实践的核心,在不同条件下优化这些过程,应成为恢复实践者的明确目标。

三、土壤生态与生态系统恢复

鉴于土壤生态关系的知识有助于改善恢复情景的结果,接下来似乎有理由问一下:土壤生态的哪些方面是最需要考虑的,哪些结果可能是合理的预期。下面将简要讨论土壤科学和土壤生态学的各个方面,具体涉及生态系统恢复的意义和应用。

(一)土壤物理性质

土壤物理性质主要来源于母质(如风化基岩、风积粉土、海相或湖相沉积物等)和其他地貌属性,如坡度、高程和坡向。这些因素最终与气候、风化作用和时间相互作用,使每一种土壤都有自己独特的沙土粒、粉土粒和黏土粒等的颗粒组合,这些颗粒也可能包括较大的岩石碎片,总之,这就是土壤的质地。从土壤生态学的观点来看,质地在很大程度上决定了特定土壤的持水能力,而土壤水分的多少与土壤生物的种类和数量密切相关,这些生物栖息在土壤中并对土壤产生影响。一般情况下,沙土保水较少,黏土保水较多,粉土居中。由于水分有效性影响植物生产力,这些不同质地的土壤也具有土壤有机质储存的一般特征，沙土通常有机质含量相对较低，黏性土壤则较高。

土壤结构的另一个对土壤性质和功能有很大影响的物理属性，最显著的是水和气体渗透（通过孔隙度影响）以及土壤有机质的储存。土壤结构是通过各种物理和生态过程产生的，是土壤颗粒形成更大的团聚体的结果。尽管团聚体可以通过严格的物理过程形成（如冻融循环或黏土在干湿循环中的收缩和膨胀），但在许多土壤中，团聚体的形成过程是由生物相互作用控制的。在最小的尺度上，微团聚体是通过与颗粒本身有关的电荷而结合在一起的，但是在团聚体大小的每一次连续增大时，土壤生物群的作用变得越来越重要。微团聚体通过微生物产物（多糖）形成团聚体，较大的团聚体通过真菌菌丝和植物根系及其分泌物等形成团聚体。大团聚体（直径>2000微米）通常与土壤无脊椎动物活动有关，包括蚯蚓。孔隙度与团聚体结构密切相关，是另一个重要的土壤属性，本质上是衡量土壤中不被固体颗粒占据的空间。孔隙空间可用于水和气体的运动和储存，也为土壤中的微型动物（原生动物、线虫、螨和其他微小节肢动物）提供了生存空间。孔隙度本身受土壤大型动物活动的影响，蚯蚓、蚂蚁、蝉和许多其他大型节肢动物产生与水和气体运动有关的大孔隙。孔隙度的缺乏是土壤紧实或其他干扰的一个主要症状，通常与土壤微生物数量显著减少有关。土壤紧实可导致水分入渗不良，从而导致径流和土壤侵蚀，通常造成植物生长减少。

在景观恢复的背景下，似乎在改变刚才描述的土壤物理属性方面几乎没有什么可做的，对于大多数实际目的来说，这可能是正确的，除了局部的场地准备会产生土堆或成排的土壤或将平整的灌溉农业用地恢复为湿地时，需要重建微地形。干旱地区造林时的水平沟和种植坑等整地措施对土壤结构有影响。然而，已经有实验试图改变退化生态系统的生物物理属性。例如，在经历了土壤退化和紧实的澳大利亚放牧草地上，先进行机械通气，然后对土壤进行生物炭改良，或应用桉树覆盖，这两种方法都被证明可以降低土壤容重并提高保水能力。这些措施有利于本地的林下植物生长，提高土壤和生态系统的抗旱能力。在极端退化的情况下，表土可能已被完全破坏，甚至从场地主动移除表土，管理人员在重建具有理想质地属性的土壤方面就有更多的自由。中国南方有些地区在恢复稀土采矿地时，大力营造桉树速生林，对土壤结构和肥力影响很大。

（二）土壤化学性质

在所有的土壤化学性质中，土壤有机质含量无疑是最重要的。土壤有机质的数量和类型影响土壤中发生的所有物理、化学和生物相互作用。许多恢复方法最初涉及简单地向土壤中添加有机质，通常具有显著效果，例如显著改善树苗的成活和树木生长。

通过修复、重建和恢复土壤的另一个重要考虑因素（主要是化学因素）是有毒物质的浓度，通常是金属，如镉、砷、铅、镍、汞、锌或其他类别的化学物，如盐、多环芳烃或多氯联苯。这些污染物通常由各种工业过程以及勘探和开采过程（采矿、钻井、泵送和处置）产生。显然，如果这些化学物质的浓度高到足以对其他生物群有毒，那么生物群所进行的生态过程就会消失。这种高度污染的场地可能需要多年的简单植物修复，然后土壤动物才能在该场地栖息。

许多恢复项目都是在已经停止农业生产的土地上进行的，这些地点给试图恢复的管理者带来了一系列问题。作为一般规则，农业耕种使土壤属性尽可能均匀，以实现单一作物种类的特定效益。农田生境的均匀化包括耕作，通常将土壤分级至均匀深度和最小坡度，管理害虫，并在水平上施用养分以最大限度地促进植物吸收和生长（通常超过需求）。从生态学的角度来看，这些活动可能被解释为优化作物的生态位空间，但这必然伴随着生态系统中其他生态位的崩溃，这些生态位被其他植物(以及受农药施用影响的非目标生物)占据。农业活动在土壤中留下的一个持久的化学遗产是养分浓度升高，通常是氮或磷。这种营养素的同质和高可用性常常与恢复实践者的目标背道而驰，恢复实践者寻求与植物和其他生物建立异质的栖息地，这些植物和生物在营养素可用性或其他有限资源方面利用不同的生态位。处理高养分浓度的一种常见方法是"去施肥"，即在土壤中添加高碳氮比的基质，目的是固定剩余的养分或燃烧植被输出营养素，但需要注意的是，这些处理有时不会在可供研究的时间范围内对营养素水平产生预期效果。在为数不多的几项研究中发现，资源异质性确实对恢复的草原植被的多样性产生了积极影响，但这需要20多年的时间才能检测出其中含营养素的可观数量。

(三)土壤生物学特性

土壤生物属性可能是恢复背景下土壤生态最复杂和难处理的方面，但在土壤和生态系统的实际功能恢复方面是最关键的。总体来说，土壤生物群(微生物和动物群)确实常常被归为恢复成功的"指标"，也就是说，土壤生物群是根据它们对不同恢复处理的反应来评价的，但它们本身并不经常被用作恢复者。一个主要的例外是，土壤微生物接种物已被用于相当多的修复项目，但微生物也被用于指示修复处理的进展或成功。

1. 整个微生物群落

许多研究在修复工程中对土壤微生物群落进行了调控，通常以整个群落微生物接种物的形式进行，这些接种物是从代表修复场地所需条件或目标的土壤中产生的。这方面的一个例子是在佛罗里达灌丛生态系统中的工作，作者收集了附近未退化土壤的表层，并将这种物质应用于退化土壤，以建立结皮微生物的种群。研究结果表明，接种微生物菌剂确实能提高移栽草地上本地植物种子的发芽率，但这种积极作用持续时间短，仅持续1年。这项研究以及其他类似的研究都是对这个问题的一个检验：土壤微生物群落被视为恢复的"促进者"还是"追随者"。根据随后10多年的研究评估，这个问题的答案还不清楚，一些证据表明，微生物接种物在某些情况下有助于实现恢复目标，而在其他情况下则无法产生结果。然而，最近的分析结果表明，尝试某种形式的微生物接种可能是最好的，因为这种接种有改善植物生长和物种丰度的总趋势。

无论是将土壤微生物群落作为恢复的指标还是媒介进行研究，恢复研究中经常遇到的一个主题是土壤干扰遗产的重要性，以及克服某些遗产的困难。遗留影响源于过去的农业用途，如耕作、养分富集或农药使用，其中包括上述土壤许多物理和化学因素。此外，土壤干扰遗产可能来自生物因素，如外来植物入侵，这可能涉及植物-土壤反馈，一旦建立就很难消除。

2. 菌根

在大多数植被类型中，菌根是植物群落组成的重要决定因素，几十年来对其在恢复生态学中的适用性进行了广泛的研究。新出现的主题是这种处理成功的环境依赖关系。菌根接种并不总是成功的，它取决于许多因素，包括但不限于接种物的来源(无论是商业还是本地获得的)、恢复地点的养分可用性，以及入侵植物物种是否栖息在该地点。

许多植物种没有为种子提供资源，供种子萌发时使用，这些幼苗通常完全依赖菌根感染。此外，与许多兰花一样，例如，植物和真菌物种之间的特异性程度相当高，这对恢复效益提出了明显的挑战。许多植物在没有真菌共生体的情况下表现很差，修复从业者应该对这种情况有一些理解。简言之，在需要植物物种与适当菌根共生体正确配对的情况下，恢复实践的背景依赖性最为明显。当表土被移除或严重退化时，或当引入的植物不是本地土壤固有的而可能缺乏合适的共生体时，这将是最重要的。

3. 微型无脊椎动物和中小型动物

原生动物、微节肢动物和线虫构成了土壤中微中型动物群的主体，这些群体经常被用作恢复进展和成功的指标。主要是由于所有这些动物群都具有难以置信的多样性。这些动物群用于评估恢复技术的一个例子是，在加拿大阿尔伯塔省阿萨巴斯卡油砂区，使用甲螨来检查煤炭开采后土壤的恢复情况。就总丰度、物种丰度和多样性而言，甲螨对复垦地森林地面有机层深度的反应最为灵敏，且这种反应与复垦后的时间无关。虽然很少有研究专门为了加速或促进恢复而操纵中型动物群，但很明显，这些生物在土壤中发挥着关键的生态功能，并被认为间接影响土壤过程对干扰的韧性和恢复力。

线虫是土壤中动物群的另一个主要组成部分，已知对土壤过程有重大影响。同样，线虫的主要用途是作为恢复成功的指标，在某些情况下，较少的线虫被解释为成功，例如，斯洛伐克泥炭地恢复了水文循环。尽管如此，还是有一些涉及土壤接种的操作，包括排除线虫，这些操作的结果表明线虫（以及土壤群落较小成员的一般多样性）在整个土壤功能方面起着重要作用。越来越多的证据表明，与排除线虫的土壤接种物相比，包含线虫的土壤接种物在功能上是最完整的，这包括支持增加植物多样性、碳固存，以及养分循环和保持，所有这些显然都是成功恢复生态系统的关键。

4. 大型无脊椎动物（生态系统工程师）

土壤大型无脊椎动物由于具有改变土壤生境的能力而被认为是"生态系统工程师"。蚯蚓、蚂蚁和白蚁的挖洞、浇铸、筑巢和筑丘活动属于无脊椎动物的"工程"活动，由此产生的土壤结构变化可长期影响生物多样性、水文过程，甚至土壤形成。这些活动几乎没有在恢复背景下进行过研究，需要对一些理想的生态系统功能进行严格的实地测试，并且已经提出了十多年的建议。一般而言，无脊椎动物被视为植物恢复的响应变量，并考虑到其群落组合是否可以通过恢复所需的植物群落来加速。

应该指出的是，并非所有土壤无脊椎动物"生态系统工程师"都被认为是可取的，事实上，当引入非本地"土壤工程师"时，这会导致土壤性质和生物多样性的显著退化。入侵蚯蚓对生态系统具有负面影响的例子很多。同样，世界各地都有蚂蚁和白蚁，它们入侵的系统会对生态过程和生物多样性造成重大破坏（更不用说对人类健康的影响）。例如，在美国东南部，红火蚁在入侵的早期阶段对本地蚂蚁产生了巨大的影响，但随着时间的推移，本地蚂蚁种类确实恢复了。尽管非本地"土壤工程师"可能会产生负面影响，但在某一特定土壤中，非本地蚯蚓是否比没有蚯蚓好的问题还是让人踌躇不前，因为即使是非原生蚯蚓也能对退化土壤产生积极影响，并可能改善或加速重要土壤过程和功能的恢复。

5. 脊椎动物

最后一类居住在土壤中的动物是土壤生态世界中极具魅力的巨型动物——掘地的脊椎动物，主要包括哺乳动物、鸟类和爬行动物。也许并不奇怪，在修复项目中，这些生物比大多数无脊椎动物群体受到更多的关注，这可能是由于它们作为研究生物相对容易驯养。相对于中大型动物群，它们的体形更大，数量合理，多样性也更易于管理，这些都是使它们更具吸引力的特征（更不用说它们的皮毛、羽毛和鳞片了）。大多数掘地的脊椎动物确实参与了某种生态工程活动，在它们的洞穴活动中移动了大量的土壤。这种土壤运动对从微生物到植物甚至其他脊椎动物类群的各个层次的群落组织都有影响。例如，众所周知，美国东南部的地鼠龟洞穴为几种哺乳动物、其他爬行动物以及无脊椎动物提供栖息地，其中一些动物在鼠龟洞穴的墙壁上建造辅助洞穴。与无脊椎动物群一样，掘地的脊椎动物也被用于评估恢复技术的成功，掘地的和地栖的小型哺乳动物在矿坑废弃后立即恢复，但随着时间的推移，这些生物的数量减少。

澳大利亚对穴居哺乳动物的研究最多，当地掘地的哺乳动物数量的灾难性下降与土壤退化有关。在恢复试验中对这些本土物种的重新引入进行了测试，结果发现这些动物挖出的坑改变和改善了土壤特征，基本上是在景观中形成了肥沃的斑块。这些动物的挖掘活动造成了微地形的改变，这导致珍贵的资源如水、种子和其他有机质在移动到坑中时就会被拦截。

并非所有由掘地的动物进行的生态系统工程都被认为是可取的，而且当穴居哺乳动物种群达到高密度时，一些生态系统很容易退化。这方面的一个例子是在亚南极群岛，引进的老鼠在那里挖洞破坏了大片土地的稳定，并导致侵蚀率增加。此外，对筑巢海鸟和无脊椎动物群落也产生了负面影响。虽然在某些生态系统中，穴居动物的活动对植物的建立至关重要，但在有些情况下，这种动物的存在不利于植被的恢复，在南非的凡波斯（Fynbos）沙地观察到，鼹鼠的存在与所需植物物种的成功率降低有关。

四、土壤恢复生态过程

(一)初级生产力

在任何恢复的生态系统中，地下根系是产生可观的、可持续的土壤有机质的最佳途径。然而，尽管活的根系中碳的储存可以很快恢复，但恢复的轨迹表明，总的土壤有机质的恢复可能需要几十年或几个世纪。然而，在恢复的系统中，根系建立得越快，促进微生物生长的根系分泌物越多，土壤有机质的形成过程开始得越快。

(二)分解

有机质在土壤表层和地下的分解是生态系统运行过程中的一个关键，是一个以土壤为基础的基本过程。分解综合了植物、土壤微生物和土壤无脊椎动物之间的关系，植物产生了待分解物质，土壤微生物在其代谢过程中进行分解，土壤无脊椎动物也对植物碎屑进行代谢，但还可以调节微生物的活动，影响土壤的物理性质。这一综合过程最终负责再矿化，从而将营养物质再循环到植物中，并形成土壤有机质发育的主要途径之一。凋落物分解是湿地土壤恢复的一个关键组成部分。研究发现，即使经过55年的湿地恢复，尽管凋落物分解率相似，但恢复的地点仍然没有表现出与参考湿地一致的土壤物理性质或土壤有机质含量。在这些湿地土壤中观察到的深层土壤有机质缺乏发育和持续的高容重值，归因于这些土壤中可能缺失混合生物群。然而，在树木种植过程中明智地选择物种组合，可以显著地和积极地影响矿山土地复垦土壤的发育。

(三)生物扰动

生物扰动是整个生物群与土壤表层混合的过程。因此，生物扰动是一个与根系生产和凋落物分解过程密切相关的过程。植物的根穿透并移动土壤，无论它们生长在何处，各种形式的大型无脊椎动物和穴居脊椎动物挖掘、穿透并以其他方式使土壤充满各种形状和大小的生物孔和空隙。一些土壤无脊椎动物，特别是"生态系统工程师"（蚂蚁、白蚁和蚯蚓），自查尔斯·达尔文时代起就认识到其在表土转化中的作用，他写道蚯蚓对英格兰南部他家后面一块地里"蔬菜霉菌"发育的影响。同样，澳大利亚脊椎动物的生物扰动也造成了新南威尔士州牧场早期定居者所遇到的原始条件，他们报告说土壤柔软、松软且吸水性很强，而且像一块耕作良好的田地，但是由于放牧（以及本地有袋动物的消失）造成的退化导致了一个坚硬、黏土质光滑的表面。在浇铸、筑巢、挖掘和堆土的过程中，这些脊椎动物和无脊椎动物将有机质埋藏在地表下，将其并入矿物土壤层，并随着时间的推移形成有机质库。同时，这些活动影响土壤的物理性质，如水分入渗和气体运动，这些反过来又影响微生物群落的发育，最终导致土壤剖面的发育。

（四）土壤形成

在以前没有土壤存在，或在土壤必须重新建造的情况下，土壤形成过程和土壤剖面发育是任何恢复活动的最终目标。在土壤存在但退化的情况下，有效的成土过程对恢复也至关重要。恢复土壤形成过程的生态成分（初级生产、凋落物分解、生物扰动）的这一目标，即使没有明确规定，也可被视为恢复成功的最终考验，因为充分发挥功能的土壤必然支撑着充分发挥功能的生态系统。

五、土壤与气候变化

气候变暖和干燥对土壤的最直接影响将来自植被的丧失，使土壤表面暴露于干燥、风蚀和水蚀环境，以及极端的荒漠化。植被的变化和净初级生产力的可能降低，将带来不那么剧烈、更微妙的影响，并对粮食安全和植被产生影响。由于地上植被的变化可能比地下效应变得明显更快，因此可能存在地上和地下过程的脱钩，包括养分循环。预计许多地方的野火发生频率和强度都会增加，同时一些生态系统的火灾季节也会延长。更强烈的火灾行为将导致土壤有机质的损失，以及其他对土壤的影响，如侵蚀率的增加。在永久冻土地区，预计的气候变化将改变土壤冻结动态，并导致永久冻土层变薄。土壤中的分解过程对温度敏感，气候变化将影响净碳平衡，并反馈到大气中。缓解气候变化的一种方法是在土壤中固碳。更重要的是通过保持植被覆盖和尽量减少土壤干扰来保护土壤中已有的有机碳。

第七节　土壤质量和健康关键指标

土壤是地球的薄皮，是一个含有生命的物体，是所有高度发达的生命的基础，自数千年以来一直在确保人类的生存和文化。它们的功能和生态系统服务对人类的生存至关重要。过度使用和管理不善对土壤造成的压力越来越大，超过了它们的能力，这被认为是土壤退化。为了实现联合国可持续发展目标的使命，必须制止和扭转土壤退化。

水和空气质量通常根据其污染程度进行评估，因为它直接影响人类、动物和自然生态系统的健康。土壤质量概念更为复杂，不仅因为土壤包含固态、液态和气态，还因为土壤可用于更广泛的用途。土壤质量并不局限于土壤污染的程度，通常更广泛地定义为：土壤在生态系统和土地利用边界内发挥作用的能力，以维持生物生产力、维持环境质量和促进植物和动物健康。土壤质量决定了农业和林业的可持续性、环境质量以及植物、动物和人类健康。随着时间的推移，土壤质量的变化可能是由自然事件造成的，或者更常见的是，由人类使用造成的。然而，必须通过使用指标来评估土壤质量，以告知决策者、农民和其他利益相关者有关人类活动对土壤及其功能的影响。

一、从土壤质量到土壤健康

历史上，"土壤质量"一词与支持初级生产的土地评估概念密切相关。事实上，人类首先考虑的土壤生态系统服务是生产粮食、饲料和纤维，因此，自农业起源以来，可能就已经考虑了土壤对作物生长的适宜性评估。在引入土壤质量这个术语之前，"土壤肥力"的概念被用来描述土壤为植物提供水分和养分的能力。世界粮食及农业组织将土壤肥力描述为"土壤在没有可能抑制植物生长的有毒物质存在的情况下，为植物生长和繁殖提供足够数量和比例的必要植物养分和土壤水分的能力"（http：//www.fao.org）。

虽然土壤肥力是生物量生产功能的一个基本概念，但土壤提供了其他几种功能，对生态系统和人类福祉很重要。这里引入了另一个术语，即"土壤功能"，意思是土壤提供功能并确保提供各种生态系统服务的能力。欧盟委员会发布了《迈向土壤保护主题战略》，其中定义了7种土壤功能：①食物和生物量的生产；②化合物的储存、过滤和转化；③生物和基因库的栖息地；④物理和文化环境；⑤原材料来源；⑥碳库；⑦地质和考古遗产档案。

总之，土壤性质决定了土壤的功能，即产生赋予生态系统服务功能的能力。"土壤质量"的概念与功能密切相关，但它强调土壤的多功能行为，并且与土地利用有关。土壤质量越好，土壤能发挥的最佳功能就越大。

从陆地尺度到单一农场，在一定尺度范围内评估土壤质量的需要，主要与监测人类活动对土壤资源的影响有关。在人类历史上，人类往往重视的是其他自然资源，而忽视土壤的重要功能，这种缺乏土壤重要性的意识，导致了文明的失败和终结，即中美洲的玛雅人、冰岛的维京人、复活节岛的拉帕努伊人和美索不达米亚文明。最近，美国20世纪30年代土地管理的灾难性失败，始于对大平原土壤资源的无知，1909年的《土壤局公报》称大平原土壤资源"坚不可摧，一成不变"。

定义和评估土壤质量的努力可以追溯到20世纪60年代至70年代的出版物，将土壤质量定义为"无法直接测量的土壤属性，但可以从限定条件下的土壤性质和土壤行为推断出来。肥力、生产力和侵蚀性是土壤质量的例子。"后来，美国伊利诺伊州在进行土壤制图时，将土壤质量定义为"在高水平管理条件下，土壤生产玉米、大豆和小麦的能力"。很明显，从历史上看，土壤质量的概念与"土地能力"相匹配，即土壤对农业生产的内在贡献能力。优质土壤或"优质农田"是具有前两种土地能力的土壤，而最后一类土壤仅适用于林业和牧场，或仅用于生态目的。

除了农业生产力，土壤质量概念还应包括土壤对环境质量的贡献，以及促进植物、动物和人类健康的能力。1993年，美国国家研究委员会（National Research Council，NRC）为美国决策者发布了《土壤和水质量：农业议程》，该议程强调了土壤质量的重要性及其在土地管理中的应用。该议程报告说，国家政策不仅应着眼于控制侵蚀和保护农业生产力，而且还应考虑其他对土壤质量的威胁，即盐渍化、土壤紧实、酸化和生物活性的丧失。同年，美国国家研究委员会还成立了土壤质量研究所，其任务是开发土壤质量评估工具。20世纪90年代，最早用于评估土壤质量的方法之一，是通过开发和使用的土壤质量记分卡。2001年，美国农业部发布了第一份《保护规划中的土壤质量评估》指南，其中提出了一系列指标和现场记录。土壤质量评估应提供评估土壤资源管理的科学工具，不仅要考虑生物量生产，还要考虑土壤提供的其他生态系统服务。

土壤质量的最初概念正在不断演变，最近经常被"土壤健康"所取代，强调土壤是一种动态的生命资源。一些学者认为"土壤健康"和"土壤质量"是等价的，可互换的，而另一些则把这两个词的意义区别开来。土壤质量与土壤功能或其作用有关，而土壤健康则将土壤视为一种动态的生命资源。土壤健康也被用来比喻一个有机体或一个群落的健康。更具体地说，土壤健康被定义为"土壤作为维持生物生产力、维持环境质量并促进植物、动物和人类健康的重要生命生态系统发挥作用的能力"。最近，粮农组织土壤技术小组将土壤健康定义为"维持陆地生态系统生产力、多样性和环境服务的能力"(http：//www.fao.org)。

应通过实施可持续的土壤管理实践来维护、促进或恢复土壤健康。近年来，世界上有些国家建立了一些基金会，其使命是通过科学研究和进步促进、保护和增强土壤健康，这些基金会通常由其政府支持。决策者提高了对土壤健康及其对环境和人类健康重要性的认识。此外，一些大公司正在启动土壤健康计划，以更可持续地管理其供应链。

2012 年，粮农组织成员国建立了全球土壤伙伴关系(GSP)，作为确保土壤治理和促进可持续土壤管理(SSM)的合作机制。全球土壤伙伴关系正在开发技术和政策工具，使可持续土壤管理的原则适应当地需求和利益相关者，并鼓励在技术合作、教育和认识方面进行投资(http：//www.fao.org)。2015 国际土壤年和《世界土壤宪章》修订后，GSP 发布了《可持续土壤管理自愿指南》(Voluntary Guidelines for Sustainable Soil Management，VGSSM)。VGSSM 旨在为广泛的利益相关者，包括政府、森林和土地管理者、农业顾问、农民、民间社会和学术界，提供有关 SSM 的一般技术和政策建议。2020 年，FAO-ITPS(http：//www.fao.org)出版了《可持续土壤管理评估方案》，报告了推荐的评估 SSM 的指标和方法。GSP 还在 2020 年开发了一个名为"全球土壤医生计划"的对农民的培训系统。该项目旨在通过一系列工具，包括用于初步土壤分析的教育材料、土壤测试方法(Soil Testing Method，STM)和土壤测试工具包(Soil Testing Kit，STK)，对农民进行可持续土壤管理和土壤健康保护方面的教育(http：//www.fao.org)。

欧盟也采用了"土壤健康"一词。在最近发表的一份题为《保护土壤就是保护生命》的文件中，土壤健康被定义为"土壤为所有形式的生命提供生态功能的持续能力"。该文件将土壤置于为实现《欧洲绿色协议》设定的可持续发展目标而采取的行动的核心(https：//ec.europa.eu/info/publications/caring-soil-caring-life_en)。

二、评估土壤指标的方法

评估土壤质量和健康的指标(土壤质量指标 Soil Quality Indicators，SQI；土壤健康指标 Soil Health Indicators，SHI)，并监测随时间变化的方向，对于确定土地管理的可持续性和验证养护管理实践策略的有效性至关重要。土壤质量评估需要考虑的一个重要方面，是确定一组对土地管理变化敏感的指标或属性，这些变化会影响土壤履行其功能的能力。这些指标可以使用定性或定量技术进行评估，应该易于测量，并且对气候和管理变化敏感。以农民为目标并强调教育方面的方法，通常涉及定性或半定量指标，这些指标可以在实地轻松评估，产生快速结果，并促进农民和科学家之间的沟通交流。

收集和分组指标的方法的标准化也很重要，尽管监测土壤质量通常有特定的目标和研究领域。例如，对土壤质量进行具体研究，以评估农田耕作类型、大面积农业区不同类型的农业管理、土地利用变化和城市土壤的影响。SQI 的可靠性主要取决于其代表特定研究区域内的空间和时间变化的能力。因此，很难找到一种通用的方法来评估全球和所有情况下的土壤质量。对土壤资源和国家法规的认识不断提高，促使大量出现了各种 SQI 和 SHI、指南和现场调查的记分卡。在不同的方法中，基于现场指标直接目视评估的定性方法是快速、简单和经济效益最高的方法。世界范围内使用最广泛的方法之一是目视土壤评估（Visual Soil Assessment，VSA），由联合国粮农组织提出，用于评估全球土壤质量，该方法基于对关键土壤"状态"和植物性能指标的目视评估。VSA 指南针对一般土地覆盖类别（一年生作物、牧场、果园）和一些特定作物（玉米、橄榄园、葡萄园、小麦）制定（http：//www.fao.org）。

另一种广泛使用的视觉方法仅基于土壤物理特性，称为土壤结构的视觉评估（Visual Evaluation of Soil Structure，VESS）。该方法包括在"铲法"中，因为它涉及使用直铲对 0.25 米深、0.1 米厚和 0.2 米宽的原状土片进行取样。VESS 记分卡包括结构质量、一致性、团聚体粒径分布、孔隙度和根系频率的评估。

视觉土壤评估方法很重要，它们可以包括在公民科学技术中，可以由非土壤专家执行。另一方面，仅靠目视土壤评估，无法充分评估由生物、化学和水文土壤过程驱动的生态系统服务状态，需要结合目视评估和低成本实验室分析来改进土壤质量的测定。

在美国，康奈尔土壤健康测试为农民和决策者提供了各种土壤健康测试包。此外，美国农业部还制定了《农田土壤健康评估指南》，作为一种定性诊断工具，用于现场使用，以帮助美国从事土地保护规划人员。该指南包括 11 项指标，可在现场轻松监测，以评估土壤管理对农田、果园和林地等的影响。

除了上述定性方法外，还提出了评估土壤质量的定量方法。为了捕捉土壤的整体状态，定量方法通常采用复杂的多变量方法，如"最小二乘回归"模型。在某些情况下，特定土壤特征的测量可能会相对耗时，在实验室进行分析变得不切实际。在这种情况下，文献报道了几种土壤转换函数（Pedo Transfer Functions，PTF），通过测量土壤基本性质来估计一些土壤参数，这些参数更容易分析，并且通常可以在土壤数据库中找到。PTF 通常用于估算土壤的水文特性，尤其是饱和渗透性（K_{sat}）和有效持水量（Available Water Capacity，AWC），但其他 PTF 用于估算土壤的许多其他特性，如氧扩散系数和阳离子交换容量（Cation Exchange Capacity，CEC）。

重要的是，土壤分类系统如《世界参考数据库》（IUSS 工作组 WRB，2014）和《土壤分类学》，不仅基于土壤遗传过程，还基于与土壤肥力和质量相关的特征。基于土壤分类的土壤评估有很多目的，例如土壤生产力评估，土壤地籍质量和价值，以及城市环境中的土壤质量。因此，土壤类型可以作为土壤质量的一个指标，根据分类水平的细节可能有不同的解释。土壤分类系统除了关注表土层外，通常还关注地下土层，因此，土壤类型是缓慢变化的环境条件的更好指标。

三、选择指标

土壤质量和健康评估有许多框架，其特点是有各种指标及其汇总的指数。这些指标框架可分为三类，其主要重点是：①根据详细的实地测量或土壤数据库和相关模型，评估某一地区的土壤质量；②比较不同土壤管理系统的影响；③详细说明特定土壤受威胁的现状。此外，指标的选择应基于土地类型：农田、森林、受污染的土壤等。最常用于评估土壤质量和健康的是土壤有机碳和有机质、pH、有效磷和钾、全氮、持水量和容重。由于测量的难度和成本的原因，其他指标不太常用，例如不稳定有机碳、土壤呼吸、微生物生物量、蚯蚓和微量营养素。进一步的指标用于评估特定威胁的状态，例如盐碱化过程中的盐度，或污染物的存在状况。在某些情况下，应用有关专家提供的权重因子，将指标分组成综合土壤质量指数方程。

设置一个最小的数据集是一种策略，以克服诸如测量成本及指标和管理选项之间关系的过度复杂性等问题。可以通过多变量技术进行统计数据缩减指标的选择，如主成分分析（Principal Component Analysis，PCA），冗余分析（Redundancy Analysis，RDA）和判别分析。联合国粮农组织、土壤质量研究所和欧盟专家小组建议选择土壤指标的最低数据集，以及建议针对特定目的选择更大的数据集。

有趣的是，一些方法中包括了与土壤特征没有直接关系的土壤健康指标特征。例如，职合国粮农组织的方案中包括用单位面积总生物量或干生物量来评估土壤生产力。欧盟专家组将植被覆盖和土壤封闭性纳入最小数据集，因为它们直接影响农田、森林、林地、草地和城市环境中的土壤健康。《欧洲土壤协议实施计划》还考虑了景观异质性和森林覆盖率（https：//ec. europa. eu/）。将景观特征纳入土壤指标表明，在尝试利用遥感如卫星图像等监测的土壤健康的间接特征。评估管理策略有效性的最新方法，是将植被的空间格局分析与定性土壤表面指标相结合。这种简化但有效的方法允许监测景观功能在空间和时间上的变化，尤其适用于在中等地域尺度上进行的评估。

四、时空尺度上的土壤指标

评估和监测土壤质量和健康所需的土壤信息取决于空间和时间尺度。考虑的区域范围可以是精准的，例如景观上的一块地，一小块研究用地，等等，或大到一个国家或一个大陆。大范围评估的可靠性在很大程度上取决于数据库在观测数据的空间分布和数据的质量，以及在感兴趣的区域内插入数据的模型的效率。研究人员通常使用两种处理空间尺度的方法。第一种方法是根据土壤质量评估所针对的地理尺度，选择最敏感的一组指标、其聚合方法和空间分布。一般来说，粗尺度要比细尺度包含更简单、更经济、更不精确的指标。在这种方法中，数据的数量比质量更重要，因为插值是要依赖于数据。第二种方法是基于精确和详细的点上测量，结合插值和外推模型，可以扩展到更大的研究领域。这种方法成本更高，但更详细地提供了监测现场调查的数据。在这种情况下，外推是由模型驱动的，因此，选择和校准模型以将信息空间化是获得特定区域土壤质量可靠评估的基础。

监测时间框架的选择也是土壤质量评估的基础，因为气候、土壤水分条件、植物生长阶段和人为因素的影响，会导致指标状态的巨大时间变异。生物和生化指标尤其表现出强烈的时间变异性，主要是由于土壤温度和湿度的波动造成的。单个指标对变化的响应时间，决定了监测指标变化的适当时间间隔，例如需要测定土壤水分的季节变化。

关键土壤功能指标包括：土壤有效含水量、根系深度和体积、容重、穿透阻力、湿团聚体稳定性、导水率、结皮的易感性、侵蚀度、总氮、可矿化氮、有效磷、pH、阳离子交换量、阳离子交换量络合物的基饱和度、碱性（阳离子交换量的可交换钠百分比）、盐度（土壤电导率）、总碳酸盐含量、有机碳、不稳定有机碳、碳氮比、微生物生物量碳、微生物呼吸率、酶活性（N-乙酰-β-葡萄糖苷酶、β-葡萄糖苷酶、丁酸酯酶、酸性磷酸酶、芳基硫酸酶、β-木糖苷酶、纤维素和醋酸酯酶）、脱氧核糖核酸（DNA）和核糖核酸（RNA）分析、磷脂脂肪酸。

这些指标可作为土壤退化的"早期预警系统"评估，或用于评估田间土壤管理变化的效果。不同的管理实践会影响土壤功能的不同方面，尤其是与不稳定有机碳、酶活性和生物多样性相关的指标。例如，耕作强度的变化造成的影响，似乎比有机耕作和传统耕作之间造成的影响更大。

还必须考虑到，对于土壤系统而言，许多自然或人为干预可被视为"灾难性事件"，即它们在很大程度上干扰和破坏了土壤特性和功能。异常事件，如洪水和随之而来的沉积物堆积、风蚀和沉积、崩塌、滑坡或沟壑侵蚀，可能会导致土壤剖面截断或掩埋。类似地，人类活动，如土地平整、山坡地的梯田和深耕，可以深刻地改变土壤剖面及其质量。这些干预在空间和时间上都越来越频繁的情况下，考虑土壤质量指标的敏感性几乎没有价值，因为它们都可能突然发生变化。另一方面，在景观空间尺度，关键是着眼于长期的变化来考虑指标，以克服土地使用和管理造成的短期变化。变化缓慢的土壤指标与固有土壤质量更相关，可以反映气候和长期管理变化的影响。

监测点的位置应反映所用指标的土壤空间和时间变异性。这也许是这项工作中最微妙专业的部分。选择的区域必须代表待评估的土壤和管理实践。可以通过诸如地电传感器、分光光度和辐射传感器等近距离遥感研究土壤特征，从而更准确地划定管理类型内的研究区域。在同一类型的土壤中进行比较至关重要。即使在有限的区域内，土壤性质的多样性也意味着土壤指标的值无法与不同位置的土壤值进行比较。评估中的风险是由于抽样不足而得出错误或近似的指标值。要正确使用这些指标，必须在开始研究管理实践之前，将这些指标与在同一地区进行的测量进行比较，或在没有接受研究处理但具有相同土壤类型的类似地区和附近地区进行比较。

五、最普通的土壤质量和健康指标

主要土壤指标可根据其提供特定功能的相关性进行分组。下面是与土壤质量和健康相关、受管理影响且对变化敏感的土壤指标。这里不包括不直接与土壤管理相关的土壤功能指标，即土壤覆盖层能够支持人类活动的能力和基础设施，用作原材料的来源，地质和考古遗产的档案作用，以及它的文化和审美价值的指标。

(一)供水指标

土壤最重要的功能之一是提供和调节生活在土壤中的植物和其他生物的水分吸收。土壤退化往往伴随着这一重要功能的损害。潜在的供水量可以用各种方式进行评估和监测，但最普通的土壤指标是有效含水量、生根深度和体积、容重和土壤盐分。

用于估算植物潜在有效土壤用水量的最常见指标是"有效含水量"（Available Water Capacity，AWC），它指的是土壤中的水分在"田间持水量"[细粒土（粒径<2 mm）的基质势是 -33 千帕，沙土基质势为-10 kPa]和"永久凋萎点"（土壤基质势为-1500 千帕）之间。植物容易利用的水是土壤基质势在-10 千帕至-200 千帕时的含水量，其受时间变化和土壤物理状况的影响很大，尤其是土壤的大孔隙率和结构状况。此外，研究土壤水张力和土壤体积之间的关系（土壤持水曲线）可以提供土壤结构质量的有用指标。

植物潜在可利用的水量也取决于根系可利用的土壤体积。植物生根量取决于多种因素。首先是生根深度，即土壤表面与阻止根系穿透的土层之间的距离，例如固结基质、胶结成土层、富含盐分的层或地下水位。其次，需要减去没有被根系穿透的土壤体积，即未改变的土体、非常坚硬的土块的数量，以及土壤剖面体积中明显紧实的部分。

土壤穿透阻力可用于估算土壤层的紧实度。它是阻碍植物根系生长的土层，如硬土层或密实土层，并可用于比较类似土壤类型之间的相对强度。此外，对土壤紧实度和根系生长模式的现场观察，可以为确定测量地点提供有用的信息。

土壤容重是土体孔隙度的一个指标，因此是水和空气可以占据的最大体积的指标。它也被称为表观体积质量，以区别于实际体积质量或实际密度，其取决于土壤矿物和有机成分的密度。土壤容重的计算方法为土壤干重除以其体积，包括土壤颗粒体积和孔隙体积。必须特别注意将砾石排除在计算之外。容重不仅反映了土体中孔隙的数量，还反映了土壤颗粒（土壤结构）的聚集程度。因此，它与植物根系穿透土体的能力，以及土壤的结构支撑、水和溶质运移和气体交换功能密切相关。

土壤盐分是水溶性盐在土壤剖面中的积累，主要是氯化物、硫酸盐、碳酸盐和碳酸氢钠、镁、钙和钾。盐分会增加土壤水溶液的渗透势，从而限制植物吸收水分的能力。盐度可以用电导率（Electrical Conductivity，EC）来估算。

（二）供氧指标

大多数生活在土壤中的生物和植物根系，都需要良好的透气和土壤中的氧气。健康和功能良好的土壤具有大量相互连接的大孔隙，使得富含二氧化碳的土壤气体能够与大气中的空气交换。确保土壤中氧气有效扩散的大孔隙，是由土壤动物、植物和根系的生物活动产生的。用于评估潜在氧气供应的土壤指标主要与土壤结构有关。除了使用湿团聚体的稳定性指标外，土壤的粒径、容重和空气容量也是使用较多的指标。土壤孔隙度也可以通过目测法或微形态测量法来估计。

土壤的氧气供应也与钠含量有关，因为过量的钠会导致黏土颗粒膨胀和分散，并形成限制根系生长的低穿透层，从而破坏土壤结构。黏土分散也会减少土壤剖面中的水分渗透，导致积水，堵塞排水毛管，降低土壤的承载力，并加剧地表和地下的土壤侵蚀。

也可以用宏观和微观形态学方法来评估土壤氧化状态，尤其是重视土壤结构和坚固性的现场评估，以及在显微镜下对孔隙度和氧化还原特征的研究。潜育性是指当土壤温度允许生物活动时，一年中大部分时间有浅层地下水的存在。

（三）营养供应指标

植物需要不同供应范围的营养物质。在基本常量养分氮、磷、钾、硫、镁和钙中，全氮和速效磷是土壤质量和健康监测方案中最常用的指标。尤其是植物需要的有效磷，通常是作物和饲料生产中最受限制的养分。它是一种稳定的元素，在土壤中的流动性有限，因此用于监测土壤的化学肥力。此外，在生长季节监测土壤管理措施对有效性氮的影响，以及作为生物活性的间接测量时，考虑了潜在可矿化氮，这代表了土壤微生物容易分解的氮的比例。

微量营养素钼、铜、锌、锰、铁、镍、硼、硒和氯的指标虽然对植物生长至关重要，但只有在确认植物表现出缺乏的症状时，才会考虑测定。

养分供应的其他主要土壤指标包括 pH、阳离子交换量、盐基饱和度和土壤矿物。土壤 pH 是植物养分有效性的重要指标，不同的作物在不同的 pH 下生长旺盛。土壤 pH 可能会随着管理活动的变化而变化，如施用石灰、添加肥料、导致盐分积累的灌溉，以及某些形式的土壤污染。土壤 pH 控制着重金属（如铝、铁、锰、铜和锌）以及营养物质（如磷）的溶解度和流动性。它还控制许多重金属的毒性。

土壤的阳离子交换能力代表其持有和交换带正电阳离子的能力，尤其是氢、氯、钙、镁、钾和钠。土壤的阳离子交换能力受土壤非常稳定的和动态特性的影响，并影响土壤对肥料和其他改良剂的保留。土壤的阳离子交换能力的碱性饱和度取决于钙、镁、钾和钠的存在，而不是氢和氯的酸性饱和度，它是阳离子有效性和土壤 pH 缓冲能力的基础。

一些指标强调了交换复合物中不同阳离子的比例（例如，钾/镁、钙/镁）。这对钠离子尤其重要，因为过量的钠离子会对细胞形态、植物光合作用和叶绿素生产造成负面影响。可交换钠百分比（Exchangeable Sodium Percentage，ESP）是土壤颗粒表面吸附的钠离子量与土壤的阳离子交换量的比例，而钠吸收率（Sodium Absorption Ratio，SAR）是钠离子与钙离子和镁离子的相对浓度。

总碳酸钙和活性碳酸钙的含量对调节植物和微生物的营养供应非常重要，它们的丰度可能会降低铁的吸收，但也会干扰水和氧的供应。受土壤管理尤其是灌溉水的质量和数量的影响，碳酸盐的数量和活性可能会有所不同。退化土壤的碳酸盐含量可能更高。

（四）径流调节指标

土壤表面特征调节水径流，健康的土壤可以通过增加入渗来限制径流，而斜坡上退化的土壤则会增加径流量。与径流相关的土壤指标包括颗粒大小、表面石质、渗透能力和结皮敏感性。土壤表面有砾石和石头存在，会起到覆盖物的作用，保护土壤表面团聚体免受雨滴的影响，有利于水的渗透，减少径流。土壤入渗率是在饱和或非饱和条件下，水进入土壤的速度。水进入土壤太慢会产生积水，反映出土壤紧实，从而加剧地表径流和水土流失。土壤结皮的敏感性取决于土壤特性，如细粉土和粗粉土、黏土和有机质含量。土壤渗透性和结皮敏感性都受到孔隙度和团聚体稳定性的强烈影响。

（五）沉积物指标

土壤特性通过侵蚀作用决定沉积物产生的数量。土壤侵蚀可由风、水或人为活动（如土壤耕作）引起。从土壤中分离的沉积物的体积，可以用各种工具和方法在现场测量，或者通过观测土壤流失的可见证据，或者可以通过实验室实验，或考虑土壤、气候、形态、土地利用和管理的模型来估计。

土壤通过对侵蚀的敏感性调节输送到水体的沉积物数量。主要指标是土壤可蚀性。土壤可蚀性是指土壤表面对雨滴影响和径流剪切作用的抵抗程度。与结皮敏感性类似，它可以被视为是一种土壤性质，取决于土壤质地、有机质含量和团聚体特性。与侵蚀风险相关的其他土壤指标包括表面粗糙度和石质、疏水性，以及土壤剖面中可溶盐和碱性物质的含量，这可能会导致土壤表面下形成侵蚀通道。

（六）地下水补给指标

土壤的一个重要功能是允许渗透水补充地下水的能力。这一过程受土壤渗透和蓄水能力影响，并使水在整个剖面中渗透的能力调节。关键因素是地下水位的深度和阻碍水垂直运动的土壤层的存在（例如大块的黏土层、厚的岩钙层和岩铁层），或创造优先的近垂直流动或亚水平流动（例如脆弱地层）。需要考虑的主要土壤指标是土壤剖面最限制层的渗透能力、可用水量和导水率。

（七）污染物的净化能力和调节指标

状况良好的土壤是清洁水的基本过滤器，污染物含量低。流经土壤的水通过物理、化学和生物过程进行净化。小孔隙机械地过滤污染物，在孔隙内，带负电荷的土壤成分（主要是有机物和黏土）捕获带正电荷的化学物质，例如许多有毒化学物质和氨盐基。交换复合物上的碱基有助于中和土壤溶液，而 pH 调节着有毒元素的化学行为。土壤有机质也可能带有正电荷，能够捕获一些带负电荷的化学物质，如硝酸盐。土壤细菌和真菌可以将污染物转化为二氧化碳和水等无毒物质。

虽然土壤的净化能力是一个复杂的过程，但使用的主要指标是阳离子交换能力、盐基饱和度、pH、有机质含量、生根深度和体积。生物多样性库的指标也与土壤的净化能力相关，但由于很难将其直接与净化能力联系起来，因此只能间接使用，或在生物修复的特定情况下使用。

超过土壤中自然存在的水平并对生命形式，尤其是人类构成健康风险的任何物质，都是污染物。污染物土壤指标是指存在的污染物，其性质、位置或数量会对环境或人类健康产生不良影响。它们可能变化很大，例如重金属、不同类型的农药、过量营养物、碳氢化合物、微塑料等。在欧洲，最常监测的污染物是镉、钴、铬、铜、镍、铅、锌等潜在有毒元素，有机污染物是有机氯农药、多环芳烃、多氯联苯等。

(八)碳固定指标

土壤支持植被通过光合作用捕捉二氧化碳，并承载负责储存和循环利用二氧化碳的土壤生物。长期以来，土壤有机质一直是应用最广泛的质量指标。

土壤有机质(SOM)的主要来源是植被的地上和地下残留物。这些有机物质的腐殖化和分解维持了土壤食物链，因为土壤有机质是土壤中小型动物和真菌的能量来源。同时，植物残留物的矿化作用将养分释放到土壤溶液中，在那里它们可以被植被的根系吸收。土壤有机质会受到微生物的降解，其持久性取决于化学抵抗和物理保护。

土壤固定碳的主要指标是有机碳含量，也称为有机碳密度。由此得出的碳储量是指土壤的有机质量，依据参照深度来计算，同时考虑土壤的容重和石质状况。其他衍生指标是有机碳的时间变化以及整个土壤剖面的分层。分层比由浅层土壤有机碳含量除以深层土壤有机碳含量计算得出。土壤在表层中储存了较多的碳时，分层比较高，而在发生水蚀或风蚀、紧实、肥力差、碳输入有限或无法积累时，分层比较低。

Ah层(腐殖质积累的表土矿物层)的厚度是监测土壤的固碳能力和土壤健康变化的另一个有用指标。

土壤有机质由不同的功能组分组成，这些功能组分是根据其持久性和可分解性定义的。有一些土壤指标用于监测活性有机碳组分或"活性"碳库，其仅占总碳库的极少量，代表最容易分解的组分。使用最多的是热水可提取碳、颗粒有机物(Particulate Organic Matter，POM)和活性炭。尤其是，颗粒有机物是不通过过滤器的总有机物的一部分，其大小通常在0.053至2毫米，而活性炭是用稀释液而不是浓缩液提取的，高锰酸钾只与最易氧化(活性)的土壤碳发生反应。活性有机碳对土地利用变化和管理实践有响应，因此，经常用于监测土壤的健康。

(九)有机质和营养物质的生物活性和循环

正是土壤生物的活动、循环利用了死亡的有机质和输入的矿物质，产生了植物和微生物区系可用于营养生长的矿物质形式，并且是土壤食物网的基础。几种生物指标已被广泛用于监测土壤生命的时空变化。最常用的是碳氮比、微生物的生物量碳、微生物呼吸速率和酶活性。

生物特性对外部条件非常敏感，因为微生物只需要很短的时间(从几个小时到几天)就可以繁殖，使它们能够对压力做出响应，并在种群水平上迅速转移基因修饰。这使得这些指标对变化非常敏感，也增加了与取样的相关性。有机物和营养物质的循环由于野外测量的常规方法尚未标准化，通常是在实验室中作为潜在活性进行评估。潜在活性指的是代谢活性，包括土壤微生物在最佳实验室条件下能够发育的酶活性。微生物通过对土壤有机质的酶攻击和微生物呼吸来分解土壤有机质：胞外酶通过水解或氧化过程降解土壤有机质，产生可被微生物迅速吸收的可同化溶解有机物。

具有生物活性的土壤有机质可以作为土壤有机质长期变化的短期指标。蒸压柠檬酸盐可提取蛋白质是有机结合氮的指标，微生物很容易矿化有机结合的氮。

（十）生物多样性库

健康的土壤能够承载巨大的生物多样性。"土壤生物多样性"一词是在遗传意义上使用的，表示生态系统中不同物种的数量（丰富度）及其比例丰富度（均匀度），但可以扩展到包括表型、功能、结构或营养多样性。

土壤生物多样性在支持生态系统的可持续生产力和调节多种其他生态系统服务（包括陆地生态系统中的养分循环、有机质分解、污染物降解和病原体控制）方面发挥着重要作用。然而，不同土壤生物与生态系统功能之间的联系仍不清楚，细菌、真菌、原生生物和无脊椎动物在多种类型的生态系统功能中所起的作用，在很大程度上仍未解决。土壤生物多样性反映了包括微生物（如细菌、真菌、原生动物）、中型动物（如线虫、蜱螨和跳虫）和大型动物（如蚯蚓、蚂蚁和白蚁）在内的活生物体之间的多样性。

土壤生物多样性的指标包括通过在野外用陷阱捕捉收集大中型生物，由训练有素的人员在实验室提取后对其进行识别和计数。常规基因组分析也可以在微生物水平上更准确地评估生物多样性。目前，有许多方法可用于评估土壤微生物多样性。利用分子技术调查土壤群落的微生物多样性，继续为土壤性质和质量提供了新的理解。分析土壤提取的核酸序列（DNA 和 RNA 图谱）为描述整个微生物群落提供了一个强有力的工具。宏基因组方法是同时评估土壤微生物多样性和功能的另一种方法。

对不同磷脂脂肪酸（Phospholipid Fatty Acids，PLFA）类型和数量的分析是一种生化方法，它提供了分子技术的另一种选择，因为它反映了微生物分类和功能多样性。总磷脂脂肪酸的量可作为活微生物量的指标；可以根据生物标志物脂肪酸的特定特征进行特征描述。

土壤中型动物群组成（微小节肢动物<2 毫米）已被提议用于评估土壤生态系统服务，尤其是生物多样性库。土壤动物在退化生物栖息地的定居和恢复中发挥着重要作用。它们的作用包括凋落物破碎、土壤团聚体和孔隙形成、水分渗透以及有机质在土壤层中的分布。适应土壤生境的不同中型动物群数量越多，土壤功能越好。健康的土壤系统表现出一系列生态位和相关生物，而受胁迫的土壤无论在物种数量和个体数量上都较差。

六、小结

为土壤质量和健康评估及监测范围选择适当的指标、分析方法、阐述和解释结果并提供报告，向农民、决策者和公众提供指导方针，仍然需要大量的研究。总体来说，建议的指标清单从来都不是排他性的，为进一步增加使用指标留有空间。同样，选择最小数据集应有足够的自由度，以满足评估和利用资源的目标。然而，为了正确评估土壤功能，通常建议至少包含土壤的物理、化学和生物特性的一个或两个指标。

当一些重要土壤特征的数据库不完整时，测量数据可能会被基于当地基准土壤的土壤类型或规则的信息所取代。另一方面，如果数据集有限，或者我们利用了许多衍生特征，那么基准点对于验证指标给出的结果尤为重要。

在使用土壤指标方面，怎么强调专业人员需要经过培训且要有实践能力都不为过。指标和分析方法的选择、当地土壤类型及其变异性的知识、结果的解释和使用都需要具有不同专业知识的专业人员的密切合作。

未来的发展应该朝着加强野外观测和测量、近距离和远程传感器的使用以及实验室分析之间的整合方向发展。应始终记住，土壤是一个复杂的系统，过程作用于整个剖面，而不仅仅是表层土壤，简化(使用少量指标或综合指标)和近似指标(衍生指标)很容易导致不正确、不完整或有偏差的结果。

第八节　景观退化与恢复

人类对陆地生态系统的直接影响是广泛的，只有最难以接近的地区没有人类的影响。森林砍伐、荒漠化、生物多样性丧失、生产力潜力丧失、土壤侵蚀和污染是与景观退化相关的持续过程。逆转退化需要时间和持续的努力。人们认识到，仅仅保护现存的未退化的自然生态系统不足以解决全球环境问题，这导致人们越来越依赖被动和主动恢复来应对景观退化的影响。应对土地退化的不利后果需要双管齐下的办法：①避免或至少减少退化；②恢复退化的生态系统。土地退化中性采取第一种办法；其目标是维持或改善土地资源状况，包括恢复自然和半自然生态系统。森林景观恢复是第二条道路，是波恩挑战的基础，波恩挑战的目标是到 2020 年恢复世界上 1.5 亿公顷被砍伐森林和退化的土地，到 2030 年恢复 3.5 亿公顷。土壤恢复是这两条途径的基础，这包括减少土壤流失、改善土壤质量和土壤健康，特别是保持和增加土壤有机质含量。

一、国际政策倡议与恢复

据估计，全球 25% 的土地面积退化，威胁到全球的可持续发展。全球 50% 以上的无冰陆地区域已被人类直接改造，75% 的陆地环境已被人类活动严重改变。过去几千年的农业扩张和集约化一直是罪魁祸首，自工业革命以来，定居点和基础设施的扩张越来越重要。毁林、荒漠化、土壤侵蚀、生产潜力丧失、生物多样性丧失、缺水和土壤污染是与景观退化相关的持续过程。

政策倡议包括《荒漠化公约》的昌原(韩国城市)倡议，旨在到 2030 年实现净土地退化中性。土地退化中性的目标是维持或改善土地资源状况，包括恢复自然和半自然生态系统。同样，《生物多样性公约》2010 年战略计划设定了生物多样性不净损失和对生物多样性产生净的积极影响的目标；爱知目标 15 特别呼吁各国到 2020 年恢复至少 15% 的退化土地(大多数爱知生物多样性的目标没有实现)。

国际社会对停止和扭转退化和恢复景观的兴趣日益高涨，森林景观已成为人们关注的焦点。《波恩挑战》是以森林景观恢复为基础的各个国家承诺的自愿努力，力求到 2020 年使世界上 1.5 亿公顷被砍伐森林或退化的土地得到恢复，到 2030 年使 3.5 亿公顷得到恢复。联合国倡议从 2021 年至 2030 年为联合国生态系统恢复十年。通过将这些努力纳入国家发展目标以实现可持续发展目标，各国为实现爱知生物多样性目标和土地退化中性目标作出贡献。许多国家已将森林恢复和可持续森林管理纳入其根据《巴黎协定》作出的国家自主决定的贡献，将森林景观恢复视为"绿色基础设施"。

尽管国际社会对森林景观恢复有着浓厚的兴趣，但仍存在着潜在的紧张局势，阻碍在实现这些目标方面取得明显进展。由于对退化的构成缺乏共识，很难估计哪里需要修复，修复的必要性有多大。恢复是实现可持续的生产性景观的一种手段；然而利益相关者往往对目标有不同的看法，例如，在生产和保护功能之间。也许最重要的是，强调恢复过去的状况可能会使森林和其他景观不适应未来的气候条件。因此，当前的恢复计划根据不同的方法和目标进行区分，这取决于对退化程度和森林状况的认知水平。

退化和恢复可以被视为平行的轨迹，只是它们不一定是线性的，例如，土壤有机质(SOM)含量等许多指标表现出的滞后；退化通常发生得很快，但恢复不可避免地是一个漫长的过程。退化和恢复过程既有内在的技术因素(如物理和生物因素)，也有外在的社会因素。例如，土壤的形成、发育和侵蚀是自然过程，但人类改变并经常加速了这些过程。修复中一个经常引起争议的问题是，成功修复的终点是什么。无论目标是忠诚历史还是适应未来，答案显然是一种社会选择。

退化和恢复的双重过程在空间尺度的多个层次上运行，混淆了它们的性质和范围以及选择适当的反应的任何讨论。有必要从特定的空间角度研究退化和恢复，无论是土壤系列或土地单元、林分或栖息地类型、流域或生态系统及景观。时间尺度也很重要，例如，在区分持续森林管理造成的短期森林覆盖减少和农业转型造成的长期或永久性变化时。

当土地利用保持稳定，但资源得到不可持续的管理时，就会出现较不严重的土地退化。可持续发展被定义为满足今世后代的需要，同时大幅减少贫困和保护地球的生命支持系统。关于可持续性弱与强的争论集中在经济和环境之间的可替代性，或者自然资本和制造资本是否可以互换。应用这些概念来决定什么是自然资源的可持续管理(或开发)，以一种过于简单的方式，就是问在自然环境中允许多少变化。可持续性非常强的更极端观点认为，任何变化都构成退化。接受一个弱的可持续性标准表明，所有的变化是允许的，如果它提供物质利益。强的可持续性的折中版本认为，至少有些生态系统和环境资产是关键的，因为它们是必不可少的和不可替代的。然后问题就变成了两部分：什么是基线，在基线退化之前允许偏离多少。

可持续管理通常根据生态、社会和经济标准来定义。一些人认为，可持续管理是一个相对的概念，必须在多种社会需求和快速环境变化的背景下进行评估；必须确定管理行动产生的多重影响和权衡，以便社会或政治决策过程能够解决冲突。景观变化通常是空间层次较低的活动的累积效应。避免退化总是比退化后尝试恢复更可取的，除非退化的根本原因已得到解决和停止，或至少得到缓解，否则投资于恢复是毫无意义的。然而，现在迫切需要恢复数十亿公顷的退化景观，以恢复每年因土地变化和退化而损失的4.3万亿~20.2万亿美元的生态系统服务。

二、景观视觉的恢复

景观是一个耦合的社会生态系统，包括特定地点的物理特征(如山脉、溪流、森林和土壤)和建筑特征(如建筑物、道路、排水沟和矿井)以及与其他地点的连接。人类对自然环境的依赖性已被广泛理解，无论是好是坏，人类在地方到全球尺度内影响自然环境的能力也在不断增强，尽管人类对环境的道德义务可能不太一致。

作为社会建构的景观，具有景观属性和认知，赋予它们的意义和物质关系。不同人群的景观结构不同，例如，长期居民与新来的人。个人赋予景观或其中元素的意义被称为地方感，对一个地方的情感依恋强度可能会影响对退化的感知。

景观是多功能的。它们不仅仅是由地理空间中发现的东西来定义的。除了内部景观动态，景观还受到外部因素的影响，如交通、移民、国际协议，当然还有气候变暖。景观也由塑造景观的外部行动者和因素来定义，大多数都受到全球化的影响；遥远的消费者所做的选择可能会以不完全明显的方式影响景观。

景观的物理概念意味着相对较大的面积，可能在 1000~10000 公顷的数量级，但实际上，景观的大小因所考虑的现象而异。特别是从物理角度来看，景观是一个由较小单元组成的异质集合，这些单元本身或多或少是同质的。在地貌学中，景观是由包含在其中的地貌集合来定义的。对于生态学家来说，景观是相互作用的生态系统的镶嵌体或至少一个感兴趣因素的空间异质区域。通常，景观由生态相似的土地单元组成。

三、景观退化

不管是好是坏，人类的足迹支配着大多数景观。人类足迹最明显的表现在天然植被的清除或破碎化，管理自然系统的简化和复杂性的降低，以及土壤的物理操作。旱地地区的退化被称为荒漠化，尽管这一过程更为普遍；发生的范围很广，不仅仅是沙漠边界。退化和恢复发生在不同的尺度上，驱动因素相互关联，被当代扰动、过去的遗产和恢复工作覆盖，导致不同状态下土地单元的景观镶嵌。

虽然明显存在大片退化土地，但在绘制地图和估计退化地区范围的工作中，退化的定义是不一致的。除了不一致的定义外，用于估算退化土地面积的方法还对制图施加了技术限制，特别是陆地卫星和 MODIS 等遥感数据的时空分辨率。随着时间的推移，退化的定义随着环境和政策目标的变化而变化。退化的一般定义是功能的丧失或减少，通常是对生态系统的供给或调节功能的影响。在这个定义中嵌入的是退化状态与先前未退化状态的关系，也就是说，退化是相对于某个基线条件或概念的。在地质时间尺度上，侵蚀和泥沙运移的自然过程被土壤形成、火山作用和构造抬升所抵消。人类活动导致的退化是一个更快的过程，其结果是原生植被的清除和转化。自然退化和人类活动导致的退化都可能导致极端退化，如荒漠化或盐碱化，但自然退化和人类活动导致的退化的下降速度有很大差异。不适当的土地利用会加速自然过程或向土壤中添加植物毒性物质。涉及土壤变化的人为过程并非都是负面的。排水、修梯田和灌溉改善了土壤的物理特性，施肥提高了土壤肥力。

当土地利用变化导致生物多样性、生态系统功能或服务丧失（例如毁林）时，就会发生土地退化；当退化的系统转化为另一种土地利用时，也会发生这种情况。描述资源退化的术语可以规定人为原因，也可以不规定人为原因。例如，比较联合国粮农组织和《生物多样性公约》对退化森林的定义：联合国粮农组织认为森林退化是森林内部的变化对林分或立地的结构或功能产生负面影响，从而降低了产品或服务的供应能力；《生物多样性公约》认为退化森林是一种次生林，由于人类活动，失去了与该地点预期的自然森林类型有关的结构、功能、物种组成或生产力。因此，退化的森林从特定地点提供的物品和服务减少，只能维持有限的生物多样性。退化森林的生物多样性包括许多非树木成分，这些成分可能在林下植被中占主导地位。

根据学科观点或政策背景，土地和土壤退化被描述为各种过程和状态。历史上，土地退化的重点是土壤退化造成的生产力损失，尤其是干旱地区的荒漠化过程。人类活动引起的土壤变化，通常是退化的，被称为人为作用。然而，景观退化不仅仅包括土壤退化，互换使用这些术语可能会导致误解。土地退化侧重于森林、牧场、湿地或农田的不可持续利用。然而，其他资源的不可持续利用涉及土壤资源的退化，密切的联系使它们难以区分。

退化是一个复杂的过程，虽然从概念上讲它是以离散的也就是不连续的步骤发生的，但这些活动在时间或空间上并不是孤立的。评估退化从基线状况开始；如果基线是原始状态，退化的第一步是破坏或清除原始植被。然而，退化的原因可能并不简单。例如，草原过度放牧通常会导致荒漠化，同时加速土壤侵蚀。气候变异性可能因长期降水减少生产力和承载能力而发挥主导作用。毁林开始于清除森林覆盖，但这也适用于使用皆伐的同龄森林管理。然而，毁林还涉及另一个步骤，即将土地利用转变为防止森林植被再生长的土地利用。可持续森林管理还需要在移除树冠之后的另一个步骤，即森林植被的再生（重新造林）。这些例子表明，退化是一种或多种因素作用于一个系统以改变相对于基准线的条件的复杂结果；最严重的退化往往涉及大空间尺度的土地利用变化。

在不改变土地利用或覆盖等级的情况下发生的退化会威胁到生态系统服务的提供，如生物多样性、碳固存和其他供给或调节功能。在管理系统中，长期可持续性是一个目标，退化可能会通过降低受干扰时的韧性或恢复力来降低可持续性。例如，将原始森林转化为人工纯林显然会导致生物多样性和其他功能的丧失。甚至更少的破坏性活动也会降低功能，例如，只收获最大最好的树木而不考虑树木的更新，即所谓的采伐"生长最旺盛的"树木，也叫"拔大毛"。

土地退化通常与自然资源管理不善有关，但最近的评估包括气候变暖和变化的影响，单独或结合社会驱动因素。人们越来越认识到有必要加强社会应对机制，努力解决生物物理退化问题。多种社会因素可导致土地退化，包括全球化、土地所有权不安全、治理不力、市场准入和金融信贷不畅以及导致极端贫困、资源匮乏的人口变化，以及获取资源的不公平。

（一）退化程度

人类对陆地生态系统的直接影响是广泛的，高达75%的全球景观受到影响，只有最难以接近的区域没有人类影响。甚至为自然保护留出的区域也受到影响。将土地从森林、牧场和湿地等原生生态系统转化为农业、城市地区和矿产资源开采是退化的形式。功能的丧失，特别是生产力的丧失，是由于对土壤资源的影响，包括侵蚀和土壤有机质的减少。一些敏感土壤特别容易因管理不善而功能衰退。土壤退化在多个尺度上都很明显，并对生物多样性和生态系统服务产生不利影响。土地利用变化和物种灭绝为大多数形式的土地退化和生物多样性丧失奠定了基础。

（二）土地利用变化

据估计，从1765年到2005年，全球森林覆盖面积从4540万平方千米减少到3000万平方千米，约21平方千米的原始森林仍然存在。当然，这些估计有相当大的不确定性，尤其是在较早的时期。向农业的转化已经非常广泛，尤其是湿地受到了高度影响；在过去300年中，估计87%的湿地面积已经消失。进一步向农业转化的最大潜力是在有适当剩余土地的地区，包括美洲中部和南美洲、撒哈拉以南非洲和亚洲。越来越多的人口和从农村到城市和近郊地区的定居趋势也推动了从原生植被或农业的土地转化。

（三）土壤侵蚀

土壤最普遍的退化过程是土壤侵蚀，即通过水、风或耕作使表层土壤加速流失。侵蚀通常发生在土壤表面由于失去保护层而暴露，颗粒被水或风夹带和移动。耕作侵蚀仅限于土壤在坡地内的再分布。被侵蚀的土壤最终形成了泥沙淤积。全球土壤侵蚀的估计为：水侵蚀为200亿~300亿吨/年，耕作侵蚀为50亿吨/年，风蚀侵蚀为20亿吨/年。

在种植农作物的所有丘陵地区，都会发生水土流失，这种类型的水土流失在热带地区最为严重，这是由于热带地区的高降水量和人口压力，导致了比温带地区国家耕种更陡峭的土地。同样，热带和亚热带丘陵地区的牧场比温带地区更为密集，侵蚀率接近热带农田。林地的土壤侵蚀率通常较低，除了伐木或野火等干扰外，然后仅在陡坡上，尤其是森林道路上，才最受关注。

风蚀变化很大，很难估计。对沙尘来源的卫星研究发现，自然来源造成更多的沙尘排放（75%），多于人为来源（25%）。全球范围内，旱地最容易受到风蚀的影响。许多沙尘源是第四纪和全新世潮湿气候的遗迹，形成的冲积沉积物受洪水影响现在暴露了出来，成了沙尘源。人为来源包括中亚咸海干涸的湖床，在那里提取灌溉水使沉积物暴露，受到了严重侵蚀。此外，同一地区设计不当的灌溉系统导致农田废弃，浅层咸水地下水位发育，使表层土壤暴露于风蚀之下。

(四)土壤有机碳下降

土壤有机质（Soil Organic Matter，SOM）及其最重要的组成成分土壤有机碳（Soil Organic Carbon，SOC）决定着土壤的许多化学和物理性质，如 pH、养分储存、土壤结构、团聚体形成和稳定性等。土壤质地和有机碳含量密切相关，共同决定水分关系（持水量和释放速率），影响水分入渗速率和抗水蚀和风蚀能力。由于土壤有机碳在全球碳循环中的作用，它在全球变化研究中备受关注。土地利用变化和管理措施的强度极大地影响了大多数土壤的有机碳储量，通常呈下降趋势。从原生植被向农业和牧场的转化导致土壤有机碳下降。当土地利用发生转换时，土壤质地也会影响土壤有机碳损失，粗质地土壤的土壤有机碳损失大于重质地土壤。除了土壤扰动增加土壤有机质分解速率外，土壤有机碳储量的维持和增加还取决于凋落物的数量；除了通过收割或燃烧清除多余的树木外，生产力的降低和凋落物产量的减少，将随着时间的推移降低土壤有机碳储量。

(五)敏感土壤的退化

一些土壤由于其固有的特性，特别容易进一步退化，使其不适于植被建设。除贫瘠的沙土外，其他受盐分或极低 pH 影响的土壤容易裸露表面和侵蚀。受盐碱影响的土壤分布广泛，分布在 100 多个国家，影响面积约 10 亿公顷。盐渍土的可溶性盐含量（主要是氯化钠和硫酸钠）和电导率超过 0.4 毫西门子/米。苏打土含盐量低，但钠以离子形式存在，因此交换性钠百分比（ESP）超过 6%。土壤盐分和碱度问题自然发生在低降水条件下。盐分导致植物脱水，甚至低水平的盐分也可能影响植物生长和物种组成。苏打土渗透性低，结构差，影响植物生长的方式与盐分相似。

灌溉系统使盐分积聚在底土中，并最终影响植物生长。这在干旱和半干旱地区尤其是一个问题。

(六)土壤污染

土壤污染是一个全球性问题。各种工业和农业过程通过使用和移动农用化学品、工业废物处理、采矿、军事活动或事故直接污染当地土壤。污染可通过大气沉降和洪水间接发生。污染物间接或扩散影响所有的生态系统，当地场地的径流和空气排放物会污染场外生态系统。作为工业过程副产品的无机和有机化合物，包括金属微量元素、放射性核素和纳米颗粒在内的外源分子。有机废物，如未经处理的生物固体，用于土壤是健康危害，可以传播传染病。越来越多地使用兽医和人类抗生素和激素，也在通过废物流进入生态系统，对生态系统和人类健康产生不利影响，包括增加抗药性疾病的发生率。

(七)生物多样性丧失

生物多样性丧失的主要原因是栖息地丧失和破碎化、人类对物种的过度开发、污染以及入侵物种和野生生物疾病的影响。景观尺度上的生物多样性丧失是由许多退化过程造成的，这些退化过程会导致栖息地的丧失。特别值得关注的是昆虫传粉者、鸟类和哺乳动物种子散布者的全球威胁。热带森林是一些生物多样性最强的生态系统，受到多种影响。例如，拉丁美洲的大面积热带森林已被转换为牲畜牧场和东南亚的油棕种植园。土壤生物群（如细菌、真菌、原生动物、昆虫、蠕虫、其他无脊椎动物和哺乳动物）对生态系统功能至关重要，包括植物多样性、分解、养分保持和养分循环。土壤是一个大型生物多样性库，土壤生物多样性的损失影响多种生态系统功能。强化土地管理，特别是农业集约化，可能会减少土壤生物多样性。尽管土壤群落中存在大量的功能冗余，但集约化管理可能会对某些特殊过程产生不利影响。

（八）荒漠化

荒漠化是发生在干旱、半干旱和亚湿润干旱地区的退化过程，而不仅仅发生在沙漠边缘。尽管对全球荒漠化程度的估计相互矛盾（主要是由于不同的定义），但估计有 10%～20% 的旱地退化，裸露的土壤会造成沙尘暴，影响当地居民以及几千千米外居民的空气质量。荒漠化有各种原因，包括气候变化和人类活动，尽管早期的定义将荒漠化限于资源管理不善。植被丧失和转化为裸土开启了荒漠化过程，因为它使地表暴露于侵蚀之中，从而优先去除富含养分的细土壤颗粒，同时通过压实和渗透性丧失降低土壤水分。在某些情况下，盐分会积聚。人类管理不善的农业和放牧，是造成裸露土壤条件的主要罪魁祸首，干旱等气候变化加剧了这种情况。

四、景观恢复

仅仅保护现存的未退化的自然生态系统不足以解决全球环境问题，人们越来越依赖被动和主动恢复，来对抗景观退化的影响。

（一）土地退化中性

土地退化中性是在特定的时空尺度和生态系统内，支持生态系统功能和服务以及加强粮食安全所需的土地资源数量和质量保持稳定或增加。《荒漠化公约》针对土地健康和生产力下降的情况，要求保护、恢复和促进可持续利用陆地生态系统、可持续管理森林、防治荒漠化，制止和扭转土地退化，制止生物多样性丧失。土地退化中性的概念是，通过减少、避免和扭转 2015 年基线年的退化，到 2030 年实现土地退化中性，从而实现土地自然资本没有净损失。因此，土地退化中性认识到土地将继续退化，但由于采取其他补偿和恢复措施，净损失将为零。

土地退化中性的起源是《荒漠化公约》。然而，土地退化中性可适用于所有土地类型。土地退化中性的承诺是国家的自愿承诺。监测和报告将以区域为基础，即一个区域的土地是否在商定的指标方面经历了显著的退化或改善。

（二）森林景观恢复

2000 年，联合国粮农组织的全球森林资源评估报告，1990—2000 年，全球每年森林损失 1490 万公顷。与此同时，森林退化，特别是热带地区的森林退化估计为 8.5 亿公顷。面对这种损失，保护界得出结论，为了实现其在森林景观方面的目标，有必要减少森林砍伐并恢复森林。

早在 2000 年之前，科学界就开始发展生态恢复的概念。生态恢复学会（SER）成立于 1988 年，将生态系统层面的恢复定义为一个生物过程，促进恢复科学包括森林生态系统的恢复。与此同时，景观生态学作为一门学科发展起来，证明了在大范围（景观和生态区域）进行保护和可持续管理的重要性。世界自然基金会倡导的生态区域方法和国际保护组织倡导的生物多样性热点，就是这种向更大规模发展的例证。在采矿、采石或林业发生重大扰动后，私营部门还通过法律义务或企业社会责任参与生态修复和复垦活动。在某些情况下，国家鼓励社区参与植树计划，以保护生产性土地、城市和基础设施免受荒漠化和沙土侵蚀的威胁，并确保薪柴供给和粮食安全。然而，对于什么构成森林恢复的理解，在这些群体之间存在显著差异。森林景观恢复被视为一种对生态和社会现实都敏感的综合方法，寻求可持续地优化恢复森林的结果。更普遍地说，森林景观恢复旨在从生态完整性和人类福祉的角度，在更大的景观规模内，实现更高的森林质量。

2003 年，世界自然基金会、自然保护联盟和英国林业委员会这 3 个创始伙伴发起了"全球森林景观恢复合作伙伴关系"。这一时期的特点是森林景观恢复的政治势头增强。第一次高级别政治会议于 2005 年在佩特罗波利斯（巴西）举行。自然保护联盟建立了许多联盟，并专注于发展政府承诺和参与。许多其他组织（如国际林业研究组织联盟、联合国环境规划署、林业培训中心）也参与了森林景观恢复工作。

2011 年，自然保护联盟与德国政府合作，发起了一项雄心勃勃的全球挑战，到 2020 年恢复 1.5 亿公顷的土地。《波恩挑战》标志着一个重大转折点，它提高了人们对森林恢复在扭转森林损失和退化方面的作用的认识，并为减少土地退化、缓解气候变化、保护生物多样性和改善生计提供了机会。森林景观恢复的承诺促使各国政府迅速签署协议，并在实地采取行动。《波恩挑战》使人们更广泛地认识到，土地退化、森林退化和损失正在多个层面造成毁灭性影响，需要紧急应对。随着 2013 年《全球景观论坛》的启动，牢固确立了一场森林景观恢复的运动。《波恩挑战》的拉丁美洲和非洲地区分支分别于 2014 年和 2015 年启动。2014 年，《纽约森林宣言》将标准提高到 2030 年前恢复 3.5 亿公顷。新的合作伙伴开始参与森林景观恢复，如世界林业研究中心（Center for International Forestry Research，CIFOR）、联合国粮食及农业组织（Food and Agriculture Organization of the United Nations，FAO）、国际林业研究组织联盟（International Union of Forest Research Organizations，IUFRO）和世界资源研究所（World Resources Institute，WRI）。与此同时，科学界增加了对森林景观恢复的研究，并开发了各种促进实施的工具。如今，许多国家、政府和合作伙伴都意识到森林景观恢复及其潜力，许多国家正在寻求制定自己的森林景观恢复行动，以实现可持续发展目标（Sustainable Development Goals，SDG）。

在所有景观中，生态功能的恢复应该是一个目标，包括景观特有的生物相互作用，传粉者和种子散布者。许多被动或主动森林恢复和可持续管理技术已成功用于恢复生产力、保护生物多样性和避免小规模森林退化，但扩大到景观规模仍然具有挑战性。逆转退化需要时间和持续的努力。即使是严重退化的生态系统，只要有几个世纪的时间，也会恢复其功能。目前，国际上似乎势头最大的是森林景观恢复、土地退化中性和中国昆明召开生物多样性会议后，正在讨论的生物多样性目标。景观恢复是一个长期持续的过程，以确保可持续的利用土地资源，避免进一步的景观退化。

第九节　森林和退耕还林的监测

在过去几十年中，对森林状况统一数据的需求在性质上发生了变化，日益增加并成为跨部门的数据。虽然森林监测的历史比森林清查要晚得多，但今天的森林监测在提供有用的数据和信息方面有很大的潜力。

森林是覆盖全球近 1/3 土地的生物最丰富的生态系统之一，为地球和人类福祉提供了至关重要的商品和服务。粮食、纤维、木材和药品等森林资源是许多国家数百万人收入和生计的主要来源。此外，森林还提供各种基本服务，例如水循环调节、土壤形成和稳定、侵蚀控制等。它们对于审美、精神、教育和娱乐目的也很重要。除了这些重要的好处之外，森林作为碳的来源和汇，在全球气候调节中发挥着至关重要的作用。在全球范围内，毁林和森林退化占二氧化碳排放量的 12%~20%。与此同时，森林吸收了大量的碳，在过去 10 年中，森林碳汇每年约占 32 亿吨二氧化碳（2019 年的评估数据）。据估计，如果进行可持续管理，森林可以为《巴黎协定》到 2030 年将全球变暖限制在 2 摄氏度以下的目标贡献高达 30%。

为了支持气候缓解和其他森林效益，必须对森林进行可靠和系统的监测。自 1946 年以来，联合国粮食及农业组织（FAO）应成员国的要求并与成员国合作，定期进行全球森林资源评估。最新的评估《2020 年森林资源评估》审查了 236 个国家和地区的森林资源及其管理和使用情况。

从历史上看，许多国家一直在使用森林资源清查的数据来提供有关森林面积和碳含量的信息。随着卫星成像和处理技术的发展，自 20 世纪 80 年代初以来，各国已开始将卫星遥感（RS）数据纳入国家森林监测系统。遥感数据已被有效地用于获取有关森林面积随时间变化的一致信息。

一、森林监测的背景

据世界粮农组织的数据，1990 年全世界共有 41.28 亿公顷的森林，到 2015 年面积已减少到 39.99 亿公顷，森林占全球陆地的面积则由 1990 年的 31.6% 减少到 2015 年的 30.6%。它们作为碳汇和生物多样性保护至关重要，提供就业机会，并确保提供许多的生态系统服务，从审美、娱乐和文化到社会和功能。关于森林的信息不再仅对森林部门重要，对森林资源管理的基本信息，包括森林状况和变化的可比、长期、可靠数据的需求正在增加。

传统上，有关森林资源的信息主要基于国家森林资源清查（NFI），旨在收集森林资源的信息，例如覆盖率、木材量和物种组成。清查在森林科学中有着悠久的传统，可以追溯到 16 世纪，基于样本的方法从 19 世纪末开始开发和应用。20 世纪 50 年代末，人们的注意力开始转向对变化的估计，但正是在 20 世纪 70 年代，新出现的环境问题加速并推动了新的信息需求，涉及森林、森林状况及其与总体环境的关系，尤其是与一系列生物和非生物应激源的关系。当时，"监测"一词开始流行起来，1972 年在斯德哥尔摩举行的联合国人类环境会议之前，"监测"一词在文献中几乎不存在。从那时起，"监测"被越来越多地使用，森林监测研究的急剧增加在 20 世纪 90 年代尤为明显。

因此，森林监测概念和研究的大部分是在过去 40 年中开发的。这方面的一个明显例子是 1970 年代和 1980 年代对森林的潜在跨境空气污染影响引起的担忧。这些担忧实际上导致采取了政治和监管行动（即联合国欧洲经济委员会《远距离越境空气污染公约》《欧洲保护森林免受空气污染计划》），提供了法律依据，并明确要求评估和监测空气污染对森林的影响。就《欧盟委员会条例》而言，成员国必须对森林状况进行评估和监测。随着对污染物可能对森林造成的影响的担忧减少，新的担忧变得越来越重要。1992 年，联合国环境与发展会议在里约热内卢举行。里约会议通过了《生物多样性公约》和《联合国气候变化框架公约》，1997 年通过了《京都议定书》。森林生物多样性的评估和监测、森林利用 REDD+（减少毁林和森林退化所致的碳排放量）缓解全球变暖的潜力，以及 REDD+机制等问题对数据和信息的需求日益增加。与此同时，1990 年开始的欧洲森林保护部长级会议和 1994 年开始的蒙特利尔进程要求提供可持续森林管理选定指标的数据。

这些过程反映在森林研究主题的转变上：诸如"群落""多样性""可持续性""碳""长期""影响"等词在科学论文标题中越来越流行。

虽然传统的国家森林清查的数据主要关注单个国家，但气候变化的影响在国际、区域和全球范围内都很重要。与此同时，仍然需要确保对当地森林管理很重要的事件进行适当监测。时间尺度也是一个重要问题：例如，众所周知，生态系统对各种压力源的反应趋势可能是周期性的、方向性的、幕式的或灾难性的。对外部干扰的响应可能会在随机波动中混淆、延迟或通过一系列相关的短期事件发生。同时，森林监测需要考虑一些森林类型和管理选择的共同轮作周期，这可能持续几十年。总之，这需要一个长期的视角。新出现的环境问题、新的信息需求以及不断变化的空间和时间尺度要求采取多学科方法，并提供有关森林生态系统状况和变化的可比、长期、多尺度、高质量数据。在这种情况下，仅靠传统的定期森林清查已无法满足所有信息需求。

二、森林监测

(一)定义

尽管"监测"一词现在已在科学界牢固确立，但定义监测的含义很重要。早期长期实地研究的例子可以追溯到 19 世纪，但在过去 40 年中，提供了可随时适用于森林监测的监测定义。森林监测是对一个确定的森林实体的确定的物理、化学和生物变量进行有组织的时间序列测量，旨在为其状况和变化的有关问题提供可靠的答案。监测提供的信息需要在决策过程、管理和政治层面上有用。监测与明确界定的端点之间必须有明确的联系：也许可以获得对监测的初步支持，但只有在监测能够作出响应，提供有价值和可衡量的与政策和科学有关的产出时，才能长期维持这种支持。

(二)监测方法

监测方法需要考虑 3 个主要问题：采样设计、标本收集和测量。相关的工作包括设计整个监控系统、确保数据质量、数据管理和撰写报告等。

抽样是选择某物的一部分以显示整体特征的过程。在实践中，抽样设计驱动推理过程，并确定目标森林种群中监测点(样地)的分配、数量、大小和形状。必要时，它包括在场地内选择，例如，用于收集样本或测量的小块地和树木。

标本收集包括定义如何收集、运输和存储用于化学分析的样品，例如树叶、土壤和水(土壤水、降水)。

测量(和视觉评估)是为了获取原始数据，由规定的实验室或现场规程实施。测量可能涉及多个变量，并使用各种不同的方法。

由于森林监测涉及不同的问题，它需要许多科学学科的专业知识，这取决于具体项目的目标和待测量的变量。其中一些是必要的，例如，对于抽样策略，统计学专业人员和数据分析应该从一开始就参与。

三、监测和科学

监测在提供森林资源状况和趋势的基线数据方面发挥着重要作用，仔细、结构化、高质量的观察和测量是以科学为基础的。监测的调查中必须要有科学的关键特征(良好的问题、适当的调查设计、高质量的数据、仔细的解释)。

(一)监测与其他科学调查方法的关系

监测目标可分为两大类:科学目标,主要侧重于知识建设、学习和对监测实体动态的理解;管理目标,主要侧重于为资源管理方面的知情决策(政策、实践和社会经济学)提供基础。从这个角度来看,监测是一个"综合各种方法解决环境问题"(即实验研究、建模、特殊调查)的机会。从多个角度来看,监测、清查、实验、综合研究和建模之间的联系都很重要(图3-1)。

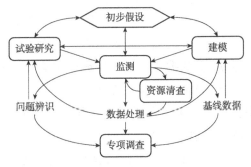

图3-1　监测和其他调查方法之间的关系

(二)监测、森林清查和专项调查

尽管在许多情况下,清查和监测这两个术语被用作同义词,而且这两个术语甚至可能使用类似的现场调查方法,但它们在原则上有不同之处,清查是为了在给定的时间点提供资源的估计值。监测明确关注变化,通常比较不同地点和时间的测量结果。随着清查越来越关注对变化的估计,这种区分可能会过时。然而,值得注意的是,尽管森林清查的采样密度要高得多,但与监测过程相比,它们的时间分辨率要低得多。同样出于这个原因,在两个系统之间建立正式和功能联系的趋势越来越大。当地森林管理可能需要的专项调查也是如此。

多学科性仍然是区分森林监测和森林清查的另一个特点。虽然最近的信息要求导致森林清查考虑如土壤中的碳含量和生物多样性,但是,森林监测项目执行的评估和测量跨度为更广的变量范围,例如,与大气、土壤和植被化学有关的变量。清查和监测之间的联系也将有助于弥合这一差距。

(三)监测和生态研究

监测是生态研究的一个重要工具,从"传统"森林信息转向了解森林生态系统的基本过程和变化时,这一方面非常重要。在综合监测研究中,在同一地点测量响应或状态变量(例如,树木落叶、树木生长、物种丰富度)、预测因子和协变量,对于确定森林状态和变化的相关性非常重要。

在欧洲,长期生态研究(long-term ecological research,LTER)和综合监测(Integrated Monitoring,IM)有时也与森林监测点有关,正在发展监测和研究之间的进一步合作。

(四)监测和实验

监测对于将实验结果与森林生态系统的"真实世界"联系起来也很重要。对流层臭氧(O_3)预计增长率与二氧化碳的预测增长率相似,甚至更高,再加上森林和温室气体(包括臭氧)之间复杂的相互作用,可能会加剧全球变暖,对森林造成直接影响。专门的实验试图提出臭氧的临界水平,例如,超过该临界水平,生物量可能会减少。但是,如果"真实"森林对臭氧有反应(以及将来会有反应),以及反应的方式和程度如何,仍然是一个关键问题,因为实验数据无法轻易应用于"真实世界"中的森林。考虑到森林是碳汇,而臭氧(以及一般的空气污染)导致森林生长的潜在减少可能会影响森林的碳汇率,缩小这一差距的重要性显而易见。在这种情况下,监测与过程和剂量反应研究相结合,是回答上述问题和检测生态系统压力早期信号(如从生产者到消费者的碳流量、水分流失、营养循环)的一个重要工具。

(五)监测和建模

监测是收集数据的有效方法,可用于建立、校准和验证模型。模型通常需要输入如植被数据(例如,树种、树木密度、冠层高度和结构、年龄、生物量、叶面积指数、按年龄等级划分的叶片比例)、土壤数据(例如,质地、养分、可利用水分)、气象数据(湿度、降水、温度、辐射、水汽压亏缺)等数据。涉及生物地球化学循环和植被的模型有生物地球化学循环(BIOME-BGC),演替模型(SUMO),植被的多重应力模型(MOVE)。这些模型中许多必要的数据是在森林监测项目中定期收集的。考虑到所探索的环境梯度的幅度,这些数据能够覆盖扩大模型适用范围的各种条件。监测网络也可以作为模型验证的数据来源:事实上,一旦基于真实数据开发出了一个机械上可解释的模型,它就需要通过其他独立的数据集进行验证。监测项目还收集有关森林响应的数据(例如,健康、生长、物种多样性、土壤化学方面的数据),这些数据可以作为测试模拟响应和实际响应之间一致性的手段。

四、美国的森林健康监测

北美的森林面积约为 677.5×10^6 公顷,占北美陆地总面积的 1/3,占全球森林面积的 17%,加拿大和美国在森林面积最大的国家中分别排名第三和第四。北美森林不仅在空间上是一种巨大的资源,而且在生态多样性和提供的各种效益方面也是如此,包括水、娱乐、野生动物栖息地、木材和其他森林产品。因此,维持这些森林的健康和生产力至关重要,它们的可持续性直接取决于它们在保持对生物和非生物压力的抵抗力的同时,增加或维持生产力的能力。几十年来,北美洲森林的健康和可持续性一直从多个角度进行监测和评估,从早期对虫害、疾病和空气污染影响的担忧,到《圣地亚哥协定》制定的温带和北方森林保护和可持续管理标准和指标。

(一)美国森林健康监测的历史和实施

从 1990 年开始,美国联邦和州的机构的合作伙伴建立了森林健康监测项目,目的是监测和评估森林健康指标的状态、条件和趋势。森林健康监测的概念方法类似于人类健康年度体检系统。最初是对各种健康指标的定期检查,这些指标可以检测"正常"条件的变化,作为潜在森林健康问题的信号。接下来是评估监测(Evaluation Monitoring, EM),通过更密集的检查,重点关注的是问题,以确定原因并提出解决方法。森林健康监测的第三个组成部分是强化现场监测(Intensive Site Monitoring, ISM),长期研究现场,重点是在更详细的层面上确定森林健康过程。所有这些组件都包含"监测技术研究"和"分析和报告"的内容。

美国森林健康监测项目有监测网络的评估,候选指标,监测样本设计和程序,制定质量保证方案,以及信息管理系统。1990 年,在美国东北部的 6 个州(缅因州、新罕布什尔州、佛蒙特州、马萨诸塞州、康涅狄格州和罗得岛州)建立了第一批实地地块,随着时间的推移,其他州也逐渐加入该森林健康监测网络。

美国森林健康监测项目是合作项目,涉及联邦和州机构以及大学。由于该项目的范围包括所有林地,无论所有权如何,联邦和州合作机构都将分享项目实施的财政支持。虽然该计划最初的重点是与空气污染对森林的有关的影响,但后来扩大到包括《蒙特利尔进程标准和指标》所述的影响森林长期健康和可持续性的广泛因素。

(二)检测监测

检测监测的目的是建立基线森林健康状况,以便分析未来的变化和趋势,并触发评估监测

(EM)。检测监测是通过利用各种调查方法来完成的。遥感被频繁地用于区域范围内探测森林状况、覆盖、破碎化和土地利用的变化。美国林业局(U. S. Forest Service，USFS)和美国国家航空航天局(National Aeronautics and Space Administration，NASA)正在合作开发基于中分辨率成像光谱仪的自动变化检测系统，以提醒森林健康专家注意落叶或死亡事件的发生。通过比较最近和历史场景的标准化地表绿色度差异植被指数的自标准化版本，确定并绘制变化区域图。然后，可以通过传统的调查和评估技术，进一步评估可能遭受森林破坏的地区。

美国林业局和合作的州林业机构每年进行航空调查，以发现可见的树木死亡率或树冠因昆虫、疾病和非生物原因而受到的损害。经过专门训练的空中观察员乘坐小型、固定式或旋转翼飞机，在300~600米的高度飞越森林地区，寻找主要森林昆虫、疾病或非生物因素造成的高于正常水平的损害。观测者使用数字航空草图测绘系统，该系统允许测量员在可移动地图显示器上跟踪飞机的准确位置，数字化受影响区域的多边形，并用寄主物种、损害类型、可能的病原体和严重程度的代码将多边形归为属性。这些数据汇编在国家数据库中（http：//foresthealth. fs. usda. gov/portal），这有助于在国家、地区、州或地方各级一致报告森林健康状况。

由于对入侵性森林病原体的蔓延的担忧，该病原体是加利福尼亚州橡树猝死的原因，促使美国森林健康监测合作伙伴针对该病原体开展了一项全国性的、基于风险的检测调查。监测结果减少了人们对病原体已扩散到受感染的区域之外的担忧，并导致开发了一种更敏感的调查方法。

美国森林健康监测项目开发了一套森林健康指标，目前已成为森林清查和分析综合地块网络和设计的一部分。全国被划分为六边形网格模式，每2400公顷六边形中有随机的样地。

每5~10年重新测量一次样地，即可进行趋势分析。森林清查和分析项目采用分阶段方法。第一阶段利用航空摄影将土地大致分为森林或非森林。第二阶段包括测量基本森林条件变量的地块，强度为每2428公顷1块(全国约125000块)。在第三阶段，以每39000公顷1个地块(全国约8000个地块)的强度，对第二阶段的1/16地块进行了更详细的森林健康指标测量。标准森林清查和分析地块由4个7.4米固定半径的圆形地块组成，呈三角形排列。在每个子地块内，建立一个2.0米半径的微区，用于测量幼苗和树苗。在小地块和微地块上进行基本树木和森林状况测量。

在第三阶段地块上测量的森林健康指标，侧重于提供特定生态系统组成部分定量数据。树冠状况反映了树木的整体健康状况，可以预测树木的生存和生长能力。树冠指数包括测量胸径大于12.7厘米的树木的冠高、光照、树冠位置、树冠密度、枯死和叶片透明度。这些变量可以单独分析，也可以组合成树冠体积和健康指数的估计值。

土壤指标评估土壤物理和化学性质，以评估影响森林生态系统生产力、物种组成和水文的可能性。

植被多样性和结构指标评估了3期地块上所有维管植物的组成、丰度和空间排列。植被采样采用多尺度嵌套方法进行，每个子地块使用3个1.0平方米样方。植被数据可用于监测多样性，追踪入侵植物的传播，调查土壤化学和物理变化、臭氧和气候变化的影响。

(三)评估监测

评估监测的目的是确定森林健康不良变化的严重程度和原因。这些项目深入研究通过检测监测和其他手段发现的森林健康问题。项目通常持续1~3年，重点是提供与昆虫和病原体暴发、火灾、空气污染、气候和其他非生物应激源相关的煽动和促成因素的更详细评估。

(四)强化现场监测

在某些情况下，无法通过评价监测过程确定异常森林条件的具体原因或影响。对于这些情况，森林健康监测就要进行加强现场监测，通过在研究环境中的详细测量，来研究特定的因果原因。理想情况下，此类研究旨在与长期生态研究站点的现有数据和知识兼容，因此有可能利用这些数据和知识。例如，国家生态观测网络项目侧重于气候变化、土地使用变化和入侵物种对自然资源和生物多样性的长期影响，可能是现场监测解决陆地森林健康问题的合适背景。特拉华河流域试点项目结合了几个联邦项目的监测和研究工作，以评估特拉华河流域森林和淡水水生系统的健康和可持续性。该项目考虑了城市化、固碳、空气污染、森林害虫等森林健康问题，以及这些因素的相互影响。

(五)监测技术研究

在长期监测项目中，要决定改变监测程序时，森林健康监测项目在将参与者的共识与坚实的科学基础相结合方面有着良好的记录。森林健康监测项目的研发目前集中在六大主题上：①制定森林健康指标；②质量保证和质量控制程序；③特殊检测调查技术的发展；④城市监测试点；⑤风险评估方法；⑥生态交错带沿线的监测。

制定森林健康指标：制定森林健康指标的主要重点已从实地测量转向遥感数据的应用。利用MODIS图像开发空间明确的预警指标的研究，正在与监测陆地卫星图像及森林清查和分析的清单数据得出的土地覆盖空间格局的研究相结合，以更好地识别森林干扰的景观背景和对特定森林类型的潜在后果。这项研究还提供了森林健康监测和生态监测之间的自然联系，如前面提到的美国国家生态观测网络。

质量保证和质量控制程序：在这方面，通过森林健康保护(Forest Health Protection，FHP)航空测量项目整合信息和报告系统是森林健康监测(Forest Health Protection，FHM)项目的一项重大成就。森林健康技术企业团队(Forest Health Technology Enterprise Team，FHTET)与遥感应用中心合作，共同开发了一种有效的方法，用于收集和报告有关森林昆虫、疾病和其他干扰的数据。

特殊检测调查技术的发展：还需要进行研究，以制定特殊检测调查的方案。

城市监测试点：城市地区的树木有助于人类健康和环境质量，但直到最近，城市地区还被排除在森林健康监测之外。森林健康监测项目与森林清查和分析项目以及州机构合作，开发了在全州范围内大规模监测城市森林结构、功能和健康的方法，并在5个州进行了试点研究。结果表明，监测城市树木的冠层覆盖、生物量和叶面积等基本属性可以提供信息，用于跟踪生态系统服务和价值，如碳固存和去除空气污染。

风险评估方法：关于森林健康风险的信息长期以来被用于国家一级制定政策和分配资源，以控制风险，并估计减轻影响所需的未来资源。森林健康监测项目的关键成功之一是开发了多标准风险评估框架，旨在在国家层面上提供一致且及时的风险数据。

生态交错带沿线的监测：该项目被称为"对边缘区监测"，主要目的是了解与气候变化相关的森林范围动态和森林基因保护。由于人们对只在美国西部高海拔地区发现的几种针叶树物种的关注，最初的研究集中在补充正在进行的关于这一主题的研究，以及了解如何使用或修改森林健康监测的协议，以提供更多的信息，解决对这些物种的担忧问题。随着全球对潜在气候变化影响的日益关注，森林健康监测的研究已经扩展到包括对全美国所有重要树种的潜在范围和森林基因风险的系统评估。

（六）美国森林健康状况报告

除非将观测结果转化为公众、森林管理者和政策制定者可以使用的信息，否则森林健康监测没有什么价值。森林健康监测的报告规定了在时间和空间上以一致的方式定期报告森林健康状况。定期报告的最初理由是为了实现检测监测的目标，即确定明显异常的森林健康状况和趋势的类型和位置。最早的报告在概念上与传统的森林资源清查报告相似，只是统计数据描述了森林健康特征，而不是传统的森林测定特征。森林健康监测报告框架后来演变为有助于满足《国际蒙特勒进程标准和指标协议》下的国家报告。在这一框架内进行报告的一个例子是《2001 年森林健康监测国家技术报告》，该报告是专门针对《国际蒙特勒进程标准和指标协议》确定的森林指标，以及森林指标数据的综合统计分析而编制的。从那时起，森林清查和分析（Forest Inventory and Analysis，FIA）项目负责进行这些测量，现在将许多现场测量总结为定期报告的一部分。此外，根据《国际蒙特勒进程标准和指标协议》提交的国家报告已经演变成一个强调森林可持续性而非指标的框架。森林健康监测在国家层面上编制定期报告，并为州和地区层面的定期报告作出贡献。在国家层面，年度森林健康监测国家技术报告被设计成一个比以前更加灵活和动态的框架。例如，有 3 个总目标：①使用各种来源的数据，从国家或多个州区域的角度呈现森林健康状况和趋势；②引入分析森林健康数据的新技术；③报告森林健康监测国家项目资助的最近完成的评估监测项目的结果。新框架允许更广泛的参与者参与。整个森林健康监测项目均对报告有贡献。森林健康监测资助的所有评估监测项目都需要为国家技术报告提供项目摘要。

森林健康监测信息在电子数据库中有了更广泛地使用，更容易纳入区域和州的森林健康报告。区域报告通常出现在网上，而不是以出版物公布，这使得区域森林管理者能够快速更新，从而更有效地使用。森林健康监测数据越来越多地用于正在进行的一系列报告中，这些报告被称为"州森林健康焦点"，是由州和联邦森林健康专家领导的合作成果（https：//www. fs. fed. us/foresthealth）。报告的内容因各州当前的森林健康问题和优先事项而异。俄勒冈州 2010 年森林健康焦点就是一个很好的例子。该报告提供了俄勒冈州数据收集工作的详细总结，并使用森林健康监测和其他数据提供了地图、统计数据和状态报告，涉及 11 种昆虫物种、3 种疾病复合体，以及整个州臭氧和熊（*Ursus americanus* Pallas）造成的损害。另外，网站最近报道了南松甲虫已被证明是一种非常具有破坏性的森林害虫，遍布美国南部和北部至新泽西州。2014 年秋天，在其历史活动范围之外的长岛（美国纽约州东南部岛屿）发现了一个相当大的、具有破坏性的南松甲虫种群。也有《延缓舞毒蛾蔓延的 20 年》等报告。

（七）评估美国森林的未来风险

在森林健康监测项目的指导下，国家昆虫和疾病风险图（National Insect and Disease Risk Map，NIDRM）项目以 1 平方千米的空间分辨率，绘制了一张空间清晰的国家风险图，描绘了昆虫、疾病和其他死亡因素暴发风险区域。该图由 188 个模型驱动，这些模型根据预测的因子行为与森林健康监测及森林清查和分析项目得出的森林参数之间的相互作用，预测单个树种对各种死亡因子的反应。2006 年的 NIDRM 估计，在未来 15 年内，美国超过 2300 万公顷的林地面临着死亡风险，其死亡面积为胸径大于 2.5 厘米的树木现存面积的 25% 或更多。大部分风险可归因于 11 种特定因素，包括：几种树皮甲虫攻击西部针叶林、橡树衰退、南方松甲虫（*Dendroctonus frontalis* Zimmermann）、根病和舞毒蛾（*Lymantria dispar* L. ）。2006 年的 NIDRM 为帮助确定影响美国森林的主要昆虫和疾病的广泛预防战略提供了一个宝贵的工具。森林健康监测项目目前正在更新和修订

NIDRM，以纳入最新的森林资源清查数据、改进的风险模型和更高分辨率的卫星图像。

五、中国的退耕还林监测

20世纪80年代以来，我国已经形成由国家森林资源连续清查（简称"一类清查"）、森林资源规划设计调查（简称"二类调查"）、森林作业设计调查和各类专项检查核查所组成的森林资源调查监测体系，为森林资源管理和决策提供了有力的技术支撑。2010年开启了全国森林资源管理"一张图"。

《中国退耕还林还草二十年（1999—2019）》的报告认为：退耕还林还草后，国家主管部门持续组织开展效益监测，坚持用科学数据向人民报账，回应社会各界关注。组织中国林业科学研究院、国家林草局经济发展研究中心等有关单位共同开展退耕还林生态、社会和经济效益监测评估，共1000余名专业技术人员参加。生态效益监测以国家森林生态定位站网络系统为主体，包括108个国家生态定位站、230多个辅助观测点、8500多块固定样地的监测数据。生态效益评估指标由涵养水源、防风固沙、固碳释氧等7类功能23项指标构成。社会经济效益监测采用样本县和样本农户以及退耕农户问卷调查数据，监测指标主要包括工程实施在农村扶贫、农民就业、经营制度、生产生活等方面产生的影响，以及工程实施对经济社会发展带来的直接影响。2013年起，严格遵照有关国家标准和行业标准，持续开展监测评估，发布了5个退耕还林工程效益监测国家报告。

20年来，退耕还林还草完成造林面积占同期全国林业重点生态工程造林总面积的40.5%，工程区生态修复明显加快，短时期内林草植被大幅度增加，森林覆盖率平均提高4个多百分点，一些地区提高十几个甚至几十个百分点，林草植被得到恢复，生态状况显著改善，为建设生态文明和美丽中国创造了良好条件。据监测，全国25个工程省份和新疆生产建设兵团退耕还林每年涵养水源385.23亿立方米、固土6.34亿吨、保肥2650.28万吨、固碳0.49亿吨、释氧1.17亿吨、提供空气负离子8389.38×10²²个、吸收污染物314.83万吨、滞尘4.76亿吨、防风固沙7.12亿吨；按照2016年现价评估，每年产生的生态效益总价值量为1.38万亿元，相当于工程总投入的2.7倍。通过实施退耕还林还草，大江大河干流及重要支流、重点湖库周边水土流失状况明显改善，长江三峡等重点水利枢纽工程安全得到切实保障。内蒙古、陕西、宁夏等北方地区严重沙化耕地得到有效治理，西南地区为主的土地石漠化面积2011—2016年年均缩减3.45%，为实现我国荒漠化沙化土地面积"双减少"、程度"双减轻"的整体逆转作出巨大贡献。生物多样性得以保护和加强，野生动植物栖息环境得到有效修复，工程区内植物物种数明显增多，金钱豹、普氏原羚等我国特有的珍稀濒危野生动物种群数量得到恢复和发展。

"退耕还林"实际上应该是"退耕造林"更为确切，由于约定俗成的原因，本文也使用了"退耕还林"。退耕造林说明在退耕地上要通过用人工恢复造林的活动，使原来的耕地成为有森林覆盖的林地，强调了"造林"的重要性（"退耕还林"似乎有掩盖了"造林"重要性的嫌疑）。这就不可避免地提出了造林效果的3个问题：造林的面积、质量和效益。这3个问题中最重要的是造林的面积和质量问题，是监测工作的焦点。目前，国家对退耕还林效益的监测，从提供"森林健康"的信息方面，效果不理想也不明显，对退耕还林的面积和质量缺乏系统的监测。森林的生态服务功能和效益已在学术界达成了共识，要将计算的货币效益纳入GDP核算很难（目前强调的是绿色GDP），只是说明人类离不开大自然维持生命的功能。世界上的森林面积大国和森林覆盖率很高的国家，国民的幸福指数仍然在很大程度上由GDP决定（俄罗斯是森林面积大国，刚果具有很高的森林覆盖率）。因此，今后应该加强对造林的面积和质量的监测，为决策提供坚实的依据。造林面积采用优于 1 米分辨率的卫星遥感影像制作调查底图，广泛应用移动互联网、云计算、无人机等新技术，结合实地调查，在"一张图"中标识。造林质量调查应该简化调查指标，采用调查造林树种、现有密度、年龄、高度、冠幅、生物量（乔木和灌木分开评价）等指标，结合视觉评价，据此评价造林质量（可以分 4 级：高、中、低和造林不成功），全面查清全国退耕还林的土地面积和质量状况。

第十节　生态健康指标

测量精心挑选的生态健康指标，尤其是那些关注生物组合的指标，可以深入了解一个地方的生态状况，以及拟议的或当前的人类活动在那里产生的各种生态后果。反过来，根据当时的价值体系和社会目标，衡量的生态条件可能被判断为可接受（健康）或不可接受（不健康）。生态健康指标描述我们生活的生态条件；提高对生态系统及其带来的效益的科学理解；诊断生态退化的原因；向非专业人员传播科学知识；指导环境政策；并衡量社会目标的进展。通过帮助确定谁受益于社会选择，谁受到社会选择的影响，生态健康指标为我们提供了关于如何使用或保护生态系统及其生活组成部分（包括人类社会本身）的选择。

追踪环境状况和趋势是人类社会的既得利益。每个人的环境都包括物理、化学和生物因素，以及社会、文化和政治因素。一个健康的环境，能够促进一个健康的社会，一个能够繁荣、公平和保护其他形式的生命的环境。确认和监测健康环境的指导性指标，使社会能够以有益的方式管理自身和环境。生态健康指标是反映人类社会赖以生存和依赖的生态系统健康状况的迹象和症状。对这些指标进行深思熟虑的测量和分析，可以为管理空气、土地和水资源提供信息，从而减少地球生命系统的贫困，提高人类福祉。

一、生态健康指标

（一）定义健康

什么是健康（或不健康），为什么达标的健康是令人向往的，人们对健康有着直觉性的理解。也就是说，对"健康"状况的理解受到文化背景和价值观的强烈影响。例如，一个人的体重在一种文化中可能被视为健康，但在另一种文化中可能被视为不健康。一个人的身体状况可能从奥运会运动员的极度健康，到因病濒死的不健康。医生使用基于胆固醇水平和血压等指标的既定方案和标准，来评估每个人在健康到不健康的连续体中所处的位置。例如，饮食和生活方式的其他指标，可以用来评估一个人变得不健康的可能性。此外，适当的标准因个人年龄或所在地区而异。例如，青藏高原的居民自然比山东青岛沿海地区的居民对低大气氧的耐受性更高。

健康概念通常也适用于系统。例如，可以描述生态系统、经济、农业社区或国际合作的健康状况。在每一种情况下，被视为"健康"的系统都反映了相关者的价值观、利益相关者的利益，并意味着该系统在长期内是可行和有益的。与人类健康一样，评估此类系统的健康状况需要制定适当的方案、指标和标准。下面，将这一健康的一般概念用于评估生态系统的状况及其多个方面。这里使用传统意义上的"生态系统"，指的是生物（包括人）的群落以及它们相互作用的物理化学环境。

生态系统可以从健康到不健康，这一概念在直觉上是很有吸引力的，尽管它的应用带来了挑战，因为往往对"健康"生态系统的构成方式存在分歧。关注环境质量不良趋势的专家已经为区分健康生态系统和不健康生态系统提出了合理的理由。这些基本原理建立在各种价值观的相对重要性之上，比如内在价值观或功利价值观，通过这些价值观判断自己与他人和其他生命形式的关系。人类和非人类生命的健康通常是如何看待生态系统健康的核心。如果对健康生态系统的构成有一些共识，生态学家可以帮助识别和校准有用的指标。

生态系统状况的一个公认参照框架是其自然状态，它是由自然进化过程形成的，这些自然进化过程使生物群的适应与普遍的环境条件相一致。许多人认为自然生态系统本质上是健康的，例如，认为偏远的沙漠区域的动植物是健康的，并且与健康雨林的动植物不同。然而，如果人们把雨林变成沙漠，其结果通常会被认为是生态上不健康的。

为了评估一个地方的生态状况，必须首先确定和定义作为系统状况衡量标准的自然属性。物理化学和生物属性共同代表了该地区的生态完整性（即完整或未受损的状态），是衡量健康状况和判断是否健康的基准。"完整性"一词指的是在一个地方进化的复杂系统，具有在相关的物理、化学和生物环境中持续存在的能力。自然群落与其栖息地之间的进化关系验证了生态系统的完整性，是用于评估人类活动而改变的地方生态状况的基准。

自然性也是生物完整性的基础，这一概念被广泛用于评估生态状况。如果一个地方具有生物完整性，那么就存在一个多尺度的、整合的、适应性强的生物系统，包括在没有大量近期人类影响的情况下的各种进化部分（如基因、物种和群落）和过程（如扩散、生物相互作用和能量流动）。这一定义认识到了几个关键的复杂性。首先，生态系统包含从个体到景观的时空尺度，其中任何一个都可以为生态状况的评估提供信息。第二，生命系统包括我们可以计算的条目以及生成和维护它们的过程；其中任何一项都可以成为有用的指标。第三，生命系统嵌入在动态进化和生物地理环境中，与物理、化学和生物环境相互影响。这一定义的一个重要结论是，完整性所体现的自然条件在一定的正常范围内随时间和空间而变化。了解这一范围对于准确评估生态状况至关重要。

维护生态健康是为了人类利益而集约管理立地的目标，如作物种植、树木收获、城市化、娱乐等。在进化意义上保护完整性作为这些地方的一个目标是不现实的。相反，管理它们有 3 个重要的标准：集约利用土地造成的生态破坏不应威胁该地区的长期有益利用；集约管理的区域不应退化或损坏其边界以外的其他区域，如下游或下风向区域；最后，对于一个给定的区域来说，被视为"健康"的内容应该反映出利益相关者在相关空间和时间尺度上的价值观。

（二）确定指标

生态指标可以校准，以测量与完整性的偏差，包括可接受（健康）或不可接受（不健康）的偏差。任何给定偏差的可接受性，是由社会用环境政策和法规规定来确定的。与完整性中体现的状况相比，被视为不可接受的状况更具流动性，反映了主流价值体系。此外，在一个地方不可接受的状况在另一个地方可能可以接受，这取决于社会目标。例如，保护的天然森林和工业用材林地的健康状况可以用不同的生态标准或指标进行评估，即使它们具有相同的自然状况和树种构成。然而，即使对于集约使用的生态系统，也可以为生态偏差的可接受性设定限制。例如，如果一个农场的做法破坏了未来耕种的土地，或损害了附近的水道或下游人的利益，这些做法和由此产生的生态状况可能被认为是不健康的。无论哪种状况是社会可以接受的，生态指标都可以被客观地校准，以区分健康和不健康的生态系统。

已经使用了大量的生态指标，通常是根据特定的生态系统和关注的问题选择的。一些指标反映给定时间点的状况（例如 pH、物种数量），而其他指标反映给定时间范围内的过程（例如年度土壤侵蚀、人口增长率)。尽管可以测量许多潜在的物理、化学和生物指标,但一个地方持续存在的生物类群提供了当前生态状况的最综合的和最有启发性的指标。监测这些生物类群对于理解人类活动或自然事件产生的一系列生态后果至关重要。如果没有定期的生物报告,人类就无法保护生态完整的地方,恢复退化的地方,或者就如何管理自然资源做出明智的决定。因此,开发可靠的、有指导意义的生态指标对社会至关重要。

准确评估生态状况需要关注驱动生态系统动态的关键因素和过程。这些知识可以综合成个概念模型,研究这些关键因素和过程如何产生生态结果,包括生物响应,如生物体行为的变化、种群丰度的变化或物种间相互作用的变化。这种响应与如何评价生态系统和看待生态健康有着重要的联系。具有物种生活史和栖息地利用的知识,对此类模型至关重要。由于生态系统是动态的,生态评估涉及从背景环境噪音中提取感兴趣的信号。为了准确解释这些信号,就需要谨慎设计监测方案和选择监测指标。要将监测结果转化为管理行动,还需要进一步设定行动的阈值,将选定的指标与社会目标联系起来。例如,假设监测显示河流的生态状况不健康,因为河流携带了过量的沉淀物和污染物。也就是说,从河流中受益的本地或下游用户,无法接受河流的状况。管理者可能会实施旨在改善河流状况的做法,例如禁止或限制向河流排放污染物,流域植树造林和种植河岸植被,维护和恢复利益相关者的有益用途。

二、指标的作用

回答指标的作用这个问题,集中在人们感兴趣的生态状况上。然而,完全回答这个问题是复杂的,因为指标可以用于许多目的,而这些目的因情况而异。在每种情况下,监测生态指标的目的都反映了它们与人类福祉的诸多联系中的一个子集,以及对人类活动和环境后果作出明智决策所需的各种知识。

(一)生态指标要具有长期重要意义

包括人类在内的生物体通过各种感官信息来体验和评估环境。只有其中一些信息对刺激生理和行为响应有用,这些响应可能会提高生物体的生活水平。例如,准确描述重要威胁(如捕食者)和机会(如食物)至关重要。生物体选择性地使用可用信息作为其生存环境的指标。如果它们对相关指标做出适当的响应,通常会取得生态和进化上的成功。

人们认为重要的指标在历史上发生着巨大变化。早期的人类有意识地依赖自然来维持福祉,毫无疑问,他们会追踪天气、植物的果期和动物迁徙等指标。技术进步例如使用工具、控制用火和耕种作物等让人类对环境有了更多的控制。食物获得能力的提高促进了人口和技术的快速增长。书面语言(以及现在的电子媒体)等通信技术极大地扩展了人们的感官能力和范围,以及被重视的知识种类。尽管21世纪的一些人类社区仍然直接依赖自然系统,但大多数人对这种依赖性的意识要低得多,他们现在关注的是其他类型的指标(例如经济指标),以评估和规划他们的福祉。此外,当环境问题出现时,人们更倾向于尝试重新设计生态系统,而不是适应当前的生态状况。

由于现代人与自然的联系远不如他们狩猎采集的祖先,一些人认为,跟踪生态指标的状态和趋势对他们的福祉远不如跟踪经济指标重要。然而,其他人认为这样的观点是短视的和有风险的,因为生态系统甚至是非自然的生态系统,仍然是地球上生命支持的基础,并对人类的生活质量作出了巨大贡献。只有仔细监测非人类生命系统的状况,才能收集必要的知识,以管理人类行动的集体后果,从而继续造福人类和地球生物群。这种管理挑战远比我们祖先寻找食物和配偶以及躲避捕食者的挑战复杂得多。

自20世纪中期以来，人们对环境趋势的担忧，尤其是广泛的化学污染，提出了各种指标，以评估环境法规的执行情况。最初，这些指标描述的是监管活动和污染负荷，而不是更广泛的生态系统状况，因此反映了解决环境问题的毒理学方法的主导地位。这些指标分为5类：

①行政许可指标，例如排污许可证数量、执法行动等。

②技术指标，如实施的"最佳管理实践"（如雨水滞留池、保护性耕作）的数量。

③压力源指标，如测量污染物负荷。

④暴露指标，如测量或模拟水、土壤或空气中污染物的浓度。

⑤响应指标，如测定生物状况，包括分类群丰富度、种群丰富度、产量，以及综合多种生物属性的多度量指标。

随着科学家、环境管理者和监管者认识到，由于暴露指标和响应指标能评估生态状况，确保实现法定目标（如保护生命系统的完整性），就开始使用这两个指标。只有暴露指标和响应指标值得用作生态指标。

（二）生态指标要反映生态变化的原因和后果

生态变化是持续的，但大部分变化基本上没有引起人们的注意。当然，我们注意到的变化并不频繁，但却十分剧烈，比如火山、龙卷风、流行病或战争造成的变化，但可能很少注意到渐进的变化，比如随着季节的变化而发生的日复一日的变化。可以在许多空间尺度（例如当地、区域和全球）和时间尺度（例如每日、每年和千年）上观察变化。任何一种尺度的变化都可能由自然力、人类活动或某种组合引起。无论原因如何，似乎谨慎的做法是，需要持续跟踪可能影响人类福祉的生态变化，并测量人类管理结果的指标。从长期来看，记录重要生态变化发生前的状况，可以揭示使生态系统对变化更敏感或更不敏感的因素。历史反复证实了生态无知的悲惨后果：在过去4500年中，中美洲、美索不达米亚和南亚发生了戏剧性的社会崩溃，忽视生态指标是重要的原因。

人类活动现在是地球环境变化的主要驱动力，其影响可与天文力量相抗衡，并促使许多环境专家将当今时代称为人类世。人类深刻地塑造了所有时空尺度的生态系统，以及生态系统维持生命的能力。无论改变是有目的的、明显的（例如，将大草原改为玉米田或把湿地排干水用于建造房屋），还是几乎看不见的（例如，大坝建成后改变了生物群落），当这种改变在各个地区广泛发生时，其生态后果都会累积起来。其结果是，人类对地球资源的利用正在全球范围内引起生命系统的变化，造成前所未有的生物贫困。这些变化从基因层面到生态系统层面都很明显，因为人类的各种行为导致栖息地退化或破坏，包括疾病传播、入侵物种或污染物、改变气候（表3-1）。

表3-1 生物贫困的各个方面

通过改变物理和化学环境而间接消耗生命系统

1. 水的退化（水流改道、地表水和地下水枯竭、湿地排干、有机物富集、水生生物群的破坏和改变）；

2. 土壤耗竭（土壤结构破坏、侵蚀、盐碱化、荒漠化、酸化、养分淋溶、土壤生物群的破坏和改变）；

3. 化学污染（杀虫剂、除草剂、重金属和有毒合成化学品造成的土地、空气和水污染；大气臭氧消耗；海洋酸化；鱼类死亡；物种灭绝；生物均质化和生物多样性丧失；生物累积；激素破坏；免疫缺陷；生殖和发育异常；呼吸系统疾病；代际效应）；

4. 生物地球化学循环的改变（水循环的改变、营养物质的富集；酸雨；化石燃料燃烧；颗粒污染；陆地和水域生物群的退化；害虫、病原体和赤潮的暴发）；

5. 全球气候变化（温室气体浓度上升、降水和气流模式改变、温度上升、对个体和群落健康的影响、全球生态系统之间和内部的变化）。

（续）

非人类生命的直接消耗

1. 过度捕捞鱼类和采伐木材等可再生资源(种群枯竭、物种灭绝、食物网改变);
2. 栖息地碎片化和破坏(灭绝、生物同质化、害虫和病原体的出现和反复出现、景观镶嵌和连通性的丧失);
3. 生物同质化(物种的灭绝和入侵,粮食作物和牲畜的生物多样性丧失);
4. 基因工程(作物同质化、抗生素抗性、基因逃逸时的潜在灭绝和入侵、其他未知的生态效应)。

人类生命的直接退化

1. 新出现和重新出现的疾病(职业危害、哮喘和其他呼吸道疾病、大流行疾病、新冠肺炎、埃博拉、艾滋病、汉坦病毒、肺结核、莱姆病、西尼罗河热、基孔肯雅病、寨卡病毒病、抗生素耐药性、过度消费和压力疾病、人类微生物群改变);
2. 文化多样性的丧失(宗教战争和种族灭绝、文化和语言多样性的丧失、知识的丧失);
3. 生活质量下降(营养不良和饥饿、无法茁壮成长、贫穷);
4. 环境不公正(环境歧视和种族主义;经济剥削;个人贫富、社会阶层和国家之间日益扩大的差距;环境难民;性别不平等;践踏子孙后代的环境和经济权利);
5. 政治不稳定(国内暴力,尤其是在顽固政权治理下的暴力;资源战争;国际恐怖主义;战争难民人数增加);
6. 累积效应(环境意外、灾难性自然事件频率增加、繁荣与萧条循环、疾病与生物多样性之间的相互作用、环境退化导致的文明崩溃)。

生物多样性的丧失是一种常见的后果,也是迅速或广泛生态变化的标志。尽管物种灭绝是不可避免的,即使是在自然状况下,但目前人类导致的哺乳动物、鸟类和鱼类灭绝率至少是史前时期的100到200倍。生态系统的人为变化也可能抑制具有商业或娱乐价值的物种的产量,这在过度采伐的森林和过度捕捞的渔业中经常发生。此外,所有形式的生物多样性丧失都会给社会带来巨大代价。监测生物多样性的趋势有助于将这种社会代价降到最低。

生态变化的某些后果在生态系统过程中的变化比在特定物种中的变化更为明显。从巨型动物到微生物的无数生物构成了生态系统的基石。它们在多个时空尺度上相互作用,控制着对地球生命至关重要的空气、水、营养和能量的动态混合和流动。虽然可能不容易观察到这些过程,但确实看到了一些对人类社会极为有益的结果。例如,生物群在净化空气和水、形成土壤、为作物授粉、调节当地气候和洪水方面发挥着至关重要的作用。总体来说,这些过程使文明成为现实。相反,改变生态状况的广泛人类活动有可能破坏生命支持系统。持续跟踪精心挑选的生态指标,有助于确保在生态系统遭到无法挽回的破坏之前,认识到其中危险的反常现象。

(三)生态健康与人类福祉之间的联系

除了揭示生态系统的状况外,生态健康指标还揭示了与人类健康和福祉相关的信息。人类的身心健康与生态状况往往以微妙或复杂的方式密切相关。生物贫困往往先于或伴随着人类健康的下降。也许最著名的是各种技术产生的无数的有害化学副产品,包括重金属、杀虫剂和内分泌干扰物。其中大多数会进入空气、水或食物,会对个体健康造成可预测的和不可预测的后果。与人类生活在同一生态系统中的植物和动物,往往对影响人类的污染物和病原体同样很敏感,这使它们成为对人类健康构成威胁的状况的现成指标。此外,越来越多地研究表明,日常环境的自然性,如可见的流水、树木和天空,在很大程度上增强了我们的心理健康和应对压力的能力。医学和生态学专家都得出结论,健康的生态系统提高了人的健康水平。

除了污染物对个人健康的影响之外,人类导致的生物贫困也可能更普遍地威胁人类福祉。例如，森林砍伐会加速土壤侵蚀，破坏生态系统生产作物的能力；过度捕捞鱼类和狩猎野生动物会破坏生物群落的稳定，并耗尽人类的食物资源；引入新的杂草和害虫会重组生态系统，损害养殖或野生食物的生产。虽然很难预测这种变化对特定人群的长期影响，但可以肯定的是，生态系统条件的变化会广泛影响许多人的福祉。

针对工业社会对经济指标的过分强调，许多当前的可持续发展的概念认识到，人类福祉和进步取决于3个合作的系统：生态、社会和经济。这种思想认为，通过监测生态、社会和经济福祉的指标，可以最好地促进这"三重底线"服务于人类福祉。清洁的水和绿色的空间是常见的景观特征，有助于提高个体的生态福祉。与生态健康一样，人类福祉可以在一系列空间尺度上衡量，比如一个社区或一个国家。

在过去30年里，科学理解了自然对人类福祉的贡献，通常分为4类"生态系统服务"：供给服务、调节服务、文化服务和支持服务。最容易被认可的供给服务包括水、食物和木材等有形商品。相比之下，调节服务来自通常不那么明显的生态过程，包括空气和水的净化以及气候和洪水的调节。文化服务，包括审美、娱乐、教育、科学和精神利益，也在很大程度上是无形的。最后，支持服务包括初级生产和土壤形成等生态过程，并非所有这些都能直接造福于人们，但它们确实是支撑有形生态产品和其他服务的基础。许多生态健康指标告诉我们，生态变化影响生态系统提供有价值服务的能力。

2005年完成的《千年生态系统评估》，是对生态系统服务最全面的评估。它综合了数百名科学家的意见，并促使决策者就如何可持续地管理生态系统展开讨论。这种方法的一个关键优势是，它提供了一个综合框架，以说明健康生态系统提供的许多益处，远远超出了传统经济分析中考虑的益处。

从经济角度来看，人类福祉可以被视为源于各种资本形式的财富形式，包括但不限于金融资本。如何评价不同的财富来源，强烈影响如何评价健康的生态系统及其指标。例如，生态经济学家假定人类经济是全球生态系统的一个子系统，人类的大部分财富最终取决于支撑健康生态系统的自然资本的持久性。相比之下，新古典主义经济学家（在大多数政策领域占主导地位）认为生态系统是人类经济的子集，自然资本可以无限期地被交易为金融资本等其他形式的资本，而不会产生可怕的长期后果。认同这些截然不同的世界观中的某一个，会深刻影响经济学家如何看待生态健康指标与社会经济政策的相关性。由于不能够确定自然资本的当前或未来价值，直接监测与人类福祉相关的生态指标，有助于确保生态系统继续为人们提供关键的物品和服务。

三、良好的生态指标

在过去的40年里，为开发和应用生态健康指标所做的许多努力，让我们了解到哪些指标有用或无用（表3-2）。最重要的是，从监测生态指标中获得的知识有助于理解生态系统，并指导管理行动。例如，一套指标的数据可以帮助管理者解释生态系统在生物状况梯度上的位置；然后，管理者可以根据社会目标选择具体的行动，如保护或恢复。总体来说，生态指标是一个简化的透镜，通过它可以更好地理解复杂的生态系统，并利用这种理解来改善对人类的管理，以保护这些生态系统。虽然最有用的指标往往是针对具体情况的，但通常有几个特点。

表 3-2 评估生态健康的样本指标

非人类生物系统的指标

个体和种群水平：有毒污染物的身体负荷；状况指数(鱼的重量与其长度之比)；种群规模和密度，尤其是濒危物种；种群性别和年龄结构；种群增长率；物候变化；迁移率；鱼类放养率，包括补充；种群内的遗传多样性；非本地物种的传播速度；初级和次级生产；生物量；标志性物种的存在和状况，如秃鹰或大熊猫。

群落水平：物种或更高层次的分类丰富度；功能群的比例丰度，如捕食者、食草动物或食腐动物；群落组成和丰度比例的变化(生物同质化、热带化、荒漠化)；生物量、初级生产和次级生产；木材蓄积量；森林生长量；林分的总断面积；共同进化物种群的持久性，如植物及其传粉者和种子散布者；捕食者-猎物关系的持续性；病虫害暴发率；容忍或不可容忍物种的存在或数量的变化；不同分类群植物和动物组织中的毒素水平。

生态系统水平：生物地球化学过程的变化率；营养循环的改变速率；能量流动的速率改变或路径；生产商品和服务所需的内涵能源和太阳能；生态相互作用中关键化学品的浓度；湖泊营养状态；叶绿素浓度；生态关系导致的社会或经济结果的变化。

景观水平：栖息地碎片化和破坏率；斑块大小和斑块分布；河流或湖泊边缘植被的宽度；碎片、聚集和连通性的度量；栖息地镶嵌的范围、结构或稳定性的变化；土壤有机质的丰度和类型；主要群落的范围和稳定性，如珊瑚礁、森林或湿地。

人类福祉指标

生产系统(如农业、林业、海洋和淡水渔业以及水产养殖)：有机农业与传统农业的比例；草饲与粮饲牲畜的比例；底拖网捕鱼与非拖网捕鱼的空间范围；水产养殖的范围和强度及其对人类健康的影响；鱼类或其他资源的收获与年产量的比率；转基因生物的生产及相关风险；生产的社会和经济稳定性。

人体健康：人体毒素负荷；人类(和野生动物)疾病传播的速度和程度；营养不良、营养过剩和相关疾病的发生率；由污染的空气、土地或水引起的疾病发生率；精神疾病的发病率；对抗生素和其他药物耐药的病原体的传播速度和范围；与栖息地改变相关的疾病的出现和复发率。

文化生态：文化多样性的丧失率；特定文化或传统生态知识包括语言的流失率；社会或经济的孤立程度；环境不公的程度和比率，包括接触有毒物质和获得饮用水；生态系统提供户外娱乐机会能力的衡量；野生食物的供应或消费。

生态状况的非生物指标

化学品：空气、水和土壤中污染物或毒素的浓度；水体中的氮和磷浓度；灌溉造成的土壤盐渍化率；温室气体排放率；城市和农业地区化肥或农药的施用率。

物理特征：由基质类型、地形、地质、水文或生物群(例如珊瑚礁、海洋和陆地森林、草原或沙漠)决定的环境物理结构；溪流或河流的流速；洪水的频率、持续时间和强度；河道形态或基质成分的测量；地表水和地下水流的季节变化程度；河道形态的时间变化；泥沙进入水体的速率；土壤矿物和有机物含量、结构和耕层；土壤生成和侵蚀率；大气结构和稳定性；严重风暴的频率、持续时间和强度；水温的日变化和季节变化；海平面的变化；冰川融化速率；永久冻土范围。

注：指标可能针对特定介质(如空气、土地或水)；栖息地类型(如森林、草地或溪流)；或分类群(如植物、鱼类或昆虫)。指标可以单独使用，也可以构建多指标指数。该表虽然不全面，但说明了正在使用或潜在可用的生态指标。

当生态指标易于测量、可综合、与生态和社会相关、可解释、经济效益高、可预测、在适当的空间和时间尺度上进行测量，并且能够检测状态或趋势时，它们最有用。此外，当指标提供定量、统计稳健、可靠和可比较的数据时，以及当指标可用于诊断问题时，它们的信息量最大。收集用于生态监测的数据，通常用来评估是否对生态系统造成了长期损害或实质性改变。理想情况下，指标对广泛的已知压力源要敏感，并且可能对未知或尚未确定的压力源也要敏感。大多数这些特征要求指标在经验和概念生态框架的背景下有意义，反映了目前对真实生态系统的科学理解。将代表生态组织结构的个体、种群、群落和景观水平的指标结合起来，就会丰富我们理解生态系统多维度的能力。根据特别关注的生态影响，遗传、生理、形态、种群、群落、能量流、营养动态和景观条件的指标可能特别有用。多个互补性指标通常可以组合成复合生态指数。

四、生态健康指标的使用

(一)测量生态健康

完整性概念的效用广泛出现在政策和规划文件中。"生物完整性"一词最早出现在1972年,使用的目的是为美国的水域建立美国《清洁水法》的目标。由于美国《清洁水法》项目在概念上和管理上的成功,维护生物或生态完整性成了其他环境政策的首要目标,包括《加拿大国家公园法》《美国国家野生动物保护区系统改善法》《加拿大-美国大湖区水质协议》《欧盟水框架指令》和《地球宪章》等。

完整性概念促进了许多项目的发展,这些项目使用生态指标来监测和评估生命系统的状况。这些项目认识到野生生物是生态健康的理想指标,也是人类健康的敏感哨兵。例如,健康的鱼类和昆虫群落是健康水体的良好指标,与退化水体相比,健康水体对人类健康的风险更小。这种关系是利用生物群落监测世界各地水域质量的基础。同样,美国林业局使用生态完整性概念指导国家森林的土地利用规划和保护,美国国家公园管理局将该概念纳入清单和评估计划。

生态指标广泛用于以非专家容易理解的形式总结有关生态系统状况的技术信息。例如对美国生态系统的现状和趋势的研究,综合了300多名科学家的投入,他们在当地、区域和全国范围内汇编了6种生态系统类型(海岸和海洋、森林、农田、淡水、草原和灌木丛以及城市和郊区)的108个指标的数据。指标分为4组:系统维度、化学和物理状况、生物成分状态和生态系统服务(图3-2)。每组包括20多个指标。由此产生的评估结果被决策者广泛用于了解生态系统的状况和用途。

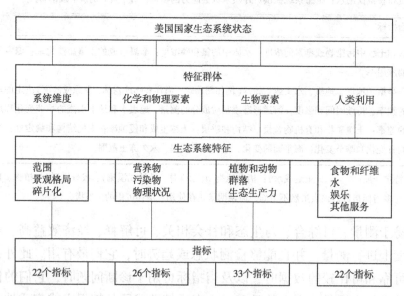

图3-2 《美国国家生态系统状况报告》中的生态系统特征的组织和示例,以及检查的指标数量

复合生态系统"报告卡"通常用于概括城市、州、河口、流域和岛屿的生态状况 http://ian.umces.edu/ecocheck/report-cards/)。报告卡简化了环境目标、生态系统压力源和生态端点之间的复杂关系。报告卡根据选定的指标提供及时的评估,通常以科学研究得出的地图和表格形式呈现。这样的评估使用的是数字表示的分数或字母表示的等级,允许非专家人员快速和直接地理解。

生态系统科学家和管理者需要标准化的方法来采样生物群、分析数据和评估生态状况。此外,需要从个体、种群、群落和景观层面综合信息，以准确评估系统状况偏离完整性的程度。生物完整性指数是一种多指标测量方法，自 20 世纪 80 年代以来被广泛用于此类评估。生物完整性指数已在美国和至少 85 个其他国家的资源管理、工程和公共政策等领域得到应用。最初，开发生物完整性指数是为了评估溪流和河流，但此后，该概念框架已应用于其他环境（湿地、湖泊、水库、珊瑚礁、河口、河岸走廊、森林、草原和洞穴）和各种分类群（维管植物、藻类、硅藻、细菌、底栖无脊椎动物、鱼类、浮游动物、小龙虾、淡水软体动物、两栖动物、沿海端足动物、线虫和鸟类）。许多美国的州将基于鱼类或大型无脊椎动物群落的生物完整性指数值纳入水质标准。这些应用是实施美国《清洁水法》和《欧盟水框架指令》的关键组成部分。

生物完整性指数的指标是经过精心挑选的，用于共同描述人类对生态系统的影响。每个指标都代表了一种可验证的生物响应，类似于生物体对不同剂量毒素的反应。由于其值反映了生态系统中所有人类活动的累积影响，因此生物完整性指数代表了生态剂量-响应关系。在纳入生物完整性指数之前，要对单个指标进行经验验证，以确保它们：①具有生态意义；②随着人类影响的增加而增加或减少；③对一系列压力敏感；④能够区分压力诱导的变化与自然变化和抽样变化；⑤与社会关注相关；⑥科学稳健，且容易测量和解释。指标的生态广度和深度使得生成的生物完整性指数，比简单的化学指标更能反映生态系统状况。

具体的生物完整性指数在包含的指标数量和分配分数的方式上有所不同，但所有生物完整性指数都具有某些特征。指标得分相加，得到一个指数值。指标和指数的分数可以比较一个地区的现状和完整性。低分表示状态变化大，而高分表示自然状况。最初的生物完整性指数（基于溪流鱼类）由 12 个指标组成，每个指标的得分分别为 5、3 或 1。因此，该指数在 60 至 12。同样，河流的底栖无脊椎动物的生物完整性指数包含 10 个指标，因此该指数的范围为 50 至 10。在华盛顿州，基于生物完整性指数的监测结果有助于执行美国《清洁水法》和管理太平洋鲑鱼（表 3-3）。在这里，如果溪流的生物完整性指数低于 35，则认为溪流受损，无法支持鲑鱼种群。

表 3-3 应用于美国太平洋西北部溪流的底栖无脊椎动物生物完整性指数

分数	监督评价	生物状况
50~46	健康	生态完整，支持最敏感的生命形式
44~36	亚健康	出现退化迹象；预期会影响鲑鱼的一个或多个生命阶段；丧失一些耐受性差的、长寿的或其他类群
34~28	受损的	生态系统构成和过程明显受损；无法养活自我维持的鲑鱼种群
26~18	严重受损的	非常不适宜许多本地鱼类和无脊椎动物生存
16~10	极端受损的	大部分本土生命形式无法生存；只有最具耐受性的类群存在

注：指数得分范围为 50 至 10，分为 5 个级别，旨在将监管与特定的生物状况联系起来。

（二）在生态系统管理中使用健康指标

使用健康指标为生态系统管理提供信息，与人们如何管理个人健康方面有相似之处。患病的生态系统可能是野生种群、许多物种构成的群落或全球生物圈。已经有各种指标来评估这些尺度下的生态健康。自然资源管理者是生态系统的医生，定期对生态系统状况进行"健康检查"，提醒注意新出现的问题，帮助选择纠正措施。有效治疗任何生态系统的健康问题都需要了解基本病因和症状（即指标）之间的关系。管理生态系统健康问题必须总结的教训：①预防性地治疗可能导致生态健康不良的原因，比治疗有了症状的生态系统，具有成本低效益好的优势；②评估治疗的有效性以促进实现生态健康的目标，对于避免今后重蹈覆辙至关重要。

如何管理人类活动对生态状况的影响，需要权衡分析利益和成本，以及利益和成本在利益相关者之间的分配。有些权衡涉及近期的当地利益相关者，而另一些则涉及居住在其他地区或未来的利益相关者。例如，将森林改造成玉米田会降低土地净化水、调节洪水和维持生物多样性的能力，但会提高其生产粮食的能力。水污染和洪水危害增加的成本主要由生活在河流下游的人们承担，而增加粮食产量的好处，则由当地农民及其购买粮食的消费者享受。如果要公平地考虑所有生态系统服务和利益相关者，就很难进行权衡并达成一致。此外，管理方案的选择因地点和时间而异。例如，在国家公园，选择强调美学和精神效益以及广泛的生态服务，而在用材林中，选择的是木材生产。随着社会价值观的转变，曾经有意义的管理方案可能会被改变，以满足当前人类需求或福祉观念。在任何情况下，通过采用适当的生态指标，分析生态状况的变化（与完整性的差异）和提供的生态系统服务，都可以总结权衡，并为选择管理方案提供信息。

成功地管理生态系统是复杂的任务，因为通常对生态系统如何工作知之甚少，而我们试图解决的问题可能太"邪恶"，无法有直接的解决方案。管理者可以通过采用结构化的、适应性的方法，来使管理工作变得更有效，这些方法使用从监测中获得的知识来指导未来的管理行动。适应性管理强调"边做边学"，学习不是通过简单的尝试和错误来实现的，而是通过仔细的、假设驱动的监控，以及将管理行为视为实验来实现的。正确选择生态指标对适应性管理的 4 个阶段至关重要：计划、执行、检查和适应。此外，适应方法允许在现有知识的基础上选择指标，然后在了解更多信息后重新审视修改。有时，适应性管理与一个称为"基于生态系统的管理"的过程相结合，在这个过程中，非科学家利益相关者帮助制定指标。尽管这种方法通常会促进利益相关者对生态的理解，但改善生态健康的结果好坏参半。不幸的是，尽管监测对适应性管理至关重要，但监测不足，尤其是对生物指标的监测不足，往往会限制管理者改善生态健康的能力。

五、小结

无论问题是濒危物种、受威胁的水资源供应，还是新出现的人类疾病，了解地球动态生态系统中生物贫困的模式、趋势和原因，都是明智的、有效的政策所必需的。生态健康监测指标有助于提高我们对生态系统的理解，诊断生态退化的原因。生态指标让科学家、公众和决策者了解不断变化的生态状况对环境、社会、人类健康和经济的影响。基于科学合理选择的生态指标的良好环境监测，是为生态健康的重要性提供具体证据的最佳手段。无论谁试图否认或低估生态健康，但当实际投入使用时，生态健康知识有巨大潜力增进人类福祉。

人类目前面临的一些最严重、最复杂的挑战来自地球生命系统的贫困和衰退。任何一套经济或生态指标都不足以解决由此产生的争论和社会混乱。生态指标可以而且必须在这些辩论中发挥不可替代的作用，并将决定转向保护地球生态系统和依赖生态系统的人类社会。实现更可持续的人类社会需要更多的生态意识和管理，更大的承诺在 21 世纪保护地球上所有生物群。为了实现这些目标，需要广泛测量、分析和讨论生态健康指标。

第十一节　开启数字森林新时代

我们现在生活在数字时代。近年来，地球科学、生态学和保护领域的文献强调了向更普遍的数字实践的转变，以支持环境数据收集、监测和管理实践。有证据表明，在创新方面，林业处于落后地位。然而，数字工具正越来越多地用于林业研究和森林管理。基于数字的概念和技术在最近几年出现。日益增长的数字经济和数字景观，为数字技术和"更智慧"技术在森林系统中的应用创造了机会。但迄今为止，似乎没有全面了解这些技术在不同的部门、背景和在不同的尺度如何用于森林管理。这种知识差距可能会成为森林管理创新的障碍，更广泛地说，是森林可持续管理的障碍。

一、国外森林监测趋势

在历史上，监测生态恢复一直依赖于传统的从现场地块获得详细信息的清查方法。现在需要新的范式来成功实现恢复，这是一个大规模、持久的变革过程。技术的进步使得恢复的计划、实施和监控方式发生了前所未有的变化。未来规划的许多雄心勃勃的恢复项目的成功，将依赖于有效的监测，这是适应性管理和问责制的一个重要组成部分。新的遥感方法的发展及其在恢复环境中的应用，为扩大在时空尺度上评估恢复绩效的能力开辟了新途径。新一代科学家具有遥感背景，正越来越多地参与恢复工作，他们必将在未来联合国生态系统恢复十年中发挥关键作用，使大规模恢复监测成为可行的人类努力。

世界正逐渐认识到生态恢复的巨大潜力，以应对我们时代最紧迫的挑战：近60个国家已承诺到2030年恢复1.7亿多公顷被砍伐森林和退化的土地，联合国宣布2021—2030年为生态系统恢复十年。然而，监测生态恢复在历史上一直依赖于从现场地块获得的详细信息的传统清查方法。现在需要新的范式来成功实现恢复，这是一个大规模、持久的变革过程。技术的进步使得环境项目的规划、实施和监测方法发生了前所未有的变化。

应用新的地球观测遥感技术和最新的数据分析、存储和处理资源，可以帮助解决几个重要的挑战，以便更快速、更准确地监测更大的区域。具体而言，这些技术可以支持：①选择需要恢复的区域；②在未知或不需要验证的情况下，区分景观上的恢复实践（如农林业、自然植被区、人工造林区）；③植被结构、功能和多样性指标的量化。传统上，生态系统监测是通过样地的实地测量进行的。例如，在森林资源清查中测量树木直径、树高和林分密度，以计算森林生物量，并评估物种组成和多样性。然而，通过这种费时费力且成本高昂的方法，只能清查很低比例的森林面积，并且利用小块实测数据来推断大面积且不均匀的森林区域存在精度低的缺陷。另一方面，无人机有助于进行大规模的恢复监测，而与轨道卫星平台相连的遥感器允许监测数百万公顷的土地。

利用从无人机平台获得的立体图像的摄影测量得到的三维信息，是小区域恢复监测中最廉价和最有前途的技术之一。这种技术可以通过极其廉价的系统监测树冠结构和估算森林生物量。这些无人机系统还可以作为一个中间数据源，将现场测量与卫星监测联系起来。无人机耦合主动和被动传感器的最新发展，如分别使用激光雷达和高光谱，在估计树木组成和功能多样性方面具有巨大应用潜力。激光雷达是测量冠层结构参数的最佳选择，这些参数可以与用于监测恢复项目的传统指标建立相关关系，例如地面覆盖的植被和生物量，以及在研究区域，林分结构参数与控制森林更新动态的生态过程更密切相关。鉴于无人机数据收集相对容易，需求似乎不断增加，在可预见的未来有可能出现"无人机使用服务"的市场，允许受无人机操控能力和缺乏技术专长限制的森林管理者，能够使用无人机监测森林动态。

激光雷达系统每秒发射数万个近红外光谱（大约900nm波长）的电磁波，通过从脉冲发射到返回的时间延迟，可以建立森林结构的精确的三维模型。由于其穿透森林冠层的能力，激光雷达还提供了精确的地形数字模型，除了可用于生物量估计的高分辨率冠层高度模型外，还可以高分辨率估计植被垂直剖面上的叶面积密度，也可从立体摄影测量中获得。这些垂直叶面积剖面提供的详细结构信息，有助于区分正在恢复的不同类型的森林。

尽管激光雷达数据采集是一种很有前途且可扩展的监测恢复的技术，但它通常受到低空飞行机载操作平台(飞机和无人机)的成本和可用性的限制，因此从经济角度考虑，不能应用于大面积的区域(数百万到数十亿公顷)。

20世纪70年代，久负盛名的陆地卫星多光谱成像系统(Landsat satellite multispectral imaging system)和最新的哨兵2A(Sentinel-2A)卫星群为森林恢复监测提供了强大的工具。通过应用这些综合数据集，可以获得10~30米空间分辨率的丰富的多光谱观测数据序列，并据此计算植被指数和其他植被指标，如归一化植被指数(NDVI)。这些指数的一个共同缺陷是在高生物量值时信号饱和，但饱和指数，特别是归一化植被指数，在叶面密度高时似乎并不是恢复情况下的问题，植被结构需要几年或几十年才能达到生物量和树叶密度的饱和范围。因此，即使在高生物量的热带雨林的情况下，归一化植被指数和其他指数也可以有效地监测恢复轨迹。

陆地卫星成像的精度越来越高，为从事森林恢复专业的人员提供着前所未有的地球表面的空间高分辨率监测能力。21世纪初，随着机载和轨道光学传感器的兴起，它们的空间、光谱和时间分辨率都得到了提高，提供了更精细的多光谱数据，特别是增强了对正在恢复的森林进行生态推断的能力。例如，SkySat多光谱卫星系统的可见光和近红外光谱带的分辨率为0.72米。WorldView-3系统有16个光谱带(8个VNIR和8个SWIR)，空间分辨率小于5米范围，能允许绘制树种分布图。随着多时间光学能力的提高，使用静态摄像机对森林物候进行地面监测，提高了验证卫星观测的能力，并全面扩展了监测植物物候的能力，这对恢复森林具有重要意义。

合成孔径雷达(synthetic aperture radar, SAR)由于处理和分析复杂性有误解，是生态学家不太常用的数据源，但是，由于其能够通过穿透持续云层，提供主要在L和P光谱区域有关植物结构和生物量的指标，尽管较短的C和X波段也可以有较高空间分辨率捕捉到较低生物量的变化，这再次吸引了恢复森林的专业人员应用它作为全球尺度恢复监测的工具。大多数以前的轨道合成孔径雷达平台都受到运行寿命短、数据可访问性差和观测计划不规则的限制，但最近在欧洲航天局(European Space Agency, ESA)哥白尼计划下于2014年(1A)和2016年(1B)发射的哨兵1号星群，提供了对地球表面大部分区域的合成孔径雷达覆盖，在C波段(大约5厘米波长)每6天有规律地重复一次，在监测植被覆盖和结构的季节性和年际变化方面，特别是在诸如恢复区域的低生物量系统中，仍有尚未开发的很大应用潜力。

合成孔径雷达系统提供了干涉测量(Interferometric, InSAR)、偏振测量(Polarimetric, PolSAR)和组合测量(Combined Polarimetric And Interferometric, PolInSAR)，用于提取植物结构的详细信息，包括与激光雷达数据相似的三维数据。在微波光谱X波段(大约3厘米)工作的传感器，如TerraSAR-X，开辟了在亚米到米的空间分辨率下进行图像采集的可能性，类似于高分辨率光学传感器。通过分辨树冠中的小间隙，这些图像可以克服X波段合成孔径雷达在极低生物量水平下饱和的限制，这与短间隔星群方法相结合，也有利于使用X波段数据进行干涉测量(Interferometric, InSAR)和组合测量(PolInSAR)反演。

在L波段(大约24厘米)工作的合成孔径雷达系统，具有更高的穿透茂密森林冠层的能力，从而有可能将森林地块和激光雷达测量的面积升级到更大的面积。例如，PALSAR-2 卫星(日本航天局 JAXA) 上的 ALOS-2 L 波段合成孔径雷达传感器生成空间分辨率 12 米的图像，已有效地与激光雷达连接，以构建生物量地图。与 C 波段雷达传感器相比，L 波段的优势是在高密度森林中信号饱和度较低。

除了新的数据，还可以通过综合现有数据源和高级统计方法来解决恢复监测的挑战。在这种情况下，可以使用新的推断工具，使用来自实地的数据来构建预期生态系统服务(如碳储量或生物多样性价值) 的预测模型。机器学习方法有能力处理大数据，并提取其他方法不能获得的相关信息。机器学习技术广泛用于遥感图像的数据收集、处理和分析，并且在森林生态系统研究中越来越受欢迎。更复杂的统计方法，加上计算能力的进步和创新，提供了使用大数据的机会，在某些情况下，还可以在更高的时空分辨率上增强建模和预测能力。同样，开源代码和数据共享实践也在生态和林业研究中获得了相当大的兴趣，这可以让非专业人员获得更多先进技术。基于云计算也将支持计算量大的分析程序。例如，基于云的地理空间平台谷歌地球引擎提供了用户随时访问遥感图像的功能，并支持多种应用程序编程接口和编程语言。全球森林观察 (https：//www. globalforestwatch. org/) 最初是一个非政府组织网络，其任务是监测各国的森林状况，现在是一个带有移动应用程序的交互式网络。该数字接口旨在通过卫星图像的直接、定期输入，提供有关森林变化和生态系统管理活动的近实时信息。

这些新的分析方法通常计算成本很高，但在优化的云计算环境中可用。在云中存储和处理数据最终将使详细、多方面的森林恢复监测和分析成为可能，以实现全球碳循环、生物多样性保护和其他目标的监测。谷歌地球引擎开源平台是一个利用率很高的基于云的用于基础遥感分析的工具。最近，一个名为"MapBiomas"的巴西土地利用变化监测平台，完全基于谷歌地球引擎开发的，该平台最近扩展到了南美的整个亚马孙及印度尼西亚。

二、数字森林的用途

森林生态系统管理目前正在使用一系列数字软件和硬件，进行森林清查和监测，尤其是评估景观变化、生物和非生物干扰，以及支持可持续森林管理，构成了技术应用的大多数案例。更多新兴环境和工具包括城市森林和绿色基础设施管理、遥感数据融合方法，以及用于数据收集和分析的智能设备和移动应用程序。

继续采用基于数字的工具也可能会产生关于森林生态系统作为动态社会、生态和技术景观的新研究问题，未来的研究应该更仔细地审视如何预测和适应技术的不确定性和变化。换言之，在不同的背景下，在多个尺度上，如何利用不同的技术趋势来支持世界各地的森林生态系统恢复力。

未来十年规划的许多雄心勃勃的修复项目的成功，需要有效的监测，这是适应性管理和问责的一个重要组成部分。新遥感方法的发展及其在恢复环境中的应用，为在前所未有的时空尺度上评估恢复效果的能力拓展了新途径。在更广泛的背景下，与森林火灾、树木死亡和全球发生的其他因素有关的森林向农业的快速转化和森林退化，以及退耕造林和荒山造林，正在形成一系列再生的森林类型和状态，这为数字森林提供了广大的应用舞台。具有遥感和生态学背景的新一代科学家，正越来越多地参与森林的恢复工作，将在大规模森林恢复监测中发挥关键作用。最后，我们倡导将生态恢复与生态遥感、地球系统、全球气候科学和经济学等其他学科紧密结合，所有这些学科都可以从遥感森林监测产生的数据中获益，并有助于提高森林生态系统的服务功能，造福于气候、生物多样性和人类福祉。

第十二节 森林监测报告

人们通常认为，有科学基础的决策"更好"，因此向决策者提供信息是一项重要的发展战略。科学技术应该在可持续发展中发挥重要作用。森林部门也是如此，森林监测往往有明确的目标，为决策提供信息。多年来，将森林监测与决策联系起来一直是联合国粮食及农业组织（FAO）大量工作的主题。在过去十年中，在《联合国气候变化框架公约》的推动下，森林监测蓬勃发展，旨在减少毁林和森林退化。随着科学技术的进步，世界许多国家森林监测都得到了全面加强，尤其是在卫星土地监测系统、国家森林清单和国家温室气体清单系统方面。

森林监测结果转化为有用的产品，即数据、信息、知识和智慧具有重要的意义。森林监测项目是为管理和决策提供服务的，本节讨论有关监测报告的基本问题，包括森林监测报告的原则，监测程序的交流沟通策略，监测报告的报道方式以及互联网的使用等。

一、森林监测报告的原则

多年来，在根据森林清查和监测项目进行报告的背景下，形成了一套原则。它们围绕以下概念构建：透明度、一致性、可比性、完整性、准确性、可验证性和效率。这些在表 3-4 中简要进行了描述。

表 3-4 监测报告原则

概念	内容
透明度	报告应包括数据生成的假设和方法，包括简化（即减少了的）公布数据的方法。
一致性	有效的报告依赖于每年都不会改变的监测方法，或方法的变化是透明的，并且变化的影响在其他形式的报告中得到承认或允许。
可比较性	生成的数据集在合作伙伴和参与者之间具有可比性。同意采用一套方法显然有助于可比性，这些方法最好是由参与伙伴谈判、商定和记录的（例如，通过国际比较方案森林专家小组）。然而，仅仅公布商定的方法并不能保证可比性；其他质量保证程序应通过透明的报告（例如，实验室间测试、原始数据集内的质量信息、参与人遵守参考方法的陈述等）进行。
完整性	遵守有关强制性测量的协议的重要性，并报告遵守该协议的程度。
准确性	这是测量或衍生变量准确度的相对度量。准确度是指数据系统中报告的数字的总体有效性。准确的估计是无偏的，因为它们不会系统地低估或夸大真实数字。精的估计—一个相关的问题是有小的标准误差。准确度和精密度可以独立。
可验证性	报告信息应可通过有关方法的适当信息，以及有关样品或测量点位置的允许信息进行核实。报告应该能够经受合理的审查，尽管需要尊重土地所有者的隐私，以及遵守有关环境信息管理和分发的相关立法和政府规定。
效率	是监控系统的一项重要原则，它应该在报告中得到体现，通常是财务或会计性质的报告。成本效益问题，应该有收入和支出的实际报表，意味着监测项目所追求的价值是目标和指标中规定的。

二、监测程序的交流沟通策略

在最基本的层面上，森林监测产生了大量的数据，但几乎肯定的是，需要传播或报告的不仅仅是原始的数字信息。不同的利益相关者需要不同数据输出形式，支持信息与原始数据一样重要。数据–信息–知识–智慧(DIKW)层次结构或金字塔，将数据、信息、知识和智慧作为金字塔中的 4 个层次联系起来。数据是金字塔的基础，信息是下一层，然后是知识，最后是智慧。DIKW 层次结构称为"知识层次结构""信息层次结构"和"知识金字塔"，是探索从监控平台进行沟通交流的有用方法。该层次结构确定了将数据转化为信息，进而转化为知识和智慧。它还显示了期望与不同层级建立联系并参与其中的利益相关者。层次结构传达的主要信息，是森林监测报告的潜在复杂性，这取决于利益相关者的期望(通过项目职权范围、目的和目标)、项目雄心以及特定用户群体在层次结构上的位置。

为了抓住这种复杂性，沟通交流战略和支持行动计划至关重要。该战略应反映了层次结构：鼓励和增加数据使用，向政策和其他利益相关者通报该项目的发现，鼓励建立研究和监测的伙伴关系，提高公众对该项目工作及其解决的问题的认识，并赢得支持。

森林监测交流沟通策略的一些组成部分(专栏 3-2)。沟通中最基本的原则之一是"了解你的听众"。因此，至关重要的是，沟通策略应设法确定其将针对哪些类型的利益相关者，并为每种利益相关者分别提供适当的沟通或报告类型。当然，监测项目及其主要资助者的要求，决定着报告的主要内容。然而，沟通策略应该考虑最广泛的可能的利益相关者。

专栏3-2

森林监测项目沟通策略的构成

确定利益相关者群体的受众。为各种受众确立适当的交流形式。

及时获取基础数据，并将其纳入可公开访问的数据库。

监测数据和衍生"指标"以用户友好的形式，可以使用互联网实现即时访问。

监测数据与其他数据库有兼容性，以支持跨学科评估。

通过前端模型和集成软件工具提供用户支持；地理信息系统(GIS)支持。

预测并及时执行专题数据评估。

使用"知识经纪人"确保政策制定者能够及时获取项目相关信息。

利用新闻管理和公共关系等媒体，提高对监测项目的关注，识别利益相关者群体。为每个群体确定适当的沟通交流形式。

专栏 3-2 表明需要考虑团队合作的方法来完成监测报告。报告可以被视为一项专门任务，由专业沟通人员与监测协调员和管理人员一起工作，最有效地完成。专业人员能更深入地了解利益相关者群体寻找的信息类型，以及最适合他们的沟通形式。其他沟通人员可能包括网站管理员、新闻机构人员和社交媒体专家，也要吸收其他专业人员如建模师、数据库管理员和地理信息系统(GIS)分析师的知识。实现沟通传播战略的不同目标，需要利用不同人员的技能，这取决于是直接报告数据和科学信息，鼓励更多地使用和参与网络，还是增强公众意识。

除了报告的核心人员外，大型监测项目还应寻求更广泛的参与者(例如参与管理和收集数据的人员)。尽管沟通策略将包括要发布核心报告和信息，但监测项目的所有参与者都可以帮助宣传其价值和成就。

三、报告的报道方式

下面介绍各种报告类型，使用数据–信息–知识–智慧模型作为讨论各种监测产出的基础。

（一）提供数据和元数据

在最基本的层面上，监测系统可以主动报告监测活动期间收集的原始数据。然而，到目前为止，由于这项工作具有很大的挑战性和重复性，很少作为常规活动进行，因为在实际工作中不能够利用所有的数据。相反，原始和处理或解释数据的元数据库放在公共域中。元数据是"关于数据的数据"，与潜在用户共享，以便他们可以对数据和进一步信息提出请求。监控元数据应包含以下最低标准专栏3-3。元数据库可以通过网络传播交流。

专栏3-3

- -

监控元数据

变量

地理和时间采用的形式

开始日期、完成日期和监测间隔时期

测量位置

现场和实验室采用的方法

用于支持数据收集和处理的质量保证（QA）程序

数据存储的位置

数据支持的监控平台

监测机构和联络点

- -

基本监测数据通常太多且"原始"，无法直接满足政策需求，但对科学分析很有价值，尤其是在建模和因果研究中。此类数据应附有元数据。数据采集者和数据处理者之间的合作也很有价值，以便在分析和解释过程中考虑数据的优缺点。反之亦然，数据处理者的反馈对于提高原始数据质量非常有用。

数据提供，通常需要有目的地向特定申请人提供数据，通常需要有协议，或根据"知识产权和出版政策"的条款，例如，该政策可能禁止向第三方出售或传递数据。一些要求包括，如果在报告和出版物中使用数据，有时则需要所有权人的确认或同意。从公共机构获取的数据通常是免费提供的。

（二）提供信息：标准和指标的使用

在世界各地的各种系统中，森林监测很少是作为数据来源被资助的，监测是为了回答具体问题而设立的。对于这些资助的监测系统，需要获取有助于确定未来政策和实践的信息。监测数据集本身通常太多，不断变化，并且依赖重要的数据处理和科学解释。

所需信息的类型将取决于森林监测项目的性质和主要数据收集的时间动态。通常从长期或连续的监测中获得有关趋势的数据资料，要在森林状况的年度报告中占有重要地位。传统上，国家森林资源清查(National Forest Inventories，NFI)需要报告按物种和森林类型细分的森林面积、生长量和蓄积量等。这些信息对于森林管理和林业投资规划至关重要。越来越多的实地调查人员被要求在样地收集更多的测量数据，以便能够报告有关森林生态系统产品和服务的数据和信息。这些数据包括森林碳储量、栖息地结构、林地条件，以及遵守可持续森林管理(Sustainable Forest Management，SFM)政策的情况。

从监测数据库中提取重要信息的工具包括使用准则、指标和标准。准则是一类与森林有关的状况或过程，是较复杂概念如"可持续森林管理"或"生态系统服务"的一个要素的特征(如恢复力、脆弱性)。每项准则都有一套相关指标，旨在定量或定性地评估当前状况，监测随时间的变化。准则和指标提供了科学支持的框架，是政策决策的基础。

指标是代表森林生态系统状态的单个变量(例如，土壤 pH 代表土壤酸度)，也可以是经过处理的或复合的变量(例如，酸中和能力)。指标的一个主要问题是它们可以"独立"的程度，是否可以被没有关联背景的非科学家安全地使用，并且不需要其他监测变量的支持。指标还必须与指定的功能(没有严重的歧义)联系起来，并能够在一个时间框架内揭示状态的变化，从而为必要的管理干预提供机会。

指标通常与"标准"或"阈值"一起使用，"阈值"是一个系统的属性，超过"阈值"就需要管理或政策干预。其中一些是从响应函数的基础科学研究发展而来的，但许多是推论的或基于未经检验的假设。标准或阈值可能有助于确保在面对趋势信息时考虑一些管理响应，但盲目使用标准或阈值并不能反映生态系统或构成部分的复杂性。在许多方面，林业科学知识仍然不足，基于风险的方法可能更适合于确定干预的必要性或时机。监测数据越来越多地用于验证标准和阈值(例如，生态监测数据可以证实超过临界沉积负荷的影响)。

(三)提供知识：科学解释和公布传播

在某些方面，获取监测数据的人最适合将其转化为信息、知识和智慧。但是，在许多方面并非如此。信息和知识转移需要与个人或机构的需求或期望进行互动，而收集数据的人可能不适合与最终消费者互动。此外，信息和知识需要大量的数据处理，包括统计分析和建模，这可能需要特定的专业知识。在生成或获取数据之前，需要与统计学知识建立联系，以便用与统计分析兼容的方式生成数据。

然而，那些与监测数据收集密切相关的人，能够很好地帮助对数据进行科学分析和解释，因为他们比任何人都更了解数据集中的潜在弱点和问题陷阱，并且还可能为数据的变化提供个人"背景"解释(例如对可能的因果关系提出建议)。

重要的是，监测报告传播知识的策略要比同行评议的科学论文有更广泛的产出，科学工作者最乐于撰写同行评议的科学论文。监测报告的科学产出在支持监测项目的声誉和整体质量方面很重要，但它们通常需要用更清楚简洁的语言表述，以便决策者等非科学家理解和利用。常见的错误是没有报告分析的意义，也没有回答"为什么是这样？"的问题。至关重要的是，需要对报告采取多学科分析和研究的方法，将信息和知识转化为森林管理和决策的行动。为了有效地实现这一点，可能需要补充基础的环境或生物物理调查，进行社会效果的经济评估或分析。

(四)提供给主管部门的报告

森林监测通常是主管机构的支持下进行的。在监测的过程中，监测协议通常与这些组织的特定目的和目标相协调，至少在项目开发的早期阶段是如此。这一点很重要，因为监测成果的主要用户是项目主管机构，如果没有主管机构的强有力支持，项目就无法实施。因此，报告必须符合主管机构的要求。

森林监测通常是在特定项目的指导下开始的，这是它的优点，也是它的缺点：可能会有新的监测需求，而且在某种程度上是可以完成的。森林监测的最大成本是在实地收集数据，因此，探索为一个目的收集的监测数据，如何能够满足其他目的需求是有益的。在最好的情况下，原始数据可以有多种用途，从而服务于项目实施多年后出现的信息需求。然而，监测方案和现场评估变量的变化，通常需要在持续监测项目的指标和监测新领域需求之间进行权衡。而且，监测新的领域在报告的"项目"中应该谨慎处理。

越来越多的国家或国际机构正在设法最大限度地利用监测数据。例如，英国环境观察框架（http：//www. ukeof. org. uk/）具有广泛的职权范围，"通过跨公共部门和机构、志愿部门、行业和学术界的工作，改变英国认识、评估、存档和使用观测活动获得的信息的方式。"同样，欧洲环境署的"欧洲环境信息和观测网络"（EIONET）汇编了来自不同国家来源和网络的信息，以支持国家和欧洲政策。

"欧洲国家森林资源清查的协调：通用报告技术"对各个国家森林清查数据提出了新需求，包括需要报告全球森林碳平衡和国际承诺，如《生物多样性公约》《京都议定书》《粮农组织森林资源评估》、欧洲森林委员会和欧洲经委会。这些举措为森林资源清查创造了"新的期望"。有时，开发这些森林资源清查的平台，与各个国家最初建立森林清查的原因相距甚远。

四、互联网的使用

互联网为森林监测报告带来了一系列新的可能性。

（一）来自地球观测监测平台的实时报告

快速提供和报告某些类型的森林监测数据，以确定其与快速变化的政策环境的相关性，变得越来越重要了。遥感、建模和互联网主要是以空间格式为近实时的报告提供了新的机会。例如，一旦国家数据提供者将经过验证的完整数据集上传至项目的在线数据库，分析数据就会显示在WebGIS中，这是关于评估和监测空气污染对森林的影响的国际合作项目的森林网站。欧洲森林火灾信息系统在其网站上几乎实时生成森林火灾地图（http：//forest. jrc. ec. europa. eu/effis/applications/current-situation/）。另一个例子是ForWarn，这是一种基于卫星的监测和评估工具，由美国宇航局和美国农业部林业局开发，用于识别和跟踪昆虫、病害、野火、极端天气或其他自然或人为事件造成的潜在森林干扰。该工具补充并有助于集中现有地面森林监测项目的工作，因此能节省时间和成本。未来，这些形式的数据报告可能会增加，可用于空间建模和预测。

（二）互动交流

沟通交流作为一种纯粹的知识（数据或信息）传递形式，正日益成为"旧范式"。互联网的发展显示了网络互动交流或知识交流的可能，森林监测供应者和消费者群体正在越来越多地利用网络。通过社交媒体技术鼓励使用网络"对话"，有助于将森林监测的数据通过网络推广，并有助于开发对项目很有价值的创新思维。新的欧洲森林火灾信息系统的网站的最新开发，包括一系列"博客帖子"，以及注册有兴趣讨论的用户，就是这一趋势的一个很好的例子。一些系统中还使用了网站"政策门户"（例如：http：//www. ecn. ac. uk/what-we-do/evidence），与政策制定者直接接触。

五、数据访问

森林监测数据通常是使用公共资金获取的，科学界越来越认识到，对数据的获取不应受到限制，而应向所有合理的申请者开放。事实上，以互联网为中心的技术帮助促进和加强了一种政治目的，即几乎所有数据都应该是"开放的"（http：//opendefinition.org/）。《奥胡斯公约》和《INSPIRE 指令》等国际和欧洲立法对监测报告政策产生了直接影响。开放数据的"潘顿原则"提出："让科学有效运作，让社会从科学努力中获得全部利益。"许多国家的政府现在都接受这些原则（例如，http：//data.overheid.nl/；http：//data.norge.no/；http：//data.gov.uk/），这将不可避免地导致监测数据与公众（包括科学家和非科学家）联系方式的重大变化。

六、小结

有效的森林监测报告对森林监测项目的成功和连续性至关重要。报告是将监测与用户群体联系起来的过程，如果监测项目要获得支持，报告必须符合监管机构的目的。越来越多的人应该能够在多种媒体环境中看到报告。监测报告包括纸质报告和科学论文，但也应包括可公开访问的数据库、互联网传播。监测报告的提供者与使用者的双向沟通交流，反映了监测群体与其用户群体之间的积极对话，将提高数据、信息和知识传播的质量，并增加对森林监测项目的支持。未来，森林监测信息的用户和提供者之间的界限可能会变得更加模糊，这是一种向知识共享的伙伴关系的转变。

第四章

生态系统服务

人类文明的存在依赖于生态系统和生态系统服务。在 21 世纪环境恶化和气候变化的情况下，维持日常生计是人类面临的最大挑战。科学技术的发展加剧了人类与环境的相互作用，导致自然资源的迅速枯竭。这种情况正在造成令人担忧的问题，并导致自然资源的不可持续利用。因此，粮食危机、水资源短缺、气温上升、森林砍伐和环境污染等重大问题在本质上是不可逆转的，对现在和未来一代的健康造成了严重的威胁。在这种情况下，自然资源管理处于危难关头，它需要一种整体和综合的方法来处理自然资源可持续利用的社会、经济和环境问题。这将有助于人类未来在地球上生存的前景。可持续利用和高效利用应该是自然资源管理在各个保护方法领域的中心主题。

生态系统是自然资源管理的核心，生态系统在大小和性质上可能有很大差异，从树洞里的一小池水，到红杉林，到城市中的一个社区，到冰冷的河流，再到整个地球。然而，可以使用一套通用的工具和算法来分析和理解这些多样而复杂的系统。这些分析的结果有助于为自然和人类的利益来管理地球。事实上，由于人类对生物和非生物资源的需求日益增长，生态系统科学是理解和管理现代地球所需的基本核心学科之一。

科学家研究生态系统的动机有很多。如果生态系统真的是地球上的"基本自然单元"，那么任何试图了解地球及其进化产物的尝试，都必须将生态系统科学作为中心主题。事实上，生态系统科学的许多研究都是出于对世界以及生态、社会或社会生态系统如何工作的好奇。木材和鱼类等许多畅销产品直接取自"野生"生态系统，因此开展了许多早期生态系统研究，试图更好地了解支持这些产品的过程，并最终提高其产量。特别是在过去的 30 年里，人类逐渐意识到自然界有价值的产品远不只木材和鱼类等明显畅销的产品。生态系统还为我们提供清洁的空气和水、娱乐和精神满足的机会、预防疾病的保护，以及更多的"生态系统服务"。人类的经济和福祉完全植根并依赖于野生生态系统。因此，许多当代生态系统研究关注的是生态系统如何提供这种广泛的服务，人类活动如何减少或恢复生态系统提供这些服务的能力，以及最终如何协调人类人口不断增长的需求与自然和人类自身对生态系统功能的需求。

科学家可以通过多种方法定性和定量地了解生态系统的结构、功能和发展。在生态系统科学中，5 种方法尤其重要，包括：①自然历史或观察；②理论和概念模型；③长期研究；④跨生态系统比较；⑤实验。这些方法相互补充，最好结合使用。在生态系统科学中，几乎每一个复杂或重要的科学问题都需要使用其中两种或两种以上的方法才能得到可靠的答案。

第一节　生态系统服务概述

生态系统服务的概念描述了以人类为中心的方法来连接生态系统和社会系统的关系。它特别强调了人类从自然中获得的益处。虽然这个概念起源于经济科学，但现在它是跨学科的，从自然科学、社会科学和经济科学中吸取了术语和研究方法。它的发展是为了将自然生态系统所提供的服务纳入全球经济计算，换句话说，以便从货币的角度评估自然的价值。在最终进行生态系统服务的货币估值之前，不仅需要澄清其概念，还需要对服务供给、使用和需求进行多方面的、可靠的、详细的和特定地区的确认。

一、生态系统服务概念和术语的历史

人类的生存高度依赖于地球生态系统的思想可以追溯到智人的开始，但是，认识到生态系统提供的复杂服务，是出现在公元前约 400 年柏拉图的著作（比如，森林砍伐会导致土壤侵蚀或水源枯竭）。"自然资本"一词在 1973 年被舒马赫首次使用。

现代生态系统服务概念的根源可能要追溯到 19 世纪，当时马什（1864）质疑"地球自然资源是无限的"这一观点，指出地中海地区的土壤肥力的变化。20 世纪 40 年代末，3 位作者利奥波德（1949）、奥斯本（1948）和沃格特（1948）开始倡导人类对环境的密切依赖。几年后，西尔斯（1956）指出生态系统在废物处理和营养循环中的关键作用。埃利希（1970）在他的教科书中提请注意生态系统和对人类生存的重大威胁，源于人类对这些系统的破坏。

威尔逊和马修斯 1970 年在《关键环境问题的分析》的报告中，首次使用了"环境服务"一词。作者列出了与昆虫授粉、渔业、气候调节和洪水保护有关的服务。"生态系统服务"一词最终得到科学界的广泛接受，是它第一次出现在种群和物种灭绝和更替的背景下，从而使人类失去利益。

然而，许多生态学和地质生态学领域的早期著作在考虑自然环境的基本组成部分，特别是土壤和植被，以及这些组成部分与人类之间的联系时，包括了事实上的生态系统服务的信息，但没有使用这个术语。

直到 1997 年，生态系统服务的概念和术语的历史，可以在戴利主编的著作《自然的服务：社会对自然生态系统的依赖》中找到，这是最早的综合研究，论述了自然环境给人类提供的许多利益和服务，以及人类对自然系统的密切依赖。特别是它综合了生态系统服务的方法，并根据 20 世纪末的知识状况，对其经济价值进行了初步评估。

越来越多的人认识到生态系统给社会带来的好处，这使得生态系统的概念得到快速传播和发展。美国科学家、生态经济学和可持续发展领域的专家罗伯特·科斯坦萨（Robert Costanza）在推广生态系统服务理念方面发挥了重要作用。同样在欧洲国家，出版了许多这方面的著作。这些出版物旨在评估人类活动对生态系统服务供给的影响。但是，它们具有不同的理论和实践价值。生态系统服务概念的快速发展带来的最大问题，是术语的混乱和概念的自由定义，以及各种各样的生态系统服务的分类。比如，戴利将生态系统服务定义为"自然生态系统及其组成物种维持和实现人类生活的条件和过程。"按照这种理解，维持生物多样性和生产生态系统产品，如海鲜、食品、木材、生物燃料、纤维素、具有药用价值的物质或工业原料，就是一种生态系统服务。支持生命过程的功能，如废物的吸收和处理、再生过程，以及那些有助于为人类提供无形（美学和文化）利益的功能，也被认为是生态系统服务。

一般意义上的生态系统服务包括社会使用的所有生态系统产出（如木材、森林水果、狩猎动物）和功能（如净化水和空气、生产氧气、提供娱乐空间）。在被广泛引用的《千年生态系统评估报告》中，生态系统服务被简单地定义为人们从生态系统获得的利益，导致很难把服务从利益中分出来。生态系统服务的其他定义有：自然的组成部分，直接享受、消费或用于人类福祉；利用生态系统（主动或被动）创造人类福祉；生态功能对人类福祉的直接和间接贡献。

二、生态系统服务分类

《千年生态系统评估报告》将生态系统服务分为 4 个主要类：①供给服务，是生态系统的物质输出，如食品、原材料、淡水和药用资源；②调节服务，生态系统具有调节气候、水文和生物化学循环、地球表面过程和各种生物过程的能力；③支持服务，代表构成生态系统功能基础的生态过程，如土壤的形成和要素的循环、初级生产、生境功能和水文循环；④文化服务，人们通过娱乐、认知发展、放松和精神反思与生态系统接触而获得的非物质利益。

科斯坦萨等人（1997）提出了生态系统服务及其基础生态系统功能的分类。包括以下 17 个类别：①气体调节（大气化学成分调节）；②气候调节（在全球或地方层面上，对全球温度、降水和其他生物介导的气候过程的调节）；③干扰调节（生态系统对环境波动响应的容量、阻尼和完整性）；④水量调节（调节水文流量）；⑤供水（水的储存和保留）；⑥控制侵蚀和泥沙保持（在生态系统中保持土壤）；⑦土壤形成（土壤形成过程）；⑧营养循环（营养的储存、内部循环、加工和获取）；⑨废物处理（回收流动营养素，清除或分解过量或异种营养物和化合物）；⑩传粉（花配子的移动）；⑪生物控制（种群营养动态调节）；⑫避难所（居住和流动的种群的栖息地）；⑬粮食生产（初级生产总量中可提取为粮食的部分）；⑭原材料（初级生产总量中可提取为原材料的部分）；⑮遗传资源（独特的生物材料和产品来源）；⑯娱乐（为娱乐活动提供机会）；⑰文化（为非商业用途提供机会）。这种分类在许多年来影响了对生态系统服务和他们的类型的思考。

其他重要和广泛讨论的生态系统服务的分类还有如下汇总。

生态系统和生物多样性经济学分类（The Economics of Ecosystems and Biodiversity, TEEB, 2010）是在《生态系统和生物多样性的经济学》项目中提出，并在《生态和经济基础报告》中发表，以栖息地服务取代《千年生态系统评估报告》的支持服务，强调生态系统在为迁徙物种提供筑巢场所和保护基因库方面的作用。

最近，最广泛使用的是《生态系统服务的国际通用分类》（Common International Classification of Ecosystem Services, CICES），是由欧洲环境署开发。第一个版本出现在 2010 年，并在 3 年后出版。它将生态系统服务分了 4 个层级。基于以前的《千年生态系统评估报告》和 TEEB 分类，引入评估目的，在最高层次上有 3 个类别：供给服务、调节和维持服务和文化服务。TEEB 的栖息地服务包括在调节和维持服务中。CICES（V5.1）的最新版本也已经发表。

上述系统虽然直接或间接地基于级联：生态系统结构→生态系统功能→生态系统服务→人类利益→价值，但都侧重于对生态系统产出的分类。分类框架中没有考虑这些产出的接受者。

美国环境保护局提出了不同的方法。提出的两种分类体系的主要思想，是基于两个独立的维度的结合：环境类型和受益类别。在这种方法中，最终的生态系统物品和服务（Final Ecosystem Goods And Services，FEGS）是通过这两个维度的交集来确定的。第一个维度是分类系统确定最终生态系统物品和服务。该系统的理论和方法框架是围绕生态系统物品和服务的定义和两个关键问题组织的：从环境维度提出了问题，即哪些生态系统提供了生态系统服务；从受益人维度提出了问题，即谁是受益者，最终的生态系统物品和服务是什么。为了分类的目的，受益人的定义如下：个人的利益（即个人、组织、家庭或公司）驱动主动或被动的消费，生态系统服务的价值对他们的福利产生影响（正向的或负向的）。

该系统确定了以下的环境类别。①水生环境：河流、溪流、湿地、湖泊、池塘、河口及近岸和海洋、开阔的海洋、地下水。②陆生环境：森林、农业生态系统、创造的绿地、草原，灌木丛、贫瘠岩石和沙子、苔原、冰雪。③大气环境：大气。

第二个维度是受益类别，包括：①农业；②商业/工业；③政府、市政、居民；④商业/军事运输；⑤生计；⑥娱乐性；⑦鼓舞人心；⑧学习；⑨无用性；⑩人性。

上面提到的10个类别又被进一步划分为38个子类。

通过组合和交叉过程，可识别出338个独立的生态系统物品和服务。这个体系是开放的，每个环境类别和（或）受益人类别可以进一步划分为较低一级的类别。

美国的国家生态系统服务分类系统（National Ecosystem Services Classification System，NESCS）提出了类似但不完全相同的更为复杂的分类方案。它基于与前面描述的系统相同的理论背景，但这一方法的关键概念侧重于最终生态系统服务流量的识别和分类。

NESCS结构由4组组成，分为两个分类系统。

供给侧（NESCS-S）包括：①覆盖地球表面的环境类别；②生态终端产品类别，即人类直接使用或欣赏的自然生物物理成分；

需求侧（NESCS-D）包括：③终端产品的直接人类使用或非使用价值类别；④终端产品的直接人类用户类别。

三、自然环境和生态系统服务的潜力

"潜力"一词早在1949年就被引入景观研究，最初被理解为"自然发展可能性的空间安排"。通常，自然潜力定义为景观的自然内容及其物质属性、潜在能量和过程，即景观利用其结构和动态，满足社会需求的能力。特定的自然潜力有生物生产潜力、供水潜力、废物处理潜力、生物调节潜力、地球能量潜力和娱乐潜力。景观潜力的概念不应局限于人地景观的关系，而应指明某一特定人群（包括人类）愿意开发的所有资源。景观都有以下潜力：自我调节抗性、缓冲、环境形成和资源利用。景观潜力是确定经济利用（高度实用的方面）的可能性、方向和条件，景观功能是在其指定使用的条件下，确定其生态效率。有人提议将功能划分为生产（经济）、调节（生态）和生活空间（社会）。波兰的国家森林政策采用了这种划分，其中提到了森林的生产（经济）、生态（保护）和社会功能。从目前的角度来看，可以得出这样的结论，这一分类在某种程度上是对当代生态系统服务的早期划分。

景观潜力和生态系统服务的概念几乎是同义词。然而，在理解自然环境资源的方式以及这种理解如何转化为实际应用方面，存在着微小但重大的差异（表4-1）。此外，生态系统服务主要与利用生物圈生产或控制的资源有关，而景观潜力是非生物环境成分对各种土地用途的适宜性。然

而，近年来通过对两种方法的近距离观察，发现一方面评估提供服务的潜力，另一方面单个服务潜力之间有更清晰的区别，这使得可能在生态系统服务的分类中找到它们的等价物。

表 4-1　景观潜力和生态系统服务概念之间的主要差异

特征	景观潜力	生态系统服务
资源利用	有可能利用	实际应用
资源类型	非生物为主	生物为主
获取资源的途径	宽	窄
经济价值	无	有
空间环境和尺度考虑	不考虑	考虑
空间规划的有用性	高	低
规划环境补偿的有用性	低	高

欧盟采用的生态系统服务的概念，区分了生态系统功能、基本生态过程和生物物理结构。功能是由过程和结构的各种组合创造的，构成了生态系统提供服务的潜力，而不管它们目前是否被人们使用。比如，维持鱼类种群的生存(功能)需要基本的生产(过程)，这可以进一步用于提供食物(服务)。许多作者交替使用"功能"和"过程"两个术语，这可能会引起误解。

与生态系统功能相比，生态系统服务假设了满足人们多样化需求的可用性和存在性。运转良好的完整的自然生态系统，评估具有特殊的生态价值，可以提供的生态系统服务远远少于大城市附近的被改变了的半自然生态系统，只是因为他们有巨大的需求差异(比如，喀尔巴阡山脉的每公顷森林比相同面积的城市公园提供较少的休闲服务)。然而，自然生态系统仍然是环境的关键组成部分，提供一系列其他重要服务(如气候调节、蓄水、防止侵蚀)，是许多社会的无价自然遗产。这就是为什么在估计自然的总体价值时，考虑整个范围的服务和多方面的评估如此重要。

四、生物多样性和生态系统服务

生物多样性和单个或多个生态系统服务之间的联系是一个非常大的研究领域，而且到目前为止的结果相当模糊。这是由于缺乏对特定服务和生物多样性的共同定义，以及使用各种通常无法比较的测量方法。

根据《生物多样性公约》，生物多样性是地球上陆地、海洋和淡水生态系统以及它们所属的生态系统中所有生物的多样性。它涉及种内多样性(遗传多样性)、种间多样性和生态系统多样性。

生物多样性包括以下内容：①生态过程；②功能特征；③生物物理结构；④遗传多样性；⑤物种丰富度；⑥生物相互作用。值得注意的是，这种分类的结果既不是完全相互分离的，也不是全面的。遗传变异、种群大小和生物量、物种组合、群落和结构、生物与其非生物环境之间的相互作用、个体和物种之间的相互作用，都是生物多样性的组成部分。广义的生物多样性包括基因型、物种、种群、群落和生态系统的数量、丰度、功能多样性、空间分布和相互作用。此外，在许多出版物中，使用"生物多样性"术语而非"物种丰富度"，这带来了很多混淆。

尽管在文献中有大量的报告证实了生物多样性、生态系统功能和提供特定服务的生态系统能力之间的正向关系，目前还不完全清楚这些是什么类型的关系，以及它们的动力是什么。与此同时，生物多样性是生物环境带来的利益的直接来源。

生物多样性和生态系统服务之间的关系不明确，这种情况使得制定连贯的生态政策变得困难。

因此，必须大力开展生态系统管理的跨学科研究，其中包括生态学家、自然保护专家和经济学家。之前关于生态系统服务和生物多样性之间联系的文献综述表明，涉及这些问题的出版物的数量逐年增加。在过去的几年里，增长趋势甚至加快了。

这一领域最近的研究是在几个相互重叠的方向上发展的，可以这样描述：①设法准确地查明单一服务的提供者；②从理论上考虑生物多样性的某些方面对服务的可用性和传输的影响；③评估景观多样性在提供服务方面的作用；④发展确定生物多样性与提供服务之间关系的理论和经验数学模型；⑤实地工作，包括实地试验。

对单个服务供应者进行精确识别的工作，导致发展了生态系统服务提供者的概念。根据这一概念，服务可用性仅取决于特定的生物体及其属性(物种多样性和丰富性、遗传多样性、功能类群等)。服务的提供者可以是任何生物，如一个物种，一个系统，由标准区分的特定功能组，或其他生命形式、营养级、生物群落的其他部分(生态系统)专门和直接负责的生产服务。功能特征(物种或集合)的概念是另一个用来确定直接服务提供者及其与最终服务的复杂关系的概念。这个概念与另外两个概念有关：①具体效果功能，这是影响生态系统属性或服务的一个物种的单位容量；②特定的响应功能，这是一个物种在响应指定的非生物和生物环境的变化或重新侵入环境，维持或提高生态系统服务数量的能力。

使用生态系统服务提供者的概念，可以确定许多重要但定义相对狭窄和精确的服务的提供者。比如，提供碳封存调节服务的是树种，生物量积累率是指标。授粉调节服务的提供者是一群蜜蜂和大黄蜂，其指标是每天的花粉沉积量。就虫害控制调节服务而言，提供者是害虫的拟寄生物，指标是受感染昆虫的比例。这种方法虽然在方法上是正确的，但并不总是适用的，因为确定指标值往往非常困难和费力。在这种情况下，可以使用替代指标。这种方法的一个例子是用有机质分解率来表示元素(来自支持服务)的循环(而不是计算微生物的数量)。

另一种识别服务提供者的方法，是区分了 7 种类型的服务提供者：①单一种群；②两个或两个以上种群；③单一功能群体；④两个或两个以上功能群体；⑤优势群落；⑥单一群落/生境；⑦两个或两个以上群落或生境。这种分类可以更好地理解生物多样性不同方面与服务供应之间的关系。分析表明，木材生产和内陆渔业(垂钓)依赖于两个或两个以上的种群，水的供应和水的处理由单一的生态系统或它们的群体来调节，不同的生态系统类型负责调节大气和碳的吸收。反过来，授粉主要是由单个功能群体来调控的，而虫害控制则是由整个生物多样性组成部分来调控的，包括功能群体、种群和生态系统。在文化服务方面，分析表明，主要作用是生态系统多样性(审美价值)和不同物种的种群(以观察物种为目的的娱乐活动，如观鸟)。

有学者指出，对环境变化的韧性也是服务供应的一个重要方面，并划分生态系统为 3 类：①不依赖于特定物种的物种功能群体提供的服务(如碳封存、供水和侵蚀控制)；②依赖于对环境变化有适应能力的物种的服务，通常由人类提供支持(如木材生产、农业生产)；③依赖于对环境变化敏感的物种的服务，通常是稀有和濒危的物种(主要是文化服务)。

由于物种丰富度和所谓的物种冗余的变化，这一划分引入了维持提供服务能力的更广泛问题，其中一些物种可能会，也可能不会在提供服务方面发挥重要作用。这种依赖具有几种机制，第一个是互补性效应，根据这种效应，物种组比每个物种单独使用资源的效率更高，从而导致更大的商品或服务供应(这主要适用于供给服务)。第二个是选择效应，具有特定属性的物种的优势地位，强烈地决定了整个生态系统的功能，从而影响(正向的或负向的)服务供给。重点物种的传播或消失在服务供给中发挥了不成比例的巨大作用，从而导致了特定的效应。实验研究结果表明，河流中藻类种类越多，水体中氮化合物含量降低的程度越高。这与各种生态位的填充和对外部变化的更高抵抗力有关。

试验表明，在 17 个试验中测试的 147 种植物中，有 84%至少一次对提供生态系统服务的能力产生了正向影响。不同的物种在不同的年份、不同的地点、不同的服务和不同的环境变化情景下，对这种效应负责。此外，在数年内提供一项服务所需的种类，与在一年内提供多项服务所需的种类并不相同。尽管在一组环境条件下考虑一种功能可能会显得功能冗余，但在一个不断变化的世界中，需要许多物种在多个时期和多个地点维持多种功能，多功能性与物种总体丰富性密切相关。

针对生物多样性的哪些方面最能表明提供服务的潜力，人们普遍认为，对于依赖植物的服务，第一个近似值是物种丰富度，植物物种丰富度(称为生物多样性)与来自植物提供的产品、控制侵蚀、抵抗入侵和病原体等服务之间呈正相关。与控制土壤肥力和害虫的联系就不那么重要了。对于本地蜜蜂授粉的作物，优势物种丰度的波动，推动了生态系统服务的提供，而物种丰富度变化相对不重要，因为它们主要涉及对该服务贡献不大的稀有物种。物种组成的均匀度与对抵抗入侵物种的能力有关，而对于动物依赖服务而言，哺乳动物群落中的物种数量和组成与传染病的调控有关。

还没有将物种多样性与提供服务的能力联系起来的通用的措施，不要考虑单一指标作为整个服务包的供应的措施，比如，这可能由于食物或木材的供应，导致对一些物种和生态系统的高估，而忽视了生态系统和景观水平提供不同服务的生物多样性其他方面的作用。

提供服务的生态系统是景观的一部分，景观的空间结构可能对整体服务供给及其评估产生强烈影响。物种、服务和空间之间的关系应在小范围内分析。景观的异质性在决定其在提供某些生态系统服务的潜力方面起着重要作用。参考分析的尺度是重要的，比如，因为在分析人工方形单元或小流域时可见的影响，在转化为大的区域单元时就消失了。景观的异质性直接影响环境效益(如通过控制水流和保持水和其他物质)，也间接影响物种丰富度和组成。景观配置影响生态系统服务的配置：①土地覆盖地块的具体位置(如定义为给定类型的距离最近的地块)；②多个地块的结构和分布，如通过最近邻的距离或连接性指数确定；③结构单一的地块，如通过大小、边缘或形状指标表达；④线性元素的存在。沉积物保持、营养物积累、授粉和景观美学最依赖于景观配置。没有明确的证据表明景观配置对农业生产、防洪和虫害控制的影响。在碳封存、木材生产和牲畜方面，这种依赖性很可能不会发生。地块大小、碎片化指数、连通性指数以及提供多种服务的潜力之间，存在明确的关系。

景观破碎化是空间结构的一个重要方面，整体景观潜力取决于单个生态系统和它们之间流动的潜力。景观服务潜力的下降有 3 种方式，即①与破碎化程度呈线性的正比关系；②呈指数函数递减形式，初始下降速度非常快，随着破碎化程度的进一步增加，服务潜力的下降速度减慢；③呈下降的逻辑斯谛曲线，最初下降非常缓慢，随着碎片化程度的进一步增加，服务潜力的下降速度显著加快。同时，碎片化对景观内部的流动的影响可以是中性的、正向的或负向的。结合这些模式，可以确定 3 种基本的关系类型：①碎片化对生态系统服务的潜力和服务的流动产生了负向影响，导致整体服务供应急剧下降(景观尺度的服务潜力减少)，这种情况适用于供水和水流调节，这取决于斑块的大小及其连接性；②碎片化具有补偿效应，即碎片化对生态系统潜力的影响与对流量的影响相反，因为给定服务的最大景观潜力出现碎片化的中间水平，这种模式适用于景观、遗传资源、授粉和虫害控制的娱乐、文化和审美服务；③景观内的流动与碎片化程度无关，服务供应则仅取决于碎片化对个别斑块(生态系统)潜力的影响，碳封存就是这种服务的一个例子。

五、生态系统服务的度量和指标

生态系统服务概念的跨学科特征，导致所提出的生态系统服务度量和指标代表着描述现实的不同方式。生态系统服务潜力和供应的指标(供应方，即生态系统和景观)属于与自然环境状况有关的一组指标，而需求和利益的指标(消费者方，即人类)则是社会和经济指标的一部分。

在有关研究生态系统服务的文献中，论证了许多不同的指标定义。可以区分：①测量，对所获得的状态、数量或过程进行直接测量；②指标，以面向接受者的方式传递测量结果，并以提供信息为目的；③指数集，采取综合方法或提出一个不能用单一指标描述的问题。因此，生态系统服务的指标是一种信息，它以一种有效和可理解的方式呈现服务供给、服务流动或服务需求的状态和趋势。

指标可分为直接指标和间接指标。前者精确地指每一个测量层次上的被测对象，而后者被用来代替直接指标，便于测量更简单或数据更容易获得，通常被称为替代指标。其适用性的基本条件是，必须具有适当的准确性来度量，并与直接指标相关联。

有研究者基于与被评估对象的关系，提出了一种完全不同的指标分类，提出了主要和次要生态系统服务指标的概念。应该强调的是，他们的术语直观上并不清楚，可能会引起一些疑问。在他们看来，主要指标反映用于量化生态系统服务(如旅游吸引力)的指标，而次要指标提供建立主要指标(如旅游吸引力的可达性和自然程度)所需的数据。

除了简单指标(在结构上)直接对应于一种测量类型外，还使用了复杂指标(有时称为指数)，它是简单指标的数学组合。通常采用部分指标的归一化。归一化可以使用下面的方程：

$$X_{norm} = (X_{obs} - X_{min})/(X_{max} - X_{min})$$

上式中，X_{obs}为该指标的观测值；X_{min}表示理论上的最低指标值或指定数据集中的最低值；X_{max}可以是理论上的最大值，也可以是期望的最高值，或者是指定数据集中的最高值。X_{max}和X_{min}的意义取决于理论数据模型和分析的目的。当不同的指标以不同的比例尺和不同的单位表示，需要相互比较，或将它们包括在复杂的指标中时，就用这种方法。

基于标准化值的综合生态系统服务指标可用于各种目的，各种文献中对其叫法有所不同，如：

多重生态系统服务景观指数(Multiple Ecosystem Services Landscape Index, MESLI)，部分标准化指标的总和。

生态系统服务总量指标(Total Ecosystem Service Indicator, TESI)，归一化部分指标值的平均值。

生态系统服务综合(Ecosystem Services Composite, ESC)指数，旨在以综合的方式呈现一组服务，其一般公式为：

$ESC = (\sum(X_{normi} \times wi))/N$，其中$wi$是服务在$N$个服务的总包中的服务的权重。

综合指标和权重的优点是有可能将大量的局部分析性指标减少为少量的综合指标，这对接受者更有吸引力。它们的缺点是对部分指标和主观权重之间的实际联系缺乏了解。

无论采用何种定义和指标结构，都需要采用一些科学实用的指标选择和评价标准。对于生态系统服务指标，最常用的是下列科学和实用的标准。

一个指标或一组指标必须确保科学的正确性：①明确地表示所指示的现象；②指标与指示性现象之间的因果关系得到充分证明；③表征现象的最优灵敏度；④合适的时空尺度信息；⑤具有空间和时间聚合的可能性；⑥所使用的数据源具有较高的有效性和代表性；⑦与其他指标具有较高的可比性；⑧符合结果的验证性、可重复性、代表性和有效性的统计要求。

一项指标或一组指标必须具有很高的实际相关性：①在作出政治或实际决策时具有高度重要性；②直接参照实践活动；③确定正常状态和正式标准的能力；④高可理解性和社会透明度；⑤关注环境目标；⑥适当的可测量性；⑦可以获得必要的数据；⑧提供有关长期趋势的信息；⑨对预警目的有用。

有时对指标的正式要求是用比较一般的方式拟订的。有两个标准被明确提及：数据可用性和向管理者提供相关信息的适宜性。然而，间接评估要有可信度、适宜性和有效性。有效性是指一个指标对要测量或评估的对象的意义的捕捉程度（如区域气候调节、遗产价值）。如果证据和理论支持通过该指标解释的结果，这个指标则被认为是有效的。

除了科学正确性和实际有用性的一般标准之外，还常常从所提供信息的有用性的观点，来制定附加的要求。比如，在决策和土地管理中有用的一套指标的 5 个具体要求是：①显示生态系统服务供给与特殊需求地区的关系（如大城市附近的较高重要性的供水和娱乐设施）。对于某些生态系统服务，无法确定具体的空间明确需求（如全球对碳封存的需求）；②解释特定生态系统服务的实际使用变化是否由生态系统服务的潜力和提供的变化、生态系统条件的变化、人类投入的变化或需求的变化引起；③不仅有能力确定生态系统服务当前的生产和流动，而且有能力确定生态系统在未来提供的这些服务；④有能力在信息不足的情况下，以准确地评估生态系统服务的供给和需求，为决策提供支持；⑤准确地区分自然潜力（生态系统的内部特征）和通常由自然和人类活动贡献共同产生的实际生态系统服务供给。

良好生态系统服务指标的更一般的标准是：①接收者的适当需求；②可以理解的构建、展示和解释；③有用的报告、认识的变化、预警等；④科学合理，即依据的是公认的理论和指标与被指示对象之间的关系，并以可靠的数据为依据；⑤对测量服务的变化具有足够的敏感性；⑥实用且经济、有效。

由于下列原因，建立一套生态系统服务指标系统是一项巨大的挑战：①指标提供有关服务信息的能力一般较低，尽管在各种服务方面有所不同；②为个别服务提供的指标并不全面，而且往往不适合描述服务和利益的复杂性；③对于构造良好的指标来说，缺乏足够的输入数据；④目前提出的调节和文化服务指标明显低于供给服务指标。

对文化服务的评价比对供给和支持服务使用较多的一级指标，而调节服务的评价以二级指标居多，表现出与主要指标相同的趋势。调节服务使用二级指标最多。这一结果可以解释为，调节服务（如碳封存或储存或水流调节）是使用许多不同的输入数据建模的，而这些输入数据只是二级指标。土地覆盖被证明是所有四类服务的重要二级指标，在不同研究中占使用的所有二级指标的16%。其他常见的二级指标有养分通量和土壤特征（占二级指标总量的6%）和植被类型（5%）。

生态系统服务评价的现实情况复杂，对单个服务的内容和范围仍然缺乏共识。在调节生态系统服务方面，生态系统的属性和功能（生态方面）通常被量化（67%的指标），而在供给生态系统服务方面，效益和价值（社会经济方面）通常被量化（68%）。文化生态系统服务主要通过等级来量化（35%）。目前，生态系统服务的测量和评估仍然很差，而且发展不均衡，因为通常只考虑了一方面(生态或社会经济方面)，而且指标经常被过度简化。

在此，同样值得强调的是，使用生物多样性指标的价值是不确定的。其中一些明确反映了生态系统服务(如栽培植物种类或其他可收获物种的丰富度和多样性)，另一些定义与服务有模糊关系的现象(如本地植物物种的文化价值)。在欧洲的一个研究项目中，指标与生态系统服务的供给、流量或需求的实际水平之间缺乏明确的关系，该项目提出了用于确定不同的服务的不同特征的指标。在构建指标方面的这种不一致，是由于只有在单个国家以同样的标准方式收集的现有数据，才能用于评估欧洲范围内的生态系统服务。

克服这些限制的方法可以是将生态系统服务的指标与 DPSIR 模型一致地联系起来，DPSIR 模型是欧洲环境署推荐的用于制定环境指标的框架。这种方法包括以下元素的级联：生物物理结构和/或过程(可测量的生态系统属性)→生态系统功能(生态完整性)→生态系统服务→人类利益，描述其对社会、经济和/或个人福祉→价值的影响(各组成部分的相对重要性)。这一级联的每个部分都应该有自己的一套指标，而"生态系统服务"部分应该仅指从"自然"到"社会"的服务流动。"生态系统功能(生态完整)"部分值得特别注意，提出了利用有效能积累、熵值水平、存储容量、养分循环、生物水流量、代谢效率、空间异质性和生物多样性等指标来定义生态完整性水平。

芬兰在指标体系的构建中采用了不同的级联模型。假设服务不构成一个独立的块，但它们是一个涵盖所有部分的过程。这样可以得到以下的级联方案：①结构和过程是生态系统功能的基础，反映了生态系统潜力的空间视角→②提供服务所需的功能，包括时间视角→③利益，即生态系统服务潜力的一部分(有形的和无有形的)→④所取得利益的价值(社会、健康、经济和其他方面)。在这个方案中，①和②部分涉及构成确定生态系统潜力基础的生态系统和生物多样性观点，以及部分③和④涉及人民和社会的福祉。在此基础上，根据需要，修改《生态系统服务的共同国际分类CICES》服务清单，制定了涵盖 28 项服务的方案(10 项供给服务，12 项调节服务，6 项文化服务)。对于每项服务，还提出了一组对应于级联中特定阶段的 4 项指标(共 112 项)。

尽管近年来在界定生态系统服务方面取得了明显进展，在使用指标方面也提高了科学的严密性，但在这一领域仍有相当大的自由，也没有普遍接受的作为标准的办法。

六、生态系统服务的时空维度

以不同的空间单元(如生态系统、景观)计算的给定服务的供应，通常也是不同的。此外，不同的服务以不同的空间尺度提供。有研究人员提出了基于服务提供者的空间特征和服务消费者空间关系的生态系统服务的分类。区分了以下类型的服务：①全球非近端性(不依赖邻近性)，如气候调节、碳封存；②局部近端性(取决于邻近性)，如干扰调节、保护、废物处理、传粉；③定向的与流量相关，如防洪、供水、侵蚀控制；④本地使用，如土壤形成、粮食生产；⑤用户移动相关(与独特的自然特征有关的人的流动)，如遗传资源、娱乐潜力。

尺度依赖对于调节服务尤其重要。调节服务是一种具有(实际或潜在)经济价值的生态过程，因为它对所研究的生态系统之外产生了经济影响，并且为居住在该地区的人们提供了直接利益。所涉及的生态过程是在一定的生态尺度上发生的，其中与调节服务最相关的是：全球(如碳封存)；生物景观(如河流和地下水流的时期和流量调节)；生态系统(如传粉、控制病虫害和病原体)；厂区种植(如防止噪音和粉尘、径流控制、生物固氮)。

生态系统服务的研究是在许多空间尺度上进行的：从本地和区域到国家和大陆，最后是全球尺度。尺度取决于所分析的服务的性质。生态系统服务评估方法由生态系统服务类型和分析的时空尺度决定。确定特定生态系统服务的生产和供给的尺度通常非常困难。比如，与营养物质矿化有关的服务主要是由生活在土壤、水或沉积物中的微生物提供的。植物和动物利用这些营养物质，而不受时间尺度和地理空间的影响。然而，在生态系统服务分类中引入尺度有助于更好地理解和评价它们。

一些生态系统服务为全人类提供了有形或无形的利益，而不论其位置或社会文化背景。比如，陆地和水生生态系统的碳封存会影响整个地球的空气质量和气候。这项服务的全球范围调查能够显示地区、国家和大陆之间的流动。同时，与水有关的服务需要在集水区或流域尺度上进行调查。反过来，与授粉相关的生态系统潜力通常在当地或区域尺度上进行分析。大多数的供给和文化生态系统服务往往与本地区密切相关。这种关系在文化生态系统服务的社会研究中尤其明显。跨区域的文化生态系统服务研究主要涉及休闲和旅游。

生态系统服务研究的空间尺度取决于几个因素，其中最重要的是研究目的。通常，有关空间规划和经济效益分析的研究是在区域或当地尺度进行的，而对服务空间分布的一般模式的研究是在国家以上尺度上进行的。研究目的影响数据来源的选择以及获取和使用数据来源的方法。整个研究区域的数据应该是统一的。在地方或区域尺度上，更容易获得准确的数据，而分析的空间范围越大，获得良好数据就越困难。全球范围内只有4种生态系统服务的数据可用。在欧洲层面上，欧盟CORINE土地覆盖图是生态系统服务研究中常用的方法。然而，它的质量因国家而异，在应用于区域研究时，需要补充相关的当地数据。

此外，从土地覆盖或土地利用或栖息地地图中获取生态系统服务信息，只有当服务与土地使用（如农业作物）直接相关，且研究目的是确定某一特定服务的出现，而不是生态系统服务供给的规模时，才适用。用于定量评估的统计数据通常在行政单位收集，主要用于供给生态系统服务的评估。各种代理度量指标被用来估计调节服务。它们可以通过建模得到，或对野外收集的数据进行推断。遥感数据和GIS技术在这方面也非常有用。生态系统服务的需求侧通常通过社会研究进行评估，社会研究是在有限的空间尺度上进行的。

七、绘制生态系统服务地图

生态系统服务的制图是一个复杂的问题，其中最重要的是：①单个服务的适宜指标的选择；②源数据的可用性；③选择适宜的制图单元。最后一点特别重要，因为单位的特性对地图的可靠性及其用于科学和实际目的的可能性有很大的影响。实践中使用的各种单元可分为以下几类：①单个斑块、地块或景观元素（应用最广泛）；②最小的公共几何单元（在GIS中通过叠加主题层生成）；③行政单位（空间规划优先）；④流域（专注与水有关的景观过程）；⑤所谓的自然单元（反映地质、土壤、地形等的多样性）；⑥景观单元（根据自然环境和土地利用划分）；⑦规则的人工几何单元（如栅格网格）。

行政单位虽然经常用来定义研究区域的边界，但很少真正适合生态系统服务分析。只要环境特征决定了服务，或者可用的数据与服务有关，就应该使用纯自然单元，而景观单元似乎对评估大多数服务有用。

即使在上述框架中，也可能有各种各样的参考空间单元，这主要取决于研究的目的、研究的尺度和现有的数据。在地方或区域层面的科学研究中，服务的识别通常在生态系统层面进行。

如果在泛欧洲分析中使用生态系统作为参考单位，它们通常仅根据土地覆盖或土地利用进行区分。陆地生态系统的空间信息来源主要是 CORINE 陆地覆盖图。最近，欧盟委员会提出的所谓的生态系统 MAES 分类，也被用来实现欧盟的生物多样性战略目标。该分类包括 7 种陆地生态系统和 5 种内陆和海洋水域。

对欧洲尺度的生态系统服务的分析也以人工常规单位进行（如以 1 千米网格），他们的结果被归纳并以行政区的形式呈现，以供统计之用。自然单位有时与人工单位组合，用于服务使用的统计数据（主要是供给服务）可用。将流域划分与社区划分相结合，以显示特定服务（保水供水、土壤保护和碳封存）的供求关系。

对于一些文化服务，如精神体验，寻找一个参考空间单元可能是困难的。通常，提供这类服务的地点都用点标记，因为它们与单一的景观元素有关。文化服务使用者对各种元素（如灌木篱墙和树线）和景观结构（如田野和森林的斑块）有偏好。在许多利用社会方法的研究中，服务是对整个研究区域（国家公园，地区）进行评估的。

近年来，国内外发表了许多综合生态系统制图结果的论文。一些著作讨论了自然地理单元（如景观）和生态系统服务流之间的空间关系。生态系统提供服务的能力和生态系统服务向社会的流动，被划分为不同的空间单元。采用的方法考虑了生态系统的多重功能和对社会的潜在利益。除了生态系统或景观的定量评估和绘图外，经常确定主要栖息地和生态走廊。在所有 27 个欧盟成员国进行的研究表明，所谓的绿色基础设施网络的关键领域，具有提供生态系统服务的最高能力，它覆盖了欧洲的 23%。其成果之一是 MAES 数字地图集，旨在提供欧洲的生态系统和服务的地图。

在过去几年里，绘制生态系统服务图已经发展成为一个独立的科学领域。各级政府开始使用生态系统服务概念作为自然和社会之间的"桥梁"，生态系统服务地图被认为是帮助制定政策和决策的工具。懂得生态系统条件、过程和服务及其时空维度，对于自然资源的可持续管理至关重要。生态系统服务制图提供了一个框架，用于结合不同来源的空间数据和跨学科知识。

八、生态系统服务的社会认知

越来越多的公众意见被用于与生态系统服务管理相关的项目的实施。这样，社会意识和满意的生态系统用户数量都会增加。要想客观可靠地评价生态系统服务价值，必须考虑所有潜在用户的意见，即对生态系统有实际影响或可能受到相关决策影响的人。研究应在代表一个特定社区、个体特征多样化（年龄、性别、居住地、教育、职业、收入等）、社会地位多样化和使用生态系统的方式的多样化足够大的范围内进行人群取样。许多研究表明，对生态系统服务的评估在很大程度上取决于对生态系统的使用，以及用户从中获得的利益。

对服务的评估还受到对生态系统认知的影响，这不仅取决于生态系统的物理属性，还取决于与文化身份和传统相关的普遍接受的景观概念。由于社会关系、种族出身或重要经历而产生的特定区域的情感联系，也起到了重要作用。限制评估可能性的因素可能是缺乏对不同服务的了解。没有适当的信息，服务可能不会被注意到，因此也不会被认为是重要的。

收集关于生态系统服务的公众意见的方法多种多样，取决于研究的范围。许多研究关注于确定一个特定区域最有价值的服务，其他研究的目的是创建一个服务层次，或了解用户的偏好如何随时间变化。使用的方法可以分为两组。第一种是通过对书面材料的分析或对行为的观察来间接收集数据；在第二种情况下，信息是直接从人那里获得的。

观察可能需要用户的直接参与，就像文化服务一样。比如，参观国家公园的次数可以被用来衡量该地区的娱乐吸引力。

在对已发表材料的分析中，通过对各种文本文件、图像等的研究，获得个人、群体或整个社区的意见。在自然环境的社会研究中，使用内容分析的两种方法：机械论和解释性。机械的方法包括对文本文档中的单词、短语和句子进行自动搜索和计数。它是基于这样的假设，即单词、短语、句子在文本中出现的次数越多，其意义就越大。这种方法允许对大量文档进行有效的定量分析。解释的方法更费时。它假定对与被调查主体有关的句子进行彻底的语义分析。

另一种方法是专家评估，可以被视为间接和直接的技术，因为专家可以被要求进行研究，表达他们自己的主观意见，或者提供关于其他人偏好的信息。从定义上讲，专家更熟悉技术问题和具体术语，但他们的评估如果是武断的，或是基于主观经验和知识的，可能不能完全反映更广泛的社会意见。

直接生态系统用户的意见可以通过访谈、调查或与利益相关者的研讨会来收集。与受访者互动的方式和分析他们的答案的方法是重要的。书面问卷调查是保证高标准化和限制研究者影响的方法。大量的数据可以用这种方法进行定量分析。这种方法的缺点是成本较高，灵活性较低，可能会导致潜在重要信息的丢失。深度访谈可以更详细地分析用户偏好，通常被视为问卷调查的初步研究。讲习班方法在当地社区积极参与环境管理的地区被广泛使用。在有组织的小组讨论中，与会者分享他们的知识，并试图找出一个共同的解决方案。

在使用所讨论的每一种方法时，应该清楚地定义评估的空间和时间范围。因为生物物理性质和土地利用的不断变化，影响着生态系统状况和人类对其的认知，所以制定时间框架很重要。从生态系统管理的角度来看，同样重要的是对特定区域的引用。迄今为止，在生态系统服务认知的研究中很少考虑空间多样性。价值通常被分配到整个研究区域，而没有进一步的空间划分。另一种选择是指示提供服务的特定位置。然而，这种方法的有效性可能是有限的，因为受访者可能会首先标记他们熟悉的地方。

九、生态系统服务之间的协同作用和权衡

"权衡"和"协同"是生态系统服务分析中最重要的概念之一。一般来说，权衡是指一种生态系统服务的使用直接减少了从另一种服务中获得的利益。当一种服务的使用导致另一种服务的收益增加时，则称为协同效应。然而，在许多研究中，只有术语"权衡"用于指定服务之间的所有类型的关联，甚至更广泛地用于指定服务提供者和消费者之间的关联。这造成了术语上的混乱，人们试图通过引入不同的狭义关系方案来克服这种混乱。

《千年生态系统评估报告》将权衡划分为4类：①空间权衡，服务生产地点和服务供应地点之间的空间滞后（如流域上游的森林及其对流域下游水的供应的影响）；②时间权衡，由于人为的决定或自然过程而造成的服务提供的延迟；③可逆的权衡，生态系统服务的生产受到干扰后恢复初始供应的能力；④服务之间的权衡，一项服务的提供对其他生态系统服务的提供产生的正面或负面影响。

有研究者提出了另一种分类，使用了类似的术语，但对类别的定义略有不同：①空间权衡，与目标生态系统服务相关的利益和费用之间的空间滞后；②时间权衡，由于在未来某项服务或其他服务的恶化而导致的服务收益与相关成本之间的时间差；③受益人之间的权衡，受益人要么是

"输家",要么是"赢家",这取决于谁承担生态系统服务供应的成本或利益;④生态系统服务之间的权衡,以牺牲另一个生态系统服务为代价解决一个生态系统服务的管理问题。

生态系统服务的空间关联的概念,已经进一步发展为提供服务和使用服务的区域的概念。根据这一概念,提供服务的区域是一些地方(生态系统、景观),在这些地方产生实际的服务。服务受益区域是那些使用服务的区域。在提供服务的区域和服务受益区域之间距离较大的情况下,有可能划定服务连接区域(SCA),使提供服务的区域和服务受益区域之间的物质、能量和生物转移成为可能。基于这一概念框架,可以区分出4种主要的空间关联类型,对应于第一个《千年生态系统评估报告》权衡类(空间权衡):①提供服务的区域和服务受益区域重叠,即生产和使用在完全相同的区域。②提供服务的区域比服务受益区域更大,服务的使用不需要任何特定的流。③提供服务的区域和服务受益区域在空间上是分开的,它们之间有一个连接区域。服务连接区域和流的存在的条件,使提供服务的区域和服务受益区域之间具有梯度(在物理意义上)。这通常适用于重力过程(冷空气、水和物质的运动)。④提供服务的区域和服务受益区域在空间上分离,两者之间有一个连接区域,不存在梯度关系。在这种情况下,服务连接区域的质量(以及服务流的可能性)取决于其他条件,通常是非空间条件。当然,只要所有区域和关联都是在相同的空间尺度上考虑的,这种划分是正确的,也是有意义的。除此之外,还有所谓的尺度权衡,比如,服务供应是本地的,利益是超越本区域的。

景观的构成和配置也是空间尺度考虑的一个重要方面。服务之间的协同效应和权衡可能塑造了完全不同的方式,这取决于景观破碎程度,这当然包括存在不同的空间联系,碎片化影响生态系统服务的供给,以及生态系统之间服务流动的变化。

专门研究各服务之间联系的论文不多,较多的是对特定区域的服务进行标识、量化和制图的一般性的研究。因此,该领域的研究缺乏可靠的、具有普遍性的数据。但是,已经被多次研究证明,在供给服务(主要来自农业地区)和调解服务之间存在明显的负相关关系,除了土地覆盖,这也可能受到人为能源补给的规模和类型的影响,这被认为是供给服务供应的指导变量之一。

当同时考虑许多不同的服务时,经常使用术语"生态系统服务簇"(Ecosystem Service Bundles,ESB)。根据大多数定义,"生态系统服务簇"关注于一系列生态系统服务供给的空间重合。生态系统服务簇的概念在考虑多功能区域(生态系统、景观)时非常重要,这些区域能够同时执行多种不同的功能,因此可以提供多种不同的服务,形成一个或多个生态系统服务簇。

十、生态系统服务有关的主要倡议

在联合国的主持下,自从《千年生态系统评估报告》编写并出版以来,无论是与此主题相关的科学文章,还是在国际、国家和地区所采取的实际行动和承诺方面,生态系统服务的概念普及都以指数增长。《千年生态系统评估报告》的一个值得立即采取行动的令人震惊的结论是,提供2/3服务的世界生态系统的能力,最近已大幅减少,包括非常重要的服务能力,如提供清洁水、空气净化和气候调节。

生态系统服务研究的另一个重要里程碑是,《生态系统和生物多样性的经济学》的出版。生态系统和生物多样性的经济学计划是由德国政府、欧洲委员会和联合国环境规划署于2007年建立的倡议。其主要目的是让决策者和政治家关注全球环境恶化和生物多样性丧失所带来的日益增长的代价,并将自然的价值纳入全球经济计算体系。

欧盟是发展生态系统服务概念及其实际应用的主要参与者之一。2011年5月，欧盟委员会通过了《欧盟生物多样性战略》。该战略为欧盟未来十年的行动制定了框架，以实现以下主要目标：到2020年制止生物多样性的丧失和生态系统服务的退化，尽可能地恢复它们，并增加欧盟对防止世界生物多样性丧失的贡献。

欧盟生物多样性战略中包括了2050年的欧洲愿景。到2050年，生物多样性和生态系统服务必须得到保护和重视，并得到适当恢复，因为它们对确保人类福祉和经济繁荣作出了根本贡献。首先，应该避免生物多样性丧失造成的生态系统服务的巨大变化。该战略还包括欧盟国家做出具体承诺，评估其领土上生态系统地图的状况和编制情况，评价它们所提供的服务，并努力将这种价值纳入国民核算。

执行这些目标最雄心勃勃的是英国和北爱尔兰的国家生态系统评估。英国国家能源局是第一个依据环境给社会和经济带来的好处而对环境进行分析的。该项目涉及政府、科学家、非政府组织和企业。虽然研究的主要结论与英国有关，但它们可以很容易地借鉴其他国家。捷克共和国也执行了一项类似的倡议，虽然规模较小。在该国进行的研究包括6种生态系统类型（农田、森林、草地、城市、水和湿地）。结果表明，捷克共和国生态系统服务功能的平均价值是捷克共和国国内生产总值的一倍半。欧盟成员国都在开始使用开发的生态系统服务框架。

在2011年，为了回应欧盟生物多样性战略的建议，实施了另一个重要的项目：生态系统及其服务的绘图和评估。该项目的主要目标是识别和描述生态系统提供的服务，以及对选定的服务进行评估和核实可用的源数据。

随着以人类为中心主义的观点在环境研究中的日益普及，建立了致力于科学与政策结合方面研究的国际机构。其中之一是生态系统服务合作伙伴（ESP），于2008年由冈德（Gund）生态经济研究所发起（美国佛蒙特大学）。生态系统服务合作伙伴是一个全球网络，致力于加强生态系统服务的科学、政策和实践，以促进保护和可持续发展。生态系统服务合作伙伴连接了超过3000名生态系统服务科学家、政策制定者和从业者，他们分布在40多个工作小组和遍布各大洲的越来越多的国家网络。生态系统服务合作伙伴定期组织世界和地区会议。

另一个这样的组织是生物多样性和生态系统服务的政府间科学政策组织平台。它是一个独立的政府间机构，由成员国于2012年建立。IPBES的目标是加强生物多样性和生态系统服务的科学和政策的联系，以保护和可持续利用生物多样性、人类长期福祉和可持续发展。它在联合国及其4个实体的主持下运作：环境规划署、教科文组织、粮农组织和开发计划署。

欧盟研究和创新计划资助的科学项目不断为生态系统服务研究的发展作出巨大贡献。专门用于生态系统服务方法开发的项目是OpenNESS。该项目旨在将自然资本和生态系统服务的概念，转化为可操作的框架，为将生态系统服务整合到土地、水、城市管理和决策中提供经过测试的、实用的、量身定制的解决方案。研究这些概念是如何与更广泛的欧盟经济、社会和环境政策倡议相联系和支持的，并详细审查生态系统服务和自然资本概念的潜力和局限性。

生态系统服务问题是欧洲基金项目（欧洲的森林生物多样性的功能重要性）的主要研究课题之一，涉及15个欧洲国家的24个合作伙伴。欧洲基金会的任务是描述欧洲森林主要类型的生物多样性与其所提供的大量生态系统服务之间的关系。

在"地平线2020"计划下资助的一个大型泛欧洲项目是ESMERALDA（加强生态系统服务制图，为政策和决策服务）。该计划致力于生态系统服务研究，于2014至2018年开展，目的是提供一种灵活的方法，为泛欧和区域生态系统服务评估提供基础。

　　资助国际生态系统服务研究项目的另一个重要平台是 BiodivERsA。它是一个国家和区域资助组织的网络，促进泛欧洲生物多样性和生态系统服务的研究。此外，该项目还得到欧盟"地平线2020"计划的财政支持，旨在支持生态系统服务方面的研究（比如，促进生态系统协同作用和减少权衡，改善生态系统功能和生态系统服务的提供，以及开发生态系统服务方案）。这里只提到了最受认可的国际倡议，当然不是所有倡议。重点是那些在欧洲起源和实施的倡议。在过去十年中，出现的大量涉及生态系统服务的组织和倡议，证明了生态系统服务的框架是多么的需要和有用，还会在未来几十年里主导人类与自然界面之间的研究。

第二节　生态学及相关学科简史

　　生物学家恩斯特·海克尔（Ernst Haeckel）在 1866 年为一门新的科学创造了"生态"一词，但相关的观察和思想从古希腊就已经开始积累了。自然的平衡是最初的生态概念，卡尔·林奈把它从动物扩展到植物，在《自然经济》一书中进行了论述。专门的科学在 19 世纪初开始出现，其中最早的是亚历山大·冯·洪堡（Alexander von Humboldt）创立的植物地理学。拉马克和查尔斯·达尔文的进化论与生态学思想有关，因为拉马克认为物种进化而非灭绝，达尔文认为竞争是灭绝的原因。植物生态学、动物生态学、湖沼学和海洋生态学这 4 个主要的生态学专业的根源出现在 19 世纪初，湖沼学和植物生态学在 19 世纪 90 年代开始形成。这 4 个专业在整个 20 世纪发展起来，新出现的专业主要是种群生态学和生态系统生态学。生态学会和期刊在 20 世纪初崭露头角，各大学的机构和专门学院也始于此时期。20 世纪初，生物地球化学在俄罗斯（苏联）兴起，盖亚理论在 1972年兴起。第二次世界大战后，环保主义在所有国家都变得很重要，需要生态学家作为顾问。国际生物学计划（1964—1974）在世界各地出版了许多关于生态系统的出版物。

　　海克尔在 1866 年提出了生态学的必要性，到 19 世纪 90 年代，生态学的两个方面湖沼学和植物生态学被组织起来。然而，生态观察和生态观念始于古希腊。许多生态信息是在广泛的科学中获得的，包括植物、动物、岩石和土壤的自然史。1800 年以后，自然史的各个方面逐渐被吸收到更专门的科学中。

一、生态学简史

（一）古代和中世纪

　　最早的生态学概念是自然平衡，它源于希罗多德的观察，即食肉动物的后代少于它们的猎物，以及柏拉图的观察，即每个物种都有生存的手段。后来，动物学和植物学的科学在亚里士多德的学堂里建立起来。据说《动物论》是亚里士多德写的，《植物论》是泰奥弗拉斯托斯（Theophrastos）写的，更有可能的是，泰奥弗拉斯托斯组织和汇编了所有这些。在罗马时代，这些科学在普林尼的《自然史》中被分了出来，然后成为自然史科学的一部分。

　　中世纪时期，古代自然史知识得到了恢复和发展。弗里德里希二世在他的《论驯鹰》中记录了对猛禽类及其猎物的仔细观察。学者艾尔伯图斯·麦格努斯（Albertus Magnus）写了两本关于植物和动物的自然历史的百科全书，综合了古代阿拉伯语和当代欧洲的知识（包括他自己的观察）。

(二)16世纪和17世纪的科学革命

在16世纪，艾尔伯图斯的百科全书传统被意大利、法国和德国的药剂师延续，瑞士学者康拉德·格斯纳（Conrad Gessner）撰写了动物和植物的自然史，但在1565年死于瘟疫之前才出版了《动物史》。两位意大利医生对传染病理论作出了重要贡献：吉拉莫·弗拉卡斯托罗（Girolamo Fracastro）出版了《论传染》（1546），吉拉莫·加姆布奇尼（Girolamo Gambuccini）出版了第一本关于寄生虫的书（1547）。奥尔德罗凡迪和佩妮在16世纪末写了一本关于昆虫的百科全书，并在16世纪出版。科学协会在16世纪中期兴起，出版了包括自然史在内的书籍和期刊。弗朗西斯科·雷迪（Francesco Redi）、约翰·雷（John Ray）和安东尼·范·列文虎克（Antoni van Leeuwenhoek）的著作对自然史的贡献尤其重要，这三个人的研究对象都是动物寄生虫。约翰·格兰特（John Grant）、威廉·配第（William Petty）和马修·黑尔（Matthew Hale）在17世纪的晚期时候提出了人口统计学。

(三)18世纪的进展

路易吉·费迪南多·马尔西利（Luigi Ferdinando Marsigli）在1725年发表了第一篇关于我们称之为"海洋学"的论文《海洋学的历史》，其中包括关于温度、盐度、潮汐、洋流等海深线和海洋动植物的信息。他意识到需要有组织地进一步的努力研究。这始于詹姆斯·库克船长在同行的博物学家的陪同下，于1768—1779年进行的三次世界探险航行。勒内·安托万·德雷奥穆尔（RenéAntoine de Réaumur）在他的《昆虫史》（6卷，1734—1742）中对昆虫和其他无脊椎动物的生活史进行了详细而精确的研究。自然平衡的概念最初仅限于动物。卡尔·林奈（Carl Linnaeus）将这一概念命名为"自然经济"，并将其扩展到植物。他的《自然经济》（Oeconomia Naturae，1749）是组织生态科学的第一次尝试。林奈相信物种的稳定性，他的自然经济概念并不像后达尔文主义生态学那样充满活力，但他相信每个物种的成员在一个植物演替周期内茁壮生长或衰败。在《植物哲学》（1751）一书中，他列举了25个不同的植物栖息地。与他同时代的乔治·路易斯·莱克莱尔（Georges Louis Leclerc）、布冯伯爵（Comte de Buffon）和他合作写了一部大型的《自然史》《Historier naturelle》（44卷，1749—1804，尽管他的贡献以1788年去世而告终）。林奈和布冯从遥远地方的探险家那里得到了许多动植物，他们努力解释物种之间的异同。布冯提出了一个推测性的理论，即数量有限的物种最初出现在一个小区域内，随着它们的数量增加，它们扩散到世界其他地方，并被新的环境改造成新的物种。牧师吉尔伯特·怀特出版了《塞尔伯恩自然史》（1789），其中包含了对当地动植物的位置和习性的准确观察。它成了自然史上阅读最广泛的著作。研究不同种类"空气"的研究人员在植物和动物身上进行了测试，从植物生理学的创始人斯蒂芬·黑尔斯（Slephen Hales）开始，到约瑟夫·普里斯特利（Joseph Priestley）和简·因根·霍斯（Jan Ingen Housz），他们发现植物在阳光下会产生一种气体（安托万·劳伦特·拉沃伊瑟称之为"氧气"），动物需要这种气体进行呼吸。这是自然界平衡的新证据。

(四)19世纪的进展

早在19世纪之初，亚历山大·冯·洪堡就因他的调查和出版物而闻名。他用继承的财富资助自己在拉丁美洲进行了5年的探索，然后在巴黎居住了20年，发表了他的发现。"洪堡科学"涉及植物群落（如草原、雨林、苔原）和环境因素（如温度、降水、地形）之间的相关性，他仔细测量这些因素，以了解动植物物种的分布和丰富度。他是植物地理学的卓有成效的创始人，强调植被的分布而不是植物区系。

1809 年，让·巴普蒂斯特·德拉马克(Jean Baptiste de Lamarck)发表了他的进化论，认为物种不会灭绝，而是成了不同的物种。奥古斯特–皮拉摩斯德·坎多尔(August de Candolle)反对德拉马克的理论，强调(1820)物种之间的竞争对于确定物种分布和灭绝非常重要。他的著作被地质学家查尔斯·莱尔(1832)使用，他相信物种的稳定性，化石确实代表了已灭绝的物种。

休伊特·科特·沃森(Hewett Cottrell Watson)是英国植物地理学创始人，受到洪堡和德拉马克的强烈影响，但不受德·坎多尔的影响。他研究了英国植物在不同范围内的变异性，并比较了英国和亚速尔岛的植物区系。

查尔斯·罗伯特·达尔文阅读广泛，他在 1837 年读托马斯·马尔萨斯《论人口原理》的文章之前，就已经熟悉了关于自然竞争重要性的论点。达尔文的自然选择的进化理论关注的是生物与生物及非生物环境力量的斗争。在《物种起源》(1859)这样一本革命性的书中，人们可能会期望达尔文拒绝自然平衡的概念，由于物种为生存而斗争可能导致灭绝。然而，他的猫—老鼠—蜜蜂—三叶草的著名故事，似乎支持平衡概念。想到灭绝，正是阿尔弗雷德·罗素·华莱士问的："平衡在哪里?"

1866 年，达尔文的一个弟子恩斯特·海克尔提出需要一门新科学"oecogy"。1870 年，他解释说，"我们所说的生态是指关于自然经济的知识体系，研究的是动物与它的无机环境和有机环境的总的关系"，生态科学大约用了 30 年开始组织起来，同时阐述了各种生态思想。达尔文的进化论包括个体之间和物种之间的正向关系，但重点似乎是竞争、捕食和寄生的负向关系。一些作者探讨了正向关系：安东·德巴里创造了"共生"一词，并写了一本书(1869)；范·本登(P. J. van Beneden)在他的著作《寄生虫》(1875)中定义了互惠主义；阿尔菲德·伊斯丙纳斯(Alfred Espinas)描述了社会动物中的多种形式的互惠主义(1878)；彼得·克罗波特金在《互助论》中写到了动物和人类(1902)。寄生虫学和疾病的细菌理论是 19 世纪晚期的重要发展，但它们与生态学的相关性还没有得到发展。

爱德华·福布斯(Jr. Edward Forbes)于 19 世纪 30 年代开始研究海洋动物，并发表了许多有关物种分布的著作，涉及海洋深度和其他影响因素。他假设在深海存在一个"含氮"带。科斯特(Coste)于 1859 年在法国康卡诺建立了一个海洋动物学实验室；更具影响力的是安东·多赫恩(Anton Dohrn)的动物学试验站。1888 年，独立的伍兹霍尔海洋研究所开业。查尔斯·怀维尔·汤姆森(Charles Wyville Thomson)是第一个深海生物专业的学生，他的书《深海》(1872)帮助他成了"挑战者号"(1872—1876)全球航行的博物学家，后来他指导出版了 50 本大型科学报告(1885—1895)。这次探险的惊人发现激励了其他国家赞助海洋学研究的航行。卡尔·莫比乌斯(德国 1877 年，英国 1883 年)研究了牡蛎养殖场，以协助它们的管理。他认为，牡蛎养殖场是一个生物群落，一个物种的集合和个体的集合，它们在这里找到了它们生长和生存所必需的一切。他的研究对生物群落概念的发展产生了影响。

美国动物学家史蒂芬·阿尔弗雷德·福布斯(Stephen Alfred Forbes)写了一篇很有影响的文章，"湖泊是一个微观世界"(1887)，这篇文章可能受到了莫比乌斯文章的影响，并用自然平衡的概念来解释湖泊中物种的表观稳定性，尽管存在竞争和捕食。同时，自 19 世纪 60 年代以来，瑞士动物学家弗朗索瓦·阿尔方斯·弗雷尔(franois Alphonse Forel)致力于研究日内瓦湖的生命和环境条件。他的研究最终形成了一篇关于这项研究(1892—1904)的三卷范式论文，他将其命名为"湖沼学"，并于 1901 年出版了第一本关于湖沼学的教科书。

尽管瑞士植物学家卡尔·施罗德在 1910 年首次提出了"个体生态学"和"群落生态学"这两个术语，但这些学科在 19 世纪 90 年代就已经存在了。德国植物生理学和植物地理学的一个强大传统，导致了植物个体生态学的发展，1893 年在威斯康星州麦迪逊召开的植物学大会上，采用了"生态学"一词，意思是"个体生态学"。然而，约翰内斯·欧根纽斯·瓦明（Johannes Eugenius Warming）的第一篇植物生态学论文论述了群落生态学（1895），是基于他在哥本哈根大学教授的第一门生态学课程的讲稿而写的。

由于强烈的性别歧视，试图从事自然科学职业的妇女遭受了强烈的反对。埃米莉·斯奈特拉奇（Emilie Snethlage）就是这样的例子，她是亚马孙地区从事野外工作和鸟类学研究的先驱。最初，埃米莉在德国、爱尔兰和英国做家庭教师，直到 1899 年，她得到了一笔小遗产，决定进入柏林大学，以实现她年轻时的梦想：学习自然历史。然而，作为一名女性，她只能躲在屏风后面听课，不能说话，在男生上课前 15 分钟，她必须进入讲堂，在下课 15 分钟后，她才能离开讲堂。尽管如此，埃米莉还是在奥古斯特·魏斯曼的指导下于 1904 年获得了博士学位。她在柏林自然历史博物馆担任动物学助理，直到被巴西贝莱姆自然历史博物馆的埃米利奥戈尔迪聘用。1914 年，她成为博物馆馆长。1908 年至 1928 年，她在亚马孙森林和巴西其他偏远地区进行了多次实地考察，以研究自然历史、动物地理学和民族学，并描述了许多热带鸟类的新种。在一些探险中，只有来自当地部落的印第安人陪伴她穿越危险地区。自 1905 年至 1928 年，她发表了超过 35 篇科学论文和著作，其中一本是《亚马孙鸟类目录》（1914）。2002 年发现的马德拉长尾小鹦鹉（pyrhura snethlageae）是以她的名字命名的。

利比·亨丽埃塔·海曼（Libbie Henrietta Hyman's）于 1905 年从道奇堡高中毕业，她芝加哥大学的一位老师为她提供了奖学金，她在那里主修动物学，由蔡尔德（Charles M. Child）教授为其指导。蔡尔德和她研究的是无脊椎动物。她的博士论文在毕业一年后发表了。在研究生院，她在担任几门动物学课程的实验室助理，并在获得博士学位后继续担任蔡尔德教授的助理。她出版了《初级动物学实验室手册》（芝加哥大学出版社，1919）和《比较解剖学实验室手册》（芝加哥大学出版社，1922）。1940 年，她开始出版代表作《无脊椎动物》（6 卷，1940—1967 年，超过 4000 页）。她成了北美洲首屈一指的无脊椎动物学家，并获得了来自科学协会的众多荣誉。

（五）20 世纪更加专业化

在 19 世纪末出现的四个生态学专业：植物生态学、动物生态学、湖沼学和海洋生态学，在整个 20 世纪持续存在，但也出现了其他专业，最显著的是种群生态学和生态系统生态学。种群生态学主要研究动物，但植物生态学家和动物生态学家都发展了生态系统生态学。

美国植物生态学家弗雷德里克·爱德华·克莱门茨（Frederic Edward Clements）和亨利·钱德勒·考尔斯（Henry Chandler Cowles）领导了植物群落的调查。克莱门茨用英语写了第一本生态学教科书（1905），在美国和英国都有使用。克莱门茨认为植物群落被联合成一个"超有机体"，但在 1917 年，格里森质疑生物群落的存在，1926 年，他提出了"植物团体的个体主义"概念。1935 年，牛津大学的亚瑟·乔治·坦斯利（Arthur George Tansley）在《植物概念和术语的使用和滥用》一书中挑战了群落是超有机体的概念。格里森的观点在 20 世纪 40 年代后期被威斯康星大学植物生态学学院的约翰·托马斯·柯蒂斯（John Thomas Curtis）采用，他们收集了用于梯度分析的定量数据，以记录植物物种分布的"连续统一体"。

艾玛·露西·布劳恩（Emma Lucy Braun）是美国植物学会 50 周年纪念委员会颁发给 50 位植物

学家奖中的一位获奖者，"因为她对我们了解东美洲落叶林的起源和结构作出了贡献。她对他人工作的批判性评价，她在该领域的正确观察和有力解释能力，给生物地理学家提供了一个新的起点。"在1994年的"自露西·布劳恩1950年以来东部落叶林"的研讨会上，罗纳德·斯塔基撰写了一本83页的有关她的传记、地图和照片小册子。露西出版了4本著作和180篇文章。她于1938年担任美国生态学学会（Ecological Society of America）副主席，1950年担任主席，是第一位担任这两个职位的女性。

在植物生态学方面，维罗纳·玛格丽特·康威（Verona Margaret Conway）是将野外观察和试验联系起来，并将数学分析应用于环境物理学的研究的发起人之一。她研究了以莎草为主的植被转变为草地的过程。她从解剖学到生态学，研究了莎草的水下部分和气体扩散的空气空间。她解释了每年温度变化对淹水泥炭地的影响。

玛格丽特·布莱恩·戴维斯（Margaret Bryan Davis）的研究"罗杰斯湖花粉沉积记录的康涅狄格州南部气候变化"（1969），是《生态学基础：经典论文评论》中唯一的一篇女性撰写的论文。她在研究生导师以及国家和国际委员会中的服务方面的社交能力很受欢迎，这使她当选为美国第四纪协会（1978）、美国国家科学院（1982）和美国生态学学会（1987—1988年）的主席。她是第三位担任美国生态学会主席的女性，她还获得了杰出生态学家奖（1993）。

在湖沼学中，人们对根据生物生产力对湖泊进行分类以及测量其物理和化学性质有着浓厚的兴趣。威斯康星大学的爱德华·阿萨赫尔·伯奇（Edward Asahel Birge）和乔西·朱迪（Chauncey Juday）是美国这方面的领导者，他们研究了威斯康星许多湖泊的温度分层、光穿透、溶解矿物质和氢离子浓度。他们的继任者亚瑟·戴维斯·哈斯勒（Arthur Davis Hasler）强调了实验湖沼学和鱼类生态学。耶鲁大学的乔治·伊夫林·哈钦森（George Evelyn Hutchinson）出版了《湖沼学百科全书》（1957—1967年）。在欧洲，主要的湖沼学家是泊罗（Plön）湖安斯塔特水生生物研究所和基尔大学的奥古斯特·弗里德里希·蒂恩曼（August Friedrich Thienemann）。他研究了德国北部的湖泊及其无脊椎动物群的物理特性，1928—1929年，他率领一个探险队到印度尼西亚研究热带湖泊的生命。

艾玛琳·摩尔（Emmarine Moore）领导了乔治湖物理、化学和生物方面的调查，以确定如何提高鱼类生产力。这项调查取得了成功，接下来是对纽约流域约15.54平方千米的调查。1926年，她成为生物调查主任兼首席水生生物学家。该调查对湖泊和河流进行了生物调查，所有这些调查的出版物，至1996年，仍是对国家的水资源和水产资源进行最全面调查的出版物。1928年，她成为美国渔业协会的第一位女主席。

最早尝试组织动物生态学的是查尔斯·C·亚当斯，他在伊利诺伊大学教授动物生态学，出版了《动物生态学研究指南》（1913），另外一位是维克多·欧内斯特·谢尔福德（Victor Ernest Shelford），他在芝加哥大学教授动物生态学，出版了《芝加哥地区所示的温带美洲的动物群落》（1913）。牛津大学的查尔斯·埃尔顿（Charles Elton）更为全面地综合了这一点，他的《动物生态学》（1927）解释了食物链的动力学，并将约瑟夫·格林内尔（Joseph Grinnell）加州鸫生态位的描述概念（1917）转化为功能概念。

1939年，克莱门茨和谢尔福德合作编写了一本教科书《生物生态学》，试图弥合他们专业之间的差距。尽管专业化持续存在，但这对人们很有帮助。1949年，芝加哥5位动物生态学家瓦尔德·阿雷、艾默生、奥兰多帕克、托马斯帕克和卡尔·施密特合作，他们合作撰写了有史以来最详尽、最全面的综合著作（包括两个历史章节）《动物生态学原理》。

海洋生态学的重点是估计食物链底部浮游生物的丰度和食物链顶部鱼类的丰度，在这两种情况下都寻找丰度波动的原因。

玛丽·勒博(Marie Lebour)是海洋动物浮游生物专家，开创了一种新发明的柱塞罐，用于研究北大西洋、百慕大和南极洲磷虾的卵和幼虫。她专门研究甲藻和硅藻，出版了两本英文综合性的著作：《北海的甲藻》(1925)和《北海浮游硅藻》(1930)。1915 年，她成了普利茅斯海洋生物协会实验室的工作人员，在此一直工作到 1946 年，后来一直是其名誉工作人员，直到 1964 年。玛丽·勒博发现了至少 28 种新的海洋物种，发表了 175 篇科学论文。

露丝·狄克逊·特纳(Ruth Dixon Turner)1954 年从哈佛大学获得博士学位，并发表了关于船蛆科(船虫，海洋双壳类软体动物)的论文，至今仍是一项标准性工作。1971 年，露丝·特纳成为首位使用"阿尔文"号深海潜水器潜水的女性。这是深海潜水中的第一次研究深海长期生物退化和物种多样性。1976 年，她成为生物学教授，是哈佛大学第一任终身女教授、比较动物学博物馆的软体动物学馆长、约翰森亚杂志联合编辑之一。1992 年，露丝·特纳继续用水中呼吸器潜水，直到 70 多岁，她获得波士顿海巡游者颁发的年度潜水员奖。她被伍兹霍尔海洋学研究所评为海洋学的女先驱。露丝·特纳有 200 多篇科学出版物。

尤金妮亚·克拉克(Eugenie Clark)是鲨鱼行为和热带鱼类专家。她是研究用水中呼吸器的潜水领域的先驱。她的第一本回忆录《带矛的女士》(1953)描述了她在南太平洋和红海收集鱼的冒险经历。这本书很受欢迎和畅销，并被翻译成了七种语言。她的第二本书《夫人与鲨鱼》(1969)描述了她的经历(1955—1966 年)。然后，她把余下的职业生涯都花在了马里兰大学的学院。

法国的凯瑟琳·芒戈尔德·维尔兹(Katharina Mangel-Wirz)是胚胎发育和与环境条件有关的生命周期领域的先驱，她研究的是头足类动物。她的头足类生态学研究为其他海洋生态生理学家开辟了道路。以她的名字命名了两种新的头足类物种：*Microeledone mangoldi*(2004)和 *Asperoteuthis mangoldae*(2007)。

第二次世界大战后商业捕鱼技术的进步，创造了一个能耗尽海洋和大湖资源的产业，生态学家和渔业生物学家需要解释能够持续的捕捞水平。贝类也是如此，其也必须受到保护，以免受到污染。哈斯勒对鲑鱼归巢本能的研究促进了"鲑鱼养殖"的发展。

坦斯利(Tansley)在 1935 年命名和界定了"生态系统"概念，但没有奠定它的基础(相反，他于 1939 年完成了他的大型专著《不列颠群岛及其植被》)。雷蒙德·L. 林德曼(Raymond L. Lindeman)是哈钦森指导的中西部博士后学生，他在生态学史上最重要的一篇文章《生态学的营养动态方面》中提出了生态系统的概念。它既包括原创研究，也包括对前人文献的综合。林德曼去世后哈钦森出版了这本书。第二次世界大战后，尤金·普莱森·奥德姆(Eugene Plesants Odum)、威廉·尤金·奥德姆(William Eugene Odum)和霍华德·托马斯·奥德姆(Howard Thomas Odum)领导了生态系统生产力研究。尤金·奥德姆还出版了一本非常流行的教科书《生态学基础》(1953；第 3 版，1971)，宣传生态系统概念。他在佐治亚大学的生态学院研究了美国原子能委员会萨凡纳河安装区内的生态系统。霍华德·托马斯·奥德姆是生态系统建模的先驱，由于丹麦、荷兰、瑞典、瑞士和美国的科学家的重要贡献，如今的建模已完全融入生态学和应用生态学。最近的综合生态系统理论主要归功于欧顿(H. T. Odum)(最大功率和能量)、阿兰诺维兹(R. Ulanowicz)(优势)、帕登(B. C. Patten)(网络理论)和琼根林(S. E. Jørgensen)(热力学)。R. 奥尼尔和蒂姆·艾伦发展了层次理论。

伊芙琳·克里斯蒂娜·皮埃洛（Evelyn Christine Pielou）率先运用了数学生态学的方法、指数和假设检验，并将她的方法应用于从北方森林到潮间带藻类的有机体和生态系统。她把数学生态学、生物地理学和古生态学联系起来。她获得的奖励包括乔治·劳森奖（加拿大植物协会，1984）、著名生态学家奖（美国生态学会，1986）和杰出的统计生态学家奖（国际生态学大会，1990）。她出版的《数学生态学导论》（1969）、《种群与群落生态学：原理与方法》（1974）、《生态多样性》（1975）等书籍为几代生态学研究人员学习数学生态学提供了基础。

种群研究主要集中在丰度波动的原因上，并建立精确的数学模型来描述和预测这些波动。研究主要是哺乳动物、鸟类、鱼类和昆虫。查尔斯·埃尔顿带领他的动物种群局（1932—1967年）成员参加了牛津大学的实地工作和理论辩论。他对自然平衡的概念表示怀疑，并用不断变化的观念取代了它。动物行为学研究的是动物的行为，与动物生态学有关。20世纪30年代，动物行为学的三位创始人（康拉德·洛伦兹、尼可·廷伯格和卡尔·冯·弗里希）于1973年获得诺贝尔奖。

俄罗斯地球化学家弗拉基米尔·伊万诺维奇·维尔纳茨基（Vladímir Ivanovich Vernadsky）研究了生物体作为大气气体的来源，并建立了生物地球化学科学，是在《生物圈》中解释的（俄语，1926；法语，1929；英文，1997）。生物地球化学一直是俄罗斯生态学研究的一个主要方面。与维尔纳茨基的一个类似的想法（但更激进）是詹姆斯·洛夫洛克（James Lovelock）的盖亚理论（1972），它假设地球是一个超有机体，调节其生命形式，以维持一个支持生命的环境。盖亚理论已经吸引了人们的支持，并继续引起一些地球科学家的兴趣，正如《科学家们辩论盖亚》（2004）中所论述的。

拉蒙·马加列夫（Ramon Margalef）以950页的《生态学》（1974；第四版，1986）成为西班牙和西班牙语世界的主要生态学家。他还用英文发表了论文和图书《生态学理论视角》（1968）。

在海岸生态学中，黛博拉·拉比诺维茨（Deborah Rabinowitz）主要研究红树林植被。她的实验挑战了先前的范例，即红树林沼泽是根据物种对自然条件的不同耐受性来划分的。她对共存、物种稀有性以及扩散在维持物种共存中的作用等方面做出了重要的发现。她在芝加哥大学获得博士学位（1975），并成为密歇根大学生态学与进化生物学系助理教授。1982年，她成为康奈尔大学终身副教授，直到40岁因癌症逝世。

（六）学会和期刊

学会和期刊的建立是科学进步的重要指标。国际海洋勘探理事会于1902年成立，总部设在哥本哈根，率先将海洋学与渔业联系起来。其出版物是《Journal du Conseil and Rapports et Procés Verbaux》。第一个生态学会是在英国兴起的。坦斯利和威廉·史密斯于1904年成立了英国植被委员会，该委员会非常活跃，但很难找到资金出版回忆录和地图。他们认为生态学会将会在吸引资金方面更成功。1913年4月12日，英国生态学会召开了第一次会议，并为此会议印制了第一期《生态学杂志》。从1916年开始，坦斯利编辑了这本刊物。英国动物生态学发展得更慢，直到1932年，英国生态学会才开始出版由埃尔顿编辑的《动物生态学杂志》。美国生态学会成立于1915年（美国）和1917年（加拿大），它开始出版学会的《公报》，1920年开始出版其主要期刊《生态学》。

1922年，伦德大学浮游植物专家蒂恩曼和艾纳尔·诺曼创立了国际性的 Vereinigung für Limnologie（后来称为 Societas Internationalis Limnologie，SIL），每两年举行一次会议，并出版其议事录。1936年，美国和加拿大人创立了美国湖沼学会，1948年成为美国湖沼学和海洋学学会。

1956年开始出版《湖沼与海洋学》。由于生态论文发表在植物学、动物学和普通科学期刊上，并不是所有国家都成立了生态学会，有些国家只是后来才成立的。德国的 Gesellschaft für Okologie 于 1970 年成立，1976 年意大利成立了 Società Italiana di Ecologia。自 1960 年以来，已有 10 余种英文生态专业期刊问世。

奥德姆（H. T. Odum）和他的同事们对生态系统模型的发展，为斯文·埃里克·约根森（Sven Erik Jørgensen）在 1975 年创立《生态建模》杂志奠定了基础。第一卷有 320 页；现在每卷约 4000 页。这一增长说明了自 20 世纪 90 年代以来应用生态学各个方面的爆炸增长势头。最初发表在《生态建模》中的主题很快就出现了更专业的期刊：《生态经济学》（1988）、《生态工程》（1992）、《生态系统健康》（2001）、《生态复杂性》（2004）和《生态信息学》（2006）等。

（七）机构建设

生态学在研究机构建设和大学院系的设置方面都获得了蓬勃发展。罗伯特·希亚特 1963 年编纂的《世界水生生物和渔业机构名录》提供了数百个机构的资料，自那时以来，这种机构的数量大大增加了。最近的水生和陆生机构名单载于欧洲出版的年度报告，题为《学习世界》。这里仅举两个美国例子：圣地亚哥海洋生物协会于 1903 年建立了实验室，1925 年成为斯克里普斯海洋研究所；1903 年华盛顿卡内基研究所在图森郊外建立了卡内基沙漠植物实验室；在大萧条时期和 1940 年，该研究所的资金减少了，它被美国林业局接管，1960 年，美国林业局将其卖给亚利桑那大学。这里有几个生态学院的历史：内布拉斯加州大学和芝加哥大学的植物生态学院（Tobey）；芝加哥动物生态学院（Mitman）；牛津大学的三所学院，包括坦斯利植物生态学院（Anker）、埃尔顿种群局（Crocroft）和廷伯根动物行为学院（Kruuk，Thorpe）；威斯康星麦迪逊大学植物生态学学院（Fraelish）和湖沼学（Becker and Egerton）学院；以及佐治亚大学（Barrett 和 Barrett；Craige）的尤金·奥德姆生态系统学院。

生态学始于对自然历史的观察和自然平衡的概念。它随着时间的推移不断扩展，直到林奈和布冯在 18 世纪中期开始扩展自然史的理论。在 19 世纪，生态学科开始出现，从洪堡的植物地理学开始。达尔文的物种起源理论彻底改变了自然史，促使海克尔在 1866 年创造了"生态学"（oecologie）一词，并在 20 世纪初逐渐阐述了湖沼学、海洋生物学、植物生态学和动物生态学。在 20 世纪，另外的专业出现了（包括种群生态学和生态系统生态学），创立了研究生态学的组织机构和生态学期刊，大学增加了生态学教授的职位。早在 2000 年以前，生态学作为一门复杂的科学就发展起来了。生态学在所有科学中占有最广泛的地位，应用生态学专业蓬勃发展。

二、进化生态学简史

进化生态学是研究生物多样性的科学领域，生物多样性是进化和生态学的产物。目的是从历史和现代过程中解释生物的分布、丰度和特征。自然选择是导致适应的进化过程，使有机体具备在特定生境中提高生存和繁殖能力的特性。非适应性进化、物种形成和灭绝过程也塑造了物种多样性、性状多样性和遗传多样性。影响多样性的生态过程包括种内相互作用、种间相互作用、非生物的环境条件以及在当地和区域尺度上群落之间的交换。遗传多样性可以用来研究驱动物种分布的生态和进化因素，研究物种对不同生境的适应性进化。进化生态学的研究领域是广阔的，几乎包罗万象。许多分支学科的出现，集中在进化生态学不同的子集的过程或时空尺度。

在进化过程中，自然选择是导致生物适应环境的原因。自然选择是具有不同特征或表型的个体在繁殖和生存（适应性）方面的差异。当这些性状或表型差异是可（部分）遗传的，并且不是所有个体都能同样成功地繁殖时，那么连续世代的自然选择会导致种群中具有优势性状或表型的个体出现的频率增加。因此，自然选择解释了使生物能够在特定生境中生存和繁殖的特性和适应。它还导致了如今的生物多样性，这种生物多样性起源于一个共同的祖先，许多不同的生物现在居住在地球上的各种环境中。然而，并不是所有的进化都是适应性的，也有非适应性的进化过程，如遗传漂变、突变和迁移，在很大程度上有助于性状多样性和物种分布。适应和非适应过程的结合最终会导致新物种(物种形成)、新特性(进化创新)或特性优化的形成，以及物种的丧失(灭绝)或特性丧失。

影响多样性的生态过程包括个体与环境的匹配、个体与本种群成员的相互作用、不同物种种群之间的相互作用以及群落在当地和区域尺度上的交换。与环境的匹配包括生物体应对非生物条件(如温度、盐度和湿度)和生物条件(即存在于环境中的所有其他生物)的能力。一个物种能否在一个环境中生存，取决于它自身在该环境特定条件下生存和繁殖的能力、食物的丰度和特点、竞争对手、共生者和天敌、向其他种群扩散的能力，以及塑造了集合群落物种多样性的历史和区域性事件。

多样性是生态学和进化共同作用的结果，这一假设造就了一个广阔的、几乎包罗万象的研究领域。为了使研究领域更加易于处理，许多分支学科都是在生态学的背景下研究进化现象，反之亦然。比如，研究领域专注于自然选择和适应性优化以解释性状多样性，包括行为生态学、生活史理论和生态生理学等。研究领域主要专注集合群落的物种丰度或多样性的，如种群动态、捕食者与猎物相互作用、促进作用、共同进化、群落生态学和生物地理学等。研究领域主要专注于物种遗传多样性的原因和后果，如分子生态学、种群遗传学、保护生物学和生态遗传学。为了解决进化生态学中丰富多样的研究问题，人们采用了许多不同的研究方法。这些包括观察、描述和比较研究、实验室和实地试验、分子和基因组学分析以及数学模拟和理论建模。这些分支学科的共同目标是解释生物多样性的起源和维持，但它们往往侧重于过程的不同子集或时空尺度。在很大程度上，进化生态学通过整合来自不同分支学科和方法的知识，为强有力地综合生物多样性的许多塑造因素作出了贡献。这使得整个生物学中采用了概念理论(如优化理论、进化博弈论、生命史理论、觅食理论、适应性动力学)，有些还渗透到经济学、心理学和医学中。

在生态学和进化的相互依赖性上有很大的共识，这就是如果没有生态学，我们就不能理解适应性和多样化的进化，如果没有进化，我们就不能解释生物体与环境相互作用的特性的原因。然而，生态学家和进化生物学家对某些过程发生的时间尺度、进化能在多大程度上影响短期生态动态、(局部的)生态过程和复杂性对进化过程的长期结果有多大影响等问题有着不同的看法。许多生态学家认为进化是一个太慢的过程，不会对当代种群动态或物种相互作用产生直接影响。含蓄地说，物种性状在生态时间尺度上被认为是"静态的"。这确实适用于新物种或新性状的起源，但没有考虑到自然选择作用的大量(可遗传的)性状变异。当我们使用进化的种群遗传学定义时，即一个种群的遗传组成随时间的变化，那么进化和生态过程可以在相似的时空尺度上运行。在生态进化的动态领域，对物种间快速相互作用的进化潜力及其对生态动态的影响的认识，已经取代了对物种性状的静态认识。相反，许多进化生物学家忽视了环境中至关重要的斑块和局部变异。他们通常承认，这可能与局部适应等过程有关，但在简化实验中，他们倾向限制生态的复杂性，以剖析单一生态因素如何导致进化变化。然而，生态复杂性可能导致截然不同的生态和进化动态，这在简化实验中可能无法捕捉到。虽然这在实验室环境中可能不容易解决，但可以在精心设计的田间试验中加以解决。此外，基因组学技术的发展，为在生态和进化时间尺度上研究生态和进化过程之间的界面提供了新的机会。

(一)进化生态学研究

从本质上讲，当科学家开始意识到生命不是静止的，也就是说生命不是上帝创造的产物，而是所有形式的生命都会随着与自然环境的相互作用而变化时，进化生态学领域就应运而生了。自中世纪以来，西方科学社会在柏拉图和亚里士多德手稿的基础上形成了一种强烈的神学和目的论世界观。这些手稿，再加上对宇宙和所有物种的造物主的信仰，助长了这样一种观念：上帝创造了永远保持不变的完美形式，和他们被创造时一样完美。几个世纪以来，自然科学家致力于描述和分类记录巨大的多样性，以此向上帝的伟大设计致敬，博物学家描绘了惊人的生物多样性，天文学家和物理学家描述了恒星和宇宙，地质学家描述了地球的组成。这种世界观在 17 世纪末的科学革命期间引起了争论，当时地质学家开始报告证据，证明地球随着时间发生了深刻的变化，天文学家认为宇宙并非完美地围绕着地球形成，自然学家认为生命不是静止的，而是变化的。这些科学家包括查尔斯·达尔文的祖父伊拉斯谟·达尔文(Erasmus Darwin)，他提出"所有的温血动物都是从一根活的细丝中产生的，具有获得新部位的能力，并伴随着新的习性"。骑士德拉马克是一个明确的非静态世界观的倡导者，并提出新的物种(从无生命的物质)可能产生，并且特性可能会因物种的需要而改变。1859 年，查尔斯·达尔文在其影响深远的著作《自然选择的物种起源》中提出了两个主要理论：①所有现存物种通过微小的增量变化，是从共同祖先进化而来的遗传理论；②自然选择理论认为自然选择是导致生物体适应环境的进化变化的原因。自然选择理论是由阿尔弗雷德·罗素·华莱士和查尔斯·达尔文同时提出的。

恩斯特·海克尔受到了达尔文关于自然选择改良后代的理论，以及这一理论如何改变了对生物形态的系统研究和分类的启发，他是第一个引入"生态学"一词的人，他把生态学定义为"研究生物与环境关系的全部科学，环境包括广义上的所有存在的条件。环境在自然界中部分是有机的，部分是无机的；这两者对生物体的形态都是最重要的，因为它们迫使生物体适应环境。因此，进化论从机制上解释了生物体的内部关系是有效原因的必然结果，从而形成了生态学的一元论基础。"

达尔文的理论启发了许多人，但也受到了科学家和公众的怀疑，这既因为它与主流世界观相冲突，也因为它与当时流行的关于"混合"性状遗传的错误观点存在严重分歧。这些观点与自然选择对个体变异的作用以及个体变异的维持是不相容的。关于遗传的错误观点，被孟德尔的发现所解决，孟德尔是查尔斯·达尔文同时代的人，他提出了遗传的基本定律：①分离规律；②自由组合定律；③支配法则。然而，达尔文并没有意识到孟德尔关于"微粒"遗传的重要工作。直到 20 世纪 30 至 40 年代，数学家罗纳德·费舍尔、约翰·霍尔丹和苏厄尔·赖特重新发现了孟德尔定律，他们将孟德尔定律与达尔文的自然选择理论相结合。狄奥多修斯·多布赞斯基(Theodosius Dobzhansky)随后撰写了《遗传学与物种起源》(1937)一书，将费希尔、霍尔丹和赖特的种群遗传学模型应用于自然种群的研究，使其他生物学家更容易理解。这种"现代综合"为自然选择提供了一个坚实的遗传机制，为现代进化理论奠定了基础。

(二)物种多样性研究

大区域内的物种多样性可分为地方多样性和区域多样性，区域多样性允许区域间物种的交换或更替。当地多样性受到生境的当地特征(如生产力、生境异质性、气候和其他非生物条件)、物种相互作用(如竞争、捕食者和寄生虫)和偶然事件(如生境干扰或破坏)的制约。当地物种多样性的饱和主要是由于拮抗物种间的相互作用，主要是竞争，但也有寄生—宿主的相互作用。然而，物种间的相互作用也可以通过促进或互惠来促进物种的共存。当种群能够更好地应对它们在栖息地遇到的物种间的相互作用和环境挑战时，进化过程可以促进局地尺度上的物种共存。比如，物种可以发展行为偏好或性格差异，以减少竞争(资源分配、生态专业化)，或进化出更高的抵抗力，以抵抗它们所接触的当地寄生虫。此外，时空异质性可以促进物种共存，因为它使物种相互作用引起的适应度效应的方向和强度多样化。同样地，对生境中某一特定条件的适应可能会与影响不同条件下表现的其他性状进行权衡，从而使物种在某些(但不是全部)环境条件下表现更好。尽管适应过程最初被认为对当地多样性影响太慢，但现在人们认识到，即使在生态时间尺度上，这种进化动态也可能发生，并且确实可以影响生态动态。

区域物种库的物种迁徙可以增加当地的多样性。区域物种多样性在某种程度上也受影响当地群落的短暂过程和物种相互作用的制约。在中间时间尺度上，物种多样性的产生和维持是由于在区域景观中运行的过程，如扩散、定居、多样化、物种形成和灭绝。在很长的时间尺度上，历史过程(如冰川作用)和地理事件(如板块构造)是物种随时间积累或消失的重要驱动力。追溯区域物种多样性的历史发展，比如，在物种相互作用的背景下解释性状的适应性进化，或将适应性辐射的模式与营养物质的可利用性或不受捕食者或寄生虫的影响联系起来，可以提供有用的信息。比如，这需要重建历史集合群落的组成，包括这些群落内的联系和共同进化，或资源利用的历史模式，或物种的系统发育起源和物种进化多样化的速率。

进化群落生态学的一个主要问题是，是什么导致和维持了当地群落物种组成和物种多样性的差异。这已成为一个激烈辩论的问题。一个极端的观点是，这些差异很大程度上是由当地物种的相互作用，主要是竞争所驱动的，竞争通过适应性进化导致生态多样性和生态位分化。另一个极端的情况是，它在很大程度上是由区域物种库的随机抽样(即生态漂移)决定的，基本上假设物种在生态上是相同的，物种的集合是一个纯粹的随机过程，依赖于随机死亡、扩散和物种形成事件。后者已在物种多样性中性理论中正式化。虽然中性理论最初受到许多批评，认为它过于简化了现实，但现在它被认为是一个有用的空模型，用来对比可能解释物种多样性的不同生态和进化情景。有研究者将能够控制群落组成并有助于每个研究系统独特性的大量过程综合为四个大类：①物种形成；②扩散向群落中添加物种；③漂移；④选择塑造这些物种的相对丰度，同时持续地扩散驱动群落动态。

(三)性状多样性研究

生命世界在形式、功能、策略和行为上呈现出丰富的多样性。这种表型变异在种间和种内都是显著的。性状多样性描述了行为、品格、生理、形态和生活史策略的选择。在进化生态学中，性状多样性是在物种内部和物种之间进行研究的，主要是在对当前或过去环境的生物和非生物条件作出适应性进化的背景下进行的。它阐述了自然选择和性选择如何导致性状的优化，或维持性状的变异，从而在资源有限、物种内相互作用、物种间相互作用、环境的非生物条件和可能存在于任何一个或所有这些因素中的时空变异性的情况下，最大限度地繁殖和生存。当性状是一种新的特征，相对于祖先的特征状态，它能增强生物体的生存或繁殖能力时，就称之为适应。自然选择是唯一已知的引发适应进化的机制。

为了应对环境挑战而优化一种性状，可能会采取非常不同的形式，这取决于选择压力的性质，以及权衡和约束。比如，在定向选择下，对于较大的体型，种群内的平均性状值将向上移动，直到生态和生理约束阻碍进一步增加。然而，在负频率依赖性选择下，稀有等位基因具有选择优势，因此最优的性状值取决于其他种群中的等位基因频率。这将导致持续的进化动态，但方向在不断变化。比如，这可能发生在寄主—寄生物的共同进化中，伴随着不断地适应和反适应，从而改变抗性和毒力。生物体必须优化各种各样的性状，以最大限度地提高它们的适应性，因此可能需要节约分配给某些性状的资源，以增加对其他性状的权衡投资。此外，许多性状的表达，如体形，也受到环境条件的强烈影响，如营养的数量和质量，竞争对手的密度。最后，自然选择和性选择可能对单个性状形成相反的选择压力。比如，增加颜色可能会提高交配成功，但同时增加了被捕食的风险。

(四)遗传多样性研究

遗传多样性描述了个体间 DNA 序列变异的数量。变异是通过随机突变和重组产生的。大多数突变不会对表型性状或适应性产生可检测到的影响，实际上是中性的。随着时间的推移，中性突变和几乎中性突变的累积速度主要取决于突变率和基因组大小。不同分类单元的突变率和基因组大小有很大差异，相差好几个数量级。然而，总体而言，个体间的遗传多样性是巨大的，在基因组中每 50—1000 个核苷酸中就有 1 个序列变异。因此，任何两个无关的个体在多达几十万个核苷酸的 DNA 序列上都有差异。此外，这些中性序列变异大多是在遗传漂移下演化的，这是一个不受环境条件影响、独立于不同种群运行的随机过程。影响遗传漂移的因素是种群规模和迁徙。然而，有些遗传多样性并不中性。当突变引发表型效应时，这通常是有害的，而且很少有利于适应。随着时间的推移，对具有这些 DNA 序列变异的个体的自然选择，会导致在种群中这些等位基因的频率发生变化。

遗传多样性可以研究驱动物种分布的生态和进化因素。物种通常在它们所居住的地理区域被细分为独立的或部分重叠的种群。从野外采集的样本中，可以很容易地测定个体的各种序列变异的基因型。中性序列变异的遗传多样性模式揭示了种群间的连通性及其系谱结构、物种的交配结构、种群规模的近期和历史变化(收缩和扩张)、种群间迁移或基因流动的频率等信息。种群遗传学分析被广泛用于推断这些模式。当这些模式与同时发生的生态或历史事件相结合时，就可以揭示哪些过程可能促成了目前物种的分布和丰富度。它还可用于濒危物种的保护管理，或帮助识别已与其他种群隔离的种群。

遗传多样性还可以通过比较物种间和/或物种内的遗传多样性来研究适应性进化。在这些比较中，在基因组特定区域的低遗传多样性可能表明进化保守或负选择，这表明序列变异在没有对适应性产生负面影响的情况下不能被容忍。高遗传差异是正选择的标志，表明对生境的适应。在不同的选择压力下占据多个栖息地的种群或物种，由于选择压力的局部组合，可能会沿着不同的轨迹进化。这与遗传差异有关，因为基因与影响适应的性状有关。当跨越较长的系统发育距离比较不相关的分类群时，这些比较也可以提供趋同进化的迹象，即多个物种对一个共同的生态问题进化出相同的解决方案。

(五)生态与进化基因组学研究

21 世纪初，基因组学技术的发展引发了进化生态学研究的重大转变。以前我们仅限于研究 DNA 片段和小部分基因或蛋白质变体的表达，现在我们可以获得全基因组序列、全基因组基因表达谱(转录组)和细胞、组织或生物体(蛋白质组)的总蛋白质组成。重要的是，我们现在可以为许多物种和每个物种的许多个体生成这些数据，这使我们能够描述个体、种群和物种之间的相似性和差异性。这些技术与生态相互作用的试验相结合或与个体、种群和物种的自然史的信息相结合，为进化生态学研究增加了一个新的维度。它使我们能够研究长期存在的关于多样性、多元化以及形成变异的进化和生态过程的基本问题。这也使我们能够对进化过程和生态相互作用的分子机制提出新的研究问题和假说。

所有的生命都源于同一个祖先，每种性状和每个物种都是生态和进化的结果。这种多样性和多元化可以通过研究基因组序列进行部分追溯或研究。来自DNA的信息使我们能够将个体基因组的变化与种群水平的过程以及生物多样性的产生联系起来。从DNA中提取这些信息可以追溯到过去的进化，也可以直接观察生态时间尺度上的进化动态。我们可以绘制出进化适应过程中种群发生的DNA的变化，比如，在连续几代暴露在特定环境条件下的试验种群(试验进化)的变化，或者通过监测自然种群来测量它们随着时间的推移对环境变化的进化响应。我们还可以排列和比较种群(种群基因组学)或不同物种(比较基因组学)的基因组，以识别经历正选择和负选择的基因和基因组区域，研究物种形成事件，追溯祖先，并确定系谱或系统发育关系。利用基因组学技术，我们既可以用现有理论，又可以构建新的理论来检验关于个体、性状、种群和物种的假说。

基因组学技术还可以通过研究整个集合群落或环境样本(集合基因组学、环境基因组学或生态基因组学)的遗传物质，来衡量集合群落的物种多样性。这种方法对微生物生态学产生了巨大的影响，因为它揭示了微观生命隐藏的多样性。以前，描述微生物的特征仅限于那些可以在实验室培养的微生物。基因组技术揭示了微生物群的庞大多样性和复杂性。因此，生命之树不得不在很大程度上重新绘制。在进化生态学的背景下，微生物对地球上的所有生命都是必不可少的。它们是地球化学循环和营养循环的关键，将碳、氮、氧和硫等转化为生物可获得的形式，并与地球上的每一个物种形成密切和必要的联系。在形成生物多样性的生态和进化过程中，与微生物的直接和间接相互作用非常重要。

性状多样性的研究也得益于基因组学技术。早期对性状多样性的研究主要局限于性状的功能以及它们进化的原因，如哪些生态过程导致了新的适应性或性状优化的自然选择。另一个重要的问题是性状是如何进化的，也就是说，个体表型的自然选择如何导致种群遗传组成的变化的。这就需要弥合个体的表现型和基因型之间的鸿沟。对于大多数与生物体生态相关的性状来说，复杂的基因相互作用网络构成了这些性状的基础，许多基因和基因的相互作用促成了性状的变异(基因型-表现型图)。为了确定影响性状的基因，转录组学已被广泛用于测量哪些基因在响应环境挑战或生态刺激(如寒冷或热胁迫、干燥或干旱、盐碱、草食昆虫摄食、病原体感染)时表达的基因变化。另一种方法依赖于测量许多个体的表型性状和基因型的个体变异，然后将表型变异或性状变异与这些个体的遗传变异进行统计关联。这些研究揭示了性状多样性的复杂分子机制和遗传机制，比如，基因表达调控的进化是性状和物种多样性的主要贡献者。尽管如此，大多数性状的基因型-表现型图谱仍然很难找到。性状遗传结构的复杂性在一定程度上会阻碍预测性状如何随着生态变化和挑战而进化的能力。然而，这些复杂的遗传网络也为在一系列生态条件下产生功能表现型提供了一种机制。此外，遗传网络中任何地方的遗传变异都可能导致表现型变异，从而提供生物体对不断变化的条件的适应性。

进化生态学是一个科学领域，涉及生物组织从遗传学到集合群落的所有层次，以及空间和时间分辨率的所有层次的多样性研究问题。正在研究的现象范围涵盖了生命的各个方面。进化生态学家通常根据个人喜好，也根据需要，将他们的研究侧重于一个子集的子学科。掌握每个分支学科所需的专业知识是不可能的。尽管如此，整合整个领域的知识是很重要的，因为进化生态学实际上是"万物理论"。基因组学技术为进一步整合塑造生命多样性的生态过程（包括它们的复杂性）和进化过程（包括直接实时观察进化）的研究提供了新的动力。

进化生态学的研究解决的是基本的科学问题，驱使对我们周围所有生命的令人眼花缭乱的多样性的塑造和进化过程进行研究。进化生态学领域正在发展的知识、洞察力和理论也具有广泛的社会意义。这个知识库为当代面临的一些重大挑战提供了重要的指导，包括制订切合实际的计划以应对全球变化的影响，防止令人震惊的生物多样性丧失，设计进化稳定策略，为不断增加的人口建立一个粮食安全的可持续社会，并发展基于进化知识的医疗技术。

三、景观生态学简史

生态系统在很大范围内具有空间异质性。景观生态学是跨尺度、跨组织层次研究和改善空间格局与生态过程关系的科学和艺术。从广义上讲，景观生态学既是一个研究领域，又是一个生态范式。景观生态学是一个高度跨学科的研究领域，将生物物理学和分析方法与自然科学和社会科学的人文和整体观点相结合。景观是空间上异质的地理区域，其特点是不同的相互作用的斑块或生态系统，从相对自然的陆地和水生系统，如森林、草原和湖泊，到人类主导的系统，包括农业和城市地区。景观生态学作为一种范式，其特点是在多尺度上明确强调空间异质性的成因、过程和生态后果。因此，格局、过程和尺度之间的关系是 20 世纪 80 年代以来大多数景观生态学研究的重点。景观镶嵌中的生态流、土地利用和土地覆盖变化、尺度、景观格局分析与生态过程的关联、生物多样性保护、生态系统服务、景观可持续性等是现代景观生态学研究的重点。在过去的几十年里，景观生态学的观点已经渗透到生态学的几乎所有领域，并在生物多样性保护、资源管理、景观和城市规划等方面发挥着越来越重要的作用。

（一）什么是景观生态学

景观生态学有各种不同的定义，部分原因是"景观"一词对具有不同科学和文化背景的人来说意义迥异。景观是生物物理要素和社会经济要素相互作用的空间斑块。就像在其他生态学科中一样，对于景观相对突出的两个方面存在着一系列的观点。这种观点的多样性往往与简化论和整体论的哲学基础有关。然而，很少有人会不同意景观在构成上是多样化的，在空间上也是异质的。景观生态学的一般定义，可以是在多个尺度和组织层次上研究和改善空间格局与生态过程关系的科学和艺术。景观生态学不仅是一个研究领域，而且代表了一种新的科学视角或范式，与一系列生态、地球物理和社会科学相关。

异质性、尺度、格局-过程关系、层次结构、干扰、生态和社会动态耦合及可持续性是景观生态学的关键概念。典型的研究问题包括：如何量化空间异质性，使其与相关的生态过程相关联？现有景观格局的形成过程和机制是什么？空间异质性如何影响生物流、物质流和能量流？景观格局如何影响病害虫暴发、疾病、火灾和入侵物种等干扰的传播？不同尺度上的格局和过程是如何相互联系的？如何将生态信息从精细尺度转换为广义尺度，反之亦然？空间异质性知识如何帮助改善生物多样性保护、管理和规划？如何开发和维护可持续的景观？

景观生态学的研究通常需要大量利用野外调查、航空摄影、卫星遥感等空间信息，以及格局指数、空间统计和计算机模拟建模等。这一高度跨学科领域研究的核心是懂得空间异质性的原因、机理和后果，其最终目标是为开发和维护生态、经济和社会可持续的景观提供科学依据和实践指南。

（二）景观生态学的发展前景

当代景观生态学的特点是概念和视角的不断变化，反映了思想起源和思维方式的差异，这两种差异都是由自然景观和文化景观所决定的。"景观生态学"一词是 1939 年由德国地理学家卡尔·特罗尔（Carl Troll）创造的，他的灵感来自航空拍摄照片中所揭示的景观空间格局，以及 1935 年英国生态学家亚瑟·坦斯利（Arthur Tansley）提出的生态系统概念。特罗尔认为有必要将更注重结构的地理方法与更注重功能的生态系统方法相结合，以便使地理学能够获得有关土地单元的生态知识，并使生态学能够将其分析从局部地点扩展到更大的区域。因此，他将景观生态学定义为研究各种空间尺度的景观斑块中生物群落与其环境之间的关系。与此同时，特罗尔还强调了景观的整体性，这种整体性被认为是一种格式塔（一种以某种方式组织起来的整体系统，其整体不能仅仅被描述为其各部分的总和）。这种以景观制图、评价、保护、规划、设计和管理为核心的整体性、人文性的景观论，被称为欧洲景观生态学学派，目前在世界范围内广泛接受。

景观生态学的概念于 20 世纪 80 年代初从欧洲传入北美洲，并由此引发了一系列新思想、新理论、新方法和新应用的迅速发展。因此，景观生态学在北美洲迅速兴起，并在 20 世纪 90 年代中期成为世界范围内公认的一门学科。景观一般可以定义为空间异质性区域，其空间范围因研究问题和研究过程的不同而不同，但大多数景观生态学研究都集中在大尺度上，从几十平方千米到几千平方千米。景观的多尺度概念是有意义和必要的，因为它通过微观、中观和宏观尺度的方法来促进理论和方法的发展。尽管北美洲景观生态学的定义在细节上各不相同，但都以空间异质性或空间格局的概念为基础。特别是北美洲景观生态学更关注空间格局与生态过程之间的多尺度关系，从空间的几十平方米到几千平方千米，从时间的一个特定的点到几十年的时间段。其主要目的是了解空间异质性的原因、机制和生态后果。

更具体地说，北美洲景观生态学特别强调空间格局对异质地区生物多样性、种群动态和生态系统过程的影响。这项研究的重点实际上是基于这样一个事实，即以前连续的景观已迅速被不同土地利用（景观破碎化）的斑块所取代，并在概念上与 20 世纪 60 年代发展的岛屿生物地理学理论和 20 世纪 70 年代开始形成的斑块动态观点相联系。岛屿生物地理学理论将岛屿物种多样性的平衡状态与岛屿的大小（面积对物种灭绝率的影响）和到大陆的距离（距离对物种迁移率的影响）联系起来。该理论对于理解淹没在人类土地利用海洋中的栖息地斑块的生态具有明显的启发式价值。同时，斑块动态视角将生态系统视为不同大小、形状、种类和历史的相互作用斑块的镶嵌体，强调这种斑块系统的瞬时动态和跨尺度联系。从这一观点来看，森林不过是不同年龄、物种组成和生物物理性质的树木的动态镶嵌，因此，可以通过聚合单个树木的行为来充分预测森林的动态。近几十年来，斑块动态的观点在景观生态学的概念发展中得到了体现。

总之，欧洲的方法更加人性化和整体性，因为它强调以社会为中心的观点，促进基于地点和解决方案驱动的研究。相比之下，北美洲的方法更倾向于生物物理学和分析性，因为它一直被主要由科学问题驱动的以生物生态学为中心的观点所主导。在此，需要指出的是，这种二分法显然过于简化了现实，因为这种地理划分掩盖了每个区域内的多样化和不断演变的观点。事实上，几十年来，北美洲的许多生态学家已经认识到人类在塑造景观方面的重要性（特别是自 20 世纪 30 年代的尘暴以来）。尽管人类及其活动一直被视为与空间异质性相互作用的众多因素之一，但随着北美洲对城市生态学和可持续性科学的兴趣日益高涨，在过去几十年里，越来越多的综合性研究迅速兴起。同时，空间异质性的观点越来越被欧洲和世界其他地区的景观生态学家所认识。因此，当前世界景观生态学的发展似乎表明，景观生态学的核心思想和方法正在从多元化向整合（如果不是统一的话）的阶段过渡。

事实上，欧洲和北美洲的方法都可以追溯到景观生态学的最初定义。有学者提出的将地理和结构方法与生态和功能方法相结合的观点，最好地体现在格局-过程-尺度的视角上，这增强了景观生态学的科学严谨性。另一方面，整体性和人文主义的观点集中体现了景观作为自然-社会耦合系统的理念。这一观点是试图在大尺度上解决真实景观中的实际问题所提出的。这种观点被任何试图在大尺度上处理真实风景中的实际问题的尝试所包含。欧洲和北美洲的观点对于景观生态学作为一门真正跨学科的科学的发展至关重要。

(三)景观生态学的关键主题

景观生态学的范围是相当全面和动态的。与其他跨学科领域一样，界定景观生态学研究的领域是不可能的。为了懂得景观生态学的科学核心，在此，基于关键景观生态学家的集体观点和相关出版物，主要是在该领域的旗舰期刊《景观生态学》，讨论一系列关键的研究课题，这包括：①景观的格局-过程-尺度关系；②景观的连通性和碎片化；③尺度和比例；④空间分析和景观建模；⑤土地利用和土地覆盖变化；⑥景观历史和遗产效应；⑦景观和气候变化的相互作用；⑧景观变化中的生态系统服务；⑨景观可持续性；⑩准确性评估和不确定性分析。

在这里，将重点介绍其中的6个关键主题。

第一，景观中的格局-过程-尺度关系和生态流。懂得生物、物质和能量是如何与景观镶嵌块的空间格局相互影响的，这是景观生态学中的一个基本问题。在揭示空间异质性对干扰（如火灾和疾病）蔓延的影响以及景观破碎对种群动态的影响方面，特别是通过对集合种群（结构离散和功能连接的种群组合）的研究方面，已经取得了很大进展。景观格局对跨尺度生态过程影响的研究，仍是一个快速发展的领域。未来研究的重要领域还包括入侵物种的传播、景观结构对种群遗传学的影响（称为景观遗传学），以及社会经济过程对景观镶嵌块的生态流动的多尺度影响。

第二，土地利用和土地覆盖变化的机制和后果。土地利用和土地覆被变化主要是由社会经济进程驱动的，对景观的结构和功能产生了最普遍和最深远的影响。因此，量化景观变化的时空格局，懂得景观变化的内在驱动力是十分必要的。在土地变化的研究中，需要更多的努力将生物物理学的方法和社会经济学的方法相结合，以及将生态学的方法和历史学的方法相结合。

第三，尺度和比例缩放。异质景观的空间格局与生态社会经济过程在多尺度上起作用，因此，要理解景观的整体，就需要将不同时空领域的不同现象联系起来。将信息从一个尺度或组织级别转换到另一个尺度或组织级别的过程称为比例缩放。在发展对所有自然和社会科学都至关重要的尺度理论和方法方面，景观生态学家处于领先地位。然而，仍然存在许多挑战，包括为各种景观格局和过程建立尺度关系，以及在一个连贯的尺度框架中整合生态和社会经济维度。

第四，通过空间分析和景观建模，将景观格局分析与生态过程耦合起来。量化空间异质性是理解景观格局对生态过程影响的必要的第一步。近20年来，景观元素的组成多样性和空间配置的各种影响已经得到充分的证明，大量的景观指标（景观格局的概要测量）和空间分析方法得到了发展。然而，最大的挑战是如何将空间格局测度与生物多样性和生态系统功能的过程和特性直接联系起来。为了应对这些挑战，设计良好的实地观察和试验研究是必不可少的，遥感技术、地理信息系统、空间统计和仿真建模也是必要的。

第五，变化的景观中的生态系统服务。生态系统服务是人们从生态系统中获得的利益。生态系统服务作为一个连接生态和经济的概念，已越来越多地应用于保护、资源管理和可持续发展的科学与实践中。所有生态系统服务都是在不断变化的景观中产生和使用的，生态系统服务的流动受景观格局的影响，多个生态系统的某些空间配置可能协同提供单一生态系统无法产生的服务（或损害）。因此，在景观和区域尺度上，定量研究生态系统服务的供给服务、调节服务和文化服务的时空格局、源汇动态、权衡和协同作用是至关重要的。

第六，景观可持续性。景观可持续性可以定义为同时维持和改善景观中的生物多样性、生态系统服务和人类福祉的适应性过程。景观生态学强调广义的、多尺度、多学科交叉的格局和过程，为生物多样性保护、生态系统管理和可持续发展提供了全面的理论基础和实用指导。这些现实世界的问题是不能够用以物种为中心或以单个生态系统为基础的方法来解决的。现实问题有：景观中发生的空间过程（如城市化、农业、洪水、火灾、生物入侵）如何影响生物多样性、生态系统功能、生态系统服务和人类福祉的？生态、经济和社会过程如何相互作用以确定景观恢复力和可持续性的？可持续景观的设计原则是什么？这些只是未来几十年景观生态学需要持续解决的许多具有挑战性的问题中的小部分。

景观生态学是一门异质性和尺度的科学。另一方面，随着人类在生物圈中的主导地位日益增强，对广泛空间尺度的重视，必然会涉及人类及其活动。因此，人文观点和整体视角已经并将继续成为景观生态学研究的中心。景观生态学不仅要为人们提供对各种景观的结构和功能的科学认识，更要为不断变化的景观创造及维持秩序和可持续性提供实用的指导方针和工具。景观生态学最终目的是提高景观的可持续性。

第三节　生物多样性

生物多样性是一个相对较新的词，其起源易于追溯。"生物多样性"一词的发明与 20 世纪 80 年代两个新的生物学分支——基因工程和保护生物学的出现相吻合。基因工程的技术进步导致了基因材料作为一种自然资源的商品化，这是一种新产业的原材料。保护生物学是从进化生物学的科学基础上努力构建保护实践，其重点是遗传变异、遗传交换、物种种群大小、物种形成和物种灭绝率之间的关系。1986 年，"生物多样性"一词第一次出现在公开出版物上。沃尔特·罗森（Walter Rosen）是当时美国国家科学研究委员会基础生物学委员会（Board of Basic Biology）的高级项目官员，他在组织国家生物多样性论坛时创造了这个词。这是一个包罗万象的概念，指的是全世界生物圈内的多样性，从各个层面衡量，包括个体、种群、物种、群落和生态系统之间的多样性。因此，生物多样性包括遗传多样性、物种多样性和栖息地多样性。

一、生物多样性概念和起源

从广义上讲，生物多样性可以定义为从遗传到生态的不同层次上生命的多样性和可变性。在更实际的意义上，生物多样性是在特定的时间和空间时刻对这种多样性的衡量。衡量生物多样性最直观、也是最常用的方法是计算物种数量。比如，一个特定生态系统的生态多样性考虑到物种的数量及其相对丰富度，使其成为生态系统复杂性和功能性的一个指标。如果两个物种数量相同的生态系统中，一个生态系统只有少量（或只有一个）优势物种，而在另一个生态系统中，所有物种都具有相同的代表性，那么这两个生态系统的生态功能是不同的。为了定义生物多样性的不同概念，已经制定了大量的指数，但在这里我们主要使用物种数量或物种丰富度，这些指数可以应用于地球整体或其任何大陆、生物群落、生态系统、区域或特定地点。在生物地理学中，生物多样性也是从空间的角度来考虑的：α-多样性是指给定生境或生态系统内的多样性；β-多样性是指生境/生态系统之间或沿环境梯度分布的多样性；γ-多样性是指由许多生态群落组成的大区域的多样性，如一个生物群落或一个大陆。比如，给定的地中海栎树群落的多样性是α-多样性的例子，地中海生态系统沿海拔梯度的多样性趋势是β-多样性的例子，整个地中海生物群落的多样性是γ-多样性的例子。

生物多样性是生态和进化因素共同作用的结果。一般来说，进化可以说产生了生物多样性，而生态学负责维持生物多样性。进化或多或少以一种连续的方式产生新物种，但物种能否持续存在取决于生态条件和它们与其他物种共存的关系。比如，几个争夺水资源的树种，只有在其生态位与水资源充分隔离的情况下，才能在特定区域或生态系统中共存。否则，其中一些物种要么消失，要么被迫迁徙以生存，这将减少当地的生物多样性。总体来说，生物多样性是物种输入和输出之间的平衡。物种输入的主要机制是物种形成（即新物种出现的进化过程），而物种输出主要是由灭绝引起的。物种形成和灭绝之间的平衡是物种数量的净增加，这被称为多样化。在特定的地理背景下，新物种也可以通过迁徙的方式出现或跳跃式扩散，或通过迁徙的方式消失。

（一）物种形成

进化是通过种群水平上物种遗传变异的自然选择进行的。人们普遍认为，自然选择遵循的是强者的生存法则。与此相反，在现实中，自然选择青睐最适合的基因型，这些基因型最适合当前的生态环境，并能将这种适应性传递给后代。严格地说，我们不能称这个理论为达尔文主义，因为查尔斯·达尔文（1809—1982）发现了自然选择，他不知道遗传是由基因传递的。基因本身的存在是由奥地利科学家孟德尔（Gregor Mendel，1822—1884）推测出来的，被称为遗传单位；在1905年，丹麦科学家威廉·约翰森（Wilhelm Johansen）起了"基因"这个名字。孟德尔的研究在很大程度上被当时的科学界所忽视，达尔文本人并不知道孟德尔的发现。1900年，荷兰科学家雨果·德弗里斯（Hugo de Vries）在不知情的情况下重复了孟德尔的实验，并获得了关于遗传传播的相同结论。德弗里斯在完成实验后发现了孟德尔的工作，并给予了他应得的认可。今天，孟德尔被认为是现代遗传学之父。有传言说，直到读到孟德尔的著作，德弗里斯才完全明白自己做出了什么。现代进化论也被称为现代综合进化论或新达尔文主义，是在20世纪初发展起来的，它将达尔文的自然选择学说与孟德尔的遗传学学说相结合。

物种形成是从现有物种中形成新物种，被认为是一种宏观进化现象，而给定物种在亚种、种族、变种、生态型或种群水平上的进化过程通常被称为微进化过程。并非所有物种形成过程都会导致生物多样性的增加。比如，进化，也就是说一个物种逐渐进化为一个新物种并不影响多样性，因为旧物种消失了，被新物种取代了。通过杂交形成物种，即从两个不同的亲本物种中形成可育的杂种，只有至少当一个亲本物种也存活下来时，才能增加生物多样性。对生物多样性贡献最大的物种形成类型是分枝进化，即一个物种分裂成两个或更多的新物种。通常情况下，由于某种原因，新物种从亲本物种的种群中产生，它们被阻碍种群间繁殖（即基因流动）的障碍隔离开来。这最终促使这些种群逐渐分化成新的物种，直到它们不能再繁殖。上述障碍可以是物理的，如山脉或海洋；也可以是生态的，如对不同生境的偏好或繁殖季节的不匹配；也可以是行为的，如缺乏相互吸引；或者是机械的，如生殖器官的形态不相容。即使在可能交配的情况下，生殖隔离的其他机制也可以发挥作用。这是不育杂交种的情况，它们能够作为个体完整地生活，但无法延续其血统。一个著名的例子是骡子，它是由马和驴杂交而成的不育杂交种。

在自然或地理生殖障碍的情况下，会发生异地物种形成，主要有地理分隔和分散介导两种类型。当新形成的生殖屏障将物种的原始分布区域划分为两个或多个种群，最终成为尽可能多的不同物种时，就会发生地理分隔（同类动物、植物因地壳变动产生的山脉和海洋等阻隔而造成）。巴拿马地峡就是一个典型的例子。它形成于大约300万年前的上新世末期，连接了中美洲和南美洲，为海洋物种创造了不可逾越的生殖屏障，自那以后，海峡两岸的海洋物种一直在发展成为不同的物种。在生物地理学中，由于有最近共同起源的物种，它们在形态和生态位上都相似，但被物理屏障隔开了，被称为替代物种。同时，如果原始物种跳跃分散在一个已经被屏障分割的区域上，那么随后由于适应新环境而形成的物种称为通过分散和进一步的异地物种形成。如果扩散和随后的适应导致不同物种适应不同的环境，这个过程被称为适应性辐射，这是通过扩散形成物种的一个特殊情况。我们可以在海洋群岛中找到适应性辐射的典型例子，在那里，生物体通过分散到达并散布在不同的岛屿间。在那里，新的物种出现，这通常是特有的，这意味着他们只存在于群岛或其一些岛屿。达尔文亲自描述的加拉帕戈斯群岛的雀类和海龟是这种情况的常见例子，但不是唯一的例子。加那利群岛景天科（*Crassulaceae*）的树石莲花（*Aeonium*）最早在中新世到达这个群岛。自那以后，它们一直在群岛的所有岛屿上传播（也通过扩散），并通过异域物种形成使其多样化为近40个物种（其中33个物种是其中一个岛屿特有的）。

同域物种形成发生在物种的分布区域内，没有物理障碍来隔离遗传上不同的种群。这种情况下的障碍可能是生态学的或行为学的。经常引用丽鱼科（*Cichlidae*）淡水鱼的例子来说明同域物种的形成。这种鱼生活在非洲和中南美洲的湖泊中。生活在同一湖泊生态系统中的同一属的几种非常相似但不完全相同的物种，是不相互繁殖的。在这种情况下，有各种各样的非物质性生殖障碍，比如，由于非常严格的领土主义造成的栖息地隔离、资源使用的专门化（特别是在食物类型上）或颜色的差异，这是同一物种内性吸引力的标志，阻碍了不同物种成员之间的交配。邻域物种形成的第三种，也是相当稀有的物种形成类型，虽然分化群体在物理上没有完全分离，但它们之间的基因流非常低或不存在时就会发生。边域性物种形成是指边缘种群，在物理上变得孤立并进化成一个新物种。边域性物种形成和分区物种形成非常相似，因此，前者通常被认为是后者的一个特殊类别。

还必须提到通过基因漂移形成物种，这几乎是对进化论的亵渎，因为它不涉及达尔文的主要遗产自然选择。从理论上讲，如果所有基因型在适应方面都是平等的（这种情况被称为选择中性），那么它们都同样能够繁殖并将给定的品质传递给下一代。这样，种群就不会出现遗传变异。然而，并非所有的配子在遗传上都是等价的，因为在配子形成过程中发生的染色体重组是随机分布基因的。所以，最终参与生殖的基因只是整体中的小部分。这种随机取样既增加了某些基因传递给下一代的可能性，也减少了它们留在种群中或从种群中消失的可能性，尽管这些基因是选择性中性的。从这个角度来看，进化变化纯粹是统计因素的作用，而不是特定基因型的适应度的作用。当一个种群中拥有原始种群的小部分基因库的一个或几个成员，控制着新环境中的扩散和定居时，遗传漂变尤其明显，形成一个新物种的可能性很大，这种现象被称为创始者效应。

(二)物种灭绝

当提到物种灭绝时，通常会想到灾难性的事件，它会彻底灭绝一个或几个物种，甚至整个生物群落。这个想法肯定来自有关地球地质历史上发生的大灭绝的信息。实际上，至少有四种类型的物种灭绝，其中只有一种称为种系灭绝，可能是灾难性的。这种类型的灭绝消灭了一个物种的所有成员，它们的基因库从地球上永远消失。这种灭绝不一定是由灾难造成的，如陨石撞击或火山活动的极端阶段。比如，因为物种的栖息地逐渐消失，直到其种群数量减少到最低可存活种群的数量以下，就会发生这种情况。在所有其他物种灭绝类型中，灭绝物种的基因库并没有完全消失。这就是为什么有人称之为伪灭绝。上述三种物种形成类型也可以用来描述灭绝。当一个物种因为转变成一个新物种而消失时，就发生了再生的灭绝。在分支遗传灭绝的情况下，灭绝的物种分化成两个或更多的新物种。最后，当产生可育杂种的两个亲本物种消失，杂种占据其生态位时，就发生了杂交灭绝。

物种灭绝速率不容易测量，因为它们是基于化石记录的，这些记录往往是零碎和不完整的。生物体只有坚硬的身体部位才能变成化石，并且只有当它们沉积在适当的低分解能力的环境中时，如缺氧、酸性和/或寒冷的环境中。有机化学和分子遗传学的最新发展，使得将其他生物纳入化石研究成为可能：这些生物没有能够形成化石的坚硬结构，但留下尤其是 DNA 等特定生物标记物。通过使用这些生物标志物，可以在岩石和沉积物中找到生物生存过的证据，记录它们最终的灭绝时期。希望这项新技术能帮助我们取得古生物研究的飞跃，对生物灭绝有一个更精确、更完整的认识。

二、生物多样性的纬度梯度

地球上生物多样性的分布状况既不是完全均匀的，也不是完全随机的。最壮观的全球生物地理格局之一，是从物种丰富度最高的赤道向实际上无人居住的两极的生物多样性递减梯度。这种模式被称为纬度多样性梯度，可能是 β-多样性最著名和最具全球性的例子。上述梯度在植物、哺乳动物、鸟类、鱼类、两栖动物和其他类群中尤其明显，而且可以推广到大多数生物，只有极少数例外。多样性梯度是在 18 世纪末由第一批探险家和自然主义者发现的，如德国研究人员乔治·福斯特(1778)和亚历山大·冯·洪堡(1850)，福斯特在著名的詹姆斯·库克船长和亚历山大·冯·洪堡(1850)的陪伴下环游了世界，被认为是现代地理学之父。起初，巨大的热带多样性是谜团的中心。现在，我们仍然不知道这种高多样性是由较高的热带物种形成率(即摇篮假说)，还是较低的亚热带物种灭绝率(即博物馆假说)造成的，还是两者兼而有之。此外，即使我们知道了答案也还不够，我们仍然需要一个关于纬度多样性梯度的生态学和进化论的解释。

有些人把热带的高生物多样性归因于单一因素。比如，能量梯度假说认为，在热带地区，入射的太阳辐射高于温带地区，从而为生命提供更多的能量，最终导致物种丰富度的提高。热带地区的气候稳定性也被认为有利于生态位多样化，而气候变化可能会导致温带地区的物种灭绝，这就是气候稳定假说。时间-区域假说认为，热带大陆面积大于温带大陆面积，且保持目前位置的时间较长，这两者都可能对物种积累产生积极影响。生态位保守假说认为，热带物种的年代较长，它们的生态位和多样性保持的时间较长。根据另一个假说，即扩散假说，绝大多数物种出现在热带地区，并通过扩散在温带地区定居，但没有从其原来的热带地区消失，因此热带地区生物多样性较高。正如已经讨论过的，生态因素需要与这些进化的选择相结合来解释共存。有人提出了一系列机制来证明热带共存的合理性（即如何避免生物灭绝或迁徙）。这些机制与生境异质性、竞争、捕食、定殖能力、差异生长和交配习性等因素有关。

与温带生物多样性的模式和程度相比，热带高生物多样性被认为是一种异常。尽管最近不断有新的研究进展，但从生态和进化的角度来看，对热带地区仍然知之甚少。此外，我们不应忘记，对热带的科学研究有着明确的殖民根源，这种心态在很大程度上指导了热带研究。如果情况正好相反，而且这些科学是建立在热带地区的基础上的，那么就需要解释热带地区外低的生物多样性。在这种情况下，生物多样性相关科学的进展可能会大不相同。然而，科学是一项以事实为依据的事业，必须遵循过去的事件和发现。然而，尝试采用一种不同的方法，看看另一种观点会产生什么样的结果，这将是很有趣的。这不是一个以热带为重点的方法（同样有偏见）的建议，而是一个更具全球性和通用性的生物地理–进化–生态方法，来解释纬度多样性梯度。

三、分子革命

直到几十年前，生物的地理分布和化石证据以及古生态重建和建模，提供了验证多样性进化假说的可用证据。大多数进化假说和模型都基于生物地理学和古生物学，两者的验证潜力都相当有限。生物地理学只能提供当今的证据（而我们感兴趣的是过去的事件），而古生物学是残缺的，无法提供完整和连续的关于过去有机体生命的信息。然而，即使有这些限制，这些研究也带来了惊人的发现。事实上，我们对进化的了解几乎都是从生物地理学、古生物学和古生态学以及这些科学的理论模型中获得的。剩下的问题是验证同一科学已经提供的其他假设，这些假设构成了当前和未来研究的基础。然而，在过去的几十年里发生了一场方法革命，为研究物种形成和理解生物多样性的起源和维持提供了一个基本工具。这里指的是基因组学的惊人发展，即在分子水平上研究基因组。基因组学的两个分支——分子系统遗传学和系统发生生物地理学，在进化研究中具有特殊的意义。

系统遗传学是研究具有共同祖先的特定生物群内进化关系的学科。这些研究的最终结果是一个系统发育树或进化树，代表了组成该类群的分类群的谱系，并构成了该类群进化史的模型。最优秀的系统进化树是所谓的生命树，它代表了从第一个生物（被称为最后的共同祖先）到现在的物种的进化谱系划分。系统发育树和所有模型一样，都是根据可观察和可测量参数，用统计方法建立的生物体之间的相似性。经典的系统发育树主要基于表型特征（主要是形态和化学参数），这些特征虽然是基因型表达，但可能受到环境的影响。由于分子革命的存在，目前可以利用真正的进化单位，即基因来构建系统进化树，从而获得更真实（或自然）的进化关系。新技术带来的变化是巨大的。除了修改进化关系和许多分类群的分类外，甚至连最基本的生物分类也必须重新组织。事实上，与原来的 5 个界（莫内菌、原生菌、真菌、植物界和动物界）不同，现在有 3 个界：莫内菌的 2 个（古菌和细菌）和真核生物的 1 个（真核生物），它包含了前分类的其他 4 个界。

通常，系统发育研究是在现代生物上进行的，因此进化信息是从生物的基因组中提取出来的，可以看作是每个特定群体进化历史的总结。这些研究是基于 DNA 核苷酸序列的改变而在某些基因中发生的分子变化（突变）。每一种突变都会导致不同氨基酸的形成，从而改变基因表达载体蛋白质的组成。三种不同类型的分子突变可能被强调：替换、插入和缺失。对所研究物种中某一特定基因的这些类型差异的量化，为系统发育树的建立提供了基础。一般来说，差异数越小，意味着两个类群之间的亲缘关系越密切，反之亦然。两个分类群之间关于这个参数的相似性或差异被称为遗传距离。根据遗传距离绘制系统发育树仍然不是一项简单的任务，通常需要复杂的数学和统计算法。信息学的显著发展使得使用需要无限迭代和比较的方法成为可能，这在最近的过去是不可能的。数据库及其可访问性的最新发展也提供了一个巨大的优势，因为现今所研究的分子序列是数字存储的，这使我们工作更容易，并有助于避免无用的重复。

系统发育树有各种类型，但通常都由节点和分枝组成。从一个共同祖先进化而来的两个物种的一个特定基因的突变数，与它们的分化时间成正比，即两个物种从那个祖先分化出来的时间。因此，分子差异与进化时间之间存在直接关系，这使我们可以用第一个参数来估计第二个参数。突变率因所研究的基因和分类群而异，这意味着存在许多分子钟。分子定年的方法是一个非常活跃的研究领域，并处于不断发展中。系统发育树所包含的所有信息都可以投影到分类群的分布图上，这为系统发育地理学提供了一个非常有用的生物地理学工具，可以用来解析所研究的类群的空间演化特征。系统地理代表性有助于解释目前的分布是如何和何时达到的，以及什么样的进化、地理变化和重组导致了它。毫无疑问，将所有讨论过的学科(生物地理学、系统发生学、系统地理学、古生态学和古生物学)结合起来，是研究当今生物多样性起源的最佳策略。

四、多元化的异端理论

(一)生物多样性中性理论

前面已经提到的基因漂变，是基于基因在选择方面的中立性，这从根本上是反达尔文的观点。现在，基于分子水平基因变化的恒定时间速率的分子钟，也是反达尔文的。事实上，如果这些分子变化是适应性的，换句话说，是由自然选择控制的，它们就不一定有一个恒定的速率，因为它们依赖于不定期发生的生态变化。基于这一观察，日本进化论者木村本雄(1983)提出了分子进化的中性理论。这一理论认为，大多数分子水平的进化变化是基因漂变的产物。虽然这一理论最初被认为是对达尔文主义的正面攻击，但木村本雄阐明了中性进化和适应性进化并不是完全不相容的，尽管他认为第一种进化更为重要。在他的理论的启发下，北美生态学家斯蒂芬·哈贝尔(Stephen Hubbell，2001)更进一步发展了生物多样性的中性理论，或者他所说的生物多样性和生物地理学的统一中性理论。哈贝尔认为，群落中物种生态位特征的差异是中性的，这意味着它们与多样性的起源和维持无关，多样性的模式是随机产生的。

木村本雄和哈贝尔的理论都是基于自上而下的数学模型。这些模型在大范围内模拟一般的生态和进化过程和模式，而不考虑所分析系统的组成部分的特定细节。对这一程序的批评主要有两条。第一，这些模型是建立在不切实际的假设基础上的，如物种的生态等效性(所声称的生态位在产生和维持多样性方面的中立受到了特别强烈的谴责)。第二种是自上而下的模型遵循的程序与自然科学中的传统方法相反，后者根据特定情况下确定的常规模式(自下而上模型)得出一般结论。哈贝尔和他的追随者认为，他们的模型能够再现观察到的现实(即某些生态系统的真实多样性模式)。

在研究多样性的起源和维持时，有必要对自上而下模型的使用和滥用提出警告。正如北美洲著名的生态学家罗伯特·里克勒夫斯(Robert Ricklefs，2012)所指出的，"虽然生态学的起源是建立在对自然的直接观察基础上的，但强有力的生态学理论的出现似乎改变了我们对自然历史的看法，即对自然世界的直接观察，以至于观察常常被用来为理论服务，而不是检验预测，为新想法寻找灵感。"作者强调需要回归自然历史的观察和思考，以便正确理解生物多样性的起源、维持和意义。里克勒夫斯是一位具有重要理论背景的著名生态学家，他的话特别引人注目。然而，历史对理解现存生物多样性格局的贡献是必要的。

(二)间断平衡

达尔文进化论和新达尔文进化论是指物种的渐进、缓慢和统一的转变。这种转变涉及相当一部分种群，并发生在物种分布的大部分地区，这就是所谓的种系渐变论。然而，化石记录却恰恰相反，并没有提供这种预期渐进的痕迹。事实上，化石序列是明显不连续的，它是由其他形式的物种突然替换所组成，没有中间形态的证据。从种系渐变论的角度来看，这些不连续性是化石选择性降解导致的化石记录的碎片性和局部性的结果。这就是为什么化石序列不能正确地代表进化的渐进连续性。然而，根据北美古生物学家和进化学家尼尔斯·埃尔德雷奇和斯蒂芬·古尔德的说法，情况并非如此。这些研究人员声称，化石记录是进化最重要的证据，其不连续性是进化过程的忠实表现，进化过程不是渐进的，而是通过突变进行的。他们指出，新物种在相对较短的时间内出现(这不足以留下化石)，然后保持在一个长期的停滞期(化石形成的主要时期)，直到它们灭绝并被新形成的物种取代。物种形成的主要方法是边域物种形成，它发生在有限的外围区域的小种群中。

进化方式并不是间断均衡和新达尔文进化论的唯一区别，它们在自然选择的概念上也不同。达尔文的选择是在种群水平上进行的，而间断均衡下的选择是在物种水平上进行的。这怎么可能？根据边域模型，可能存在几个有效的物种形成事件，这意味着可以出现一些新物种，但只有一个或几个物种存活并充分扩散，达到稳定期或停滞期。在种系渐进论与间断平衡论之间还存在较多的争论，冲突的部分原因是双方在方法论上的明显差异。种系渐进论者主要利用生物的基因型和表型特征，而间断平衡论者则对化石记录更感兴趣。还有一种可能性是，这两种选择都是正确的，所有的机制都涉及其中，这取决于案例和时期，但这一观点仍有待探讨。

(三)红皇后假说

如果一个生物要想在进化中保持原状并生存下去，它们就需要在竞争中或挑战面前保持领先一步，这被称为红皇后进化。这一假说认为，生物必须不断适应、进化和繁殖，以便在不断变化的环境中生存，并战胜捕食者和寄生虫等。

在刘易斯·卡罗尔的《爱丽丝镜中奇遇记》中，爱丽丝发现自己身处一个由红皇后统治的国家。爱丽丝惊讶地发现，虽然她努力地跑了很长时间，但她仍然在她出发的那棵树下，女王的回答是："现在，你看，你要想保持在原地，你必须竭尽全力地奔跑。"如果有人不动，他们就会从地图上消失。北美进化论学家瓦伦(1973)观察到，几种生物(包括原生生物、植物和动物)的灭绝速率在地质尺度上是恒定的，与环境条件和它们之前的历史无关。这使他相信，物种的灭绝是不可避免的，而生存下来的唯一方法就是利用所有与其他物种相比的竞争优势，至少持续一段时间。否则，这个物种就会消失，就像在红皇后的土地上行动不够快的人一样。在这种情况下，基因型不会根据它们的繁殖优势(在达尔文的观点下)来选择，而是简单地根据它们的生存概率来选择。这一假说将环境及其在进化中的变化的重要性降至最低，并将重点放在为生存而斗争的生物关系上。你必须跑得比别人快才能生存。如果我们考虑捕食者和被捕食者的共同进化，这就不是一个简单的比喻了。红皇后的理论经常被应用于共同进化的案例，如所提到的捕食者-猎物系统或植物与其传粉者的共同进化。发生在其中一个成员身上的每一种进化式创新，都必须紧随在另一个成员身上相应的创新，否则，整个系统就会变得不平衡，最终，双方都将成为输家。在竞争或寄生的情况下，红皇后假说被比作军备竞赛。如果一个竞争的物种或寄生虫获得了一个新的特征（新的武器），使其具有优势，它将战胜另一方。与其他通过增强物种形成来增加多样性的进化机制相反，红皇后假说所概述的机制通过最小化物种灭绝来达到同样的效果。

五、生物多样性的演化

（一）微进化

从遗传学的观点来看，物种不是同质的。它们在种群水平上有一定的变异性，这就是所谓的种群结构。种群结构也是多样性（即遗传多样性）的一部分，与进化能力密切相关。具有较高遗传多样性的物种适应不同环境的可能性更大；因此，它们的物种形成潜力更高，特别是当遗传多样性与异质地理分布相联系时，就增加了种群间形成生殖障碍的可能性。因此，种群结构的概念包括物种丰富度（α-多样性）及其空间分布（β-多样性）。根据英国进化论学者戈弗雷·休伊特（Godfrey-Hewitt）的说法，现存物种的大部分种群结构是第四纪遗留下来的。

在这里，我们以欧洲常见的刺猬（$Erinaceus$ spp.）为例。常见的欧洲刺猬广泛分布于欧洲大部分地区，有两种代表性物种，一种在西部（$Erinaceus\ europaeus$），一种在东部（$Erinaceus\ bicolor$）。对编码细胞色素 b（cytochromeb，cytb）蛋白的线粒体 DNA（mtDNA）基因的研究揭示了这两个物种的种群结构。每个物种被分成两个明显不同的单倍型（同一基因的变种）。这两个变种的 $E.\ europaeus$ 是伊比利亚（IB）和意大利（IT）变种，而 $E.\ bicolor$ 可分为巴尔干（BC）和土耳其（TC）变种。这些单倍型在冰川期因地理分隔而发生分化，因为它们生活在不同的避难所，彼此之间没有任何基因交流。在间冰期，所有的变种都向北迁徙，定居到大陆的最北端，但它们并没有完全混合（尽管有两个杂交带）。因此，冰川单倍型仍然很容易识别，相应的种群结构也保持不变。借助于上述基因（$cytb$）的分子钟（其突变率为百万年 2%），这两个物种（$E.\ europaeus$ 和 $E.\ bicolor$）的分化日期估计约为 6 百万年前的上新世，而单倍型出现得更晚，主要是在第四纪。BC-TC 和 IB-IT 成对变异种在 300 万年—270 万年前分离，接近上新世—更新世边界，处于冰川期的冷却时期。大约 50 万年前，IT 变种在向北迁移的过程中，经历了进一步的分离，可能是由一次特别寒冷的冰川作用引起的。土耳其和以色列的刺猬变种，其冰川避难所可能在高加索，甚至更南部，也在大约同一时间分离。

（二）宏观进化

大多数生物的分类群包括起源于第四纪的物种，一个引人注目的例子是苏铁，它们传统上被认为是活化石，这意味着它们在形态上与它们的祖先非常相似，这些祖先可以追溯到数亿年前的二叠纪或石炭纪。这些植物有 10 个已知属约 340 种，分布于热带和一些亚热带地区。乍一看，它们很容易被误认为是棕榈树，尽管它们之间根本没有亲缘关系。人们一直认为苏铁在其起源后很快就多样化了，然后与 2.8 亿至 3 亿年前的样子非常相似，这是一个惊人的进化停滞的例子。因此，苏铁是遥远过去的真正的遗物。然而，最近的一项研究推翻了这一理论，该研究证明当今的苏铁物种实际上出现的时间要晚得多。基于核基因光敏色素 P（PHYP），对该类群的近 200 种植物进行了系统发育重建，包括所有属的平衡表达。通过使用化石来确定某些节点的年龄和相应的分子钟，系统发育树被校准到年。重建证实苏铁作为一个目，起源于二叠纪（2.5 亿年—3 亿年前），但目前的属直到中新世（约 1000 万年前）才出现，现在的物种主要出现在过去 500 万年，即上新世和第四纪。起源于第四纪的物种数量惊人。比如，泽米属（*Zamia*）的 35 个物种中有 24 个（约 70%）起源于第四纪。最终发现近 200 种研究物种，70 种（35%）是第四纪物种。

类似的案例有很多，但我们这里只提到其中的几个。比如，对欧亚大陆和非洲常见的石竹属（*Dianthus*）100 多种康乃馨的系统发育研究表明，它们都起源于第四纪，在 190 万年至 70 万年前。因此，康乃馨是第四纪物种。凤仙花属（*Impatiens*）的花园香脂的情况类似。系统发育研究中的 120 个种中有 95 个种出现在第四纪。同样，亚洲热带 100 种秋海棠（*Begonia* spp.）中约有 70 种在更新世出现。另一个类似的例子是安第斯山脉的羽扇豆属（*Lupinus*）的安第斯豆科植物，它们在早更新世（>150 万年前）期间从北美洲和中美洲开始在安第斯山脉出现，并从那时起多样化为 80 多个物种。这和其他许多第四纪多样化的例子构成了新栖息地的逐步存在、适应和随后的异地物种形成，这个过程称为适应性辐射。所有这些研究，以及其他涉及第四纪多样化的研究，都明确地将这一过程与更新世气候变化联系起来，尽管将特定的演化事件指定给特定的气候变化，并不总是可能的。

还有许多第四纪动物种类。我们已经讨论了东非大湖区的丽鱼科鱼类与同域物种形成的关系。在这些湖泊中，这些鱼类的多样性令人吃惊，坦噶尼喀湖有 200~250 种，维多利亚湖有 500 种，马拉维湖的鱼类数量达到 1000 种。此外，几乎所有这些种都是它们生活的湖泊的特有种。这些湖泊中最古老的是坦噶尼喀湖，形成于 900 万~1200 万年前。马拉维湖出现在 200 万~400 万年前，而维多利亚湖的年龄还不到 75 万年。根据系统发育和系统地理研究，生活在马拉维湖和维多利亚湖的属于 *Haplochromini* 类的丽鱼科鱼类，是来自坦噶尼喀湖的物种。大约 200 万年前，它们从坦噶尼喀湖通过连接湖泊的河流系统迁来。这种鱼类的迁徙得益于相对频繁的构造运动（所有这些湖泊都位于地质构造运动活跃的非洲裂谷中），导致河流网络的连续重组。这些鱼类大约在 100 万年前来到马拉维湖，在 20 万年前来到维多利亚湖。这意味着，现在生活在这些湖泊中的大约 1500 个种出现在仅仅 100 万年的时间里，这就需要无与伦比的物种形成速率。在第四纪期间激发这种进化爆发的机制与气候变化有关，气候变化导致湖泊水位显著下降（超过 100 米）。水位下降的程度足以把一个大湖变成一个几乎干涸的盆地，只有小而孤立的水池。在这种条件下，同一物种的种群被分离开来，并可能通过遗传漂变的方式进行分化，当水位再次上升时，它们就作为不同的物种重新定居在重新统一的湖泊中。这些事件可能随着冰川-间冰期振荡的节奏反复发生，在过去 80 万年中，这种振荡尤为强烈。同域物种形成的机制，也可能在生境内和群落内进行，从而增加了多样性。

第四纪物种形成的另一个大规模例子是绣眼鸟科（Zosteropidae）。这些鸟被称为白眼鸟，生活在非洲、东南亚和澳大拉西亚的大片地区。根据一项基于线粒体 DNA 的系统地理学研究，该科大约 100 个种中的大多数在最近 200 万年期间出现。在其他植物、鸟类、哺乳动物、爬行动物和两栖动物等类群中，也记录到类似的更新世物种形成速率。第四纪物种形成是一种普遍现象，几乎分布在世界各地的陆地和水生栖息地的所有植物和动物群中。在所有这些分类群中，第四纪物种的数量从一个属或一个科的少数物种到所有物种不等。此外，第四纪物种有时会延伸到非常大的分布区域，如康乃馨、花园香脂和白眼鸟的例子所述。这些物种甚至可以是一个特定群体的唯一代表，如安第斯山的羽扇豆属或非洲大湖的丽鱼科鱼。因此，我们必须埋葬这样一个神话：大多数现存物种在第四纪初期就已经存在了。第四纪对现今物种多样性及其空间分布的贡献至关重要。遗憾的是，第四纪物种形成尚未在全球水平上被量化。建立一个关于这一主题的全球性的数据库是很有意义的，但是，经过过去几十年的分子系统发育和系统地理学研究，给人们的第一印象是这种物种形成已经是非常突出的。

（三）热带生物多样性

热带生物多样性的原因仍有争议。由于物种定居观点占主导地位，争论的焦点一直集中在解释"反常的"高热带生物多样性，而不是热带外的生物多样性贫乏。讨论的主要方面是物种形成和灭绝之间的平衡，可能影响物种形成的环境驱动因素，以及可能有利于共存从而尽量减少灭绝的生态机制。美洲热带地区比非洲和亚洲热带地区更具多样性，因为它们拥有比这两个地区更多的维管植物，而且在两栖动物、哺乳动物、鸟类、蝴蝶和爬行动物多样性上也更占优势。第四纪及其气候变化可能对新热带多样性的影响通常有两种主要的对立立场。一种观点认为，第四纪的多样性非常重要，而另一种观点则认为，大多数现存的新热带物种都是在更早的第三纪时期形成的，第四纪主要是一个灭绝时期。第一种观点强调气候变化和避难所的作用，而第二种观点则认为，由于板块构造运动，特别是山脉形成驱动的古地理和古地形变化，通过改变迁徙路线的空间格局和创造新的生殖障碍，有利于生物多样化。

避难所假说不适用于新热带地区，也不适用于温带地区，至少不适用于作为冰川作用代表的末次盛冰期。这一事实对第四纪假说的支持者是一个严重的障碍，因为他们是用来解释新热带物种多样性的主要论据，是在热带雨林的避难所发生的异域物种形成，这些避难所位于主要的热带稀树草原和沙漠之间形成的屏障。同时，新第三纪假说的追随者认为新热带物种更古老，并为它们的起源提供了两个主要的解释。第一个解释是上新世时期巴拿马地峡的形成，使得南美洲、北美洲陆地生物群之间的基因流动成为可能，同时，通过形成一个新的主要生殖屏障，促进了海洋生物的地理分隔。新第三纪假说主要与安第斯山脉的上升有关，它始于中新世，一直持续到上新世。这将创造出新的山地栖息地，允许适应性辐射，并分隔开山脉的两侧，促进了地理分隔。此外，它还改变了巨大的亚马孙河和奥里诺科河流域的流量模式，极大地改变了演化的空间条件。

直到几十年前，这些假说都得到了地质学、生物地理学和古生态学证据的支持，但最近系统发育学和系统地理学的发展，通过提供更准确的物种形成年表，为检验这些假说提供了更可靠的工具。如果第四纪假说的支持者是正确的，那么大多数物种是在过去大约260万年中出现的，主要驱动力是气候变化。然而，如果新第三纪假说是正确的，物种将更古老，构造驱动的重组将是更合理的解释。然而，新的研究并没有产生立竿见影的效果，因为不同的作者使用新技术来捍卫自己的立场。这种情况一直持续到第一个综合分析的出现，该综合分析汇集了所有现有的信息，并为后续研究提供了一个综合的基础。第一次分析综合了1400多种新热带物种的年龄数据，这些物种属于不同分类群的100多个属，包括两栖动物、蛛形纲动物、鸟类、珊瑚、棘皮动物、鱼类、哺乳动物、软体动物、爬行动物和维管植物。结果表明，从中新世到更新世，这些物种以连续的方式出现（即没有多样化强度较高或较低的阶段）。此外，令第四纪和新第三纪极端观点者彻底失望的是，大约一半的物种起源于第四纪之前，另一半起源于第四纪期间。因此，两个极端的立场似乎都不正确。

尽管不同类群中的物种数量因系统发育和系统地理学研究的可用性而不同，但昆虫、维管植物、鸟类、棘皮动物和爬行动物在第四纪物种中所占比例较大，而珊瑚、两栖动物和鱼类则有更多新第三纪起源的物种。从新近纪到更新世，新热带的高生物多样性是各种环境驱动因素和生态进化过程和机制的产物，这些过程和机制以复杂的时空方式相互作用。但是，第四纪对于新热带生物多样性增加的重要性是不可否认的。

　　然而，第四纪物种形成并不一定意味着避难所物种形成。还存在其他可能的多样化机制，这些机制与基因流或生殖障碍路径的反复兴衰有关，比如，由于气候变化引起的水文网络重组或山地生态带的海拔高度的波动。在第一种情况下，河流可以成为陆地动物繁殖的有效屏障。如果一条河流干涸，流量显著减少，或者改变了河道，屏障可能会消失，并且可以在以前孤立的种群之间建立基因流。就山脉而言，间冰期植被带的向上坡移动可能会将同一物种的种群隔离在最高峰，在那里它们可以通过异域物种形成来形成新物种。在冰川期，山地物种可以通过植被带向下坡的重新连接，从而促进基因流动，并允许通过杂交形成物种。上述新热带地区的古地理、构造和气候因素以及物种形成机制，也在地球其他热带地区生物多样性的形成中发挥了作用，阻碍灭绝和有利于共存的生态过程也是如此。那么，为什么新热带地区比非洲和亚洲热带地区物种更加多样化呢？每个地区的地理、地形、气候和生物群的特殊特征肯定决定了现有存在的差异，但这个问题仍然是开放的，有待深入研究。

六、人类活动对生物多样性的影响

　　从某种意义上说，人类扮演着生物多样性过滤器的角色，重视了受青睐物种的利益，淘汰了被认为不受欢迎的物种。从生态学角度来看，为了满足人类对粮食生产、住房和基础设施的需求而改变栖息地，可能会有利于占据开放环境的"杂草"和流动物种的繁衍。比如，在某些情况下，人们通过修剪草地或维护鸟类喂食器来增加这些物种的数量，但在许多其他情况下，这是人类创造自己的生态空间的无意结果，这为某些物种提供了机会。人类也改变了海洋，影响了鱼类种群、水化学和海底基质。

　　新的生态空间往往是通过改变自然干扰机制来创造的。人类通过提供比自然雷击更多的火源来增加或减少火灾，同时进行干预以限制燃烧和抑制火灾状态。那些会以 10 年一次的间隔自然燃烧的地方，几十年都不会发生火灾，导致植被茂密，最终导致灾难性火灾。在阿巴拉契亚山脉南部，火灾至少有两个世纪是常见的。火灾影响了该地区大部分地区的植被发育，特别是以橡树和松树为主的森林。人们发现，灭火的开始时期与阿巴拉契亚山脉某些物种的衰落有关。

　　有研究认为，人类消灭捕食者可能会产生复杂的后果，比如，人类消灭捕食者灰狼，不仅会影响受迫害的灰狼，还会影响中等体型的捕食者，如狐狸，它们可能会随着来自狼的竞争减少而增加；对于猎物物种，如鹿或兔子，随着捕食者被消灭，它们可能会增加，但会受到饲料供应的限制；整个生态系统在植物和土壤动态方面的变化，所有这些都与顶级捕食者的丰度有关。因此，人们消灭或减少捕食者的自上而下的系统会遭受多种相互作用的反馈和响应。此类营养级联效应是人类世的特征，不仅影响陆地上的捕食者-被捕食者系统，也影响海洋中的捕食者-被捕食者系统。

　　所有这些影响都有一个进化的维度。在微生物和昆虫等世代较短的物种中，人类采取的控制措施，如使用抗生素或杀虫剂，可能会导致短期种群下降，但也会因耐药性的发展而导致长期变化，这意味着随着时间的推移，受控制的物种可能会成为主导物种。在最极端的情况下，人类利用的环境是物种退化，害虫需要通过化学手段加以控制。

　　人类的行为方式取代或改变了范围扩张和收缩的生物地理过程。人类将具有经济价值的物种转移到世界各地，但也有很多次额外的物种意外出现，成为杂草、滋扰者或害虫。这些物种可以适应并成为动植物群的一部分。归化途径是一个连续统一体，依赖于物种与生物、宏观生态和人为因素的相互作用。在某些情况下，即使有了所有的生态过滤器，物种也可能成为入侵物种，它们能够在这里生存、繁殖、扩散、取代其他物种，并传播到新的地点，它们可能会引发需要采取控制行动，但有时成效有限。

对于海洋生态区来说，入侵物种尤其难以根除。截至 2008 年，共有 329 种海洋入侵物种，只有 16%的海洋生态区报告没有入侵。入侵物种严重威胁到生态系统以及人类利益的各个方面，包括渔业、航运和水产养殖。对于这些敏感系统，气候的轻微变化或人类对非本土物种的扩散的增加或转移可能会引发大规模入侵。

当然本地物种的范围缩小，最终会导致物种灭绝。从生物地理学的角度来看，扩散、范围扩大和范围缩小过程通常持续了几个世纪或几千年，但人类世的一个特征似乎是，这些过程发生在数年甚至数十年的时间里。鉴于从定义上讲，地方性物种的范围有限，而且耐受人为影响的物种将随着人类环境足迹的扩大而扩大，那么随着时间的推移，生物多样性的独特性和稀缺性将会减少，而世界范围内动植物种类的数量同样会减少。生物均质化似乎是人类世的另一个特征。

对山区生态系统的研究发现，尽管物种丰富度短暂增加，栖息地减少可能导致特有和稀有植物物种灭绝。气候变暖导致其栖息地的非生物和生物特征发生变化，如温度和湿度梯度变化，导致植物物种向山上迁徙。随着植物到达山的最高部分，那里的温度仍然较低，植物面临两个挑战：①栖息地显著减少；②与现有物种竞争。植物向上迁移是一个过程，在这个过程中，物种丰富度将在中间阶段增加。然而，这一阶段是暂时的，地中海和欧洲高山上的物种损失已经发生。山顶物种灭绝是一种可能的情况，尤其是对于较低和孤立的山峰。

如果社会认为生物同质化和贫困化的世界是不可取的，那么保护计划将需要：①限制引进非本土物种；②进行干预，扩大本地物种的生存选择，尤其是那些被视为不利于人类经济目标的物种；③随着条件的变化，实施有关自适应更新管理措施。

在人类世，世界非生物和生物特征的新结构将继续改变地球的生态系统。目前，根据温度、降水量、主要植被以及生物在该环境中的主要适应情况，在考虑人类影响的情况下，对生物群落内的世界生态系统进行了分层组织。比如，热带雨林生物群落被定义为具有持续的高温、丰富的降水和阔叶常绿树木，以及植物和动物各自的适应能力。然而，可能需要重新思考人类世的生物群落，将其视为"人类群落"，以适应人类的影响。在大规模砍伐森林，用于养牛和其他土地用途，将茂密的森林转变为人为的开阔景观之后，雨林生物群落中的一些生物群落特征可能不再存在。

土地利用的变化很重要，但人类世的生物群落也正在经历天气和气候变化的影响，这些变化正在经历新的组合，这在历史上没有观察到。为什么这对生物体很重要？物种适应特定的气候范围，在那里它们成功地繁殖、扩散和生长。当温度太热或太冷时，一些生物可能无法生存，随着气候模式以相对较快的速度变化，物种可能无法适应这些突然变化或改变其地理分布。比如，海龟胚胎在 33 摄氏度或 35 摄氏度的最高温度阈值下成功孵化。繁殖海滩的气候变化如此迅速，以至于出现小的物候变化，就观察到了海龟改变了筑巢时间，直到出现较有利的温度。

一些物种可能会对气候变化做出有利的反应，增加它们的丰富度并扩大它们的范围。它们可能会限制或影响其他物种。比如，土壤温度下降 5~6 摄氏度会导致木本植物生长受限。因此，如果土壤温度升高，以耐寒或避冻物种为主的地区的物种可能会被木本植物取代。

使物种组合在前所未有的条件下更可能成功的一般特征是：①物种的广泛热生态位；②极端事件的形态适应；③扩散能力；④遗传多样性。与具有窄的热生态位的物种相比，具有宽的热生态位的物种可以在更广泛的温度范围内生存、生长和繁殖。这可能意味着这些物种通过适应热损伤或保水，将更好地适应气候波动。其中一些适应可以是形态学的。比如，草丛草在植物内部会产生幼叶，而且枯叶脱落的速度很慢。外部的枯叶保护内部的幼叶忍耐极端气候事件。与其他植物生长形式相比，这些适应性提供了竞争优势。气候变化可能会影响物种的扩散能力，或者限制它，或者增强它，而远距离扩散一直是物种应对过去气候变化的一种方式。此外，遗传多样性和适应潜力为生态系统应对虫害和疾病等未来挑战做好了准备。

人类世面临的挑战是，生物多样性专家仅靠自己的决策是不够的。在许多情况下，可以利用生态恢复从过去的影响中恢复，就像实验室一样，可以实施不同的策略。比如，在某些情况下，生态服务可能比简单的历史恢复更重要，这意味着非本土物种可以提供重要的功能，就像它们在全世界的农业和人工林系统中所做的那样。

在人类世，岛屿将受到特别关注。岛屿上的物种反映了岛屿的进化历史、隔离对扩散的影响以及可用栖息地的范围。许多动物容易被引进的物种或具有高度地方性分布的植物取代。横跨太平洋岛屿的物种灭绝揭示了欧洲和欧洲殖民历史之前的影响。从生物同质化到新的生态系统和物种损失，人类世中所有与保护有关的元素都存在于岛屿上。

第四节　生物的适应与地理重组

生物对不同类型气候变化的反应，取决于生物的耐受性及其适应、迁移或改变生存地理范围的能力。一种生物不可能生活在世界所有地方，每个物种都有自己特定的环境偏好和要求。从这个意义上说，对物种及其种群的研究被称为个体生态学或种群生态学，它不同于群落生态学，后者是对由不同物种的种群组成的整个群落的研究。这里我们讨论个体生态学。如果环境条件永远不变，那么生态学就会比实际情况简单得多。生物体总是生活在同一个地方，随着时间的推移，它们的进化规模会比实际规模小得多。然而，环境变化是经常的，并且在广泛的时间和空间尺度上发生。它们既改变了地球上物种的进化和空间分布，又改变了生态系统的结构和动态。所有这些由不断变化的环境引起的变化，被称为生物对环境变化的响应。

一、物种如何响应气候变化

(一)生态位

任何给定的物种是否能够在给定的时间和空间内生存、发育和繁殖，取决于其生态要求，包括是否存在适当的基质(土壤、水、树木等)，以及每个环境因素(地质、气候、水的理化性质等)是否在生存的生物体需要的适当范围内。每个物种的栖息地都具有这些因素的特点，可以定义为使该物种的生存生活成为可能的物理环境。比如，北极熊生活在极地海洋和冰川，鳟鱼生活在高山河流和湖泊，热带兰花生活在热带雨林。有些物种建造自己的栖息地。海狸和蚂蚁就是这样，它们改变环境以适应自己的需要；蜜蜂、鸟类和蜘蛛建造自己的家园(蜂巢、鸟巢穴和蜘蛛网)。除了栖息地，生态位还包括生物体和种群与生态系统其他组成部分(摄食、竞争、捕食、授粉等)的关系。生态位的概念不仅是指物理位置，还包括生态系统中物种的功能关系。比如，鱼类消费、与鲤鱼的竞争以及传粉者的存在，分别是北极熊、鳟鱼和兰花生态位的一部分。西班牙的生态学家将栖息地定义为生存场所，生态位定义为生态系统中物种的"工作"。海狸、蚂蚁、蜜蜂、鸟类和蜘蛛通过建立它们的栖息地，也创造了它们的生态位，因为新的栖息地会影响各种过程，如繁殖和资源管理。

颇具影响力的英国生态学家乔治·伊夫林·哈钦森（G. Evelyn Hutchinsong），被许多人视为现代生态学之父，他将生态位定义为一个多维空间或超体积，其中每个维度都是一个环境因素，制约着给定物种的生活和生命，而这个变量的范围标志着物种的生存极限。生态位的特征使每个物种在生态学方面有别于其他物种。这就是为什么我们说物种是独特的，好像它们都有自己的方式来对待世界和理解生命。这种特性降低了物种间的竞争强度和其他可能的相互作用的强度，使它们在给定的生态系统中共存。如果所有物种共享同一个生态位（这正是人类正在发生的事情），共存是不可行的。这种分化称为生态位分离或分区。生态动态和主要的生物关系改变了每个物种的生态位。因此，必须区分物种可能生存的超体积（潜在生态位）和它有效生存的超体积的较小部分（有效生态位）。有效生态位受到各种因素的制约，如与其他物种的竞争，具有食物或传粉者等。

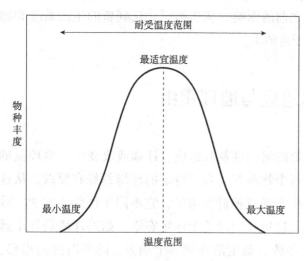

图 4-1 物种丰度随温度变化的示意图

其他重要的概念是生态位宽度和生态位重叠。生态位宽度决定了一个物种是专属的、多面的，还是介于两者之间的。我们通过一个单一变量温度的例子来说明这一点。每个物种都有一个由温度最大值和最小值定义的合适温度范围。该物种的最佳温度，是在其种群达到最大发育时的温度（图 4-1）。能在较宽温度范围内发育的物种称为广温物种，而只能耐受较窄温度范围的物种则被称为窄温物种。海洋物种就其耐水盐浓度而言，可以是广盐性的或窄盐性的。在耐光性方面，我们可以定义广光种和狭光种等。一般来说，如果没有一个给定的参数，最具普适性的物种（生态位宽度最广）被称为广适性物种，而最具特殊性的物种被称为狭适性物种。很明显，狭温性物种比广温性物种对温度变化更敏感，这一特性是决定它们对气候变化反应的主要因素。生态位重叠定义了两个或更多物种共享的生态位部分，是种间竞争的首选竞技场。

（二）生物响应类型

并非所有物种对环境变化的响应都是相同的，这不仅是因为它们的耐受性不同，还因为其他同样特殊的特性决定了它们的响应是快还是慢。生物体的生命周期越短，其对气候变化的响应就越快。比如，传染黄热病的埃及伊蚊（Aedes aegypti）从卵期到成虫期的生命周期在 36 摄氏度下大约 10 天，16 摄氏度下大约 40 天之间波动。因此，这种蚊子能够通过调节其生命周期的持续时间，来对持续时间很短的气候波动做出响应，这可能导致在 36 摄氏度时的繁殖率比 16 摄氏度时的高出 4 倍。这是一个关于温度变化的响应非常快的例子，其中对一个给定的温度变化响应滞后（响应发生所需的时间）是从几周到几个月。另一个极端的例子是，有很长的生命周期的生物，如几百年的树木，它们的响应滞后可以持续几个世纪或几千年。气候变化的强度和持续时间以及物种遭遇变化的生命周期阶段也具有突出的重要性。比如，上述蚊子的种群既能对微小的短暂变化做出响应，也能对最强烈和持久的变化做出响应，而云杉树则只能对最强烈和持久的变化做出响应。如果短时间的气候变化发生在云杉开花和结果时或种子萌发阶段，可能会有影响，因为在这些情况下，它可能会改变未来种群的规模大小（同时也会导致显著的延迟）。然而，同样的气候变化，如果发生在另一个时间，在种群水平上就不会造成影响。总之，气候变化只有在足够强烈、持久和及时的情况下才会影响一个生命周期较长的物种，但它总是遵循与该物种生命周期成正比例的响应滞后。

响应可能以几种独立于响应滞后的方式发生，问题是气候变化的影响是否在物种的容忍范围内。广温物种具有较宽的温度耐受范围，因此可以在其可能生存的温度范围内采用不同的状态（图4-2）。我们称这种现象为气候适应，它是建立在物种的表型可塑性之上的，这意味着在合适的或可接受的条件下，物种仅通过改变其表型，即其物理、行为或生理特征，而不需要基因改变就能持续生存。这些表型变异通常包括更适合特定环境的形态或代谢变异。比如，植物有能力改变其光合作用速率，因为控制这一过程的酶的作用是温度的函数。广温物种可以在不改变其基因组或基因型的情况下，调节其光合作用，使其在不太适宜的温度下以令人满意的方式生活。换句话说，这个物种具有很高的表型可塑性，使它能够适应不是最佳的热环境。相比之下，狭温物种的表型可塑性和适应能力较低。然而，尽管广温物种比狭温物种能够承受更强烈的温度变化，但它们仍然有一个极限。如果气候波动超过了这些物种的承受范围，它们就有三种可能的选择：适应、迁出或灭绝。

气候适应或基因改变适应甚至可以作为同义词使用，但是，在这里是非常不同的。基因改变适应意味着基因的变化。这意味着给定的物种可能通过进化，能够继续生活在气候变化了的同一地方。换言之，物种可能会修改其基因组，甚至在生存环境超出其气候适应的范围时，仍然能够执行其重要的功能。继续以光合作用为例，编码酶蛋白形成的基因可能被修改，使它们产生一种不同的酶，能够在新的气候条件下以最佳方式运作。只有当遗传变异性足以使自然选择产生期望的结果时，这才有可能。如果物种不能产生所需类型的光合酶，则基因改变适应的可能性为零。为同一功能创造不同酶的概率越高，意味着对环境变化的响应能力越高。气候适应几乎是一个自动的、相对较快的过程，与之相反，基因改变适应就像所有的进化变化一样，需要更多的时间，而且在物种能够适应新的环境之前，总是存在灭绝的风险。

另一种选择是迁徙到与该物种所需的气候相同或相似的地区，或至少在其耐受范围内，使气候适应成为可能。根据加拿大的著名生态学家伊夫林·E. 皮鲁（Evelyn E. Pielou）的说法，物种可以通过三种主要方式改变其分布区域：扩散、长期迁徙或跳跃扩散（也称为远距离扩散）。扩散是种群向有利于世代生存的地区的逐渐运动。长期的迁徙也发生在有利的栖息地，但它的持续时间要长得多，这提供了进化变化发生的时间。同时，跳跃扩散发生在很短的时间间隔内（通常在个体的生命周期内），但发生在遥远的区域之间，这些区域被迁徙物种无法生存的栖息地分隔开了。在生物地理学中，这些不适宜有关物种生存的栖息地被称为屏障，因为它们阻碍或完全阻止扩散和长期迁徙。接下来，我们将以简化的方式使用这个分类，将前两个选项合并在术语"迁徙"下，并简单地称第三个选项为"扩散"。迁徙意味着存在一个定居的前沿区域，在给定的方向上逐渐占据邻近的地区（图4-3）。这种流动不需要任何额外的运输工具。关于迁徙的一个很好的例子是，由于当代全球变暖，一些物种正逐渐向两极或高山地区迁徙。而扩散需要一种运输方式，是物种能够长距离流动的能力（图4-3）。种子通过风或候鸟跨越海洋和沙漠的扩散就是很好的例子。迁徙和扩散之间的另一个区别是，扩散并不能保证成功，因为迁徙物种需要在目的地能够建立和发展种群。这不仅取决于物种扩散的能力，而且也取决于本地物种在竞争和其他生态相互作用方面，对扩散来物种所造成的最终困难。扩散的成功只有在多次尝试之后才有可能。

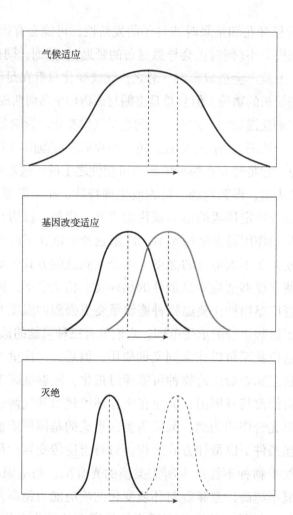

图 4-2　以物种丰度和温度表示的物种的气候适应、基因改变适应和灭绝的例子

注：在气候适应的情况下（上图），广温物种利用其表型可塑性，在温度升高的情况下，仍能在次优条件下继续生存（箭头）。在基因改变的适应过程中（中图），温度接近该物种所能容忍的上限，但该物种能够改变其基因型，从而使其对温度的耐受范围向更接近新环境条件的值转移。在灭绝的情况下（底图），温度的升高超出了这种狭温物种的耐受范围，并且使物种的生存策略变得不可能，导致物种灭绝。

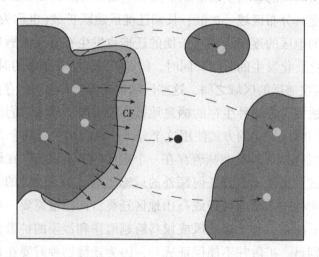

图 4-3　物种迁徙（实线箭头）和扩散（虚线箭头）之间的差异

注：有利的栖息地以深灰色标示。个体到达有利的区域可以发育（浅灰色圈），而个体到达的不利区域将不能
　　生存（黑圈）。CF，定居前线。

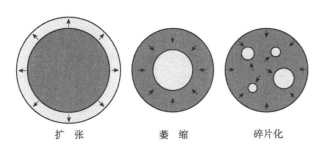

图 4-4 物种分布区的扩张、萎缩和碎片化的例子

注：原来的物种分布区用深灰色标记，新的分布区用浅灰色标记。

由于气候变化而改变物种分布区域的其他方式，不一定涉及改变分布区域的位置，而是改变其大小和形状，这些被称为原位改变。在有利的环境变化之后，一个物种可以通过入侵属于在新环境条件下竞争力较弱的其他物种的区域，来扩展其分布区域(图 4-4)。比如，气温下降加上持续时间足够长的降水量增加，使得山毛榉林有可能以牺牲周围的霍尔姆橡树林为代价进行扩张，因为霍尔姆橡树林更适应温暖和干燥的气候。在不利的环境变化的情况下，一个物种的分布区域能够以两种不同的方式缩小：缩小成一个小区域或几个较小的斑块。后者称为碎片化。在我们前面的例子中，温暖和干燥环境条件的重新恢复，可能导致霍尔姆橡树林的扩大，山毛榉林的减少，在有利气候区域，成为一个或几个较小的斑块，这可能是山脉的阴坡，那里的温度和蒸发较低，水分保存较好。这些斑块通常被称为避难所，可以是不同的类型。因此，如前所述，在某些地方物种不仅可以通过气候适应和基因改变适应，还可以通过适宜的避难所(尽管普遍的气候环境不利，但局地环境条件仍然有利)，从而在不利的气候变化环境中生存。

灭绝也可以看作是对气候变化的一种响应。当一个物种不能适应气候或迁徙时，就会发生灭绝。当物种生存的区域减少导致种群规模下降到所谓的最小存活种群规模以下时，物种生存区域的减少过程(有或没有碎片化)通常与灭绝有关。灭绝可以是局部的，物种种群在其他地区仍然持续存在，灭绝也可以是全球性的，物种从地球上完全消失了。很明显，狭温物种比广温物种更容易灭绝，但广温物种也面临着强烈和持久的环境变化的风险。在这些情况下，除温度耐受范围外，其他变量也起着重要作用，其中一个关键参数是环境变化率。逐渐的气候变化使物种有足够的时间适应、进化或迁徙，但剧烈、突然的变化可能会超过物种采取这些生存策略的能力，从而导致其灭绝，而不受其环境耐受范围的影响。

灭绝可能是由于某些物种典型栖息地的消失造成的。我们称这种灭绝为栖息地丧失。比如，如果一片森林被清除了，与其结构相关的所有栖息地都会消失，导致许多物种灭绝。在树上筑巢的鸟就是一个例子。这通常是一个局部的灭绝，但目前的森林砍伐速率，在不太遥远的将来可能发生造成有些物种的区域或全球灭绝。气候变暖导致许多物种向它们生活的山峰迁徙，如果这种趋势持续下去，一些适应高山地区寒冷气候的物种预计将灭绝，因为这种栖息地正开始消失。自然生态系统被不断发展的农作物、城市、交通和通信线路或其他类型的人为基础设施所取代，也可能造成栖息地的丧失。所有这些变化都与人类活动有关，加上过度捕猎或过度捕鱼导致某些物种的直接灭绝，正在减少地球的

图 4-5 历史上最著名的灭绝物种之一是
渡渡鸟(_Raphus cucullatus_)

注：它一种鸠鸽科(Columbidae)不会飞的鸟，生活在毛里求斯岛上，直到 17 世纪，由于人类活动(狩猎、引入新的竞争者，主要是猪和猕猴)和其栖息地的破坏，渡渡鸟灭绝了。毛里求斯岛(图中点)位于马达加斯加岛以东，标在非洲地图上。

生物多样性,以至于已经把它称之为第六次大灭绝(图4-5)。第五次大灭绝发生在白垩纪末期,大约6600万年前,当时恐龙和许多其他陆地生物和水生生物消失了。

二、气候变化的生物响应

(一)原地生存

在讨论生态位时,前面提到有些物种完全或部分地建立了自己的栖息地,列举了一些著名的例子(海狸、鸟类、蚂蚁和蜘蛛)。一个不太为人所知但因其古生态学意义而非常有趣的案例是,某些啮齿类动物用它们的尿液和粪便黏合各种材料建造它们的家园,称为窝。其结果是成为一种非常坚固的材料,能够持续存在数万年。他们使用的建筑材料的一个基本组成部分,是从周围随机收集的不同类型的植物碎片。因此,对构成这些建筑的植物进行详细的分析,可以对当地植物区系有一个较为全面的认识。如果有一系列不同年代的化石窝,可以就物种的存在或缺失,形成一幅相当全面的画面,展现出特定的地方或区域的植被是如何随着时间的推移而发展的。

杰克逊(Jackson等人,2005)研究了荷兰约翰山脉(美国犹他州)一系列窝中的花粉和大型植物残体,这些窝的时期涵盖了末次冰期结束到现在。他们能够证实,尽管过去2万年的气候变化引起了植被组成的变化,但某些物种仍然在该地区永久存在。其中一些物种是落基山脉杜松(*Juniperus scopulorum*)、冬肥(*Krascheninnikovia lanata*)和蛇草(*Gutierrezia sarothrae*)。这意味着,与其他物种相比,这些物种能够在同一个地方承受末次冰期结束以来的每一次温度和湿度变化。它们的分布区域可能发生了变化,但它们总是存在的。仔细观察这三个物种的个体生态学,发现它们是广水性的,这意味着它们能够忍受各种各样的水文条件,并且能够在有充足水供应的条件下以及在干旱气候中生存。这无疑有助于它们在晚冰期特有的干旱阶段存活下来。这些旱生物种(即能够生活在缺水的旱生生境中的物种)的持续存在,是因为它们的表型可塑性高,这使得其能够气候适应,还是因为它们的遗传变异性促进了适应。所讨论研究的另一个可能假设是,该地区持续存在旱生生境,可能在末期冰盛期以避难所的形式存在,与这些生境更广泛的时期交替,如现在。

在整个第四纪,热带安第斯山脉的山林中有几种维管植物的持续存在更令人吃惊。保存在靠近波哥大(哥伦比亚)的丰萨(Funza)湖泊,是一个现已不存在的大型湖泊,其中的沉积物的花粉和孢子表明,从更新世开始到现在,存在着几种维管植物。这个湖位于海拔约2500米的地方,安第斯雨林目前已在这里得到了充分发展。在冰期期间,冰川下降到其当前位置以下1000~2000米,并未覆盖研究区域,但冰期和间冰期之间的平均温差为7~8摄氏度,这对于雨林物种的耐受性来说是一个非常高的值。必须记住一点,与前面例子中总是来自当地植被的植物碎片不同,花粉和孢子可以通过风来运输。因此,无法确定在湖泊沉积物中发现的花粉是否属于当地物种。然而,这项研究表明,安第斯山脉的森林并没有在Funza湖的海拔高度消失,尽管冰期—间冰期有极端的温度振荡。这再一次说明,在物种避难所中的气候适应、基因变化适应和生存的可能性仍然存在。

在欧洲南部的一些地区,冰河期避难所的作用更为明显,在那里,现今中欧的一些树种在最后一次冰河期幸存下来。一个典型的例子是希腊北部,即特那吉-菲利蓬(Tenaghi Philippon)市,在那里研究了反映过去约140万年的湖泊沉积物,包括最近4次冰川旋回。对这些沉积物的花粉分析显示,由于冰川期气候的恶劣,导致出现了寒冷干燥的草原,欧洲大陆大部分地区的松树(*Pinus*)、栎树(*Quercus*)、冷杉(*Abies*)、山毛榉(*Fagus*)、榆树(*Ulmus*)和榛树(*Corylus*)不断消失,而不是现在的落叶林和混交林。因此，在最后四次冰期中，这些物种在避难所幸存了下来，如希腊的情况，这要归功于当地温暖潮湿的气候，并在间冰期再次向北扩张。在法国、意大利、伊比利亚半岛和美国南部都可以找到更多物种避难所的例子。

（二）迁徙与气候

冰期—间冰期交替引起了地球气候带的纬度和海拔变化。许多物种的生存是由于它们有能力迁徙到环境相似的区域，寻找最佳的生存条件，即它们的生态位。这种现象的一个典型例子发生在末期冰盛期之后的北美。美国孢粉学家、古生态学家玛格丽特·戴维斯（Margaret B. Davis）通过对今天覆盖整个大陆的树种的研究，第一个发现了这种现象。她的著作是这一领域的经典，她绘制了从末期冰盛期到现在的所有孢粉学研究的点，并手工绘制了称为等花粉线的曲线，类似于湖泊中的深度等水深线或气象学中的等温线，这显示了每个物种在冰川后期从南部冰川避难所迁移到给定纬度的时间。此后，这种研究仍然是以同样的方式进行的，尽管有更复杂的地理表征工具，但遵循同样的逻辑。戴维斯利用北美东部的北方森林、混交林和落叶林进行了研究，发现了几个有趣的事实。

首先，并非所有物种都是按照气候等温线迁徙的，气候等温线在纬度上以相对有序的方式向北移动。比如，北方森林物种和栎类物种的迁徙趋势与等温线的北移相似，但大多数混交林和落叶林物种的情况并非如此。其次，不同物种有不同的冰川避难所，即使在同一森林类型内也是这样。迁徙速度不仅在物种间不同，而且不同的时间间隔内，同一物种内的迁徙速度也不同。比如，栎（Quercus spp.）和槭（Acer spp.）的迁徙速度较快，而短叶松（Pinus banksiana）和冷杉的迁徙速度较慢，特别是在1万年前之后。考虑到气候变化的速度和幅度对所有物种的影响都是一样的，戴维斯得出结论说，每个物种的响应在时间和空间上都是独特的，这些物种在明显受到胁迫的情况下，从未与他们试图适应的气候达到稳定的平衡。欧洲植物和动物物种的冰川避难所位置更为均匀。即便如此，迁徙路线和速度也是高度变化的，这再次证明了每个物种根据其生物学特性对气候变化的个体响应，这对群落和生态系统具有重要影响。

这些研究的一个必然结果是，冰期后的北向定居应该以令人难以置信的速度进行。估计美国植物种每年前进200—400米，欧洲物种每年前进高达1000米。在日尺度上，这些值是0.5～2.7米，这意味着应该能够看到森林移动，人们不能在森林边缘建房子，因为一个月后，厨房里会有树。这并没有发生，但估计是基于经验证据，这一难题被称为里德悖论。估计的定居率可以用扩散来解释，扩散比迁徙更快地促进了遥远地区的物种的定居。比如，在欧洲主要的运输工具可能是河流，主要向北流动，朝着冰后期扩张的方向流动。然而，在大多数河流流向南部的北美，这并不是一个合理的解释。另一种假设是，可能存在远离南部的避难所，分散在整个大陆的冰川微避难所，这些避难所可能作为次级扩散中心，从而加速了前冰川或冰缘地区的物种的定居。微避难所是指在一大片气候不利的区域内，有相对较小的有利条件的区域，在这些区域内，某一特定物种的少数种群可以在其被称为大避难所或简单地称为避难所的主要分布区域之外生存。

从理论上看，相对于大型避难所，已定义了三种主要类型的微型避难所。比如，在欧洲，位于南部、环地中海地区的避难所被视为大型避难所，而微型避难所可能分散在欧洲大陆的其他地区，包括冰川覆盖的地区，它们可能位于所谓的努纳塔克山上，可能在有生命存在的没有冰盖的高海拔区域。到目前为止，利用古生态学方法很难找到冰川微避难所的清晰例子，因为它们的规模小，降低了精确找到落在该区域内的沉积记录的可能性。然而，当代微型避难所的例子是众所周知的，特别是在小气候不同于一般环境的地方，如沙漠中的绿洲、高山灌木、一些小山谷和前面提到的努纳塔克。但为什么要谈论间冰期的避难所或微避难所，比如全新世？因为有些物种，特别是那些适应寒冷气候的物种，可能需要躲避间冰期的热量而非冰期的寒冷。与迄今所看到的例子相反，喜冷物种在冰期分布更广，在间冰期仅限于较小的区域。这一点对于在全新世温暖气候期间在山区避难的高山物种尤其明显。一个相当极端的例子是高山蝗虫（*Stenobothrus cotticus*），它生活在两个相距很远的高山地区：一个在法国阿尔卑斯山，一个在保加利亚的瑞拉山。这两个避难所之间的直线距离超过 1300 千米。这个物种只有少数种群生活在这两个地方，国际自然保护联盟认为这一物种有灭绝的危险。这个物种似乎对间冰期一点也不喜欢，肯定渴望冰川气候，在冰川气候中，较冷的温度将使高山栖息地有可能下移，寒冷气候物种的分布区域将扩大并结合在一起。现今蝗虫分布区的巨大缺口被认为是证据，表明在最后一次冰期期间，蝗虫在整个南欧低地自由游荡。

研究避难所的第二种可能方法是生态位模型。该方法基于对影响给定物种生命的主要环境变量（即该物种的生态位）的量化，以便将该信息外推到过去，并获得已知环境条件下每个时间段内物种的潜在分布。为了说明这一方法，以小亚细亚地松鼠（*Permophilus xantoprymnus*）为例，这是另一种喜冷物种，具有众所周知的温度和降水偏好。在上一次间冰期最大期（约 12 万年前），该物种的潜在生态位仅限于土耳其中部和伊朗北部的一些小斑块。然而，在末期冰盛期（约 2 万 1 千年前），有利的环境条件占据了安纳托利亚半岛更大的区域，允许该物种在地理上扩展。在现今全新世间冰期，虽然没有像上述高山蝗虫那样濒临灭绝，但其又再次陷入衰退。

识别避难所和微型避难所的第三种方法与特定物种种群的遗传变异有关。假设遗传变异性随着种群在某一特定地点（避难所）永久停留的时间增加而增加。相反，最近才在某一地区定居的种群只代表该物种遗传可能性的一个样本，因此它们的遗传变异性较低。因此，对该物种目前种群基因组的研究可以提供有关其在不利环境条件时期（冰期或间冰期）避难所的信息。这个想法是系统发生生物地理学的核心。现在，举一个关于间冰期避难所的例子就足够了。山地大黄蜂（*Bombus monticola*）是一种适应寒冷气候的物种，目前在欧洲北部和南部山区（斯堪的纳维亚半岛、不列颠群岛和伊比利亚半岛、意大利半岛和巴尔干半岛）躲避全新世间冰期的高温。尽管它能够生活在海拔不同的地区（甚至在北欧海拔在海平面的地区，由于那里气候寒冷），但据报道，在高山地区这一物种的遗传变异性最高，一些昆虫学家描述了三种不同的物种，其中一种有几个亚种，仅限于山脉的最高处。这种现象被解释为这种大黄蜂分布面积减少的证据，这是由于自末期冰盛期以来发生的温度升高，导致该物种向高山地区迁徙造成的。这项研究可以与生态位模型相结合，模拟末期冰盛期物种分布区域的扩展，正如已经对同一属的几个物种所做的那样，这表明在冰期和冰期后冰川面积显著减少期间可能广泛分布。

然而，在地球的其他地方，避难所的存在似乎并不那么明显。新热带地区就是一个很好的例子，特别是在强大的亚马孙盆地，那里大面积的热带雨林需要多雨的气候来扩展。第一次古气候研究表明，该地区大部分区域在末期冰盛期明显干燥，景观主要包括沙漠和稀树草原，而不是森林。这就引出了一个问题：当今的雨林从何而来？最初的理论认为，他们分散在气候有利的避难所，这引发了大规模的寻找这样的避难所。第一次尝试旨在确定具有更高生物多样性和地方特有性的地区，基于这样一种假设，即所谓的气候稳定性会比干旱或沙漠地区更有利于更多物种的生存。另一种假设是，如今降雨量较多的地区可能充当了森林的冰川避难所，因为全盆地范围内均匀的降水减少，对更潮湿地区的影响会减弱。通过结合这两种模式，确定了一系列斑块是亚马孙雨林潜在的冰川避难所。因此，新热带雨林被认为是在冰河时代晚期和全新世期间从这些斑块扩张到现在的形态。当一些古生态记录，特别是花粉揭示了热带雨林在末期冰盛期的存在时，问题开始出现了。这些发现提出了一种新的观点，即亚马孙雨林在末期冰盛期并不是支离破碎的，而是形成了一个连续的覆盖层。该观点的支持者声称，那里的气候不是干燥而是寒冷（尽管不像温带地区那么冷），这导致了山区周边物种向山下扩展，使低地和山地物种交织存在。争论仍在进行中，学术界经常发表为这两种观点中的一种或另一种辩护的研究。

在更新世的气候循环中，依海拔高度迁徙是反复发生的，特别是由于温度的变化。它们发生在温带和热带地区，后者指的是位于北回归线和南回归线之间的地带。这里没有逃脱冰期—间冰期振荡的影响。安第斯山脉北部就是一个很好的例子，也与之前的亚马孙案例有关。荷兰孢粉学家阿曼（Thomas Van der Hammen，1974）证明，由于全球温度变化，不仅物种，而且整个海拔生态带都遭受了高达 1000 米或更高的垂直移动，在这些地区，平均来说相对于现在的温度下降了 8 摄氏度。这种温度下降超出了一些安第斯物种的耐受范围，这些物种为了寻找自己的生态位而迁移到山下。可以想象，在更新世发生的 40 多个冰期—间冰期事件中，山地物种必须不断地上下迁徙，这也产生了进化的后果。大量证据表明，这个例子可以推广到地球上的每一个山脉，它也支持了之前对山地大黄蜂的观察，这些大黄蜂目前仅限于分布在海拔较高的地区，但在冰河时期分布更广。

当温度变化没有达到冰川时期的水平时，只有更敏感的物种才会做出响应，而其他物种则明显不受影响。委内瑞拉的热带安第斯山脉提供了这种情况的例子。末期冰盛期后的冰消作用，并不是以单调的温度升高的形式出现的，而是包括一些较冷（亚冰期）和较热（间冰段）阶段的振荡。最强烈的亚冰期阶段或新仙女木期，发生在大约 1.3 万至 1.17 万年前，即全新世之前。在安第斯山脉北部，亚冰期阶段温度下降到低于当前值约 2~3 摄氏度，这使得一些物种向山下迁徙，而有些物种未受影响。其中一个最敏感的物种是 *Polylepis sericea*，这在当地称为 coloradito。它的分布上限比实际分布低约400 米，而其他广温树种，如桤木（*Alnus* ssp.）几乎没有发生变化。桤木恰恰是安第斯山脉的树木之一，似乎在更新世期间受冰川作用影响最小。在寒冷的新仙女木期结束时，当温度开始升高到全新世的值时，coloradito 再次上升到斜坡上，首先到达其早期位置，并且向更高处扩展，到达其现在的位置。这个例子再一次证实了物种对气候变化的特殊反应。这一术语是指过去发生的现象，为预测未来提供了坚实的经验证据。在这种情况下，在新仙女木期最低温度之后发生的变暖，在速率和量级上与 21 世纪预测的全球变暖非常相似。这就是为什么认为新仙女木期向全新世过渡是对当前全球变暖的一个恰当的过去类比。基于这一类比，如果温度预测正确的话，可以预计 21 世纪安第斯山脉的 coloradito 种群将上升约 400 米。同时，桤木不太可能表现出重要的变化。

还有另一种迁徙过程，是由于冰川期海平面下降，这可能导致大陆架完全暴露，进而连接岛屿和大陆，从而为陆地物种创造新的迁徙路径。基于古动物群（即动物化石）的证据表明，印度尼西亚群岛的动物群是从更新世开始（约 260 万年）到至少 150 万年的本地动物群，这种动物群在哺乳动物中是缺乏的。虽然在 150 万年之前有过几次冰期，但相应的海平面下降不足以将岛屿与大陆连接起来。第一批从亚洲大陆迁徙过来的是哺乳动物：一些象科家族的物种、河马和鹿，它们在早更新世末期（150 万年~80 万年）到达。当时这些岛屿还没有完全与大陆相连，但这种大陆动物群的存在证明了迁徙是可能的。

在早更新世末期开始形成比较完整的联系，约为 80 万年前，当冰期–间冰期旋回的周期性从 4.1 万年变为 10 万年，冰川作用变得更加强烈，海平面下降到当前水平以下 120 米。从那时起，动物群在接下来的八次冰期中的每一次都能在印度尼西亚定居。穿山甲（*Manis*）、水獭（*Lutrogale*）、大象（*Elephas*）、犀牛（*Rhinoceros*）、河马（*Hexaprotodon*）、鹿（*Rusa*）、猪（*Sus*）、熊（*Ursus*）、牛（*Capricornis*、*Bibos*）、猕猴（*Macaca*）、猩猩（*Pongo*）、豪猪（*Hystrix*）、懒猴（*Nycticebus*）、长尾猴（*Presbytis*）和许多其他动物，包括直立人，都在这里登岛定居。直立人可能在 90 万年前到达，而我们人类物种智人，在 12.5 万年至 6 万年前，在最后一次冰期走了同样的路。对苏拉威西岛、巴厘岛和弗洛雷斯岛等无法通过大陆架连接的岛屿的古生物学研究表明，亚洲大陆动物群甚至跨越了所谓的华莱士线，这是一条将典型的亚洲生物群与澳大拉西亚（即澳大利亚和新几内亚）起源的生物群分开的经典生物地理界线。对这一事实的一种可能的解释是，在海平面低的时期，即使大陆架由于深海沟而无法连接起来，海岸线之间的距离也足够短，一些物种可以游泳穿越。比如，现今的大象已经被证明能够游 50 千米的距离，这大约是婆罗洲和苏拉威西岛海岸之间在冰河时期海平面非常低时的距离。不过，目前还不清楚是什么促使更新世大象冒险穿越华莱士线（当然是在不知不觉中），但它们确实做到了。冰川期的长期干旱可能是迁徙的催化剂之一。直立人也越过了华莱士线，弗洛雷斯岛上的原始人制造的史前古器物的发现证明了这一点，在那里出现了一种新的特有物种弗洛雷斯人（*Homo floresiensis*）。这些工具可能是用来狩猎的，因为它们是和剑齿象属的大象化石一起被发现的。

海洋物种的情况则完全相反，因为在冰期出现的陆地代表着一种迁徙障碍，只有在海平面上升的间冰期才会消失。比如，斑点梭子鱼（*Myripristis berndti*）现今广泛分布在印度洋和太平洋的热带地区，包括印度尼西亚群岛和澳大拉西亚群岛附近。它生活在珊瑚礁周围 10~50 米深处。对这种鱼的遗传变异性的研究表明，在末期冰盛期，海平面下降将印度尼西亚和澳大利亚地区转变为主要屏障，将太平洋的锯鳞鱼属（*Myripristis*）种群与印度洋的锯鳞鱼属种群分开。此外，由于缺乏大陆架和随之而来的珊瑚礁短缺，印度洋种群的规模大大缩小。这些鱼类的冰川避难所可能位于生活在大陆架斜坡上部的珊瑚中，目前的海洋深度超过 120 米。在冰川晚期和全新世，该物种会从这些避难所扩展到现在的分布。

（三）物种灭绝

许多人对第四纪期间大量物种消失的印象，很大程度上是受到一次相对较新且相当壮观的灭绝事件的影响。我们指的是更新世末期，即 5 万至 1 万年前，或者换句话说，是在末次冰期的末期和向全新世过渡期间，晚第四纪大型动物的灭绝。在这次事件中，超过一半的大型哺乳动物属（定义为成年期体重超过 45 千克的哺乳动物属）以异质方式在各大洲消失了。事实上，物种灭绝并不是在地球上同步发生的，而是在不同的时间发生在不同的大陆上。大型动物的灭绝对陆地生态系统的组成和功能有很大的影响，这些动物扮演了关键物种的角色，因为它们对植被、营养相互作用、生态系统功能和全球生物地球化学循环有着强烈的影响，而最后一个驱动的是甲烷排放量显著减少。有人提出，这些动物留下的生态位是被当时的人类占据的，从逻辑上讲，人类对生态位进行了改造，使之适应人类自己的需要。

受大型动物灭绝影响最大的大陆是澳大利亚和南美洲，其中 80% 以上的大型哺乳动物灭绝，其次是北美洲，灭绝约 70%。在欧亚大陆，这一数字约为 35%，非洲的灭绝率最低（约 21%），因为在广袤的非洲大草原上，大型哺乳动物的多样性和种群密度仍然十分丰富。这种灭绝事件的典型例子有猛犸象(*Mammuthus*)、乳齿象(*Stegomastodon*)、毛犀牛(*Coelodonta*)、巨鹿(*Megaloceros*)、巨袋鼠(*Procoptodon*)、巨地懒(*Megatherium*)和剑齿虎(*Smilodon*)等(图4-6)。这些物种灭绝的原因仍在争论中，尚未达成普遍共识。这里应该提到其中两个假设，因为它们是争论的焦点。第一种假设是大型动物无法忍受的气候变化是灭绝的原因，而第二种假设是人类的大规模捕猎是罪魁祸首。根据气候变化假说，消灭这种动物群的不是寒冷，而是温暖的温度。比如，根据最近在欧亚大陆和北美进行的一项研究，灭绝阶段与丹斯咖德-欧斯切尔(Dansgaard-Oeschger)事件之间有很好的相关性，后者是持续几千年的较暖期(间冰期)事件。这一点，再加上末期冰盛期没有灭绝，以及在其之后，在最初的全新世变暖期间，灭绝事件的重现，支持了暖气候在更新世大型动物灭绝中起决定性作用的假设。气候变化可能对动物及其种群的生活条件产生直接影响，也可能通过植被的改变产生间接影响。

图4-6 更新世末期灭绝的大型哺乳动物图

人类活动影响假说的捍卫者认为，更新世动物群至少经历了8次类似的冰期-间冰期转变，但是没有发生类似的灭绝事件。他们还强调，末次冰消期和早期冰消期之间的主要区别，在于智人在各大洲的存在及其人口数量增加和狩猎技术的显著发展。毫不奇怪，这一假说也被称为过度捕杀假说，最早由美国著名地球科学家保罗·马丁(Paul Martin, 1973)提出，并得到了巨型动物灭绝和人类到来的时间巧合一致的支持。除了过度捕猎之外，智人还可能通过破坏其栖息地来干扰大型动物的生态位，主要是由于使用火，这一时期的人类是游牧狩猎采集者，尚未从事农业，以及没有引进外来的竞争物种，就像过去1000—2000年在海洋岛屿上发生的那样。对人类活动影响假说的一个挑战，是欧亚大陆和非洲有更多的哺乳动物物种存活，尽管它们与人类长期共存。这与非洲大陆尤其相关，非洲大陆是人类的摇篮，但其大型动物灭绝最少(21%)。通常用于支持人类活动影响假说的一个关键经验证据，是由所谓的屠杀遗址提供的。屠杀遗址里有大型哺乳动物和其他脊椎动物的化石，还有人类制造的矛头。然而，根据气候假说的支持者的说法，迄今发现的遗址的丰度和空间分布，似乎不足以证明存在全球大型哺乳动物灭绝现象。像往常一样，气候和人类的共同作用很有可能是造成大型动物灭绝的主要原因。

关于植物，在第四纪只有一次全球灭绝的记录。这是一种云杉（*Picea critchfieldii*），在末期冰盛期在北美洲东部广泛分布，在冰消期后灭绝了。再次，温暖的气候是主要的怀疑原因。其他灭绝发生在区域或大陆范围。这方面的一个典型例子是在欧洲，在更新世期间，这里的一些树种的属消失了，但是它们仍然存在于其他大陆。前面已经讨论了某些欧洲树木属如何在南半岛（伊比利亚、意大利和希腊）的避难所中幸存下来。然而，其他的树种无法忍受第四纪的气候变化，甚至在避难所也无法存活。一些例子是沼泽柏树（*Taxodium*）、日本伞松（*Sciadopitys*）、杜仲树（*Eucommia*）和波斯铁木（*Parrotia*），它们仍然生活在其他大陆，特别是亚洲和北美洲。这些树木在早更新世（约150万年）和结束之间的不同时期灭绝。虽然很难将所有这些灭绝归因于单一的环境因素，但几乎所有植物的灭绝都是生活在潮湿气候的树木，它们现在生活在降水量高的山林或低地沼泽中。这一事实表明，冰川期的干燥气候可能是它们在欧洲消失的主要原因。

在热带或亚热带地区，无论是在全球范围还是在区域范围内，都找不到灭绝的痕迹。认为冰川作用导致一些植物在全球灭绝的假设，是源于自然科学中仍然存在的不幸趋势，即将温带特别是欧洲和北美的过程或发现，向整个地球的推断。事实是，迄今为止只有一次全球范围的灭绝被记录在案，而所有其他的灭绝要么是局地的，要么是区域性的，要么是大陆性的。

（四）生物群落

生物群落是根据其气候和物种组成来定义的，因此可以合理地推断第四纪期间气候和物种的空间重组导致了生物群落本身的重大变化。根据定义，生物群落是地球上具有相似气候和特征适应生物群的生物地理区域。生物群落由一组具有特征的群落和生态系统组成，在陆地生物群落中，是由占优势的植被和动物群决定的。有几个标准可用于将地球划分为陆地生物群落，这些分类是以潜在植被为基础的，而潜在植被是根据每个地区的气候和土壤特征推断出来的，因为这些生物群落的很大一部分，现在已经被人类活动和基础设施所改变。

通过对末期冰盛期一些生物群落配置的代表性的重建，把重点放在欧洲和北美洲，因为这是信息最多的地方，把非洲作为一个只间接遭受大范围冰川作用影响的大陆的例子。通过重建，中欧大部分地区，现在是温带落叶森林生物群落的一部分，末期冰盛期属于苔原和冷草原生物群落，而南部，现在是地中海生物群落的一部分，末期冰盛期被干燥和冷草原覆盖，偶尔被前面提到的温带森林避难所隔断。在北美洲，情况相似，但由于从北向南延伸的大山脉，生物群落更加碎片化。现在的冻原和其他典型的森林减少，仅限于美国南部，而墨西哥和中美洲被大草原覆盖，而不是现在的山林和热带雨林。热带雨林缩小到目前的帕纳马地区。在非洲，重建的沙漠甚至比现在更为广阔和干燥，而目前广袤的热带雨林则成了支离破碎的避难所。在非洲北部，还有地中海式植被的避难所，在冰河期结束时定居在欧洲。

三、"万物流动，万物不存"

人类的智慧和思想源远流长，希腊哲学家赫拉克利特（前535-475年）有句名言："万物流动，万物不存。"这里的万物指的是生物，生物依赖于基因传承。跟踪物种的进化和生态历史可以发现，物种进化和灭绝的脚步一天也没有停止，目前的人类活动成了重要的干扰要素。物种的历史产生了当今人类所生活的活的世界结构，环境（尤其是气候）变化在这些过程中至关重要。这并不意味着物种及其群落的任何变化一定是外部原因导致的，因为根据物种的生态位参数，环境变化对不同物种有不同的影响，这可能会影响它们与群落其他组成部分的相互作用。换言之，环境变化在两个层面上起作用：它根据个体的敏感程度直接影响每个物种的个体生态，同时影响生物关系，从而影响生态系统的功能。因此，每个物种的生态位特征是暴露于环境变化的群落发育的决定性因素。每个物种根据其特定生态位的配置，以自己的方式对气候变化作出响应。除了栖息地的改变，还必须考虑气候波动通过改变物种与竞争对手、掠食者、寄生虫和传粉者等的生态关系对物种的间接影响。得出的另一个结论是，对第四纪气候变化的所有可能响应中，最常见的是物种通过扩张、收缩、迁徙、碎片化或这些因素的组合，来改变物种的分布区域。也有证据表明，物种通过气候适应或基因改变适应，或在避难所和微型避难所，而留在同一地方。尽管有上述灭绝案例，生物地理重组仍然是主要策略。第四纪灭绝更接近传说而非现实：曾经有过灭绝，如果我们想想消失的更新世大型哺乳动物，它们是非常壮观的，但就生物多样性而言，它们并不是超常性的，至少到目前为止是如此。

第五节　土地退化中性和评估

土地退化是世界各地普遍存在的系统性现象，与土地退化作斗争是一项紧迫的优先事项，以保护对地球上所有生命至关重要的生物多样性和生态系统服务，并确保人类福祉。土地退化对32亿人民产生不利影响，相当于每年全球生产总值10%左右的经济损失。避免土地退化和恢复退化的土地，具有良好的经济意义，从而增加粮食和水安全、增加就业、改善两性平等，避免冲突和移民。避免土地退化和恢复退化的土地对于实现可持续发展也至关重要。

面对人口增长、前所未有的消费、日益全球化的经济和气候变化，需要采取紧急和协调一致的行动，避免恶化性的土地退化。发达国家的高消费生活方式，加上发展中国家和新兴经济体消费的增长，是导致土地退化的主要因素。解决土地退化问题的体制、政策和治理措施往往是被动的、支离破碎的，无法解决土地退化的根本原因。虽然不可持续地管理耕地和放牧地是目前土地退化的最广泛的直接驱动因素，但气候变化可能加剧对土地退化的影响，并可能成为限制解决土地退化问题的选项。

世界上每年约有1200万公顷的土地因退化而丧失。土地退化除了对至少32亿人的福祉造成损害外，其代价还超过每年全球GDP的10%，用于失去的生态系统服务，如防止有害养分流入河流或减少洪水的影响。制止和扭转目前的土地退化趋势，每年可产生高达1.4万亿美元的经济效益，对实现可持续发展目标大有帮助。

100多年来，人们已经认识到土地退化的问题。比如，《联合国防治荒漠化公约》在其构想中侧重于发生严重干旱或荒漠化的国家，特别是在非洲。1994年《联合国气候变化框架公约》和1992年《生物多样性公约》，从更全球化的角度来看，间接地解决了土地退化问题。《联合国可持续发展议程》和2015年通过的可持续发展目标(SDGs)，将土地退化定位为一个全球问题。

一、土地退化是一种普遍的系统性现象

防治土地退化和恢复退化土地是保护对所有地球生命至关重要的生物多样性和生态系统服务、

确保人类福祉的一项紧迫优先事项。

目前，由于人类活动造成的地球地表退化正在对至少32亿人的福祉产生负面影响，使地球面临第六次物种大灭绝，并使生物多样性和生态系统服务损失占全球年度生产总值的10%以上。由于土地退化而丧失的生态系统服务在世界许多地区已达到很高的水平，造成对人类独创性的应对能力提出挑战的消极影响。处于脆弱状况的群体感受到了土地退化的最严重的负面影响，往往最先受到影响。这些群体也得到了避免、减少和扭转土地退化的最大益处。土地退化和相关生物多样性丧失的主要直接驱动因素，是作物和牧场向原生植被的扩张、不可持续的农业和林业做法、气候变化，以及在特定地区的城市扩张、基础设施和采掘业的发展。

受土地退化影响的生态系统（比如，包括一些已转变为农业系统和城市区域的地区），主要包括森林、牧场和湿地。湿地退化尤为严重，在过去300年里，全球湿地面积减少了87%，自1900年以来减少了54%。土地退化，包括向城市地区和集约农业系统的转变，涉及大量使用化学品，经常导致水体因肥料而富营养化，农药对非目标物种的毒性作用，以及土壤侵蚀。发达国家的转型程度很大，尽管近几十年来转型速度有所放缓甚至逆转。在发展中国家，转型的程度较低，但转型的速度仍然很高。在今后的发展中，预计还会发生大部分土地的退化，尤其是转型中的美洲和南美洲，撒哈拉以南非洲和亚洲，这些地区拥有最大的适合农业的剩余土地。据估计，到2050年，地球陆地表面基本上没有受到人类直接影响的土地将不到10%。大部分没有受到影响的土地将是沙漠、山区和苔原地带和不适合人类使用或定居的极地系统。

投资于避免土地退化和恢复退化的土地具有良好的经济意义，效益远远超过成本。土地退化导致物种的减少和最终灭绝以及人类生态系统服务的损失，使避免、减少和逆转土地退化成为人类福祉的关键。从不可持续的土地管理中获得的短期收益往往变成长期损失，所以从最初避免土地退化就成为一项最佳和成本效益高的战略。来自亚洲和非洲的研究表明，面对土地退化而不采取行动的代价至少是采取行动的代价的3倍。在9个不同的生物群落中，修复退化的收益平均比成本高10倍。重建工作虽然具有挑战性，但其益处包括但不限于增加就业、增加企业支出、改善性别平等、增加地方教育投资和改善生计。

生境转换导致的生境丧失和退化会导致剩余生境适宜性下降，这是生物多样性丧失的主要原因。自1970年至2012年，野生陆生脊椎动物物种平均种群规模指数下降了38%，淡水脊椎动物物种平均种群规模指数下降了81%。

及时采取行动避免、减少和扭转土地退化，可以增加粮食和水安全，可以有助于适应和减轻气候变化，并有助于避免冲突和移民。考虑到2050年预计将有40亿人生活在干旱地区，这一点尤为重要。地球土地系统、气候和人类社会之间的内在反馈意味着，解决土地退化和恢复土地的努力具有倍增效益。在全球森林、湿地、草地和农田中增加碳储存或避免温室气体排放的土地恢复、减少和避免退化，可以提供到2030年将全球变暖控制在2摄氏度以下所需的最具经济效益的温室气体减排活动的1/3以上。预计到2050年，土地退化和气候变化将导致全球农作物产量平均下降10%，某些地区的降幅将高达50%。

在过去的两个世纪里，由于土地转换和不可持续的土地管理实践，在全球范围内土壤有机碳（土壤健康的一个指标）估计损失了8%（1760亿吨碳）。预测2050年土壤进一步流失360亿吨碳，特别是在撒哈拉沙漠以南非洲地区。

土壤肥力损失主要由三个过程引起：土壤酸化、盐碱化和水涝灾害。虽然过去10年在减少全球粮食不安全方面取得了重大进展，但全世界仍有近 8 亿人无法获得足够的营养。土地退化通过降低水流的可靠性、数量和质量损害水安全。流域和水生生态系统的退化，加上人类活动造成的越来越多的取水和污染，造成了水质和供应的恶化，以致目前世界 4/5 的人口生活在水安全受到威胁的地区。

土地生产力的下降，以及其他因素使得社会，特别是干旱地区的社会，容易受到经济不稳定的影响。在旱地地区，降水量极低的年份与增加 45% 的暴力冲突有关。国内生产总值每减少 5%，暴力冲突的可能性就增加 12%，而这部分是由土地退化造成的。到 2050 年，土地退化和气候变化可能迫使 5000 万至 7 亿人迁移。土地退化一般会增加直接接触有害空气、水和土地污染的人数，特别是在发展中国家，最贫穷的国家记录的与污染有关的生命损失率高于富裕国家。土地退化通常损害心理健康。

与土地退化有关的生态系统服务的变化，可能会加剧收入不平等，因为不利影响不成比例地落在易受害情况下的人群身上，包括妇女、土著居民和地方社区以及低收入群体。虽然土地退化在世界的发达地区和发展中地区都存在，但它往往对处于脆弱情况的人民和生活在经济贫困地区的人民的福利产生最强烈的负面影响。生活在更边缘环境中的人通常比全国平均水平更穷。他们特别依赖于生态系统服务来减少因土地退化而丧失的灾害风险，并且在自然灾害之后恢复得较慢。农业土壤流失在国家层面对贫困的影响是巨大的。据观察，土地退化的负面影响高达国内总产值的 5%。

在许多国家，低收入群体平均比整个人口更依赖农业部门，此外，他们获得的土地的生产率往往低于平均水平。在收入较低的国家，农业部门的损失对于处于收入分配较低端的个人的收入而言，损失是其他经济部分的损失的 2.5 倍。此外，人在某些弱势情况下，用于投资于技术的财政资源较少，如农业或卫生，以减轻退化的负面影响。土地退化还减少了在困难时期作为脆弱家庭缓冲器的野生收获物的供应。穷人也比一般人更多地依赖生态系统产生的燃料，如木材、木炭和粪便，以满足他们的能源需要。土地退化对依赖木柴的家庭产生了更高的劳动需求，产生了额外的劳动负担，这种劳动往往不成比例地落在妇女身上。土地退化对生态系统服务的负面影响经常与其他压力源共同作用，如社会经济变化、气候变化、政治不稳定和低效或无效的机构，其结果是社会最脆弱成员的生计安全下降。

荒漠化目前影响的不仅仅是 27 亿人，而且在为移民作出贡献。荒漠化的定义是：因为人类活动和气候变化，干旱、半干旱和半干旱半湿润地区的土地退化(统称旱地)。有人居住的旱地占地球表面的 24%，是世界人口的 38% 的人的家园，尤其是牧民和小农往往特别贫穷，容易受到自然资源基础变化的影响。比如，在撒哈拉以南非洲，居住一半的人口，但有 3/4 的穷人生活在干旱地区。预计全球干旱地区的人口将增加 43%，从 2010 年的 27 亿人增加到 2050 年的 40 亿人，这将扩大人们对干旱地区的影响。土地退化与其他社会经济压力因素协同作用，导致地方或区域暴力冲突增加，并从严重退化地区向外移民。

由于土地退化和牧场面积减少，牧场养牲畜的能力今后将继续下降。增加使用具有高度场外影响的集约化畜牧生产系统，增加了其他生态系统退化的风险。预计在 2000 年至 2050 年，全球对畜牧产品的需求将增加 1 倍，而畜牧放牧和其他土地用途(如种植、采矿和人类住区)之间的土地竞争将继续增加。在世界上许多牧场，牲畜存栏量已达到或超过土地长期维持动物生产的能力，导致过度放牧及植物和动物生产力的长期下降。在极端情况下，土地条件的变化导致牧场支持大型食草动物的能力减少了 90%。这种影响在干旱地区特别明显，全球畜牧业生产的 69% 分布在干旱地区，畜牧业生产往往是唯一可行的农业活动。畜牧业生产率的降低对 13 亿人的生计产生了负面影响，其中包括 6 亿贫穷的小农。畜牧业的集约化生产系统产生的废物流可导致空气污染、水污染、对人类健康的影响和淡水生态系统的富营养化。

避免、减少和逆转土地退化可以极大地促进适应和减缓气候变化，但是，如果要避免对生物多样性和生态系统服务的意外负面影响，必须谨慎地实施基于土地的气候适应和减缓战略。自2000 年至 2009 年，土地退化导致全球每年排放 36 亿~44 亿吨二氧化碳。主要的过程包括森林砍伐和森林退化，泥炭地的干燥和燃烧，以及由于过度扰动和有机物质返回土壤不足，造成许多耕种土壤和牧场的土壤碳含量下降。在整个 21 世纪，气候变化将成为土地退化的一个日益重要的驱动因素。温度和降雨模式的变化将导致范围变化，在某些情况下导致物种灭绝，从而改变生态系统的组成和功能。在山区和高纬度地区，多年冻土融化和冰川退缩将导致山体滑坡和地面沉降等大量土地移动，增加温室气体排放。在森林中，野火、虫害和疾病暴发的可能性增加，干旱和热浪期预计会更加频繁。

避免、减少和扭转土地退化是满足 2030 年可持续发展议程目标的关键。在全球范围内，未退化的土地面积正在逐步缩小，而对一系列相互竞争用途的土地需求继续增长。粮食、能源、水和生计安全以及个人和社会良好的身心健康，全部或部分是自然的产物，受到土地退化过程的消极影响。此外，土地退化导致生物多样性丧失和减少大自然对人类的贡献，侵蚀文化特性，在某些情况下，导致有助于制止和扭转土地退化的知识和做法的丧失。只有采取紧急、协调一致和有效的行动，避免和减少土地退化和促进恢复，才能充分实现《2030 年可持续发展议程》所载的可持续发展目标。

二、采取紧急和协调一致的行动遏制土地退化

普遍缺乏认识到土地退化是一个问题，这是采取行动的一个主要障碍。土地退化往往不被认为是经济发展的意外后果。即使认识到土地退化与经济发展之间的联系，也可能没有适当考虑到土地退化的后果，从而可能导致行动的缺乏。对土地退化所造成的挑战的认识进一步受到以下事实的影响：在自然界中，消极影响可以是高度可变和局部的，而且往往是由遥远的、间接的因素所强烈影响的。土地退化以及生物多样性和生态系统服务的丧失是最普遍的系统性现象，对全世界人类福祉产生深远的负面影响，包括加剧粮食和水的不安全和气候变化。因此，提高对土地退化的驱动因素及其后果的认识，对于从高级别政策目标转向国家和地方一级的执行是至关重要的。

较发达经济体的高消费生活方式，加上发展中国家和新兴经济体消费的增长，是全球土地退化的主要因素。土地退化的最终驱动因素是较高的和不断增长的人均消费，而世界许多地区的人口持续增长又放大了这一因素。消费的增长往往伴随着新的经济机会的出现，这些机会降低了消费者使用陆地资源的成本，从而导致需求的增长。新的经济机会往往来自更多地进入不断扩大的区域和全球市场，以及增加生产能力的技术发展。如果没有足够的监管，这些因素可能会推动农业扩张、自然资源和矿产开采以及城市化的不可持续发展。政策和机构普遍未能执行和鼓励可持续的作法，并使不可持续生产的长期经济成本内在化，这意味着对自然资源的开采通常会导致更大程度的土地退化。因此，解决土地退化问题需要在宏观经济层面进行系统性改革，包括共同努力提高生产系统和消费者生活方式的可持续性，同时努力营造有利于低的人口增长率和低的人均消费的社会经济环境。

由于许多消费者和生产者之间的距离遥远，消费选择对全球土地退化的全面影响往往并不明

显。土地退化往往是世界其他地区的社会、政治、工业和经济变化的结果，其影响可能会持续数月或数年。这些脱节意味着许多从过度开发自然资源中获益的行为者，是受土地退化的直接不利影响最少的人，因此最没有动力来采取行动。区域和地方土地使用决策如此强烈地受到遥远异地驱动力的影响，这一事实也会削弱地方和区域治理干预的有效性。市场一体化也可能意味着地方政府的干预，可能在其他地方产生正面和负面的反弹效应，比如，通过可持续投资战略或在环境执法较弱的地方取代土地用途。

针对土地退化的体制、政策和治理措施往往是被动的、支离破碎的，无法解决退化的根本原因。国家和国际政策和治理对土地退化的反应，往往侧重于减轻已经造成的损害。大多数旨在解决土地退化问题的政策是分散的，并针对具体经济部门内的具体、明显的退化驱动因素，与其他驱动因素分离。土地退化很少是单一原因造成的，因此只能通过体制、管理、社区和个人各级同时和协调地使用各种政策工具和做出反应来解决。

土地退化是造成气候变化的一个主要因素，而气候变化可以加剧土地退化，并降低一些避免、减少和扭转土地退化的选择的可行性。几乎所有直接导致土地退化的影响，都将因气候变化而恶化。其中包括，由于更极端的天气事件，退化土地的土壤侵蚀加速，森林火灾的风险增加，以及入侵物种、害虫和病原体分布的变化。可持续的土地管理和土地恢复可以帮助减缓和适应气候变化。面对气候变化，长期建立的土地管理和恢复做法可能不再可行。尽管存在这种风险，基于自然的气候减缓和适应行动仍然充满希望。

耕地和牧场的快速扩张和不可持续的管理，是全球土地退化最广泛的直接驱动因素。农田和牧场现在覆盖了地球陆地表面的1/3以上，包括最近被清除的森林在内的原生栖息地，集中在地球上一些物种最丰富的生态系统中。强化的土地管理系统大大增加了世界许多地区的作物和牲畜产量，但是，如果管理不当，可能导致严重的土地退化，包括土壤侵蚀、肥力损失、过度抽取地面和地表水、土地盐碱化和水生系统富营养化。对粮食和生物燃料需求的增加，可能会导致营养和化学投入的持续增加，以及向工业化畜牧业生产体系的转变，预计到2050年，农药和化肥的使用量将翻一番。为了避免和减少现有耕地和放牧地的退化，目前已有经过证明的管理办法，包括可持续集约化、保护性农业、农业生态办法、农林业、放牧压力管理和森林管理。

三、防止不可逆转的土地退化和加速执行恢复措施

《联合国防治荒漠化公约》《联合国气候变化框架公约》《生物多样性公约》《湿地公约》《2030年可持续发展议程》的可持续发展目标和其他协议，都有避免、减少和扭转土地退化的规定。已经建立了土地退化中性的科学概念框架。但是，在国家和地方一级使用和执行这些既定机制时，更大的承诺和有效的合作对于使这些重大国际协定能够创造一个没有土地净退化、没有生物多样性丧失和改善人类福祉的世界至关重要。

需要更多相关、可信和可获得的信息，使决策者、土地管理人员和商品购买者能够改善对土地的长期管理和自然资源使用的可持续性。关于社会经济和生物物理变量的有效监测战略、核查系统和充足的基础数据，提供了关于如何加速努力避免、减少和扭转土地退化和保护生物多样性的关键信息。土地管理者，包括土著居民和地方社区，以及专家和其他知识拥有者，在设计、实施和评价更可持续的土地管理做法方面，都可以发挥关键作用。鉴于全球供应链的复杂性，要想更好、更开放地获取影响商品交易的信息，需要支持决策、风险管理和指导投资，促进商品生产

系统支持更可持续的生活方式。

为了避免、减少和扭转土地退化，需要有协调的政策议程，同时鼓励更可持续地生产和消费以土地为基础的商品。实现可持续土地管理的政策改革，需要在如何设计和实施更可持续的消费和生产政策方面跨部门进行调整，包括部门之间的调整。需要加强协调主要的政策议程包括粮食、能源、水、气候、卫生、农村、城市和工业发展。通过密切协调、分享信息和知识，通过具体政策手段采取管制和奖励措施，以及支持整个供应链的能力建设，以避免、减少和扭转土地退化，成功的机会将会增加。这些目标的成功在很大程度上取决于为更可持续的土地管理创造有利条件，其中包括赋予和保护个人和集体土地所有权和财产权的政策，根据适当级别的国家立法，赋予土著居民和地方社区权力，承认土著和地方知识和做法在可持续土地管理方面的作用。还需要努力提高国家和国际一级的机构能力。

为了避免、减少和扭转土地退化，必须消除促进土地退化的不正当的激励办法，并制定积极的激励办法，鼓励采用可持续的土地管理办法。对可持续土地管理的积极鼓励措施，可包括加强管制，以确保不可持续的土地使用和生产做法的环境、社会和经济成本反映在价格上。不正当的激励措施包括补贴不可持续的土地使用和生产。保护生物多样性和生态系统服务的自愿目标或以管制为基础的激励机制，有助于避免、减少和扭转土地退化。这种机制包括以市场为基础的方法和以非市场为基础的方法。以市场为基础的方法的例子包括信贷限额、保险政策和奖励采用更可持续的土地管理做法的未来合同、支付生态系统服务费用和在一些国家实行的养护招标。非市场为基础的方法的例子包括联合减缓和适应机制、基于司法的倡议和基于生态系统的适应，以及水的综合共同管理计划。

为了避免、减少和扭转土地退化，需要采取综合农业、森林、能源、水和基础设施议程发展的全景观办法，所有这些办法都要以现有的最佳知识和经验为依据。可持续土地管理没有放之四海而皆准的方法。要想取得成功，需要从已在不同的生物物理、社会、经济和政治环境中有效实施的各种方法中进行选择。这种工具包括基于科学、土著和地方知识系统的广泛的低影响农业、畜牧、森林管理和城市设计实践。将不同的实践纳入景观尺度规划，包括地方可持续金融和商业实践，可以减少退化的影响，增强生态系统和农村生计的恢复力。参与性规划和监测，以土地能力为基础，包括地方机构和土地使用者，并得到多种知识和价值体系的支持，更有可能在利益攸关方之间达成协议，并有效执行和监测综合土地管理计划。

减少城市化对环境的影响的对策，不仅可以解决与城市土地退化有关的问题，而且还可以显著提高人们生活质量，同时有助于减缓和适应气候变化。已证实的方法包括城市规划、种植本地植物种、绿色基础设施开发、污染和紧实土壤的修复、废水处理和河道修复。以景观和生态系统为基础的方法，使用恢复和可持续土地管理技术来加强生态系统服务，已证明在减少洪水风险和改善城市人口的用水质量方面是有效的。

四、土壤治理与土地退化中性

全球土地资源的健康状况和生产力正在下降，而对这些资源的需求却在增加。土壤是人类发展的重要基础，因为它提供了人类赖以生存的生态系统服务。健康的土壤对水过滤和地下水补给非常重要，90%以上的食物都来自土壤。土地退化往往发生在已经以土地稀缺和人口增加为特点的地区。不安全的土地权利助长了土地退化，因为它们不能提供对可持续土地管理进行投资的激励，并增加了负责任的农民无法从投资中获益的风险。如果要实现土壤的可持续利用，停止和逆转土地退化是一个高度优先事项。虽然土地退化中性的概念是在 2012 年提出的，但到 2019 年，联合国环境规划署《全球环境展望》强调，继续按照目前的轨道，将很难实现联合国可持续发展大会通过的土地退化中性目标。该报告还指出，根据卫星数据进行的评估显示，土地退化热点区域涵盖了全球约 29% 的土地面积。此外，由于使用不当，土地资源正在迅速退化，这将给剩余土地带来更大的压力。这就要求对土地使用和土地管理采取新的可持续方法。这有一种紧迫感，即土地退化中性的最后期限（2030）是紧迫的，尤其是在环境问题上。健康的土壤和健康的土地对于实现联合国可持续发展目标框架内的许多社会目标至关重要。

《荒漠化公约》在 2015 年推出的土地退化中性目标，得到国际和国家机构的支持，并以能够支持实现国家土地退化中性目标的健全立法框架为基础，对实现土地退化中性至关重要。土壤治理与土地退化中性之间关系的一个重要方面，是认识到更好地管理土地是《2030 年联合国可持续发展议程》的核心。

2012 年联合国可持续发展会议确认了扭转土地退化的紧急行动。鉴于此，联合国宣布了在可持续发展背景下，全球实现土地退化中性的目标。土地退化中性的概念意味着持续的土地退化和土地恢复之间的平衡必须为零。土地退化中性的基本方面是鼓励实施旨在避免、减少和扭转土地退化的最佳措施组合，以实现健康和生产性土地不出现净损失的状态。2015 年 10 月，《荒漠化公约》缔约方大会第十二届会议（COP12）的一项决定，正式承认了土地退化中性。土地退化中性被定义为"支持生态系统功能和服务，以及加强粮食安全所需的土地资源数量和质量，在特定的时间和空间尺度及生态系统内保持稳定或增加的状态。"

在支持土地退化中性的过程中，《荒漠化公约》第十二届会议缔约方会议启动了其实施过程，吸收了一些关键的全球环境倡议，尤其包括"努力实现可持续发展目标（SDG）具体目标 15.3，是推动《荒漠化公约》实施的有力工具"。在同一决定中，缔约方第十二届会议请缔约方根据其具体国情和发展优先事项，制定实现土地退化中性的自愿目标，并将这些目标纳入其国家行动纲领，该纲领是在成员国内执行《荒漠化公约》的一个关键工具。这一立场得到了国际自然保护联盟的认可，倡导"在里约+20 成果文件《我们想要的未来》中采用土地退化中性，并将土地退化中性确立为可持续发展目标的目标 15.3，突出了可持续发展目标的环境重要性和保护层面问题。如果我们要实现《荒漠化公约》《生物多样性公约》或《联合国气候变化框架公约》的目标，并继续实现相关的可持续发展目标，扭转土地退化是至关重要的。"将土地退化问题引入全球对话，不仅促进了对土地退化做出更有效的土壤政策响应，而且更充分地明晰了土壤治理概念，土地退化中性被作为可持续发展的目标，实现土地退化中性的能力建设现在已成为《荒漠化公约》的首要目标。土地退化中性目标应支持并补充《联合国气候变化框架公约》和《生物多样性公约》的现有目标。更广泛地说，为了实现土地退化中性，理想的情况是采用一种综合生物圈、社会和经济以及驱动过程的整体方法。

然而，作为实施土地退化中性的一个关键方面，第十二届缔约方会议请秘书处和《荒漠化公约》各机构为制定国家土地退化中性目标和倡议制定指南。《荒漠化公约》请缔约方国家"根据其具体国情和发展优先事项，制定实现土地退化中性的自愿目标"。然后，缔约方指示《荒漠化公约》科学政策界面（SPI）为自愿土地退化中性目标的实施提供科学指导。2017 年，包括生物物理科学、社会科学和环境法专家在内的 SPI 为土地退化中性制定了科学概念框架（SCF）。缔约方会议认可了 SCF，为土地退化中性的规划、实施和监测提供了有科学依据的指导。

到 2030 年实现土地退化中性的当前全球战略意味着，各国必须在实施方法上有所创新。全球土地压力越来越大，由于土地使用不当，土地资源正在迅速退化，这将对剩余土地造成更大的压力。这就要求对土地使用和土地管理采取新的可持续方法。另外就是要有紧迫感。土地退化中性（2030）的最后期限很紧迫，尤其是在环境问题上。健康的土壤和健康的土地对于实现联合国 2030 可持续发展目标框架内的许多社会目标至关重要。

第六节　生态系统与人类福祉

生物多样性是地球上从基因到物种和生态系统等各种组织层次上的生命多样性。生物多样性和环境之间的相互作用构成了生物动态网络。生物多样性是维持生态系统功能和提供生态系统服务的基础。生态系统服务是人类从生态系统获得的直接利益（如食物和清洁水）或间接利益（如气候调节和授粉）。人类福祉取决于生态系统服务，因此取决于生态系统的状况。然而，由于过去几十年世界人口的指数增长和消费模式的增加，人类正在给生态系统施加越来越大的压力。结果，生态系统正在退化和破坏，资源正在崩溃，生物多样性的损失达到了前所未有的水平。随着生态系统状况受到严重威胁，生态系统所提供的利益也受到严重威胁。从地方社区到全球人口，在各个层面上都能感受到人类福祉受到的影响。生态系统变化和生物多样性丧失的后果，包括自然灾害、健康问题和贫困，正在影响全世界的人类福祉。环境可持续性是未来的一个关键概念，是找到保护生物多样性和生态系统的解决方案的基础，同时又不忽视人们对生态系统服务和经济发展的需求。

人类福祉与生物多样性密切相关。从自给自足的乡村到高度发达的城市社区，每个人都需要食物、清洁的水和空气、纤维、燃料、药品和稳定的环境。生态系统提供这些服务，而生物多样性维持着支撑它们的生物过程。

随着世界人口的增加和人均消费模式变化，对自然资源（如木纤维和鱼类）的需求以及人类活动对自然栖息地的影响也在增加。影响可能是直接的（如城市化导致的栖息地破坏）或间接的（如导致全球变暖的二氧化碳排放），但它们都会导致生物多样性丧失，从而威胁生态系统和人类福祉。人类福祉是一个包容性的概念，它不仅包含人类健康的身体和心理组成部分，还包括社会福祉和选择自由。

人类福祉与生物多样性之间存在一个反馈环：人类福祉依赖于生物多样性；生物多样性和生态系统状况受人类对环境的选择的影响，这种选择又受社区福祉水平和社会经济选择的影响。

到目前为止，科学家已经描述了大约 175 万种物种，其中一半以上是无脊椎动物。最近的一项估计表明，全球物种丰富度可能会上升到 740 万至 1000 万种。所描述的物种丰富度与总物种丰富度之间的差距，表明了人类生存的这个生命星球还有许多我们未知的东西。

一、全球生物多样性

物种在地球上的分布并不均匀。世界一些地区的物种比其他地区的更加多样化。一些地区不仅非常多样化，而且还支持大量特有物种（即仅出现在该地区的物种）。这种独特性赋予它们高度的不可替代性，成了优先保护的地区。

生物多样性热点就是此类区域的例子。这些热点支持高度的植物特有性，并面临栖息地丧失的严重威胁。2000 年，在世界各地确定了 25 个热点区域，是根据两个标准：①含有世界上 0.5% 或更多的特有植物物种；②至少失去了 70% 的原始植被。四年后，评估重新定义了热点范围，并对其他区域进行了分类。目前，共有 35 个地区被列为热点区域，其中至少有 15 万种特有植物，约占世界植物多样性的 50%、脊椎动物的 77%。最初，这些区域占地球表面的 15.7%，但这些区域的 86% 被人类活动改变，现在只有 2.3% 保持原状。脊椎动物多样性和受威胁的格局遵循生物多样性热点区域的分布。脊椎动物多样性和受威胁物种比例较高的地区包括东南亚、安第斯山脉、中美洲、巴西塞拉多和大西洋森林，以及撒哈拉以南西非的一些地区。

虽然生物多样性热点是高度受威胁和不可替代的区域，但另一类重要的生物多样性区域包括不可替代的区域，这些区域仍处于原始状态，人为影响较小。这些地区被称为高生物多样性荒野地区，由世界上的 5 个区域组成：北美沙漠和美洲大陆的亚马孙地区；刚果森林和包括非洲奥卡万戈三角洲在内的米翁博—莫潘林地；澳大利亚的新几内亚。这些地区的特有物种约占全球植物多样性的 17%，占全球脊椎动物多样性的 8%，尽管这些值低于生物多样性热点地区的值，但由于其生态系统的原始条件，这些地区仍然很重要。除了生物多样性热点区域和高生物多样性荒野地区之外，还有世界野生动物基金会确定的全球 200 个生态区，是具有全球代表性的陆地或淡水区域，在世界各主要生物群落中具有高度的类群丰富度、特有性、独特的生态系统和进化过程。

二、生物多样性和生态系统服务

生态系统为人类提供许多服务，从食物、纤维或医疗物质等商品到固碳、授粉或水过滤等间接效益。生态系统服务可分为 4 类：供给服务、调节服务、文化服务和支持服务。供给服务与直接从生态系统获得的商品相对应。文化服务是从生态系统中获得的非物质利益，如高质量的休闲空间或观察稀有蝴蝶的满足感。调节服务是通过调节生态过程获得的间接效益，如气候调节或土壤保护免受侵蚀。支持服务为所有其他生态系统服务的生产提供了基础，包括通过光合作用产生氧气、养分循环和提供栖息地等服务。

这种生态系统服务的分类已被广泛接受。然而，在生态系统服务价值评估工作中使用它也有一些注意事项。特别是，支持服务存在重复计算的风险，因为它们是其他服务的基础。为了避免这个问题，最近的分类放弃了支持服务的类别，这些服务现在被视为支撑最终生态系统服务的生态系统过程。最终的生态系统服务与人们享受的生态系统的结果相对应。比如，作物生产是最终的生态系统服务，这取决于几个过程，如土壤形成和为传粉者提供栖息地。此外，从经济估值的角度来看，虽然作物生产是最终的生态系统服务，但获取利益或商品（如苹果）往往需要自然资本以外的其他资本投入，如人力。

生物多样性的每个组成部分，如物种丰富度、物种组成或物种相互作用，都在生态系统服务中发挥作用。生态系统功能取决于来自不同功能群（即在生态系统过程中扮演不同角色）的生物体的存在。比如，凋落物的分解过程取决于专门分解不同大小颗粒（从蚯蚓到微生物）的生物体。因此，由不同功能群所构成的物种组成是保证支持服务的关键因素。物种丰富度是生态系统稳定的核心，是一种调节服务。与物种贫乏的系统相比，具有丰富而复杂的物种相互作用网络的生态系统更能免受环境变化的负面影响。环境变化可能导致物种灭绝，并对某些生态系统服务的提供产生负面影响。此外，有证据表明，维持原始物种组成的栖息地更能抵御外来物种的入侵。

生物多样性和生态系统提供的服务可以采用各种方法进行评估（表 4-2）。使用价值被分配给服务，这些服务对人类具有具体的有用性，提供直接使用利益或间接使用利益，或者将来为个人或后代提供潜在的使用利益。存在价值是人们赋予物种或生态系统的价值，即使除了知道该物种或生态系统存在的满足感之外，人们没有获得任何利益。比如，欧洲人之所以会为拯救中国大熊猫的保护计划捐款，是因为他们对确保物种生存有慈善的兴趣。生物多样性和生态系统也有其自身的内在价值，这与它们的实用价值无关。

表4-2　生态系统服务的实用价值，生态系统服务的例子，以及与生态系统服务类别的一般对应关系

价值	案例	分类
使用价值		
直接使用价值		
物质利益	食品、燃料、药品	供给服务
非物质利益	森林景观（精神享受）	文化服务
间接使用价值	气候调节、水净化、土壤形成、氧气生产	调节和支持服务
选择价值	疫苗、药品	供给、文化和调节服务
可供调查的遗传资源		
生态系统功能的关键物种		
非使用价值		
存在价值	知道一个物种或生态系统存在的满足感	文化服务

三、生态系统服务与人类福祉

生态系统服务，以及其他因素如教育、政治制度或现有技术，有助于人类福祉。人类幸福的概念不可避免地依赖于文化和社会经济环境，它影响着人们认为最需要的舒适的生活。然而，人类福祉所需的要素可以分为5个部分：安全感、美好生活的基本物质、健康、良好的社会关系和选择自由（图4-7）。

当人们对资源的可获得性和对最终免受自然灾害威胁感到安全，并感到他们的人身完整和经济独立得到保障时，就会产生安全感。如果供给服务出现问题，并限制人们获得食物、水或燃料，这将影响他们的安全感。此外，如果调节或支持服务发生变化，社区将面临更大的自然灾害或疾病风险，就会削弱他们的安全感。

良好生活的基本物质包括食物、水、燃料，以及稳定的收入。当供给服务受到影响时，对基本生活资料的获得也会受到影响。比如，当农作物被瘟疫或气候灾害破坏，或野火发生，或河流受到污染时，获得粮食、森林产品和清洁水的能力就会受到严重损害。

健康是人类福祉的核心组成部分。调节和供给服务的不平衡是公共卫生问题和赤字的主要原因。受污染的水是腹泻、霍乱和伤寒等疾病的源头，每年导致世界上数千人死亡。空气污染是城市地区的一个问题，它会导致肺病和心脏病。气候变化正在推动受疟疾等几种疾病影响的地区扩大。供给服务的失败会影响基本生活产品的获取，从而影响对良好健康状况至关重要的充足饮食、饮用水或药品的获取。文化服务也有助于人类健康，尤其是精神健康。

良好的社会关系依赖于其他幸福因素。当基本生活物资或安全得不到保障时，社区就会面临压力，社会关系就会恶化。供给或调节服务的失败可能会导致饥荒或气候灾难，导致社会环境不稳定。当社区通过信仰或古老传统在文化上与环境相联系时，景观变化可能会影响人们的社会稳

定和情绪健康。

当幸福因素出现问题时，选择和行动的自由就会受到影响。比如，如果人们必须步行几千米才能取到饮用水，或者如果财产被大火烧毁，或者如果需要竞争食物或住所，人们的生活选择范围将大大减少。选择的自由与幸福的其他组成部分的实现是一致的。当人们过上美好的生活时，就有条件在生态系统的使用和管理方面做出更好的选择。这会影响生态系统服务的状态，进而影响幸福感其他组成部分的状况。

贫穷社区更容易受到生态系统退化和生态系统服务变化的影响，特别是如果它们直接依赖当地的生态系统。然而，富裕社会处于更安全的地位，因为它们拥有将自然灾害的后果降至最低的经济实力，能够负担得起抗击疾病的药物费用，如果当地生态系统出现问题，生活产品总有可能从其他地方进口。富裕社会的这种经济优势有时是有害的，因为它允许将生产需求转移到较贫穷的地区，导致对这些地区生态系统的开发，对当地人民几乎没有好处。

四、人类活动、生物多样性丧失以及对人类福祉的影响

世界人口在过去几十年中呈指数增长：1950 年为 25 亿，2005 年为 65 亿，预计到 2050 年将超过 90 亿。此外，人均消费也在增加。这一趋势的直接后果是对自然资源的需求增加，往往超过可持续水平。原始森林正在被砍伐，取而代之的是农田或生产林，世界渔业面临崩溃的紧迫风险，世界上约 2/3 的可用淡水受到污染。在过去的几个世纪里，人类活动使物种灭绝率大大高于化石记录发现的物种灭绝率。20 世纪记录在案的哺乳动物、鸟类和两栖动物的灭绝表明，这类物种的灭绝率可能比化石记录高出 100 倍。根据《国际自然保护联盟濒危物种红色名录》这一世界物种保护状况报告，目前有 5000 多种脊椎动物（不包括鱼类）和 10000 多种维管植物被列为濒危物种。

生物多样性丧失包括遗传、物种和生态系统层面。遗传多样性的丧失增加了物种对生态系统变化的脆弱性。这在农作物方面尤其令人担忧。农业实践的强化导致栽培物种的遗传多样性下降。农业生物多样性的下降，降低了作物对生态系统变化的适应能力，威胁到粮食生产的稳定性。物种多样性的丧失包括物种和种群在当地范围内的灭绝或群落组成的变化。当前的一个趋势是生物群落的简化，这是因为更好地适应人类改造的生态系统的物种越来越占优势。在没有捕食者、病原体或竞争对手的情况下，入侵物种成为优势物种，导致本地种群减少甚至灭绝。因此，世界各地的生物群落差异变得越来越不明显，这意味着从区域到全球的多样性丧失。最后，生态系统层面上的生物多样性损失与大多数陆地生物群落（如温带森林、草原和热带森林）的损失是一致的，主要是由于土地覆盖转化为农业用地和生产林。

生态系统变化和生物多样性丧失的主要驱动力是土地利用变化、污染、资源过度开发、入侵物种的扩散和气候变化。这些驱动因素对生态系统有直接影响，但其动态受到间接驱动因素的影响，如社会政治背景、经济活动、人口变化、文化习俗和科技进步。比如，在鼓励社会不同部门之间对话的社会政治制度中，更可能采用有助于可持续利用资源的环境做法。

在不同的生态系统中，每个驱动因素的重要性并不相同。陆地生态系统（如森林和草原）尤其受到土地利用变化的影响，特别是将自然栖息地转变为农业用地的影响。影响海洋生态系统的主要驱动力是鱼类资源的过度开发，而污染和入侵物种目前是淡水生态系统的主要威胁。

生态系统变化是驱动因素之间相互作用的协同组合产生的结果。此外，驱动因素也会在空间和时间尺度上相互作用，生态系统的变化可能是由过去某个地方发生的事件引起的。比如，热带

森林砍伐、地中海生态系统火灾，以及化石燃料燃烧产生的全球温室气体排放等孤立事件都将导致气候变化。气候变化会导致风暴、洪水、海平面上升和干旱，从而影响世界各地的社区发展。

暴雨、洪水和龙卷风等自然灾害影响生态系统变化，造成生物多样性损失，对人类福祉的影响是非常明显的。1980 年至 2004 年，全球自然灾害造成的损失超过 1.8 万亿美元。仅在 2002 年，经济损失估计为 700 亿美元。自然灾害的影响不仅限于经济损失，1980 年至 2004 年约有 100 多万人因自然灾害死亡，公共基础设施遭到破坏，社会不稳定。这些经济和人员损失的一部分可归因于调节服务的恶化和土地规划的不善。无法应对灾难的贫困社区受这些灾害事件的影响更大，可能会面临随后的流行病、饥荒和社会冲突。虽然生物多样性保护需要财政投资，但保护濒危物种及其栖息地的费用，估计仅为自然资本损失的小部分(1%~4%)，估计自然资本每年的损失约为 2 万亿至 6.6 万亿美元。

人类对生态系统的压力通常旨在加强生态系统产品的生产，但往往忽视其他服务的退化，通常是调节服务。比如，在农业中使用杀虫剂和化肥可以提高农业产量，但会对地下水的质量产生负面影响。农业产品具有市场价值，易于获取经济效益，因此在管理中优先选择使用农药和化肥。相比之下，生态系统的调节服务和支持服务没有市场价值，也就缺乏经济价值，往往被忽视。然而，失去这些服务的成本有时高于从市场商品中获得的经济利益，最终的平衡可能对人类福祉至关重要。比如，纽约市的城市流域一直面临着发展压力，对水质造成了负面影响。该市面临两种选择：建设水处理设施以应对水质下降或保护流域生态系统。建造水处理设施的成本估计为 80 亿美元，加上每年 3 亿美元的维护费用。由生态系统提供这种服务的成本为 10 亿美元，是为城市供水的流域进行生态恢复的费用，以及为保护栖息地而向土地所有者提供的经济补偿。作为评估的结果，纽约市决定保护流域生态系统。

五、生物多样性与生态系统服务评估

健康的生物多样性是支持地球上所有生命形式，包括人类生命的基本基础设施。自千年生态系统评估以来，在过去的 15~20 年里，我们对生物多样性和生态系统以及它们对每个人生活质量的重要性的理解有了显著提高。人们也更加了解，哪些政策、做法、技术和行为能够最好地保护和可持续利用生物多样性，并实现许多可持续发展目标、全球生物多样性目标和气候变化巴黎协定。然而，生物多样性仍在消失，生态系统仍在退化，大自然对人类的许多贡献正在受到损害。

(一)自然及其对人类的重要贡献在全世界都在恶化

自然对不同的人有不同的概念，包括生物多样性、生态系统、地球母亲、生命系统和其他类似的概念。大自然对人类的贡献体现了不同的概念，如生态系统的物品和服务以及大自然的恩赐。自然和自然对人类的贡献，对人类的生存和生活质量都至关重要(人类的福祉、与自然和谐相处、与地球母亲和谐相处，以及其他类似的概念)。虽然现在大多数地方向人们提供的食物、能源和材料比以往任何时候都要多，但这越来越牺牲了大自然在未来提供这种贡献的能力，并经常破坏大自然的水质调节等许多其他贡献。整个人类赖以生存的生物圈，在所有空间尺度上都在发生着前所未有的变化。物种内部、物种之间和生态系统的多样性正在以比人类历史上任何时候都快的速度下降。

大自然对人类的生存和良好的生活质量至关重要。大多数大自然对人类的贡献是不可完全替代的，有些是独一无二的。大自然在提供粮食和饲料、能源、药物和遗传资源，以及人类身体健康和维持文化的各种基本物质方面发挥着关键作用。比如，20 多亿人依靠木材燃料来满足其基本能源需求，估计有 40 亿人主要依靠天然药物进行保健，大约 70% 用于治疗癌症的药物是天然的，或者是受大自然启发而合成的产品。自然通过其生态和进化过程，维持人类赖以生存的空气、淡水和土壤的质量，分配淡水，调节气候，提供授粉和害虫控制，并减少自然灾害的影响。比如，全球超过 75% 的粮食作物类型，包括水果和蔬菜以及一些最重要的经济作物，如咖啡、可可和杏仁，依赖动物授粉。海洋和陆地生态系统是人类活动碳排放的汇，其每年封存量为 56 亿吨的碳排放（相当于占全球人类活动碳排放的 60%）。大自然支撑着人类健康的所有方面，并有助于提高非物质方面的生活质量，这些对生活质量和文化完整性至关重要，即使它们的综合价值难以量化。大自然的大部分贡献是与人类共同产生的，但是，尽管人类的资产包括知识和制度、技术基础设施和金融资本，可以增强或部分取代其中一些贡献，但有些是不可替代的。大自然的多样性保持了人类在面对不确定的未来时做出选择的能力。

在时间和空间以及社会的不同阶层中，自然对人类的贡献往往分配不均。在生产和使用自然资源贡献的过程中，常常要进行权衡。与共同生产和使用自然资源有关的利益和负担在社会群体、国家和区域之间分配和经历不同。优先考虑自然对人类的贡献，如粮食生产可能导致生态变化，从而减少其他贡献。其中一些变化可能使一些人受益，而使另一些人付出代价，特别是最脆弱的人，技术和体制安排的变化就是这样。比如，虽然今天的粮食生产足以满足全球需求，但世界人口中约有 11% 营养不良，与饮食有关的疾病导致 20% 的人口过早死亡，这与营养不良和肥胖有关。粮食、饲料、纤维和生物能源生产的巨大扩张，是以牺牲自然对生活质量的许多其他贡献为代价的，包括空气和水质的调节、气候调节和栖息地的提供。它还存在协同作用，如可提高土壤质量的可持续农业做法，从而提高生产力和其他生态系统功能和服务，如碳封存和水质调节。

自 1970 年以来，农业生产、鱼类捕捞、生物能源生产和材料收获方面的趋势有所增加，但 18 类自然贡献中有 14 类下降，其中大部分是调节和非物质贡献。自 1970 年以来，农业作物产值（2016 年为 2.6 万亿美元）增长了约 3 倍，木材产量增长了 45%，2017 年达到约 40 亿立方米，林业提供了约 1320 万个工作岗位。然而，调节贡献的指标，如土壤有机碳和授粉生物多样性已经下降，表明物质贡献的增加往往是不可持续的。目前，土地退化使全球陆地面积的 23% 的生产力下降，由于传粉昆虫的减少，全球每年有 2350 亿至 5770 亿美元的作物产量面临风险。此外，沿海栖息地和珊瑚礁的丧失，减少了对沿海海岸的保护，从而增加了洪水和飓风对生活在沿海地区的100 年洪水区的 1 亿至 3 亿人的生命和财产的风险。

全球大部分地区的自然环境，已被多种人类驱动因素显著改变，生态系统和生物多样性的绝大多数指标明显迅速下降。75% 的陆地表面被显著地改变了，66% 的海洋区域正在经历越来越多的累积影响，85% 以上的湿地（面积）已经消失。而自 2000 年以后，全球森林损失的速度有所减缓，但在全球分配不均。2010 年至 2015 年，在生物多样性高度丰富的热带地区，有 3200 万公顷的原始森林或正在恢复的森林消失。在一些国家内，热带和亚热带森林的面积正在增加，而全球温带和北方森林的面积也在增加。一系列的行动包括从恢复天然林到种植树木，都对这些增长做出了贡献，但这些行动对生物多样性及其对人类的贡献有着截然不同的后果。自 19 世纪 70 年代以来，珊瑚礁上大约有一半的活珊瑚已经消失，近几十年来，由于气候变化加剧了其他因素的影响，珊瑚的消失速度不断加快。在大多数主要陆地生物群落中，本地物种的平均丰度至少下降了 20%，这可能影响生态系统过程，从而影响自然对人类的贡献；这种下降主要发生在 1900 年以后，而且可能还在加速。在本地特有种程度较高的地区，本地生物多样性经常受到外来物种入侵的严重影响。在过去 50 年里，陆地、淡水和海洋生活的野生脊椎动物物种的数量呈下降的趋势。昆虫种群的全球趋势尚不清楚，但在一些地方已经有充分的记录表明昆虫数量迅速下降。

人类活动比以往任何时候都威胁着更多的在全球范围内正在灭绝的物种。在动植物物种中，平均约占 25% 群体受到威胁，这表明大约有 100 万种物种已经面临灭绝，其中许多将在几十年内灭绝，除非采取行动减少生物多样性丧失的驱动因素。如果不采取这样的行动，全球物种灭绝的速度将进一步加快，这一速度已经比过去 1000 万年的平均速度高出至少几十至数百倍。

在全球范围内，驯化的地方品种的动植物正在消失。这种多样性（包括遗传多样性）的丧失破坏了许多农业系统对虫害、病原体和气候变化等威胁的适应能力，从而对全球粮食安全构成严重威胁。尽管包括土著居民和当地社区在内的许多地方做出了努力，但世界各地种植、饲养、交易和维护的动植物品种越来越少。到 2016 年，用于食品和农业的 6190 种驯养哺乳动物中，有 559 种（超过 9%）已经灭绝，至少还有 1000 种受到威胁。此外，由于缺乏对长期粮食安全至关重要的许多农作物野生种的有效保护，家养哺乳动物和鸟类的野生亲属种的保护状况日益恶化。栽培作物、作物野生近亲和驯化品种多样性的减少，意味着农业生态系统对未来气候变化、害虫和病原体的适应性降低。

无论是在区域内还是区域间，无论是有管理的系统还是没有管理的系统，生物群落之间都变得越来越相似。这种人为的过程导致当地生物多样性的丧失，包括特有物种、生态系统功能和自然对人类的贡献。

人类引发的变化正在为快速的生物进化创造条件，其影响速度如此之快，以至于在短短几年甚至更短的时间内就可以看到。对生物多样性和生态系统而言，后果可能是正向的，也可能是负面的，但可能会对物种的可持续性、生态系统功能以及自然对人类的贡献产生不确定性。理解和监测这些生物的进化变化，在生态变化的情况下，重要的是做出明智的政策决定，然后设计可持续的管理战略来影响进化轨迹，以保护脆弱的物种和减少有害物种（如杂草、害虫或病原体）的影响。许多物种的地理分布和种群规模的广泛下降表明，尽管进化适应人类驱动因素的速度可以很快，但这往往不足以完全缓解它们。

（二）直接和间接驱动因素加速驱动了变化

在过去的 50 年里，全球自然变化的速度是人类历史上前所未有的。对全球影响最大的自然变化的直接驱动因素是（首先是那些影响最大的因素）：①陆地和海洋利用的变化；②直接利用生物；③气候变化；④污染；⑤外来物种的入侵。这 5 个直接驱动因素来自一系列根本原因，即变化的间接驱动因素，这些因素反过来又受到社会价值观和行为的支撑，其中包括生产和消费模式、人类人口动态和趋势、贸易、技术革新和通过全球进行的地方治理。直接和间接驱动因素的变化率因地区和国家而异。

就陆地和淡水生态系统而言，自 1970 年以来，土地使用的变化对自然产生的相对不利影响最大，其次是直接开发，特别是过度开发动物、植物和其他生物，主要是通过采伐、狩猎和捕鱼。在海洋生态系统中，对生物的直接利用（主要是捕鱼）产生的相对影响最大，其次是陆地或海洋利用的变化。农业扩张是土地利用变化最普遍的形式，超过 1/3 的陆地表面被用于种植业或畜牧业。这种扩张，加上自 1992 年以来城市面积增加了 1 倍，以及与人口增长和消费增长相关的基础设施的前所未有的扩张，主要是以森林（主要是古老的热带森林）、湿地和草原为代价。在淡水生态系统中，包括土地使用变化（包括水资源的开采、开发、污染、气候变化和入侵物种）在内的一系列综合威胁十分普遍。人类活动对世界海洋产生了巨大而广泛的影响。这些包括对鱼类、贝类和其他生物的直接开采，特别是过度开采，陆地和海洋污染，包括来自河网的污染，陆地或海洋利用的变化，包括沿海基础设施和水产养殖的发展。

气候变化是一个直接驱动因素，它正日益加剧其他驱动因素对自然和人类福祉的影响。据估计，到2017年，相对于工业化前的水平，人类活动造成了大约1.0摄氏度的升温，过去30年的平均气温不断上升，每10年上升了0.2摄氏度。极端气候事件的频率和强度，以及引起的火灾、洪水和干旱，在过去的50年增加了，自1900年以来，全球平均海平面上升了16~21厘米，在过去的20年里，每年上升超过3毫米。这些变化在物种分布、物候、种群动态、群落结构和生态系统功能等方面造成了广泛的影响。根据观察证据，这种影响正在加速影响海洋、陆地和淡水生态系统，并已经影响到农业、水产养殖、渔业和自然对人类的贡献。气候变化、陆地或海洋利用变化、资源过度开发、污染和外来物种入侵等驱动因素的综合影响，可能会加剧对自然的负面影响，这包括珊瑚礁、北极系统和热带草原在内的不同生态系统中都可以看到。

许多类型的污染，以及入侵的外来物种都在增加，对自然造成了负面影响。虽然全球趋势各不相同，但某些地区的空气、水和土壤污染继续增加。特别是自1980年以来，海洋塑料的污染增加了10倍，影响到至少267种物种，包括86%的海龟，44%的海鸟和43%的海洋哺乳动物。这可以通过食物链影响人类。温室气体排放、未经处理的城市和农村废物，工业、采矿和农业活动产生的污染物，石油泄漏和有毒物质的废弃，对土壤、淡水和海洋水质以及全球大气产生了强烈的负面影响。自1980年以来，外来物种的累积记录增加了40%，这与贸易增加和人口动态和趋势有关。近1/5的地球表面，面临动植物入侵的危险，影响到本地物种、生态系统功能和自然对人类的贡献，以及经济和人类健康。新的外来入侵物种的侵入速度似乎比以往任何时候都要高，而且没有放缓的迹象。

在过去的50年里，人口增长了1倍，全球经济增长了近4倍，全球贸易增长了10倍，共同增加了对能源和材料的需求。各种经济、政治和社会因素，包括全球贸易和生产与消费的空间脱钩，转移了生产和消费的经济和环境得失，创造了新的经济机会，但也影响了自然及其对人类的贡献。物质商品（粮食、饲料、木材和纤维）的消费水平差别很大，不平等获得物质商品，可能与社会不平等有关，并可能导致社会冲突。经济交流有助于经济的总体发展，但往往是在参与者和制度之间权力不平等的谈判，影响利益的分配和长期影响。处于不同发展水平的国家，为了取得经济增长的特定成果，都经历了不同程度的自然退化。自然对人类贡献的排斥、稀缺和/或不平等的分配，可能在与其他因素的复杂相互作用中，加剧社会的不稳定和冲突。武装冲突对生态系统的影响，不仅是对社会的不稳定影响，还有一系列间接影响，包括人民的流离失所。

经济刺激措施一般倾向于扩大经济活动，往往造成环境损害，而不是保护或恢复。在经济方面，将生态系统功能的多重价值和自然对人类的贡献纳入经济奖励措施，已被证明可以产生更好的生态、经济和社会结果。地方、国家、区域和全球治理倡议，通过支持政策、创新和消除有害环境的补贴、按照自然对人民的贡献价值采取激励措施、增加可持续的土地或海洋利用管理和执行规章等措施，从而取得良好效果。有害的经济激励措施和政策，与在渔业、水产养殖、农业（包括化肥和农药的使用）、畜牧管理、林业、矿产和能源（包括化石燃料和生物燃料）等领域不可持续的做法，往往与陆地或海洋用途改变和自然资源的过度开采，以及低效率的生产和废物管理有密切联系。既得利益者可能会反对取消补贴或出台其他政策。然而，处理这些环境损害原因的政策改革，提供了保护自然和提供经济利益的潜力，包括当政策建立在对自然贡献的多重价值有更多、更好的理解的基础上。

由土著居民和当地社区管理的自然，正面临越来越大的压力。与其他土地相比，土著居民土地上的自然资源普遍减少得不那么快，但无论如何也在减少，如何管理自然资源的知识也在减少。传统上，全球至少有1/4的土地由土著居民拥有、管理、使用或占据。这些地区包括大约35%的正式受保护地区，以及大约35%的剩余的人类干预非常少的陆地地区。此外，各种各样的当地社区，包括农民、渔民、牧民、猎人、牧场主和森林使用者，在不同的财产和获取制度下管理重要的区域。在土著居民和地方社区制定和使用的地方指标中，72%显示了支持当地生计和福祉的自然方面的负面趋势。由土著居民和地方社区管理的地区(在各种所有制和使用权制度下)面临着资源开采、商品生产、采矿、运输和能源基础设施的日益增长，对当地生计和健康造成各种后果。一些缓解气候变化方案对土著居民和地方社区产生了负面影响。所有这些压力的负面影响，包括持续砍伐森林、损失湿地、采矿、不可持续的农业、林业和渔业做法的蔓延，以及污染和水的不安全对健康和福祉的影响，从而导致生存和传统生计继续丧失。这些影响也对传统管理、土著和地方知识的传播、分享利用所产生的利益的潜力，以及土著居民和地方社区保护和可持续管理与更广泛社会有关的野生和驯化生物多样性的能力提出了挑战。

(三)保护自然以实现可持续发展的目标

生物多样性、生态系统功能以及大自然对人类的许多贡献，在过去和现在都在迅速下降，意味着大多数国际社会的环境目标，如爱知生物多样性目标和2030可持续发展目标将无法在目前的轨道上实现。这些下降还将破坏其他目标，如在《联合国气候变化框架公约》下采用的《巴黎协定》中规定的目标和生物多样性2050年的愿景。由于人口的迅速增长、不可持续的生产和消费以及相关的技术发展等间接因素，生物多样性和生态系统功能方面的负面趋势，预计将在未来的许多情况下继续或恶化。

为保护自然和更可持续地管理自然而采取的政策反应和行动取得了进展，相对于不干预的情况，产生了积极成果，但进展还不足以遏制自然恶化的直接和间接驱动因素。因此，爱知2020年生物多样性目标多数没有实现，部分目标取得了进展，如与政策应对有关的目标，如陆地和海洋保护区的空间范围、入侵外来物种的识别和优先排序、国家生物多样性战略和行动计划以及名古屋关于获得遗传资源和公平和公正分享利用生物多样性公约所产生的利益。然而，虽然保护区现在覆盖15%的陆地和淡水环境以及7%的海洋领域，但它们只覆盖了部分重要的生物多样性地点，在生态上尚未完全具有代表性，也没有得到有效或公平的管理。为支持《生物多样性公约》而提供的官方发展援助以及全球基金提供的资金均有显著增长。在实现这些目标方面，有近1/3的目标几乎没有实现或没有进展，而在背离这些目标方面却有进展。

自然是实现可持续发展目标的必要条件。但是，考虑到可持续发展目标是集成的，不可分割的，在全国范围内实施，目前的生物多样性和生态系统的负面趋势，将会削弱80%的与贫穷、饥饿、健康、水、城市、气候、海洋和陆地评估目标的有关进展(可持续发展目标1、目标2、目标3、目标6、目标11、目标13、目标14和目标15)。自然与教育、两性平等、减少不平等和促进和平与正义等目标之间具有重要的积极协同作用(可持续发展目标4、目标5、目标10和目标16)。土地或资源的使用权的不安全，以及自然的衰退对妇女和女孩的影响更大，她们往往受到更大的负面影响。但是，目前这些目标的重点和措辞模糊或忽略了她们与自然的关系。未来的政策目标、指标和数据集，必须更明确地考虑到自然的各个方面及其与人类福祉的关系，以便更有效地跟踪自然趋势对可持续发展目标的影响。选择一些途径来实现与能源、经济增长、工业和基础设施以及可持续消费和生产相关的目标(可持续发展目标7、目标8、目标9和目标12)，以及与贫穷、粮食安全和城市有关的指标(可持续发展目标1、目标2和目标11)，可对自然产生重大的积极影响或消极影响，从而对其他可持续目标的实现产生重大影响。

预计全球气候变化、生物多样性、生态系统功能和自然对人类的贡献将对世界产生重大负面影响的地区，也是土著居民和世界上许多最贫穷社区大量集中的地方。由于这些社区严重依赖自然及其对生存、生计和健康的贡献，生态系统管理的消极变化将不成比例地严重打击这些社区。这些负面影响还影响到土著居民和地方社区管理、保护野生和驯化生物多样性以及自然对人民的贡献的能力。土著居民和地方社区通过共同管理制度、地方和区域监测网络，通过振兴和调整地方管理系统，与其他利益攸关方建立伙伴关系，积极应对这些挑战。

除了包括革命性的改变的情况外，由于土地或海洋利用变化、生物开发和气候变化的预期影响，预计到2050年及以后，大自然、生态系统功能和大自然对人类的许多贡献的负面趋势将继续下去。污染和外来物种入侵带来的负面影响可能会加剧这些趋势。在未来生物多样性和生态系统功能的预测模式以及自然对人类贡献的损失和变化方面，存在着巨大的区域差异。这些差异来自变化的直接和间接推动因素，预计这些因素将以不同的方式影响各区域。虽然在未来的预测中，世界各地的区域面临生物多样性进一步下降的风险，但由于气候变化、土地使用变化和渔业开发之间的相互作用，热带地区尤其面临生物多样性下降的综合风险。北方、亚极地和极地地区的海洋和陆地生物多样性预计将减少，主要原因是气候变暖、海冰消融和海洋酸化加剧。在消费或人口迅速增长的情况下，影响的程度和区域之间的差异要比基于可持续性的情景大得多。

预计在未来几十年，气候变化将变得越来越重要，成为自然变化和自然对人类作出贡献的直接驱动力。实现可持续发展目标和2050年生物多样性的愿景，取决于在确定未来目标时考虑到气候变化的影响。气候变化的未来影响预计将在未来几十年变得更加明显。情景预测的主要结论是气候变化对生物多样性和生态系统功能的不利影响，在某些情况下，这种影响会随着全球变暖的增加而呈指数恶化。即使全球变暖1.5~2摄氏度，大部分陆生物种的活动范围预计也将大幅缩小。范围的变化会对陆地保护区保护物种的能力产生不利影响，大大增加了当地物种的更替，并大大增加了全球物种灭绝的风险。比如，综合许多研究估计，气温变暖2摄氏度，面临与气候有关的灭绝风险的物种比例为5%，变暖上升到4.3摄氏度时，则为16%。珊瑚礁特别容易受到气候变化的影响，预计在气温升高1.5摄氏度时，覆盖面积将比以前面积减少10%至30%，在升温2摄氏度时，覆盖面积将下降到以前面积的不到1%。因此，情景表明，将全球变暖控制在远低于2摄氏度的范围内，对于减少自然对人类贡献的不利影响至关重要。

通过加强国际合作和与当地有关的相互联系的措施来保护全球环境。养活人类、加强自然的保护和可持续利用是相互补充和密切依存的目标，可以通过可持续农业、水产养殖和畜牧系统、保护本地物种、品种和栖息地以及生态恢复来推进。具体行动包括促进可持续的农业和农业生态做法，如多功能景观规划和跨部门综合管理，以支持保护遗传多样性和相关的农业生物多样性。同时实现粮食安全、生物多样性保护和可持续利用的进一步行动是：①在适当的背景下减缓和适应气候变化；②整合来自各种系统的知识，包括科学和可持续的土著和地方实践；③避免食物浪费；④使生产者和消费者有能力改造供应链；⑤促进可持续健康的饮食选择。作为综合景观规划和管理的一部分，及时的生态恢复，强调利用本地物种，可以抵消目前的退化，挽救许多濒危物种，但如果延迟效果就会很差。

增加使用绿色基础设施和其他基于生态系统的方法，有助于促进城市可持续发展，同时加强减缓和适应气候变化，保护城市重点生物多样性区域。解决方案可以包括改造绿色和蓝色基础设施，例如创建和维护绿色空间和有利于生物多样性的水体、城市农业、屋顶花园以及在现有城市和城郊地区及新开发项目中扩大和可访问的植被覆盖。城市和周边农村地区的绿色基础设施可以作为大规模"灰色基础设施"的补充，如防洪、温度调节、空气和水的清洁、废水处理和能源供应、本地来源的食物以及与自然互动带来的健康益处。将减少不平等纳入发展道路，减少过度消费和浪费，处理环境影响，如从地方到全球规模的经济活动的外部性。

六、环境经济核算体系的生态系统核算（SEEA EA）

2021年3月，联合国统计委员会（United Nations Statistics Commission，UNSC）公布了修订的《环境经济核算体系的生态系统核算》（The United Nations monetary System of Environmental-Economic Accounting—Ecosystem Accounting，SEEA EA）。联合国秘书长安东尼奥·古特雷斯（António Guterres）称之为"改变我们看待和评价自然的方式的历史性一步"，欧盟委员会执行副主席弗朗斯·蒂默曼斯（Frans Timmermans）表示，"这一新的统计框架超越了GDP，在国家经济规划中更好地考虑了生物多样性和生态系统。"SEEA生态系统核算构成了一个综合和全面的统计框架，用于组织关于栖息地和景观的数据，测量生态系统服务，跟踪生态系统资产的变化，并将这些信息与经济和其他人类活动联系起来。

修订后的SEEA EA的各章如图4-7所示。

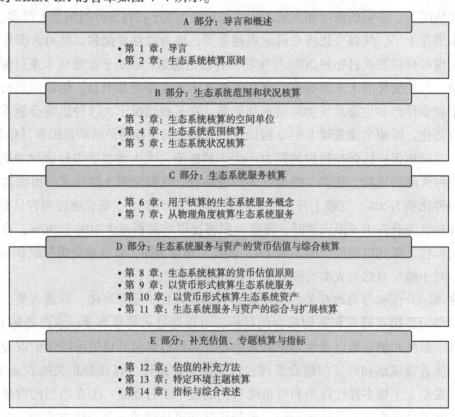

A部分：导言和概述
- 第1章：导言
- 第2章：生态系统核算原则

B部分：生态系统范围和状况核算
- 第3章：生态系统核算的空间单位
- 第4章：生态系统范围核算
- 第5章：生态系统状况核算

C部分：生态系统服务核算
- 第6章：用于核算的生态系统服务概念
- 第7章：从物理角度核算生态系统服务

D部分：生态系统服务与资产的货币估值与综合核算
- 第8章：生态系统核算的货币估值原则
- 第9章：以货币形式核算生态系统服务
- 第10章：以货币形式核算生态系统资产
- 第11章：生态系统服务与资产的综合与扩展核算

E部分：补充估值、专题核算与指标
- 第12章：估值的补充方法
- 第13章：特定环境主题核算
- 第14章：指标与综合表述

图4-7 联合国修订的SEEA EA的章节

七、寻找可持续发展之路

过度开发资源导致了目前的生物多样性危机。阻止生物多样性丧失的必要性是毋庸置疑的。《生物多样性保护公约》于 1992 年开放供签署。自那时以来，195 个国家致力于阻止生物多样性丧失这一挑战。公约的理事机构举行的缔约方会议制定了"2010 年目标"，为实现"到 2010 年，在全球、区域和国家层面上显著降低目前的生物多样性丧失速度，为减轻贫困做出贡献，造福地球上所有生命。"许多国家承诺实现这一目标，这表明国际社会意识到迫切需要采取行动，保护生态系统及其服务，但这一目标并未实现。由于未能对生物多样性危机采取足够的行动，需要采取新的行动，重新思考这些目标。2010 年，各国政府商定了一项到 2020 年的新战略和目标。这些必须激励我们在召开的下一届生物多样性公约峰会之前，在广泛的人类活动中"从'一切照旧'进行重大转变"。改革的一个成熟领域是政府对有害农业、化石燃料和捕鱼行为的补贴。该报告的主要作者戴维·库珀说："我们仍然看到，在损害生物多样性的事情上投入的公共资金比在支持生物多样性保护的事情上投入的公共资金要多得多。"

《2011—2020 年生物多样性战略计划》由 5 个战略目标组成，由 20 个具体且可测量的目标（爱知目标）支持。这些目标既现实又雄心勃勃，涵盖 5 个战略领域，包括生物多样性丧失的间接原因、生物多样性的直接压力、生物多样性的现状、生物多样性的惠益和应对生物多样性丧失。与爱知目标相辅相成的是可持续发展目标，该目标将取代千年发展目标，并将构成 2015 年以后联合国发展议程的框架。但是，世界未能实现联合国所有生物多样性目标，2010 年，近 200 个国家在日本爱知商定了 20 项联合国生物多样性目标，但我们没有实现其中任何一项。过去 10 年在《2011—2020 年生物多样性战略计划》下取得了一定进展，但令人深切担忧的是这些进展不足以实现爱知生物多样性目标，深切地认识到生物多样性丧失、气候变化、土地退化和荒漠化、海洋退化和污染以及日益严峻的人类健康和粮食安全风险，这些前所未有且相互关联的危机对我们的社会、文化、繁荣和星球构成威胁。有希望的迹象表明，在过去 10 年中，全球森林砍伐率下降了约 1/3，良好的渔业管理政策也带来了回报。44% 的关键生物多样性区域现在得到了保护，而 20 年前这一比例为 29%。

生物多样性使地球充满生机，也是人类生存和发展的基础。2021 年被联合国称为"重塑我们与自然关系的关键一年"，号召全球共同应对气候变化和生物多样性危机。2021 年 10 月 13 日，《生物多样性公约》第十五次缔约方大会（COP15）第一阶段高级别会议正式通过《昆明宣言》，呼吁各方要采取行动，共建地球生命共同体。"昆明宣言"是此次大会的主要成果。宣言承诺，确保制定、通过和实施一个有效的"2020 年后全球生物多样性框架"，以扭转当前生物多样性丧失趋势并确保最迟在 2030 年使生物多样性走上恢复之路，进而全面实现人与自然和谐共生的 2050 年愿景。为加强生物多样性保护，中国正加快构建以国家公园为主体的自然保护地体系，逐步把自然生态系统最重要、自然景观最独特、自然遗产最精华、生物多样性最富集的区域纳入国家公园体系。为推动实现碳达峰、碳中和目标，中国将陆续发布重点领域和行业碳达峰实施方案和一系列支撑保障措施，构建起碳达峰、碳中和"1+N"政策体系。

人类福祉和生态系统保护有时在地方尺度上存在矛盾，因为提供生态系统服务的地方和人们从中受益的其他地方之间存在空间上的耦合。这一情况在进一步恶化，因为许多生态系统提供的是非市场服务，在经济决策中往往被忽视。尽管如此，非市场服务的效益价值是可观的，应该纳入管理战略和发展政策。比如，许多保留的自然区域位于发展中地区，这些地区尚未实现人们福祉的基本组成部分。如果对非市场生态系统服务进行估价，这些人口将拥有可贸易的商品。这些地区的人口可以获得报酬，以维持其自然栖息地，并将这一新的收入来源用于发展。碳信用的商业化就是一个例子。从国家到工业或普通公民的污染者，通过支付森林的维护费用来补偿他们的二氧化碳排放，这些森林将吸收和固定碳。一些国家还认识到某些栖息地的生态系统服务的重要性，通过了旨在保护这些栖息地的立法。比如，湿地对水质净化和洪水调节非常重要，目前在许多国家受到法律保护。

另一种选择是在当地范围内找到既有利于生态系统又有利于当地社会经济发展的解决方案。一些旨在可持续管理森林的项目采用了这种办法，是将范围更广的森林产品，包括经核证的木材、食用产品、药物和碳固定商业化。

地方和全球方法的结合将是最佳可持续发展战略的关键。此外，在消费者端，采取节约能源和其他资源(如食品和水)的行为也是至关重要的。生态系统将免于不必要的压力需求，因此人类福祉将得到改善。

最后，有必要推动从地方到全球范围的研究，以获取有关生态系统状态及其与人类福祉之间联系的信息，并将研究结果提供给最广泛的人群，从公众到政治家、教师和科学家。千年生态系统评估是理解生物多样性与人类福祉之间联系的一个重要里程碑。来自95个国家的1300多名科学家参与了这项研究。研究结果于2005年发表，其中包括一套在不同空间尺度上的关于生态系统状况、其服务以及与人类福祉的联系的全面报告。千年生态系统评估为2012年成立"生物多样性和生态系统服务政府间平台(IPBES)"铺平了道路。IPBES的总体目标是为政策需求提供信息，并支持有关生物多样性和生态系统服务的决策。为了实现这一目标，IPBES建立在4个主要功能的基础上：评估现有知识、支持科学政策接口、生成满足现有需求的知识，以及提高实施计划的能力。

总之，人类福祉和生物多样性密切相关。生物多样性丧失对人类福祉的影响后果多种多样，难以准确预测。它们可能会达到意想不到的严重程度，影响世界各地的人们。为了确保全世界人类福祉的长期改善，必须制定并充分实施可持续的生态系统服务管理战略。以人民福祉为中心，促进社会公平正义。要心系民众对美好生活的向往，实现保护环境、发展经济、创造就业、消除贫困等多面共赢，增强各国人民的获得感、幸福感和安全感。

第七节 基于自然的解决方案

在21世纪，社会面临着快速的城市化和人口增长、自然资本和相关生态系统服务的退化和损失、自然灾害风险的增加和气候变化。随着人们越来越认识到需要与生态系统合作来解决这些问题，现在出现了一种基于自然的解决方案，即利用自然生态系统来解决社会挑战，同时提供多种共同利益。基于自然的解决方案是近年来引入的一个概念，旨在承认和促进自然作为一种手段，为当前不可持续的社会带来变革并提供有效的解决方案。具体而言，基于自然的解决方案可以理解为受自然启发和支持的行动和创新，旨在帮助社会应对气候变化、水资源短缺、粮食安全或风险管理等紧迫的环境、社会和经济挑战。基于自然的解决方案遵循生物多样性原则，模仿经过时间考验的生态系统的模式和过程，造福于人类和地球。这是一种跨学科方法，有助于设计产品、材料和策略，有助于整合人类物种和地球的自然过程。

人类活动已经达到了一种可能意味着对人类发展有害的不可逆转的生态变化的程度。近年来，气候变化、水资源短缺、污染、自然灾害和粮食安全等环境和社会问题已经恶化到了被归类为社会大挑战的程度。比如，《2016年地球生命报告》指出，自1970年以来，地球的生物多样性已经丧失了57%，预计到2020年，这一数字将达到68%。由于传统方法和技术战略取得的进展有限，以整体方式管理社会生态系统成为解决可持续发展相关挑战的优先事项。

人们越来越认识到，与生态系统合作的必要性，以确保城市的宜居性，帮助社区应对和恢复灾害，适应和减缓气候变化，同时保护自然生态系统和生物多样性，而不是依靠传统的工程解决方案来应对这些挑战。基于自然的解决方案受到自然的启发和支持，并利用(或模仿)自然过程，可以战略性地和公平地应用于帮助社会应对各种气候和非气候挑战。与此同时，基于自然的解决方案可以带来多种经济、环境和社会效益，如降低基础设施成本、创造就业和绿色增长，以及健康和娱乐机会。基于自然的解决方案可用于减少突发事件的风险，比如，沿海植被和包括沙丘和红树林在内的自然特征可为当地社区提供保护，使其免受风暴潮的侵袭，而健康的珊瑚礁可在沿海风暴期间减少海浪能量。此外，基于自然的解决方案还可以减少地震后滑坡等次生灾害的影响。基于自然的解决方案还可以减少干旱等迟发事件的风险，比如，社区可以通过将水从湖泊和地下蓄水层等自然储存特征中释放出来供人类和自然使用，从而减轻干旱。鉴于这种情况，从业人员、政策制定者和学者提出了基于自然的解决方案，认为自然生态系统不仅服务于地球的重要目的，而且如果它们得到可持续和被尊重地利用，就可以产生经济和社会价值。人们发现，大自然在减少自然灾害风险方面发挥着关键作用，比如，沿海的红树林可以保护水稻作物在沿海风暴后从盐水侵入危害中恢复，海岸生态系统可以减少飓风等的物理危害。

懂得自然功能如何激发新的想法和可行的解决方案，依赖自然生态系统的服务、过程和特性来制定战略行动，把人类和地球结合起来，在提高生活质量的同时增强自然资本。事实上，许多发明都源于对自然环境的观察，如农业中的授粉、净化空气和水的生物过滤过程，或者生态系统起自然碳汇(吸收排放的二氧化碳)的作用。基于自然的解决方案的主要前提是，经济和社会可以从生态系统的原则中获得宝贵的见解，以应对与可持续发展相关的重大挑战。自然构成了制定和实施解决方案的基础。因此，与自然合作，而不是对抗自然，是实现资源效率更高、污染更少和经济竞争力更强的手段。自然被视为实现可持续发展目标的关键。因此，维持和保护自然资本至关重要。

联合国可持续发展目标第17明确提出了建立和维持伙伴关系和合作治理，以实现可持续发展目标。鉴于一些基于自然的解决方案的范围和复杂性，需要多个利益相关者群体的互动。为了有效地开展这项工作，各级机构，如政府、非政府组织、研究中心、地方社区和私人机构，必须建立合作伙伴关系。合作伙伴关系的各个成员预计将在基于自然的解决方案实施的每个阶段发挥不同的作用，从规划到解决方案的开发和结果数据的收集。比如，一系列多部门组织和个人之间的伙伴关系和合作，是海岸带基于自然的解决方案、海洋管理、渔业、保护区旅游业、自然资本保护和气候变化适应的关键。

一、基于自然的解决方案的发展和演变

基于自然的解决方案一词在21世纪初作为一个有用的"总括"概念进入词典，用于描述依靠自然系统或自然过程来应对社会挑战的方法。在过去的5~10年中，人们对基于自然的解决方案在水安全、减少灾害风险、减缓和适应气候变化、有韧性的城市、健康和可持续发展方面的兴趣呈

指数增长。

虽然"基于自然的解决方案"是一个新术语，但基于自然的解决方案中体现的概念和实践并不一定是新的。至少自18世纪以来，城市规划和景观设计已经将建立在自然基础上或将自然融入更健康和可持续城市设计的传统纳入其中。英国的花园城市运动和美国的城市美丽运动只是两个例子。景观设计之父弗雷德里克·劳·奥姆斯特德(Frederick Law Olmsted)在波士顿设计的翡翠项链，是占地44.5公顷的公园和水道"蓝绿色"基础设施链，旨在通过将自然带入城市，提供一个远离城市生活压力的避难所："偶尔沉思一个令人印象深刻的人物的自然场景，特别是当这种沉思是为了摆脱日常的烦恼、改换空气和习惯时，对人类的健康和活力是有利的。"

田地边界的树篱是基于自然的解决方案的最早的例子。树篱是一种活的、线性的农田边界，设计用于封闭(或排除)牲畜，通常由多刺的乔木和灌木组成，呈线性、相互连接的结构。它们还划定了财产和管辖范围。曾经是欧洲西北部景观的一个共同特征，自20世纪50年代以来，许多树篱已被广泛移除，在许多情况下，它们已被更多的工程解决方案所取代，如铁丝网或电栅栏。然而，尽管在北美洲、肯尼亚、印度和其他被欧洲国家殖民的国家也可以找到树篱，但树篱仍然普遍存在于许多欧洲景观中。在现存的情况下，树篱通常仍然提供它们创建时所用的解决方案(圈地、划定动物庇护所等)，随着时间的推移，它们已经获得了不可预见的共同利益。因此，从时间以及地缘政治和环境变化的角度来看，树篱可以被认为是基于自然的典型解决方案。

虽然自然在支持人类福祉方面发挥的作用是许多人(如土著居民)的核心信念，但直到20世纪70年代，它才开始在科学文献中得到承认。到了20世纪90年代，明显需要更系统的方法来记录和理解自然与人之间的关系。

然而，从业人员提出的基于自然的解决方案的概念直到21世纪末才出现。基于自然的解决方案的概念于2008年由世界银行首次提出。基于自然的解决方案的第一个研究项目于2013年启动。这一概念产生于寻求创新解决方案，以平衡自然和社会利益的方式管理自然系统。换句话说，通过与自然合作，而不是与自然对抗，人类社区可以开发和实施解决方案，实现韧性、资源效率和绿色经济。这个词意味着观念的转变，人们不仅被视为自然服务的被动受益者，而且被视为自然环境的主动保护者。具体而言，世界银行(2008)和国际自然保护联盟在《联合国气候变化框架公约》(2009)中首次提出了这一概念。基于自然的解决方案概念被用于寻找缓解气候变化影响的解决方案，同时保护生物多样性和确保可持续的生计。后来，将基于自然的解决方案定义为"采取行动保护、可持续管理和恢复自然生态系统或已经改造的生态系统，有效地、适应性地应对社会挑战，同时提供人类福祉和生物多样性利益。"

此后，欧洲的政策制定者，尤其是欧盟委员会也采用了该术语，该委员会将基于自然的解决方案称为创造创新机会的手段，以实现欧洲经济的绿色化，并为创造就业和增长作出贡献。具体而言，欧盟将基于自然的解决方案定义为"受自然启发、支持或模仿自然的行动，既使用和加强现有的应对挑战的解决方案，又探索更新颖的解决方案，旨在帮助社会以可持续的方式应对各种环境、社会和经济挑战"。

虽然定义大体相似，但国际自然保护联盟和欧盟提供的定义说明了不同利益相关者对基于自然的解决方案术语的概念化和使用方式略有不同。比如，国际自然保护联盟的框架将人类社区和生物多样性置于基于自然的解决方案的概念的核心，而欧盟的定义则更为宽泛，因为增添了经济成分。此外，欧盟的定义更加强调不仅利用的是自然，而且是受自然启发和支持的解决方案。最后一种观点认为，基于自然的解决方案是社会实现三重底线（社会、环境和经济目标）的一种方式，近年来已变得很普遍，并在实践和学术领域占据主导地位。

二、基于自然的解决方案的出现

20 世纪 90 年代至 21 世纪初，传统保护方法的局限性变得明显，人们越来越担心人类发展正在迅速接近生态极限和地球边界。技术解决方案的经济、环境、社会影响和局限性，包括利用灰色基础设施管理水资源的主导方法，在 20 世纪最后几十年变得越来越明显。发达国家现有水基础设施的破败状况及其易受威胁的脆弱性，包括水源水质恶化和气候变化，提高了人们对需要采取新办法的认识。自 20 世纪 90 年代至 21 世纪初，人们对基于自然的"绿色基础设施"、低影响开发和可持续的城市排水系统产生了极大的兴趣，以解决因雨水管理基础设施不足而导致的日益严重的破坏性和昂贵的城市洪水问题。

从经济意义上说，一个国家的财富是以四种核心资本为基础的：制造资本（如机器和建筑）、人力资本（如人、他们的技能和知识）、社会资本（如规范和机构）和自然资本，自然资本可以定义为自然资产的存量，包括地质、土壤、空气、水和所有生物。正是由于自然资本的多个组成部分的相互作用，才得以提供一系列的生态系统服务。比如，森林是自然资本的组成部分，而气候调节可能是它提供的生态系统服务。同样地，健康的土壤是自然资本的组成部分，而减少洪水和干旱风险可能是其提供的生态系统服务。总之，自然资本是产生生态系统服务的资源（生态系统）存量。

与此同时，围绕生物多样性、气候变化、可持续发展和灾害风险管理的重大全球政策举措，开始强调生态系统在人类福祉中的作用，以及在发展和经济决策中纳入生态系统价值的必要性。基于生态系统的管理、生态系统方法、基于生态系统的适应和灾害风险管理、环境流和生态工程概念，作为保护生物多样性、管理陆地和沿海、海洋资源、应对气候影响，以及恢复管理河流系统的健康的更加主动、科学和可持续的方法而受到重视。从这一时期起，两项发展尤其有助于基于自然的解决方案概念的出现，并与之密切相关：自然资本和生态系统服务（表 4-3）。

表 4-3　基于自然的解决方案和相关概念

术语/概念	来源	定义和描述
基于自然的解决方案	2018 年联合国世界水资源评估计划	基于自然的解决方案受到自然的启发和支持，利用或模拟自然过程，以促进水资源管理。基于自然的解决方案可以包括保护或恢复自然生态系统，在改良或人工生态系统中加强或创造自然过程。它们可以应用于微观尺度（如旱厕所）或宏观尺度（如流域恢复）。
	世界自然保护联盟	采取行动保护、可持续管理和恢复自然或经过改造的生态系统，有效和适应性地应对社会挑战，同时为人类福祉和生物多样性带来好处。 世界自然保护联盟的基于自然的解决方案概念，包括一系列水安全，以及保护、气候适应、减少灾害风险和粮食安全等挑战的解决方案或方法
	气候债券倡议	基于自然的解决方案是指明确、有计划、有目的地利用生态系统来满足人类的需求；"基于自然的基础设施"使用生态资产或"基于生态系统的特征、过程和功能"来满足对水的需求。在基于自然的解决方案的保护下，它们区分为： 自然特征（受保护或恢复的生态系统）；基于自然的特性，使用或模拟生态系统和自然过程的特性，但使用人类设计、工程和建造来提供或增强（通常是单一的）服务
	欧盟委员会	受自然启发、持续支持的现实解决方案，旨在以资源节约和适应性强的方式应对各种社会挑战，同时提供经济、社会和环境效益

（续）

术语/概念	来源	定义和描述
基于自然的基础设施	美国陆军工程兵团	美国陆军工程兵团的实践区分了自然特征和基于自然的特征，两者都为人们提供特定利益的服务。自然特征是：随着时间的推移，通过物理、地质、生物和化学过程的作用而产生。基于自然的特征是：由人类设计的工程和建筑（与自然过程相协调）所创造的，以提供特定的服务，如减少沿海灾难风险和提供其他生态系统服务（如鱼类和野生动物的栖息地）。基于自然的特性通常需要人工干预来维持它们所构建的功能和服务
基于自然的基础设施和解决方案	秘鲁水安全项目的自然基础设施	自然基础设施是一个相互关联的生态系统组成部分（水、土壤、底土、植被、生物多样性），执行一项或多项功能，为人类提供服务或利益，如水文调节、碳汇、洪水减缓、气候调节或侵蚀控制 基于自然的解决方案确保或恢复自然基础设施的功能。因此，景观（包括其地形、土壤或气候）由各种生态系统或自然基础设施（如湿地、原生森林或农田）组成，它们承载着生态系统的功能和过程（如蒸发蒸腾、土壤水分渗入或初级生物量生产）。这些功能将创造生态系统服务（如保持旱季河流流量、减少土壤侵蚀或生产粮食），从而为社会带来效益（如提供营养、保障水安全或提供收入），在水文、经济、社会和文化方面具有价值
自然资本/自然资产	世界自然资本论坛	世界自然资产的储备，包括地质、土壤、空气、水和所有生物。正是从这种自然资本中，人类获得了广泛的服务，通常被称为生态系统服务，这使人类生活成为可能。自然资本方法的重点在于使这种资本的价值在决策中更明显，并维持或恢复这些储备，以确保服务流得到维持
自然资本	自然资本金融联盟	自然资本包括地球的自然资产（土壤、空气、水、植物和动物），以及由此产生的生态系统服务，使人类生活成为可能。来自自然资本的生态系统产品和服务支撑着生产力和全球经济。它们每年提供价值数万亿美元的服务，为每个人提供食品、纤维、水、健康、能源、气候安全和其他基本服务
基于生态系统的适应（EBA）	生物多样性公约	基于生态系统的适应是将生物多样性和生态系统服务作为总体适应战略的一部分，以帮助人们适应气候变化的不利影响

随着人们从生态系统中获得的服务越来越受到广泛的重视，自然系统是支撑可持续发展的人力资本、社会资本和金融资本组合中的一种独特类型的资本，这一点也变得清晰起来。各国政府开始接受自然资本和自然资本核算不仅基于资源价值的旧观念，而且基于自然资本为人们提供的服务流。英国政府将自然资本定义为："直接或间接为人类创造价值或利益的自然要素，包括生态系统、物种、淡水、土地、矿产、空气和海洋，以及自然过程和功能。"

将自然系统视为一种资产或资本也符合新兴理念，特别是在"绿色"或"自然"基础设施的水部门。自然系统提供的许多服务与"灰色"或已建成的基础设施系统提供的服务相同，如调节水流、过滤和净化水，以及防范干旱和洪水等灾害，通常更具经济效益，并具有显著的协同效益。

尽管基于自然的解决方案已被推广为解决各种环境和社会问题的关键工具，但其概念及其实际应用仍有模糊性。这种模糊性与一个事实有关，即基于自然的解决方案的概念是从多个科学领域的整合中产生的，具有不同背景的专家从他们自己的基础学科的角度思考基于自然的解决方案。有研究认为，下列这些行动被确定为基于自然的解决方案的干预措施：①受到大自然的启发和推动；②应对（社会）挑战或解决问题；③提供多种服务和利益，包括生物多样性增加；④具有较高的效率和经济效益；⑤公平地权衡；⑥适应性管理。

不能包括在基于自然的解决方案的干预措施包括：①缺乏有效的生态系统；②对生物多样性

产生负面影响或无影响；③与灰色基础设施一样的益处；④利益分配不公；⑤自上而下的治理模式；⑥静态管理方法；⑦投资费用超过收益。

实施基于自然的解决方案的行动和评估其结果的需求日益增长，为了避免将任何绿色和蓝色行动界定为基于自然的解决方案，国际自然保护联盟在 2020 年公布了其关于《基于自然的解决方案的全球标准》。

三、基于自然的解决方案的原则

国际自然保护联盟制定了一套原则。具体而言，他们提出了作为基于自然的解决方案基石的 8 项原则。

（1）基于自然的解决方案支持自然保护规范（和原则）。

（2）基于自然的解决方案可以单独实施，也可以与其他解决方案（如技术和工程解决方案）结合实施，以应对社会挑战。

（3）基于自然的解决方案由特定地点的自然和文化背景决定，包括传统、地方和科学知识。

（4）基于自然的解决方案以公平、公正的方式，以促进透明度和广泛参与，产生社会效益。

（5）基于自然的解决方案维持生物和文化多样性，以及生态系统随时间演化的能力。

（6）基于自然的解决方案应用于景观尺度。

（7）基于自然的解决方案认识到并解决了用于发展的一些直接经济效益的生产与未来各种生态系统服务的生产之间的权衡问题。

（8）基于自然的解决方案是应对特定挑战的政策、措施或行动总体设计的组成部分。

四、基于自然的解决方案及相关概念

将基于自然的解决方案理解为解决环境、社会和经济问题的一种方式，与其他涉及自然资源和生态系统管理以实现可持续发展和人类福祉的概念重叠并紧密联系在一起。在这方面，《地平线2020》最近概述了欧洲创新政策议程，报告指出，基于自然的解决方案的概念是"建立并支持其他密切相关的概念，如生态系统方法、生态系统服务、基于生态系统的适应和缓解措施，以及绿色和蓝色基础设施。"

基于自然的解决方案的所有这些概念都承认自然的相关性，以及理解生态系统功能的必要性，包括人类行为及其后果，以确保可持续增长。然而，基于自然的解决方案一词提出了两个独特的前提：①一些社会挑战是人类活动忽视生态限制的结果；②向大自然寻求设计和工艺知识可以为这些活动提供可持续的替代方案。因此，基于自然的解决方案应对的目标具有双重性：运用自然知识积极应对社会挑战，同时维护和增强自然资本和生态系统。相反，相关概念（如生态系统服务、绿色基础设施、生态工程）主要基于这样一个概念，即生态系统服务的管理和价值应以对人类福祉和经济的直接利益为基础，而不是对环境本身。尽管存在这些概念上的差异，但相关概念可能有助于理解基于自然的解决方案面临的机遇和挑战。

基于自然的解决方案可以作为一个总括术语。比如，基于自然的解决方案包括绿色基础设施、基于生态系统的适应和生态系统服务。国际自然保护联盟还对属于基于自然的解决方案范畴的概念进行了更详细的解释（表 4-4）。

表4-4　基于自然的解决方案作为总括概念涵盖的方法

基于自然的解决方案的方法类别	例子
生态系统恢复方法	生态恢复，生态工程，森林景观恢复
具体问题与生态系统相关的方法	基于生态系统的适应，基于生态系统的减排，气候适应服务，基于生态系统的灾害风险减少
相关基础设施的方法	自然基础设施，绿色基础设施
基于生态系统的管理方法	海岸带综合管理，水资源综合管理
生态系统保护方法	基于区域的保护方法，包括保护区的管理

五、基于自然的解决方案分类

基于自然的解决方案是解决各种环境、社会和经济问题的最全面的方法之一。它们可以有多种形式，适用于非常不同的环境。鉴于其广泛的应用范围，根据基于自然的解决方案的范围和尺度对其进行分类为：宏观、中观和微观。宏观层面与全球或国际层面相对应，即创造一个由几个国家共享的受保护自然生态系统。中观尺度可以与在区域和大都市尺度上实施的基于自然的解决方案相关联，如恢复区域湿地。微观尺度代表在特定社区、街道和建筑中开发和实施的基于自然的解决方案，如在建筑中建设绿色屋顶和墙面。这种基于范围的分类，有助于区分哪些组织和机构应该参与不同级别的基于自然的解决方案举措的制定。

有研究者将基于自然的解决方案分为三种不同类型。类型1，自然生态系统的利用；类型2，管理或恢复的生态系统；类型3，创造新的生态系统。基于自然的解决方案的分类基于两个主要标准：①基于自然的解决方案干预所需的生态系统工程的程度；②基于自然的解决方案针对的利益相关者群体和生态系统服务的数量。

类型1：利用现有的自然生态系统。属于第一类的基于自然的解决方案，旨在尽量减少或避免对自然生态系统的干预，以解决社会挑战。这种类型的基于自然的解决方案可以在自然环境中的宏观或中观尺度实施，包括建立保护区等行动。实施此类基于自然的解决方案的伙伴关系可能需要包括超国家组织、国际非政府组织以及研究中心。一般来说，它们是长期的解决方案，因为自然过程缓慢，只能解决一些挑战。然而，与其他解决方案相比，此类基于自然的解决方案的成本可能更低。

类型2：管理或恢复的自然生态系统。第二类基于自然的解决方案对应于更具侵入性的行动，如修复和管理现存的生态系统。类型2的解决方案可能发生在正遭受一定程度退化的现有生态系统中，如森林、海岸带和湿地、河岸和农业景观。因此，类型2的解决方案主要可以适用于中尺度。恢复生态系统的基于自然的解决方案是提高生态系统抵御自然灾害能力的有效手段。

类型3：创造新的自然生态系统。类型3基于自然的解决方案的特点是，对现存自然生态系统进行高水平的修改或干预，甚至可能涉及创建新的自然生态系统。类型3的解决方案可以与恢复严重退化或污染地区等目标相联系。鉴于此类生态系统的创建或改造过程可能需要付出的努力，类型3主要在微观或中观尺度实施。城市地区的大多数干预措施，如屋顶绿化、创建城市花园和种植更多树木，都属于这类。因此，类型3倾向于将自然（绿色）和技术（灰色）的基础设施结合。实施此类基于自然的解决方案的伙伴关系可能需要包括地方政府、公司、非政府组织和社区代表。

值得注意的是，这种分类不考虑基于自然的解决方案作为明确的类型。比如，重建以前用于集约农业的土地，可以被视为类型2(因为这意味着生态系统恢复)，但允许土地在没有人为干预的情况下恢复，可能与类型1的解决方案相关。

六、规划基于自然的解决方案

基于自然的解决方案包括6个规划步骤：共同定义环境、理解挑战、创建愿景和情景、评估潜在影响、制定解决方案战略以及实现方案和监控。其实施遵循5项原则，即场所特异性、证据基础、整合、公平性和跨学科性。

(一)规划基于自然的解决方案的6个步骤

第一步，共同确定项目范围，包括项目启动，阐明项目的背景、总体社会挑战、目标和过程。这一步骤为基于自然的解决方案的实际可行性铺平了道路。通常由规划团队与关键决策者和利益相关者密切合作进行。在理想情况下，规划团队将获得授权，以加强规划过程和产出的合法性。也需要为规划过程争取足够的资金。规划团队确定有影响力和受影响的利益相关者，并制定一项系统和公平参与的策略。最后，规划团队需要澄清利益相关者早期参与规划和决策的期望和局限性。

第二步，了解挑战，涉及基于自然的解决方案各自的定义标准。在这一规划步骤中，需要根据空间和时间层面上存在的问题或机遇，来评估项目所面临的具体社会挑战。对所涉问题进行多方面评估特别重要。社会层面包括参与者、网络和问题认知或看法。立法层面指的是现有目标、各机构和层级目标之间的差异以及制度变革的需求。生态层面涉及突然和不可逆转的生态系统变化的风险。此外，需要考虑人与自然关系的维度，例如生态系统服务的提供和需求。了解水管理或公共卫生和福利等社会挑战，可以通过系统制图得到支持。因果循环图或模糊认知图等工具可以识别利益相关者的个人偏好和管理优先事项。

第三步，创建解决方案的愿景和情景，包括在给定景观环境中确定基于自然的解决方案的选址方案，并进行空间定位。确定适当的解决方案是规划的核心。基于确定的挑战和问题，需要与当地的可持续发展目标相关联，确定未来景观开发的目标。愿景是描述景观配置和使用的未来首选情况。情景开发可围绕有无基于自然的解决方案的方案多样性，及其对不同结果的可能影响进行讨论。基于自然的解决方案，如用于防洪的湿地，是一种新方法，但作为堤坝等传统措施的替代方案，尚未被广泛接受。为了整合新的基于自然的解决方案概念，情景方法可以有效地激发创造性和富有想象力的思维，通过考虑不同的观点，从而接纳基于自然的解决方案。

第四步，评估潜在影响，涉及对现有或即将实施的基于自然的解决方案以及其他替代方案的潜在成本和效益的多维评估。这种评价应该遵循多维评价原则，并且尽可能多地应用决策替代方案的社会和生态评估。规划团队可以有目的地选择定性或定量评估方法。应用河流模型，结合气象、城市能源平衡和享乐定价模型来评估基于自然的解决方案的影响。利益和成本都需要仔细评估和考虑。

第五步，制定解决方案战略，涉及为实施首选基于自然的解决方案设计可行的治理模式和商业模式，包括公平权衡实施方案的利弊。解决方案战略需要针对特定地点的环境，并解决实施的多重障碍，如财政资源和法规不足、机构分散、实施和有效性方面的不确定，以及有限的土地和可用的时间。政策可以促进基于自然的解决方案实施有效资源分配。作为政策的一部分，将基于自然的解决方案纳入区域和地方规划至关重要。需要确保具有权力、财力和足够的人员等资源。

为了在景观尺度上实施基于自然的解决方案，建议建立和创建新的监管机构和更分散但协调的综合治理结构。

第六步，实现方案和监控，包括第一批基于自然的解决方案行动的实施及其效果的关键监控。因此，为方案的实现和监测制订计划或规范的设计，是连接科学研究和实践中景观变化的桥梁。规划设计作为一个过程和对象，可以通过以行动为导向的方式，共同产生知识来促进实现，如通过迭代原型、矩阵模型和全面的叙述。通过跨学科合作与设计实验，紧密联系设计方案的评估与其后续实施中的监测和评估。为了展示基于自然的解决方案的效果并促进扩大规模，应优先考虑能够代表案例研究区域特定条件、在可用资金下相对容易实施的区域，并借鉴利用以往成功且有证据的项目的经验。

(二)规划基于自然的解决方案的 5 项原则

规划基于自然的解决方案的 6 个步骤应遵循 5 项关键指导原则，这 5 项原则可能会提高成功实施的可能性：场所特异性、证据基础、整合、公平性和跨学科性。

场所特异性是至关重要的，由于社会挑战和潜在的基于自然的解决方案都是特定于环境的。基于自然的解决方案往往受特定地点的约束，因此基于自然的解决方案的规划需要根据当地条件和挑战，调整通用解决方案，以确保利用资源的效率，具有应对变化的韧性。不考虑当地条件可能会产生负面效果。特定行动与社会空间背景之间的不匹配，可能意味着设想的基于自然的解决方案不再具备"解决方案"的资格。

基于自然的解决方案的规划需要基于证据，即在特定环境下，适用基于自然的解决方案的可用信息和知识，以提出可靠的建议和行动。对于基于证据的实践，需要具备以下技能：找到可靠的研究证据，将其应用于具体的案例，并评估基于经验的干预措施的效果。然而，目前缺少关于基于自然的解决方案的多维有效性、多重效益和共同效益的经验证据。对基于自然的解决方案的效率和有效性进行更多的评估和监测研究，具有重大价值。当只有有限的"硬"证据可用时，权宜之计就需要专家判断来补充了。

整合意味着考虑主题相关的方法、规划过程中的时间、空间和部门尺度，以及治理环境的政策。基于自然的解决方案的设计和规划可以整合各种基于生态系统的方法，如生态系统服务、绿色和蓝色基础设施、生态工程、基于生态系统的管理和自然资本。还可以集成对结合了技术、商业、金融、治理、监管和社会创新的解决方案的社会和经济效益的评估。

跨空间尺度的整合对基于自然的解决方案提供社会效益和生态效益，以及应对社会挑战至关重要。多向效应可能在不同的尺度上发生。比如，一些基于自然的解决方案在扩大尺度时会产生额外的共同利益，并可能有助于实现更广泛的多个政策目标。其他方法可能在解决小尺度、短期社会挑战方面有效，但在更大尺度和长期方面可能没有同样的效果。它们甚至可能干扰其他政策目标。整合多尺度方法避免忽视基于自然的解决方案的多向效应，并允许有效的基于自然的解决方案的规划和实施。在整合考虑跨尺度的相互作用的同时，基于自然的解决方案的规划应侧重于景观尺度，并考虑多个栖息地或(半)自然区域的互联网络，以有效发挥作用。

整合规划方法还应考虑时间尺度。通常，基于自然的解决方案的影响可能会随着时间的推移而波动，与技术工程解决方案的影响相比，需要更长的时间才能有效地提供全方位的潜在生态系统服务和社会效益。

公平可以从 4 个相互关联的维度来理解：承认、程序、分配和背景。这意味着承认不同行为者的权利、价值和利益，以所有相关行为者的包容性和有效参与为基础，在行为者之间公平分配成本和利益，并考虑现有政治、经济和社会条件创造的行为环境。强调公平是关于有组织的参与和规划产出的一项原则。规划团队的目标应该是组织一个具有社会包容性的规划过程，并以公平、公正的方式促进透明度和广泛参与。规划产出需要考虑到环境正义的各个方面，这样基于自然的解决方案可以导致更绿色和更可持续的社会。

跨学科性是指来自不同学科的研究人员和非学术的参与者之间的合作，以创造新知识和回答共同问题。在规划基于自然的解决方案时，可以理解为不同知识持有者系统地参与规划过程的设计和实施。因此，它已被广泛确定为规划和实施基于自然的解决方案的关键成功因素之一。跨学科规划过程需要将多种协作规划方法应用于社区参与和公民赋权。许多作者建议采取具体措施促进知识的共同生产和共同创造过程。跨学科性可以允许不同的利益相关者开发共同的合作语言。但是，必须防止"重新标记"相关概念和误用基于自然的解决方案概念，以避免误解、重复和意外后果。需要开发出共同的语言，以便有效地共享和共同生成有关基于自然的解决方案的信息。此外，应该使用参与性技术来提高认识和作为激励手段。系统参与并不意味着所有规划活动都需要由所有相关人员进行。相反，学科、跨学科合作的各个阶段应在规划过程中战略性地交织在一起，以充分利用互补性的贡献。

七、基于自然的解决方案应对全球社会挑战

鉴于基于自然的解决方案的上述潜力和广泛的应用范围，已经是应对重大社会挑战和向可持续发展过渡的关键途径。比如，欧盟委员会已经认识到基于自然的解决方案在改善城市设计、恢复生态系统、缓解气候变化、风险管理和恢复力方面的潜力。

基于自然的解决方案提供了更多的机会，并提出了更广泛的应用背景：城市、农村和自然环境。更具体地说，基于自然的解决方案可以用来实现联合国倡议的大多数全球可持续发展目标，如水和粮食安全、气候变化、人类健康、减少自然灾害风险和社会经济发展。鉴于这些目标中的许多是相互关联的，在一种情况下成功实施基于自然的解决方案可能有助于实现其他目标。比如，恢复森林等自然生态系统可能有助于改善气候变化，同时也有助于改善人类健康。

（一）水安全

可持续发展面临的主要挑战之一是确保人口获得安全用水。联合国可持续发展目标第6"清洁水和卫生设施"概述了这一点。人类对直接和间接（如制造过程）用水的需求都在增加，而现有的水资源由于污染而减少。更糟糕的是，预计极端环境事件（如严重干旱和强降水）等气候变化影响，会对全球当前的水需求造成更大压力。基于自然的解决方案被认为是解决大多数与水安全有关的问题的适当手段。具体而言，基于自然的解决方案能够提高水的可用性，改善水质，降低与气候变化等水相关灾害相关的风险。

首先，增加供水量需要提高保水能力。比如，可以通过在微观层面上用树木和植物创建绿色基础设施来实现这一目标。绿色基础设施通过储存雨水和限制其蒸发，来提高水的可用性。它们还可以作为自然屏障，在城市环境中防止水流的溢出，如建设海绵城市。其次，过滤从降雨或人类使用后收集的水是改善水质的最佳方式。基于自然的过滤器包括植物、树木或土壤元素。最后，关于与水有关的风险，重要的是要考虑两种自然灾害：洪水和干旱。洪水的影响可以通过应用基于自然的解决方案来恢复那些传统上充当屏障的环境，如河岸来减轻。如果天然地下水储存系统

得到恢复和妥善管理，就可以减弱干旱的影响。

水安全的基于自然的解决方案可以在不同的尺度上应用。比如，在社区中创建一个绿色地带，可以在微观层面上改善水的溢出，而恢复湿地可以在中观层面上改善水的过滤。此外，对于某些地区而言，使用自然生态系统而不进行干预的类型1的方案可能就足够了，而其他地区则肯定需要将其与类型3的解决方案相结合，如建造绿色基础设施。比如，传统上因缺乏所需的自然生态系统基础设施，而遭受水短缺压力的城市环境，需要干预或创建新的自然生态系统。当前改善水安全的努力需要研究机构和非政府组织之间的合作，研究机构提供数据驱动的证据，说明实施基于自然的解决方案的最佳方式，非政府组织致力于在不同环境下推进基于自然的解决方案。

（二）粮食安全

粮食安全可以直接与可持续发展目标2"零饥饿"联系起来。改善粮食安全历来被视为高度依赖技术的解决方案。然而，最近的研究表明，自然解决方案具有潜力。事实上，基于自然的解决方案已被证明是确保农业和渔业领域粮食安全的适当方式。

农业部门已开发出该领域的基于自然的解决方案。关于土地管理举措，其中一个主要目标是防止土壤因侵蚀而退化。基于自然的解决方案有助于防止土壤侵蚀，形成覆盖层，抑制地表水流（如形成更好的土壤结构，提高土壤渗透能力）或增加表面粗糙度（如使用植被或土堤）。然而，其他广泛应用于农业的基于自然的解决方案包括自然授粉（如使用蜜蜂）、生物防御（如使用害虫的自然捕食者），以及采用绿肥。在某些情况下，在给予土地新的农业用途之前，有必要恢复土地。考虑到土地类型和气候条件的多样性，无论在何处实施，基于自然的解决方案都需要仔细适应当地环境。

此外，基于自然的解决方案可用于对渔业和农场进行更可持续的管理（如选择能够更好地适应自然生态系统并有助于建立共生关系的物种）。事实上，可持续发展目标14"生命在水"的主要目标之一是促进可持续渔业。为了帮助实现这些目标，基于自然的解决方案可以在微观和中观尺度上实施，其属于类型2，因为需要对自然环境进行一定程度的改造。最后，为了实现其他可持续发展目标，如水安全、风险管理、气候变化适应和缓解，粮食安全可以从基于自然的解决方案的实施中共同受益。比如，欧盟和联合国开发计划署与农业部门和当地社区合作，在阿塞拜疆恢复农田。该项目恢复被侵蚀的土地，以便以可持续的方式和长远观点发展传统农业。

（三）人类健康

可持续发展目标3"身体健康"可以与这一全球挑战联系在一起。自然环境被认为是人类心理和生理健康的重要决定因素。由于目前全球大多数人生活在城市，这一趋势预计将在未来加剧，需要在全球城市的微观和中观尺度实施基于自然的解决方案。

在城市环境中，成功的基于自然的解决方案可以为当地居民提供更多的绿地。这样的自然空间提供了锻炼的机会，从而改善了身体健康，如减少肥胖、减少头痛和增加对疼痛的耐受性。此外，公园和绿地能够吸引更多的游客，从而有助于创造当地居民可以见面和发展社区关系的地方。这是一种改善心理健康的有效方法，其中包括帮助减少抑郁症的发病率。此外，基于自然的解决方案可以通过过滤二氧化碳来改善空气质量，从而降低与空气质量相关的疾病发生率。然而，绿地会增加人群中的过敏发病率。城市环境中绿地的发展也是减少城市热岛现象的有效途径。也就是说，与更自然的环境相比，城市表现出更高的温度记录。植被尤其是树木，能够减轻城市热浪的影响。这对其居民有利，尤其是那些更容易中暑的人，如老人或儿童。此类针对"绿色"城市区域的行动可被视为基于自然的解决方案的类型 2 或类型 3，具体取决于绿化区是正在恢复的，还是从头开始创建的。

（四）风险管理和恢复力

基于自然的解决方案的实施为降低不同类型自然灾害的可能性和强度提供了重大机会。基于自然的解决方案可以减轻自然灾害的例子，是那些通常与气候变化（可持续发展目标 13）影响有关的自然灾害，如洪水或干旱。此外，基于自然的解决方案还可能是保护自然生态系统和城市地区免受飓风、海啸或雪崩等自然灾害影响的有用手段。湿地、森林和沿海系统等自然生态系统，可以通过充当保护屏障或缓冲区来减少自然灾害的物理影响。可以实施 3 种类型的基于自然的解决方案，以在不同程度上提高自然灾害抵御能力：从种植更多植被到防止街道的水流溢出，到恢复湿地以过滤水，以及通过创建自然公园来保护天然林。为实现这些目标而建立的伙伴关系的一个例子，是自然保护协会和红十字会在海洋会议框架下建立的伙伴关系。这些非政府组织支持格林纳达、牙买加和多米尼加共和国等地的当地社区，帮助他们采纳和改善现有的基于自然的解决方案，如珊瑚礁和红树林。这一举措有助于降低自然灾害事件的风险，提高抵御灾害能力。此外，该项目还与瑞士保险公司合作，这是一家私人保险公司，他们利用自己的专业知识来探索基于自然的保险产品，这些产品能够保护和资助所需的生态系统。通过实施基于自然的解决方案来改善风险管理和恢复力，还可以实现人类健康、水安全、气候变化适应和缓解等可持续发展目标。

（五）减缓和适应气候变化

可持续发展目标 13 是"采取紧急行动应对气候变化及其影响"，基于自然的解决方案可以被视为应对气候变化的有力手段，气候变化是最紧迫的环境问题之一。如今，与应对气候变化有关的主要战略有两种：减缓气候变化和适应气候变化。前者包括减少人类活动对环境的影响，以阻止全球气温上升和防止气候变化。后者旨在适应已经发生的气候变化相关事件的影响。

基于自然的解决方案可以通过防止自然生态系统的退化和损失来帮助缓解气候变化。比如，森林砍伐被认为是气候变化的主要原因，因为导致植物和土壤释放温室气体。类型 1 的中观和宏观基于自然的解决方案，可用于保护现存生态系统，防止其退化。增加城市环境中树木和植物的数量，是增加固碳从而对抗气候变化的有效手段。这些解决方案是在微观和中观尺度上实现的，对应的是类型 2 或类型 3。同时，旨在改善生物多样性（如恢复受损生态系统）的基于自然的解决方案，是缓解气候变化不利影响的一种有益手段，因为已经证明恢复的生态系统可以充当自然屏障，并降低由气候变化造成的相关灾害的影响。对生态系统的充分保护和管理，也可以帮助脆弱社区更能抵御气候变化的不利影响。关于气候变化基于自然的解决方案的范围，微观和中观尺度的解决方案往往是适应战略的首选方案，而缓解气候变化的基于自然的解决方案则在宏观层面进行规划。在这方面，基于自然的解决方案的适应和缓解效应是齐头并进的。也就是说，追求适应目标的自然生态系统干预措施，能够进一步影响气候变化的缓解目标，反之亦然。比如，恢复湿地等适应策略可能会将洪水影响降至最低，此外，这肯定有助于增加固碳，这被认为是一种缓解策略。因此，基于自然的解决方案有望在应对气候变化方面发挥更大的整体作用。

鉴于小岛屿发展中国家特别容易受到气候变化的影响，与气候变化作斗争是它们面临的主要挑战之一。因此，这些国家已经建立了多个合作伙伴关系，重点关注气候变化信息知识管理等主题，旨在根据不同环境定制基于自然的适应策略。

（六）经济和社会发展

人们普遍认为，在许多情况下，基于自然的解决方案可能会提出比技术方法更高效、更具经济效益的解决方案。它们相对较低的成本加上基于自然的解决方案实现各种可持续发展目标的潜在益处，意味着它们比技术解决方案更受欢迎。这种偏好可能会产生对基于自然的解决方案更大的需求，更多的城市、国家和组织会对其进行投资。随着需求的增加，能够提供基于自然的解决方案服务的公司数量也将随之增加。考虑到各种不同的基于自然的解决方案，似乎组织机构将变得专业化（比如，专门从事绿色建筑的公司与专门从事土地恢复的公司，或专门从事微观基于自然的解决方案的公司与专门从事中观基于自然的解决方案的公司）。

此外，一旦成功实施基于自然的解决方案并恢复生态系统，可能会出现一些经济机会。一方面，可持续渔业、农业等传统经济活动可能会恢复。另一方面，可以发展新的经济活动，如生态旅游。事实上，世界海洋会议框架下的几个可持续发展目标伙伴关系，正在为改善基于自然的旅游活动（如短途旅行）制定指南。在这些伙伴关系中，受影响地区的农业部门或经济部门等政府机构与非政府组织合作。预计这些经济机会将主要在地方一级利用。通过这种方式，基于自然的解决方案可以成为实施地区社会发展的来源。

然而，并非所有关于基于自然的解决方案的观点都对其经济影响持如此积极的看法。因为基于自然的解决方案提供的益处是复杂和长期的，所以理解和评估这些益处还有困难。因此，有可能提出能够带来短期效益的技术活动，而不是基于自然的解决方案。

八、小结

基于自然的解决方案被认为是直接或间接缓解与可持续发展相关的关键全球挑战的最佳解决方案，如联合国可持续发展目标所确认的那些挑战。按照这些思路，联合国可持续发展目标第17强调了伙伴关系和合作治理在实现可持续发展目标中的作用。考虑到一些涉及多个利益相关者群体的基于自然的解决方案的范围和复杂性，它们在不同层面运作的能力，对于实现最佳解决方案至关重要。基于自然的解决方案能够缓解一些具体的可持续性全球挑战，重点是合作伙伴关系在这些过程中发挥作用。异质伙伴关系参与者拥有不同的技能，扮演着独特的角色，这是实现共同目标所必需的。国际和国家一级的政府机构都需要提供资金和实施框架。研究所和大学的研究机构需要开展有关基于自然的解决方案的研究，确定实施这些研究的最佳方式和创新解决方案。鉴于对经济效果的依赖，还需要对基于自然的解决方案的经济影响进行研究。规划实施公司和利益相关者还需要找到有效的解决方案，并将基于自然的解决方案纳入其中。非政府组织需要提高认识，推进对基于自然的解决方案的承诺，并与当地社区合作实施这些承诺。地方社区在确保项目长期可持续性方面发挥着关键作用。

第五章

可持续发展

经济增长模式仅以效率和无限增长为基础的失败，导致了社会和生态条件的不断恶化，甚至剥夺了大多数社会中大部分人的基本生活条件。自 1972 年斯德哥尔摩人类环境会议以来，国际社会在最重要的环境问题上，如在若干相关现象中所反映的退化问题上，有了很大的觉醒和团结。严峻的全球环境问题日益明显，全球气候变暖、气候变化、生物多样性丧失、自然资源枯竭、土壤、空气和水体环境退化、氮循环变化以及贫困陷阱、社会脆弱性、恶劣工作条件、失业，以及超越"最广泛的新石器时代梦想"的快速经济增长所推动的不平等和金融动荡，现在挑战了我们对现有经济进程认为是纯粹积极的理解，也引起了人们对目前的发展能否在未来持续的疑问。可持续发展已成为一种发展范式，在地球生命支持系统受到威胁时，保持社会经济需求与地球再生能力的平衡。

学术界一直在讨论可持续性的定义。1972 年，可持续性的定义强调了生态系统的限制，生态系统的功能包括吸收和循环利用人类活动的废物，以及随之而来的改善社会、教育、健康和就业的问题。1987 年，可持续发展被定义为"在不损害子孙后代满足自身需求能力的前提下满足当代人的需求。"2019 年，它被定义为满足当前和未来几代人的需求，根据人类、自然和经济资本的适当情况，为人类提供福利。

可持续发展已成为 21 世纪人类社会公认的目标。可持续发展的概念在 1987 年《我们的共同未来》的一书中出现，该书将可持续发展确立为国际社会发展的一个重要组成部分。因为国家内部和国家之间的不平等现象日益加剧，贫困加剧，特别是发展中国家的贫困加剧，臭氧层耗竭并导致全球变暖，自然资源耗竭并危及某些动植物物种，造成水和空气污染等，所以，可持续发展的出现是为了改变人们对地球的思维方式。这就是为什么现在人们更喜欢发展的概念而不是增长。增长被认为只反映了一个国家的数量方面，而没有考虑教育、健康和平等等其他质量方面。其论点是，增长是物质方面的数量增加，而发展是质量的提高或潜力的展现。

此外，可持续发展的理念最初被认为是一种战略，以应对由于对资源的极端商业开发和环境恶化而造成的生态灾难。主体意识是保持一个特殊的环境。今天，这个想法得到了扩展。它具有一流的经济和社会复杂性。对许多国家金融技术的评估已经证明，从可持续发展的角度来看，快速的金融增长引发了重大问题，包括社会、经济和环境可持续性。

第一节　可持续发展概念的演变

1972 年，在斯德哥尔摩举行的联合国人类环境大会上，专家们首次提出了对可持续发展的独特认识。可持续发展被称为考虑环境保护的发展，特别是考虑子孙后代的发展。15 年后，世界环境与发展委员会题（WCED）为《我们的共同未来》的报告中传播了"可持续发展"一词，其中涉及可持续发展的经典定义："确保满足当代人的需要而不降低后代满足自身需要的能力的发展"。然而，在世界主要领导人确定可持续发展是人类最重要的挑战之前，这一问题并未被视为主要的全球问题。

1987 年，布伦特兰委员会在其《我们的共同未来》报告中指出，解决环境问题的关键是可持续发展。布伦特兰报告审议了过去几十年中与环境退化有关的各种严重问题，明确地说，人类活动对地球产生了严重的负面影响，如果环境开发进程继续下去，发展和增长将不可持续。关注这一哲学的重要任务包括雷切尔·卡森（Rachel Carson）的《寂静的春天》（1962 年）、加勒特·哈丁（Garret Hardin）的《公地悲剧》（1968 年）、生态学家杂志《生存蓝图》（1972 年）和罗马俱乐部的《增长的极限》（1972 年）。

可持续发展的概念奠定了联合国 1992 年在里约热内卢举行的环境与发展会议的基础。这次会议体现了世界范围内第一次努力设计战略和行动计划，以实现环境友好和更可持续的发展。世界上几乎所有国家都派代表参加了这次会议，其中 100 多人是各个国家的领导人。除各国代表外，代表民间社会的一些国际组织也派代表出席了这次首脑会议。

2002 年，191 个国家和国际机构出席了约翰内斯堡可持续发展问题世界首脑会议，会议产生了 3 个重要成果：一项政治声明、《约翰内斯堡执行计划》和各种伙伴关系创意。峰会上做出的主要承诺涉及生产和消费、能源和水的可持续性。

一、可持续发展的概念

随着人类社会、生态系统的多样性，以及社会经济后果的多样性所带来的复杂挑战，可持续发展的新定义不断形成，并适应了对理想社会进步的各种理解和期望。世界环境与发展委员会将可持续发展定义为"在不损害子孙后代满足自身需求能力的前提下满足当代人的需求。"这一点发表在布伦特兰报告《我们的共同未来》中。在这一对可持续发展最突出的理解中，可持续发展的概念确实意味着"限制不是绝对的限制，而是当前技术、社会组织对环境资源以及生物圈吸收人类活动影响的能力所施加的限制"。布伦特兰报告提出的这一最著名的定义得到了国际社会的广泛接受，并在决策者的议程上越来越重要，在地方、区域、国家和国际各级层面影响着政府和政府间机构。从广义的口语角度来看，"维持"一词意味着随着时间的推移维持或延长有限自然资源的生产性使用，"发展"指的是包含多种期望、价值观和纪律措施的不同解释。尽管存在分歧，但所有关于可持续发展概念的看法都唤起了人们对更好生活、分担责任和社会技术进步新方向的认知。

随后，在一些新的定义中，包括了关于教育、收入、健康和总体生活质量的某些目标。可持续发展包括设计一个社会和经济系统，确保这些目标是可持续的，这意味着实际收入增加，教育水平提高，国民健康状况改善，总体生活质量提高。可持续发展是一个可以无限进化的系统，朝着更大的人类效用、更高的资源利用效率以及与环境的平衡，这对人类和大多数其他物种都是有利的。一些定义甚至直接要求改变经济发展进程，以确保所有人的基本生活质量。因此，在这样的定义中，可持续发展是一项改变经济发展进程的计划，以确保所有人的基本生活质量，同时保护生物资源使生命成为可能和有价值的生态系统和群落系统。有些定义侧重于有效利用资源。可持续发展是一个变化的过程，在这个过程中，资源被收集起来，选择投资方，引导发展技术，各种机构有共同的行动，增加人类需求和愿望的潜力。这些定义在过去几十年中不断演变，重点是经济与环境之间的协调。可持续发展被视为经济和环境之间的和解，走一条新的发展道路，这条道路将使人类的进步不仅在少数地方持续几年，而且在整个地球长期持续下去。尽管随着时间的推移，这类定义的清单很长，正如 1992 年《关于环境与发展的里约宣言》所表明的那样，1987 年世界环境与发展会议的定义引起了人们对辩论和实验的最大兴趣。178 个国家在里约会议上通过了《21 世纪议程》《里约宣言》《可持续森林管理原则声明》，这反映了世界环境与发展会议的定义中所包含的可持续发展原则得到了广泛接受。

可持续发展的基本概念可以追溯到卡尔·冯·卡洛维茨（1713）的《野生树木栽培说明》《Sylvicultura Oeconomica》，其中卡洛维茨制定了森林可持续利用原则。其原则是，只有通过有计划的重新造林，才能砍伐尽可能再生长的数量的木材。这一森林可持续利用原则已成为现代林业的指导原则。

该原则的理念是，采伐木材的数量不要超过林分的生长量，要保持造林和砍伐森林的平衡，也就是森林的可持续经营利用原则。可持续管理做法的概念在 17 世纪和 18 世纪在欧洲被视为"开发利用与繁殖再生之间的平衡"的必要性，并在 20 世纪 30 年代以来的渔业政策中被视为最大可持续产量。随后，可持续性原则在生态学中被采纳，以尊重自然，因为它具有长期自我再生的能力。

国际自然保护联盟在 1951 年发表了一份关于全球环境的报告，该报告强调了经济与生态之间的协调。随着环境退化和污染的不断加剧，经济活动对环境的负面影响受到严重关注，可持续发展已成为一种迫切需要，国际环境与发展研究所创始人芭芭拉·玛丽·沃德于 1970 年提出了这一要求。然而，可持续发展的理论框架是在 1972 年罗马俱乐部的第一份报告《增长的极限》发表后形成的。同年，在斯德哥尔摩举行了联合国人类环境会议，这是第一次在全球范围内讨论可持续性问题的国际会议。这次斯德哥尔摩会议确定了全球环境问题、经济增长和普遍福利之间的相互依存关系，并创造了新发展愿景，提供了巨大的可持续发展的动力。本次会议还重点讨论了一系列建议，强调了"生态发展"战略的必要性，这些战略导致在特定系统中形成可持续的生态健康的环境，满足当地居民的基本需求，并导致成立了联合国环境规划署（环境署）。在环境署专题讨论会上，讨论了可持续发展的含义，从子孙后代和长远的角度论述了可持续发展的意义和重要性。然而，关于可持续发展的主要讨论出现在世界环境与发展委员会的报告中。世界环境与发展委员会是 1983 年联合国大会成立的一个机构，由当时的挪威首相格罗·哈莱姆·布伦特兰担任主席。1985 年举行了维也纳会议，其目的是减少破坏保护性臭氧层的物质。1986 年，欧洲联盟首次在欧洲共同体的一项条约中引入了环境政策的内容。1987 年，世界环境与发展委员会发布了题为《我们的共同未来》的报告。该报告定义了"可持续发展"。1989 年，联合国大会通过了第 44/228 号决议，召开了一次关于全球环境问题的会议。里约热内卢地球峰会（1992 年）是 20 世纪规模最大的首脑会议，通过了里约热内卢称为"地球宪章"的行动计划，包括《环境与发展宣言》《21 世纪议程》《气候变化框架公约》《森林与沙漠化宣言》。1992 年《里约宣言》指出，"考虑到社会经济发展对环境的影响，各国可以根据基本原则作出未来的决定和政策。"1997 年 160 个国家谈判达成的《京都议定书》，强烈指出了可持续发展的作用，制定了一些机制来管制温室气体（GHG）的排放，并减少批准该机制的国家对环境的负面影响。对于工业化国家，该协议宣布在 2008—2012 年将温室气体排放量减少 5.2%。在 1999 年的《阿姆斯特丹条约》中，可持续发展成了欧盟的政治目标，旨在改变基于经济、环境和社会三个层面的经济发展进程。《千年宣言》（2000）是 191 个国家在千年首脑会议上通过的全球发展议程，目的是使世界成为一个更美好的生活场所。千年发展目标制定了 8 项基本目标，重点是饥饿、贫困、教育、两性平等、健康和环境，其中包括到 2015 年要实现的具体目标：消除极端贫穷和饥饿、普及初等教育、两性平等、赋予妇女权力、降低儿童死亡率、改善产妇健康、防治艾滋病和疟疾，最重要的是，将可持续发展原则纳入了国家环境资源保护政策，深刻影响了全球范围内的国家和国际人类与环境政策。自那时以来，世界范围的可持续发展方案一直以千年发展目标为重点。2001 年哥德堡首脑会议通过了《欧盟可持续发展战略》，随后于 2002 年 8 月在约翰内斯堡举行了可持续发展问题世界首脑会议。首脑会议的主要成果是所有与会国政府通过了《政治宣言》，并承诺实现可持续发展，该文件提供了一套建议和执行行动计划。《政治宣言》主张消除贫困是促进可持续发展的道路上最紧迫的挑战。世界各国内部和各国之间的社会经济公平是可持续发展的必要条件。尽管《政治宣言》听起来像是政治辞令，但它在一些共性问题上显示了坚定的承诺，如民主、尊重人权和自由、实现和平与安全、打击恐怖主义、犯罪和腐败，这些对人类生存和可持续发展至关重要。联合国环境与发展会议的报告提到"在地方、国家、区域和全球各级推动和加强可持续发展、经济发展、社会发展和环境保护等相互依存和相辅相成的支柱的集体责任"。2005 年举行的"联合国可持续发展会议（United Nations Commissions on Sustainable Development，UNCSD）"强调了对全球环境产生负面影响的不可持续发展的一些方向。2012 年"联合国可持续发展会议"是最引人注目的历史事件，因为它强调了国际合作克服可持续发展的挑战的重要性。在上次被称为"里约+20"的地球峰会上，决定启动一个促进总体发展目标的进程，直到 2015 年年底，以实现千年发展目标。与会者认识到，"消除贫穷、改变不可持续的消费和生产模式，促进可持续的消费和生产模式，以及保护和管理社会经济发展的自然资源基础，是可持续发展的首要目标和基本要求。"随着全球范围内各种新的、更复杂的挑战日益增多，2015 年联合国大会通过了《2030 年可持续发展议程》，成为联合国的会员国应对可持续挑战的正式宣言。该议程有 169 个目标和指标，以 17 个可持续发展目标（SDG）为指导，涵盖经济、环境和社会层面。可持续发展目标是到 2030 年实现千年发展目标的延续。这 17 项可持续发展目标围绕 5 个方面："地球、人民、繁荣、和平、伙伴关系"，目标是有效分配资源，实现集体繁荣，确保体面的工作环境，促进可持续增长的发展。可持续发展被视为是实现可持续发展目标的一个多方参与的方法，涉及地方、区域、国家和全球关注点，并与经济效率、社会公平和环境恢复力相结合。

可持续性风险使人们清楚地认识到经济、环境和社会的复杂性和动态关联性，并引发了对可持续发展关键问题的讨论，这些问题反映了"人、利益和地球"的共同责任。可持续发展被视为资源开发、投资方向、技术方向和制度变革与未来和当前需求相一致的变革过程。在过去 40 年中，可持续发展被认为是一项巨大的社会挑战，引发了众多承诺、千年发展目标和 17 项全球可持续发展目标。

可持续发展这个概念的核心是开创性的，但很难在实践中加以描述。在可持续发展概念内可能存在的压力是多种多样的，从其含糊不清和不精确的描述，到未达到世界范围的实用和功能背景。可持续发展的概念遇到的一个大问题，是需要向社会传授并用个人能够理解的语言来表达它。可持续发展的定义是一个有争议的多领域、复杂和正规的定义，然而，描述这一概念无疑是一个重要的挑战。"可持续发展"一词是在 1980 年发明的，当时这个概念还处于初级阶段。世界自然保护战略是国际自然保护联盟、世界自然基金会和联合国环境规划署这三个主要环境组织之间的协会，它将可持续发展定义为"保护世界自然资源"。世界保护战略的观点是，许多国家越来越多地开发自然资源，以实现经济更高的增长。世界保护战略的独特目标是要求各国拒绝耗尽自然资源，因为这会损害环境。因此，在可持续发展的概念被提出的时候，人们只是笼统地而不是详细地考虑它，即使在 10 年之后，这个定义仍然几乎没有改变。

可持续发展的主要问题是缺乏一个完美的解释。尽管布伦特兰报告的定义经常被使用，但可以清楚地看到它的失败之处。当再看一下定义可持续发展的句子时，脑海中浮现出两个明确的主题。首先，"需要"的定义不明确。生活在不发达国家的人们的需求与发达国家居民的需求之间存在着巨大差异。其次，定义中没有时间段，因此"世代"不明确。因为在可持续发展的定义中有许多未定义的术语，很难理解。看待可持续发展的一个有趣的方式是观察下一段引语，它表达了对该做什么的不确定性和对没有完成什么的内疚感。换句话说，许多人似乎害怕表现出他们对可持续发展缺乏认识。因此，总是比较容易说没有必要谈论它。很明显，由于可持续发展的定义模糊不清，政府和人民的表现似乎有所不同。到目前为止，对于那些同意一个定义的人来说，出现了应用的问题。

那些有意识地试图承认可持续发展并渴望在全国和世界范围内做出一些改变的国家，都面临着执行与可持续发展有关的政策的挑战。《21 世纪议程》是一份为可持续发展提供框架的文件；但是，没有强制执行该文件。换言之，各国可能会知道可持续发展并同意改变其政策，但没有人真正将其付诸行动。正如布伦特兰报告所指出的那样，我们未能认可公众对可持续发展的关注，往往是因为忽视了国家内部和国家之间的经济和社会公平，这表明了可持续发展中的另一个重要主题：不仅仅是可持续发展的简单定义。实施与可持续发展有关的政策的困难在于，是最需要这些政策的国家没有动机遵守这些政策。由于发展中国家和发达国家之间无疑存在差距，发达国家主要是在告诉不发达国家一种适当的发展方式。这显然是告诉不发达国家应该做什么的正确方式，其根源在于西方国家的主导性质，但也着眼于发展中国家和发达国家之间的共同利益。在制度层面，经济增长、社会发展和环境保护的相互依存目标，是由倾向于脱节和独立的组织实现的。可持续发展的重点是那些愿意在决策和政策制定层面上参与经济、社会和环境任务的组织机构的声誉。

可持续发展的本质是，不仅要概述一个国家在其自身政策方面所面临的问题，而且要概述世界所面临的环境问题。因此，可持续发展在其认知范围内是一个具有开创性但又不完善的概念。

可持续发展有能力成为一个革命性的概念，可以改变各国在全国范围内以及在世界范围内应用的方法。然而，由于其多学科性质、理想的目标和灵活的阐述，对这一概念的明确解释尚未实现。此外，其不精确的解释和不确定性进一步加剧了这一概念的压力，因为任何国家都可以表示它正在遵守可持续发展政策。困难在于首先要给出一个简洁的定义，然后才能将其应用于世界各地的任何国家。因为可持续发展可以分割发达国家和发展中国家之间的对话，任何国家都应该对自己的政策做出必要的改变，以提供更清洁、无害和更有效的环境、经济和社会。可持续发展真正需要的，是那些热衷于共同努力让世界更美好的国家的透明度和协作性。也许正是这个原因，可持续发展很难解释，因为每个国家对更美好的世界都有不同的看法。

二、可持续发展的定义

可持续发展是一个几乎人人都听说过但很少有人认识到的概念。现在有许多人知道可持续发展的概念，但是，在世界环境与发展委员会（1987）发表《布伦特兰报告》之前，实际上这一概念尚未被确定。直到1992年里约热内卢地球峰会和联合国《21世纪议程》在全球范围的接纳实施，可持续发展才被确定为一项可接受的政策目标。自那时以来，许多国家的政府提出了各种新的政策标准，以努力引导其经济走上更可持续发展的道路。这似乎是一个积极的趋势。然而，应该澄清，在哪些条件下可以称一个国家成功地采取措施步骤在实现可持续发展的目标。也许我们过于专注于政策标准，而忽略了注重实现可持续发展的工具，以及评估一个国家可持续发展绩效的一系列适当措施，或者没有合适的可持续发展措施。有研究者将这种情况称为"社会陷阱"，因为人们依赖于令人困惑的信号，或者没有注意到当前采用的发展措施所暴露出的预警信号。

可持续发展理论是从经济学演变而来的。关于地球生命维持系统可持续性的争论始于英国政治经济学家马尔萨斯的工作。马尔萨斯在《论人口原理》（1798）一书中揭示了生活质量可以以算术级数增长，而人口则倾向于以几何级数增长。人口的指数增长，而技术和资源使用的线性增长，导致了资源枯竭和人类苦难等社会灾难的出现，这必然会抑制人口增长。然而，强调增加生产和资源消费的经济增长和经济发展理论，削弱了自然资源耗竭的困境。1972年，马尔萨斯的环境和经济发展危机在《增长的极限》一书中得到了回应，该书是解决当前经济发展模式是否可持续问题的最重要著作。基于人口、生产和污染呈指数增长的假设，麻省理工学院的多纳德（Donald）和多勒纳·麦兜斯（Donella Meadows）领导的团队构建了一个计算机世界模型。该小组得出的结论是，由于世界资源是有限的，三大要素的指数增长将达到经济增长的极限。他们的预测是，到1972年，这一极限只剩下一代人的期限了，在没有紧急动员的情况下，"很可能不是通过平稳过渡到更加节俭的生活方式，而是通过从良好生活到非常恶劣状况的崩溃，成了一个贫穷、拥挤、饥饿和污染的星球。"这项研究呼应了人们对马尔萨斯危机迫在眉睫的担忧，即人口和资源使用的增长率是不可持续的。因此，迫切需要彻底改变价值观，创造一个稳定的社会，尽量减少对生态系统和资源的破坏。在20世纪60年代末提出了一种"稳态经济学"，挑战了基于资源使用效率的主流理论。然而，"稳态经济学"植根于19世纪（1848年）约翰·斯图亚特·密尔的《政治经济学原理》。"稳态经济"的新概念正在富裕经济体中作为一种可行的替代方案出现，在富裕经济体中，经济被视为封闭、有限生态系统的一个子系统。这种稳态经济的原则主张通过开采资源来维持生态系统和生命支持系统。其主旨是通过现代可持续发展思维所基于的整体经济学观点来实现一种平衡状态。与以国内生产总值增长衡量的经济增长不同，作为一种可行和可持续的替代方案的稳定状态经济，是建立在稳定或轻微波动的人口和人均消费的产品基础上的，其特征是稳定或轻微波动的国内生产总值。稳态经济意味着维持生态系统的健康和生命支持服务，并提供了关于开发可再生资源和消耗不可再生资源的指导方针，其消耗速度不快于它们被再生或被发现的可再生替代品取代的速度。稳态经济原理还建议，废物的沉积速度不应超过其被吸收的速度。对于大型的富裕经济体来说，这种稳态经济的概念似乎非常可行和恰当。

传统发展战略的社会和环境后果，破坏生态系统和环境资源的耗竭，要求改变自然资源的使用方式。联合国环境规划署和国际自然保护联盟在1980年起草的《世界保护战略》中承认了资源使用管理的重要性。为实现社会经济领域的可持续发展，以环境和生态经济学理论为基础的新的管理范式不断演进。

在古典经济学中，土地、劳动力和资本被确定为对生产过程有贡献的3种关键资源类型（表5-1）。自然环境和土地似乎已经从新古典经济学的生产函数中消失了。经济方程式只关注劳动力和资本。20世纪中旬（20世纪50年代），第二次世界大战后，土地和自然资本恢复了其重要性。

表5-1　经济思想的演变

土地	劳动力	资本	经济学家
√	√	×	马尔萨斯
√	√	√	亚当·斯密，大卫·里卡多
×	√	√	卡尔·马克思，19世纪工业革命
×	√	√	20世纪的马克思主义
×	√	√	约翰·梅纳德·凯恩斯
√	√	√	现代环境经济学

然而，资本分为3类：自然资本、人力资本和制造资本。自然资本被认为是影响人类生存的重要因素。它提供原材料，充当废物收集池，提供环境服务，并通过文化服务为人类福利作出贡献。如果总资本存量得以保持，商品和服务流增加，可持续发展的基本原则——代际层面的可持续性将得到满足。可持续性有两个概念，即弱可持续性和强可持续性，其解决以下问题：在自然资本可以被其他资本成分复制的情况下，需要维持的是总股本，还是需要维持的是自然资本，不能被其他资本成分替代。根据弱可持续性原则，福利通常不依赖于特定形式的资本，因此可以通过自然资本替代人力资本来维持福利。环境经济学中体现的新古典经济学也有同样的思路。生态经济学的基础是强可持续性的概念，这一概念源于自然资本对人类福利的贡献遵循着资本其他组成部分无法复制的独特方式。这些理论在应用时会产生不同的概念、方法和评估工具。环境经济学的目标是在自然资本和人力资本可互换的假设基础上，通过清洁生产和生物经济实现可持续性。生态经济学相关理论在实践中的应用导致了循环经济、基于自然的解决方案和产品服务系统（Product Service System，PSS）概念的演变。

三、可持续发展趋势

可持续发展的概念已成为21世纪人类文明的一个广为熟知的目标。由于不规范行为造成国家内部和国家之间的不平等，贫困加剧（特别是在不发达国家），消耗臭氧层，造成全球变暖，消耗自然资源，危害动植物物种，污染水和空气等，所以，可持续发展的提出是为了彻底改变人们对全球的看法。这就是为什么今天人们更倾向于发展而不是增长。增长只反映了国家的一个可量化特征，而没有考虑其他一些定性指标，如平等、健康和教育等。

四、可持续发展观的演进

1980年，自然保护联盟首次使用了"可持续发展"一词，但布伦特兰委员会题为《我们的共同未来》的报告使其变得重要。这个委员会提出的定义仍然是全球最常用的描述。它将可持续发展描述为既满足当代人的需要，又不危害后代人的需要的发展。根据格罗·哈莱姆·布伦特兰（Gro Harlem Brundtland）的说法，可持续发展强调的是：①减少剥夺和贫穷；②保护和改善资源基础，只有这样才能保证永久减少贫困；③扩大发展理念，使其涵盖经济增长以及文化和社会发展；④在各级决策时考虑经济因素和生态因素。

这个委员会的报告强调考虑发达国家和发展中国家的决策者和组织者。许多国家都建立了环境保护机构，拥有检查各种可持续发展领域的发展计划的法律权力，参与决定批准或不批准发展计划。1992 年在里约热内卢举行的地球首脑会议在这方面被证明是革命性的；会议构想了 27 项原则，以指导各国为今世后代实现可持续发展。除了承认当代人在发展方面的权利和需要外，它还强调有责任保护公共环境，以保证代际公平。从那时起，可持续发展作为一个主题在全世界受到欢迎。

可持续发展是具有三个主要方面的多学科课题：社会可持续性、经济可持续性和环境可持续性。社会可持续性考虑减轻贫困；经济可持续性与可再生和不可再生资源的长期可持续性有关，以便将其投入生产系统并产生长期经济回报；环境可持续性与保护和地球上现有的生命形式有关。可持续性的弱定义是基于新古典资本理论和经济价值原则，在自然环境中是以人为中心的。调查的是自然资源的资本价值，但完全忽略了自然资源所提供的自然物品和服务的价值。此外，可持续性的强定义是基于生物物理原理，并考虑了环境对人类起作用的某些功能。比如，弱的可持续性模型可能会指出，一片丛林的价值只等于被砍伐的树木总数以及用它制造设备或纸张的价值。然而，强的可持续性指数不仅从树木的经济价值，而且从其环境和社会价值来评估丛林的经济效益。树木为动物和人类提供了食物和庇护所，充当碳汇，并提供新鲜空气，所有这些都被视为弱指数。因此，弱可持续性指数是基于这样一种观点，即人造资本比自然资本更重要，自然资本可以被人造资本替代。相反，强的可持续性指数将自然资本和人力资本的重要性分配给了人为资本。强的可持续性指数代表了将资源消耗调节为使用先进技术的趋势，并为子孙后代保护自然资本。因此，弱可持续性指数和强可持续性指数在道德和逻辑观点上是不同的。

弱可持续性指的是肤浅的环保主义。这是一种深刻的以人为中心的方法，反映了人类与自然之间的关系。环境问题似乎是由自然资源的低效利用造成的。大自然被视为维持生命和人类活动的一种非常重要的资源，决不能低估它的价值。重点是通过增加可再生资源的使用、创造不可再生资源的替代品、有效利用现有资源以及开发技术来减少资源消耗，从而保护资源。有一种隐含的乐观主义认为，人类有能力解决任何可能因资源枯竭而产生的环境问题。他们认为，通过提高技术效率，有可能提高资源存量，缩小社会需求与资源供给之间的差距。这种"浅层环保主义"的支持者认为，人力资本和自然资本是可替代的，没有必要对经济体系进行彻底的变革。假设人力资本和自然资本之间的替代弹性大于表示一个维度的损失可以通过其他维度的收益来缓解的替代弹性。经济增长可以与不可持续地使用资源造成的环境退化脱钩。所需要的是清洁生产，以提高资源利用效率，促进废物分级，并改善与环境经济学相关的生物经济。技术和生产效率的发展似乎是满足社会日益增长的需求的最终途径，以保护有限的自然资本边界。这种"生态现代化"的理念倡导可持续创新，从而更有效地利用资源，更好地评估环境成本。成本效益分析被用作评估工具，用以衡量该方法中任何项目相关活动的福利效果。

"强可持续性"植根于"深层生态学"的核心价值观。以人为中心的观点被强调生物权利的生物中心平等主义所取代。重点是需要彻底改变人们的需求。这种观点认为，必须减少地球上的需求，以弥合资源供应和需求之间的差距。有必要改变对自然的态度，改变关于什么是经济进步或发展的现有论述。经济进步需要通过创造对自然破坏性较小的社会经济体系来实现幸福，而不仅仅是获取物质商品。人力资本和自然资本被认为是可替代的，但不是无限的，因为人力资本和自然资本之间的替代弹性小于1。这一观点中提出的可持续解决方案旨在减少物质吞吐量，关闭循环系统中的物质流回路，同时保持自然资本存量的临界阈值，并通过基于自然的解决方案增加对自然资本存量的投资。

布伦特兰委员会的报告基于强可持续性概念模型，建议全球各国采用以经济增长计算的发展路线，但同时也考虑了环境和社会特征，因此，所有的特性都应该进行度量和统一。许多国家政府承诺在第三个千年初期采取可持续发展措施。1992 年地球峰会的《21 世纪议程》，2002 年的《约翰内斯堡实施计划》，以及可持续发展委员会在其第 11 次(2003 年)和第 13 次(2005 年)会议上宣布，有必要制定和说明各国可持续发展进程的指标。

五、可持续发展指标的制定

指标是使用框架呈现关于问题及其答案的共同语言和立场。致力于可持续发展的研究机构必须在问题所确定的政策制定方面发挥作用，对适合的贡献和代表性的问题做出反应。这些机构还应该在科学技术领域发挥自己的作用，负责质量控制和专业知识。学术界需要在认识可持续性问题方面发挥历史性作用，更倾向于和其他组织进行联系，寻找解决这些问题的可用答案，而且，那些把大部分时间花在纯科学或纯政治上的机构，预计不会像那些提供应用解决方案的机构那样繁荣，这些提供应用解决方案的机构往往比其他组织在提供影响决策的知识方面更有效。可信性、合法性和显著性这三个指标是描述可持续发展指标有效性的主要特征，其中可信性与衡量体系的科学和技术的充分性有关，合法性与合理应对利益相关者的价值观和信念的相互冲突过程有关，而显著性则与指标在决策者中的应用有关。制定指标的过程至少保证了上述前两项措施的实施。发展中国家和发达国家的资源差别很大，社会经济、环境和知识方面的差异可能会因资源分配而变大。无论是在地理上还是在确定和围绕重要主题方面，寻找弥补这一资源差距的方法对公平代表性至关重要。公平代表性提出了过程和最终产品的合法性和可信性问题。激活和利用科学技术的能力也是支持可持续发展战略的一个重要因素。让发展中国家接受科学能力和官方支持，对于提高易受社会和环境系统快速、同步变化引起的众多紧张局势的区域的恢复力至关重要。

然而，单靠科学能力还不足以实现建立可靠的可持续发展指标的目标。相反，需要进行能力建设，重点是支持更广泛的进程，以证明制定指标进程的合法性和可信性。有效的能力建设强调沟通、翻译和调解等主要要素。为利益相关者之间的充分沟通做好准备是必要的，同时也需要确认共同理解是可能的。沟通经常被误解、经验差异和对令人信服的讨论基础的信念所困扰。调解还通过考虑所有观点、定义行为和过程的规律以及建立决策标准来增加过程的透明度。

管理专门知识和决策之间边界的机构做出的一项重要承诺将有助于将知识与行动联系起来。指标的合法性和可接受性取决于确定合法立场的多样性。当存在复杂的主题时，卓越的决策过程本身是至关重要的，其目的是鼓励利益相关者之间的对话，而不是削弱科学权威的过程，它对于建立一个全面的共识基础很重要。指标的作用是为这一论述和决策过程作出贡献。特殊指标的值在用户和情况之间存在差异。用户应该能够对选择他们必须使用的指标产生影响。有时，这种区域选择会导致缺乏可比性，因为不同的群体和进程选择使用不同的指标。当指标的关键目标是促进有效决策时，这可能是合适的。同时，在关键的目标具有可比性时，应更加重视标准化。但是，通常不可能两者兼有。

六、环境可持续性

环境经济学从自然资本使用效率低下所产生的外部效应的概念开始。环境影响表现为不同的形式，从本地（如机场噪音）到全球（如温室气体排放和远距离越境污染）。在这种方法中发展的理论是将外部效应内部化，其中重点放在自然资本的估值上。基本观点是，只有当经济能够正确地确定价格，反映自然资源的准确估价和衡量外部成本时，资源的可持续利用才有可能。该方法旨在将与任何经济活动相关的成本和收益方面的环境影响纳入决策，并实现经济和环境的双赢解决方案。这一方法中提出的用于内部化的广泛工具包括命令和控制、税收或补贴、可交易许可证或责任法以及生态系统服务费。环境经济学的观点建立在弱可持续性的概念上，即自然资本可以被人为资本和人力资本取代，而自然资本没有临界阈值。

通过不断提高自然资本对人造资本或人力资本的替代程度，可以同时实现经济增长和资源的可持续利用。环境经济学理论的实施产生了清洁生产和废物等级的新概念。主要关注的是污染预防，而不是采用末端技术处理污染。

布伦特兰可持续发展的标准定义使用了3个支柱的方法，简要说明了经济活动、生活质量以及生态系统和自然资源的无限性之间的联系。一个没有有效的生命支持系统的社会无法繁荣；缺乏支持性的社会建设和制度，就会阻碍经济的繁荣。此外，可持续发展往往被理解为社会和经济发展，从环境的角度来看也应该是可持续的。布伦特兰定义提出后，人们逐渐接受环境可持续性有其自身的优势。环境可持续性通过保护用于人类需求的原材料来源，并保证人类废物量不会增加，以避免对人类造成损害，从而促进人类福利。这一概念表明，环境可持续性担心增加对资源消耗的限制，这也是限制增长的生态经济学框架的主要原则。此外，将环境可持续性描述为对影响人类经济规模的4个关键行动实施限制：一方面使用可再生和不可再生资源，另一方面浪费和污染资源。经济合作与发展组织在2001年出版的《21世纪第一个十年环境战略》中同样改进了环境可持续性的理念。经济合作与发展组织的战略确定了环境可持续性的4个精确标准。①再生：可再生资产将得到有效利用，其使用不应超过自然再生的长期阈值。②可替代性：不可再生资源应得到有效利用，其使用应限制在可通过可再生资产或不同类型资本的替代来抵消的范围内。③同化：释放到环境中的不安全或污染物质不得超过其废物同化能力。④避免不可逆性。

经济合作与发展组织将这4项标准的环境可持续性作为一种考虑在可持续发展背景下推进环境政策的5个相互关联的目标：①通过有效管理自然资源来保护生态系统完整性；②将环境压力与经济增长脱钩；③提高生活质量；④通过改善治理和合作改善国际环境联系；⑤衡量进展，特别是要使用环境指标和指数。

环境可持续性的概念可以通过生态系统服务的观点进一步推进，因为这强化了非金融生态特征和能力的价格，所有这些对于经济合作与发展组织的5个相互关联的目标都至关重要。在实现经济合作与发展组织环境可持续性5大目标的过程中，人类福祉得到了保护或加强。在此基础上，生态系统服务可被视为人类福祉的基本要素。因此，环境可持续性可以很好地定义为在适当的水平上保护自然的服务。

这需要在地方、全国和全球范围内以健康的形式保留环境服务，根据定义，需要治理系统负责维护和监督环境基础设施。为了提供评估和代表一个国家环境可持续性的明显和客观的工具，使用环境指标和指数通常是有益的。全国范围内没有一套环境指标，类似于没有衡量经济表现的标准措施。在经济政策方面，各国通常根据其国内生产总值和总体表现进行比较。在环境学科中，最全面的一套指标被纳入了环境绩效指数（EPI），该指数试图提供总体描述，但基本上未能成功。这一描述抓住了环境可持续性的理念，而不是其具体内容，包括污染、能源消耗和土壤退化。在可持续发展指标中也可以发现类似的全面性损失，其结果是作为可持续发展进行的经济活动，经常威胁某一特定地区的环境完整性。

此外，对环境可持续性指标进行规范化和加权的主观方法，始终容易产生过多的随意性和缺乏关注，表现在结果的一致性和意义上，结果的一致性和意义表明了这一点，从而降低了它们在政策实践中的相关性。从理论上讲，使用环境可持续性指数来描述可持续发展，对于向决策者和整个社会解释社会、经济和环境三个维度之间的关系和交流至关重要。

尽管由于不确定性，批评者对环境指标和综合指数在实践中代表环境可持续性的程度表示怀疑，但它们可以成为评估环境状况和观察长期趋势的有益工具，以及描述资源消耗是可持续的条件。

可持续性评估，特别是环境可持续性评估，有 4 个规范：①人类活动与自然关系的主体认识；②着眼于长远和不确定的未来；③当代和未来的人类之间以及人与自然之间的公正观的规范性基础；④除了商品和服务的人工替代品和改进品外，还要关注商品和服务分配的经济效率。

联合国声明，环境指数需要有以下 4 个组成部分：①经济活动对环境的影响（如资源消耗、污染物排放、废物管理）；②资源生产率对经济系统的影响（如经济效率）；③环境退化对经济生产力的影响（如吸收能力下降、缺乏森林覆盖）；④环境开发对社会的影响（如减少拥堵成本、改善福利和降低社会成本）。

尽管环境可持续性的众多定义明显存在一致性，但还没有一套指标集或综合指数能够在全国和全球范围内令人满意地全面衡量这一概念，主要是因为：①可持续发展的模糊性；②表征原因的多样性；③可持续发展的测量。

关于术语、适当事实和测量策略的混淆是环境指标不令人满意的另一个原因。量化任何国家的环境可持续性所需的指标和指数的数量，不可能有一个统一的、详细描述的程序，因此，专业判断至关重要。

在环境评估中考虑了几种不同的国际指数，如生命星球指数、生活满意度指数、人类发展指数（HDI）和可持续社会指数，由于以下原因被拒绝了。

环境可持续性指数：评估 21 个环境可持续性因素的综合指数，然而，在 2005 年，它被更全面的 EPI 所取代。

可持续性指标：包括所有三个可持续发展方面，但是，由于环境组成部分的范围限制，又缺乏实现目标的方法，使 EPI 成为比较全面的评价工具。

剩余生物容量指数：该指数根据生态足迹（EF）和国家生物承载力的平衡或赤字来列出评价国家的环境可持续性。虽然生物能力的盈余或赤字是评价和考虑的一个关键标准，但一份全球评级清单在分析价值方面没有提供更多的东西。

生活满意度指数：与财富、健康和接受基础教育的机会相比，衡量各国的主观福利。基于它不能包含任何类型的生态焦点，幸福星球指数（HPI）更令人满意。

人类发展指数：虽然它是一个综合的社会经济指标，与生活满意度指数有着广泛的联系，但它缺乏对环境问题的关注，因此不受所选指数的青睐。

生命地球指数：特别关注全球范围内生物多样性存量问题，因此，它缺少足够的领域来评估国家范围内的环境可持续性问题。

清洁生产的概念作为一种新的系统方法出现，以设计向可持续经济过渡的方式。联合国环境规划署将清洁生产定义为"持续将综合环境战略应用于过程、产品和服务，以提高效率并减少对人类和环境的风险。"后来，该定义被扩展到包括资源效率和生态设计，这被认为会产生较少的污染和环境影响。基本目标是通过不断提高生产过程价值链中自然资本对人造资本和人力资本的替代率来促进资源的可持续利用，这与较弱的可持续性概念非常一致。技术创新似乎在减少环境排放和实现可持续性方面发挥着关键作用。最初，重点放在生态设计和绿色产品开发上，以减少污染和废物，但逐步努力扩展到零废物生产的方法，同时考虑到生命周期的环境影响。

遵循环境经济学的脚步，废物分级方法的重点是通过减少对原材料和自然资本的需求以及关闭物流循环来提高资源利用效率。所追求的战略是走向零废物生产，其中的阶段包括首先预防，然后回收再利用，最后安全处置。在实践中，废物预防促进了产品的设计和加工，对环境的影响最小。通过将重点扩大到材料回收和再利用，该方法旨在降低吞吐量，从而提高资源利用效率。

生物经济被定义为"利用来自陆地和海洋的生物资源以及废物（包括食品废物）作为工业和能源生产投入的经济。它还包括将基于生物的过程用于绿色工业。"

生物经济的概念与生物技术的发展密切相关，因为其核心思想是应用科学技术促进经济增长，同时减少对不可再生资源的依赖，并确保经济、社会和文化发展，通过创造就业机会和提高资源利用的竞争效率，实现环境安全。这种方法的可持续性较弱，因为它旨在改变行为，减少不可再生资源的使用，增加可再生资源的使用，而不是经济系统的完全改变。

生态经济学的出发点是地球的生物物理学极限，它限制了经济增长。经济被认为是生物圈的一个子系统，社会需要在一定限度内适应经济增长。这种方法的一个基本假设是，自然资本和人造资本是可替代的，但不是无限的，这支持了强可持续性的概念。根据这一观点，自然资本存量存在一些临界阈值，必须加以保护以实现可持续性。在生态经济学的宏观视角中，重点放在深刻的社会转型上，以创造一种更分散的生活方式，在地球自然资源的临界阈值范围内运作。技术创新在经济非物质化和减少环境排放方面发挥着重要作用。经济的非物质化是指每个服务单位的能源和资源使用减少，这可能会减少排放，因为质量守恒定律表明，每个资源输入迟早会变成废物或排放，成为系统的输出。由于反弹效应，非物质化并不总是导致资源量和毒性的相对减少，因为效率的提高可能会降低价格并提高资源消耗，或者可能会导致污染或环境排放的区域转移。实际的解决方案需要社会经济系统的结构性变化，因为它们可能会对促进资源可持续管理的制度、财产制度和环境治理机制产生根本性的改变。在实践中，这些理论产生了先进的可持续性概念，如循环经济、基于自然的解决方案或共享经济。

循环经济是指设计上具有恢复性的工业经济，在积极增强和优化其运行系统方面反映了自然。遵循工业生态学的脚步，这一概念的基本思想是优化资源利用（能源和其他材料），并通过物流闭环系统最大限度地减少废物产生。它指的是设计全经济循环资源流的方法，这种方法似乎更符合生态经济学的强烈可持续性观点。在发展工业共生关系以封闭物质循环和可持续生态系统的同时，一些新兴概念，如基于自然的解决方案和产品服务系统，已被确定为促进资源可持续管理的实用解决方案。

基于自然的解决方案的概念一直侧重于设计多功能景观，计划投资于自然资本保护及其改进，作为可持续资源管理系统的可持续战略。同时，这有助于促进健康的生态系统，提供广泛的环境效益和社会效益，如防洪、碳储存、原材料、人类健康和生物多样性。绿色基础设施（GI）是基于自然的解决方案的一个例子，被视为满足经济需求的人造基础设施的经济高效的替代方案。欧盟委员会战略中设计的 GI 是一个有计划的投资网络，旨在将自然资源升级为清洁饮用水和天然洪泛平原的受保护流域，以提供保护和维护绿地，增强气候弹性。通过将投资重点扩大到自然资本和多效益健康生态系统，这种方法包含了强可持续性的概念。

环境组成部分的目标旨在实现经济增长与环境质量之间的和谐发展，以支持适应维持生物多样性和生物圈自然循环时间的合规机制的可能性。环境要素面向和谐发展，该维度旨在提高经济增长能力，同时确保具备与资源动力功能、废物接收功能和直接效用相关的环境基本功能。其核心理念是保护和养护自然资源和环境遗产，保持物理和生物系统的弹性和稳定性。根据传统的库兹涅茨曲线，随着经济增长，可持续性将自行解决。这一观点表明，随着人均收入的增长，环境退化最初会增加到某一点，超过这一点时，随着环境状况的改善，可以实现环境可持续性。经济增长不应影响生态平衡、生态系统完整性、承载能力和生物多样性以及生命支持系统。通过减少资源消耗、废物产生、排放到空气中以及生物多样性实现的生态系统福祉构成了环境层面。可持续发展的主要重点是将经济、社会和环境层面纳入决策过程和商业战略。

七、社会可持续性

在实现可持续性和可持续发展的各种方法中，社会可持续性是最不确定且最不令人担忧的。与经济可持续性和环境可持续性相比，公众讨论社会可持续性的兴趣要小得多。

可持续性有许多模式。第一种模式假设了环境可持续性、经济可持续性和社会可持续性 3 个方面，是最被广泛接受的解决可持续性的模式。该方法中的"社会可持续性"理念包括社会公平、宜居性、健康公平、社区发展、社会资本、社会支持、人权、劳动权利、场所营造、社会责任、社会正义、文化能力、社区韧性和人类适应等主题。

第二个更新的方法是，所有领域的可持续性是社会的，包括生态的、经济的、政治的和文化的可持续性。这些社会可持续性领域的基础是社会与自然之间的联系，生态领域的定义是人类在环境中的嵌入性。在这些项目中，社会可持续性包括所有人类活动。它不仅与经济、环境和社会的重点交叉相关。

可持续性的概念不能简单地用操作术语表达，而是必须直观地理解。这种"建设性的模糊性"为寻求在生态系统承载能力范围内改善人类生活福祉和质量的前进道路的各种利益攸关方所采用的可持续发展提供了过多的定义和解释。所有这些解释的共同焦点都是规范性的。尽管有不同的定义和含义，但可持续发展是指旨在"促进人与人之间以及人与自然之间的和谐"的质量发展。它涉及一个持续不断的过程，即延长有限自然资源的生产性利用，提高当前及其继任者的福利和生活条件。可持续性开辟了一系列广泛的发展战略，重点放在应该发展什么、应该持续什么、持续多长时间以及为谁的利益。理解三个基本概念：需求、发展和未来一代，是理解可持续发展的基础。需求与资源分配和分配密切相关。可持续性的目标是"满足所有人的基本需求，并让所有人都有机会满足对更好生活的渴望"，这意味着重新分配资源，使穷人能够负担得起基本必需品，这不可避免地是一个道德问题。发展是经济体系的改善和进步的定性表达，是保持经济效率、社会公平和环境审慎的平衡和谐。可持续性定义中包含的不影响后代的条件反映了代内公平，是引导可持续发展道路的必要条件。它强调分担责任，扩大代际经济繁荣，保护满足代际需要的环境资源。可持续发展的哲学基础是关心子孙后代，反映了保护地球生命维持系统并将其有序移交给子孙后代的道德义务。可持续发展的代际方面涉及"道德规范"，涉及后代有权获得与当代人相同的资本和潜在的福利机会。

促进发展的方式应与保护自然资源、保护全球生态系统的再生能力、实现更大的社会平等以及尽量减少给后代带来的额外风险或成本相一致。人类的不同世代对自然资源都享有平等的权利。发展的所有这些定性方面都不可避免地以一套价值观、规范和社会制度规则为基础。这些价值观将不可避免地指导生活方式和经济活动的变化过程，从而优化生活条件持续支持安全、福祉和保护地球生命支持系统的可能性。可持续发展的概念体现了与世界本质"宇宙和谐的精灵"相关的永恒哲学真理。东西方哲学体系都是基于世界和谐的概念（老子、佛陀、孔子、毕达哥拉斯、赫拉克利特、谢林和黑格尔）。从哲学观点（开普勒和黑格尔）来看，和谐法则意味着世界的普遍整体性和连贯性。可持续发展是人类朝向形成精神领域（noosphere）的运动，在这一领域，人类与环境和谐相处的精神–道德进步将表明国家和个人的幸福和富裕。诺普语境的主要前提是以人与自然关系和谐为特征的和谐发展。实现和谐社会关系的目标需要解决三个相互关联的问题。首先，它与过度消耗资源和消除贫困有关，这是社会正义法所隐含的。其次，是减少物质消费，激发精神创造力，这传递了需求升华的思想。最后，是提高有效权力，这体现在提高物质和智力资源使用效率以及当前和未来社会经济持续增长的思想中。协调人与自然之间的关系是基于环境伦理原则，其中最高价值和目标是保护地球生命，维护所有生态系统的完整性、多样性和稳定性。

环境将被理解和评估为共同进化的主题，而不是征服的对象。从环境伦理的角度来看，可持续发展战略的本质与促进保护和拯救生命的普遍"责任"的绝对必要性是一致的。自斯德哥尔摩会议以来，可持续性显然与人类自身造成的威胁有关，这是基于经济自由主义的人类中心主义和个人主义价值观的无限经济增长的结果，这些价值观不符合自然，甚至不符合人类自身。自然环境领域已经成为一个无限探索和开发的领域，在人类和自然之间形成了一种专横的关系。

为了延长环境资源的生产性利用，保持其完整性，从而实现连续性，地球需要新的意识形态思维，以采用优先保持地球系统平衡的价值观，并尊重地球的生命维持系统。从人类中心主义到生态中心主义的转变涉及对爱、信任、博爱、社会公平和正义等价值观的高度重视，以及对穷人或弱势群体、未来和其他生物的团结。为了将目标导向可持续发展，迫切需要改变人类价值观，正如《地球宪章》（2000）和《可持续发展世界首脑会议》（2002）所强调的那样。但正是在《千年宣言》中，可持续发展的基础价值变得具体，并被宣布为基本价值。这些价值观共同构成了一种新的不可或缺的伦理，是塑造和形成人们良知、推动人们对可持续发展态度的重要条件。

自由是每个人（男人和女人）都有权过自己的生活，有尊严地抚养自己的孩子，免于饥饿和对暴力、压迫和不公正的恐惧。基于人民意愿的民主和参与性治理确保了这些权利。

平等是不应剥夺任何个人和国家从发展中受益的机会。必须确保男女的平等权利和机会。必须按照公平和社会正义的基本原则，以公平分配成本和负担的方式应对全球挑战。受苦或受益最少的人应该得到受益最多的人的帮助。

宽容是人类必须尊重彼此，尊重信仰、文化和语言的多样性。社会内部和社会之间的差异不应被恐惧或压制，而应作为人类的宝贵财富加以珍惜，应积极促进所有文明之间的和平与对话文化。

在按照可持续发展的观念管理所有以自然为生的物种和自然资源时，必须表现出尊重和谨慎。世界各国必须分担管理世界经济和社会发展责任以及对国际和平与安全的威胁的共同责任，并应以多边方式履行。

可持续发展模式的社会组成部分旨在提高生活质量和社会福利，同时提高经济效率，加速物质繁荣和经济进步。基本目标是维护社会稳定，兼顾社会关系、社会互动、行为模式和人类价值观。这一社会组成部分表明，必须理解和治疗作为宏观经济增长而出现的社会弊病，以维持和提高当前社会及其未来的福利。可持续发展涉及"政治、社会、经济、体制和技术秩序的深刻变化过程，包括重新定义发展中国家和更发达国家之间的关系"。社会方法要求公平分配货物和服务，以促进人的全面发展，包括生计、健康和教育、促进充分教育、培训社会所有成员，建立和调整政治和体制机制和结构，以提供社会经济系统的灵活性和自我调节，保护和促进卫生设施，通过穷人获得可持续生计和促进人类发展来减少和消除贫困。

经济目标的最大化离不开环境和社会两个方面的约束。同样，忽视经济和社会绩效也无法实现环境效益的最大化，没有经济和环境绩效也不可能实现社会绩效的最大化。这三个可持续性领域相互依存、相辅相成。可持续发展恰恰在于如何理解经济繁荣、环境管理和社会责任之间的相互关系。

八、经济可持续发展

从经济学的角度来看，目标是最大化商品和服务的数量，最大化资源的使用效率。可持续发展战略的经济维度是在保持资本存量不变或增加的情况下，加速经济增长并获得最大效益。它希望通过最大限度地有效利用由有限的自然资源以及人造资源和人力资源组成的资源，产生最大的收入流动。快速的经济增长是可取的，但它不会给地球的生命维持系统带来沉重的负担。核心理念是确保有限的负面环境影响。这种方法需要一个可持续的经济环境来处理一个多层面的过程，包括组织和社会结构中的一系列数量和质量变化，以及人们对环境和资源使用态度的变化。经济层面是组织需要解决的方面，以保持长期的市场竞争力。这些维度包括各种组成部分，如利润和价值、投资、与投资者的关系、创新、技术、协作、知识管理以及流程和产品开发。

从 21 世纪开始，GDP 增长不再被视为主要的宏观经济指标，经济增长也不再是经济体系的主要目的。自第二次世界大战以来，经济发展政策的重心通过不同的范式发生了变化，一直到可持续发展的理念的出现。20 世纪 70 年代的凯恩斯主义概念，即经济政策建立在强有力的政府干预之上，到 20 世纪 80 年代的货币主义思想，即通过将贫困群体纳入主流经济体系来减少社会差距。20 世纪的 80 年代末至 90 年代，经济发展政策的重点转向了理性主义的概念和项目，并开始了吸收特别有才华的个人和企业，以提高环境和整体生活质量。

从目前的观点来看，联合国简单的标准明确了可持续发展是经济体系的主要目标。以 GDP 增长计算的经济增长代表着经济活动的增长，并与福祉相关。快速经济增长很少是可持续的。有些国家，特别是发展中国家，在经济活动水平和人民福祉之间存在着过大的差距，准确地说，是高增长低发展。幸福不能用金融术语来衡量。经济增长是一个外部概念，而发展是一个更广泛的内部概念，包括提高生活水平和减少贫困。经济增长有的时候可能提高的是小部分人口的生活水平，而大多数人仍然贫穷。经济增长在人口中的分布情况，是决定经济发展水平的一项指标。经济增长是通过 GDP 的增长来衡量的，而经济发展是一个非常复杂的过程，需要一系列的指标来衡量。

对许多国家的经济秩序的分析表明，从可持续发展的观点来看，快速的经济增长导致出现了一些极端问题，如社会和地方不平等、缺乏足够的基础设施和农村环境、缺乏国家资本等。可持续发展是提高现有所有人口的福祉，而且在近期和远期都不损害人口的福祉。经济增长是必要的，但仅靠经济增长是不够的，它不足以促进发展。

2012 年在里约热内卢召开的联合国可持续发展会议上提出了可持续发展目标。其目的是提供一套全球目标，以解决世界面临的紧迫的环境、政治和经济问题。

可持续发展目标更新了千年发展目标，千年发展目标于 2000 年开始在世界范围内解决人口的贫困问题。千年发展目标为解决过度贫困和饥饿，预防致命疾病，将小学教育扩大到所有年轻人，以及其他优先发展事项方面，制定了可衡量的、全球商定的目标。

15 年来，千年发展目标引导了几个重要区域的发展：减少贫困、提供饮水和卫生设施、降低婴儿死亡率以及大幅度提高产妇健康。此外，他们还发起了世界范围的免费初等教育运动，鼓励各国为子孙后代投资。最重要的是，千年发展目标在防治艾滋病毒或艾滋病和包括疟疾和结核病在内的其他可治疗疾病方面取得了巨大进展。

千年发展目标的主要成就：超过 10 亿人摆脱了极端贫困（自 1990 年以来）；儿童死亡率下降了一半以上（自 1990 年以来）；辍学的儿童的人数下降了一半以上（与 1990 年相比）；艾滋病毒或艾滋病感染率下降了近 40%（与 2000 年相比）。

千年发展目标的遗产和成就为我们提供了宝贵的教训和新的目标。然而，对于几十亿的人类来说，这项工作仍然没有完成，仍然需要采取措施步骤，结束饥饿，实现充分的两性平等，加强卫生服务，让所有儿童接受高于小学水平的教育。可持续发展目标也在敦促这些方面走上更可持续的道路。

九、2030 可持续发展目标

2030 可持续发展目标是一项雄心勃勃的尝试，目的是完成我们已经开始的工作，解决一些紧迫的问题。所有 17 个目标都是相互关联的，因此一个领域的成就会影响其他领域的成功。应对气候变化的危险将影响我们如何管理脆弱的自然资源，实现两性平等或更好的健康，摆脱贫困，促进和平与包容性社会，这将减少不平等，帮助经济繁荣。简言之，这是人类在未来生活中需要改进的最好的领域。

2030 可持续发展目标是与 2015 年在第 21 次巴黎气候变化会议上达成的另一项历史性协议同时进行。这些协议与 2015 年 3 月在日本签署的《仙台减少灾害风险框架》(Sendai Framework for Disaster Risk Reduction) 一起，提供了一系列共同标准和可实现的目标，以减少碳排放，管理气候变化和自然灾害的风险，并在灾难后实现更好的重建。

2030 可持续发展目标的独特之处在于，它们涵盖了对我们所有人都有影响的主题。它们重申了我们在世界各地永久消除贫困的决心。它们在确保没有人被忽视方面是强大的。更重要的是，它们让所有人都参与到建设一个更可持续、更安全、更富裕的地球的过程中来。

1. 目标 1：消除所有形式的贫困

到 2030 年，消除在任何地方所有人的严重贫困，目前贫困的衡量标准是每天生活费用不到 5 美元。到 2030 年，根据国家定义，将生活在贫困中的男性、女性和儿童的比例至少降低一半，并为所有人实施适合国家的社会保护结构和措施。到 2030 年，实现对弱势群体和穷人的广泛覆盖，确保每个人特别是弱势群体和穷人，除了获得基本服务、拥有和控制土地和各种财产、遗产、自然资源、适当的新技术之外，对经济资源享有同等的权利如小额信贷，提高穷人和弱势群体的韧性，减少他们对与气候相关的严重事件以及不同的金融、社会与环境冲击和失败的暴露与脆弱性。

2. 目标2：消除饥饿，实现粮食安全，改善营养状况，促进可持续农业

到2030年，消除饥饿，确保所有人，主要是穷人和包括新生儿在内的弱势群体，在2030年之前全年都有权获得安全、营养充足的食物。停止所有类型的营养不良。全世界已商定到2025年改善5岁以下儿童生活质量的目标，并解决少女、孕妇和哺乳期妇女以及老年人的营养需求。此外，到2030年，还同意使农业部门的生产力和小规模粮食生产者，特别是妇女、土著居民、家庭农民、牧民和渔民的收入翻一番，包括通过安全和相同的使用权获得土地、其他有效的资源和投入、教育、货币服务、提高附加值和非农业就业的市场和机会和相同的使用权。确保可持续的粮食生产结构，实施有韧性的农业任务，提高生产力和产量，帮助保护生态系统，提高应对气候变化、极端气候、干旱、洪水和不同灾难的能力，并逐步提高土地和土壤质量。

3. 目标3：确保健康生活并增进所有人的福祉

到2030年，将全球孕产妇死亡率降低到万分之七以下。到2030年，消除婴儿和5岁以下儿童本可避免的死亡，所有地区将新生儿死亡率降低到12‰以下，将五岁以下儿童死亡率降低到25‰以下。到2030年，消除艾滋病、结核病、疟疾和其他热带疾病的流行，并与肝炎、水传播疾病和各种传染病做斗争。到2030年，通过预防和治疗将非传染性疾病的过早死亡率降低1/3，并增进智力健康和福祉。授权预防和补救药物滥用，包括滥用麻醉药品和危险饮酒。到2020年，将全球道路事故造成的死亡和损害人数减少一半。到2030年，确保全球获得性健康和生殖健康服务，包括计划生育、信息和培训，并将生殖健康纳入全国战略和方案。获得全球医疗保险，如金融风险保护、获得高质量的重要医疗服务以及所有人都能获得安全、有效和低成本的关键药物治疗和疫苗。

4. 目标4：确保包容性和公平的优质教育，让所有人享有终身学习机会

到2030年，确保所有女孩和男孩都能获得免费、公平的中小学教育，从而取得相关和有效的学习成果。到2030年，确保所有儿童都能获得幼儿教育、护理和学前教育，从而为小学教育做好准备。到2030年，确保所有妇女和男子都能平等获得廉价和令人满意的技术、职业和高等教育。到2030年，具备就业、体面工作和创业相关能力以及技术和职业技能的儿童和成人数量显著增加。到2030年，重新审视教育中的性别差异，确保弱势群体，如残疾人、土著居民和处境脆弱的青少年平等地接受所有阶段的培训和职业教育。到2030年，确保所有年轻人以及相当大比例的成年人(男性和女性)实现识字和算术。

5. 目标5：实现两性平等并赋予所有妇女和女孩权力

在所有地方消除对所有妇女的各种歧视。消除公共和个人领域对女孩和妇女的各种暴力行为，包括贩运、性剥削和其他形式的剥削。消除所有有害任务，包括童婚和切割女性生殖器官。通过提供公共服务、基础设施和社会安全法规，并在全国范围内促进家庭内分担责任，承认并重视无偿护理和家庭工作。确保妇女全面、有力地参与政治、经济和公共生活各级决策，并有同样的机会发挥领导作用。按照《国际人口与发展会议行动纲领》的约定，确保共同享有性健康和生殖健康以及生殖权利。

6. 目标6：确保为所有人提供可持续管理的水和卫生设施

到2030年，确保共同和公平地获得安全和低价的饮用水，确保所有人都能获得适当和公平的卫生设施和个人卫生，并停止露天排便，同时特别注意妇女和弱势群体的需要。到2030年，通过减少污染物、清除垃圾、最大限度地减少危险化合物和材料的排放、将未经处理的废水比例减半，以及在全球大力发展循环利用和安全再利用，提高水质。到2030年，大幅提高所有部门的用水效率，确保可持续的淡水提取和供应，以应对缺水问题，并显著减少受缺水影响的人数。到2030年，在各级层面上加强水资源综合管理，包括开展跨界水资源的合作管理。

7. 目标7：确保人人都能获得负担得起的、可靠的和可持续的现代能源

到2030年，确保获得低价、可靠和现代化的能源服务。到2030年，大幅提高可再生能源在全球能源组合中的份额。到2030年，全球电力效率的提高速度将翻一番。到2030年，改善全球合作，促进获得清洁能源研究和技术，包括可再生能源、提高效率和净化化石燃料技术，并鼓励对电力基础设施和清洁能源技术的投资。到2030年，根据发展中国家，特别是最不发达国家和内陆发展中国家各自的支持方案，促进基础设施建设和生产升级，向它们传授现代技术和可持续技术。

8. 目标8：促进持久、包容和可持续的经济增长，促进充分的生产性就业以及人人有体面的工作

根据国情，特别是不发达国家的国内生产总值年增长率至少达到7%，实现可持续的经济增长。通过多样化、技术升级和创新，包括强调高附加值和劳动密集型部门，实现更高水平的经济增长。加强以发展为导向的政策，促进生产性活动、创造体面就业、创业、创造力和创新，鼓励中小微型企业的正规化和壮大，包括提供经济服务。根据10年可持续消费和生产规划框架，在发达国家的引领下，到2030年逐步提高全球消费和生产资源的使用效率，努力使经济增长与环境退化脱钩。到2030年，所有男女，包括年轻人和残疾人，都能获得充分有效的就业和体面的工作，实现同工同酬。

9. 目标9：建设具有韧性的基础设施，促进包容性和可持续的工业化，推动创新

扩大可靠、可持续和强大的基础设施，包括地方和跨界基础设施，以帮助经济发展和人类福祉，重点是为所有人提供廉价和公平的基础设施。推进包容性和可持续的工业化，到2030年，根据本国国情，广泛提高工业就业和在国内生产总值的比重，使不发达国家的工业比重翻一番。促进主要在发展中国家的小规模企业和工业获得金融服务，包括负担得起的信贷，并将其融入价值链和市场。到2030年，改善基础设施和改造行业，使其可持续、更高效，并引导它们更多地采用环保技术和工业流程，所有国家根据各自的技能采取行动。加强科学研究，提高各国特别是发展中国家企业的技术能力。确保到2030年将未经处理的废水比例减半，并在全球范围内显著增加废水的回收和安全再利用。到2030年，大幅提高所有部门的用水效率，确保可持续的淡水提取和供应，以应对缺水问题，并显著减少受缺水影响的人口数量。实施区域综合水资源管理，包括跨界合作的水资源管理。

10. 目标10：减少国家内部和国家之间的不平等

到2030年，经济稳定增长并保持底层40%人口的收入增长率高于全国平均水平。到2030年，加强和改善所有人的社会、经济和政治包容性，无论其年龄、性别、残疾、种族、民族、出身、宗教、经济或声誉如何。通过废除歧视性法律、条例和任务，制定适当的条例和朝着这一方向发展，确保机会平等，减少结果不平等。制定政策，特别是金融、薪酬和社会保护规则，稳步实现

更大的平等，加强对世界金融市场和机构的立法和观察，并赋予执行这些政策的权力。确保发展中国家在世界范围内的货币和经济机构中做出决策时有更多的例证和更响亮的声音，以便建立更加强大、可信、负责任和合法有效的机构。促进有序、安全、组织良好和负责任的人口迁移和流动，包括通过实施有计划和妥善管理的移民政策。执行对发展中国家的特殊和差别待遇原则。

11. 目标11：建设具有包容性、安全性、韧性和可持续性的城市和人类居住区

到2030年，确保所有人都能获得充足、安全、低成本的住房和基本服务，并改善贫民窟居民的生活质量。到2030年，为所有人提供安全、廉价、可使用和可持续的交通系统，通过增加公共交通显著改善道路安全，特别关注弱势群体、妇女、儿童、残疾人和老年人的需求。到2030年，提高所有国家包容性和可持续的城市化水平以及增强参与、统一和可持续的人类住区规划和管理能力。加强保护全球文化和自然遗产的努力。到2030年，显著降低死亡率和受影响人数，大幅减少灾难（包括与水有关的灾难）造成的相对于国际国内生产总值的直接经济损失，重点是支持穷人和弱势群体。

12. 目标12：确保可持续的消费和生产模式

在考虑发展中国家发展和能力的基础上，由所有国家共同承担，由发达国家带头执行可持续消费和制造业10年计划框架。到2030年，实现自然资源的可持续管理和高效利用。到2030年，将全球零售和消费层面的人均粮食浪费减少一半，并减少生产和供应链的粮食损失，其中包括采后和收获后的损失。到2020年，根据商定的全球框架，实现对化肥和所有废物在其整个生命周期的无害环境控制，并显著减少其向空气、水和土壤的排放，以尽量减少其对人类健康和环境的破坏性影响。

13. 目标13：采取紧急行动应对气候变化及其影响

提高各国应对气候相关危险和自然灾害的恢复力和适应能力。将气候变化措施纳入当地政策、策略和规划。扩大教育和知识，增强人类和机构在减缓气候变化、减少影响和早期预警方面的能力。在发达国家缔约方的帮助下，《联合国气候变化框架公约》正式生效，以满足发展中国家在重大缓解行动和执行透明度背景下的需求，尽快将绿色气候基金资本化。在不发达国家促进提高有效规划和管理气候变化潜力的机制，包括侧重于妇女群体、青年群体，以及地方群体和边缘化群体。

14. 目标14：保护和可持续利用海洋和海洋资源，促进可持续发展

到2025年，避免和广泛减少所有类型的海洋污染，特别是陆地活动造成的污染，如海洋碎片和营养污染物，到2020年，可持续地控制和保护海洋和沿海生态系统，通过提高其恢复力，防止广泛的有害影响。并为改造海洋采取行动，以实现健康高效的海洋。限制和处理海洋酸化的影响，包括在任何层面上进行更有力的实际合作。到2020年，有效管制捕捞，停止过度捕捞、非法、未报告和无管制捕捞以及消极捕捞做法，并实施基于技术的管理计划，以便能够在尽可能短的时间内恢复鱼类种群，至少达到由其生物学特性决定的能够生产最可持续的产量。

15. 目标15：保护、恢复和促进陆地生态系统的可持续利用，可持续管理森林，防治荒漠化，制止和扭转土地退化，遏制生物多样性丧失

到2020年，根据全球协定的承诺，保证陆地和内陆淡水生态系统及其服务，特别是森林、湿地、山区和旱地得到保护、更新和可持续利用。到2020年，继续实现各类丛林的可持续管理，防止森林砍伐，恢复退化的丛林，并在国际上大力发展造林。到2030年，防治荒漠化，修复退化的

土地和土壤，以及修复受荒漠化、干旱和洪水影响的土地，并争取建立一个不受土地退化影响的地球。到 2030 年，确保保护山区生态系统，包括其生物多样性，提高其盈利潜力，这对可持续发展至关重要。采取紧急和非常行动，减少自然栖息地的退化，停止生物多样性的丧失，并在 2020 年之前避免受威胁物种的灭绝，提高公平分享利用遗传资产的利益，并按照全世界的共识，增加获得这类资源的适当机会。立即采取实质性行动，避免偷猎和违法贩运动植物物种，并应对野生动物非法贸易的供求问题。

16. 目标 16：促进和平包容的可持续发展社会，为所有人提供获得公平正义的机会，并在各级建立有效、负责任和包容的机构

有意义地减少任何地方的各种暴力和相关死亡率。根除对儿童的虐待、剥削、贩卖和一切形式的暴力和酷刑。在全国和世界范围内实行法治，确保人人平等诉诸司法。到 2030 年，显著减少走私量，加强被盗物品的追回和归还，打击一切形式的有组织犯罪。大大减少各种贪污贿赂行为。在各级扩大强大、负责和透明的机构。确保在各级做出响应性、包容性、参与性和代表性的决策。发展和加强发展中国家对世界治理机构的参与。到 2030 年，为所有人提供合法身份，如出生登记。根据国家法律和国际协定，确保公众获得信息并捍卫基本自由。建立适用的国家机构，包括通过国际合作，在任何层面建设能力，主要是在发展中国家，以防止暴力和打击恐怖主义和犯罪，为可持续发展制定并实施非歧视性法律和准则。

17. 目标 17：加强执行手段，重振全球可持续发展伙伴关系

在资金方面，改善国家资源调动，包括向发展中国家提供全球援助，以提高国内税收和不同收入征收能力。发达国家完全履行其合理的发展援助承诺，其中包括许多发达经济体致力于实现向发展中国家提供官方发展援助或国民总收入 0.7% 和向欠发达国家提供官方发展援助或国民总收入 0.15% 至 0.20% 的目标；建议官方发展援助提供者记住设定目标，向最不发达国家提供至少 0.20% 的官方发展援助/国民总收入。从不同来源为发展中国家调动额外资金来源。酌情通过旨在促进债务融资、债务减免和债务重组的协调政策，帮助发展中国家实现长期债务可持续性，并应对负债较重的低收入国家的外债，以减轻债务困扰。承担和执行最不发达国家的投资促进制度。

在技术方面，加强发达国家和发展中国家之间的合作，以及在获取技术、知识和创新方面的三角区域和世界范围内的合作，并通过双方商定的条款开展信息共享合作，包括现有机制之间的先进协调，特别是在联合国一级，并通过一个全球技术促进机制。以互利的条件，包括双方商定的减让和优惠条件，改进向欠发达国家开发、转让和传播环境友好技术。全面运营技术银行，为欠发达国家建立科学和创新机制。到 2017 年，改善授权技术的使用，特别是信息和通信技术（ICT）的使用。

在能力建设方面，改善世界范围内对发展中国家进行有效和有针对性的能力建设的援助，以帮助实现所有可持续发展目标的全国性计划，包括通过发展中国家和发达国家在区域和国际层面的合作，以及发展中国家内部的合作。

在贸易方面，在世界贸易组织框架下，以多哈发展议程谈判成果为基础，建立全球性、法制化、开放、非歧视、公平的多边贸易框架。值得注意的是，发展中国家的出口，特别是到 2020 年不发达国家在世界出口中所占份额将翻一番。确认根据世贸组织的决定，长期实现所有欠发达国家的免税和免配额市场准入，包括确保适用于最不发达国家进口产品的原产地优惠政策是透明和简单的，促进市场准入。

在系统性问题方面，通过政策协调和政策连贯等方式扩大全球宏观经济稳定，为可持续发展制定政策一致性。尊重每个国家的政策空间和管理，以制定和执行消除贫穷和可持续发展的规则。

发展全球可持续发展伙伴关系，通过利用多方利益攸关方伙伴关系来调动和分享知识、技能、技术和财政资源，以帮助所有国家，主要是发展中国家实现可持续发展目标。激励和改进有效的公共、公私和民间社会伙伴关系，构建伙伴关系的实践和资源战略。

根据包容性的政府间讨论进程，以可持续发展目标开放工作组的建议为基础，阐述各方商定的目标。可持续发展目标是综合的、不可分割的、全球性的、普遍适用的，考虑到各国的现实情况、能力和发展水平，并尊重各国的法规和优先事项。目标被描述为雄心勃勃的全球性目标，每个政府都会根据全球雄心壮志水平制定自己的全国性目标，但要考虑全国的情况。各国政府甚至可以决定如何将这些雄心勃勃的全球目标纳入国家计划、战术、政策和战略。理解可持续发展与经济、社会和环境领域内其他相关持续策略之间的联系至关重要。在确定这些愿望和目标时，我们认识到每个国家都面临着实现可持续发展的特殊困难，我们低估了脆弱国家，特别是非洲国家、最不发达国家、内陆发展中国家、小岛屿发展中国家，以及中等收入国家面临的特殊困难。处于战斗状态的国家也需要特别关注。我们认识到，许多目标的基线数据都不可用，我们需要增加援助，以加强成员国的数据收集和能力建设。

自 20 世纪下半叶以来，可持续发展问题日益被纳入发展议程和政策中。由于"世界各地人类社会和生态系统的多样性，可持续发展的挑战是异质和复杂的"，对可持续性的认识和承诺程度强调了地方问题和挑战在促进经济效率和社会公平的环境资源保护方面的作用。尽管可持续发展目标具有全球层面，但其实施的行动是局部的。要在不同地区解决的可持续发展目标取决于不同国家对这些目标的重视程度，以及国家层面出现的内部问题和挑战。在国家一级制定了许多可持续性框架，以了解地方决策在全球范围内的影响，并更好地管理到 2030 年的环境和经济发展目标。根据 2030 年议程的可持续发展目标的实施情况，制定了一个指标框架，以监测进展情况，了解可持续发展与现有政策之间的联盟阶段，并反映利益相关者的责任。2017 年 7 月 6 日，联合国大会通过了全球指标框架，并将其保存在联合国大会关于统计委员会工作的《2030 年可持续发展议程》决议中。已经发表了两份报告，反映了国际社会在全面实现 2030 年可持续发展议程所载各项原则的同时所面临的收获和挑战。另一份报告强调了监测可持续发展目标及其成就所采用的方法，其中一些与区域层面相关，另一些与国家层面相关。北美人口 4.91 亿，GDP 约为 22.2 万亿美元，在实现可持续消费和生产、气候变化和生态系统保护相关的可持续发展目标 12、目标 13 和目标 15 方面面临挑战。美国人口的肥胖率高，在实现可持续农业方面面临挑战。由于对银行保密、国际发展合作和不公平的税收竞争的财政贡献不足，目标伙伴关系（可持续发展目标 17）仍然面临重大挑战。墨西哥表现不同，在实现与优质教育（可持续发展目标 4）、零饥饿（可持续发展目标 2）、清洁能源（可持续发展目标 7）、体面工作和经济增长（可持续发展目标 8）、韧性基础设施（可持续发展目标 9）、可持续城市（可持续发展目标 11）、减少不平等（可持续发展目标 10）、陆上生活（可持续发展目标 15），以及司法和强有力的机构（可持续发展目标 16）相关的目标方面面临重大挑战。

非洲大陆拥有 12 亿人口和 2.2 万亿美元的国内生产总值，各区域取得了不同的进展。撒哈拉以南的非洲在实现可持续发展目标方面经历了全面挑战。在消除贫困、饥饿、健康、教育、清洁水和卫生、清洁能源、体面工作和基本基础设施（可持续发展目标 1~4 和可持续发展目标 6~9）方面存在重大挑战。可持续发展目标 16 面临重大挑战，在北非实现粮食安全、农业可持续增长和获得清洁水方面也面临挑战，而一些国家在两性平等方面面临挑战(可持续发展目标5)。亚洲国家拥有45亿人口，GDP达到28.2万亿美元，在确保社会服务、减少贫困、改善基础设施、水、卫生和能源供应方面表现良好。在实现环境可持续性(可持续发展目标11、目标12、目标13和目标14)，以及实现与教育、两性不平等、改善营养和健康、可持续农业和零饥饿相关的目标方面仍然存在挑战。

根据欧盟的监测报告，欧盟地区有人口7.42亿，国内生产总值20.2万亿美元，在提高能源和资源生产率、减少消费和废物产生、减少二氧化碳排放和环境退化、改善健康决定因素和生活质量，以及管理森林和水资源方面取得了重大成就。生态系统和生物多样性状况尚未取得足够的进展。在实现与收入不平等、劳动力市场中的性别参与、失业率、贫困风险人口和社会排斥相关的可持续发展目标方面取得了中等进展。

拉丁美洲和加勒比国家联盟的人口5.16亿、国内生产总值5万亿美元，在暴力和不安全的情况下，在实现与保健、教育和营养有关的目标方面面临着重大挑战。该地区的环境可持续性正面临严峻挑战(可持续发展目标12、目标13、目标14和目标15)。该区域在消除贫困和改善能源供应方面作出了积极努力，但收入分配不平等仍然是一大挑战。为了实现促进创新和就业机会的目标，需要进行投资。

大洋洲人口4000万，国内生产总值1.5万亿美元，在应对贫困、营养不良、卫生系统、恢复力、安全和可持续的城市，以及可持续水资源管理方面取得了良好进展。然而，该区域在可持续农业、电子废物和二氧化碳排放、海洋健康指数和森林资源管理方面落后于目标。

十、小结

可持续发展理念最初被认为是解决因大规模工业开发资源和环境恶化而引起的生态灾难，其核心是保持环境质量。如今，可持续发展的概念已经扩展到从环境、经济和社会的复杂方面考虑生活质量。可持续发展目标于2012年在里约热内卢召开的联合国可持续发展会议上提出。其目的是提供一套全球目标，以解决我们这个世界面临的紧迫的环境、政治和经济问题。可持续性表现在3个主要方面：经济、社会和环境。对许多国家经济发展的分析表明，从可持续发展的角度来看，经济的快速增长导致了严重的困难。经济增长在人口中的分布情况，是决定经济发展水平的一项指标。经济增长是通过GDP的增长来衡量的，而经济发展是一个非常复杂的过程，需要多个指标来衡量。经济学被定义为分配稀缺资源以满足特定社会人民的无止境的需求的科学，因此，如果要想实现可持续发展，就需要新的经济政策方向，包括：发展中国家和发达国家之间的差异，国际经济中的公正和参与性发展。可持续发展是在不降低了孙后代满足自身需要的能力的情况下，不断改善所有人的福祉。因此，为了实现可持续发展的理念，应该研究如何尽可能最好地利用所有可用的经济资源，以最大可行性地生产社会现在和未来所需的商品和产出服务，并公平分配这些产出。虽然经济的可持续性是非常重要的，但也必须考虑环境和社会的可持续性。理解可持续发展与经济、社会和环境领域内其他相关策略之间的联系是至关重要的。如今，这一理念在环境、经济和社会方面的复杂性得到了扩展。对许多国家经济可持续性的评估证明，经济增长在不考虑发展的其他方面的情况下，从包括社会可持续性和环境可持续性的可持续发展的角度来看，引发了重大问题。布伦特兰对可持续发展的标准定义使用了3个支柱的方法，简要说明了经济活动、生活质量以及生态系统和自然资源的无限性之间的联系。没有有效的生命支持系统的社会就无法繁荣，缺乏支持性的社会建设和机构就会阻碍经济的繁荣。此外，可持续发展往往被理解为社会和经济的可持续发展，从环境的角度来看也应该是可持续的。环境可持续性倾向于通过保护人类需要的资源和保证人类产生的废物量不会增加来改善人类福利，以避免对人类造成损害。这一概念表明，环境可持续性限制对资源的消耗，这也是限制增长的生态经济学框架的主要原则。在实现可持续性和可持续发展的各种方法中，社会可持续性是最不确定和最不令人担忧的。与经济可持续性和环境可持续性相比，公众讨论社会可持续性的兴趣要小得多。有许多可持续性的程序。第一种模式假设了环境可持续性、经济可持续性和社会可持续性3个方面，是最被广泛接受的解决可持续性的模式。该方法中的"社会可持续性"理念包括社会公平、宜居性、健康公平、社区发展、社会资本、社会支持、人权、劳动权利、场所营造、社会责任、社会正义、文化能力、社区韧性和人类适应等主题。第二个更新的模式是，可持续性的所有领域都是社会的，包括生态、经济、政治和文化可持续性。这些社会可持续性领域的基础，是社会与自然之间的联系，生态领域的定义是人类在环境中的嵌入性。在这些条目中，社会可持续性包括所有人类活动，与经济、环境和社会的重点交叉相关。

第二节　社会挑战和自然循环

可持续发展是人类命运共同体的美好愿望，但是社会发展过程中面临着许多挑战，而且有不可违背的自然规律和循环。

一、社会挑战

气候变化：2017年，地球表面的二氧化碳年平均浓度为405.0±0.1毫克/立方分米，比2016年增加了2.2毫克/立方分米，是现代大气测量记录和可以追溯到80万年前的冰芯记录中最高的。自20世纪60年代以来，二氧化碳的增长率几乎翻了两番。二氧化碳和其他温室气体的增加，将导致地球大气层吸收更多的热辐射，导致地表和大气下部变暖。气候变暖正从以下几个方面改变着地球的气候系统。

升高的温度：根据美国国家海洋和大气管理局（NOAA）的数据，2017年全球陆地和海洋表面平均温度为比21世纪13.9摄氏度的平均气温高0.84摄氏度，是继2016年（最热）和2015年（第二最热）之后第三个最温暖的一年。在2018年，12个月中的11个月偏离全球陆地和海洋温度平均值，11个月份有5个月位列各自月份的最温暖月份。在2015年至2017年，每年都有全球气温与1880—1900年的平均值的偏差超过1.0摄氏度。

21世纪以来，全球陆地和海洋温度与平均温度的偏差在2005年、2010年、2014年、2015年和2016年均创历史新高。在1880—1980年，平均每13年就会有新的气温记录；然而，1981年至2018年，平均每3年就会有一个新的温度记录。

海平面上升：过去一个世纪以来，全球海平面一直在上升，最近几十年的上升速度也在加快。在2014年，全球海平面比1993年平均水平高6.6厘米[卫星记录的最高年平均水平（1993年至今）]。据计算，海平面继续以每年约0.32厘米的速度上升。预计到2100年，海平面将再上升0.3—1.2米。全球海平面上升的两个主要原因，是由海洋变暖引起的热膨胀（水随着变暖而膨胀）

和包括冰川与冰盖在内的陆地冰的不断融化。2018年10月北极海冰范围是606万平方千米，是1979年至2018年卫星记录的第三最低范围。这低于1981年至2010年的平均水平约229万平方千米，比2012年10月的最低纪录高出17万平方千米。2019年1月1日，南极海冰范围为547万平方千米，是40年的卫星记录迄今为止最小的海冰范围。这个数值比2017年1月1日创下的低点纪录低了3万平方千米，比1981—2010年的平均水平低了188万平方千米。

降水模式的改变：气候变化可能导致降水的数量、分布、时间和频率的变化。一个简单的、一致的升温反应是潮湿地区将变得更潮湿，干燥地区将变得更干燥。具体来说，在许多中纬度和亚热带干旱地区，平均降水量可能会减少，而在许多中纬度潮湿地区，平均降水量可能会增加。与此同时，大多数中纬度陆块和热带湿润地区的极端降水事件可能会变得更加强烈和频繁。

暴雨和洪水：更温暖的空气含有更多的水分，从而增加了降水。据估计温度每升高1摄氏度，大气中潜在的水分含量会增加约7%。世界各地的研究发现，虽然极端降雨事件主要归因于自然变化，但人类引起的变暖也起到了一定作用。比如，据估计，人类活动导致的气候变化，造成了2017年的哈维飓风破纪录的降雨强度增加了15倍，使发生这种事件的可能性增加了3倍。气候变化很可能会增加每年洪水的强度。从海洋热量获得能量的热带风暴，其全球热带的平均强度将变得更强，到2100年强度将增加2%～11%。此外，最强飓风出现的频率也会增加，风暴中心100千米范围内的降水增加20%。

干旱灾情：到2100年，气象干旱、水文干旱、农业干旱预计将变得更长、更频繁，或者在某些地区和某些季节，由于降水量降低或蒸发增加或两者兼有。预计南欧、地中海地区、欧洲中部、北美中部和南部，以及中美洲、巴西东北部和非洲南部的干旱将会加剧。据估计，如果全球变暖上升3摄氏度，与1971年到2000年的参考时期相比，欧洲的干旱地区将从总面积的13%扩大到26%。

热浪：持续数天的炎热天气通常被称为"热浪"，会对人体系统造成严重损害，影响健康、生计和福祉。自然系统也受到热浪的严重影响。2000年至2016年，受热浪影响的人数估计约为1.25亿人，热浪平均持续时间比1986年至2008年增加了0.37天。气候变化很可能导致热浪变得更加强烈、广泛和频繁。比如，在佛罗里达州，气候变化可能导致夏季热浪发生的频率是现在的3倍，每次热浪持续的时间是现在的6倍。研究还发现，2070—2099年，如果大气中的二氧化碳浓度达到目前水平的2～3倍，热浪将变得更热，上升4～6摄氏度。

大火灾：春季和夏季较高的温度和春季融雪提前通常会导致土壤更长时间的干燥，增加干旱和野火季节更长的可能性。这些炎热、干燥的条件也增加了野火变得更猛烈、燃烧时间更长的可能性。气候变化将影响野火风险的模式及其分布，这种灾害不常见的国家可能会经历更多的野火，而其他国家将需要将野火列入其国家危险清单。

1.5摄氏度或2摄氏度的世界：据估计，人类活动造成的全球变暖已经比工业化前的水平高出约1.0摄氏度。按照目前的速度，人类活动造成的变暖每十年就会使全球平均气温上升0.2摄氏度左右。如果这种趋势继续下去，全球变暖可能会在2030年至2052年间达到1.5摄氏度。全球变暖1.5摄氏度但低于2摄氏度时，自然和人类系统面临的气候相关风险比目前更高。在陆地上，预计全球变暖1.5摄氏度比2摄氏度对生物多样性和生态系统包括物种消失和灭绝的影响较低。

认识到气候变化对人类社会和地球构成了紧迫和潜在的不可逆转的威胁，195个国家于2015年12月通过了《巴黎协定》，其核心目标是保持气候变化"全球平均气温比工业化前的水平高出2

摄氏度以下",并继续追求"努力将气温增幅控制在比工业化前水平高出 1.5 摄氏度的水平"。为了将全球变暖控制在 1.5 摄氏度,全球净碳排放量需要在 2030 年前比 2010 年的水平下降 45% 左右,并在 2050 年左右达到"净零"排放。这将需要在能源、土地、城市和基础设施以及工业系统方面进行迅速而深远的转型。这些系统的转型在规模上是前所未有的,而且将意味着所有部门的排放量大幅减少,广泛的缓解方案组合以及对这些方案的投资大幅增加。

人口的增长:2017 年,世界人口达到了 76 亿,在过去 12 年里,世界人口又增加了 10 亿。在未来的 13 年里,预计人口将增加超过 10 亿,到 2030 年达到 86 亿,到 2050 年进一步增加到 98 亿,到 2100 年达到 112 亿。随着人口的增加,生态系统服务将显著退化。比如,世界各地的旱地系统正经历着人口的迅速增长和生活水平的提高。其结果是,由于农业和畜牧业的扩张和集约化,人类压力增加和生态系统服务的过度开发。

快速的城市化进程:如今,世界上 55% 的人口居住在城市,到 2050 年,这一比例将上升到 68%。城市化再加上世界人口的整体增长,到 2050 年,城市地区将增加 25 亿人口。目前,世界上有 33 个人口超过 1000 万的城市。到 2030 年,预计全球将有 43 个人口超过 1000 万的特大城市。城市化的影响包括城市热岛效应、高能耗材料消耗增加、空气质量下降和下游水污染增加。在气候变化方面,城市消耗了世界 2/3 以上的能源,占全球碳排放的 70% 以上。与此同时,从现在到 2050 年,全球城市土地使用可能从 100 多万平方千米增加到 250 多万平方千米,导致粮食生产区、自然栖息地的丧失,以及栖息地碎片化。

对食品的需求不断上升:根据联合国粮农组织的数据,从现在到 2050 年的世界人口增长,将导致全球粮食需求增加 50%。这将导致全球用于灌溉的水量从 2005—2007 年的 26 亿立方千米增加到 2050 年的 29 亿立方千米。由于非点源污染,包括泥沙径流、养分径流、微生物径流、农药、除草剂和其他农用化学品的化学径流等,农业生产的增加将影响水资源质量,污染地表和地下水。畜牧业的集约化可能导致受有机污染影响的人数从 2000 年的 11 亿增加到 2050 年的 25 亿。随着对肉类和鱼类等动物源产品的需求增加,世界许多地区正在经历饮食结构的转变。2016 年,鱼类总产量达到历史最高的 1.71 亿吨,其中 88% 被直接用于人类消费。自 1961 年以来,鱼类消费量的年增长率是人口增长率的两倍。迄今为止的结果是,捕捞的鱼类资源中有 33.1% 超出了鱼类的生物可持续性,属于过量捕捞。

水的需求增加:按照正常的用水情况,预计到 2030 年,全球对水的需求将超过供应的 40%。水需求的主要驱动因素包括人口增长和城市化,以及制造业、能源和用于粮食生产的农业土地灌溉对水的需求增加。由于过度取水、富营养化和污染,增加的用水需求很可能导致许多地方的生态系统退化。例如,全球生物燃料产量从 2000 年的 160 亿升增加到 2017 年的 1430 亿升,增加了近 10 倍。然而,生物燃料对水资源有重大影响,因为它在作物生长过程中需要水分(光合作用)和在生物炼制过程中需要水分。此外,由于种植玉米和大豆等生物燃料作物时大量使用化肥和杀虫剂,会使水质恶化。

能源使用量增加:到 2040 年,由于收入水平和人口增长(尤其是城市化地区),将使全球能源需求增加逾 1/4。到 2040 年,可再生能源在能源结构中的份额将从目前的 1/4 上升到 2/3。然而,随着能源需求的增加,预计到 2040 年,使用能源产生的碳排放量将增加近 10%。可再生能源,包括风能、太阳能、生物质能和水电,也对环境产生影响,如风力发电设施和太阳能光伏系统对土地利用的影响、风力涡轮机造成的鸟类死亡、集中式太阳能热机组需要水来冷却,以及建水电站淹没大量土地。

经济增长：2037年，世界经济规模预计将翻一番，到2050年将增加近3倍。据预测，到2060年，在全球经济中，全球材料的使用量将从2011年的790亿吨增加到1670亿吨，开采和使用这些材料会导致与能源有关的温室气体排放。预计到2060年，二氧化碳当量总排放将达到750亿吨，其中农业、能源供应和工业材料的使用中的碳排放将构成约500亿吨二氧化碳当量。全球材料的使用还将导致一系列其他环境问题，包括水体富营养化、淡水水生生态毒性和酸化物质的大气排放。总体而言，材料的使用将影响生态系统支持供给服务的能力，如气候调节、防洪、自然栖息地、娱乐消遣和文化服务。

生物多样性损失：目前，大约有100万种动植物的物种面临灭绝的威胁，自1900年以来，大多数主要陆地栖息地的本地物种的平均数量至少下降了20%。在过去的两个半世纪里，有571种植物消失了，这个数字是鸟类、哺乳动物和两栖动物灭绝记录的2倍多，数据表明植物灭绝的速度比如果没有人为活动影响植物正常情况下，预计快500倍。世界范围内昆虫的生物多样性也在受到威胁，昆虫数量的减少可能导致未来几十年世界上40%的昆虫物种灭绝。动物传粉者正面临着全球灭绝的威胁，例如，在欧洲，9%的蜜蜂和蝴蝶物种受到威胁，而且种群数量正在下降，蜜蜂下降37%，蝴蝶下降31%。与此同时，在水生和海洋环境中，超过40%的两栖动物物种，近33%的造礁珊瑚，以及超过1/3的海洋哺乳动物受到威胁。据估计，全球每变暖1摄氏度，海洋平均将失去5%的海洋动物，即使不考虑渔业的更广泛影响。

环境污染和废弃物：环境污染的定义是污染的物理和生物成分使地球和大气系统的正常的环境过程受到不利影响。任何对自然资源的使用速度超过自然自身恢复速度，都可能导致空气、水和土地的污染。同时，废弃物的处置对环境的污染速度超过了废弃物的分解或消散速度。

空气污染：空气污染是全球死亡和疾病的一个主要原因，对健康的影响包括入院人数和急诊室就诊人数的增加，以及过早死亡的风险的增加。世界卫生组织（World Health Organization，WHO）估计，全球过早死亡的420万人与环境空气污染有关，主要是心脏病、中风、慢性阻塞性肺病、肺癌和儿童的急性呼吸道感染。

颗粒物（PM）是指空气中发现的固体颗粒和液滴的混合物。有些颗粒可以用肉眼看到，如灰尘、污物、烟灰或烟，而另一些只有用电子显微镜才能检测到。颗粒污染物包括PM_{10}（直径10微米或更小的可吸入颗粒物）和$PM_{2.5}$（直径2.5微米或更小的可吸入颗粒物）。粒子有各种形状和大小，可以由数百种不同的化学物质形成，直接排放源如建筑工地、坑坑洼洼的道路、田野、烟囱或火灾，或由于化学物质的复杂反应如二氧化硫、氮氧化物等，这些污染物来自发电厂、工业和车辆的排放物。

臭氧是由3个氧原子组成的气体（O_3），同时发生在地球的高层大气和地平面。平流层臭氧是有"益处"的，因为它形成了一层保护地球生命的保护层，免受来自太阳的紫外线的危害。在炎热的晴天里，城市里的臭氧可能达到影响健康的水平，但在寒冷的月份里，它仍可能达到高水平。臭氧也可以被风吹到很远的地方，甚至农村地区的臭氧水平也很高。

大气中排放的酸化物质，如二氧化硫和氮氧化物，可以在空气中停留数天，并被运送到数千千米以外，在那里经过化学转化为酸（硫酸盐和硝酸）。主要污染物二氧化硫、二氧化氮和氨，连同它们的反应产物，沉积后能够导致土壤和地表水的化学成分发生变化。这个过程被称为"酸化"，导致森林减少和湖泊死亡，比如，在美国，被评估的417个国家公园中，96%的公园存在严重的空气污染，88%的公园的空气污染沉积到土壤和水域中，破坏了敏感物种和其栖息地。

土壤污染：土壤污染是指化学品或物质不在正常位置和/或以高于正常浓度存在于土壤中，对任何非目标生物会产生不利影响。土壤污染发生在有意和无意的人类活动中，包括污染物直接沉积到土壤中，以及通过水或大气沉积导致间接土壤污染的环境过程。土壤污染的主要人类活动的来源，是用于工业活动或作为工业活动副产品产生的化学品以及家庭和城市废物。这些化学物质被偶然地释放到环境中，比如，石油泄漏或从垃圾填埋场中浸出，或有意地释放，比如，在农业中使用化肥，灌溉未经处理的废水，或使用污水污泥污染的土地。据估计，在欧洲250万个地点发生了污染活动，生产部门对当地土壤污染的贡献超过服务部门（分别为60%和32%）。最常见的污染物是矿物油和重金属。被污染的土壤会将有毒化学物质浸出到附近的地下或地表水中，这些物质会被植物和动物吸收，污染饮用水供应，并污染建筑物的室内空气。在干旱地区，土壤污染可以通过风传灰尘进一步扩散传播。

垃圾填埋地污染：在全球范围内，大多数垃圾都是在某种形式的垃圾填埋场倾倒或处置的。堆填场因所接收的废物而有所不同，包括矿物废物堆填场；危险废物填埋场；为单一行业服务的特定工业堆填场；接收城市垃圾的填埋场；建筑和爆破垃圾、小型工业垃圾和少量危险废物的混合物的垃圾填埋场。虽然垃圾填埋场有助于最大限度地降低废物处置对公众健康和安全的风险，但它们也产生了重大的环境挑战，包括渗滤液会威胁地下水质量和排放温室气体。渗滤液是液体废物倾倒填埋场和固体废物分解的结果，在降水和地表径流的帮助下形成危害。此外，把未经处理的工业化学品和危险化学品不按照规定处理，而是扔进城市废物填埋场，增加了渗滤液中有毒和危险化学品的存在风险。垃圾填埋场渗滤液及其水流中最常见的有害化学物质是重金属和不同种类的有机化合物，其中大多数是有毒的、持久性的化合物，会导致严重的污染问题。垃圾填埋场气体含有温室气体，包括二氧化碳、甲烷、一氧化二氮、全氟碳化物、六氟化硫和氢氟碳化物，所有这些都对全球气温变暖有影响。

淡水污染：淡水污染是指有害物质包括化学物质或微生物，污染小溪、河流、湖泊、含水层或其他水体，降低水质并可能使其对人类或环境有毒。地下水污染是一个严重的问题，即使污染源被清除，由于地下水的高停留时间，使地下水中的污染可以保持数百年。

淡水污染分为点源污染和非点源污染。点源污染是指通过管道或其他明确确定的地点对水体的污染。这种污染很容易测量，影响也很容易评估。点源污染物最常见的来源是工厂、污水处理厂、垃圾填埋场、地下和地上储存燃料、溶剂和其他工业液体的储罐。非点源污染的来源众多，难以确定其来源。来自花园和农业活动的化肥径流是非点源污染的常见来源。硝酸盐常被用作肥料，因为它极易溶解，所以很容易被植物的根系吸收。然而，由于它的高度可溶性，它很容易通过土壤冲进河流和小溪，导致水道富营养化。在城市地区，降水事件将包括重金属和油在内的大量污染物冲入水体。

在河岸放牧牲畜的地方，在陡峭的山坡上没有树木生长的耕种农田，以及缺乏河岸植被的地方，水道中的沉积物数量通常很高。沉积物是一种物理污染物，通过多种方式影响接收水体质量，包括增加了水体浑浊度，阻碍阳光渗入水体，从而限制或阻止藻类和有根水生植物的生长。在鱼类产卵的河流中，砾石床被细小的沉积物覆盖，妨碍鱼类产卵。高量的泥沙淤积会降低河道的深度，并导致洪水增加，因为河道有效输送水的能力降低了。沉积物还可以将附着的污染物，如营养物质、细菌和有毒化学物质从农田运输到水路。

淡水污染的一个广为人知的例子是，欧洲只有40%的地表水达到了欧盟水框架指令的良好生态状态，只有38%处于良好的化学状态。水质量未能达到欧盟委员会设定的最低目标的主要原因是在2010—2015年的监测期间，水体受到硝酸盐和农业径流、盐水侵入以及从污染场地（如工业场地、矿区或废物储存库）渗出的危险化学物质的污染。与此同时，74%的欧盟地下水处于良好的化学状态，来自农业的硝酸盐和杀虫剂污染是导致地下水无法达到良好化学状态的主要压力，硝酸盐影响了超过18%的地下水区域。

农业污染：农业活动造成了海洋水域污染的大约50%。当施用过量的氮和磷时，在下雨时它们可以从农田冲进水道。比如，在孟加拉国，每年大约使用9000吨不同的杀虫剂和超过200万吨的化肥，每年向沿海水域排放1800吨残余农药。随着时间的推移，过量的氮和磷也会通过土壤渗入地下水。

高水平的氮和磷会导致水体富营养化，导致鱼类死亡和水生生物减少。富营养化的特点是植物和藻类过度生长。富营养化的影响是造成浮游植物密集繁殖，降低水的清晰度和危害水质。水中植物和藻类限制了光线的穿透，减少了海岸植物的生长并导致死亡。当这些密集的藻类植物最终死亡时，微生物的分解会严重耗尽溶解氧，形成缺氧的"死区"，原因是缺乏支持大多数生物生存的足够氧气。

缺氧事件：缺氧事件在大型、富营养河流附近的海洋沿岸环境中很常见，如密西西比河和墨西哥湾。一些藻花会产生有毒毒素，并与水质恶化、具有重要经济意义的渔业遭到破坏和公共卫生风险有关。墨西哥湾北部的缺氧水域，也被称为墨西哥湾死区，是西半球最大的死区之一。死区是由土壤中的养分富集引起的，特别是氮和磷，大部分来自美国主要农业州密西西比河谷，包括明尼苏达州、艾奥瓦州、伊利诺伊州、威斯康星州、密苏里州、田纳西州、阿肯色州、密西西比州、路易斯安那州。死区的面积常常超过13000平方千米，沿内大陆架从密西西比河河口向西延伸到得克萨斯州的上海岸。

废水污染：世界上超过80%的污水未经处理就排放到环境中。在一些最不发达国家，这一数字超过95%。进入海洋环境的污水通常包括工业废物、城市废物、动物遗骸、家庭浴室的水和废物，以及粪便。污水本质上是有机的，因此容易滋生细菌。结果，水中的氧气浓度降低，使水生生物缺氧，导致蛋白质和其他含氮化合物的分解，释放出硫化氢和氨，这些物质在低浓度时就对海洋生物有毒。污水还会导致富营养化和死区。在过去的50年里，海洋已经失去了大约2%的氧气，而完全没有氧气（缺氧）的水的体积增加了4倍多。世界上最大的死区位于波罗的海，在那里，人类造成的污水污染和化肥流入了海洋。

固体废物：全世界每年产生20.1亿吨城市固体垃圾，其中至少有33%没有以环境安全的方式管理。到2050年，预计全球垃圾将增加到34亿吨。在全球范围内，平均每人每天产生垃圾0.74千克，但从0.11—4.54千克不等。垃圾产生量与收入水平之间存在正相关关系，高收入国家产生的固体垃圾约占世界总量的34%。随着收入水平的提高，预计到2050年，高收入国家的人均日垃圾产生量将增加19%，而中低收入国家的日均垃圾产生量将增加40%。

基础设施发展：到2040年，全球人口将增长25%。农村将继续向城市迁移人口，城市人口将增长46%。这将导致对基础设施支持的需求增加。据预测，到2040年，基础设施投资需求将达到94万亿美元。电力和公路是两大主要行业，占全球投资需求的2/3以上。然而，大规模的基础设施建设，如公路网络、水电大坝和经济走廊，往往会对自然栖息地和生物多样性产生不利影响。

在森林地区修建新的道路会显著增加森林砍伐，由于初始道路往往产生次级和三级道路网络，可大大增加生境破坏的空间范围。

自然灾害：自 1995 年至 2015 年，90% 的灾害是由洪水、风暴、热浪和其他与天气有关的事件造成的。在过去 20 年里，与气候有关的灾害造成的直接经济损失增加了 151%。自 1998 年至 2018 年，受灾国家报告的直接经济损失为 29040 亿美元，其中与气候相关的灾害占总损失的 77%。在此期间，130 万人丧生，44 亿人受伤、无家可归、流离失所或需要紧急援助。与此同时，地震包括相关的海啸，占总死亡人数的 56%。

自然灾害有可能引起许多最初的和次生的灾害。比如，风暴会造成洪水、风暴潮、滑坡和水污染等次生灾害。洪水会导致滑坡、侵蚀、水质恶化和泥沙沉积。森林火灾的次生影响包括水污染、侵蚀和减少集水区产水量。地震可以带来火灾、洪水、水污染、滑坡、海啸和土壤液化。卡特里娜飓风是大规模的气象事件，也是大规模的污染事件，化学物质通过洪水流入新奥尔良，包括 800 万加仑的石油泄漏，这在当时是北美历史上第二大石油泄漏事故。2011 年 3 月 11 日袭击日本海岸的地震，引发了 50 英尺高的海啸，破坏了福岛第一核电站，导致释放了大量放射性污染物。

强迫人口迁移：相比可能导致大规模流离失所的突发性自然灾害，环境条件的逐渐恶化，预计将导致更多的人口迁移。由于气候和非气候趋势，缓慢发生的灾害和逐渐发生的环境退化，包括荒漠化、土壤肥力下降、海岸侵蚀和海平面上升，都对人们的生活造成很大影响，并可能引发不同类型的迁移。环境迁移可能发生在内部、区域或国际上。2008 年，有 2000 万人因极端天气事件而流离失所，因冲突和暴力而流离失所的有 460 万人。到 2050 年，预测因环境问题移民的人数为 2500 万至 10 亿人，广泛接受的估计是 2 亿人。

二、自然循环

在目前的社会发展背景下，主要的问题是冰川期–间冰期周期是否会遵循其自然过程，或者人类引起的全球变暖是否能够改变甚至停止这一过程。天文周期决定了更新世气候周期的速度，但似乎无法在入射的太阳能中激发足够的变化来触发冰川作用。它们需要信号放大机制，如温室气体、温盐环流模式或反照率等的变化。显然，冰川旋回的改变或中断意味着控制整个地球生态和演化的主要自然环境机制的改变。这将导致生物体、种群、物种、群落和生物群落的根本变化。全球变暖引起的生物变化正在变得重要。气候周期的较大变化将导致更剧烈的生物变化。

有两种情况在天文控制气候循环方面非常相似，但一种是完全自然的，另一种是受到人为影响，通过增加温室气体，特别是二氧化碳来改变气候趋势。间冰期 MIS19 期的开始和结束期是，末次冰期（MIS18）结束日期为 78.8 万年前，下一次冰期（MIS20）的开始日期是 77.5 万年前，这次间冰期持续了大约 13000 年。全新世间冰期与该地质时代的时期等量的话，现在已经经过了 11500 年，还有约 1500 年就结束了。换言之，在自然条件下，也就是说，在没有人类影响的情况下，下一次冰期应该在大约 1500 年后开始，大约在公元 3500 年之后，这给我们留下了 1500 年的"好天气"。但就像 MIS19 时期那样，只有当大气中的温室气体浓度保持在 260 毫克/立方分米以下时，这个理论才成立，但是这似乎不大可能，因为目前的浓度超过了 411 毫克/立方分米，而且还在上升，比应该的值高出约 36%。这些事实表明下一次冰期可能会延迟。

寻找下一个冰期开始日期的不同模型的结果有很大差异，由于温室气体的人为增加，目前的间冰期与以前的间冰期相比将是异常的。其中一些模型预测了全新世的延长和下一个冰期的推迟，而另一些模型则预示着冰期-间冰期循环的结束。模拟结果表明，在自然情况下，下一个冰期应该在大约 2000 年内开始，而在人为干预情况下，则要在 40000 年内才会开始。这意味着全新世的持续时间将比预期的约长 38000 年，总共约 50000 年（值得注意的是，在过去的 8 个周期中，间冰期的平均持续时间为 2 万年）。同样值得注意的是，根据这一模型，人类活动增加的二氧化碳浓度的影响在未来 20 万年以后才会消失，这时，才能够恢复自然的冰期-间冰期循环，并与二氧化碳的循环相协调。

另一种模型利用地球的全球能量平衡来估计全球尺度的温度变化。这些模型被称为能量平衡模型（EBM）。借助能量平衡模型，在中等情况和极端情况下模拟了二氧化碳浓度增加的气候效应。中等情况的假设是，未来 100~200 年，二氧化碳浓度将增加 2 倍，这是许多预测中的常见假设，包括政府间气候变化专门委员会的预测。极端情况是假设所有可开采的化石燃料都将被消耗，在这种情况下，大气中的二氧化碳浓度将乘以 8。运行模型后，两个结果是明显的。第一种是预期的温度上升，其数值取决于温室效应的大小，在两种情景下是不同的。第二个结果是出乎意料的，过去 8 次冰期的主导因素，就是偏心率控制的 10 万年周期的气候循环消失了（在两种情景下）。这意味着，尽管天文周期会遵循其自然规律，但二氧化碳的增加（即使是在不耗尽所有化石燃料的情况下）可能会抑制其对全球温度的影响，冰期-间冰期的循环将会中断至少 100 万年。

有科学家提出了类似的观点，即我们离超越不能够返回的临界点有多远，这意味着冰期-间冰期循环的结束，开启一个类似于我们所称的温室状态，其特点是大气中二氧化碳浓度高，温度高，两极（都没有冰层覆盖）和赤道之间的差异很小，海平面远高于现在的水平。在地质历史中，至少有 15 个温室阶段持续了一百万到几百万年，与生物灭绝事件相对应。美国化学家威尔·斯特芬（Will Steffen）是"人类世"这一新地质时代最积极的捍卫者之一，在他的领导下，一些研究人员声称，全球温度仅升高 2 摄氏度就足以引发基于正反馈机制的级联效应，最终导致出现温室地球。就目前而言，这种选择完全是推测性的，因为它缺乏任何实证基础，但它将是未来的热门话题。

三、人类和自然

现在，人类似乎不太可能改变自己的习惯，因此，如果由我们人类来决定，全球变暖、地球的污染和废物的积累可能会像以前一样继续下去。因此，我们可能会问自己这样一个问题：事物是否有可能以一种自然的方式发生变化，而我们不必对此采取任何行动，即使它是长期的。自从地球上出现生命以来，生物圈在没有人类的情况下存在了将近 40 亿年。人类作为一个物种，已经存在了将近 20 万年，而仅仅在 2 万年前，我们智人才扩展到了整个地球。从人类中心主义的角度来看，没有什么比我们物种的延续性更重要了，无论是在这个星球上还是在其他星球上。如果下一个冰川作用与上一个类似，我们可以依赖末次盛冰期作为模型。北半球大部分大陆将被厚度为几千米厚的冰原覆盖，或因冻土而无法居住。在末次盛冰期期间，地球上的人口相对较少。人类栖息地和自然资源将大幅度减少，这将主要影响大多数工业化国家，阻碍全球技术能力发展，更不用说因争夺资源和空间而产生的冲突了。比如，在欧洲，地中海将是气候和生态上唯一适合人类居住的地区。我们已经看到，如果冰川作用的节奏遵循其自然过程，下一次冰川作用应该在几千年内开始，并在 60000 年内达到最大值。

环境条件特别是气候已经发生了变化，恢复人类活动影响前的景观特征是不可能的。人类进化的脚步一天也没有停止，人类认识世界和改造世界的能力在持续增强。

第三节 可持续性与恢复力

可持续性和恢复力的概念体现了一种从根本上不同于规范性假设的转变，这些假设为早期自然资源保护主义者提供了信息。这些活动家和学者强调自然的内在价值，作为对自然承担道德责任的首要依据。内在价值论强调了关注野生自然的存在，保护物种多样性，使地球上大部分地区远离人类的控制。这一理论基础是作为一种替代方案而提出的，替代的是人类通过保存增进福祉的资源存量而获得的工具价值。它也是理论方法的另一种选择，强调人类来自对这些区域存在的认识，或者来自亲身体验原始自然的机会的间接益处。

关于可持续性和恢复力的争论，特别是关于保护野生自然或非人类物种的重要性的孤立评论，因为自然本身的固有价值，是值得做的事情。当人们对资源的可持续性和地球系统的恢复力提出疑问时，压倒性的重点是人类对自然的潜在影响的大小，但最终，潜在的灾难性后果将影响人类生活本身的未来和人类生活的质量。

这种以人类为中心的取向，加上强调人类活动对自然的破坏，在可持续性文献中就很明显，比如，在可持续性文献中，提到物质自然是为迅速增长的人类人口提供某种生活质量所必需的资源储备。同样，在恢复力文献中，维护地球系统的重要性是根据它们在提供环境服务方面所起的重要作用来确定的，这些环境服务确保了一个能够支撑人类生命的星球的持续存在，以及许多人认为人类的努力是人类的道德权利。

一、两个自然极限：资源枯竭和系统退化

当前强调自然是资源和服务的来源，是两个对人类活动有非常重要的自然限制。为了满足人类的各种目的而进行的可持续资源开采和消耗，是有自然的限制的，地球系统的恢复力及其吸收和适应人类生产和消费造成的系统性环境退化的能力也有自然的限制。

对这些日益突出的自然限制的思考，通常有 3 个重要的规范假设。

第一，人们越来越认识到许多环境问题的系统性。曾经被孤立看待的问题，如物种丧失，不再仅仅作为一个独立的环境挑战进行评估，而是一个更大、更令人不安的生态失调模式的组成部分。第二，许多环境问题的概念方式发生了根本性的转变。现在，许多关键的关切不是强调环境挑战的局地或区域所在地，而是涉及在全球范围内可持续的、可供全人类使用的资源，以及在其影响下全球性的各种环境退化。相关的道德问题不是为了一个受到有害影响、地理位置独立的社区现在应该做些什么，而更多的是为了人类的利益，在任何地方和永远都应该做些什么。第三，人们对关乎人类目的的问题有了更大的认识，并对基于这些目的的人类活动的自然限制做出道德上适当的反应。比如，对可持续资源、适应力强的环境和生物多样性的主要关切，可能是为了实现全球经济发展的长期前景，满足子孙后代的需要，确保全球穷人的福祉和人权，或者服务于人类项目的宏伟的愿景。因此，争论的平衡往往取决于这些人类目的中的哪一个应该被赋予最大的规范性权重的判断。

简而言之，公共讨论的主导框架认为，环境问题在构成系统性生态威胁的程度上更为突出，

在更大的地理范围内出现的环境问题更为紧迫，并应根据所涉人类目标的重要性给予更高的优先重视。

二、保护的目标

一种系统的、全球性的、以人类为中心的工具主义方法是相对较新的，但是有许多合理的理由来关心自然的保护，特别是生物多样性的保护。传统观点认为，物种多样性和自然保护，除了它可能推进的任何人类目的外，其本身就是一个重要的目的。比如，我们可能会认为，在其他条件相同的情况下，物种多样性更多、非生物自然多样性更丰富的 A 世界，比生物多样性较少的 B 世界要好。然而，怀疑论者会问：对谁更好，为什么？一个有更多病毒、寄生虫和细菌的世界会不会更美好？尤其是考虑到它会给人类和动物带来更多的疾病和痛苦。一个拥有更多多样自然岩层的世界会更好吗？即使这些非生物特征如此遥远，几乎没有人会看到它们，或者没有生命形式的存在依赖于它们的存在。

在理想状态下，希望有一个多姿多彩、质朴纯真的地球，这往往是建立在一种唯美的自然观之上，即地球完整而不受减损。物种灭绝速率的增加，如果保护物种的论据是建立在关于什么构成了一个完整而不受减损的自然世界的一个科学的事实上，可能是美学原因之外的一个特别的关注点。然而，进化论的一个中心原则是，自然世界从来没有也永远不会作为一个静止的、自我调节和永远自我复制的状态而存在。世界的自然史是一部物种产生、消亡和其他物种取而代之的历史。自然界是动态的，它的生命形式是不断变化的，假设一个暂时的生态状态似乎处于平衡状态，是所有平衡点中最理想和持久的先决条件，则是错误的。

然而，忧伤美国栗树的枯萎病并非不合理，尽管现有的最佳证据表明，美国大西洋中部地区的整体森林健康并没有因此而降低。同样的普遍观点也适用于在一个地方保护本地植物物种的愿望。有很好的理由担心某些非本土物种，如无处不在的葛根（它最初在防止水土流失方面具有生态优势，但很快就开始扼杀其他所有植物的生命），但是什么是本土的物种和非本土的物种并不是固定的。这取决于时间框架的选择。所有物种的自然状态都包括易位和杂交的过程。曾经隔离在一个地理区域的物种，通常是在更有利的生态条件下，往往会在其他地方重新出现。此外，物种与一个属的近亲成员进行杂交并产生新的杂交后代的能力，比以前认为的要大。

自然的动态特性对自然资源保护论者来说是至关重要的。它的保护努力如果是出于对地球生物多样性价值的承诺，那么保护现有物种及其当前地理分布的目标可能会适得其反。生物多样性通常取决于物种的迁移和杂交进程的加快。简言之，无论当地社区有什么理由保护现有的当地生态位及其内发现的物种，它对保护地球生物多样性的总体目标的贡献不一定有价值。

问题就变成了，为什么要关注全球范围内的生物多样性？自然资源保护者经常警惕地注意到国际自然保护联盟的红名单指数（Red List Index），截至 2015 年，该指数确定了 23000 多种面临灭绝可能性的植物、真菌和动物。一些自然资源保护主义者提出了一个全球视角的答案，更根本的环境目标是生态系统健康。在这种观点下，系统的关切胜过物种层面的关切，全球的关切胜过地方的关切，关于保护特定物种的相对重要性的争论，转向了对人类优先考虑的问题。

三、生物圈完整性

在前面提到的工具观点中，生物多样性事关重大的一个关键原因是，它是生态健康的一个重要指标。对生物多样性的关注，用灭绝率来衡量，是生态健康的一个更普遍的概念，即生物圈完整性的一部分。此外，在这种综合方法中，遗传多样性被视为比保持现有物种数量更重要的生态健康。因为基因多样性提供了一种针对所有生命形式的威胁的保险政策，所以在维持生态系统的整体功能方面发挥着核心作用。然而，灭绝率仅仅是评估遗传多样性状况的一个指标。原则上，更多的物种可能意味着更高的遗传多样性，但由于如此多的物种共享来自一个共同基因库的等位基因，它们可能在遗传上是多余的。然而，鉴于在理解物种多样性和遗传多样性之间的联系方面存在不确定性，注重保护物种多样性和关注物种灭绝速率可能是最佳的实际战略。

另一个考虑是工具主义保护方法的核心。我们有理由关注某些物种的保护，而不是物种的绝对数量。其基本观点是，某些物种在保护生态功能方面发挥着更重要的作用。这一观点被称为基石假说。当我们扩展到大的区域，甚至是行星的尺度时，保护整个生态系统正常运作的首要利益，为区分功能上有价值的关键物种和功能上处于边缘地位的物种提供了依据。

此外，另一种损失对系统功能的影响是生物丰度。物种的退化，或物种成员丰度的丧失，尤其是功能上重要的关键物种，本身就是对整体生态健康的威胁。比如，保护少数珍稀鸟类可能具有巨大的美学价值（可能还有确保遗传多样性的工具价值），但是，它们对于整个生态健康的重要性，取决于是否有足够的物种成员或与其功能相当的物种来执行其重要的生态功能。

简言之，保护所有物种的理想，而不区分它们所起的系统功能作用，特别是在星球尺度上，或者不注意物种多样性的程度，这是保护遗传多样性这一更基本关切的有用标志。工具方法并没有把保护物种的绝对数量作为回答自然资源保护者的大问题的决定性考虑：要保护什么，为什么保护。在某种程度上，对生态健康的系统性关注和对生物圈完整性规模重要性的判断，在保护思想中得到了突出的重视，根据什么样的生物损失对维持人类和其他生命形式的环境构成最大威胁，就有初步的理由优先考虑保护工作。

四、可持续性

关于可持续发展理想的全球讨论起源于 1987 年布伦特兰报告，该报告以当时联合国的世界环境与发展委员会主席的名字命名。可持续性概念进入对话的背景是，人们越来越意识到追求经济发展对环境造成的威胁，并积累了其对土地、水和不可再生资源的不利影响的证据。可持续性作为一种环境理想，在结构上提出了一个与自然资源保护主义者面临的相似的问题：我们应该寻求维持什么，为了什么目的？

从某种意义上说，委员会对应该维持什么的问题的回答是显而易见的：首要目标是可持续的经济发展。可持续发展的最普遍和被广泛引用的定义，也阐明了对有关基本目的的伴随问题的回答："可持续发展是在不损害子孙后代满足自身需求能力的前提下满足当代人的需要。"因此，布伦特兰对可持续性的定义，突出了对代际公正的规范性关切。代际公正无疑是最重要的，因为人们越来越认识到，快速的经济发展虽然对促进当代人的福祉至关重要，但构成了资源枯竭和环境退化的长期威胁，而这又反过来，威胁到子孙后代获得全球穷人迫切需要的物质福利的能力。

然而，布伦特兰的定义并没有决定性地解决应该维持什么，或为什么要维持的问题。问题在于，它对经济、社会和环境的可持续性给予了同等的重视，而在这样做的过程中，它并没有为每个目标的权重提供明确的指导。一方面，它颂扬了经济快速发展的优点，减轻了贫困和提高了全球人类生活水平。为此，它呼吁经济增长 5~10 倍。另一方面，它强调了日益严重的资源枯竭和环境退化问题的紧迫性。此外，社会可持续性的概念可以有广泛的解释，从而使相互竞争的目标的权重分配问题复杂化。因此，众所周知，三大支柱方法对解决经济发展目标与环境保护目标之间的紧张关系几乎没有起到什么作用。

即使是报告中的环境可持续性概念，也有多种解释。鉴于为满足子孙后代的需要，而对目前的资源开采和枯竭设定限制，是其定义的规范性核心，因此强调生态资本存量的可持续性就不足为奇了。生态资本的概念非常广泛，足以涵盖对子孙后代福祉至关重要的各种资源。它可以解释为既包括不可再生的自然资本（如石油和矿产），也包括为子孙后代维持可比较生活水平或可比较的机会所必需的可再生资源的种类和质量（如清洁水和食物来源）。

然而，如果生态资本方法被视为环境可持续发展关注的核心，那么可持续发展的首要目标是增进人类世世代代的福祉。如果生活水平是可持续发展的最终目的，那么对任何一种特定资源的维持应给予多大的关注就不确定了。除了知道未来几代人将需要食物、水、能源和一个可以支持生命和健康的环境的其他基本特征，在满足当前穷人需求的消费和为满足后代需求而进行的项目投资之间取得平衡，几乎没有指导依据。现在需要的一些资源可能会被新技术所取代，但对社会而言，调整当前的消费模式，以便为未来留下足够的可消费资源，是一种高度投机的行为。

此外，可持续发展的既定目标并不局限于对代际公正的关切，这一点在报告的定义中得到了强调。事实上，很多委员把大量的修辞重点放在了国际公正的紧迫问题上。比如，报告对人的需要概念的讨论，强调了改变现行做法的重要性，以便优先满足世界穷人的基本需要。特别值得注意的是，它对全球穷人困境的评估是在道德判断的基础上进行的，即工业世界已经使用了地球上大部分的生态资本，生态资本的不平等分配是地球的"主要环境问题"和"主要发展问题"。

虽然布伦特兰报告对国际公正的重视程度仅次于其对代际公正的讨论，但它界定国际问题的方式表明了委员们对尺度问题的看法。显然，它铭记着确保现在和将来的所有人都有足够的必要资源来满足其基本需要的重要性。可持续发展既不是特定国家对本国公民的一项目标，也不是城市、私营企业的目标，更不是社区善用其拥有的任何资源的目标。代际公正问题和国际公正问题都指向了对分配不公的关切，而不是对效率的关切，或者需要更好地利用国家、社区或私人实体控制下的资源分配份额。

此外，尽管布伦特兰报告明显强调以人类为中心，但报告中的一些语言暗示了他们关注环境可持续发展的更广泛的理由。布伦特兰报告建议，除了使自然保持足够的完整性，以便为未来的人类人口保存足够的资源之外，首要任务是解决物种消失和生态系统受到威胁的问题。保护自然的理由不应该仅仅停留在发展目标上。这是我们对其他生物和后代的道义义务的一部分。

五、2030 可持续发展目标

联合国 2015 年的一项决议批准了 17 项可持续发展目标和 169 项落实目标。这项决议是基于联合国委员会 2015 年的一份报告《改变我们的世界：2030 年可持续发展议程》。委员会的报告和决议将消除贫穷确定为最大的全球挑战，并将这一目标描述为可持续发展不可或缺的条件。从布伦特兰报告中提到的问题的框架来看，这种关系可能更为合理。如果人们认为关心可持续性的首要原因是人类福祉，那么人们可能会认为，可持续发展是消除贫困的必要条件。尽管如此，决议承诺"以平衡和综合的方式实现经济、社会和环境三个维度的可持续发展"。然而，该决议，包括其序言、可持续发展目标的目的概述和目标的规范，反映了与布伦特兰报告有明显的差别。

第一，布伦特兰报告承认，为了非人类动物的利益而保护生物多样性的重要性，在可持续发展目标中没有得到承认。这项联合国决议没有直接涉及非人类动物的利益，而是提出了一种愿景，描述了人类与自然界的关系。它说的是一个"人类与自然和谐相处，野生动物和其他生物物种得到保护"的世界。值得注意的是，没有直接提到任何非人类为中心的理由，保护自然或为自然留下空间。该文件采用了明显的工具主义、人类中心主义的方法。

第二，虽然新决议重申了布伦特兰报告定义中关于满足当代人和后代人基本需要的承诺，但并未强调考虑代际公平分配。它泛泛谈论人权，但节约资源以备将来使用的重要性，已不再是明确的核心。因此，代际间对资源要求的潜在冲突就被掩盖了，保障人权的任务在很大程度上取决于管理方法，即促进"可持续的消费和生产，可持续地管理其自然资源。"

第三，与布伦特兰报告不同的是，联合国决议的文本和它所依据的报告，都没有提到全球范围内资源消耗历史模式中的公平问题。没有提到过去的消费，也没有提到全球对稀缺资源的日益激烈的竞争，这种竞争有可能使全球穷人的基本需求与渴望用于维持全球富人生活方式的资源对立起来。目标10确实要求"减少国内和国家之间收入不平等，以及基于性别、年龄、残疾、种族、阶级、族裔、宗教和机会的不平等"。然而，实现这一目标的主要机制是增加贸易，欠发达国家从农业生产向工业生产的转变，以及更有序的劳动力迁移和就业机会体系。此外，没有提到目前的全球秩序组织是否会引起资源开采和工业生产的环境负担的公平分配问题。

第四，17个目标和169个目标的清单，反映了对实现可持续发展的分散观点，以及放弃在全球范围内普遍获得资源的想法。它从一开始就指出，可持续发展和扶贫攻坚的首要责任在于主权国家，如果要实现可持续发展目标，所有国家都必须将其纳入国家政策和计划。该决议在讨论可持续发展目标时，提到了发达国家(和私营部门)的责任，但重点放在国际援助和公私伙伴关系方面的战略建议，旨在促进欠发达国家的内部发展目标。特别重要的是，促进国际贸易关系的政策可以与旨在建设国家能力的政策同时发挥作用。比如，国家改善教育、水资源管理、海洋保护区、森林、公共卫生、健康和能源供应系统的能力。

结果是，从布伦特兰报告到可持续发展报告目标，可持续发展概念的演变保留了三大支柱方法，但对经济可持续性的强调更为突出。与布伦特兰报告最初强调的重点不同，可持续发展目标看起来更像是一个同义词，目的是更有效地利用国家和地方拥有的任何资源，而不是促使人们重新考虑更基本的规范性问题，即资源获取的公平分配以及资源开采和消费的利益和负担。它不那么明确地关注代际和国家间的公平或分配公正。虽然该决议采取了一种全面的办法，承认粮食、能源和水等资源的系统性相互依存性，但它反映了人们对可持续性的兴趣回归到一种不那么全球性、更局限于民族国家边界内的程度。它的重点是欠发达国家如何通过更好的资源管理、更具经济效益的外贸形式和面向国家能力建设的国际援助，更有效地解决自己的贫困问题。

六、地球系统和环境服务的恢复力

联合国批准可持续发展目标的决议，在其目标和指标清单之前，对世界的"愿景"做了全面的阐述。虽然减贫和人权占首要地位，但它确实设想了一个"人类栖息地安全、有韧性和可持续发展的世界"，并确定现有的生产和消费模式以及发展造成的环境退化是主要威胁。恢复力(如可持续性)在决议中没有定义，因此产生的一个问题是，恢复力是什么，为了什么。

在联合国采纳可持续发展目标的前夕，一些科学家就如何思考恢复力及其与可持续性的关系提出了一些建议。他们的提议主张超越布伦特兰报告的三大支柱方法，优先考虑一些关键的环境问题。具体来说，他们认为维持地球系统的恢复力是至关重要的，这些系统调节着地球在10000年全新世时期的边界内运行的能力。他们提出修订布伦特兰报告方法的动机，相信保护地球生命支持系统是最重要的需要。此外，他们还认为，在比联合国最终批准的目标清单短得多的目标中，将这一目标列为首要任务是很重要的。

他们提出这一建议的原因是，地球系统的稳定运行是全球社会繁荣的一个先决条件，而这种威胁的严重性在道义上是如此的突出，以至于一长串有价值的目标有可能失去实际的重点。此外，他们还认为，联合国本身的主要减贫目标，不可能仅靠更好的管理实践来实现，也不可能通过一种规模化的应对措施来实现，即每个国家都应在当前全球框架的范围内自行采取行动。特别是，如果不改变全球经济竞技场，任何近期的发展进展都将消失，因为我们的星球将不再为全球人口的利益而运转。

一般意义上的恢复力是指，任何复杂系统吸收内部和外部干扰并保持相同结构和功能的能力。因此，恢复力被理解为生态系统、社会系统或经济系统等多种系统所拥有的能力。为了理解这一术语在环境科学的背景下是如何使用的，那么问题就变成了"什么是恢复力，为了什么"。

任何系统包括生态系统的恢复力，都可以在多个尺度上进行评估。一个生态系统的健康状况可以用一个浅水湖那样小的尺度来评估。在一个营养负荷下，一个湖泊可能会保持一个有水生植物的稳定的清水状态，而在不同的营养负荷下，它将保持一个没有植被的浑浊状态。在这两种情况下，如果在一组确定的化学边界内，生态状态能够吸收营养平衡中的干扰，而不显著改变其结构和功能，则生态状态是有恢复力的。因此，在这种情况下，生态恢复力的定义纯粹是描述性的。科学任务是量化可识别干扰存在的边界，而不让系统转换到另一种状态。

然而，纯描述性概念的实用价值有限。在许多研究目的中使用的有关生态恢复力的概念，是建立在某种应该被保护状态的概念中的。以浅水湖为例，科学研究的重点在于保持有韧性的清水状态。因此，我们的任务是量化营养负荷的边界条件，这些条件确定了一个安全运行空间的参数，在这个安全运行空间中，生态系统强烈抵制向混浊状态的转变。

在环境政策背景下，规划机构经常谈到有韧性的社会生态系统，如需要有韧性的沿海城市。有韧性的沿海城市的设计涉及各种潜在的策略，以保持这些复杂的社会系统的结构和功能。通常，其目的是提供保护，使其免受经常发生的极端天气事件的自然干扰和与人类活动导致气候变化的有关海平面上升。城市恢复力规划不仅涉及对已建环境（如防洪堤和海堤）的工程变更，或放弃在低洼地区建设建筑，还包括实施应急准备计划和建立协调良好的疏散路线。

生态恢复力，与包括城市和经济等社会生态实体在内的恢复力的扩展定义不同，它适用于自然系统，当然包括它能承受的人为干扰。生态恢复力的概念不仅体现在湖泊、农业景观和冰川等小尺度的环境中，也体现在行星系统的尺度上。有恢复力的地球系统是能够吸收内部和外部干扰，并保持在安全运行空间内的系统。地球的安全运行空间是众所周知的支持人类生命和人类活动的环境包络线，这些环境使当代人类得以繁衍生息。如此定义的具有恢复力的地球系统，在其定义中建立了寻求实现目标的概念。正是从这一明确的目标出发，科学家寻求量化地球系统过程的安全运行空间，这些过程对于防止地球发生转变至关重要，以确保地球不会偏离全新世的状态。

在全球范围内应用生态恢复力的概念，反映了一种潜在的担忧，即目前的人类活动模式正在以破坏维持生命的基本条件的方式，造成大幅度改变地球系统9个关键过程的风险。确保这9个过程的安全运行空间的任务，始于量化每个过程的地球的边界，在这一边界内有一个舒适的运行空间，而不是标志着向另一个状态过渡的一个临界值，因此，这样，地球在全新世特有的功能条件得以保存。

最近的评估认为，九个重要的地球系统要素中的 4 个超出了为每个系统要素确定的地球边界。其中包括气候系统、生物圈完整性、生物地球化学流动和陆地系统变化。气候系统和生物圈完整性这两个地球系统要素超越了地球要素的边界，尤其令人担忧，有两个原因。第一，任何一个要素的巨大变化，本身就足以对人类福祉造成严重的不利影响。第二，由于它们与其他系统要素高度耦合，它们有可能改变地球系统的其他要素，使它们容易超越边界。基于这些原因，最近的研究已经确定这两个地球系统的要素为核心地球边界。它们被认为是核心地球边界，在这个意义上，为每个要素保留一个安全的运行空间被赋予最高优先级。

地球边界方法不仅寻求识别关键的地球系统，而且量化构成系统安全运行空间的每个要素的边界条件。然而，量化的任务是复杂的，各种因素具有相当大的规范意义。有两个因素特别值得注意。

第一，对于一些重要的地球系统要素来说，安全运行空间没有可量化的界限。这个问题使得理解新实体的可容忍效应的任务变得复杂。新实体是新的物质或现有物质的新形式，它们可能对地球的功能产生不必要的地球物理或生物效应，最终对人类健康产生影响。新实体的认定是一个特别令人关切的问题，因为目前全球商业中大约有 10 万种此类物质，这些物质大多是从第二次世界大战结束以来引入地球系统的。纳米材料、塑料聚合物和工程生物等这些物质也是新的实体。地球的化学强化被列为地球边界方法中的一个关键问题，因为这些实体有可能持续存在于环境中，它们在全球范围内广泛分布，而且它们已证明有可能影响其他地球系统要素的功能。

规范的结论是，化学强化对地球系统恢复力造成威胁的理论，可能被视为有充分理由需要采取预防措施。究竟该如何将预防措施转化为科学政策和工业实践，目前仍不确定，且备受争议。尽管如此，新的实体在这一方法中赢得了一席之地，因为它们的系统性影响和相互作用、全球范围的扩散以及对人类和地球潜在的严重危害。

第二，由于地球边界对区域尺度活动造成的超越边界高度敏感，量化变得复杂。区域生物地球化学流动的变化，比如，由于农业集约化而导致的磷和氮流动的变化，可以改变全球流动的平衡，这已经超越了为生物地球化学过程设定的一个关键的地球边界。科学的不确定性在于难以量化这些相互作用的影响。

这种相互作用的规范结果产生的环境问题，其特点是产生的有害影响远离其起因地。由于几个原因，因果的地理位置的解耦是普遍问题。对这样一种自利的希望提出了挑战，即自利将成为补救和预防人类活动造成的伤害的有效动力。地理上的解耦也给有效治理带来了挑战。在不那么复杂、相互依存度较低的社会中，如何应对环境影响是政治挑战，这些环境影响主要是局部的和暂时的。现在，环境问题的系统性和全球性规模与分散在不同主权政治实体之间的解决问题能力的局部性和碎片性之间存在严重的不匹配。气候变化就是一个这样的例子，但是地球边界方法，它认识到区域和行星的影响是如何相互作用的，它揭示了一系列更丰富的环境问题，在这些问题中，因果关系在规范意义上是解耦的。

七、环境危机的根源

人类活动对自然界造成的巨大影响的根本原因和可能的补救办法，一直是众说纷纭的议题。

生产方式造成的可更新资源和不可更新资源的枯竭和环境退化，有时可追溯到现代技术、社会风气和制度上。16 世纪的殖民主义，使得远洋旅行成为可能，改变了人类活动的规模及其影响。18 世纪以来的工业革命扩大了人类社会的技术能力，与此同时，支持人类社会所需的可获得的资源范围也随之扩大。19 世纪全球市场的出现，扩大了资源开采的地理范围，而全球资本主义的平行提升，导致了产品的扩散，改善了人类的福祉，但总是会重新配置人类对消费品的需求。

从 1945 年到现在的二战战后时期，是一个特别重要的转折点。在这个被称为"大加速"的时期，世界人口翻了一番，全球经济增长了 15 倍以上。这两种趋势都加剧了对全球环境的压力，引发了关于资源使用的可持续性和地球在面对环境退化时的恢复力的全球对话。

大加速带来了其他重要的变化，这些变化在规范上非常重要。环境损害的起源地与其影响地的解耦就是这样一种变化，但同时也伴随着另一种形式的解耦。资源开采和工业生产导致了许多环境破坏和资源枯竭，其所在地越来越集中在世界上许多贫穷人口居住的地区，而消费最多的地区则是全球大多数富人的家园。因此，现代技术的利益分配与其环境负担的分配解耦。

这两种解耦的分布意义提出了公正的问题，而人类活动对自然界的影响往往没有通过讨论来强调这些问题。在人类世时代的许多人类活动的讨论中，往往没有记录全球穷人和全球富人之间的影响。创建可持续发展目标的决议就是这种遗漏的一个突出例子。

然而，并非所有关于全球化及其对环境的不利影响的讨论，都忽略了生产和消费的利益和负担的解耦，或因果关系的解耦。环境政治学中一个常见的主题是，当前各种形式的资本主义组织的作用，它的内在动机促使企业在世界各地寻找自然资源和新的劳动力资源，以尽可能低的成本开采资源和生产消费品，并使社会成本，特别是环境退化的负担外部化。对一些观察家来说，资源枯竭和环境恶化的直接原因，在于资本主义经济体系如何运作的系统性。

相比之下，另一种诊断方法认为，当前环境危机的状态是一个系统性问题，但它超越了任何特定形式的经济组织。从这一观点来看，现代社会的促增长精神，并不是当前全球资本主义的产物，而是许多社会生态系统中的制度结构和权力关系的固有特征。

所有试图诊断人类环境自我毁灭道路的主要原因的努力，都遭到了一种更为乐观的观点的反驳，这种观点被称为生态现代主义，或者被称为生态实用主义。生态现代主义者呼吁两种不同形式的解耦。如果问题是为保护自然留下空间，他们认为，社会需要通过将人口集中在中心城市，使消费与自然资源的消耗脱钩（解耦），使人类社会的足迹与地球表面大部分地区脱钩（解耦）。与自然和谐共处的理想，如果这意味着生活在接近自然的地方，并对丰富的自然资源进行负责任的管理，那么这种理想应该被人类从对自然的依赖中解放出来的目标所取代。生态现代主义者的希望是，幸福的代价，被定义为高物质生活水平，不必牺牲自然，并且通过适当的技术修复，全球穷人可以从物质贫困和目前维持着全球富人的生活方式的危险和艰苦工作的痛苦中解放出来。

生态现代派观点的一个重要部分是，没有可行的替代方案。他们认为，人类社会将不愿意接受回归到一种浪漫化的、前工业时代。因此，如果要使环境危机以及代际和国家际的公正的相关问题有任何重大机会得到解决，就必须在态度上对寻找新技术来解决旧技术造成的问题的前景持乐观态度。

生态现代派过于相信导致当前危机的技术手段，并使一种本应因其他原因而被拒绝的物质消费生活方式变得稳定。它给那些背负着巨大负担的人带来了虚假的希望，而这些生活方式在地球上是不可持续的，并因此而变得缺乏韧性。在生态现代主义者乌托邦的理想实现之前，环境分类的计算将继续导致牺牲区，即穷人和无权者聚集的地方。此外，批评者认为，生态现代主义者提出的脱离和超越对自然的依赖的建议，并不是大多数人类可能会发现有吸引力或可行的前景。我们面临的许多挑战在起源和影响上都是系统性的，是在全球范围内出现的，并使一系列相互竞争的人类目标成为争论的焦点。

第四节 可持续的土地管理

土地对人类的生存起着基本的作用，用来生产食物、纤维和燃料，为植物、动物和微生物提供生存栖息地，为不同经济活动的定居和发展提供空间，过滤掉化学污染物。近几十年来，由于人口增长和城市化、工业化以及对资源和能源的需求增加等各种因素，土地利用发生了变化。结果，地球 75% 的表面发生了变化，包括极地地区。这些变化的主要后果包括全球气候变化、森林损失和普遍的土壤退化。就土壤而言，迫切需要发展可持续的管理模式，恢复生态系统的健康，促进经济增长和人类福祉。

一、土地概述

土地在人类生存中起着基础性作用。土地的主要贡献包括：①它是财富的聚宝盆；②生产食物、纤维和燃料；③为植物、动物和微生物提供栖息地；④可以调节地表水和地下水的流动；⑤储存矿物和原材料；⑥过滤化学污染物；⑦为不同的活动提供了定居和发展空间；⑧调节着生物在不同区域之间的运动。

土地利用被定义为土地覆盖与人们在其环境中所采取的行动之间的直接联系，这些行动导致了土地利用的转变。土地有各种用途，如农业、住宅、商业、工业或娱乐。人们根据预期收益决定对特定区域土地的使用，预期收益因个人目标；该地区的生物物理性质；制度、文化和法律特征；文化和社会经济环境而异。由于历史上人类土地利用的变化，地球表面经历了一个变化过程，最近几十年来这种变化加剧了。人口持续增长导致的农业扩张和城市化导致土地逐渐稀缺，并对环境和生活质量产生重大负面影响。此外，土地利用的变化加剧了土地退化进程和气候变化的影响。这对生物多样性、粮食和能源安全、荒漠化以及可持续的人类环境和社会经济系统的发展构成了重大威胁。

由于土地枯竭和退化，可持续性已成为土地利用规划和管理的一个重要方面。"可持续性"一词最早出现在 1987 年联合国世界环境与发展委员会的《布伦特兰报告》中，该报告将可持续发展定义为"在不损害子孙后代满足自身需求能力的前提下满足当代人的需要"。在这方面，确保可持续发展的最佳土地利用规划旨在以满足社会需求的方式分配土地上发生的不同活动。可持续土地管理是基于对其提供的资源的开发、利用和保护，考虑到每个地区的具体特点，并根据这些特点实施适当的组织形式。因此，要实现可持续的土地管理，就需要制定政策，考虑到国家和国际层面在粮食安全、气候、生物多样性和森林方面所定的不同目标，以及所有这些方面之间的协同作用。然而，适当的土地规划和管理是一项复杂的任务，涉及许多因素，如每个地区的具体特征及其社会经济背景。

二、土地用途及变化

土地利用和土地覆被这两个术语在许多情况下使用模糊，但含义不同。土地覆盖与裸露土壤、森林或建筑物等土地的生物物理覆盖有关。土地利用是指人们为生产、改造或保护某种类型的土地覆盖而采取的所有行动。因此，土地利用显示了人类对生态系统的影响。通过将土地利用与促进人类活动的社会经济因素联系起来，可以更好地理解这两个术语之间的关系。据估计，在陆地总面积中，约有71%的土地具有适合人类居住的特征。该区域内的土地用途分布如下：50%的农业、37%的森林、11%的灌木和草原、1%的淡水和1%的城市区域（城市、城镇、村庄、道路和其他基础设施）。

农业使人们能够得到食物，并在产生可用于生物燃料生产的生物量方面发挥着关键作用。森林及其生物多样性通过影响碳循环、水、营养和食物来实现有益于人类的基本功能。灌木和草地具有多种功能，如为动物提供饲料、作为碳汇、促进土壤和水循环、在农业环境中进行生物害虫防治等。水是人类消费和卫生以及生产食品和其他原材料的基本资源。尽管城市地区只占陆地面积的很小一部分，但它包括许多对社会非常重要的用途，如住宅、商业、工业、机构和交通。然而，确定土地利用是一项复杂的任务，因为在特定的土地面积上可以同时进行多种利用。

人口增长和城市化、工业化以及对资源和能源需求的增加等各种因素，都可引起土地利用变化，使地表经历了一个转型过程。具体来说，人类在其整个历史中对土地的利用意味着地球75%以上的陆地表面发生了变化。考虑到不同的经济发展水平，全球范围内土地利用变化的过程可以解释不同的水平：农业、运输和通信。一般来说，在转换的最初阶段，正是扩大农业活动的需求引发了土地利用的变化，改造了森林和其他的自然空间。随着经济增长，对交通网络和基础设施的需求增加，对靠近人口中心地区的城市化的需求增加。因此，世界人口的预期增长，以及他们生活方式和消费习惯的变化，可能会在不久的将来进一步加重对土地使用的压力。由于土地资源有限，再加上土地的耗竭，可能导致不同土地用途之间的大量竞争，从而导致不同利益相关者之间的冲突。

三、土地利用变化的影响

从社会经济和环境的角度来看，土地利用的变化产生了许多负面影响。为了寻求更好的工作和生活条件，最近从农村地区向城市地区的人口迁移导致了农田以及森林和草原等自然区域的废弃。在世界人口不断增长和粮食需求不断增加的背景下，农村人口外流减少了可用于生产粮食和其他原材料的土地数量。此外，据估计，到2050年，世界粮食产量需求增加70%，这将导致对农田的需求增加，并提高对可用土地的竞争。因此，预计土地的投机价值将增加，由于资源较少的群体无法获得土地，从而提高了不平等程度。同时，没有充分规划的城市化发展，在许多情况下意味着大型人口中心没有足够的绿地，影响空气污染和形成热浪。"热岛"效应意味着城市的气温比周围农村的要高。这会对城市的宜居性、人口的健康和福祉产生影响，因为这会降低空气质量，有利于环境退化，并导致对用于冷却的能源的更大需求，从而增加相关成本。人口在大中心城市的聚集产生了严重的管理问题，如产生大量固体废物、空气污染和污水。据估计，到2050年，城市居民每年将产生约22亿吨的城市固体废物，如果不进行适当的处理，就有可能通过空气或水扩散和传播疾病。

　　土地利用的变化也产生了严重的环境影响。这些变化导致了水文循环的变化，这是由于从地下水源过度抽取水和地表水的工程取水，以满足人类活动日益增长的需求。土地利用的大部分变化是由于农业的扩张，农业是世界上最大的淡水消费者。农业也是水资源污染的主要来源，因为过量的营养物质，主要是氮和磷，导致富营养化。此外，由于灌溉系统的发展，地下水的使用加剧，在许多情况下导致土地盐碱化，影响了土地的生产力。人口流动和随之而来的城市化也对水资源产生了影响，因为某些地区对水的需求增加，城市产生了水污染。同时，土地利用的变化，主要是农业扩张，导致自1990年以来损失了4.2亿公顷森林。这些森林损失对生物多样性产生了重大影响，因为森林承载了地球上大部分的陆地生物多样性，为80%的两栖类物种、75%的鸟类物种和68%的哺乳动物物种提供了栖息地。

　　气候变化和土地退化是两个与土地利用变化有反馈关系的特别相关的过程。因此，土地利用的变化鼓励了这些过程的发展，而这些过程反过来又对土地状况产生负面影响，并导致进一步的变化，以取代退化的土地。陆地生态系统在气候系统中起着至关重要的作用，因为它们的高碳储量和与大气的交换流动是由于土地利用的变化而改变的。由于使用化石材料，温室气体的主要排放者是工业部门和能源部门，占总量的25%以上。据估计，农业、林业和其他土地利用的排放量占人为温室气体排放量的21%～24%。同时，植被和土壤作为二氧化碳汇，因此土地覆盖的变化导致其吸收能力的改变，从而导致全球变暖。这样一来，森林覆盖率的损失降低了土地中和温室气体的能力。

　　气候变化通过导致生态系统的结构和功能以及它们向社会提供的商品和服务发生变化，从而对生态系统构成威胁。这些威胁源于降雨的变异性增加，洪水、干旱和气温等极端天气事件的频率增加。由此产生的负面影响包括缺水、土壤侵蚀、海岸退化、植被损失、火灾增加、永久冻土融化和粮食供应短缺。比如，气温上升会影响冰的融化，从而使海平面上升，并可能导致沿海地区的消失；它们还增加了发生火灾的可能性，对植被造成严重破坏。所有这些因素都会影响土地利用的变化，以寻求更好的适应和抵御不利现象的能力。

　　气候变化引起的变化所带来的风险涉及粮食安全、人类和生态系统健康，也涉及土地、基础设施和通信系统的商业价值。气候变化导致的水资源短缺或土壤盐碱化等因素可造成生产不稳定和粮食产量减少，危及粮食安全。人类健康可能受到极热和极冷、自然灾害或传染病等因素的威胁，气候条件会影响传染性疾病通过水或昆虫传播。同时，人们生计状况的恶化会加速人口向有可用资源地区的迁移，导致稀缺资源的社会冲突。通信和基础设施也可能受到极端天气事件的影响，如冰暴或强风会对电力基础设施造成破坏。

　　土地退化是陆地生态系统能够提供的商品和服务的长期损失。这种退化会对土壤有机质和养分含量产生负面影响，地表和地下水质量恶化，生物多样性减少，生态系统服务流量下降。因此，生产力降低，对经济活动产生负面影响。据估计，每年土地退化的代价可能在180亿至9.4万亿美元，对32亿人产生不利影响。就农业而言，这意味着产量下降，依赖这一部门的人的收入下降。在以农业为主要活动或实行自给农业的地区，这种情况尤其令人担忧。

　　土地退化过程是一个全球性的问题，特别是与不平等情况有关的问题，因为它们会引发资源稀缺、移民增加和粮食价格上涨的冲突。土地退化有两种原因：直接影响，通过自然或人为原因直接影响土地生态系统；间接影响，如制度、社会经济或政治因素。因此，影响土地退化的各种因素可能会产生不同的影响，取决于这些因素所在地区的特点。

四、可持续土地管理

土地在实现可持续发展方面发挥着非常重要的作用，因为它是进行其他社会和经济活动的重要自然资源。可持续土地管理被定义为"是基于知识管理土地的过程，帮助整合土地、水、生物多样性和环境管理（包括投入和产出外部性），以满足不断增长的粮食和纤维需求，同时维持生态系统服务和生计"。土地管理旨在最大限度地提供生态系统服务，以实现最大的社会和环境效益。这就需要对不同的土地利用进行适当的规划，考虑所有可能影响长期可持续性的因素以及自然环境、经济和社会产生的限制。联合国粮农组织将土地利用规划定义为"在土地利用和经济社会条件下，对土地和水的潜力以及各种方案进行系统评估，以选择和采用最佳的土地利用方案。"可持续土地规划对不同规模的管理机构非常有用，因为它允许他们正确管理土地，避免潜在冲突。然而，规划和实现可持续土地管理并不容易，因为这将取决于土地管理实施地的特点。这导致了与可持续土地利用相关的广泛研究的发展，开发项目和行动计划，以控制影响土地利用的因素，并实现社会、经济和环境目标。从这个意义上说，可持续土地管理是一种综合办法，力求在考虑生物物理、社会文化和经济需要的情况下，实现生态系统的最大生产力。这一点在欠发达国家尤其重要，这些国家用于规划和实施可持续土地管理的资源较少。

土地管理对于实现《2030年联合国可持续发展议程》中提出的目标非常重要，因为它直接或间接地关系到议程中17个可持续发展目标的实现。土地管理对于确保粮食供应和消除饥饿至关重要（可持续发展目标2）。可持续发展目标6旨在保证所有人都能获得水及其可持续管理和卫生设施。从这个意义上说，健康的土壤可以对这一目标产生积极影响，因为土壤在提供清洁水方面发挥着根本性作用，通过防止污染物渗入地下水位，并尽量减少蒸发，提高作物用水的生产率和效率。因此，适宜的城市化规划有助于向所有人提供适当的环境卫生和个人卫生服务。此外，适宜的土地管理和生物能源的使用可以提供负担得起的清洁能源（可持续发展目标7）。城市空间的有效管理有助于实现可持续城市（可持续发展目标11）。某些做法，如植树造林，可通过减少温室气体排放促进气候行动（可持续发展目标13）。适宜的空间规划和纳入可持续做法将改变土地退化和荒漠化问题，并减少对生态系统和生物多样性的影响（可持续发展目标15）。

所有这些目标都是相互关联的，因此实现其中一些目标所采用的途径可能会对其他目标产生影响，而这些影响可能是消极的，也可能是积极的，这取决于它们的效果。比如，集约利用农业土地是在不扩大耕作面积的情况下增加粮食和纤维生产的最可行的办法之一。然而，这可能导致生物多样性的丧失，并产生更多的温室气体排放。一个目标的实现可能会损害其他目标，导致不同规模补偿途径的发展，这可以通过适当的土地管理加以调节。应当指出，在某一特定领域采取的行动可能会对长期的总体平衡产生影响。在这方面，研究表明，出于经济动机的农业用地扩张可能导致水资源退化，危及整个目标流域的可持续性。

五、可持续土地管理做法

为确保长期可持续性，必须纳入有助于尽量减少土地使用负面影响的土地管理做法，在土地使用与经济和社会发展之间寻求平衡。在农业领域，扩大专门用于这项活动的面积是有限制的，因为大多数可用土地不适合农业，而且由于各部门之间对土地用途的高度竞争。因此，最有希望增产的做法是实施高性能和环境友好的集约化生产系统。据估计，约10%的地球无冰表面被集约化管理。然而，生产的集约化是建立在大量投入的基础上的，如化肥，这造成了许多环境问题。因此，有必要建立一种可持续的土地集约化模式，即根据最适宜的环境条件进行最优的耕地配置，以实现最大的土地生产力，并能够满足不断增长的需求。因此，联合国编写的一份报告列出了实现可持续农业土地管理的 100 多种技术，特别是那些解决土地退化和气候变化后果的做法。在该报告中，在农田中使用最多的技术与防止土壤侵蚀（如通过使用草带或河岸植被）、土壤退化（综合土壤肥力管理、尽量减少每次耕作对土壤的干扰）有关，以及提高生产力和生物多样性（植被管理、病虫害控制、可持续灌溉系统、排水和集水系统）。关于牧场，可持续的土地管理技术与动物、植物和火灾管理有关（比如轮牧、肥料分离以更好地分配有机物，或种植灌木恢复牧场）。

就森林而言，其可持续管理旨在保持和提高这些空间的经济、社会和环境价值。可持续森林管理做法将减少森林的脆弱性，保持其生产力，并减轻气候变化的影响。这些做法旨在通过重新造林和减少毁林，减少林业造成的影响。联合国报告中提出的一些做法是，以不同规模的物种组合造林，控制人为干扰，如火灾和虫害爆发，建立保护林区或选择性采伐。因此，提高森林对当地社区的价值有助于防止森林退化，这就需要通过不同的可持续产生的森林服务和产品促进以森林为基础的生计，并为森林支付碳封存或其他环境服务的费用。

城市是一个复杂的社会经济和自然系统，其中人类活动确定了土地利用模式。因为城市化率高，在发展中国家城市土地管理不足的潜在负面影响尤为令人关注。所以，有必要采取行动，减轻城市化进程加快对人口福祉和自然环境造成的负面影响。城市绿地的引入被认为是实现这一目标的一个有希望的方案。城市绿地可以从街道上的乔木和灌木到不同类型的公园、自然保护区、森林和植物园。这种基础设施可以改善空气和水质，减少噪音污染，减轻极端天气事件的影响以及"热岛"效应。城市化和城市人口增长的主要后果之一是城市固体废物的增加，如果管理不当，会导致疾病和污染。废物的增加以及可用和合适的填埋场地的稀缺，使得废物管理更加复杂。

六、可持续管理的障碍

制定和改进可持续土地管理的战略受到可用土地数量有限、用途多样、许多战略并不容易实施的影响。在这个意义上，在采用可持续土地利用管理实践时，有不同的技术、生态、制度、经济和社会文化因素起到了障碍作用。缺乏有关可持续土地管理实践的适当技术和知识是主要制约因素之一。比如，就农业而言，农民咨询服务往往主要侧重于实现短期利益，不利于可持续土地管理，给农民带来了错误信息。在城市化的情况下，很多时候人口中心的增长是在没有适当规划和预见的情况下进行的。由于缺乏基础设施和行动计划，这产生了管理和供应问题。

同时，在可持续土地管理方面，国际上没有共同的理论参考框架。这主要发生在城市化中，这是一种比农业扩张更为近期的现象。据估计，到 2050 年，世界人口的大部分将集中在城市。因为在这方面缺乏参照框架，在规划解决人口大量增加所带来的挑战的办法时就会产生误解和错误。所以，在全球层面制订行动准则，是实现更好的土地管理的一个转折点。然而，这是复杂的，因为特定地区的生物物理和社会文化特点在很大程度上决定了要实施的最佳做法。

应当指出的是，在一个地区成功实施的战略不一定在另一个地区以同样的方式发挥作用。这一事实被认为是一个障碍，因为确定某一特定地区的最佳做法需要花费大量精力来收集大量数据，这在金钱和时间上都非常昂贵。同时必须考虑到，可持续土地管理实践的实施可以在一个地区产生积极影响，但对不同层次（地方、区域或全球）的地区可能产生负面影响。在全球层面研究这些影响的复杂性也可能成为实施土地管理战略的障碍。

实施土地管理战略需要建立一系列指标，以确定土地管理的效果。然而，指标的构建是一项复杂的任务，因为它需要深入了解指标所应用的特定地区的土地特性和功能。此外，现有指标种类繁多，各区域之间存在差异，以及难以衡量其中一些指标，在评价拟议目标的实现情况，从而评价可持续土地管理战略的执行情况时可能受到限制。

在体制和政府层面，障碍也可能来自各种因素。在许多国家和地区，特别是经济较不发达地区，主管当局在管理资源方面可能缺乏热情，同时也往往缺乏足够的监管或缺乏实现长期可持续性的具体行动计划。最后，不同行政级别缺乏协调可能导致区域和国家级别的措施相互矛盾，或者由于缺乏权限的定义而不采取行动。

另外，与土地相关的可持续实践虽然具有环境优势，但通常不会带来直接的经济效益，这限制了用户的采用。这种情况在农民中非常普遍，农民收入低，缺乏融资计划或具体支持，限制了采用有利于土地的生产制度。在社会文化领域，由于对某一特定领域的用户、习惯或社会规范缺乏了解，也可能存在实施不同策略的障碍。

七、未来的研究方向

研究和分析如何促进可持续土地管理领域的国际合作至关重要。这种合作涉及全球土地管理规划、为地球正常运转而公平分配职能，或在出现偏差时给予充分补偿。亚马孙就是一个出现偏差时的例子。这片巨大的森林对整个地球起着至关重要的作用，但它的地理位置将管理责任强加给了一些国家。尽管已经有国际项目和倡议致力于实现这一目标，但在许多情况下，研究在空间或时间上是有限的。

为促进这种合作，必须统一有关可持续土地管理的基本概念，具体确定执行行动计划的关键要点，并根据实现目标的地域的特点，采用适当的度量标准来衡量目标的实现水平。气候变化等因素需要对不存在或无法获取的时间序列进行大规模分析。因此，需要统一和更新的数据收集系统，为此，必须完善和发展基于遥感和地理信息系统技术的信息收集机制。

虽然有大量关于土地利用、土地变化和区域可持续发展的文献，但大部分都集中在环境领域。缺乏与可持续发展的其他领域相关的研究，尤其是对这三个领域进行综合分析的研究。鉴于这三个领域之间的密切关系，以及其中一个领域的任何措施对另两个领域的影响，需要更深入地了解协同作用和权衡问题。通过这些研究收集的信息可以成为确保强有力的可持续发展的一个转折点。比如，通过提出基于更可持续的土地管理计划的新活动，避免危及一个地区经济活动的生存。从这个意义上说，以更具体的方式决定土地使用和管理与可持续发展目标之间的直接或间接关系开展研究，对于全球层面的发展，尤其是最贫穷国家的发展，将是一个巨大的进步。

土地在不同用途之间的正确规划和分配也需要更深入的调查。从这个意义上说，迫切需要研究如粮食安全、城市废物管理或景观保护等具体问题和挑战。土地限制意味着，由于用于农业的土地面积增加而导致的粮食产量增加是不可持续的。因此，要确保向当前和未来的人口提供粮食，就需要发展对环境友好的高产系统，并尽量减少农业活动带来的问题，如过度使用化肥造成的水污染或降低了农田生产力的高盐度。

考虑到经济发展和社会公平，以及城市化与环境影响之间的联系，必须扩大寻找促进城市可持续发展的机制。研究土地利用的变化如何影响景观生态是非常必要的，因为土地利用的变化会对生物多样性产生重大影响。比如，可能阻碍某些物种自由活动的结构的构建，可能会阻碍它们繁殖所需的基因交换，从而危及它们的生存。因此，有必要从整体的角度开展这一领域的研究，以便能够确定不同土地利用之间的最佳分配，同时考虑到该地区的具体特点和可能在其他层面产生的影响。

为了实现长期可持续发展，在规划和开展研究时，必须考虑到不同利益攸关方的目标和偏好，因为这样才能进行更全面的研究，具有更高的接受度和实际应用水平。此外，制订可持续土地管理计划和实施这些计划所涵盖的做法将需要向有关人员正确传递知识和信息。比如，如果我们希望农民开始进行可持续的土地管理实践，他们将需要了解这一点，并且必须实施适应其社会经济特征的培训计划。

八、小结

土地是发展的基本资源，正受到各种因素的影响，如人类活动或气候变化的影响。土地资源的多种用途以及大部分可利用土地所面临的退化过程正在加剧对它的竞争。这些因素的结合威胁着社会的长期可持续性。土地利用变化、气候变化和土地退化是相互关联的因素，可以相互反馈。此外，它们的影响使社会在产生生计资源的能力方面面临限制。比如，为了扩大农业或城市地区而砍伐森林的过程会导致储存碳的土地和植被的碳流失，进而导致全球变暖。

因此，有必要纳入可持续的土地利用和管理做法，能够满足我们当前的需要以及子孙后代的需要。然而，纳入实现可持续土地管理的计划和行动并不是一项简单的任务，因为这需要对土地的现状和这些做法可能产生的影响有透彻的了解，这些影响将因每个地区的特点而有所不同。这突出表明需要进一步研究可持续土地利用和管理，特别是在全球层面，并考虑到经济、社会和环境领域，以及土地的不同用途。这种研究将对各级政府在执行这一领域的行动计划方面具有重大价值，通过这些计划可以促进实施确保土地长期可持续性的做法。

第五节　人类世的生物圈管理

地球生物圈是陆地和海洋上非凡而复杂的物种和生态系统网络，它驱动着水和其他物质的生命维持循环，使地球上的所有生命得以繁衍和茁壮成长。生物圈也是地球系统中巨大的负反馈循环的主要驱动因素，这种循环稳定了大气中的二氧化碳浓度，从而稳定了全球气候，包括植被、土壤和海洋的碳封存。因此，在过去 11700 年（即间冰期的全新世）中，地球生态系统在保持地球气候系统特别地稳定方面发挥了核心作用。在这一时代，全球平均气温只比前工业时代的平均温度波动了大约 1 摄氏度，这为人类文明的繁荣提供了独特的条件。如今，海洋和陆地生态系统每年从大气中清除约 50% 的人类活动排放的二氧化碳，这是一项非凡的生物物理壮举，因为这些排放量已从 1960 年的每年约 40 亿吨碳增加到今天的每年约 110 亿吨碳。换句话说，每年有一半的人类"气候债务"被生物圈免费清除，这是对世界经济的巨大补贴。

政府间气候变化专门委员会第六次评估的第一工作组最近的报告证实了这一重大的自然因素对气候稳定的贡献，估计 1850 年至 2019 年，陆地和海洋累积封存碳占所有人为排放的 56%。因此，保护生物圈免遭进一步退化或崩溃是人类面临的生存挑战。

人类是地球上变化的主导力量，由此产生了被称为人类世的新纪元。这个新时代对人类有着深远的意义，我们才刚刚开始完全理解。我们现在知道，社会需要被视为生物圈的一部分，而不是与生物圈分离。在人类世生物圈中，未来的环境对人类的生活和福祉可能是有利的，也可能是不利的，这取决于人类的集体行动。人类是否拥有驾驭人类世的集体智慧，为人类和文明以及与我们共享地球的其他生命维持一个宜居的生物圈，是人类面临的最艰巨的挑战。

人类世生物圈是一个由人类活动形成的生物圈。缓解和适应气候变化和生物多样性丧失所构成的威胁，减少不平等，让人们摆脱贫困，由于疫情造成的经济困难，我们更加迫切地需要利用科学、技术和创新来推动社会转型，同时预见和减少潜在危害。这些相互关联的主题是在生物圈和全球可持续发展的地球系统基础的背景下构建的，强调人与自然是深深交织在一起的。科学证据表明，气候变化和生物多样性丧失都是人类活动进入人类世的急剧加速的症状，而不是独立现象，它们相互作用，并与社会、经济和文化发展相互作用。该报告强调，当生物圈的恢复力作为一种灵活性和保险的关键资产比以往任何时候都更需要时，通过简化全球生产生态系统来提高效率，从而应对人类世日益加剧的动荡、极端事件和深刻的不确定性。这意味着，不仅要遏制人为导致的气候变化，而且要提高生物圈的再生能力及其多样性，支持和维持社会发展，与作为我们家园的地球合作，并以社会公正和可持续的方式合作。为了人类今世的和后代的繁荣和福祉，需要行动、创新和社会变革，将发展与作为维持生命的生物圈一部分的人类行动的管理联系起来。

一、生物圈与地球系统基础

宇宙是巨大的，估计至少有 2 万亿个星系。我们的银河系拥有 1000 亿至 4000 亿颗恒星。其中一颗恒星就是太阳，有 8 颗行星围绕它运行。其中之一是地球，在其表面有一个生物圈，一个复杂的生命网。这一层的厚度约为 20 千米。这一层，我们的生物圈，是已知有生命存在的唯一地方。人类是在生物圈中出现和进化的。人类的经济、社会和文化都是其中的一部分。地球是人类的家园。

生物圈横跨海洋和大陆，整合了所有生物、它们的多样性和它们之间的关系。有生命的生物圈和更广泛的地球系统，以及大气圈、水圈、岩石圈、冰冻圈和气候系统之间存在着动态联系。生物圈中的生命是由全球大气环流、急流、大气河流、水蒸气和降水模式、冰盖和冰川的扩展、土壤形成、海岸线的上升流、海洋的全球输送带、臭氧层的分布、构造板块的运动、地震和火山爆发形成的。水是生物圈的血液，碳、氮和其他生物地球化学循环对地球上的所有生命都至关重要。正是生物有机体、气候和更广泛的地球系统过程之间复杂的适应性相互作用，演变成了一个有韧性的生物圈。

生物圈已经存在了大约 35 亿年。现代人类(智人)已经在生物圈中存在了大约 25 万年。在太阳提供的能量的驱动下，生物圈和地球系统与人类活动共同进化，成为这种共同进化的组成部分。社会条件、健康、文化、民主、权力、正义、不平等、安全问题甚至生存问题与地球系统及其生物圈交织在一起，在地方、区域和世界范围内相互作用和依赖。

随着经济发展、技术变革和文化演变，将人类和自然视为独立实体的信仰体系应运而生。但是，人类生活在一个有韧性的生物圈中并依赖于它的事实不会改变。植根于生物圈的人类存在意味着环境不是经济或社会之外的东西，也不是需要考虑的驱动因素，而是文明存在的和所依赖的基础。

在 1800 年左右，地球人口达到了 10 亿。1930 年左右翻了一番，达到 20 亿，1974 年左右又翻了一番，达到 40 亿。全球人口目前接近 80 亿，预计到 21 世纪末将稳定在 90 亿~110 亿。在过去一个世纪中，特别是自 20 世纪 50 年代以来，人类活动以惊人的速度加速并扩展到一个融合的全球化社会，这得益于化石能源的发现和使用，以及社会组织、技术和文化进化方面的创新。全球化有助于将注意力集中在人权、国际关系和导致合作的协议上，而且值得注意的是，至少到目前为止，它似乎抑制了国家之间的大规模冲突，这些冲突自古以来就困扰着人类的文明。许多人的健康和物质生活水平已得到改善，寿命比历史上任何时候都长。发达地区和发展中地区之间的界限变得模糊，全球经济活动越来越分散在连接世界各地大都市的生产网络中。

现在，有充分的证据表明，累积的人类文化已经成为一个重要的全球力量，影响着地球系统及其生物圈在行星层面的运行。作为这一史无前例的扩张的反映，在地质时间尺度上提出了一个新的地质时代：人类世。

对人类活动影响的生物群落的研究发现，地球上 75% 以上的无冰土地直接受到人类活动的影响，近 90% 的陆地净初级生产力和 80% 的全球树木覆盖区受到人类的直接影响。同样地，在海洋中，没有一个区域是不受人类影响的，并且大部分区域（41%）受到人类的多重强烈影响。比如，至少自 20 世纪中叶以来，公海和沿海水域的生命最低含氧量区的含氧量一直在下降，这是人类活动造成的营养负荷增加和气温升高的结果。就像在陆地上一样，人类对海洋资源的使用也在加速，许多国家宣称对超过 50% 的广阔的海洋海床拥有主权。

人类的优势进一步体现在当前人口的重量上，是所有野生哺乳动物重量的 10 倍。如果我们把供人类使用和消费的牲畜的重量加在人类的重量上，地球上野生哺乳动物重量只占 4%。驯化鸟类的重量大约是野生鸟类的重量的 3 倍。人类已经成为影响地球上所有物种进化的主导力量。人类通过人工选择和控制繁殖作物、牲畜、树木和微生物，通过不同程度的收获压力和选择，通过改变物种生命历史的化学物质和污染，通过塑造覆盖地球的新栖息地，直接或间接地决定了物种的成败。

人类现在主要是城市物种，约 55% 的人口生活在城市地区。到 21 世纪中叶，预计 10 人中有 7 人将居住在城镇。就城市土地面积而言，这相当于每 8 天建设一座纽约市大小的城市。城市化导致更多的消费，而城市居民的权力关系、不平等、行为和选择塑造了世界各地的景观和海景及其多样性。越来越多的证据表明，城市地区加速了在社区和生态系统中发挥重要功能作用的物种的进化变化。

此外，全球化世界的基本特征，如基础设施、科技产品、新型物质以及相关的社会和技术网络发展异常迅速。从房屋、桥梁到计算机和衣服，人类制造的一切物品的总重量将超过地球上所有生物的重量。广泛的"技术圈"强调了正在发生的行星变化的新颖性，在塑造全球生物圈动态方面发挥了重要作用，并已经在地球系统上留下了深刻的印记。

人类世的特征是一个紧密联系的世界，在几个方面以极高的速度和效率运行。这些方面包括全球化的粮食生产和分配系统、广泛的贸易和运输系统、金融和资本市场的强大连通性、国际化的供应链和价值链、广泛的人口流动、社会创新、技术发展和交流，以及广泛的通信能力。

在人类世生物圈中，人类与自然的系统不仅相互联系，而且相互交织，在时间和空间尺度上相互交织。局部事件可能升级为全球挑战，而局部地区受全球动态的影响。在全球化社会中人与人之间的紧密联系使得信息、资本、商品、服务和人员的持续流动成为可能，但同时也带来了全球系统性风险。然而，这种相互作用不仅在人类和社会之间是全球性的，而且与生物圈动态的共同进化，也塑造了人类福祉和文明的先决条件。比如，极端天气和地缘政治事件与粮食系统的动态相互作用，可能会波及多个部门，并在地理位置不相连的地区之间造成同步挑战，并迅速跨越国家和地区。抗生素耐药性的上升，冠状病毒大流行的迅速蔓延，不同地区的水分循环被改变，暴露出错综复杂的世界。这些变化的可能性和后果不仅取决于规模，而且随着时间的推移也会因人类行为而发生变化，这些行为可能会加剧或减轻类似情况特定事件的可能性或后果。

在 21 世纪，人类和地球是真正相互交织、共同进化的，形成了文明的先决条件。人类作为生物圈的一部分，在地球上的未来存在风险。面对气候变化、生物多样性丧失及其相互作用的这一新现实，对人类福祉具有重大影响。

二、气候变化和生物多样性的丧失

当代气候变化和生物多样性丧失不是孤立的现象，而是人类大规模扩张的症状。气候系统对地球上的生命起着核心作用。它为我们的生活条件设定了边界。气候系统是地球系统所有其他组成部分的成分，通过海洋的热交换、冰盖的反照率动态、陆地生态系统的碳汇、营养物质和污染物的循环，以及通过水循环和温室污染物的蒸发蒸腾流的气候强迫，构成了相互联系的网络。地球系统中的这些相互作用与来自太阳的热量交换和返回太空的回流相互作用，但也以显著的方式与生物圈-气候反馈相互作用，要么减轻或放大全球变暖。这些全球动态与具有固有气候变化模式的区域环境系统(如厄尔尼诺-南方涛动或季风系统)相互作用，并通过遥相关相互作用。地球生态系统的生物体在这些复杂的动力学中扮演着重要的角色。

现在，人类引起的全球变暖改变了海洋、森林和其他生态系统吸收约一半排放的二氧化碳的能力，并将大量温室气体储存在土壤和泥炭地的能力。人类温室气体排放的增加正在造成严重的气候冲击，与工业化前的水平相比，气候变暖已经达到了 1.2 摄氏度。此外，人类对景观和海景的同质化和简单化导致生物圈恢复力的丧失。

一百多万年(整个更新世)以来，地球一直在寒冷和温暖的时期之间振荡，但平均温度从未超过地球前工业时代温度的 2 摄氏度(间冰期)或 6 摄氏度(深冰期)，反映了生物圈反馈作为调节地球温度动态的一部分的重要性。

人类引起的全球变暖是空前未有的。对于地球表面的 98% 的区域，过去 2000 年中最温暖的时期发生在 20 世纪末，并稳步上升到 21 世纪，自 2015 至 2020 年的全球平均温度是有记录以来任何同等时期中最温暖的。与工业化前的水平相比，现在的气温已经上升了 1.2 摄氏度，我们似乎正在走出利于农业和复杂人类社会发展的全新世环境。在未来的 50 年里，预计将有 10 亿到 30 亿人的生活环境条件超出了过去 6000 年为人类服务的气候环境。

目前，造成全球变暖的全球人为排放中，约 55% 来自能源的生产及其在建筑和运输中的使用。剩下的 45% 来自土地的管理和建筑物、车辆、电子产品、服装、食品、包装和其他物品和材料的生产。食品系统本身约占排放量的 25%。通过农业、林业和其他活动的人为土地利用变化造成了约 14% 的排放量。城市约占最终能源使用产生的二氧化碳排放量的 70%，排放最高的 100 个城市地区占全球碳足迹的 18%。约 70% 的工业温室气体排放与 100 家化石燃料生产公司有关。总的来说，十大温室气体排放的国家总共占全球温室气体排放的 3/4，而排在后 100 位的国家只占 3.5%。由于新冠肺炎的大流行，2020 年全球化石二氧化碳排放量比 2019 年减少了约 7%。

气候变化对人们的影响比十年前预想的更严重、更迅速。对于极端事件，如热浪、干旱、野火、极端降水、洪水、风暴以及它们发生的频率、强度和持续时间的变化，情况尤其如此。2021年，中国河南的大暴雨和洪水是创纪录的，德国的暴雨和洪水也同样创造了纪录。极端事件的分布和影响通常是区域性的。比如，自2000年以来，欧洲经历了几次极端热浪，而在美国，热浪、暴雨和主要飓风的数量和强度都有所增加。自1900年以来，由于人类活动导致的气候变化，澳大利亚的野火风险至少增加了30%。近年来，美国西部和加拿大一再发生野火，造成了毁灭性影响。极端事件有可能扩大国家和区域内部以及国家和区域之间现有的不平等。特别是，在全球互联的世界中，同步的极端事件是危险的，可能会导致全球粮食生产中断。

随着时间的推移，其中一些变化将持续、逐渐地发生，而另一些变化则以更突然、更令人惊讶的形式出现。此外，有些变化在某种程度上是可预测的，而另一些则更不确定和出乎意料。对社会-生态制度变迁(社会-生态系统结构和功能的巨大转变，可能对人类经济和社会产生重大影响的转变)的大型数据库的分析表明，在相互交织的世界中，一种变化可能会导致出现另一种变化，或者一些事件可以共同发生，因为它们共享着同一个驱动要素。当一系列相互关联的要素都接近临界点时，就有可能发生大规模的转变，使得一个转变更容易引发其他转变，就像连锁反应或多米诺效应一样。

随着气候变暖的加剧，人类面临着离开过去260万年的冰川-间冰期动态的风险。如果限制排放的努力失败，预计到2100年，全球平均气温将比工业化前水平上升3~5摄氏度。虽然全球气温升高发生在深层地质时代，但生活在一个全球年平均气温超过工业化前平均气温2摄氏度的生物圈中，对人类来说基本上是未知的领域，对当代社会来说肯定是新的领域。

气候和生物圈之间的关系正在被人类活动深刻地改变和重塑。陆地生态系统中储存的碳总量是巨大的，几乎是人类目前全球温室气体年排放量的60倍，其中大约70%存在于土壤中。海洋拥有一个更大的碳库，约储存380000亿吨的碳。迄今为止，陆地和海洋生态系统已成为二氧化碳的重要汇，从而对稳定气候作出了重大贡献。在当前全球平均温度下，海洋吸收了约25%的年碳排放量，并吸收了这些排放物产生的90%以上的额外热量。森林、湿地和草原等陆地生态系统通过植物生长固定二氧化碳，总的来说，它们吸收了近30%的人类排放的二氧化碳。

生物圈的气候稳定是一个关键的生态系统服务或地球系统服务，但这不是理所当然应该有的。最近的研究表明，不仅是人类土地使用的变化，还有气候影响，如极端事件和温度变化，都日益威胁着碳汇。比如，1997年婆罗洲大火释放的碳排放量相当于当时全球化石燃料年平均碳排放量的13%~40%。2019年发生在澳大利亚、印度尼西亚和亚马孙地区的毁灭性森林火灾，引发的碳排放量相当于全球陆地和海洋每年碳汇总量的近40%。

地球系统包含几个生物物理子系统，这些子系统可以有多种状态存在，并有助于调节整个地球的环境。这些所谓的引爆要素，被认为是维持地球处于有利的全新世环境的关键。现在，这些要素都受到了全球变暖和人类活动的挑战，有可能触发自我强化的反馈和级联效应，这可能会将地球系统推向一个行星阈值，如果超过这个阈值，可能会阻止气候在中度全球变暖期的稳定，即使人类排放减少了，也会导致"温室地球"在升温路径上不断升级的气候变化。观察发现，这些已知的引爆要素中，有9个被认为相当稳定的要素，在目前的变暖水平下，现在正在经历大规模的变化，可能还会出现多米诺骨牌效应。

自20世纪50年代以来，陆地碳汇的年际变化越来越大，表明陆地-大气碳交换的不稳定性越来越高。超过75%的陆地表面已经被人类改变，植被生物量减少了50%，而只有不到5%的海洋没有受到人类的干扰。然而，迄今为止，世界上相对完整的生态系统和森林地区不仅证明了对气候变化的显著适应能力，而且还增加了陆地整体的碳汇，以应对二氧化碳水平的升高，尤其是北半球的森林。

然而，我们可能正在接近一个临界点。人类活动导致的森林砍伐和退化已经把巴西亚马孙变成了一个碳源，其他热带生物群落可能正走向类似的命运，高温和干旱频率增加对树木生长和死亡率的影响加剧了这一趋势。全球变暖还增加了温带和北方森林发生野火的风险，这可能会在未来几十年内将北半球的生态系统从碳汇转变为碳源。这导致人们越来越担心，人类活动可能引发生物圈反馈，使地球偏离全新世条件，走向更温暖的状态，对社会和生态系统可能产生灾难性影响。

我们已经到达了一个新的风险环境。在人类历史上，我们第一次面临着地球的紧急状况。人类对地球的压力不仅达到了危险的高水平，而且我们看到的迹象表明，人类可能不再能够依靠生物圈的能力来继续抑制温室气体排放，并保持其碳储量。因此，问题是我们如何保护和加强生物圈的生态功能，以调节其碳汇，从而有机会维持一个稳定和可以管理的地球，公平地支持人类的生存。

三、生物圈与地球系统动态

地球生态系统内部和整个生态系统的生物相互作用和多样性在生物圈和更广泛的地球系统的共同进化中发挥着关键作用。比如，热带和温带森林等主要生物群落及其生物多样性通过蒸腾出的水蒸气的降水，与遥远的地区连接了起来。陆地上年平均降水量的近1/5来自植被调节的水分循环，一些地方通过这种生态系统服务获得了近一半的降水量。这种供水连接对于农业生产依赖雨水灌溉的半干旱地区，以及圣保罗或里约热内卢等大城市的供水来说，是至关重要的。世界上多达19个超大城市超过1/3的供水依赖陆地上的水蒸气，这种依赖性在干旱年份尤其重要。在世界上一些最大的河流流域中，发生在河流流域外部的土地利用变化比发生在河流流域内部的土地利用变化对降水的影响更大。

生物圈包含支持生命的生态系统，提供支撑人类福祉和社会经济发展的基本生态系统服务。比如，生物圈强烈地影响着大气的化学和物理组成，生物多样性通过其在土壤的生成和维持、控制病害虫、为作物授粉和参与生物地球化学循环方面的影响作出了贡献。海洋的食物网、大陆架和河口支持海产品的生产，充当着温室气体的储存库，维持水质，并防止因自然或人为原因造成的不可预料的生态系统变化。这些服务是支持人类生活的关键功能，生物多样性在这些自然对人类的贡献中起着基础性作用。

生物体不只是生存和竞争，它们还在生态系统动态，以及创造和提供社会生态恢复力方面发挥着关键作用。恢复力是指一个系统在不断变化的环境中坚持不变、继续发展的能力。生物多样性在缓冲冲击和极端事件，以及状态转变方面发挥着重要作用。物种、种群功能群和特征的多样性对于生态系统完整性和生态系统服务至关重要。在应对冲击或极端事件时，具有相同功能的物种在响应方面存在差异是至关重要的。这种"响应多样性"是生态系统再生能力的保障，是生态系统在受到干扰后继续发展和支持人类福祉的保障。

亚马孙雨林就是一个很好的例子。保护植物物种多样性可以使亚马孙森林适应新的气候环境，并保护关键的碳汇功能。频繁的极端干旱事件有可能使大部分亚马孙森林不稳定，尤其是在土壤下层水分含量较低的时候。然而，持续的森林砍伐和同时发生的气候变暖，可能会将森林推向具有广泛影响的临界点。此外，气候变率越大，树木寿命越短，从而影响了亚马孙森林的碳积累和作为碳汇的地位。亚马孙河的大规模移动将通过降水和气候调节的变化，以及与地球系统中的其他引爆要素的联系，对亚马孙河流域以外地区的福祉造成重大影响。

因此，多功能生态系统在空间和时间上以及在水生和陆地环境中的恢复力，取决于许多物种的贡献，以及它们在多营养水平上的分布、冗余和丰富度，这些物种在生态系统和生物圈动态中发挥着关键作用。生物多样性和有韧性的生物圈是生命不断面临不确定性和未知的反映。多样性建立使系统在不断变化的环境中保持韧性。

栖息地的转换和退化导致了全球生物多样性的下降和破坏（人类活动造成的动物群损失），从而对海洋、陆地和淡水生态系统产生了广泛的级联效应，并改变了生态系统的功能和服务。在"政府间生物多样性和生态系统服务科学政策平台"所考虑的 18 类自然对人类的贡献中，自然界支持生活质量的能力在过去 50 年里下降了 78%。

地球生物圈的大部分已转化为生产性生态系统，即成为生产一种或几种可收获物种而简化和均质化的生态系统。城市化是景观和海景中均质化和改变生物多样性的一种力量，在过去 10 年中，土地利用的变化造成的碳排放占所有人类活动排放温室气体量的近 1/4。

世界范围内同质性的增加意味着全球标准食品供应的建立，即在国家层面上物种相对丰富，但在全球范围内物种相对贫乏。在全球范围内，当地驯化的动植物品种正在消失。土地利用的集约化使世界各地物种的本地组合的生物多样性同质化，并抵消了物种丰富度和膳食质量之间的正相关关系。它还影响中低收入国家的生态系统服务和福祉。在世界大部分地区，由于采用单一高产品种，已丧失了高达 90% 的适应当地的主要作物品种（如小麦和水稻）。

生产生态系统的简化和强化，以及它们与国际市场的紧密联系，导致了一个全球生产生态系统的产生，在向市场运送货物方面高效，但在全球范围内同质化、高度互联，其特征是内部反馈减弱，掩盖或稀释了生态系统恢复力丧失给消费者的信号。此外，由于全球化，在过去 20 年里，全球粮食贸易网络逐渐地变得非本土化，而且，随着连通性和同质性的增加，以前局限于一个地理区域或部门的冲击正变得具有全球传染性和更为普遍。

同质化减低了韧性的能力，即在变化和不确定性中生存和发展的能力，从而降低了物种、人类、部门和机构应对变化的方式的多样性，以及它们功能互补的潜力。此外，当单一的同质景观斑块（如生产林或作物）被病原体破坏或经济价值下降时，同质景观缺乏恢复响应的生态系统类型的多样性。此外，这种生态系统的简化和退化增加了疾病出现的可能性，包括新病毒。与此同时，跨地理位置和社会经济背景的人、地点、文化和经济联系日益紧密，使人与地球在各个层面上相互交织。

避免将生态系统或整个地球系统推过临界点符合人类自身利益。因此，一个主要挑战是提高生物圈的恢复力，并致力于稳定地球系统及其生物圈，使其处于一种人类能够安全运行的状态，尽管这种状态比全新世更温暖，而且是一个人类主导的生物圈。显然，气候系统和生物圈的生物多样性和功能完整性，以及它们的相互作用，是培育一个有韧性的地球系统的基础。气候和生物圈完整性构成了地球边界框架的两个基本维度，它描绘了地球系统的全新世状态，这种状态使文明得以出现和繁荣。据估计，包括气候和生物多样性在内的 9 个地球边界中的 4 个已经被逾越，人类的作用力已经在全球范围内迅速推动地球系统脱离全新世的环境条件，进入加速的人类世轨道。

近年来，为了进一步研究和加深对地球边界和人类安全运行空间的理解，人们做出了一些努力。其中包括生物多样性边界、淡水边界、生物地球化学流、多重状态变迁以及区域和地球临界点之间的可能联系，关于框架的区域观点，以及创造安全运行空间。试图量化地球边界之间的相互作用表明，级联和反馈主要放大了人类对地球系统的影响，从而缩小了人类世中人类活动的安全运行空间。

有学者还提出了将地球边界框架与经济、社会和人类层面相结合的建议，以及解决与该方法相关的政策和治理挑战。全球粮食系统也被置于地球边界的框架内。

鉴于引导人类社会的未来走向一个稳定的地球状态所面临的深刻挑战，很明显，对当前社会发展道路的适度调整不太可能引导人类进入可持续的未来。使地球系统稳定在一个安全运行的空间，需要在人类行动的许多方面进行变革。

四、不平等与全球可持续性

不平等描述的是稀缺资源、利益或成本的不平等分配。不平等指的是整个社会的特权分配不公平或不公正。不平等、生物圈和全球可持续性之间存在着复杂的相互联系，这超越了收入或财富分配的不平等，如分配不公、承认不平等和程序上的不平等。分配公平指的是不同的群体如何获得资源，以及如何分享成本、损害和利益。承认公平强调的是为承认各种观点和群体（如国籍、族裔或性别）而进行的斗争，而程序公平则侧重于不同的群体和观点如何能够参与和影响决策的过程和结果。实现可持续发展的方法通常包括某种形式的平等、普遍繁荣和减贫。全球环境变化和不可持续的做法可能加剧不平等。不平等越严重，导致经济表现越疲软，并使经济不稳定。收入不平等的加剧也可能导致更多的社会紧张局势，增加发生冲突的可能性。

在拥有足够数据的大多数国家，收入和财富的不平等现象在过去几十年都有所加剧。在美国和欧洲，最富有的10%人口拥有70%的财富，而最贫穷的50%人口只有2%的财富。在美国，收入最高的1%的人所占人口总收入的比例从1980年的11%左右上升到2016年的20%以上，从1978年到2012年，最富有的0.1%的人的财富份额增长了3倍多，大致相当于底层90%人的财富份额。此外，世界上最富有的1%人口造成的碳污染，是最贫穷的一半人口的2倍多。与20年前相比，全球75%的城市的收入不平等程度更高，而低收入非技术工人集中生活在隔离的居民区，构成了贫困陷阱。2015年，约10%的世界人口（约7.4亿人）生活在极端贫困中。

不平等会影响社区意识、共同目标和信任，并以各种方式影响公共资源的成功管理。不平等可能会导致人们对地位和财富的观念、行为和社会规范，以及社会群体之间价值和文化成员身份的差异，即所谓的"认知差距"。

严重的不平等可能导致迅速地环境退化，因为低收入导致对物质资本和教育的低投资。这种情况往往造成自然资本的过度压力和退化，导致收入下降，并进一步恶化，形成一种恶性循环，陷入贫困陷阱。此外，忽视自然和文化的干预措施可能会强化贫困陷阱，经济和环境冲击、粮食不安全和气候变化可能会迫使人们重新陷入贫困（缺乏满足基本需求的资源和能力）。

个人和家庭的性别、阶级、种族、民族身份和关系，以及它们所蕴含的特定社会、经济和政治权力、地位和责任，决定了在应对气候和环境风险时所能做出的选择和决定。性别不平等对环境变化具有重要的强化反馈作用，比如，印度尼西亚热带土地利用的变化或南非家庭直接利用当地生态系统服务水平的变化，表明性别不平等也会发生变化。预计气候变化将不成比例地影响弱势群体，特别是妇女、女孩和土著社区。

行动能力弱、可支配资源较少的社会更容易受到气候变化和环境冲击，以及洪水和干旱等极端事件的影响。新冠病毒大流行进一步暴露了缺乏财政资源和最低生活标准必需品的社区在易受冲击方面的不平等性，助长了现有的不平等并使其恶化。令人严重关切的是，气候驱动的事件会加剧冲突，因为它们影响到经济不安全，而经济不安全本身已被证明是暴力冲突和动荡的一个主要原因。

易受气候变化影响的另一个原因是，许多低收入国家地处低纬度地区，进一步变暖使这些国家越来越远离气候敏感经济部门的最佳温度。比如，在三角洲、半干旱地区和依赖冰川和融雪的河流流域等气候敏感系统中，有大量脆弱、贫穷或边缘化人口的国家。到 21 世纪中叶，山区冰川、冰雪的变化可能会影响下游 10 多亿人口的水资源供应。在未来的土地利用和气候变化情景下，多达 50 亿人面临更高的水污染和授粉不足的营养问题，特别是在非洲和南亚。在非洲、欧亚大陆和美洲，数亿人面临着更高的沿海生活风险。

在海洋中，不平等表现在：商业渔获物分布不均；小规模渔民；特别是妇女和其他少数群体的政治权力有限；发展中国家参与公海活动和相关决策的程度有限；全球供应链的利益在少数跨国公司中得到巩固；有证据表明透明度低下和侵犯人权。不平等的结果包括生计的丧失和有限的金融机会，已经处于边缘地位的群体面临营养和粮食安全挑战，脆弱性增加，以及对海洋生态系统的负面影响。

沿海社区对气候引起的对其生计和营养至关重要的鱼类资源分布和丰富程度的变化十分敏感。因为偏远沿海社区获得教育、保健服务和替代生计的机会往往有限，这些都可以加重气候变化的负面影响，所以，这种敏感性的增强与适应能力相对较低一起会影响偏远沿海社区的生活。缓解不平等和消除贫困是各国政府同意的联合国可持续发展目标的核心目标。

五、社会转型与技术变革

社会转型是在生态、经济或社会结构使现有系统无法继续维持的情况下，创造人类与环境相互作用和反馈的全新系统的能力。它涉及多个要素，包括机构、实践、行为、激励、制度、信仰、价值观和世界观，以及它们在多个层面的杠杆点。理解转型不仅仅是关注触发因素，而是要揭示降低不受欢迎的、现状的系统弹性的能力，建设应对新冲击和风险的能力，并转向可持续路径。

在此，与可持续性相关的技术变革和社会创新，需要更深入地关注人类世相互交织的社会生态的相互作用和反馈，因为这对于理解和实现全球可持续性的大规模变革是必要的。

（一）新兴技术和可持续性

信息技术、人工智能和合成生物学等技术变革最有可能彻底改变经济、人际关系、社会组织、文化和文明，创造新的未知未来。然而，技术变革本身并不会导致向可持续性的转变。它可以将人类引向不同的方向，愉快和不愉快，并产生不同的社会和环境影响。比如，基因测序技术和生物信息学的快速发展，使海洋基因组的探索成为可能，但获取和使用基因测序数据的能力在国家和公司之间分布不均。发展的技术层面必须有意识地、有策略地加以引导，为可持续的未来作出贡献，并将如何以及由谁来引导作为核心挑战。

同时，如果不部署有助于在当地建立恢复力和发展、支持当前粮食生产和创新系统转型的技术，则可持续性转型并向碳中和(甚至负的)能源系统转变，极不可能实现。

以下几类新技术已经对全球可持续性产生影响：①现有和新兴可再生能源技术的多样性，如太阳能电池、氢能、风力发电或地热供暖；②消除大气中温室气体的技术即负排放技术；③数字转型，包括人工智能、卫星遥感、量子计算和精准农业；④合成生物学，包括生物技术、基因和分子工程，通过重新设计和利用生物体解决医学、制造业和农业问题；⑤机械工程，如机器人和纳米技术。它们的发展，作为更大的社会生态系统的一部分，在设计地球边界内实现可持续性的变革路径时，应该与之相连，并成为前进道路的一部分。

随着人类对生物圈的压力增加，人工智能(包括自动决策、数据挖掘和预测分析)的快速发展，加上传感器技术和机器人技术的快速发展，将能够提高社会检测、适应、在不造成新的脆弱性的情况下应对气候和环境变化。这些技术应用于许多与环境和气候变化相关的研究领域，包括环境监测、保护和"绿色"城市规划。尽管就规模和影响而言，这些技术尚处于起步阶段，但它们有可能在多个地区迅速扩大和塑造生态系统和机构。这些创新被认为是"可持续发展数字革命"的核心。

这些技术的应用所产生的影响超越了气候和环境研究与监测，以及更有效的自然资源利用。以人工智能支持的系统为例，它已经影响到消费者的选择。社交机器人对社交媒体进行有针对性的攻击，这些机器人使用计算机算法自动生成内容，并在社交媒体上与人类互动，"试图模仿并可能改变他们的行为"，还影响社会媒体关于气候和环境问题的对话，并影响协商民主制度。

到目前为止，全球社会系统的技术变革并没有以促进全球可持续发展为目的。最近和新兴的技术也是如此，如在线社交媒体和信息技术，它们带来的变化越来越深远、模糊，而且基本上不受监管。比如，在线社交网络是高度动态的系统，它会随着人和机器之间的大量反馈而发生变化。

因此，人工智能的进步带来的新技术的应用充其量只能是善意的，并通过改进监测和干预以及更有效的资源利用，改善对景观、海景、水或气候动态的管理。新技术对弱势群体的负面影响也很重要，这个问题需要认真对待，因为技术变化会对气候和生物圈产生非常长期的影响。

(二)社交媒体与社会变革

社交媒体的参与性使其在塑造个人态度、情感和行为方面发挥着核心作用，可以支持大规模的社会动员和抗议，并影响社会规范和政策制定。众所周知，可怕的警告如果没有一个切实可行的行动观点，就可能导致与听众的脱节。社交媒体通过提升危机感和不公平感，改变了我们对世界的看法。

令人担忧的是，由社交媒体引发的不满所刺激的孤立主义可能会阻碍遏制全球变暖、生物多样性丧失、财富集中和其他趋势所需的全球合作。同时，社交媒体推动了学校罢工、灭绝叛乱、自愿简单化、物物交换和素食主义等运动，以促进全球对紧迫问题的认识稳步上升，这些紧迫问题可能最终改变社会规范，引发可持续性改革，也可能在所有机构层面实现财富均等。

社交媒体、机器人和剖析研究等技术的崛起是爆炸性的，而仅仅是变化的速度就让社会很难跟上步伐。新出现的情况是，社交媒体通过促进从个人态度到广泛的社会规范和制度的转变，已成为全球社会变革的催化剂。然而，这只新的"看不见的手"是否会推动世界走上更可持续、更公正的道路，目前还不清楚。通过社交媒体实现信息共享和知识创造的全球快速发展能力，能否帮助我们走向一个公正的世界，让子孙后代在地球的能力范围内茁壮成长？

(三)社会创新与转型

人类世朝着可持续性的转型不能仅依靠适应来实现，当然也不能仅依靠增量变化来实现，而是需要更根本的系统性变革。转型意味着从根本上重新构建系统及其结构、功能、反馈和属性。但是，尽管有这些变化，仍有希望以尊严、尊重和民主的方式进行系统转型，与早期文明的大规模破坏性或革命性社会变革不一样。这需要建立信任、合作、集体行动和灵活的制度。

转型的一个特征是，不同系统状态(轨迹或路径)之间的变革不是预先确定的，而是通过不同尺度和不同参与者之间的各种相互作用产生的。因此，关于可持续性转型的文献强调框架设计和引导转型，而不是控制转型。对社会技术可持续性转型、社会生态转型和社会创新的研究，有助于深入了解这些动态。因此，动荡的时代可能会打破僵局和陷阱，为创新和新奇打开空间。危机或预期的风险可以促使人们尝试新的做法和替代的治理模式，以新的方式动员和结合社会网络，使制度为变革做好准备。

成功的社会创新是因为它们能够从根本上改变为社会生活提供结构的广泛社会制度(经济、政治哲学、法律、实践和文化信仰)的能力。此外，社会创新很少以确定性的方式展开，而是以一种时断时续的均衡方式展开，在机会或危机时刻先是萎靡不振，然后加速。还需要意识到所有创新的阴暗面，即对一个复杂系统进行干预的后果。这是不可避免的，但如果及早发现，是可以控制的。

社会创新目前正在与气候变化相关的许多领域进行，如可再生能源或农业，不仅在科学和技术领域，而且在可持续性的制度、政治和社会目标方面突出了创新的重要性。大量注意力也集中在海洋的可持续性上，决策者、行业和其他利益相关者越来越多地参与合作和创新，旨在创造新的激励措施以采取行动。

六、促进繁荣的生物圈管理

人类世向可持续性的转型至少有 3 个系统维度。第一，它涉及改变人类行为，使其不再破坏社会发展的生命支持基础。第二，它需要对人类活动进行管理和治理，因为人类活动是相互交织和嵌入生物圈以及更广泛的地球系统的。第三，它涉及在面对复杂和真正的不确定性的情况下，增强在变化中生存和发展的能力，即坚持、适应或变革的韧性的建设战略。

全球可持续发展的 4 条主要道路：首先，认识到社会发展的繁荣和福祉植根于并严重依赖于生物圈和更广泛的地球系统，并据此采取行动。其次，制定激励措施和设计政策，使社会能够在全球范围内为实现公正和可持续的未来而合作。再次，将当前的社会、经济、文化发展道路转变为人类行动的管理，以增强生物圈的韧性。最后，积极利用新兴和融合技术，实现社会管理转型。

生物圈管理融合了经济、社会和文化方面的内容，目的是保护生物圈的恢复力，服务人类福祉，并促进快速变化的地球的可持续性。通过管理，积极塑造社会生态的变化，包括降低对预期变化的脆弱性，培养抵御能力，在面对未知的和意外的情况下维持理想的状况，以及在机会出现时从不良的发展路径的转变。这种管理不是强加给人们的自上而下的方法，也不是自下而上的方法。这是一个基于学习的过程，有明确的方向，清晰的愿景，让人们在不同层次和规模上进行协作和创新。

(一)从减排到生物圈管理

全球可持续发展包括在更广泛的价值基础上转向以低浪费和更大循环的可再生能源为基础的

经济。市场驱动的进步加上技术变革无疑在非物质化方面发挥了重要作用，但不会自动将经济导向可持续的未来。公众意识、负责任的政府和国际合作是可行的经济发展的必要条件，人民、国家和全球经济与生物圈以及影响其动态的全球力量是相互交织的。

由于气候变化不是一个孤立的现象，而是最近地球上人类活动加速扩张的结果，所需的变化涉及影响燃烧化石燃料产生的温室气体排放的社会组织和动力、减少此类排放的技术和政策，以及碳捕获和储存的各种方法。然而，为了减少气候变化的影响，仅仅消除排放是不够的。生物圈和地球系统的恢复力需要再生和增强。这包括对农业、林业和海洋等与气候变化有关的关键生物圈过程的治理。此外，保护和增强生物多样性将有助于我们应对气候变化，通过在生态系统中储存和固定碳来缓解气候变化，并建设应对气候变化影响不可避免的恢复力和适应能力。

2020年，全球新冠肺炎疫情的大流行导致二氧化碳排放量急剧下降，而累积排放量继续上升。这种下跌不是由长期的结构性经济转变造成的，因此如果没有政府的有力干预，这种情况不太可能持续下去。世界的主要国家和地区正在采取政治行动，争取在几十年内实现温室气体净零排放。各个部门都在向可再生能源转变。通过税收、关税、可交易许可证以及取消化石燃料补贴，鼓励可再生能源和碳封存的碳定价正在被提上议事日程，并得到越来越多的实施。消费模式的改变、基础设施的改变以及向循环经济的转变将带来巨大的物质和排放收益。人们普遍认为，为了实现巴黎气候目标，必须迅速加快这些有希望的变化的步伐。

如果不能够大幅实现碳减排，世界将在不久的将来采取一种过度依赖高风险负排放技术的战略。要想避免这个陷阱，就要每十年减少一半的碳排放量。要想实现《巴黎协定》的目标，需要到2020年扭转全球二氧化碳排放曲线，到2050年实现净零排放。

在森林、农田、稀树草原、湿地和海洋生态系统中，对关键要素和碳汇的积极生物圈管理，对于避免失控的气候变化风险至关重要。这种管理包括保护、维持、恢复和增强这些碳汇。

世界上退化土地数量巨大，恢复其生产力、生物多样性和生态系统服务，有助于将全球气温升高保持在可接受的水平。据估计，基于自然的土地解决方案（从农业到重新植树造林），有可能在2050年之前提供30%以上的减排量，以保持全球气温上升不超过2摄氏度。基于自然的解决方案有新的政策和实践空间。这些解决方案需要将治理转向积极管理水和生态系统动态。

避免气候灾难至少需要3次全球转型，这3次转型在规模和速度上都是前所未有的：一是能源体系转型，每十年减排一半，到2050年实现净零排放；二是在30年内将农业和林业部门从温室气体的源转变为汇；三是将我们与自然的关系转变为一种保护、恢复和提高人类和地球利益的关系。每一项都必须立即开始并同时进行，才能有机会实现巴黎气候目标，以及联合国可持续发展目标和《生物多样性公约》中更广泛的全球可持续性目标。需要明确的是：维持和增强生物圈中的碳汇是将全球变暖控制在2摄氏度以下的先决条件，反之亦然。全球变暖越超过1.5摄氏度，我们就越有可能经历对生态系统的重大影响，引发加速变暖并进一步伤害人类的反馈。

生物圈管理意味着治理的根本性转变，从仅仅减少人类压力，到积极管理自然，促进多代人的福祉。这表明，重要的生物群落应被视为服务于人类的全球公地，并以连接地方政府、民族国家完整性和文化以及国际社会集体治理的方式进行管理。

（二）恢复力和生物圈管理

社会发展需要加强生物圈应对极端事件的能力，这些极端事件是由气候驱动的，也是与生物圈其他部分相互影响的紧密耦合和复杂的全球化世界的结果。比如，在食物、水和其他关键生态系统服务的满足需求方面的政策和实践的挑战，很可能是由紧急风险及其潜在后果决定的。

生物圈管理的恢复力方法变得非常重要。这种方法与那些将恢复力理解为恢复现状、恢复一切正常是截然不同的。恢复力与复杂适应系统管理相关，涉及适应缓慢的或突然的、可预测的或令人惊讶的环境变化的能力。它与处理不确定和未知的问题特别相关，与以牺牲冗余和多样性为代价来支持短期收益的效率和有效性的策略形成了鲜明的对比。恢复力提供了在变化时期进行创新的能力，将危机转化为机遇，不仅为了适应，而且为了转变为可持续的未来。在不久的将来，我们需要有能力应对所知甚少的挑战。

（三）与生物圈合作

世界生态系统可以被视为重要的资本资产，如果管理得当，其土地、水域和生物多样性将产生重要的生命支持服务。投资自然资本已成为世界各国的核心战略，以增进福祉和可持续性，增强应对气候变化的能力。它涉及结合科学、技术和合作伙伴关系，以开发基于自然的解决方案，并为人类和自然的繁荣和绿色增长投资做出明智的决策。

适应性管理和适应性治理系统已经将景观和海景的社会生态动态转化为生物圈管理。管理多样性是恢复力建设的一个关键特征，其目的是减少对变化的脆弱性，并在变化时期增强可持续发展。

生物多样性的经济贡献非常重要，许多研究已经揭示了获取生物多样性和生态系统服务的经济价值。

当前地球系统的快速变化为采取良好行动提供了新的动力。气候变化是对环境、经济和社会的破坏。这为个人和机构提供了道德和自利的动机，促使他们采取改变未来的行动，而不是简单地在危机出现时做出反应。塑造未来需要积极管理，以再生和加强生物圈的恢复力。

（四）战略考虑

第一，越来越多的证据表明，保护、恢复或可持续管理自然生态系统和耕地的广泛土地管理做法，统称为自然气候解决方案，构成了实际的生物圈管理的重要工具箱，到2030年，可以实现全球1/3的二氧化碳减排。

第二，必须将生物圈管理的总体框架转化为社会所有部门和行动者的可行动路径。各国政府必须在其对《巴黎协定》的国家自主贡献范围内制定并实现目标，这方面目前存在着巨大差距。

第三，要落实针对性的政策和金融机制，促进大规模行动。其中包括政府和企业采用环境外部性的全部成本计算和自然资本核算，以及制定支持适合目标的可持续性原则的法规，以指导财务和投资决策。2019年全球对化石燃料行业的直接补贴总额为3200亿美元，如果把社会和环境的外部性影响计算在内，全球每年给社会造成的成本超过5万亿美元。

世界在新冠疫情噩梦中出现了一个前所未有的机会：截至2021年8月，世界上最大的50个经济体已宣布应对疫情的支出为19.74万亿美元，其中包括3.38万亿美元（约17%）用于实现长期经济复苏。虽然生物圈管理是避免气候灾难的先决条件，但是，鉴于人类不可持续地利用野生动物栖息地，以及在高度联系的全球化的世界中不负责任地管理野生动物和家畜，人畜共患病毒外溢的风险越来越大，生物圈管理也是防止下一次疾病大流行的一个重要工具。将这一巨大的刺激与生物圈管理原则结合起来，将为我们提供推动上述变革的财力，这是一个千载难逢的机会，可以促进抗疫后恢复活力，加快采取综合行动，实现可控的气候未来。

时间不等人。在这十年内，我们必须扭转温室气体排放和生物多样性丧失的全球曲线。地球恢复力生物圈管理为迄今已被100多个国家采用的气候"净零排放"目标设定了严格的界限。因此，气候"净"零目标，绝不允许将迅速降低化石燃料排放的行动拖延。越来越依赖于有效资助气候解决方案的碳市场，必须遵循基于科学的严格的标准，以便真正实现净零排放的目标。

在政策方面，气候科学在 2050 年实现净零排放，生态科学将在 2020 年起实现生物多样性和生态功能的净零损失。设定到 2020 年停止自然损失的参考点，反映了人类在当前全球物种大灭绝阶段所承担的异常风险。从现在起，必须尽快制止生物多样性的丧失。

七、小结

社会组织进入文明世界和最近进入全球化世界的成功是令人印象深刻和高效的。它得到了有韧性的生物圈和宜人气候的支持。现在，在人类世，模仿 20 世纪发展路径的持续扩张，并不是朝着可持续未来转变的可行选择。

人类植根于生物圈之中，与生物圈相互交织，并依赖于生物圈。人类已成为影响生物圈和地球系统运行及其未来的更广泛的全球性力量。气候变化和生物多样性丧失是这种情况的征兆。人类活动的加速扩张已经侵蚀了生物圈和地球系统的恢复力，现在正在挑战人类福祉、繁荣，甚至可能挑战社会和文明的持久性。

在人类世，人类面临着动荡的时代，面临着人类和地球之间新的相互交织的动态变化，面临着快速和缓慢的变化，以前所未有和不可预测的方式相互作用，这正成为新常态。

人类在地球上的未来依赖于是否有能力将全球变暖控制在 2 摄氏度以下，并促进生物圈的恢复能力。科学的一条普遍线索是，建设有韧性的社会、生态系统，以及最终的整个地球系统的健康，取决于在相互交织的社会和生态层面支持、恢复和再生多样性。多样性为系统能够适应不断变化的环境设立了保险。显然，培养恢复力对实现可持续发展的转型具有重要意义，需要在多个方面采取集体行动。

平等使社会能够团结在一起，使国家和地区能够沿着可持续发展的轨道发展。社会资本和自然资本方面的不平等现象在世界上都在攀升，这种不平等需要作为地球未来的一个组成部分加以解决。

人类正面临着一个快速而重大的重新定位：可持续发展是驱动和实现创新、技术和发展的透镜。几年前还被视为一种牺牲的行为，如今却在创造新的目的和意义，塑造价值观和文化，并日益被视为一种创新、竞争力和进步的途径。

现在比以往任何时候都是更需要科学的时代。人类面临的全球性挑战需要治理，它需要调动科学所能提供的最佳资源，提供对可持续未来的共同愿景，以及实施选择的政治意愿和能力，使人类和其他生物世界在下一个千年及以后能够持续下去。

将历史进程转变为可持续发展道路仍然留有余地。人类、经济、社会和文化迫切需要积极开始治理自然对人类福祉的贡献，并为子孙后代建设一个有韧性的生物圈。现在是时候通过积极地管理人类行动，以实现地球边界内的未来繁荣，将发展与地球系统基础重新连接了起来。

第六节　可持续发展和资源管理的未来

一、社会责任的优先次序

社会生产依赖于企业，企业涉及大量的互动和社会伙伴关系，这是企业不能忽视的，因为除了业务目标，它还应该满足社会目标。在公司的创业活动中，广泛的责任是必不可少的。社会责任不仅要考虑到社会、经济和环境方面，还要考虑到道德方面。负责任的企业的作用是寻找更高质量、高道德的生产形式。应注重为企业和社会带来效益，以明确环境和社会后果。社会责任的定位旨在确保企业对其经营所在的社区也是有益和有用的，并应消除其活动的负面后果。

生态、社会和经济的退化并没有威胁到地球的运转，而是威胁到人类及其生活方式。企业社会责任是企业对各种社会问题，如环境保护、社会就业政策制定等的一种自愿和持续的态度。企业社会责任包括经济、环境和社会方面。在法律没有明确规定的情况下，不能将社会责任行为强加给企业，即使已经有人尝试过这种做法。

(一)符合规范要求的社会责任

社会责任的目标是确保各种机构组织在决策中实施社会和环境活动，最终承担对社会和环境的影响责任。

社会责任也必须引入到公司的组织结构中。一项基本原则是考虑到法律义务和要求。因此，企业社会责任的实施需要有兴趣参与相关决策和活动的利益相关者的参与。

企业社会责任的原则包括：①责任，对社会、环境和经济造成影响的责任；②透明，影响社会和环境的决策和活动的透明度；③道德行为，诚实、公平、正直；④尊重当事人利益；⑤尊重法治；⑥尊重国际行为标准；⑦尊重人权。

履行社会责任需要利益相关者的认同、承认和参与。承认的基础是三种关系的合作，即组织与社会的关系、机构与利益相关者之间的关系以及有关各方之间的关系(图5-1)。这些关系的执行可能以不同的方式进行，主要是以对话的形式进行。有关行为者参与的优先事项是：①懂得决策对企业可能产生的后果；②确定最适当的方式来增加决策和活动的积极贡献；③提高透明度(图5-1)。

(二)社会责任的关键领域

在确定相关主题和优先次序时，应侧重于以下8个关键领域(图5-2)。

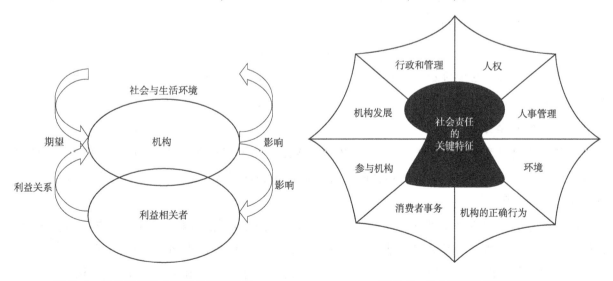

图5-1 社会责任三个领域的相互联系　　图5-2 社会责任的关键领域

社会责任的动态体现在社会和环境的发展中。在评估关键责任领域时，必须考虑到短期和长期目标。

(三)治理和管理

治理和管理是对社会责任领域的决策和活动的影响承担责任的最重要和关键领域之一。它是一个机构组织采取并执行旨在实现其自身目标的决策的系统。决策和执行过程中必须涉及社会责任的要素、过程以及实施这些过程的机制。有效治理的首要方面是组织的管理。

(四)人权

这一领域包括所有人都有权享有的基本权利。它涵盖公民权利和政治权利，经济、社会和文化权利。每个机构组织都有责任尊重人权，包括人权对社会和利益攸关方的影响。

人权领域涉及的若干重要的主题是：审慎尽职调查威胁人权的情况，包括排除团伙行为，处理投诉，消除歧视和弱势群体，赋予公民政治权利，以及经济、社会和文化权利，拥有工作场所的基本原则和权利。

(五)人事管理

人事管理领域包括以下内容：征聘工作人员和晋升，惩戒程序，投诉处理程序，人员的转岗，终止聘用，专业培训和技能发展，健康保护、安全和卫生，影响工作条件的战略和程序（工作时间、执行工作的报酬）。

(六)生活环境

机构组织的决策和行动会影响环境。在减少机构组织对环境的负面影响时，重要的是采取一种综合方法，最终考虑到其自身的决策和行动对经济、社会、健康和环境的直接和间接影响。当今社会，许多生态问题亟待解决，如自然资源枯竭、污染、气候变化、生境破坏、物种灭绝、生态系统破坏以及城市和农村人民生活质量下降等。世界人口和消费的增长意味着变化，它不仅使人类安全和健康的风险在增加，而且对社会福祉的风险也在增加。在这方面，必须确定消除不可持续的生产和消费的方法，同时确保人均消费成为可持续的。机构组织应促进和尊重环境责任、预防措施、环境风险管理，使用"污染者付费原则"。

(七)机构组织的正确行为

机构组织的正确行为可以在社会责任领域产生正向产出。机构组织的正确行为的要素包括：非腐败行为，负责任地参与公共领域事务，公平的经济竞争，有社会责任的行为，良好的机构组织之间的关系，尊重财产权。

(八)消费者事务

负责任地向消费者和顾客提供产品和服务。该领域的责任包括：提供教育培训和准确信息，使用公平、透明和有用的营销信息和合同流程，促进可持续消费，创造所有消费者和客户都可以使用的产品和服务。

责任是将消费者和顾客使用产品和服务产生的风险降至最低。消费者事务的责任是：①公平的营销、基于事实和公正提供的信息、公平的合同程序；②保护消费者的健康和安全；③可持续消费；④为消费者提供服务和支持，处理索赔和冲突；⑤保护数据和消费者隐私；⑥获得基本服务；⑦获得教育和信息。

对消费者负社会责任的做法的原则：满足每个人的基本需要和权利，适当的生活水平，包括充足的食物、衣服、住房，以及不断改善生活条件和提供基本产品和服务。

(九)机构组织(企业)及其发展需要恪守的承诺

机构组织的发展是一个长期的过程,涉及不同的,有时甚至是相互冲突的利益。机构组织需要在其社会、政治、经济和文化特征方面不断发展。在这种背景下,不可避免地要谈论机构组织的透明度、道德行为、人权、环境、消费者以及沟通。

二、可持续发展与增长

可持续发展的概念建立了一种平衡,在这种平衡中,全球生态系统的所有要素都以同样的方式被消耗。从某种意义上说,人类自古以来就存在着可持续发展。为生存而奋斗的人们必须理性地节约,同时必须谨慎地利用自己的财产、环境和农业要素。

环境部门的长期作用是将注意力集中在以下领域:气候变化、供水、生物多样性保护、自然资源的保护和可持续利用、尽量减少生产中的废物、可持续的产品生产和消费。所有这些都必须与循环经济和绿色增长政策并举。

20世纪60年代,人类对自然的态度发生了根本性的变化,工业国家在经历了战后经济快速发展的高峰期之后,环境污染问题凸显出来。工业生产增长异常迅速,不仅增加了生产量,而且增加了消费者的废物。

可持续发展的基本步骤是建立和不断完善法律规章和制度,包括有效的控制机制,为全体公民和整个社会服务,帮助实现既定目标。逐步改善公共行政、机构组织(教育机构发挥着关键作用)的运作,这反过来又会影响民众价值取向和行为的长期变化。要逐步改变人口的价值取向,应该优先选择可持续的生产和消费方式。采用社会经济和社会发展的新理念,改善环境状况指标。

可持续发展的环境指标包括:矿产资源开采,易受地球动力学过程影响的区域,用于保护地质环境的资金,年地下水和地表水开采量,家庭人均用水量,地下水储量,淡水中粪大肠菌群微生物的浓度,地表水污染总量,污水处理占污水处理总量的百分比,治理过的河道占河道总长的百分比,排入河道的废水量,排入河道的污染物量,用于净化水资源的资金,饮用水质量,土地利用变化,分配给自然保护的总投资,温室气体排放量,二氧化硫排放量,氮氧化物排放量,重金属排放量,城市化地区污染物浓度,减少空气污染的支出,工业和城市固体废物产生量,危险废物产生量,放射性废物产生量,人均垃圾处理量,废物的回收和再利用,城市垃圾处理,垃圾填埋场面积,受危险废物污染的土地。

质量与环境管理是管理领域的核心概念。全面质量与环境管理是实施多过程可持续发展战略的最前沿方法,有助于澄清关于质量和环境保护之间的关系:除了价格和质量外,产品的环保性能正成为最重要的竞争因素;公众舆论越来越青睐生产环保产品的企业,相反,以消费者不感兴趣的形式歧视忽视环境保护的企业,促使企业承担社会责任;环境技术的市场份额在增加,这与日益严格的环境保护规则有关。不仅对空气保护、水处理、废物处理设施的需求在增长,而且对低废物技术、替代能源生产等技术的需求也在增长。企业要想在国外市场立足,就必须考虑到这些现实。所有这些主张都有利于实施环境导向型的企业管理,其实质是将环境保护纳入企业目标体系,并采取适当的策略开发新产品以实现其目标。

环境及其保护日益成为国际谈判和会议的主题。世界第一次关于生活环境的会议于1972年在斯德哥尔摩恢复力研究中心举行。随后,其他国际活动也逐渐展开。1983年12月,联合国大会任命了世界环境与发展委员会。其工作的一个重要成果是确定了可持续发展的概念及其16项基本原则，所有国家的政府都有责任遵守这些原则。这些原则是：①促进人力资源开发的原则；②生态学原则；③自律、自立发展的原则；④有效性原则；⑤合理充分性原则；⑥预警和预见的原则；⑦尊重子孙后代的需要和权利的原则；⑧地球上人民的代际和全球权利平等的原则；⑨文化和社会诚信的原则；⑩非暴力原则；⑪解放和参与的原则；⑫团结原则；⑬辅助性原则；⑭可接受错误原则；⑮最优化原则；⑯对社会、道德和环境有利的管理、决策和行为的原则。

可持续性和可持续发展的概念在 1970 年代初开始使用，特别是认识到在现有有限资源的环境中，各种要素（人口、生产、消费、污染等）的不可控制增长都是不可持续的。可持续发展概念的总体介绍和发展的里程碑是《我们的共同未来》报告。1992 年 6 月，联合国环境与发展会议在里约热内卢举行，后来被称为里约首脑会议。在这次会议上，宣布 6 月 5 日为世界环境日。1996 年，核准了 132 项可持续发展指标，分为 4 类：社会（38 个）、经济（23 个）、环境（56 个）和机构（15 个）。

为了实现可持续发展，联合国制定了一套题为《2030 年可持续发展议程》的全球优先事项。2030 年议程包括 17 个全球可持续发展目标，这些目标进一步分为 169 个子目标。

《2030 年可持续发展议程》没有法律约束力。本议程的目的是以可持续发展为重点，在国家政策、战略和计划中落实可持续发展，为实现全球目标作出贡献。

三、生态绿色增长

一些科学家认为，经济增长发展到一定阶段，在某种程度上带来的弊大于利，他们提出了所谓的"绿色（生态）增长"的解决方案。

根据经济合作与发展组织题为《走向绿色增长》的报告，绿色增长不仅促进经济增长和发展，而且保护自然资源，使人类能够继续利用社会福祉和生活质量所依赖的资源和环境服务。因此，必须促进投资和创新，这将成为可持续经济增长的基础，出现新的经济机会。现在的经济发展导致的水和其他自然资源短缺、空气和水污染加剧、气候变化和生物多样性丧失。这些后果将是不可逆转的，因此需要采取战略来实现生态的绿色增长。绿色增长有潜力解决经济和环境问题，并通过以下渠道开辟新的增长点。

生产力：提高自然资源使用效率的激励措施，提高生产力，减少浪费和能源消耗，使替代资源得到有效利用。

创新：采取政治措施激发创新机会，使环境问题能够以新的方式得到解决。

新市场：通过刺激对绿色技术和商品的需求来创造新的市场和新的就业机会。

信心：通过提高政府应对环境问题措施的可预见性和稳定性，建立投资者的信心。

稳定：稳定宏观经济状况，比如，通过公共支出和征收污染费，降低对经济增长产生负面影响的以下风险：缺乏资源会增加投资成本，比如，由于供水枯竭或水质下降而需要资本密集的基础设施时（如淡化设施）。在这方面，自然资本的损失可能高于经济活动的收益，这将阻碍可持续增长的方向；自然系统的不平衡增加了发生严重、突然和潜在不可逆转的后果的风险，如持续的气候变化对生物多样性的影响。

"绿色增长"思想的支持者认为，如果消除经济增长的负面影响（即增加不可再生自然资源消耗、增加森林砍伐、增加二氧化碳排放等），就会逐渐停止给环境带来负担，但"技术增长"将得以保持。然而，这种"绿色增长"方法是问题的一部分，而不是解决经济增长挑战的方法。这也是为什么一些经济学家和政治家认为进一步增长是解决增长(经济增长、排放增长、人口、自然资源消耗、能源、债务增长)中所造成问题的唯一(或最简单)途径。认为只有经济增长和生活水平的提高才能使新技术和能源更加清洁，从而减少有害排放。在他们看来，增长是不可避免的，要与负面影响的气候变化作斗争，而不是试图让时间倒流。

绿色增长可能比当前经济"工业化"增长的不可持续性略低，主要基于不可再生能源的消耗，但这不足以使环境可持续。唯一可持续的增长是"经济零增长"(停滞)，尽管社会经济体系的运行是建立在稳定的指数增长的基础上的。世界正处于"生态井喷"阶段，因此有必要确保减少地球上各个生命方向和领域的消费。

四、经济零增长

2001年，法国发起了"去增长"运动，支持经济不需要增长的环境理论。2008年在巴黎举行了第一次经济"去增长"有关问题会议，这一替代路径问题目前已成为学术研究的主题。在这种背景下，新的观念出现了：文化转型、简单生活、后增长或经济崩溃。该运动的支持者特别批评建立在稳定经济增长和国内生产总值增长基础上的经济体系，这需要不断增加的生产和消费。有学者指出，尽管生产效率提高、技术进步加快，但原材料和能源的总体消费仍在增长。消费增长快于效率。去增长的推动者试图消除政治、技术、教育和信息系统与短期经济利益之间的联系。

这一运动的先驱者之一是法国人弗朗索瓦·施耐德，他是一位工业生态学研究人员，为在维也纳建立可持续欧洲研究所作出了贡献。他目前在巴塞罗那，在那里他和同事共同创立了研究和去增长集团，致力于经济去增长研究。研究成员主张减少生产和消费，因为在他们看来，过度消费是长期环境问题和社会不平等的基础。他们坚持认为，减少消费不必与个人的痛苦和生活水平的下降挂钩。人类的幸福感和满足感可以通过合作、低消费、对艺术、音乐、家庭、文化和人们生活的社区的更大兴趣来感知。在个人层面，可以通过自愿简化生活来实现零增长。施耐德认为，目标是建立一个"可持续社会"，通过适当的生产、消费或回收来尊重生态系统，建立人们公平利用现有自然资源的社会。

从经济增长走向零增长的道路并不容易。经济增长已经从人类努力追求的东西变成了让人类陷入困境的东西，因为不追求经济增长的人类社会就有崩溃的风险。然而，如果社会不停止经济增长，则有崩溃的风险。

五、循环经济

可持续发展是要努力建立经济及其环境的兼容性。资源是从环境中获取的，用于生产消费品。在这一过程的每个阶段都会产生废物，这些废物可以部分回收以补充资源，或者以其有限的吸收同化能力在环境中结束。循环经济不会超过这种吸收能力，也不会耗尽自然资源(图5-3)。

循环经济是在自然与人类社会之间建立起功能性、健康性关系的可持续发展战略。通过完全封闭的长周期的物质材料的循环流动，改变当前的物质

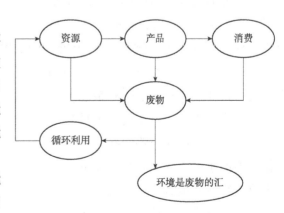

图5-3　循环经济系统的基本模型

材料的线性流动系统，原材料转换成产品出售，在其生命周期结束时，焚烧或填埋。

循环经济及其基本原则是基于这样一种观点：所有的产品和物质流在使用后都应该重新进入循环，将再次成为新产品和服务的资源。这意味着废物将不再存在。虽然用次级材料替代初级材料可能提供部分解决办法，但回收并不是一个确定的、同时具有吸引力的解决办法，因为其过程是能源密集型的，通常意味着物质材料的退化，所有这些都会导致对原始材料的需求增加。

六、低碳经济

正如用"青铜器时代"和"铁器时代"这两个词来描述历史一样，我们可以称现在为"碳时代"。全球环境危机主要源于基于化石能源的全球能源系统。全球大约80%的一次能源来自煤炭、石油和天然气。当这些资源被燃烧时，它们释放出二氧化碳，这改变了地球的气候条件，逐渐使地球变暖。这些过程的物理基础已经被人们所熟知。如果想拯救地球，确保后代的社会福祉和生活质量，就必须把重点转向一个新的低碳能源系统。

这种转型由3部分组成。第一，提高能源效率，消耗的能源比以前少，达到之前同样的福祉水平（比如，建造能够利用阳光和自然空气循环的建筑，需要更少的能源用于供暖和空调）。第二，尽可能利用太阳能、风能、水电和地热能等，仅在有限的范围内必要时使用化石燃料。第三，在电厂的二氧化碳排放到大气中之前捕获它们。然后，将捕获的二氧化碳泵送至地下或海底，长期安全地储存。碳捕获和储存方法已经小规模使用。

低碳能源战略还可以包括增加二氧化碳排放税、努力研究和开发低碳技术、向电动汽车的转型，以及逐步淘汰燃煤电厂。

2009年，时任英国首相布朗宣布绿色革命的开始，其规模与工业革命相当。绿色革命应该是一个新的生态时代，碳足迹将成为任何经济活动的基本基准。由于主要的动机是减少温室气体排放，因此"低碳经济"一词进入了政治辞令。

低碳经济是一种新的方式，现在逐步替代了可持续发展的概念。这是一种通过经济的视角来考虑应对气候变化、节约有效和合理利用自然资源以及保护环境的经济愿景。

低碳经济提供了应对气候变化和环境恶化的解决方案，也可以成为经济复苏和创造新的商业机会和就业机会的工具。这一概念与知识经济有重叠之处，解决依赖化石能源发展的问题。低碳经济已成为未来几十年的政治议程、欧洲2020战略和欧盟政策的主题。欧盟为减少温室气体排放、减少能源消耗、用可再生能源取代传统的化石能源制定了具有约束力的目标。欧盟委员会制定了一份"2050年转向有竞争力的低碳经济的路线图"，并将其纳入了能源和运输战略和计划。新政策包括的投资优先事项要"向所有部门的低碳经济转型"。

第一次工业革命在19世纪带来了文明的变革。由于蒸汽动力技术（火车、印刷机）的引进，出现了第一批印刷材料、书籍和杂志，人们的识字率提高，建立了生产大量商品的工厂。在第二次工业革命中，人们用汽车代替了马车，这在逻辑上与石油需求的增加有关。在当时成为世界最大产油国的美国，高速公路网在几年内开始蔓延。电话、收音机和电视的发明带来了另一个巨大的变化。类似于第一次工业革命和第二次工业革命所引发的剧烈变化，伴随而来的第三次工业革命将把重点转向新能源和通信技术。

反对第三次工业革命的人认为，替代能源不足以推动世界经济，也不足以覆盖人类目前的能源消耗。地热能是目前尚未开发利用的有巨大潜力的绿色能源。从2005年至2010年，地热能的使用量增加了20%。根据研究，世界上有39个国家有可能仅通过地热就能满足其能源需求，但迄今只有9个国家开始使用地热能。欧盟国家使用地热能的有意大利、法国、德国、奥地利、匈牙利、波兰和斯洛伐克。在欧盟高达40%的屋顶表面和15%的建筑物表面都适合安装光伏系统。

七、工业废物

工业通过其技术产生大量的工业废物。这些生产中的副产品污染了环境。由于许多原因，"工业废物"一词被认为是不完全正确和适当的。原则上它是一种在当前条件下已经被使用的二次原料，或者它是一种以当前的科学和技术知识还不能有效地用于生产新产品的二次原料。各种类型的废物包括产生的所有固体、液体和气体废物。目前，重点放在废物管理、废物最小化以及二次原料的使用上。技术领域的废物产生量目前呈上升趋势。近年来，城市废物和危险废物的数量也呈上升趋势。

八、可持续科技进步和能源创新技术的实施

虽然欧洲正在逐步走向"绿色"和可持续的未来，但美国仍然追求不受限制的经济增长、无限的生产和传统能源的消费。日本、印度和中东的立场与美国相似。拥有丰富的石油资源的国家拒绝使用替代能源。这是因为石油和天然气是所谓的"精英能源"，不可能到处都能找到，也不可能人人都能得到。各种利益集团并不热衷于资源和能源消耗的变化，因为他们通过生产和消费传统能源获得了财富和权力。核工业也存在类似情况。切尔诺贝利灾难后，大多数国家都停止了核计划，但核工业现在正成为解决气候变化、全球变暖和化石能源短缺的最佳方案。化石燃料时代即将结束，人们需要改变思维方式，需要实施能源创新技术。历史上的文明已经到了被迫改变的地步。与过去相比，人类现在面临的情况是地球上的温度在上升，并且可能触发动物和植物的大规模死亡。

化石能源是可能耗尽的。因为资源的限制和可耗竭性，无限经济增长的理论是有问题的，所以，即使是可持续发展的绿色增长也可能不容易实现。自工业革命以来，技术变革的一个标志是使用可再生能源替代不可再生能源，特别是化石燃料。然而，以化石燃料为基础的新技术的使用提高了农业、林业和渔业等部门的生产力，而这些并没有改善甚至维持生产农作物、木材和鱼类的生态系统的生产能力。造成的是土地逐渐退化、森林砍伐和过度捕捞。化石燃料的使用、采矿、生产和过度消费造成的污染继续损害生态系统的生产能力。

研究表明，由于创新和新技术的各种影响，随着时间的推移，家庭和农业部门的能源消耗会不断增加，而工业和建筑业的能源消耗在下降。技术创新往往会给家庭带来更多的高耗能电器，相反，也会给工业带来节能技术。

新技术是否朝着"正确"的方向发展很重要。如果由于市场失灵，自然资源没有得到正确的估价，那么开发减少资源和能源消耗的技术的动力就不足。就新技术对自然资本的总体影响而言，它们往往是一把双刃剑。缓解不可再生资源短缺的新技术可能产生更多的废物或其他有害类型的废物，因此对可再生自然资本和生态系统服务产生更大的影响。

科技进步、创新技术的开发和实施，除了具有不可否认的优势和益处外，还可能产生负面影响。在不降低利益重要性的同时，有必要注意可能存在的消极因素，以便尽可能减少它们。

九、如果我们现在行动起来

有分析认为，要想限制全球气温上升，我们必须削减排放。管理、保护和恢复生态系统被广泛视为解决 21 世纪气候变化和生物多样性丧失的全球挑战的双赢战略。然而，这种基于自然的解决方案对缓解气候变化的潜在贡献仍然存在争议。

决策者迫切需要知道：在实现净零排放和阻止全球气温进一步升高的竞赛中，基于自然的解决方案扮演着什么样的角色？对基于自然的解决方案的分析通常侧重于它们能从大气中去除多少碳。从长远来看，基于自然的解决方案可以在降低温度方面发挥强大的作用。土地利用的变化将在实现净零排放和全球气温达到峰值之后的很长一段时间内继续发挥作用，并将在 21 世纪下半叶对全球变冷起到重要作用。在此之前，基于自然的解决方案可以提供真正但有限的缓解效益。至关重要的是，气候目标越宏伟，此类解决方案对全球变暖峰值产生影响的时间就越短。

换而言之，基于自然的解决方案必须为长期使用而设计。这意味着要更加关注它们的长期碳汇潜力，以及它们对生物多样性、公平和可持续发展目标的影响。这也意味着继续通过其他方法限制全球变暖，从脱碳到二氧化碳的地质储存。

仅仅通过减少温室气体，是不可能实现所需的变暖峰值减少的，因为农业和某些重工业等某些部门不可能在短时间内实现零排放。因此，我们也需要以前所未有的规模消除大气中的温室气体。一是通过保护生态系统避免排放，从而减少碳排放，这包括努力限制森林砍伐。二是恢复生态系统，如湿地，这样它们就能封存碳。三是改善土地管理，管理森林土地、农作物土地和放牧地，减少碳、甲烷和一氧化二氮的排放以及封存碳。

基于自然的解决方案可以为当地带来许多生态和社会经济效益。比如，恢复溪流旁的一片森林，可能会减少洪水，提高碳储量，并支持渔业。人们越来越认识到这些好处，这意味着人们对基于自然的解决办法的兴趣正在高涨，它们可以帮助人们适应气候变化，实现可持续发展目标，保护生物多样性，缓解气候变化。

恢复天然林是去除大气碳的最好方法。为了避免危险的气候变化，必须将全球变暖控制在 1.5 摄氏度以下，需要从大气中清除大量的二氧化碳，同时大幅减少排放。政府间气候变化专门委员会建议，到 21 世纪末，必须从大气中排出大约 7300 亿吨二氧化碳。

政府间气候变化专门委员会建议，扩大世界森林、林地和热带稀树草原的总面积，可以储存大约 1/4 的大气碳。在短期内，这意味着从现在到 2030 年，每年增加 2400 万公顷的森林。

第七节　21 世纪能源安全与可持续发展

可持续发展是 21 世纪全球优先事项的基石之一。能源和环境安全是可持续发展的一个关键方面。充足和负担得起的能源、健康的自然环境和繁荣的生物多样性对于应对包括贫困、饥饿、疾病和文盲在内的社会经济挑战至关重要。获得安全和负担得起的能源是全球能源格局面临的一个重大问题，全球 8 亿多人无法获得电力，28 亿多人依赖传统生物质能来做饭和取暖。随着气候变化被公认为当今世界面临的最紧迫问题之一，全球能源和环境情景正日益交织在一起。

一、能源与环境安全

(一)能源安全

能源是一种珍贵的商品,它经历了对地球上人类生命存在至关重要的广泛流动和转换。能源的日益广泛和高效利用在社会演变中发挥了关键作用,尤其是自工业革命以来。能源已成为生活几乎所有方面的先决条件,即农业、工业、流动性、教育、卫生以及贸易和商业。提供充足和负担得起的能源服务对于维持现代生活方式、确保发展和消除贫困至关重要。人均能源消耗是衡量任何社会的社会经济繁荣程度的一个指标。联合国的人类发展指数与能源繁荣程度密切相关。

在日益依赖能源的时代,能源安全已成为世界各地国家和国际发展政策和框架的基本组成部分之一。能源安全的概念一直在演变。这可以追溯到第一次世界大战时期,当时人们可以获得精炼高效的燃料。在第一次世界大战和第二次世界大战期间,能源安全在许多方面发挥了决定性作用。1973 年发生石油禁运事件之后(又称作 1973 年石油危机,是阿拉伯石油生产国把石油作为捍卫国家主权的战略武器,采取减产、提价、禁运等措施开展的一场震撼世界的石油斗争),能源安全的概念在政治和政策辩论中重新浮出水面。在 20 世纪 70 年代至 80 年代,能源安全的概念主要涉及廉价石油的稳定供应。人们还关注如何更好地管理能源企业和新能源技术。随着 20 世纪 90 年代围绕可持续发展的辩论,"可承受性"成为能源安全概念的一个重要方面。随后,对全球变暖和气候变化的日益关注也开始影响能源安全的定义。多年来,能源安全的概念在空间上也有所不同。它在意义和范围上进行了转变,以适应新出现的挑战和当地条件。现代能源安全概念已成为一个总括性术语,涵盖了社会能源繁荣的多种因素。能源安全的定义包括能源供应的可靠性、充足性、一致性、可承受性、可持续性和环境可接受性等指标。随着经济和环境层面的结合,能源安全与能源可持续性同义。国际能源署(International Energy Agency, IEA)将能源安全定义为"以可承受的价格不间断地提供能源"。联合国开发计划署将能源安全视为"以各种形式、足够数量和合理价格持续提供能源"。欧盟对能源安全的观点是"以所有消费者(私人和工业)都能承受的价格在市场上不间断地提供能源产品,同时尊重环境问题并寻求可持续发展。"能源安全的概念也在四个"A"方法下进行了讨论。能源安全的四个"A"维度是可用性(availability)、可承受性(affordability)、易使用性(accessibility)和可接受性(acceptability)。可以通过本地、充足和多样化的供应来改善能源安全。能源不安全损害了社会的经济福祉,可以定义为"能源价格或可用性变化可能导致的福利损失。"

(二)环境安全

在气候变化背景下,环境安全是一个相对较新且不断演变的概念。环境安全可以被视为保护个人、社会和自然环境的重大利益,免受人为和自然影响对环境造成的威胁的状态。从根本上讲,环境安全意味着在动态的人与环境互动之间保持平衡。环境是最具跨国性的问题之一,其安全是可持续发展的一个重要方面。由于人类和自然资源之间的动态和相互联系,环境安全也被视为与国家安全密切相关。由于其范围和维度更广,环境安全是一个规范性概念。这是一种影响深远的现象,它不仅对人类,而且对自然资源和生态系统构成威胁。因此,确保环境安全意味着防止环境退化,在全球到地方的范围内保护人力资源、物力资源和自然资源。全球变暖被视为对环境安全的最大威胁,因为包括气候变化在内的全球变暖正从多个方面影响着世界各国。

(三)能源-环境困境

能源安全和环境安全日益交织在一起，尤其是在全球推动可持续发展之后，在面临的挑战和潜在的解决方案方面都有共同点。比如，化石燃料除了在提供世界近80%的能源需求方面起着至关重要的作用外，由于其高度本地化的性质、耗尽的储量和波动的价格，在能源安全方面也令人担忧。化石燃料也因其相关温室气体排放而被视为对环境安全的威胁。同样，可再生能源由于其比较优势，如多样、补充、丰富和广泛可用的资源、价格下降趋势和环境友好性，被认为有助于改善能源和环境安全。与能源安全相比，环境安全是一个更加复杂的现象。环境安全在本质上是高度动态的，主要是由于3个因素：充满活力的人类-环境伙伴关系、环境的多方面影响以及构成和影响环境的大量参数。

尽管人们认识到能源在社会经济提升和社会进步中的重要性，但全球能源格局仍面临诸多挑战，包括全球大部分人口面临的严重能源安全问题。获得安全和负担得起的能源的机会不足，阻碍了发展中国家的进步。比如，电力对于提供基本社会服务至关重要，如教育和保健、供水和净化、卫生和基本药物的冷藏。电力还可以帮助支持广泛的创收机会。虽然在过去25年中，生活在发展中国家的15亿多人获得了电力供应，但仍有8亿多人无法获得电力。除电网接入外，电网的可靠性是另一个主要问题。发展中地区面临严重的电网可靠性问题。此外，超过28亿人依靠传统生物质，包括木材、农业残留物和粪便来烹饪和取暖。统计数据还表明，95%以上的无电人口生活在发展中地区，4/5的人生活在南亚和撒哈拉以南非洲的农村地区。

不同社会经济和技术阶层的国家面临的能源安全挑战的确切性质可能有很大差异。虽然发达国家相当一部分人口继续经历燃料贫困，但电力匮乏仍然是非洲和亚洲许多人面临的挑战。尽管近年来全球电网普及率和电网质量有了显著改善，但能源的可承受性仍然是许多发展中国家面临的关键问题，即使在这些国家的大城市，电网质量差、停电、故障、计划甩负荷等问题也常见。从可用性、充分性、可承受性和可接受性的角度来看能源安全，情况更令人担忧。

发展中国家通常依赖大量进口的化石燃料来满足其能源需求，尤其是发电需求。化石燃料的存在通常极其本地化，世界上80%以上的国家依赖进口，尤其是石油和天然气。化石燃料的消费除了影响进口依赖性和消费者更高的能源价格方面的能源安全外，还带来了环境排放。进口账单也可能成为发展中国家和贫穷国家的巨大负担。比如，在南亚90%以上的石油和天然气供应都是进口的，造成了类似的后果。发展中国家面临着进一步的挑战，如老化和能源基础设施效率低下，导致额外的投资和环境负担。随着能源需求的快速增长，在未来几十年中，他们面临着在能源部门进行大规模资本投资的任务。未来的重点是将投资引导至可持续能源项目，尤其是可再生能源、分布式发电(Decentralized Generation, DG)和能效，以更好地应对能源和环境挑战。然而，可再生能源和能效项目由于其本身的性质，是资本密集型项目，使其成为弱势经济体的一个艰难选择。

二、共同的未来

地球村是全人类居住的家园，强调了人类命运共同体和全球共存的理念，受到国际通信、文化、旅游、贸易和商业的影响。2019冠状病毒疾病大流行最近巩固了地球村的地位，因为不明来源的病毒几乎使全世界瘫痪。全球能源和环境综合情景是体现地球村概念的另一个恰当例子。就面临的能源和环境挑战及其潜在解决方案而言，气候变化无疑是倡导地球共同未来的最紧迫因素。在第26届缔约方会议前夕，联合国秘书长安东尼奥·古特雷斯将人类活动造成的气候变化和环境破坏描述为"我们正在自掘坟墓"。杰出的科学家和学者也表达了他们对全球变暖的关注。在一项调查中，50 位诺贝尔奖得主将气候变化描述为人类在疾病、核战争和恐怖主义等问题之前面临的最大威胁。史蒂芬·霍金一再敲响警钟："气候变化是我们面临的巨大危险之一，如果我们现在采取行动，就可以防止这种危险。我们正接近全球变暖不可逆转的临界点。"他还将能源描述为"导致地球生命终结"的关键因素之一。我们已经进入了一个新的地质时代，人类活动正在彻底改变地球的气候，创造了一个可能无法以我们希望容忍的任何形式维持有组织的人类生活的星球。据预测，不受抑制的气候变化可能导致数百万物种面临灭绝的风险，每年全球经济的成本至少占 GDP 的 5%，在最坏的情况下，成本可能超过 GDP 的 20%。气候变化也可能导致地缘政治挑战，因为美国最近的一份情报报告称，气候变化将导致国家之间的紧张和对抗。

全球变暖是对整个地球的威胁，然而，其强度并非均匀分布。气候变化正在影响全世界，但最贫穷的国家受害最早，也最严重。遭受气候变化之苦的全球人口大多数来自发展中国家，这些国家在极端环境事件后缓解挑战和重建生活的资源有限。地势低洼的小岛屿国家也被称为小岛屿发展中国家，受到的打击更大。联合国秘书长安东尼奥·古特雷斯也承认，"气候变化正在发生，也正在发生在我们所有人身上。没有任何国家或社区能够幸免。一如既往，穷人和弱势群体是首当其冲的受害者，也是受影响最严重的群体。"对于小岛屿发展中国家来说，全球变暖对其生计、安全和保障构成了一系列巨大挑战。因为这些国家的大部分基础设施都位于海岸线上，所以，随之而来的侵蚀和洪水可能会给这些国家通常规模不大的经济带来巨大负担。由于与其他国家相比，它们的陆地面积较小，它们承受不起因海平面上升而失去土地的后果。对一些国家来说，如马尔代夫，这威胁到他们的生存。

三、全球响应

全球对气候变化问题最重要的反应是能源转型。正在展开的能源转型从根本上说是一条可持续发展驱动的能源途径，重点是通过摆脱化石燃料来实现能源部门的脱碳。因此，这种能源转型也可以被称为"可持续能源转型"或"低碳能源转型"。政府间气候变化专门委员会得出结论，为了实现《巴黎协定》设定的气候变化目标，需要对全球 4 大系统进行重大变革：能源、土地利用、城市和工业。能源部门是最大的挑战和机遇所在。在《巴黎协定》之后，包括美国、欧盟和英国在内的许多主要经济体都承诺到 2050 年实现净零碳排放。其他一些国家，如中国和沙特阿拉伯王国，已承诺到 2060 年实现同一目标。每个国家或经济体都在制订自己的计划，以逐步实现各自的目标，但共同的特点是，它们都需要能源部门的转型。比如，欧盟已决定到 2030 年将排放量从 1990 年的水平减少 55%，到 2050 年实现净零排放。美国已宣布，到 2030 年，将减排 40%~43%。在这方面，一些引人注目的举措包括拥有 30 吉瓦的新海上风电项目，并在未来十年内将太阳能成本进一步削减 60%，以实现到 2035 年 100% 可再生电力的目标。中国的目标是到 2030 年达到排放峰值，到 2060 年达到碳中和。同样，英国计划到 2030 年减少 68% 的排放量，以实现 2050 年的目标。英国在放弃化石燃料方面做出的一项具有里程碑意义的决定是到 2024 年关闭所有燃煤发电厂，这意味着在 10 年内，该国将其对煤炭发电的依赖从约 1/3 降至零。

可再生能源必须是当前能源转型的核心。在过去的几十年里，可再生能源迅速进入全球能源领域。可再生技术，特别是太阳能光伏发电和风力涡轮机，在技术和经济成熟度方面正在取得巨大进步。与化石燃料和核能的总和相比，可再生能源连续几年增加了更多的发电能力。比如，

2020 年，可再生能源占全球新增发电量的 80% 以上。全球可再生能源装机容量从 2019 年的 2581 吉瓦增加到 2020 年的 2838 吉瓦。

近年来，可再生能源政策的发展也出现了巨大的增长。许多国家已经承诺使用可再生和可持续技术，而且这一数字正在逐年增加。随着 10000 多个城市和地方政府机构制定了此类框架，这些政策的好处在世界各地日益得到实现。虽然全球应对能源和环境挑战，特别是气候变化的反应有积极的一面，但也有一些担忧，最重要的是，言行不一。比如，富国和工业化国家没有兑现每年向穷国提供 1000 亿美元以应对气候变化的承诺。在第 26 届缔约方会议上，100 多位世界领导人承诺到 2030 年结束并扭转森林砍伐。此外，一些富裕国家质疑向较贫穷国家支付更多费用，以转向更环保的技术。

气候变化的解决方案应该包括气候正义。应将对气候变化的关注纳入各级发展政策。全球变暖的一个重大打击是，发达国家和工业化国家对这一现象负有重大责任，但穷国和发展中国家将为此付出更沉重的代价。比如，衡量工业化国家和发达国家对全球变暖的贡献的人均能源消耗的平均值几乎是发展中国家的 6 倍。富裕和工业化国家需要分担排放责任，帮助脆弱和资源匮乏的国家应对气候变化。

2020 年新型冠状病毒疾病危机强调了获得可持续能源服务的重要性。从这场流行病使世界陷入的严重经济衰退开始，它需要付出巨大的重建努力。鉴于可持续能源解决方案的历史记录和积极影响，特别是可再生技术和能源效率，正如过去几十年所观察到的那样，变得越来越重要。通过可持续能源系统实现的能源和环境安全应纳入全球经济复苏计划。疫情过后会打开一扇希望和机会之窗，各国有机会以清洁、绿色、健康、安全和更具弹性的方式实现复苏经济。

四、能源转型

能源是现代社会的生命线。21 世纪全球能源形势正在经历前所未有的转型，以应对面临的能源和环境挑战。这一转型的主要目的是使全球能源系统离开对化石燃料的依赖。可再生能源和低碳技术是这一能源转型的核心。

19 世纪的工业革命彻底改变了人类的能源关系。从那时起，广泛有效地利用能源一直是全球发展的关键。在技术、社会经济和地缘政治等多个方面，能源正日益成为一种至关重要的商品。能源已成为社会所有关键方面的先决条件，即流动能力、农业、工业、卫生、教育以及贸易和商业。能源以各种各样的物理状态存在，可以通过各种技术加以利用和资本化。能源可以大致分为两类：可再生能源和不可再生能源。可再生能源是指自然补充或更新的能源。可再生能源的例子包括太阳能、风力发电、水电、波浪能和潮汐能等。有限且可耗竭的能源被称为不可再生能源，如煤、石油和天然气。

人类使用能源的一个重要影响方面是其对气候变化的贡献。未经控制的温室气体排放正在导致全球变暖。全球变暖导致的气候变化被视为世界面临的最大挑战。不同类型的能源，特别是化石燃料，会导致温室气体排放。化石燃料被认为是人为排放二氧化碳的主要原因，18 世纪的工业革命被认为触发了温室气体排放的快速增长。比如，大气中的二氧化碳浓度已从工业化前的 280 毫克/立方分米增加到 415 毫克/立方分米。自 1960 年以来，在 135 毫克/立方分米的总增量中，几乎有 100 毫克/立方分米是这个时期排放的，由此可以衡量二氧化碳浓度增长的加速。

全球能源形势正在经历一系列其他挑战，以及能源需求的快速增长、化石燃料储量的耗尽、能源价格的波动以及缺乏普遍获得能源的机会。由于人口激增、经济和基础设施发展以及城市化等因素，全球能源需求快速增长，给能源供应链增加了压力。根据能源信息管理局（Energy Information Administration，EIA），自2018年至2050年，世界能源需求预计将增加50%。对于发展中国家相当大比例的人口来说，获得精炼能源仍然是一项重大挑战。

（一）能源转型的动力

能源的使用与环境密切相关。据估计，尽管全球社会做出了应对气候变化的承诺和努力，但自1992年签署《联合国气候变化框架公约》以来，能源和工业的二氧化碳排放量增加了60%。气候变化已经存在，其影响包括季节性紊乱、海平面上升、更频繁和更强烈的天气灾害趋势，如洪水、干旱、热浪、野火、风暴和相关的财务损失。这种情况要求整个能源部门进行紧急的范式转变。为了应对当前的挑战，确保能源供应符合地球可持续未来的需求，全球能源部门正在经历一场变革。这种能源转型可以定义为"能源转型是全球能源部门在21世纪下半叶从化石能源向零碳能源转变的途径。"正在进行的能源转型的核心是需要减少与能源相关的二氧化碳排放，以限制气候变化。

在最近的历史中，有两次主要的能源转型。第一次能源转型推动了工业革命，生物质和木材被煤炭取代，煤是一种更高效、更有效的驱动机器的燃料。第二次能源转型是20世纪从煤炭转向更精细的化石燃料石油和天然气。世界正在经历第三次能源转型。与早期相比，这次能源转型更加活跃和更有影响力。从根本上讲，这是一条可持续发展驱动的能源途径，重点是通过摆脱化石燃料来实现能源部门的脱碳。因此，这种能源转型也可以被称为"可持续能源转型"或"低碳能源转型"。然而，从整体上看，正在进行的能源转型不仅仅是低碳或放弃化石燃料。由于能源及其消耗、技术进步、社会经济和政治反应以及不断演变的政策前景等方面的巨大变化和发展，它的活力要大得多。

（二）脱碳

《巴黎协定》的通过，世界通过了有史以来第一个具有普遍法律约束力的全球气候协议，通过将全球变暖限制在远低于2摄氏度的水平来避免危险的气候变化。包括能源、银行和企业部门在内的其他利益相关者做出了重大的脱碳努力。世界领先的公司越来越意识到与气候变化相关的威胁和采取行动的商业机会。这不仅有助于减少他们自己的排放量，也有助于减少他们商业伙伴的排放量。在这方面，一个由多个国际组织组成的财团（也包括政府、银行和保险集团）正在研究"能源转型机制"，这是一项收购亚洲燃煤发电厂的计划，目的是在15年内将其关闭（从脱碳）。

（三）可再生能源

与化石燃料和核能的总和相比，可再生能源连续几年增加了更多的发电能力。比如，2020年，可再生能源占全球新增发电量的80%以上。可再生能源行业的增长主要由太阳能和风能推动，这两种技术占当年新增可再生能源的91%。过去10年太阳能光伏和风力发电的年增长率和累计装机容量分别如图5-4和图5-5所示。可再生能源已经提供了全球电力需求的26%。据国际能源署称，为了在2050年实现净零排放，全球近90%的发电将由可再生能源提供。可再生能源的增长趋势预计将继续下去，因为太阳能和风力发电的年新增容量将在2020年至2030年增长4倍。

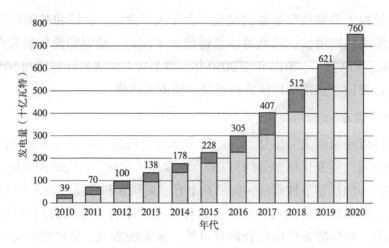

图 5-4　太阳能光伏行业 2010 年至 2020 年间的增长

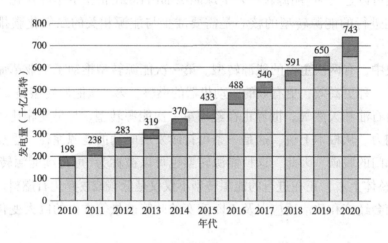

图 5-5　风力发电 2010 年至 2020 年的增长

可再生能源的成功是由技术进步、规模经济和支持政策推动的。风力发电行业从风力涡轮机制造和安装方面的科学和工程进步中受益匪浅。除了空气动力学设计的改进外，先进而精密的材料也在帮助开发更大、更轻、更强的风叶。

（四）电动汽车

虽然一些脱碳解决方案，如氢、燃料电池和碳捕获与储存尚未在技术经济上成熟，但电动汽车已经产生了影响。电动汽车具有环保、零部件少、维护费用低、运行安静、城市使用方便等优点。近年来，电动汽车已成为交通运输的新面孔。比如，在 2020 年，尽管与新冠肺炎相关的经济低迷，但全球电动汽车的销售增长了 41%，汽车的整体销量下降了 6%。同年，欧洲新型电动汽车的注册量增长了 100%，全球可用的电动汽车型号从 260 个增加到 370 个。如图 5-6 所示，电池价格的下降有助于电动汽车的市场增长。电动汽车的销量预计将从 2020 年的 350 万辆左右增加到 2030 年的 5500 万辆以上。

（五）能量存储

一般来说，可再生能源依赖于天气条件。间歇性被认为是可再生能源的最大缺点之一。比如，太阳辐射仅在白天可用。太阳辐射的白天可用性可能会受到多种天气条件（如雨、雪、雾和阴天）的阻碍，沙尘暴、烟雾、薄雾和野火烟雾等问题也会影响太阳辐射强度。同样，风的可用性也不

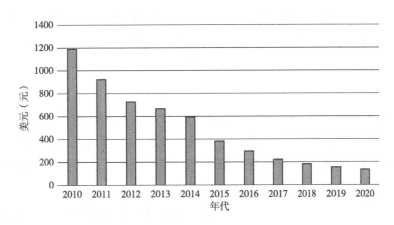

图 5-6 锂电池价格呈下降趋势

是恒定的。此外，即使在可用期内，太阳辐射和风速也可能快速剧烈波动，从而影响各自系统的输出。因此，可再生能源需要一个备用存储器来提供可靠的能源。在储能方面，电池技术的最新发展为可再生能源提供了帮助。2017 年特斯拉在澳大利亚开发的 100 兆瓦锂电池储能成为大规模电池储能领域的一个转折点。目前，美国有世界上最大的蓄电池储能系统，其容量为 300 兆瓦/1200 兆瓦时，而英国有 150 兆瓦的蓄电池储能系统。世界上最大的计划电池存储系统的容量为 1500 兆瓦/6000 兆瓦时，将由美国加利福尼亚州的 Vistra 开发。容量为 300 兆瓦/1200 兆瓦时的锂离子电池项目的第一阶段于 2020 年 12 月开始为加利福尼亚统一电网供电。澳大利亚和英国也在开发大型电池存储项目。其中一些项目包括新南威尔士州的 1200 兆瓦项目、新南威尔士州的 500 兆瓦系统和维多利亚州的 300 兆瓦设施。英国有超过 1.1 吉瓦的电池存储容量在运行，而累积容量为 600 兆瓦的项目正在建设中。

（六）分布式发电

分散或分布式发电是指在使用地点附近产生的能量。分布式发电避免或最小化输电和配电设置，从而节省成本和减少损失。与大型集中式发电系统相比，它具有更好的效率、灵活性和经济性。根据项目的应用和类型，有几种能源技术可用于分布式发电系统。根据能源类型，分布式发电技术可分为两类：基于可再生能源的系统和基于不可再生能源的系统。基于可再生能源的分布式发电系统采用了太阳能、风力发电、水电、生物质和地热能等技术。其中一些技术可以进一步分为不同的类型。比如，太阳能技术可分为：太阳能光伏、太阳能热电和太阳能热水。同样，生物质可用于输送固体燃料、液体燃料（如生物柴油和生物乙醇）以及气体燃料。基于可再生能源的分布式发电系统具有多种优势，如减少温室气体排放，降低运营和维护成本。然而，这些系统通常是间歇性的，需要储能来提供可靠的解决方案。基于不可再生能源的分布式发电技术也有广泛的应用，包括：内燃机、热电联产、燃气轮机、微型涡轮机、斯特林发动机和燃料电池。这些技术可以使用不同类型的化石燃料。

太阳能和风力发电系统等可再生能源正在引领分布式发电领域。分布式发电在全球电气化努力中发挥着重要作用，提出了满足现代能源需求的可行解决方案，帮助无法获得电力或清洁烹饪解决方案的数亿人维持生计。太阳能光伏发电是最成功的分布式发电技术之一，特别是在小规模和离网级别。据估计，自 2010 年以来，全球已经安装了超过 1.8 亿套离网太阳能系统，其中包括 3000 万套家用太阳能系统。2019 年，离网太阳能系统市场增长了 13%，总销量达到 3500 万台。截至 2019 年年底，全球安装的 19000 个迷你电网中，约有一半由可再生能源提供。高效的生物质系统，如改进的炉灶和沼气系统，也有助于全球努力获得清洁能源。2020 年，离网分布式发电系统的装机容量增加了 365 兆瓦，达到 10.6 吉瓦。仅太阳能系统就增加了 250 兆瓦，总装机容量为 4.3 吉瓦。

（七）数字化

数字化也被称为第四次工业革命，正在推动能源行业的根本转变，这也颠覆了传统的市场参与者。在能源领域，数字化是一个宽泛的术语。数字化的一个重要方面是收集和分析能源数据，以优化能源需求和供应，实现系统效率和成本效益。虽然脱碳、分布式发电和减少能源使用正在改革能源部门，但通过传感器、计算、通信以及预测和控制技术的普及实现的数字化，也将改变能源服务的实现和提供方式。这是通过一系列成熟和新兴技术实现的，尤其是人工智能。从能源部门创造的商业机会的角度来看，数字化可以被视为使用数字技术来改变业务流程，提高效率和收入，这是向数字业务转移的过程。无论如何定义，数字化正在对全球能源情景产生深远影响。虽然数字化正在带来新的商业模式，但它也在颠覆现有的发电、消费、市场、商业和就业模式，可能会推动一些既定的模式走向灭亡。能源部门的数字化采用了人工智能、机器学习、大数据和数据分析、物联网、云计算、区块链、机器人和自动化等技术。这些技术在能源领域的应用具有不同程度的技术经济成熟度。数字化通过提高能源系统的生产力、安全性、可访问性和整体可持续性，正在彻底改变能源部门。新的、更智能的建模、监测、分析和预测能源生产和消费的方法正在帮助实现可持续的能源转型。数字化提供了一系列优势，同时也带来了一些挑战。最重要的是，数字转型在很大程度上依赖于大型数据集，对这些数据集的处理日益使公用事业和能源行业面临网络安全风险。

（八）减少能源使用

全球能源需求正在上升，预计自 2018 年至 2050 年，全球能源需求将增长 50%。将不断增长的能源需求与相应的产能增加相匹配的一维方法并不是一个可持续的解决方案，尤其是当地球的生物产能已经超过近 70% 时。任何满足全球能源需求的可持续方式都必须从通过能效措施减少能源使用开始。与增加新产能相比，能效被视为解决能源短缺的更好解决方案。对于工业和商业实体来说，能效除了提供竞争优势外，还能带来经济和环境收益。

可以减少所有主要部门的能源使用，包括建筑、工业和交通。建筑占全球能源消耗的 1/3 以上。可以通过一系列节能措施来减少建筑物的能源使用。建筑节能解决方案可大致分为主动节能措施和被动节能措施。能效解决方案的选择取决于设施性质、现场条件和当地气候、所需的舒适度和改善程度以及财务状况等因素。通过节能措施，现有建筑和新建筑的能源需求可以减少 30%~80%。交通运输部门的能源效率可以通过提高轮胎效率、纳入燃料经济标准和节能驾驶等措施来提高。数字技术还可以通过优化路线，帮助节省公路、空中和海上运输的燃油。工业部门在能源效率方面也具有巨大潜力，尤其是在能源密集型行业。能源效率的提高使工业实体能够提高其生产力和竞争力，同时为解决地方、国家和全球的能源和环境问题做出贡献。数字能源管理技术也能帮助工业部门提高能效。据估计，在成熟和商业可行技术的帮助下，制造业的能源使用可以减少 18%~26%。据估计，如果将能效作为新能源供应的"首选"，到 2035 年，全球经济可能增长 18 万亿美元，这也将实现将全球变暖限制在 2 摄氏度所需的减排目标。能效除了能够促进经济增长和改善能源安全外，还可以在应对气候变化方面发挥至关重要的作用，因为它可以在未来 20 年内减少 40% 以上与能源有关的温室气体排放量。

五、能源的可持续发展

能源服务提供了良好的生活水平和生活方式，以及社会和文化发展。所有经济部门的大多数活动都需要能源。比如，住宅和商业部门的空间和水加热以及冷却需要能源，运输部门的动力需要能源，工业部门的一系列活动需要能源，如加热、制造和化工生产。目前，大多数国家的能源系统主要由化石燃料驱动，但可再生能源的使用正在稳步增加。

（一）可持续能源和能源使用

社会能源使用非常广泛和多样，因此在努力转向或实现可持续能源时需要考虑生活方式和社会结构或规范的改变可以减少能源使用。提高能源效率通常可以提高关键的社会指标，如生活质量、生活水平和人们的满意度。比如，瑞典使用的能源（人均）比美国少40%，并且在大多数社会指标上都超过了美国，但两国的国内生产总值（人均）相似。其中的一些原因是瑞典有更好的公共交通、更小的汽车、更高的汽油税、更少的建筑能源浪费，以及其紧凑的地理位置。能源措施可以是自愿的，也可以是强制性的，这两种方法都可以成功。政府还可以采取激励措施和执法行动来支持能源措施。比如，北美国家的人民更喜欢汽车而不是公共交通，这在很大程度上是因为适度的环境约束和相对廉价的能源。

城市的能源需求巨大且不断增加，许多发展中国家的城市化进程正在加快。总体来说，城市化改变了社会使用能源的方式，也改变了土地利用模式。

如上所述，能源价格昂贵的国家通常普遍使用公共交通，并拥有高效的运输系统，而能源丰富且廉价的国家通常更喜欢汽车旅行，且运输系统效率较低。从本质上讲，廉价能源通常会培育一种个人乘自己的汽车旅行的文化。当然，由于突然的能源中断或冲击，如能源价格的快速上升，情况可能会迅速变化。比如，在20世纪70年代的"石油危机"期间，由于许多中东出口国实施石油禁运，导致石油短缺，价格在短时间内显著上涨。为了应对石油危机，随之而来的是向高效车辆和公共交通的显著转变。

（二）可持续能源的解释和定义

如果加强可持续能源的努力要取得成功，那么重要的是要正确解释和定义该术语。然而，没有关于可持续能源的普遍定义。通过将一般可持续性定义扩展到能源学科，可以制定可持续能源的定义。比如，可持续能源可以通过扩展可持续发展一词的描述来定义，可持续发展被定义为"在不损害子孙后代满足其自身需求能力的前提下满足当代人的需求。"但是，扩展这种对可持续能源的一般定义既不简单又不直接，因为可持续能源是复杂和多方面的。

几乎所有国家都在生活的各个方面使用能源，能源是文明以及生活和生态系统的基础。尽管不同的国家和社会在决定如何供应和使用能源时会适应其环境和可用的能源资源，但各国达到的生活水平往往取决于或至少与能源相关的因素有关。因此，鉴于能源系统的普遍性，正确解释和定义可持续能源非常重要。可持续能源定义为：在当前和未来，以一种可持续的方式为所有人提供能源服务，即足以提供基本的生活必需品，不过分损害环境，所有人都能负担得起，并为人们和他们的社区所接受。这一定义引出了可持续能源的几个必要条件。

（三）可持续能源的必要条件

定义可持续能源会带来许多必要的条件，各种因素影响社会能源的可持续性。

1. 必要条件1：获得可持续能源

可再生能源是可以持续很长时间甚至无限期的能源。可再生能源的主要类型包括：水力能源、生物质能、太阳能、风能和地热能。其中许多类型的可再生能源来自太阳能，包括水能、生物质能和风能，以及在自然背景温度下以地面能量形式存在的地热能。除其他好处外，可再生能源可以避免或至少减少温室气体排放，促进可持续的能源选择。

化石燃料，特别是煤炭、石油和天然气，是目前为止最常见的不可再生能源。垃圾可以作为一种可再生能源处理，因为它们可以驱动垃圾焚烧炉产生热量和/或电力。但这一概念并没有被普遍接受，因为如果人们选择尽可能减少废物，废物并不是一种可以持续很长时间的自然资源。其他不可再生能源包括铀（核能燃料）和聚变材料（如氘）。但是，使用先进增殖反应堆和其他核技术的核燃料的寿命被认为超过1000年。此外，尽管核能是不可再生的，但因为其温室气体排放量很少，所以对气候变化的影响不大，核能受到了广泛关注。

一般来说，有限的能源是不可再生的。可再生能源选择在很长一段时间内是可持续的，并大大减少温室气体排放和许多其他环境影响，因此有可能支持可持续能源选择并在其中发挥关键作用。

2. 必要条件2：使用有利的能源载体

能源载体包括功、电、热和二次化学燃料，在可持续能源中发挥着重要的作用，尽管有些隐蔽。这是因为不可再生能源和可再生能源都不一定以其自然形式直接可利用。比如，需要太阳能光伏电板才能够利用太阳能发电，而通常需要使用质量改善设备和炼油厂的能源转换系统，以使石油资源在用户中直接利用。

人们非常关注未来的氢能经济，其中，氢能作为化学能量载体发挥着重要作用。氢能可用于升级重烃，并支持非化石燃料的使用。它通过允许可再生能源形式转换为氢或电力。这种能源载体的组合很好地支持了可持续能源，因为当从战略上和有利的角度使用时，氢（和精选的氢衍生燃料）可以用于大多数化学能源需求，而电力可以在满足非化学能源需求方面发挥传统作用。

3. 必要条件3：提高能源系统的效率

在这里，提高效率不仅仅意味着提高设备效率。相反，效率提高措施在这里整体上被视为包括设备效率改进、强化的能源管理、扩大的节能、有益的燃料替代、能源质量和能源量的战略利用，以及增强的能源需求和供应匹配。先进的方法可用于支持提高效率。比如，有效能分析，一种基于热力学第二定律的方法，通常提供了传统能源方法无法提供的见解。

4. 必要条件4：缓解能源系统的终身环境影响

实现可持续能源需要充分解决与能源相关的环境影响。用可再生能源替代化石燃料可以大大降低温室气体二氧化碳的排放量。与能源系统相关的一些重要环境影响包括：①全球变暖和气候变化；②平流层臭氧消耗；③酸沉淀和酸化；④非生物资源枯竭；⑤生态毒性和辐射暴露。生命周期评估是一种有效的工具，通过制定排放清单和其他环境影响，如资源消耗、废物产生和能源消耗，然后评估由此产生的环境影响并制定建议行动。

5. 必要条件5：解决可持续能源的非技术方面

许多非技术因素影响着能源过程的可持续性。尽管性质不同，但在努力实现可持续能源的过程中也需要解决这些因素。

人口。越来越多的全球人口给地球和环境的承载能力带来了压力。能源选择必须考虑人口增长及其所包含的日益增长的需求。到 2030 年，世界经济中产阶级人口可能会从 30 亿增加到 50 多亿。这一增长将与生活水平的大幅提高相吻合，随着人们发展现代企业，获得汽车、家电和空调房屋，许多发展中国家的能源使用将不断增加。

增加能源期望和需求。随着财富的增加，人们对能源的需求越来越大，对能源密集型设备的需求也越来越强烈，尤其是随着人口的增长，这对实现可持续能源构成了威胁。全球能源需求增长约 25%，以非经济合作与发展组织国家为主。随着发展中国家通过工业化程度的提高而达到更高的生活水平，对改善服务的期望也越来越普遍，这一问题尤其值得注意。

生活方式和生活水平。可持续能源可以通过改变生活方式和减少能源相关欲望的措施来支持，尽管采取此类措施通常很困难，因为随着时间的推移，人们的愿望往往会增加而不是减少。要求人们牺牲生活水平来帮助实现可持续能源目标也极其困难，因为这违背了大多数人的本性。改变行为需要认识到并接受当前的发展趋势是不可持续的，尤其是从长期来看。对政府和决策者来说，将未来与能源有关的威胁作为当前的优先事项几乎总是一项艰巨的任务。

社会接受度和参与度。为了实现可持续能源，社会包括社区和在其中生活和工作的人，必须参与能源有关的决策，并向其提供信息和支持。社区的支持非常重要，通常需要仔细协商。当涉及特殊或独特的社区，如土著社区时，这一点尤其重要，尤其是当他们处于不利地位时。

经济性和可承受性。可持续能源措施的经济性需要与传统方法具有合理的竞争力，如果可持续性措施要想被大多数人接受，就要考虑到其带来的好处。此外，大多数社会和人们，必须在经济上负担得起满足基本需要所需的能源服务，才能实现可持续能源。在许多情况下，提高效率和减轻环境影响的措施是不影响收入的，有时随着时间的推移可以节省资金。政府激励措施也可以提高人们的负担能力。

资源和土地利用。能源的土地利用（如种植生物燃料原料或安装地面太阳能集热器）需要与农业、娱乐和生态系统保护等其他用途适当平衡。在这方面的争论并不少见。比如，①当大片土地用于水力发电时，是否需要接受洪水对大片土地造成的破坏；②当土地被用于水力发电时，是否需要在电力传输的土地使用与保护生态系统之间取得平衡；③是应该将肥沃的土地用于农业用途还是用于种植能源植物。

美观和清洁。可持续能源措施不应显著降低环境的美感和清洁度，因为这样做会影响许多人及其福祉。对于能源技术而言，避免破坏环境的美感和清洁度可能很困难，因为它们几乎总是会对环境产生一些影响。这不仅适用于不可再生能源，还适用于可再生能源。尽管后者通常被认为是清洁的，但可再生能源的使用会降低景观质量，如安装大型风电场和光伏板（屋顶或地面安装）。

健康与安全。在努力实现可持续能源的过程中，首选能源必须既健康又安全，特别是能源选择和与之相关的任何因素不得导致过度的健康或安全风险或影响（短期或长期）。这通常需要通过考虑受到能源选择影响的人们的情况和观点来评估。

时间和空间公平。对于可持续能源，发达国家和发展中国家在获得能源和机会方面需要平等。更一般地说，所有社会都需要获得必要的能源，无论地理位置和环境如何。这不仅适用于当代人，还适用于子孙后代，因为他们也必须能够获得他们需要的能源。

六、清洁能源的未来

清洁能源转型将创造就业机会，促进能源独立，改善公共卫生，并最终缓解气候变化。但要想实现这一新的未来，需要的不仅仅是逐步淘汰化石燃料。生产各种与能源相关的锂、钴和镍电池材料；风力涡轮机和电动机用稀土元素；太阳能电池板用硅；为了扩大电网，必须大幅增加铜产量。生产这些材料是一项紧迫的挑战。

生产这些材料以实现清洁能源转型将是一项艰巨的任务。国际能源署预测，要想使世界走上与《巴黎协定》目标相一致的道路，需要在 2020 年至 2040 年将与能源相关的材料产量扩大 6 倍，达到每年 4300 万吨。镍、钴、铜和许多其他与能源相关的物质存在于低品位矿石中，这需要比化石燃料多得多的开采、加工和废物（在 2020 年，化石燃料行业在全球生产了约 150 亿吨煤炭、石油和天然气，燃烧时向大气中排放了 320 亿吨二氧化碳）。要想获得所需的数百万吨成品材料，需要开采成百上千倍的原矿。虽然这一过渡最终将减少温室气体排放，尤其是随着更多可再生能源驱动采矿过程，但它将需要以与当今化石燃料行业的材料吞吐量相匹敌的规模加工金属矿石。

这种转变的潜在危害是相当大的。大规模采矿影响生态系统，威胁供水，有时与恶劣的工作条件、腐败和侵犯人权有关。但是，扩大采矿规模以支持清洁能源转型，也为以社会和环境公正的方式改革材料生产提供了机会。较富裕的国家往往将矿产开采外包给国外，它们需要帮助承担这些负担，并树立负责任的发展模式。

为了应对全球清洁能源挑战，在开采和加工的每个阶段都需要政府的政策支持公共和私营部门的投资。这意味着支持勘探，研究新的采矿和加工技术，简化许可流程，支持扩大加工能力，以及确保遵守国际市场供应的贸易协定。

创新将以无法完全预料的方式重新调整资源开采的负担。虽然已经有人在努力减少或在某些情况下消除锂离子电池中钴的使用，但创新并不会消除清洁能源技术的材料密集性。鉴于缓解气候变化的迫切需要，以及开发矿山和建立供应链的漫长准备期，现在是考虑清洁能源转型的物质需求的时候了。

参考文献

国家林业和草原局. 中国退耕还林还草二十年(1999-2019)[J/OL]. 2020. http：//www. forestry. gov. cn/html/ main/main_195/20200630085813736477881/file/20200630090428999877621. pdf.

刘发民, 李元红. 内陆河流域的水安全[M]//兰州：甘肃科技出版社, 2010.

刘发民. 流域(河流)生态系统服务与治理决策[J]. 甘肃科技, 2018, 34(19)：6-7.

周生贤. 中国林业的历史性转变[M]//北京：中国林业出版社, 2002.

ANDEREGGWRL, TRUGMAN AT, BADGLEY G, et al. Climate-driven risks to the climate mitigation potential of forests[J]. Science, 2020, 368(6497)：1348-1356.

ASIF M. Sustainable energy transition in the 21st century[M]//ASIF M. Handbook of Energy and Environmental Security. Peshawar：Academic Press, 2022.

BARNOSKY AD, MATZKE N, TOMIYA S, et al. Has the Earth's sixth mass extinction already arrived? [J]. Nature, 2011, 471(7336)：51-7.

BASTIN JF, FINEGOLD Y, GARCIA C, et al. The global tree restoration potential[J]. Science, 2019, 365 (6448)：76-79.

BAUMAN D, FORTUNEL C, DELHAYE G, et al. Tropical tree mortality has increased with rising atmospheric water stress[J]. Nature, 2022；608(7923)：528-533.

BECKAGE B, LACASSEK, WINTER JM, et al. The Earth has humans, so why don't our climate models? [J]. Climatic Change, 2020, 163(4)：181-188.

BEER C, REICHSTEIN M, TOMELLERI E, et al. Terrestrial gross carbon dioxide uptake：global distribution and covariation with climate[J]. Science, 2010, 329(5993)：834-838.

BERGSTRÖM A, MCCARTHY SA, HUI R, et al. Insights into human genetic variation and population history from 929 diverse genomes[J]. Science, 2020, 367(6484)：1391-1400.

BERGSTRÖM A, STRINGER C, HAJDINJAK M, et al. Origins of modern human ancestry[J]. Nature, 2021, 590 (7845)：229-237.

BERRANG-FORD L, DINGLE K, FORD JD, et al. Vulnerability of indigenous health to climate change：a case study of Uganda's Batwa Pygmies[J]. Soc Sci Med, 2012, 75(6)：1067-77.

BETTS, RICHARD A. Climate science afforestation cools more or less[J]. Nature Geoscience, 2011, 4(8)：504-505.

BORMANN K J, BROWN R D, DERKSEN C, et al. Estimating snow-cover trends from space[J]. Nat. Clim. Chang, 2018, 8：924-928.

BOULTON C, LENTON T, BOERS N. Pronounced loss of Amazon rainforest resilience since the early 2000s [J]. Nat. Clim. Chang, 2022, 12：271-278.

BRAUERS H, OEI PY, WALK P. Comparing coal phase-out pathways：The United Kingdom's and Germany's diverging transitions[J]. Environ Innov Soc Transit, 2020, 37：238-253.

BRONDIZIOES, SETTELE J, DÍAZ S, et al. The Global Assessment Report on Biodiversity and Ecosystem Services [C/OL]. Bonn：Germany. https//ipbes. net.

CAMPS-VALLS G, CAMPOS-TABERNER M, MORENO-MARTÍNEZ Á, er al. A unified vegetation index for quantifying the terrestrial biosphere[J]. Sci Adv, 2021, 7(9): 73-78.

CARLSON CJ, ALBERY GF, MEROW C, et al. Climate change increases cross-species viral transmission risk[J]. Nature, 2022, 607(7919): 555-562.

CARPENTER SR, BENNETT EM. Reconsideration of the planetary boundary for phosphorus[J]. Environmental Research Letters, 2011, 6(1): 14009-14020(12).

CHAN EKF, TIMMERMANN A, BALDI BF, et al. Human origins in a southern African palaeo-wetland and first migrations[J]. Nature, 2019, 575(7781): 185-189.

CHITRA-TARAK R, XU C, AGUILAR S, et al. Hydraulically-vulnerable trees survive on deep-water access during droughts in a tropical forest[J]. New Phytol, 2021, 231(5): 1798-1813.

CLARK J D, ASFAW B, WHITE T D, et al. Palaeoanthropological discoveries in the middle Awash Valley, Ethiopia [J]. Nature, 1984, 307(5950): 423-428.

CLARKSON C, JACOBS Z, MARWICK B, et al. Human occupation of northern Australia by 65, 000 years ago[J]. Nature, 2017, 547(7663): 306-310.

COLLALTI A, IBROM A, STOCKMARR A, et al. Forest production efficiency increases with growth temperature [J]. Nat Commun, 202, 11(1): 5322.

COLLIER M J. Are field boundary hedgerows the earliest example of a nature-based solution? —Science Direct[J]. Environmental Science & Policy, 2021, 120: 73-80.

CONDIE K. Earth as a planetary system [M]//Kent C. Condie. Earth as an Evolving Planetary System. Fourth Edition. Beijing: Academic Press, 2022: 1-7.

COOK-PATTON SC, LEAVITT SM, GIBBS D, et al. Mapping carbon accumulation potential from global natural forest regrowth[J]. Nature, 2020, 585(7826): 545-550.

COSTANZA R, ARGE A R, GROOT R D, et al. The value of the world's ecosystem services and natural capital[J]. Ecological Economics, 1997, 25: 3-15.

CRUTZEN P J, STOERMER E F. The Anthropocene[J]. Global Change Newsletter, 2000; 41: 17-18.

CRUTZEN P J. A late change to the programme[J]. Nature, 2004, 429(6990): 349.

CRUTZEN P J. Anthropocene man[J]. Nature, 2010, 467(7317): S10.

DAVER G, GUY F, MACKAYE H T, et al. Postcranial evidence of late Miocene hominin bipedalism in Chad[J]. Nature, 2022, 609(7925): 94-100.

DELLASALA, D A. The Anthropocene: How the great acceleration is transforming the planet at unprecedented levels [J]. Encyclopedia of the Anthropocene, 2018, 1(1): 1-7.

DINERSTEIN E, JOSHI AR, VYNNE C, et al. A "global safety net" to reverse biodiversity loss and stabilize Earth's climate[J]. Sci Adv, 2020, 6(36): eabb2824.

DUVEILLER G, GRASSI G, LEMOINE G, et al. Abrupt increase in harvested forest area over Europe after 2015 [J]. Nature, 2020, 583(7814): 72-77.

EGERTON F N, NIQUIL N, MARTINS I. History of Ecology[M]//Brian Fath. Encyclopedia of Ecology. Second Edition. Oxford: Elsevier, 2019: 398-428.

ELMQVIST T, ANDERSSON E, MCPHEARSON T, et al. Urbanization in and for the Anthropocene[J]. Npj Urban Sustainability, 2021, 1(6): 1-6.

ERB KH, KASTNER T, PLUTZAR C, et al. Unexpectedly large impact of forest management and grazing on global vegetation biomass[J]. Nature, 2018, 553(7686): 73-76.

FARINOTTI D, HUSS M, JJ FÜRST, et al. A consensus estimate for the ice thickness distribution of all glaciers on Earth[J]. Nature Geoence, 2019, 12: 168-173.

FENG X, MEROW C, LIU Z, et al. How deregulation, drought and increasing fire impact Amazonian biodiversity [J]. Nature, 2021, 597(7877): 516-521.

FIELD C B, MACH K J. Rightsizing carbon dioxide removal. Science[J]. 2017, 356(6339): 706-707.

FORZIERI G, DAKOS V, MCDOWELL N G, et al. Emerging signals of declining forest resilience under climate change[J]. Nature, 2022, 608(7923): 534-539.

FRIEDLINGSTEIN P, MATTHEW W J, O'SULLIVAN M, et al. Global Carbon Budget 2021[J]. Earth Syst. Sci. Data, 2022; 14(4): 1917-2005.

FRIEDLINGSTEIN P, O'SULLIVAN M, JONES M W, et al. Global Carbon Budget 2020[J]. Earth System Science Data, 2020, 12(4): 3269-3340.

GAUTHIER S, BERNIER P, KUULUVAINEN T, et al. Boreal forest health and global change[J]. Science, 2015, 349(6250): 819-22.

GAZOL A, CAMARERO J J, VICENTE-SERRANO S M, et al. Forest resilience to drought varies across biomes[J]. Glob Chang Biol, 2018, 24(5): 2143-2158.

GGATTI L V, BASSO L S, MILLER J B, et al. Amazonia as a carbon source linked to deforestation and climate change[J]. Nature, 2021, 595(7867): 388-393.

GILL D A, MASCIA M B, AHMADIA G N, et al. Capacity shortfalls hinder the performance of marine protected areas globally[J]. Nature, 2017, 543(7647): 665-669.

GIRARDIN C A J, JENKINS S, SEDDON N, et al. Nature-based solutions can help cool the planet—if we act now [J]. Nature, 2021, 593(7858): 191-194.

GOLDEN KRONER R E, QIN S, COOK C N, et al. The uncertain future of protected lands and waters[J]. Science, 2019, 364(6443): 881-886.

GRANTHAM H S, DUNCAN A, EVANS T D, et al. Anthropogenic modification of forests means only 40% of remaining forests have high ecosystem integrity[J]. Nat Commun, 2020, 11(1): 5978.

GRISCOM B W, LOMAX G, KROEGER T, et al. We need both natural and energy solutions to stabilize our climate [J]. Glob Chang Biol, 2019, 25(6): 1889-1890.

HANNAH L. The Climate System and Climate Change[M]//Lee Hannah. Climate Change Biology. Third Edition. Beijing: Academic Press, 2022: 2-9.

HARRIS N L, GIBBS D A, BACCINI A, et al. Global maps of twenty-first century forest carbon fluxes[J]. Nature Climate Change, 2021, 11(3): 234-240.

HARVATI K, RÖDING C, BOSMAN AM, et al. Apidima Cave fossils provide earliest evidence of Homo sapiens in Eurasia[J]. Nature, 2019, 571(7766): 500-504.

HEAD M J, STEFFEN W, FAGERLIND D, et al. The Great Acceleration is real and provides a quantitative basis for the proposed Anthropocene Series/Epoch[J]. International Union of Geological Sciences, 2021, 44(0): 1-18.

HEPBURN C, ADLEN E, BEDDINGTON J, et al. The technological and economic prospects for CO2 utilization and removal[J]. Nature, 2019, 575(7781): 87-97.

HERMOSO V, REGOS A, MORÁN-ORDÓÑEZ A, et al. Tree planting: A double-edged sword to fight climate change in an era of megafires[J]. Glob Chang Biol, 2021, 27(13): 3001-3003.

HERSHKOVITZ I, WEBER G W, QUAM R, et al. The earliest modern humans outside Africa[J]. Science, 2018, 359(6374): 456-459.

HOLL K D, BRANCALION P. Tree planting is not a simple solution[J]. Science, 2020, 368(6491): 580-581.

HUBAU W, LEWIS SL, PHILLIPS OL, et al. Asynchronous carbon sink saturation in African and Amazonian tropical forests[J]. Nature, 2020, 579(7797): 80-87.

HUBLIN JJ, BEN-NCER A, BAILEY SE, et al. Author Correction: New fossils from Jebel Irhoud, Morocco and the pan-African origin of Homo sapiens[J]. Nature, 2018, 558(7711): E6.

HUGHES T P, KERRY J T, BAIRD A H, et al. Global warming transforms coral reef assemblages[J]. Nature, 2018, 556(7702): 492-496.

HUSS M, BOOKHAGEN B, HUGGEL C, et al. Toward mountains without permanent snow and ice[J]. Earth, 2017, 5(5): 418-435.

IMMERZEEL W W, LUTZ A F, ANDRADE M, et al. Importance and vulnerability of the world's water towers[J]. Nature, 2020, 577(7790): 364-369.

IPBES. Summary for Policymakers of the Global Assessment Report on Biodiversity and Ecosystem Services of the Intergovernmental Science-Policy Platform on Biodiversity and Ecosystem Services[C]// Bonn, Germany: IPBES secretariat, 2019.

JACOX MG, ALEXANDER MA, AMAYA D, et al. Global seasonal forecasts of marine heatwaves[J]. Nature, 2022, 604(7906): 486-490.

JONES HP, JONES PC, BARBIER EB, et al. Restoration and repair of Earth's damaged ecosystems[J]. Proc Biol Sci, 2018, 285(1873): 20172577.

JONES K R, VENTER O, FULLER R A, et al. One-third of global protected land is under intense human pressure[J]. Science, 2018, 360(6390): 788-791.

KATOH S, BEYENE Y, ITAYA T, et al. New geological and palaeontological age constraint for the gorilla-human lineage split[J]. Nature, 2016, 530(7589): 215-8.

KIM J H, CASTROVERDE C D M, HUANG S, et al. Increasing the resilience of plant immunity to a warming climate[J]. Nature, 2022, 607(7918): 339-344.

KRAEMER G, CAMPS-VALLS G, REICHSTEIN M, et al. Summarizing the state of the terrestrial biosphere in few dimensions[J]. Biogeosciences Discussions, 2020: 2397-2424.

KREIBICH H, VAN LOON AF, SCHRÖTER K, et al. The challenge of unprecedented floods and droughts in risk management[J]. Nature, 2022, 608(7921): 80-86.

KRICH C, MIGLIAVACCA M, MIRALLES D G, et al. Functional convergence of biosphere-atmosphere interactions in response to meteorology[J]. Biogeosciences, 2021, 18(7): 2379-2404.

LECLÈRE D, OBERSTEINER M, BARRETT M, et al. Bending the curve of terrestrial biodiversity needs an integrated strategy[J]. Nature, 2020, 585(7826): 551-556.

LENTON T M. Earth System Science[M]//LENTON T M. A Very Short Introduction. Oxford: Oxford Univ. Press, 2016.

LEWIS E, MACSHARRY B, JUFFE-BIGNOLI D, et al. Dynamics in the global protected-area estate since 2004[J]. Conserv Biol, 2019, 33(3): 570-579.

LEWIS S L, MASLIN M A. Defining the Anthropocene[J]. Nature, 2015, 519(7542): 171-80.

LEWIS S L, WHEELER C E, MITCHARD E, et al. Regenerate natural forests to store carbon[J]. Nature, 2019, 568(7750): 25-28.

LUBY I H, MILLER S J, POLASKY S. When and where to protect forests[J]. Nature, 2022, 609(7925): 89-93.

MAXWELL S L, CAZALIS V, DUDLEY N, et al. Area-based conservation in the twenty-first century[J]. Nature,

2020, 586(7828): 217-227.

MCBREARTY S, JABLONSKI N G. First fossil chimpanzee[J]. Nature, 2005, 437(7055): 105-8.

MCCARTHY D P, DONALD P F, SCHARLEMANN J P, et al. Financial costs of meeting global biodiversity conservation targets: current spending and unmet needs[J]. Science, 2012, 338(6109): 946-9.

MCDOWELL NG, ALLEN CD, ANDERSON-TEIXEIRA K, et al. Pervasive shifts in forest dynamics in a changing world[J]. Science, 2020, 368(6494): eaaz9463.

MCNEILL J R, ENGELKE P. The great acceleration: An environmental history of the Anthropocene since 1945[M]. London: Harvard University Press, 2021

MIGLIAVACCA M, MUSAVI T, MAHECHA MD, et al. The three major axes of terrestrial ecosystem function[J]. Nature, 2021, 598(7881): 468-472.

MOORE FC, LACASSE K, MACH KJ, et al. Determinants of emissions pathways in the coupled climate-social system[J]. Nature, 2022, 603(7899): 103-111.

NASI R. The glasgow leaders' declaration on forests and land use: Significance toward "Net Zero"[J]. Glob Chang Biol, 2022, 28(6): 1951-1952.

NAVE L E, DOMKE G M, HOFMEISTER K L, et al. Reforestation can sequester two petagrams of carbon in US topsoils in a century[J]. Proc Natl Acad Sci USA, 2018, 115(11): 2776-2781.

NENAD M. United Nations Development Programme, Human Development Report 2020[J]. The Next Frontier Human Development and the Anthropocene, 2021, 1(21): 231-235.

NEWBOLD T, HUDSON L N, HILL S L, et al. Global effects of land use on local terrestrial biodiversity[J]. Nature, 2015, 520(7545): 45-50.

OTTO I M, DONGES J F, CREMADES R, et al. Social tipping dynamics for stabilizing Earth's climate by 2050[J]. Proc Natl Acad Sci USA, 2020, 117(5): 2354-2365.

PAUL K I, ROXBURGH S H. Predicting carbon sequestration of woody biomass following land restoration[J]. Forest Ecology and Management, 2020, 460: 117838.

PRINGLE RM. Upgrading protected areas to conserve wild biodiversity[J]. Nature, 2017; 546(7656): 91-99.

REICH PB, BERMUDEZ R, MONTGOMERY RA, et al. Even modest climate change may lead to major transitions in boreal forests[J]. Nature, 2022, 608(7923): 540-545.

Reid W V et al. Ecosystems and Human Well-Being-Synthesis: a Report of the Millennium Ecosystem Assessment [C]. Island: Island Press, 2005.

RODE A, CARLETON T, DELGADO M, et al. Estimating a social cost of carbon for global energy consumption[J]. Nature, 2021, 598(7880): 308-314.

ROGELJ J, DEN ELZEN M, HÖHNE N, et al. Paris Agreement climate proposals need a boost to keep warming well below 2℃[J]. Nature, 2016, 534(7609): 631-9.

RROUSI E, KORNHUBER K, BEOBIDE-ARSUAGA G, et al. Accelerated western European heatwave trends linked to more-persistent double jets over Eurasia[J]. Nat Commun, 2022, 13(1): 3851.

RULLV. Climate: continuous variability and its impact on the Earth System[M]//Valentí Rull. Quaternary Ecology, Evolution, and Biogeography. Beijing: Academic Press, 2020: 1-4.

SANTORO M, CARTUS O, CARVALHAIS N, et al. The global forest above-ground biomass pool for 2010 estimated from high-resolution satellite observations[J]. Earth System Science Data, 2021, 13(8): 3927-3950.

SAURA S, BERTZKY B, BASTIN L, et al. Global trends in protected area connectivity from 2010 to 2018[J]. Biol Conserv, 2019; 238: 108183.

SEDDON N, CHAUSSON A, BERRY P, et al. Understanding the value and limits of nature-based solutions to climate change and other global challenges[J]. Philos Trans R Soc Lond B Biol Sci, 2020, 375(1794): 20190120.

SIKORA M, PITULKO V V, SOUSA V C, et al. The population history of northeastern Siberia since the Pleistocene [J]. Nature, 2019, 570(7760): 182-188.

SIMON-STICKLEY A. Energy in the Anthropocene: How the concept of energy shaped both our current crisis and its professed solution[J]. J Hist Behav Sci, 2021, 57(4): 336-357.

SOROYE P, NEWBOLD T, KERR J. Climate change contributes to widespread declines among bumble bees across continents[J]. Science, 2020, 367(6478): 685-688.

SOTO-NAVARRO C, RAVILIOUS C, ARNELL A, et al. Mapping co-benefits for carbon storage and biodiversity to inform conservation policy and action[J]. Philos Trans R Soc Lond B Biol Sci, 2020, 375(1794).

STEFFEN W, BROADGATE W, DEUTSCH L, et al. The trajectory of the Anthropocene: The Great Acceleration [J]. Anthropocene Review, 2015, 2(1): 81-98.

STEFFEN W, CRUTZEN J, MCNEILL JR. The Anthropocene: are humans now overwhelming the great forces of Nature? [J]. Ambio, 2007, 36(8): 614-21.

STEFFEN W, LEINFELDER R, ZALASIEWICZ J, et al. Stratigraphic and Earth System approaches to defining the Anthropocene[J]. Earth's Future, 2016, 4(8): 324-345.

STEFFEN W, RICHARDSON K, ROCKSTRM J, et al. The emergence and evolution of Earth System Science[J]. Nature Reviews Earth & Environment, 2020, 1: 54-63.

STEFFEN W, ROCKSTRM J, RICHARDSON K, et al. Trajectories of the Earth System in the Anthropocene[J]. Proceedings of the National Academy of Sciences, 2018, 115(33): 8252-8259.

SYVITSKI J, NGEL J R, SAITO Y, et al. Earth's sediment cycle during the Anthropocene[J]. Nature Reviews Earth & Environment, 2022, 3: 179-196.

SYVITSKI J, NGEL J R, SAITO Y, et al. Earth's sediment cycle during the Anthropocene[J]. Nature Reviews Earth & Environment, 2022, 568: 1-18.

SYVITSKI J, WATERS CN, DAY J, et al. Extraordinary human energy consumption and resultant geological impacts beginning around 1950 CE initiated the proposed Anthropocene Epoch[J]. Commun Earth Environ 1, 2020, 1 (1): 1-13.

TRISOS C H, MEROW C, PIGOT A L. The projected timing of abrupt ecological disruption from climate change[J]. Nature, 2020, 580(7804): 496-501.

UN Population Division. World Population Prospects 2019. https://population.un.org/wpp/Download/Standard/Population/(UN, 2019).

UNEP-FAO. United Nations Decade on Ecosystem Restoration 2021-2030. https://www.decadeonrestoration.org/(2021).

VISCONTI P, BUTCHART SHM, BROOKS TM, et al. Protected area targets post-2020[J]. Science, 2019, 364 (6437): 239-241.

VOLENEC ZM, DOBSON AP. Conservation value of small reserves[J]. Conserv Biol, 2020, 34(1): 66-79.

VRIES W D, KROS J, KROEZE C, et al. Assessing planetary and regional nitrogen boundaries related to food security and adverse environmental impacts[J]. Current Opinion in Environmental Sustainability, 2013, 5(3-4): 392-402.

VVOOSEN P. Bids for Anthropocene's 'golden spike' emerge[J]. Science, 2022, 376(6593): 562-563.

WALDRON A, MILLER DC, REDDING D, et al. Reductions in global biodiversity loss predicted from conservation spending[J]. Nature, 2017, 551(7680): 364-367.

WATERS CN, ZALASIEWICZ J, SUMMERHAYES C, et al. The Anthropocene is functionally and stratigraphically distinct from the Holocene[J]. Science, 2016, 351(6269): aad2622.

WATSON JEM, KEITH DA, STRASSBURG BBN, et al. Set a global target for ecosystems[J]. Nature, 2020, 578 (7795): 360-362.

WOLDEGABRIEL G, HAILE-SELASSIE Y, RENNE PR, et al. Geology and palaeontology of the Late Miocene Middle Awash valley, Afar rift, Ethiopia[J]. Nature, 2001, 412(6843): 175-178.

WOOD B, HARRISON T. The evolutionary context of the first hominins[J]. Nature, 2011, 470(7334): 347-352.

WOOLWAY RI, JENNINGS E, SHATWELL T, et al. Lake heatwaves under climate change[J]. Nature, 2021, 589 (7842): 402-407.

ZAFRA-CALVO N, GARMENDIA E, PASCUAL U, et al. Progress toward Equitably Managed Protected Areas in Aichi Target 11: A Global Survey[J]. Bioscience, 2019, 69(3): 191-197.

ZALASIEWICZ J A. The anthropocene as a geological time unit: a guide to the scientific evidence and current debate [M]. Cambridge: Cambridge University Press, 2018.

ZALASIEWICZ J, WATERS C N, SUMMERHAYES C P, et al. The working group on the anthropocene: summary of evidence and interim recommendations[J]. Anthropocene, 2017, 19: 55-60.

ZALASIEWICZ J, WATERS C, WILLIAMS M. The Anthropocene[M]//Gradstein F, Ogg J, Schmitz M, Ogg G. A Geologic Time Scale. Amsterdam: Elsevier, 2020: 1257-1275.

ZALASIEWICZ J, WILLIAMS M G S, BARRY T, et al. Are we now living in the Anthropocene? [J]. Gsa Today, 2008, 18(18): 4-8.

ZHOU Y, SINGH J, BUTNOR JR, et al. Limited increases in savanna carbon stocks over decades of fire suppression [J]. Nature, 2022, 603(7901): 445-449.